D1918344

Bub/von der Osten

Mietrecht
aktuell und kompakt

Mietrecht aktuell und kompakt

von

Prof. Dr. Wolf-Rüdiger Bub
Rechtsanwalt in München
Honorarprofessor an der Universität Potsdam

Christian von der Osten
Rechtsanwalt in München

Verlag C.H.Beck München 2012

www.beck.de

ISBN 978 3 406 62825 2

Wilhelmstraße 9, 80801 München
Druck und Bindung: Druckhaus Nomos
In den Lissen 12, 76547 Sinzheim

Satz: DTP-Vorlagen der Autoren

Gedruckt auf säurefreiem, alterungsbeständigem Papier
(hergestellt aus chlorfrei gebleichtem Zellstoff)

Vorwort

Seit der Veröffentlichung der ersten Rechtsprechungsübersicht im Jahr 2008 hat sich die höchstrichterliche Rechtsprechung zum Mietrecht stürmisch weiterentwickelt. Für die Praxis von eminenter Bedeutung ist etwa die nunmehr gefestigte Judikatur des BGH zu unwirksamen Schönheitsreparaturklauseln, zum Inhalt und zum Einwendungsausschluss bei Betriebskostenabrechnungen oder zur Zulässigkeit von Eigenbedarfskündigungen. Das vorliegende Buch schreibt die erste Rechtsprechungsübersicht unmittelbar anschließend fort und bringt den Leser „auf den letzten Stand". Wichtige BGH-Urteile konnten noch bis kurz vor Drucklegung im November 2011 berücksichtigt werden. Zu nennen sind etwa die Entscheidungen zum „Sicherheitszuschlag" bei der Anpassung von Betriebskosten und zu den Anforderungen an eine Modernisierungsankündigung. Aus Gründen der Übersichtlichkeit haben wir die amtlichen Leitsätze z.T. gekürzt oder umformuliert. Da sich das Buch weniger an Laien als vielmehr an den tätigen Praktiker wendet, erscheint es – anders als die erste Rechtsprechungsübersicht im Jahr 2008 – nicht mehr in der Reihe der Beck'schen Rechtsberater im dtv, sondern als Einzeltitel und – aus Gründen des Umfanges – auch nicht mehr zusammen mit der Rechtsprechungsübersicht zum Wohnungseigentumsrecht in einem Band. Diese erscheint nunmehr in der gleichen Ausstattung in einem eigenen Band. Wir hoffen, dass beide dem Leser gute Dienste bei der Lösung seiner Fragen zum Miet- und zum Wohnungseigentumsrecht leisten werden.

München, im Dezember 2011

Wolf-Rüdiger Bub
Christian von der Osten

Aus dem Vorwort zur ersten Rechtsprechungsübersicht 2008

Trotz der zahlreichen Neuerscheinungen auf den Gebieten des Mietrechts und des Wohnungseigentumsrechts in den letzen Jahren liegt bislang kein Buch vor, das in Form eines Überblicks die aktuelle Rechtsprechung des Bundesgerichtshofs (BGH) und der Oberlandesgerichte zusammenfasst und kommentiert. Diese Lücke ist umso beklagenswerter, als gerade im Mietrecht die Vertragsparteien verlässlich Auskunft über ihre Rechte und Pflichten nicht durch das Studium der einschlägigen Paragraphen des BGB, sondern allein anhand der Rechtsprechung gewinnen können. Seit der Novellierung der Zivilprozessordnung im Jahr 2002 hat der für das Wohnraummietrecht zuständige VIII. Senat des BGH (nach einer entsprechenden „Vorlaufzeit") im Schnitt ca. 100 Entscheidungen pro Jahr erlassen, von denen viele den Charakter von Grundsatzentscheidungen tragen; man denke etwa an die in den letzten Jahren auch von der Publikumspresse umfangreich kommentierten Entscheidungen zum Recht der Schönheitsreparaturen. Diese Lücke will das vorliegende Buch schließen, indem es nahezu sämtliche Entscheidungen des BGH und ausgewählte Entscheidungen anderer Gerichte zum Mietrecht nach Themengruppen sammelt und die jeweils wichtigsten

Entscheidungsgründe zusammenfasst. In Anmerkungen werden die Entscheidungen – zuweilen auch kritisch – kommentiert, in den jeweiligen rechtlichen Kontext eingeordnet und in Beziehung zu Entscheidungen anderer Gerichte gesetzt.

Das Buch ist zum Teil aus Vorträgen hervorgegangen, die als Überblick über die neueste Rechtsprechung auf beiden Rechtsgebieten halbjährlich im Auftrag des DDIV in München und andernorts gehalten wurden. Weiterhin sind in das Buch Entscheidungsbesprechungen und Anmerkungen eingeflossen, die wir in den letzten Jahren zusammen mit unseren Mitarbeitern in dem bei beck-online erscheinenden Fachdienst Mietrecht (FD-MietR) veröffentlicht haben und die durch dieses Buch auch einer breiteren Öffentlichkeit zugänglich werden. Es liegt in der Natur eines solchen Werkes, dass es keine Tagesaktualität beanspruchen kann.

München, im August 2008

Wolf-Rüdiger Bub
Christian von der Osten

Inhaltsverzeichnis

Abkürzungs- und Literaturverzeichnis

a.A.	andere Ansicht
aaO	am angegebenen Ort
Abs.	Absatz
AcP	Archiv für die civilistische Praxis
a.F.	alte Fassung
AG	Amtsgericht
AG	Aktiengesellschaft
AGB	Allgemeine Geschäftsbedingungen
AGBG	Gesetz zur Regelung des Rechts der Allgemeinen Geschäftsbedingungen
AktG	Aktiengesetz
Anm.	Anmerkung
AO	Abgabenordnung
Art.	Artikel
Aufl.	Auflage
Az.	Aktenzeichen
Bärmann/Pick/Merle	Kommentar zum Wohnungseigentumsgesetz, 9. Auflage
Baumgärtel/Laumen	Baumgärtel/Laumen, Handbuch der Beweislast, 2. Auflage
BauR	Baurecht (Zeitschrift)
BayObLG	Bayerisches Oberstes Landesgericht
BayObLGZ	Entscheidungen des Bayerischen Obersten Landesgerichts in Zivilsachen
BB	Der Betriebsberater
BeckRS	Beck-online Rechtsprechung (kostenpflichtig abrufbar unter www.beck-online.de)
BetrKV	Betriebskostenverordnung
Beuermann	Miete und Mieterhöhung bei preisfreiem Wohnraum, 2. Auflage
BGB	Bürgerliches Gesetzbuch
BGHZ	Entscheidungen des Bundesgerichtshofs in Zivilsachen
Blank/Börstinghaus	Kommentar zum Mietrecht
Blank/Börstinghaus	Neues Mietrecht
Blankenstein	Blankenstein, WEG-Reform 2007
BMJ	Bundesministerium für Justiz
BT-Drs.	Bundestagsdrucksache
Bub/Treier	Bub/Treier, Handbuch der Geschäfts- und Wohnraummiete, 3. Auflage
BV, II.	Zweite Berechnungsverordnung
BVerfG	Bundesverfassungsgericht
BVerfGE	Entscheidungen des Bundesverfassungsgerichts
BVerwG	Bundesverwaltungsgericht
BVerwGE	Entscheidungen des Bundesverwaltungsgerichts
BWNotZ	Mitteilungen aus der Praxis, Zeitschrift für das Notariat in Baden-Württemberg
bzw.	beziehungsweise
ca.	circa
Dassler/Schiffhauer/ Hintzen/Engels/ Rellermeyer	Dassler/Schiffhauer/Hintzen/Engels/Rellermeyer, Kommentar zum ZVG zum ZVG, 13. Aufl.
DGVZ	Deutsche Gerichtsvollzieher-Zeitung
d.h.	das heißt

DNotZ	Deutsche Notar-Zeitschrift
DWE	Der Wohnungseigentümer (Zeitschrift)
DWW	Deutsche Wohnungswirtschaft
Einf.	Einführung
Emmerich/Sonnenschein	Miete, Handkommentar, 8. Auflage
ErbbauVO	Erbbaurechtsverordnung
f.	folgende
FamRZ	Zeitschrift für das gesamte Familienrecht
FD-MietR	Beckscher Fachdienst Miet- und Wohnungseigentumsrecht (kostenpflichtig abrufbar unter www.beck-online.de)
ff.	fortfolgende
FGG	Gesetz betreffend die Angelegenheiten der freiwilligen Gerichtsbarkeit
FGPrax	Praxis der freiwilligen Gerichtsbarkeit (bis 1994: OLGZ)
Fischer-Dieskau/ .... Pergande/Schwender	Kommentar zum Wohnungsbaurecht
Fritz	Gewerberaummietrecht, 4. Auflage
FS	Festschrift
GBO	Grundbuchordnung
GbR	Gesellschaft bürgerlichen Rechts
GE	Das Grundeigentum
gem.	gemäß
GenG	Genossenschaftsgesetz
GesO	Gesamtvollstreckungsordnung
GG	Grundgesetz
ggfs.	gegebenenfalls
GKG	Gerichtskostengesetz
GmbH	Gesellschaft mit beschränkter Haftung
grds.	grundsätzlich
Hannemann/Bearbeiter	Hannemann/Bearbeiter, Wohnraummietrecht
HGB	Handelsgesetzbuch
HeizkVO	Heizkostenverordnung
HS	Halbsatz
h.M.	herrschende Meinung
InsO	Insolvenzordnung
i.S.	im Sinne
Jennißen	Jennißen, Die Verwalterabrechnung nach WEG
JuS	Juristische Schulung
JZ	Juristen-Zeitung
Kap	Kapitel
KG	Kammergericht
KG	Kommanditgesellschaft
Kinne/Schach/Bieber ..	Kinne/Schach/Bieber, Miet- und Mietprozeßrecht, 5. Auflage
KO	Konkursordnung
krit.	kritisch
Lammel	Kommentar zur Heizkostenverordnung, 2. Auflage
Langenberg	Langenberg, Schönheitsreparaturen, Instandsetzung und Rückbau, 2. Auflage
LG	Landgericht
Lindner-Figura/Oprée/ Stellmann	Lindner-Figura/Oprée/Stellmann, Geschäftsraummiete

lit.	litera (Buchstabe)
LM	Nachschlagewerk des Bundesgerichtshofs in Zivilsachen, herausgegeben von Lindenmaier und Möhring
MaBV	Makler- und Bauträgerverordnung
MDR	Monatszeitschrift für Deutsches Recht
MietRB	Der Mietrechts-Berater
MittBayNot	Mitteilung des Bayerischen Notarvereins, der Notarkasse und der Landesnotarkammer Bayern
MittRhNotK	Mitteilung der rheinischen Notarkammer
Müller	Praktische Fragen des Wohnungseigentums, 4. Auflage
MünchKomm/Bearbeiter	Münchener Kommentar zum Bürgerlichen Gesetzbuch, 5. Auflage
Neuhaus	Neuhaus, Handbuch der Geschäftsraummiete
n.F.	neue Fassung
NJOZ	Neue Juristische Online-Zeitschrift (kostenpflichtig abrufbar unter www.beck-online.de)
NJW	Neue Juristische Wochenschrift
NJWE-MietR	NJW-Entscheidungsdienst Miet- und Wohnungsrecht
NJW-RR	NJW–Rechtsprechungsreport Zivilrecht
NMVO	Neubaumietenverordnung
Noack/Westner	Noack/Westner, Betriebskosten in der Praxis
NZBau	Neue Zeitschrift für Baurecht und Vergaberecht
NZI	Neue Zeitschrift für das Recht der Insolvenz und der Sanierung
NZM	Neue Zeitschrift für Miet- und Wohnungsrecht
OLG	Oberlandesgericht
OLGR	OLG-Report, Schnelldienst zur Zivilrechtsprechung
OLGZ	Entscheidungen der Oberlandesgerichte in Zivilsachen (seit 1995: FGPrax)
OVG	Oberverwaltungsgericht
p.a.	per annum
Palandt/Bearbeiter	Palandt/Bearbeiter, Kommentar zum Bürgerlichen Gesetzbuch, 67. Auflage
Pause	Pause, Bauträgerkauf und Baumodelle, 4. Auflage
PiG	Partner im Gespräch
Prölss/Martin	Kommentar zum Versicherungsvertragsgesetz, 27. Auflage
RE	Rechtsentscheid
RG	Reichsgericht
RGZ	Entscheidungen des Reichsgerichts in Zivilsachen
RNotZ	Rheinische Notar-Zeitschrift
Rpfleger	Der deutsche Rechtspfleger
Rspr.	Rechtsprechung
Rz.	Randziffer
Schmid	Handbuch der Mietnebenkosten
Schmidt-Futterer/ Bearbeiter	Kommentar zum Mietrecht, 9. Auflage
s.o.	siehe oben
s.u.	siehe unten
Staudinger/Bearbeiter	Staudinger/Bearbeiter, Kommentar zum Bürgerlichen Gesetzbuch, 13. Auflage
Sternel	Sternel, Mietrecht, 3. Auflage
Sternel aktuell	Sternel, Mietrecht aktuell, 3. Auflage
StGB	Strafgesetzbuch

Stöber	Stöber, Kommentar zum Zwangsversteigerungsgesetz, 18. Auflage
st. Rspr.	ständige Rechtsprechung
u.a.	unter anderem
UmwG	Umwandlungsgesetz
usw.	und so weiter
u.U.	unter Umständen
UStG	Umsatzsteuergesetz
VerglO	Vergleichsordnung
VersR	Versicherungsrecht (Zeitschrift)
vgl.	vergleiche
VO	Verordnung
Vorb.	Vorbemerkung
VVG	Versicherungsvertragsgesetz
WE	Wohnungseigentum
WEG	Wohnungseigentumsgesetz
Weitnauer/Bearbeiter ..	Weitnauer/Bearbeiter, Kommentar zum Wohnungseigentumsgesetz, 9. Auflage
Wieczorek/Schütze/ .... Bearbeiter	Wieczorek/Schütze/Bearbeiter, Kommentar zur Zivilprozessordnung, 3. Auflage
WohnflächenVO	Wohnflächenverordnung
Wolf/Eckert/Ball	Wolf/Eckert/Ball, Handbuch des gewerblichen Miet-, Pacht- und Leasingrechts, 9. Auflage
z.B.	zum Beispiel
ZfBR	Zeitschrift für Baurecht
ZfIR	Zeitschrift für Immobilienrecht
ZInsO	Zeitschrift für das gesamte Insolvenzrecht
ZIP	Zeitschrift für Wirtschaftsrecht und Insolvenzpraxis
ZMR	Zeitschrift für Miet- und Raumrecht
Zöller/Bearbeiter	Zöller/Bearbeiter, Kommentar zur Zivilprozessordnung, 26. Auflage
ZVG	Zwangsversteigerungsgesetz
ZWE	Zeitschrift für Wohnungseigentum
z.Zt.	zur Zeit
ZZP	Zeitschrift für Zivilprozess

A. Abschluss, Inhalt und Änderung des Mietvertrages

I. Abschluss und Aufhebung des Mietvertrags

BGH: Anfechtung des Mietvertrages (Urteil vom 06.08.2008 – XII ZR 67/06, NJW 2009, 1266)

Die Anfechtung eines Mietvertrages über Geschäftsräume wegen arglistiger Täuschung nach Überlassung der Mieträume und Beendigung des Mietvertrages ist neben der Kündigung zulässig. Sie wirkt gemäß § 142 Abs. 1 BGB auf den Zeitpunkt des Mietvertragsabschlusses zurück.

Während nach einhelliger Meinung in Rechtsprechung und Schrifttum eine Anfechtung des Mietvertrages wegen arglistiger Täuschung vor Übergabe der Mietsache uneingeschränkt zulässig ist und gemäß § 142 Abs. 1 BGB Rückwirkung ex tunc entfaltet, bestand bislang Uneinigkeit darüber, ob und ggf. mit welcher Rechtsfrage eine Anfechtung des Mietvertrages wegen arglistiger Täuschung nach § 123 Abs. 1 BGB auch nach Übergabe der Mietsache möglich ist. Teilweise wird vertreten, das Recht zur Anfechtung wegen arglistiger Täuschung werde, sobald der Mietvertrag durch Überlassung der Mietsache vollzogen sei, durch das Recht zur fristlosen Kündigung aus wichtigem Grund gemäß § 543 BGB verdrängt, soweit sich der Willensmangel auf verkehrswesentliche Eigenschaften des Mietobjektes selbst bezieht (*Sternel* I, Rz. 245; Bub/*Treier,* II Rz. 673; offen gelassen von *BGH* NJW 1998, 531). Die Verdrängung der Anfechtungsmöglichkeit durch die Gewährleistungs- und Kündigungsvorschriften benachteilige den Anfechtungsberechtigten nicht, weil sie diesem einerseits wie bei der Anfechtung die Möglichkeit gäben, das Vertragsverhältnis aufzulösen, andererseits die Rückabwicklung erleichterten. Nach der h.M. in Rechtsprechung und Literatur kann zwar eine auf Abschluss eines Mietvertrages gerichtete Willenserklärung auch nach Überlassung der Mietsache wegen arglistiger Täuschung stets angefochten werden (*RGZ* 157, 173; *KG* NZM 2002, 21; *Rolfs* in: Emmerich/Sonnenschein, § 542 Rz 42; Soergel/*Heintzmann*, Vorb. § 542 Rz. 2). Umstritten ist jedoch, ob die nach Überlassung der Mietsache erfolgte Anfechtung den Mietvertrag gemäß § 142 Abs. 1 BGB rückwirkend (ex tunc) oder nur mit Wirkung ab Zugang der Anfechtungserklärung (ex nunc) vernichtet.

Der *BGH* schließt sich jener Auffassung an, wonach auch bei der Anfechtung in Vollzug gesetzter Mietverträge wegen arglistiger Täuschung von der in § 142 Abs. 1 BGB geregelten rückwirkenden Vernichtung des Rechtsgeschäftes auszugehen ist. Beim Mietvertrag ist eine dem Arbeits- oder Gesellschaftsvertrag vergleichbare Interessenlage, welche eine Einschränkung der Anfechtungswirkung rechtfertigen könne, nicht vorhanden. Im Gegensatz zum Arbeits- oder Gesellschaftsvertrag wirft die Rückabwicklung beim Mietvertrag keine besonderen Schwierigkeiten auf, weil es sich um ein einfach strukturiertes synallagmatisches Austauschverhältnis handelt (*Emmerich*, NZM 1998, 692, 695; *Fischer*, NZM 2005, 567, 570). Weder besteht – wie beim Arbeitsverhältnis – eine besonders intensive Leistungsbeziehung mit starkem Persönlichkeitsbezug mit Eingliederung in eine soziale Organisation, noch ist – wie beim Gesellschaftsverhältnis – ein erhöhtes Verkehrsschutzbedürfnis für Gläubiger vorhanden, die durch eine rückwirkende Anfechtung ihr Haftungsobjekt verlieren würden.

Das Recht zur Anfechtung der auf Abschluss des Mietvertrages gerichteten Willenserklärung wegen arglistiger Täuschung wird auch nach Vollzug des Mietvertrages nicht durch die mietrechtlichen Gewährleistungsvorschriften der §§ 536 ff. BGB und das Recht zur fristlosen Kündigung nach § 543 BGB verdrängt, weil die Anfechtung wegen arglistiger Täuschung einerseits und die Gewährleistungs- sowie die Kündigungsvorschriften andererseits unterschiedliche Sachverhalte regeln und unterschiedliche Schutzzwecke haben: Während die Anfechtung nach § 123 Abs. 1 BGB die rechtsgeschäftliche Erschließungsfreiheit schützt und deren Beeinträchtigung durch rückwirkender Vernichtung der Erklärung beseitigt, ist Gegenstand der Gewährleistungsrechte und der außerordentlichen Kündigung eine aktuelle Leistungsstörung, der durch Minderung und Schadensersatz bzw. durch Beendigung des Vertrages Rechnung getragen wird. Diese unterschiedlichen Schutzzwecke lassen es nicht zu, dass das Anfechtungsrecht wegen arglistiger Täuschung nach Überlassung der Mietsache durch das Recht zur außerordentlichen Kündigung verdrängt wird.

Die bereicherungsrechtliche Rückabwicklung ist nach den Grundsätzen der Saldotheorie vorzunehmen, in dem durch einen Vergleich der durch den Bereicherungsvorgang hervorgerufenen Vor- und Nachteile ermittelt wird, ob sich für den Mieter ein Überschuss ergibt (*BGH* NJW 1999, 1181). Herauszugeben ist gemäß § 812 Abs. 1 S. 1 Alt. 1 BGB das durch die Leistung Erlangte. Das ist hier die vom Vermieter gewährte Gebrauchsüberlassung der Räume. Da die Herausgabe der Gebrauchsüberlassung wegen ihrer Beschaffenheit nicht möglich ist, hat der Mieter als gutgläubiger Bereichungsschuldner nach § 818 Abs. 2 BGB deren Wert zu ersetzen. Dessen Höhe richtet sich nach dem objektiven Verkehrswert des rechtsgrundlos Erlangten, somit hier nach der Miete, die auf dem örtlichen Markt für vergleichbare Objekte erzielt wird (*BGH* NJW 2006, 2847).

***BGH*: Anfechtung des Mietvertrages – „Thor Steinar“ (Urteil vom 11.08.2010 – XII ZR 192/08, NJW 2010, 3362**

Der Mieter ist verpflichtet, den Vermieter vor Abschluss eines Gewerberaummietvertrages über außergewöhnliche Umstände aufzuklären, mit denen der Vermieter nicht rechnen kann und die offensichtlich für diesen von erheblicher Bedeutung sind.

Die Klägerin verlangt von dem Beklagten Räumung und Rückgabe eines Ladengeschäfts, das sie diesem in einem von Friedensreich Hundertwasser entworfenen Geschäftshaus zum Verkauf von Textilien und Sortimenten im Outdoorbereich vermietet hatte. Der Beklagte hatte bei Vertragsschluss nicht darauf hingewiesen, dass er beabsichtigte, in den Mieträumen nahezu ausschließlich Waren der Marke „Thor Steinar“ zu verkaufen, die in der Öffentlichkeit mit der rechtsradikalen Szene in Verbindung gebracht wird. Die Klägerin hat daraufhin den Mietvertrag wegen arglistiger Täuschung angefochten.

Nach Auffassung des *BGH* steht der Klägerin gegen den Beklagten ein Anspruch auf Räumung und Rückgabe zu. Dieser könne ein Recht zum Besitz nicht aus dem Mietvertrag herleiten; denn die Vermieterin habe den Vertrag wirksam gemäß §§ 123 Abs. 1, 124 BGB wegen arglistiger Täuschung angefochten; er sei deshalb als von Anfang an nichtig anzusehen, § 142 Abs. 1 BGB. Zwar bestehe bei Vertragsverhandlungen keine allgemeine Rechtspflicht, den anderen Teil über alle Einzelheiten und Umstände aufzuklären, die dessen Willensentschließung beeinflussen könnten. Vielmehr sei grundsätzlich jeder Verhandlungspartner für sein rechtsgeschäftliches Handeln selbst verantwortlich und müsse sich die für die eigene Willensentscheidung notwendigen Informationen auf eigene Kosten und eigenes Risiko selbst beschaffen. Allerdings bestehe eine Rechtspflicht zur Aufklärung bei Vertragsverhandlungen auch ohne Nachfrage dann, wenn der andere Teil nach Treu und Glauben unter Berücksichtigung der Verkehrsanschauung redlicherweise die Mitteilung von Tatsachen erwarten durfte, die für die Willensbildung des anderen Teils offensichtlich von ausschlaggebender Bedeutung sind.

Vorliegend habe eine Aufklärungspflicht wegen der besonderen Umstände des Falles bestanden. Das Mietobjekt habe in dem so genannten „Hundertwasserhaus" gelegen, das aufgrund seiner besonderen Gestaltung eine Attraktion für Touristen und Kunden sein sollte. Dieses Ziel wäre durch den vom Beklagten geplanten Verkauf von Waren der Marke „Thor Steinar" gefährdet worden. Denn der Verkauf solcher Waren könne zur Folge haben, dass das Hundertwasserhaus in den Ruf gerät, Anziehungsort für rechtsradikale Käuferschichten zu sein und damit ein Ort, an dem – auch aufgrund von Demonstrationen – gewaltsame Auseinandersetzungen zu erwarten sind. Diese, das gesamte Anwesen treffende mögliche rufschädigende Wirkung sei geeignet, Kunden und Touristen fernzuhalten und damit andere Mieter im Anwesen zu einer Minderung oder Beendigung des Mietvertrages zu veranlassen und potentielle Mieter von dem Abschluss eines Mietvertrages abzuhalten. Der Verkauf von Waren der Marke „Thor Steinar" könne deshalb der Vermieterin erheblichen wirtschaftlichen Schaden zufügen. Darüber hinaus sei die Vermietung von Räumen zum Verkauf von Waren dieser Marke geeignet, den Vermieter in der öffentlichen Meinung in die Nähe zu rechtsradikalem Gedankengut zu stellen und sich auch deshalb geschäftsschädigend für ihn auszuwirken.

Anmerkung:

„Thor Steinar" – die Bekleidungsmarke aus dem brandenburgischen Mittenwalde hat es inzwischen bis zum *BGH* geschafft. Die an sich relativ unauffällige Sport- und Funktionsbekleidung ist wegen ihrer runenartigen Schriftzeichen vor allem in der rechtsextremen Szene beliebt. Im Deutschen Bundestag und einer Reihe von Fußballstadien darf sie nicht getragen werden, der Internethändler Amazon hat den Vertrieb eingestellt. Der *BGH* hat eine Aufklärungspflicht über den geplanten Verkauf von Produkten nahezu ausschließlich dieses Labels bejaht. Die von ihm dabei gebildeten Obersätze liegen auf der Linie seiner jahrzehntelangen Rechtsprechung. Die konkrete Subsumtion war sicherlich durch die Besonderheiten des Einzelfalles bestimmt und lässt sich nicht ohne Weiteres auf andere Gewerberaummieter übertragen. Dass das – an sich unspektakuläre – Warensortiment politische Extremisten als Kunden anzieht und dies wiederum Extremisten von der anderen Seite des Spektrums zu Protestdemonstrationen, Sachbeschädigungen und Ähnlichem veranlasst, ist ein seltener Ausnahmefall. Häufiger dürften der Mieter selbst oder die von ihm vertriebenen Produkte für den Vermieter Anlass zu Bedenken geben. Da der Vertragspartner jedoch zwingend und dessen Handelsgegenstand zumindest in aller Regel dem Vermieter vor Vertragsabschluss bekannt sind, beruhen diesbezügliche Irrtümer seinerseits bestenfalls auf einer durch aktives Tun begangenen arglistigen Täuschung des Mietinteressenten und nicht auf dessen Unterlassen. Insoweit stellen sich die hier im Vordergrund stehenden Probleme der Aufklärungspflicht des Mietinteressenten nicht (*Rolfs*, LMK 2010, 310170).

AG Halle: Mietaufhebungsvertrag als Haustürgeschäft (Urteil vom 22.10.2009 – 93 C 1842/09, BeckRS 2009, 28397)

Ein Mietaufhebungsvertrag kann jedenfalls dann nicht als Haustürgeschäft gemäß § 312 BGB widerrufen werden, wenn sich die Räumungsverpflichtung des Mieters nicht als Entgelt für eine Verpflichtung, die der Vermieter übernommen hat, darstellt.

Die Beklagten sind Mieter einer Wohnung der Klägerin. Im Januar 2009 klingelte eine Mitarbeiterin der Hausverwaltung der Klägerin bei den Beklagten an der Wohnungstür. Diese begaben sich ins Treppenhaus und unterschrieben nach kurzem Gespräch einen vorbereiteten Mietaufhebungsvertrag, den sie jedoch später widerriefen. Aufgrund von Mietrückständen kündigte die Klägerin das Mietverhältnis fristlos. Noch vor Zugang der Kündigung zahlten die Beklagten einen Teilbetrag an die Klägerin, danach die restliche offene Miete. Die Klägerin begehrt nunmehr Räumung und Rückgabe der Wohnung.

Nach Auffassung des *AG Halle* ist der Anspruch auf Räumung und Rückgabe der Wohnung begründet. Allerdings sei das Mietverhältnis nicht durch die fristlose Kündigung beendet worden. Denn der angegebene Kündigungsgrund, nämlich ein Mietrückstand im Sinne von § 543 Abs. 2 Nr. 3 BGB, habe nicht bestanden. Da die Kündigung eine empfangsbedürftige Willenerklärung sei, durch welche der Berechtigte von einem Gestaltungsrecht Gebrauch macht, werde sie gemäß § 130 Abs. 2 S. 1 BGB erst mit Zugang beim Erklärungsempfänger wirksam. Der Kündigungsgrund, vorliegend ein Mietrückstand im Sinne von § 543 Abs. 2 Nr. 3 BGB, müsse daher beim Zugang der Kündigung noch vorliegen, weil es sonst an einer Wirksamkeitsvoraussetzung fehlt. Dies sei hier nicht der Fall.

Wohl aber sei das Mietverhältnis durch den von den Parteien geschlossenen Mietaufhebungsvertrag beendet worden, in welchem sich die Beklagten zur Räumung der Wohnung verpflichtet haben. Sie hätten ihn nicht gemäß § 312 BGB widerrufen können, da es an der erforderlichen Entgeltlichkeit fehle. Eine Vereinbarung der Mietvertragsparteien sei nur dann entgeltlich, wenn sie für beide Seiten schuldrechtliche Verpflichtungen enthalte, also ähnlich wie ein Vergleich auf gegenseitigem Nachgeben beruhe. Wenn die Vereinbarung nur dem Mieter zusätzliche Pflichten auferlege oder die vom Vermieter zu gewährende Leistung einschränke, fehle die Entgeltlichkeit. Die Räumungsverpflichtung sei kein Entgelt dafür, dass in Zukunft keine Miete mehr gezahlt werden muss, sondern nach dem Willen der Parteien primär. Auch fehle die typische „Überrumpelungssituation“: Werde dem Verbraucher an der Haustür etwa ein Zeitschriftenabonnement angeboten, könne er in der Kürze der Zeit oft Vor- und Nachteile nicht gegeneinander abwägen. Im vorliegenden Fall sei es aber offensichtlich gewesen, dass der Vertrag für die Beklagten nur nachteilig war.

Anmerkung:

Dem Urteil ist weder im Ergebnis noch in der Begründung zu folgen. Zutreffend ist zwar der Ausgangspunkt des *AG Halle*, dass eine Kündigung zu ihrer Wirksamkeit deren Zugang erfordert, weshalb grundsätzlich auf den Zeitpunkt des Zugangs der Kündigung abzustellen ist. Auch der Wortlaut des § 543 Abs. 2 S. 1 Nr. 3 BGB („in Verzug ist“) deutet darauf hin, dass ein entsprechender Verzug mit der Mietzahlung noch zum Zeitpunkt (des Zugangs) der Kündigung bestehen muss. Abweichendes folgt jedoch aus dem systematischen Zusammenhang mit der Regelung des § 543 Abs. 2 S. 2 BGB. Danach ist die Kündigung nur dann ausgeschlossen, wenn der Vermieter vorher – also vor Zugang der Kündigung – befriedigt wird. „Befriedigt" ist der Vermieter nach ganz h.M. aber nur, wenn der Mieter seine gesamte Mietschuld zahlt, d.h. alle Rückstände tilgt; Teilzahlungen stehen dem nicht gleich (*LG Köln* NJW-RR 1991, 209). Wohl aber konnten die Beklagten die noch offenen Mietrückstände auch nach Rechtshängigkeit der Räumungsklage innerhalb der Schonfrist des § 569 Abs. 3 Nr. 2 BGB zahlen und damit der Kündigung ihre Wirksamkeit nehmen.

Die Beklagten konnten den Aufhebungsvertrag gemäß § 312 BGB widerrufen. Der Aufhebungsvertrag hätte im Falle seiner Wirksamkeit zur Folge, dass die Parteien von ihren jeweiligen Verpflichtungen aus dem Mietvertrag frei werden, womit es sich faktisch um einen gegenseitigen – insoweit entgeltlichen – Erlass handelt. Zudem hat der Aufhebungsvertrag als actus contrarius wirtschaftlich dasselbe Gewicht wie der ursprüngliche Vertrag (*Riesenhuber/v. Vogel*, NJW 2005, 3457). Es macht keinen Unterschied, ob dem Verbraucher an der Haustür ein ungünstiger Vertrag „aufgeschwätzt" oder ein günstiger Vertrag „abgeschwätzt" wird. Die Räumungsklage hätte somit keinen Erfolg haben dürfen.

II. Allgemeine Geschäftsbedingungen

1. Schönheitsreparaturen

BGH: Unwirksamkeit starrer Fristen im Gewerberaummietvertrag (Urteil vom 08.10.2008 – XII ZR 84/06, NJW 2008, 3772)

Im Gewerberaummietrecht ist eine formularmäßige Übertragung der Schönheitsreparaturen unwirksam, wenn der Mieter danach verpflichtet wäre, die Arbeiten in starren Fristen und unabhängig vom Erhaltungszustand der Mietsache durchzuführen.

Die Beklagte hatte für die Zeit von April 1991 bis März 2006 vom Kläger ein Ladenlokal zum Betrieb einer Änderungsschneiderei gemietet. Der Formularmietvertrag enthält eine Klausel, nach der der Vermieter nicht verpflichtet ist, während der Mietzeit Schönheitsreparaturen des Mietgegenstandes durchzuführen, da hierfür in der Miete keine Kosten kalkuliert seien. Der Mieter wurde dagegen verpflichtet, auf seine Kosten mindestens alle drei Jahre in Küche, Bad, Dusche und Toiletten und alle fünf Jahre in allen übrigen Räumen die Schönheitsreparaturen auf eigene Kosten durch Fachhandwerker ausführen zu lassen. Aufgeführt waren „insbesondere" das Tapezieren und Anstreichen der Wände und Decken, Streichen der Heizkörper einschließlich Heizungsrohre, der Innentüren samt Rahmen, der Einbauschränke sowie der Fenster und Außentüren von innen, Abziehen beziehungsweise Abschleifen der Parkettfußböden und danach deren Versiegelung sowie die Reinigung der Teppichböden. Der Kläger hatte die Feststellung beantragt, dass die Beklagte nach Maßgabe des Mietvertrages zur Vornahme der Schönheitsreparaturen verpflichtet sei.

Nach Auffassung des *BGH* ist die Schönheitsreparaturklausel unwirksam. Nach der gesetzlichen Regelung habe nicht der Mieter, sondern der Vermieter die Schönheitsreparaturen durchzuführen. Das folge aus der in § 535 Abs. 1 S. 2 BGB enthaltenen Verpflichtung, das Mietobjekt während der gesamten Vertragszeit in einem vertragsgemäßen Zustand zu erhalten. In ständiger Rechtsprechung billigt es der *BGH* allerdings, dass diese Verpflichtung vertraglich auf den Mieter übertragen wird. Das ist auch im Wege eines Formularvertrags möglich, wie es der ständigen Praxis entspricht. Ergibt sich die Übertragung der Schönheitsreparaturen allerdings aus einem Formularvertrag, ist sie als Allgemeine Geschäftsbedingung zusätzlich an den §§ 305 ff. BGB zu messen. Nach der auch auf gewerbliche Mietverhältnisse anwendbaren Inhaltskontrolle des § 307 BGB ist eine Formularklausel dann unwirksam, wenn sie den Vertragspartner des Verwenders entgegen den Geboten von Treu und Glauben unangemessen benachteilige. Das ist im Zweifel anzunehmen, wenn die Bestimmung mit wesentlichen Grundgedanken der gesetzlichen Regelung, von der abgewichen werde, nicht zu vereinbaren sei, § 307 Abs. 2 Nr. 1 BGB.

Das ist der Fall, wenn der Mieter – wie hier – nach dem Inhalt des Formularvertrages zu Schönheitsreparaturen nach starren Fristen verpflichtet ist und ihm damit der Einwand genommen wird, dass überhaupt kein Renovierungsbedarf gegeben sei. Auch der Vermieter muss, wenn er nicht nach dem Mietvertrag davon befreit wäre, nur abhängig von dem Erhaltungszustand der Mietsache und somit erst dann renovieren, wenn durch vertragsgemäßen Gebrauch ein Renovierungsbedarf entstanden sei. Der XII. Zivilsenat schließt sich deswegen für das Gewerberaummietrecht der Rechtsprechung des VIII. Zivilsenats zum Wohnungsmietrecht an, wonach die Übertragung der Schönheitsreparaturen auf den Mieter durch solche Formularklauseln mit starren Fristen unwirksam ist (*BGH* NJW 2004, 2586).

Anmerkung:

Der für das gewerbliche Mietrecht zuständige XII. Zivilsenats führt seine Rechtsprechung zur Übertragung der Rechtsprechung zur Wohnraummiete auf das Gewerberaummietrecht fort. Zuletzt hatte er zur Kumulation einer Endrenovierungsklausel mit einer über turnusmäßig vorzunehmende Schönheitsreparaturen die Erwägungen zur Unwirksamkeit einer solchen Vertragsgestaltung im Wohnraummietrecht übernommen (*BGH* NJW 2005, 2006) und zur Begründung u. a. ausgeführt, dass es für den Bereich der Schönheitsreparaturen an einer Besserstellung des Wohnraummieters gegenüber dem gewerblichen Mieter fehlt. Nach der gesetzlichen Regelung des § 535 Abs. 1 S. 2 BGB schuldet der Vermieter von Geschäftsräumen die Durchführung der Schönheitsreparaturen ebenso wie der Wohnraumvermieter. Das Gesetz behandelt die Vermieter in beiden Fällen gleich. Aus der vereinzelten Besserstellung des Wohnraummieters kann nicht auch der Schluss gezogen werden, das Gesetz habe den Mieter von Geschäftsräumen generell weniger vor belastenden Allgemeinen Geschäftsbedingungen schützen wollen. Zwar ist der geschäftserfahrene Unternehmer nicht in gleichem Maße schutzbedürftig wie ein Verbraucher. Dies gilt aber nicht für den betroffenen Regelungsbereich. Geschäftsräume werden regelmäßig langfristig vermietet. Auch wenn sich die Problematik der Ausführung der Schönheitsreparaturen – anders als bei einer Endrenovierungsklausel – nicht erst am Ende einer (langen) Vertragslaufzeit stellt, geht der Mieter, insbesondere derjenige, der zum ersten Mal Geschäftsräume mietet, in der Regel nicht davon aus, dass er – unabhängig vom Zeitpunkt der letzten Schönheitsreparaturen – in jedem Fall eine Renovierung durchführen muss.

BGH: Vertrauensschutz (Urteil vom 05.03.2008 – VIII ZR 95/07, NJW 2008, 1438)

1. Eine Abgeltungsklausel in Allgemeinen Geschäftsbedingungen, die den Mieter für den Fall, dass die Schönheitsreparaturen bei seinem Auszug noch nicht fällig sind, dazu verpflichtet, „angelaufene Renovierungsintervalle zeitanteilig zu entschädigen", ist wegen Verstoßes gegen das Transparenzgebot unwirksam.
2. Dem Verwender Allgemeiner Geschäftsbedingungen, die sich auf Grund einer Änderung der höchstrichterlichen Rechtsprechung als unwirksam erweisen, ist grundsätzlich kein Vertrauensschutz zuzubilligen (Bestätigung von *BGH* NJW 1996, 924).

Der *BGH* bestätigt seine Rechtsprechung zu unwirksamen Abgeltungsklauseln mit „starren Fristen" (*BGH* NJW 2006, 3778). Ergänzend nimmt er noch zum Gesichtspunkt des Vertrauensschutzes Stellung. Zwar habe er in früheren Entscheidungen vergleichbare Abgeltungsklauseln als zulässig angesehen (*BGH* NJW 1988, 2790; NJW 1998, 3114; zur Frage des Vertrauensschutzes vgl. *Sternel*, NZM 2007, 545, 546; *Artz*, NZM 2007, 265, 268; *Bub/von der Osten*, NZM 2007, 76, 79). Dem Verwender Allgemeiner Geschäftsbedingungen, die sich auf Grund einer Änderung der höchstrichterlichen Rechtsprechung als unwirksam erweisen, sei aber im Allgemeinen kein Vertrauensschutz zuzubilligen. Höchstrichterliche Urteile seien kein Gesetzesrecht und erzeugen damit keine vergleichbare Rechtsbindung. Gerichtliche Entscheidungen, die die Wirksamkeit eines Rechtsgeschäfts betreffen, wirkten schon ihrer Natur nach auf einen in der Vergangenheit liegenden, in seiner rechtlichen Bewertung noch nicht abgeschlossenen Sachverhalt ein.

Für diese grundsätzlich zulässige so genannte unechte Rückwirkung könnten sich zwar im Einzelfall unter dem Gesichtspunkt des Vertrauensschutzes Schranken aus dem Prinzip der Rechtssicherheit ergeben. Das Risiko, dass eine zunächst unbeanstandet gebliebene Klausel in späteren höchstrichterlichen Entscheidungen wegen unangemessener Benachteiligung des Vertragspartners als unwirksam beurteilt wird, trage aber grundsätzlich der Verwender Allgemeiner Geschäftsbedingungen (*BGH* NJW 1996, 924). Ein Vertragspartner, der sich nicht mit der gesetzlichen Regelung begnügt und zur Erweiterung seiner Rechte den Weg der Allgemeinen Geschäftsbedingungen wählt, werde in der Regel nicht dadurch in seinem schutzwürdigen Vertrauen beeinträchtigt, dass eine Klausel geraume Zeit unbeanstandet geblieben ist und erst nach Jahren gerichtlich für unwirksam erachtet wird (*BGH* NJW 1996, 924). Soweit der *BGH* in anderen Fällen (*BGH* NJW 1995, 2553; *BGH* NJW 1998, 450), gleichwohl für besonders gelagerte Sachverhalte auch dem Verwender Allgemeiner Geschäftsbedingungen teilweise Vertrauensschutz zugebilligt hat, bestehe mangels Vergleichbarkeit für eine Übertragung dieser Rechtsprechung auf unwirksame Schönheitsreparaturklauseln kein Anlass. In diesen Fällen trete vielmehr gem. § 306 Abs. 2 BGB die dispositive gesetzliche Bestimmung des § 535 Abs. 1 S. 2 BGB an die Stelle der unzulässigen Klausel (*BGH* NJW 2006, 2915).

BGH: Farbwahlklausel (Urteil vom 18.06.2008 – VIII ZR 224/07, NJW 2008, 2499)

1. Eine formularvertragliche Klausel, die den Mieter dazu verpflichtet, die auf ihn abgewälzten Schönheitsreparaturen in „neutralen, hellen, deckenden Farben und Tapeten auszuführen", ist wegen unangemessener Benachteiligung des Mieters unwirksam, wenn sie nicht auf den Zustand der Wohnung im Zeitpunkt der Rückgabe der Mietsache beschränkt ist, sondern auch für Schönheitsreparaturen gilt, die der Mieter im Laufe des Mietverhältnisses vorzunehmen hat.
2. Die formularmäßige unangemessene Einengung des Mieters in der Art der Ausführung von Schönheitsreparaturen führt zur Unwirksamkeit der Abwälzung der Pflicht zur Vornahme der Schönheitsreparaturen schlechthin.

BGH: Farbwahlklausel (Urteil vom 22.10.2008 – VIII ZR 283/07, NJW 2009, 62)

Eine Klausel, die den Mieter verpflichtet, bei Rückgabe der Mietsache bestimmte farbliche Vorgaben hinsichtlich der Gestaltung der Holzteile einzuhalten, ist wirksam.

In beiden Fällen streiten die Parteien um die Pflicht des Mieters zur Vornahme von Schönheitsreparaturen. Im ersten Fall waren die Mieter laut Mietvertrag verpflichtet, Schönheitsreparaturen nur in hellen, deckenden Farben vorzunehmen. Im zweiten Fall sah der Mietvertrag unter anderem formularmäßig vor, dass der Mieter zur Vornahme von Schönheitsreparaturen verpflichtet ist. Weiter bestimmte er, dass lackierte Holzteile in dem Farbton zurückzugeben sind, wie er bei Vertragsbeginn vorgegeben war; farbig gestrichene Holzteile könnten auch in Weiß oder hellen Farbtönen gestrichen zurückgegeben werden.

Nach Auffassung des *BGH* benachteiligt im ersten Fall die hier verwendete „Farbwahlklausel" den Mieter unangemessen, weshalb seine Verpflichtung zur Vornahme der Schönheitsreparaturen insgesamt unwirksam ist, § 307 Abs. 1 S. 1, Abs. 2 Nr. 1 BGB. Die Klausel schreibe dem Mieter nicht erst für den Zeitpunkt der Rückgabe der Wohnung, sondern bereits während der Mietzeit vor, für die Schönheitsreparaturen nur helle, deckende und neutrale Farben zu verwenden. Dem Vermieter sei zwar vor dem Hintergrund einer beabsichtigten Weitervermietung ein berechtigtes Interesse daran nicht abzusprechen, die Wohnung am Ende des Mietverhältnisses in einer Farbgebung zurückzuerhalten, die von möglichst vielen Mietinteressenten akzeptiert wird. Es bestehe jedoch kein anerkennenswertes Interesse des Vermieters daran, dass der Mieter bereits während der laufenden Mietzeit auf andere Gestaltungen, seien sie farbig oder nicht deckend, verzichten müsse.

Im zweiten Fall ist hingegen nach Auffassung des *BGH* die Farbwahlklausel wirksam. Sie differenziere zwischen „lackierten" Holzteilen, die (allein) in dem bei Vertragsbeginn „vorgegebenen" Farbton zurückzugeben sind, und „farbig gestrichenen" Holzteilen, die außer in dem ursprünglichen Farbton auch in Weiß oder hellen Farbtönen gestrichen zurückgegeben werden können. Die Verpflichtung des Mieters, lackierte bzw. farbig gestrichene Holzteile in keinem anderen als den nach der Klausel zulässigen Farbtönen zurückzugeben, sei für sich genommen unbedenklich und führe auch nicht zu einer unangemessenen Einschränkung des Mieters bei der Vornahme der ihm übertragenen Schönheitsreparaturen. Die Klausel beschränke sich in ihrem unmittelbaren Anwendungsbereich auf den Zeitpunkt der Rückgabe der Mietwohnung bei Beendigung des Mietverhältnisses. Auf diesen Zeitpunkt bezogen sei sie – isoliert betrachtet – schon deswegen unbedenklich, weil für die Zeit nach Beendigung des Mietverhältnisses ein Interesse des Mieters an einer seinen Vorstellungen entsprechenden farblichen Gestaltung der Wohnung nicht mehr besteht, das gegen das Interesse des Vermieters, die Mieträume in der von ihm gewünschten farblichen Gestaltung zurückzuerhalten, abzuwägen wäre.

Allerdings werde sich ein wirtschaftlich vernünftig denkender Mieter schon während des laufenden Mietverhältnisses bei einem erforderlich werdenden Neuanstrich der Holzteile von der Überlegung leiten lassen, dass er bei der Wahl einer farblichen Gestaltung, die nicht der für den Zeitpunkt der Rückgabe vereinbarten entspricht, Gefahr läuft, bei seinem Auszug den Anstrich erneuern zu müssen, auch wenn dies nach dem Grad der Abnutzung noch nicht erforderlich wäre. Die daraus resultierende faktische Einschränkung der – grundsätzlich anzuerkennenden – Freiheit des Mieters, sich in den Mieträumen nach seinem Geschmack einzurichten, ist nach Auffassung des *BGH* jedoch hinzunehmen. Dem Vermieter sei vor dem Hintergrund einer beabsichtigten Weitervermietung ein Interesse daran nicht abzusprechen, die Wohnung am Ende des Mietverhältnisses mit einer Dekoration zurückzuerhalten, die von möglichst vielen Mietinteressenten akzeptiert wird. Deshalb benachteilige eine nur auf den Zeitpunkt der Rückgabe der Wohnung bezogene Farbwahlklausel, die den Mieter nicht auf eine spezielle Dekorationsweise festlegt, sondern ihm eine Bandbreite („neutrale, helle, deckende Farben und Tapeten") vorgibt, die zu den unterschiedlichsten Einrichtungsstilen passt und deshalb für weite Mieterkreise annehmbar ist, den Mieter nicht unangemessen. Dasselbe gelte für die hier zu beurteilende Klausel, soweit sie die „farbig gestrichenen" Holzteile betrifft. Sie lege den Mieter nicht auf einen bestimmten Farbton fest, sondern belasse ihm neben dem ursprünglich vorhandenen Farbton einen ausreichenden Entscheidungsspielraum in der Bandbreite heller Farbtöne.

Anmerkung:

Eine formularvertragliche Beschränkung des Mieters, sich in der Wohnung nach seinem Geschmack einzurichten, für die kein anerkennenswertes Interesse des Vermieters zu erkennen ist, verstößt gegen § 307 Abs. 1 BGB und ist unwirksam. Unwirksam ist deshalb auch eine Klausel, nach der der Mieter Schönheitsreparaturen nur mit Zustimmung des Vermieters abweichend von der bisherigen Ausführungsart ausführen darf (*BGH* NJW 2007, 1743 m. Anm. *Bub/Bernhard*, FD-MietR 2007, 223780). Diese Klausel hat nach Auffassung des *BGH* sogar die Unwirksamkeit der Abwälzung der Schönheitsreparaturlast auf den Mieter zur Folge, da sich die Pflicht zur Vornahme der Schönheitsreparaturen nicht von der inhaltlichen Ausgestaltung der Pflicht trennen lässt, wonach er sich strikt an die bisherige Ausführungsart zu halten habe. Seinerzeit konnte der *BGH* noch offen lassen, ob sich eine Farbwahlklausel auch wie eine unzulässige Endrenovierungsklausel (hierzu *BGH* NJW 2007, 3776 m. Anm. *Bub/Bernhard*, FD-MietR 2007, 241253) auswirkt und auch aus diesem Grund unwirksam ist. Bei Wahl einer unzulässigen Farbe wird der Mieter nämlich gezwungen, jedenfalls beim Auszug zu renovieren unabhängig davon, wann er die letzten Schönheitsreparaturen durchgeführt hat. Mit dieser Begründung hatte die Vorinstanz auch die hier zu beurteilende – auf den Zeitpunkt der Rückgabe der Mietsache beschränkte – Klausel für unwirksam erachtet (*LG Hamburg* NZM 2008, 40). Dem hat sich der *BGH* zu Recht nicht angeschlossen.

Ist im Mietvertrag keine Klausel zur Gestaltung der Räumlichkeiten bei Vertragsende vorhanden, so soll der Mieter nach der Rechtsprechung der Instanzgerichte und der Literatur nach Treu und Glauben verpflichtet sein, die Wohnung am Ende des Mietverhältnisses nicht mit einer ungewöhnlichen Dekoration zurückzugeben (*LG Hamburg* NZM 1999, 838 – Grellgrüne Küche; *LG Aachen* WuM 1998, 596 – farbig lackierte Naturholzrahmen; *LG Frankfurt a.M.* NJW-RR 2008, 24 – Anstrich mit „rotem Vollton"; *Emmerich*, NZM 2000, 1165; *Kraemer*, NZM 2003, 417, 421; Blank/*Börstinghaus* § 535 Rz. 270). Zwar ist es grundsätzlich Sache des Mieters zu entscheiden, in welcher Weise er Schönheitsreparaturen durchführt, ohne auf die Wünsche des Vermieters Rücksicht nehmen zu müssen (Schmidt-Futterer/*Langenberg*, § 538 BGB Rz. 228). Dies ist Ausfluss von Art. 14 GG, der das Nutzungsrecht des Wohnungsmieters dem Eigentum gleichstellt (*BVerfG* NJW 1993, 2035). Der Mieter darf aber jedenfalls bei Rückgabe der Wohnung die Grenzen des normalen Geschmacks nicht in untragbarer Weise überschreiten. Kräftige Farbtöne wie rot, blau oder moosgrün sind vom Vermieter ebenso wenig hinzunehmen wie gelb gestrichene und großflächig mit einem zweifarbig braunen Muster versehene Wände (*KG* NJW 2005, 3150) oder solche, die der Mieter mit Tapeten mit floralem Muster dekoriert hat (a.A. *LG Berlin* NZM 2007, 801). Einen hellblauen Anstrich soll er hingegen hinnehmen müssen (*KG* a.a.O.). Richtigerweise ist auch dies als dem Vermieter unzumutbar abzulehnen.

BGH: Farbwahlklausel (Urteil vom 20.01.2010 – VIII ZR 50/09, NJW-RR 2010, 666)

Eine in einem Wohnraummietvertrag enthaltene formularvertragliche Farbvorgabe für den Innenanstrich von Türen und Fenstern benachteiligt den Mieter unangemessen und ist deshalb unwirksam.

Die beklagte Mieterin einer Wohnung in Berlin war aufgrund eines Formularmietvertrages zur Übernahme der Schönheitsreparaturen verpflichtet. Bei der Ausführung von Schönheitsreparaturen sollten die Türblätter, Türrahmen, Fensterflügel und Fensterrahmen nur weiß lackiert werden dürfen.

Nach Auffassung des *BGH* ist die Klausel unwirksam. Schönheitsreparaturklauseln, die den Mieter auch während der Mietzeit zu einer Dekoration in einer ihm vorgegebenen Farbe verpflichten und ihn dadurch in der Gestaltung seines persönlichen Lebensbereichs einschränken, ohne dass dafür ein anerkennenswertes Interesse des Vermieters besteht, hielten der Inhaltskontrolle nach § 307 Abs. 1 BGB nicht stand.

Die unzulässige Farbvorgabe führe zur Unwirksamkeit der Abwälzung der Pflicht zur Vornahme der Schönheitsreparaturen schlechthin. Bei der dem Mieter auferlegten Pflicht zur Vornahme von Schönheitsreparaturen handele es sich um eine einheitliche Rechtspflicht, die sich nicht in Einzelmaßnahmen aufspalten lässt. Stelle sich diese Verpflichtung auf Grund unzulässiger Ausgestaltung, sei es ihrer
– zeitlichen Modalitäten („starre Fristen"),
– ihrer Ausführungsart (Farbvorgaben) oder
– ihres gegenständlichen Umfangs (Außenanstrich von Fenstern und Türen)

in ihrer Gesamtheit als übermäßig dar, so sei die Verpflichtung insgesamt unwirksam. Eine Aufrechterhaltung der Klausel in der Weise, dass entweder nur die Farbvorgabe oder die Renovierungspflicht nur bezüglich der Türen und Fenster entfällt, würde gegen das Verbot der geltungserhaltenden Reduktion Allgemeiner Geschäftsbedingungen verstoßen.

Anmerkung:

Der *BGH* setzt seine Rechtsprechung zu so genannten „Farbwahlklauseln", welche dem Mieter eine bestimmte Gestaltung der Räumlichkeiten vorgeben, konsequent fort. Unwirksam ist eine Klausel, welche dem Mieter gebietet, Schönheitsreparaturen nur „in neutralen, deckenden, hellen Farben und Tapeten" auszuführen (*BGH* NZM 2008, 605; Anmerkung Bub/*Bernhard*, FD-MietR 2008, 261764). Sie schreibt dem Mieter nämlich nicht nur für den Zeitpunkt der Rückgabe, sondern bereits während der Mietzeit vor, wie er die Schönheitsreparaturen auszuführen hat. Gleiches gilt für eine Klausel, welche die Verpflichtung des Mieters zum „Weißen" der Decken und Oberwände umfasst (s. nachfolgende Entscheidung). Unwirksam ist auch eine Klausel, nach der der Mieter Schönheitsreparaturen nur mit Zustimmung des Vermieters abweichend von der bisherigen Ausführungsart ausführen darf (*BGH* NJW 2007, 1743; Anmerkung *Bub/Bernhard*, FD-MietR 2007, 223780). Wirksam ist hingegen eine Klausel, die den Mieter verpflichtet, bei Rückgabe der Mietsache bestimmte farbliche Vorgaben, etwa bei der Gestaltung der Holzteile einzuhalten (s. vorhergehende Entscheidung).

Die Rechtsprechung des *BGH* zur Ausführungsart von Schönheitsreparaturen ergänzt seine Rechtsprechung zu Klauseln betreffend die zeitlichen Modalitäten ihrer Ausführung (Unwirksamkeit „starrer Fristen" – hierzu zuletzt *BGH* NJW 2008, 3772 z. Gewerberaummietvertrag; Anmerkung *Bomsdorf*, FD-HGR 2008, 270656) und solchen zu ihrem gegenständlichen Umfang: Unwirksam ist etwa eine Klausel, die auch den Außenanstrich von Türen und Fenstern durch den Mieter vorsieht (*BGH* NJW 2009, 1408). Auch diese Klausel führt zur Unwirksamkeit der Schönheitsreparaturabwälzung insgesamt.

BGH: Weißen der Decken und Wände (Urteil vom 23.09.2009 – VIII ZR 344/08, NJW 2009, 3716)

Die formularmäßige Verpflichtung des Mieters, Decken und Oberwände auch während der Mietzeit zu „weißen", ist wegen unangemessener Benachteiligung des Mieters nach § 307 BGB unwirksam, da der Begriff „weißen" bei der nach § 305c Abs. 2 BGB gebotenen kundenfeindlichsten Auslegung jedenfalls auch dahin verstanden werden kann, dass der Mieter die Schönheitsreparaturen in weißer Farbe vorzunehmen hat (Fortführung von *BGH* NJW 2008, 2499).

Die Beklagten waren Mieter einer Wohnung des Klägers. Nach dem Formularmietvertrag waren sie zur Übernahme der Schönheitsreparaturen verpflichtet. In der Klausel ist bestimmt, dass die Schönheitsreparaturen insbesondere *„Anstrich und Lackieren der Innentüren sowie der Fenster und Außentüren von innen sowie sämtlicher Holzteile, Versorgungsleitungen und Heizkörper, das Weißen der Decken und Oberwände sowie der wischfeste Anstrich bzw. das Tapezieren der Wände"* umfassen. Der Kläger begehrt nach Beendigung des Mietverhältnisses unter anderem Schadensersatz wegen unterlassener Schönheitsreparaturen bzw. Beschädigung der Mietsache.

Nach Auffassung des *BGH* ist die Klausel unwirksam, weshalb ein Schadensersatzanspruch wegen unterlassener Schönheitsreparaturen nicht besteht. Eine formularmäßige „Farbwahlklausel", durch welche der Vermieter den vom Mieter herzustellenden Zustand der vermieteten Räumlichkeiten näher bestimmt, sei wegen unangemessener Benachteiligung nach § 307 BGB unwirksam, wenn sie nicht auf den Zustand der

Wohnung im Zeitpunkt der Rückgabe beschränkt ist. Eine derartige Klausel benachteilige den Mieter regelmäßig deshalb unangemessen, weil sie ihn auch während des Mietverhältnisses zu einer Dekoration in einer ihm vorgegebenen Farbwahl verpflichtet und dadurch in der Gestaltung seines persönlichen Lebensbereichs einschränkt, ohne dass dafür ein anerkennenswertes Interesse des Vermieters besteht. So verhalte es sich auch im vorliegenden Fall, weil sich die Klausel nicht auf eine bloße Endrenovierungspflicht des Mieters beschränkt. Unter dem Begriff „weißen" sei nicht lediglich ein Synonym für streichen, sondern auch ein Anstrich in weißer Farbe zu verstehen. Lasse die Klausel aber auch diese Auslegung zu, so sei sie gemäß § 305c Abs. 2 BGB in dieser dem Mieter günstigsten, weil zur Unwirksamkeit der Klausel führenden Auslegung zugrunde zu legen.

BGH: Erweiterung des Umfangs der Schönheitsreparaturen (Urteil vom 18.02.2009 – VIII ZR 210/08, NZM 2009, 1408

Die Übertragung der Schönheitsreparaturen auf den Mieter durch die in einem Formularmietvertrag enthaltene Klausel

„Schönheitsreparaturen trägt der Mieter, einschließlich Streichen von Außenfenstern, Balkontüre und Loggia."

in Verbindung mit der ergänzenden Klausel ......

„Trägt der Mieter die Schönheitsreparaturen, hat er folgende Arbeiten fachgerecht auszuführen: Tapezieren, Anstreichen der Wände und Decken, das Streichen der Fußböden, Reinigen und Abziehen und Wiederherstellung der Versiegelung von Parkett, das Streichen der Heizkörper einschließlich der Heizrohre sowie der Türen und Fenster".

ist wegen unangemessener Benachteiligung des Mieters insgesamt unwirksam. Die Unwirksamkeit ist nicht auf die Textbestandteile „einschließlich Streichen von Außenfenstern, Balkontüre und Loggia" und „sowie der Türen und Fenster" beschränkt.

Der *BGH* hat bereits entschieden, dass die Überwälzung von Schönheitsreparaturen insgesamt unwirksam ist, wenn sie verbunden ist mit einem starren Fristenplan (*BGH* NZM 2004, 653; NZM 2006, 620) oder unzulässigen Vorgaben über die Ausführung der Schönheitsreparaturen (*BGH* NZM 2007, 398; NZM 2008, 605). Der Grund hierfür liegt darin, dass Konkretisierungen der Schönheitsreparaturverpflichtung hinsichtlich ihres zeitlichen Umfanges durch starre Fristenpläne oder hinsichtlich der Ausführungsart mit der Schönheitsreparaturverpflichtung inhaltlich so eng verknüpft sind, dass diese inhaltlich umgestaltet und mit einem anderen Inhalt aufrecht erhalten würde, wenn lediglich die unzulässigen Fristen- oder Ausführungsklauseln unwirksam wären, die Schönheitsreparaturverpflichtung im übrigen davon aber unberührt bliebe; darin läge eine geltungserhaltende Reduktion der Formularklausel. Dies gilt unabhängig davon, ob die Verpflichtung als solche und ihre unzulässige inhaltliche Ausgestaltung in einer oder in zwei sprachlich voneinander unabhängigen Klauseln enthalten sind (*BGH* NZM 2007, 398).

Für eine unzulässige Erweiterung nicht des zeitlichen, sondern des gegenständlichen Umfangs der Schönheitsreparaturverpflichtung, wie sie hier vorliegt, gilt nichts anderes. Für den Begriff der Schönheitsreparaturen ist nämlich auch bei preisfreien Wohnraum die Definition in § 28 Abs. 4 S. 3 der II. BV maßgeblich (BGHZ 92, 396, 398;

Staudinger/*Emmerich*, § 535 Rz. 102). Soweit es um Türen und Fenster geht, gehört zu den Schönheitsreparaturen im Sinne dieser Bestimmung nur das Streichen der Innentüren sowie der Fenster und Außentüren von innen, nicht aber der Außenanstrich von Türen und Fenstern. Dieser Beschränkung liegt der Gedanke zugrunde, dass eine Belastung des Mieters mit Schönheitsreparaturen nur hinsichtlich solcher Arbeiten gerechtfertigt sein kann, mit dem eine typischerweise vom Mieter verursachte Abnutzung des dekorativen Erscheinungsbildes innerhalb der gemieteten Wohnung beseitigt wird.

Eine unzulässige Ausgestaltung der Verpflichtung zu Schönheitsreparaturen zieht die Unwirksamkeit der gesamten Vornahmeklausel nach sich (*LG Berlin* GE 2001, 1674; Staudinger/*Emmerich*, a.a.O., Rz. 103). Die Rechtfertigung für die Gesamtunwirksamkeit einer Vornahmeklausel wie der vorliegenden ergibt sich daraus, dass es sich bei der dem Mieter auferlegten Pflicht zur Vornahme von Schönheitsreparaturen um eine einheitliche Rechtspflicht handelt, die sich nicht in Einzelmaßnahmen oder Einzelaspekte aufspalten lässt, sondern deren Ausgestaltung durch den Mietvertrag insgesamt zu bewerten ist. Die Verpflichtung zur Vornahme von Schönheitsreparaturen ist bei einer unzulässigen Festlegung des gegenständlichen Umfanges der dem Mieter auferlegten Arbeiten ebenso wenig in einen wirksamen oder unwirksamen Teil aufzuspalten, wie bei unzulässigen Festlegungen hinsichtlich der zeitlichen Fälligkeit oder der Ausführungsart der Schönheitsreparaturen; ein sachlicher Unterschied, der insoweit eine andere Beurteilung rechtfertigen würde, als der starren Fristenpläne oder unzulässigen Ausführungsklauseln, besteht nicht.

BGH: Fachhandwerkerklausel (Urteil vom 09.06.2010 – VIII ZR 294/09, NJW 2010, 2877)

Eine in Formularmietverträgen über Wohnraum enthaltene Klausel, wonach es dem Mieter obliegt, die Schönheitsreparaturen „ausführen zu lassen", benachteiligt den Mieter unangemessen und ist deshalb unwirksam, wenn sie bei kundenfeindlichster Auslegung dem Mieter dadurch die Möglichkeit der kostensparenden Eigenleistung nimmt, dass sie als Fachhandwerkerklausel verstanden werden kann.

Die Beklagten waren Mieter einer Wohnung der Klägerin. Zu den Schönheitsreparaturen enthält der Mietvertrag eine Bestimmung, nach welcher der Mieter verpflichtet ist, „*die Schönheitsreparaturen, wie z.B. das Kalken, Anstreichen oder Tapezieren der Wände und Decken, das Streichen und die Behandlung der Fußböden, der Fenster und der Türen in der Wohnung ausführen zu lassen.*" Die Klägerin begehrt Schadensersatz wegen unterlassener Schönheitsreparaturen.

Nach Auffassung des *BGH* waren die Mieter nicht zur Vornahme von Schönheitsreparaturen verpflichtet. Die verwendete Klausel zu den Schönheitsreparaturen könne aufgrund ihres Wortlauts („ausführen zu lassen") jedenfalls auch dahin verstanden werden, dass der Mieter unter Ausschluss der Möglichkeit einer Selbstvornahme die Arbeiten durch einen Fachhandwerker ausführen lassen muss. In dieser hier maßgeblichen „kundenfeindlichsten" Auslegung halte die Klausel einer Inhaltskontrolle gemäß § 307 Abs. 1 BGB nicht stand. Die zur Verkehrssitte gewordene Praxis einer Überwälzung der Schönheitsreparaturen auf den Mieter sei auch dadurch geprägt, dass dieser die ihm übertragenen Schönheitsreparaturen in Eigenleistung ausführen kann. Werde ihm diese Möglichkeit – gegebenenfalls durch Hinzuziehung von Verwandten und Bekannten – genommen, stelle die Überwälzung dieser Arbeiten eine unangemessene Benachteiligung dar. Denn Schönheitsreparaturen seien – gleich ob sie der Mieter oder der Vermieter durchführen muss – lediglich fachgerecht in mittlerer Art und Güte auszuführen. Das setze aber nicht zwingend die Beauftragung einer Fachfirma voraus.

Anmerkung:

Der *BGH* schließt sich der Auffassung der Vorinstanz (*LG München I* NZM 2010, 40) sowie der h.M. in Literatur und Rechtsprechung (*OLG Stuttgart* NJW-RR 1993, 1422) an, nach welcher eine so genannte Fachhandwerkerklausel in Wohnraummietverträgen unwirksam ist. Die Anforderungen an die vertragliche Renovierungspflicht des Mieters dürften nämlich nicht strenger ausgestaltet werden als die Anforderungen, die sich aus § 535 BGB für die gesetzliche Renovierungspflicht des Vermieters ergeben: Der Vermieter schuldet nach § 243 BGB Renovierungsleistungen mittlerer Art und Güte. Er kann die Renovierung in kostensparender Eigenarbeit ausführen – vorausgesetzt, er erzielt ein fachgerechtes Ergebnis. Das muss ebenso für den Mieter gelten.

Allerdings soll nach einem Teil der Literatur in bestimmten Mietverträgen eine Fachhandwerkerklausel doch zulässig sein (*Heinrichs*, NZM 2005, 201, 209): Nach § 310 Abs. 3 Nr. 3 BGB seien bei der Inhaltskontrolle auch die den Vertragsschluss begleitenden Umstände zu berücksichtigen. Zu den zu berücksichtigenden Umständen gehörten auch persönliche Eigenschaften, so etwa besondere Fachkompetenz, aber auch umgekehrt fehlende Kompetenz. Seien Mieter wegen manueller Ungeschicklichkeit nicht zur Ausführung der Schönheitsreparaturen in der Lage und hätten auch niemanden im Familien- oder Freundeskreis, der diese Arbeiten übernimmt, sei es für sie ohnehin selbstverständlich, die Arbeiten von einem Fachbetrieb ausführen zu lassen. Dieser Auffassung ist nicht zu folgen, da sich die individuellen Verhältnisse des Mieters während des Mietverhältnisses auch ändern können und der Rechtsverkehr Sicherheit über die Zulässigkeit bestimmter Klauseln benötigt.

Ist die Fachhandwerkerklausel unwirksam, erstreckt sich die Unwirksamkeit auf die Abwälzung der Reparaturpflicht insgesamt (*Heinrichs*, a.a.O.; a.A. *OLG Stuttgart* a.a.O.). Nach der Rechtsprechung des *BGH* handelt es sich bei der dem Mieter auferlegten Pflicht zur Vornahme von Schönheitsreparaturen um eine einheitliche Rechtspflicht, die sich nicht in Einzelmaßnahmen oder Einzelaspekte aufspalten lässt, sondern deren Ausgestaltung durch den Mietvertrag insgesamt zu bewerten ist (*BGH* NJW 2009, 1408). Stellt sich diese Verpflichtung auf Grund unzulässiger Ausgestaltung – sei es ihrer zeitlichen Modalitäten, ihrer Ausführungsart oder ihres gegenständlichen Umfangs – in ihrer Gesamtheit als übermäßig dar, so ist die Verpflichtung insgesamt unwirksam.

OLG Düsseldorf: Fachhandwerkerklausel im Gewerberaummietrecht (Urteil vom 09.12.2010 – 10 U 66/10, NJW 2011, 1011)

Die formularmäßige Klausel in einem Gaststättenpachtvertrag: „Der Mieter ist verpflichtet, Schönheitsreparaturen laufend auf eigene Kosten fachgerecht durchführen zu lassen, sobald der Grad der Abnutzung dies nach der Art des Gewerbebetriebes bzw. der vertraglichen Nutzung erfordert", ist wegen Verstoßes gegen § 307 BGB unwirksam.

Im Mietvertrag der Parteien ist die genannte Klausel enthalten. Nach Ende des Mietverhältnisses begehrt der Kläger Schadenersatz wegen nicht ausgeführter Schönheitsreparaturen.

Nach Auffassung des *OLG Düsseldorf* steht dem Kläger kein Anspruch auf Schadenersatz zu, da die Schönheitsreparaturklausel unwirksam ist. Nach der gesetzlichen Regelung habe nicht der Mieter, sondern der Vermieter die Schönheitsreparaturen durchzuführen. Zwar werde in der Praxis die Verpflichtung zur Durchführung der Schönheitsreparaturen in aller Regel auf den Mieter überwälzt, er muss aber jedenfalls die Möglichkeit haben, die Reparaturen selbst auszuführen. Die fragliche Klausel kann jedoch – jedenfalls bei kundenfeindlichster Auslegung – nur die Bedeutung haben, dass ihm die Vornahme der Schönheitsreparaturen in Eigenleistung nicht gestattet ist, sondern dass er sich hierzu einer Fachfirma bedienen muss. Eine solche Klausel sei nicht nur im Wohnraummietrecht, sondern auch im Bereich der gewerblichen Miete mit der gesetzlichen Regelung nicht vereinbar, weil sie den Mieter mit Renovierungsverpflichtungen belastet, die über den tatsächlichen Renovierungsbedarf hinausgehen, und die auch vom Vermieter, wäre er selbst zur Vornahme der Schönheitsreparaturen verpflichtet, nicht verlangt werden könnte. Auch der gewerbliche Mieter schulde grundsätzlich nur eine fachgerechte Ausführung in mittlerer Art und Güte, § 243 Abs. 1 BGB, die er auch ohne Beauftragung eines Fachbetriebes in Eigenleistung erbringen kann. Außerdem könne der Vermieter nur ein Interesse an einer fachgerechten Ausführung haben; diesem Interesse werde aber auch im gewerblichen Mietrecht durch die Ausführung der Arbeiten in Eigenleistung genügt, wenn sie fachgerecht sind. Hierzu seien viele Mieter selbst oder mit Hilfe ihrer Mitarbeiter in der Lage.

Ob die streitgegenständliche Klausel auch gegen das Transparenzgebot des § 307 Abs. 1 S. 2 BGB verstößt, könne offen bleiben. Offen bleiben könne auch, ob diese Klausel bei der auch im Individualprozess maßgeblichen „kundenfeindlichsten" Auslegung von Formularbestimmungen dahin auszulegen ist, dass der Mieter die Räumlichkeiten bereits bei leichten bis mittelgradigen Abnutzungsspuren renovieren muss, so dass die Klausel im ungünstigsten Fall zu einer Verpflichtung zur nahezu ständigen Beseitigung („laufend") von Abnutzungsspuren führt. Auch hierin läge ein Verstoß gegen § 307 Abs. 1 BGB.

Anmerkung:

Das *OLG Düsseldorf* führt die Rechtsprechung des VIII. Senats des *BGH* zur Unwirksamkeit von Fachhandwerkerklauseln in Wohnraummietverträgen fort (s. vorhergehende Entscheidung). Es überträgt die dort entwickelten Grundsätze auf die Geschäftsraummiete und schließt sich der Rechtsprechung des für das Gewerberaummietrecht zuständigen XII. Senats des *BGH* an, wonach der gewerbliche Mieter im Bereich der Schönheitsreparaturen nicht weniger schutzbedürftig ist als der Wohnraummieter (*BGH* NJW 2008, 3772). Das Gesetz sieht zwar für Teilbereiche des Mietrechts einen besonderen Schutz des Wohnraummieters vor. So ist zum Beispiel der Kündigungsschutz des Wohnraummieters stärker ausgeprägt, § 573 BGB; auch das Minderungsrecht darf nicht zum Nachteil des Wohnraummieters beschränkt werden, § 536 Abs. 4 BGB. Eine vergleichbare Privilegierung des Wohnungsmieters fehlt allerdings für den Bereich der Schönheitsreparaturen. Nach der gesetzlichen Regelung des § 535 Abs. 1 S. 2 BGB schuldet der Vermieter von Geschäftsräumen die Durchführung der Schönheitsreparaturen ebenso wie der Wohnungsvermieter; das Gesetz behandelt den Vermieter in beiden Fällen gleich. Soweit im Schrifttum bislang die Auffassung vertreten wurde, dass Fachhandwerkerklauseln im gewerblichen Mietrecht einer AGB-Kontrolle standhalten (Lindner-Figura/Oprée/*Stellmann*, Kap. 13, Rz. 204;

Langenberg, I 35; *Heinrichs*, NZM 2005, 201, 210), datieren die Fundstellen zeitlich vor der genannten Entscheidung des XII. Senats und dem Paradigmenwechsel in Bezug auf die Schutzbedürftigkeit auch des gewerblichen Mieters.

BGH: Parketterneuerung und Außenanstrich von Fenstern und Türen (Urteil vom 13.01.2010 – VIII ZR 48/09, NJW 2010, 157

Der Außenanstrich von Türen und Fenstern sowie das Abziehen und Wiederherstellen einer Parkettversiegelung sind keine Schönheitsreparaturmaßnahmen im Sinne von § 28 Abs. 4 S. 3 II. BV.

Die Beklagten waren Mieter in einer Wohnung der Kläger, die Schadensersatz wegen unterlassener Schönheitsreparaturen geltend machen. Nach dem Formularmietvertrag sollte der Mieter die Schönheitsreparaturen tragen, zu denen u.a. das *„Anstreichen der Wände und Decken, Streichen der Fußböden, Reinigen und Abziehen und Wiederherstellung der Versiegelung von Parkett (und) das Streichen … der Türen und Fenster"* zählt.

Nach Auffassung des *BGH* ist die Schönheitsreparaturklausel in vollem Umfang unwirksam. Der Begriff der Schönheitsreparaturen bestimme sich auch bei preisfreiem Wohnraum anhand der Definition des § 28 Abs. 4 S. 3 II. BV. Danach gehörten zu diesen das Tapezieren, Anstreichen oder Kalken der Wände und Decken, das Streichen der Fußböden und der Heizkörper einschließlich der Heizrohre, der Innentüren sowie der Fenster und der Außentüren von innen. Ein über das Streichen der Fußböden hinausgehendes Abziehen und Wiederherstellen von Parkettversiegelungen finde sich in § 28 Abs. 4 S. 3 II. BV nicht. Denn derartige Arbeiten dienten nicht mehr nur der für Schönheitsreparaturen typischen Beseitigung von Gebrauchsspuren, sondern seien dem Bereich der darüber hinausgehenden Instandhaltungsarbeiten zuzurechnen. Gleiches gelte für das – jedenfalls bei der gebotenen kundenfeindlichsten Auslegung in der Klausel enthaltene – Streichen der Wohnungseingangstüren und Fenster von außen. Beide Klauselteile seien deshalb gemäß § 307 Abs. 1 S. 1 BGB unwirksam.

Die Unwirksamkeit dieser Verpflichtungen habe nicht nur zur Folge, dass der Mieter ihnen nicht nachkommen müsse, während die Überwälzung der Schönheitsreparaturen im Übrigen wirksam sei. Die unzulässig ausgestaltete Verpflichtung des Mieters zur Vornahme von Schönheitsreparaturen dürfe nicht im Wege der Klauselkontrolle in eine zulässige Verpflichtung inhaltlich umgestaltet werden. Konkretisierungen der Schönheitsreparaturverpflichtung hinsichtlich ihres gegenständlichen und zeitlichen Umfangs sowie ihrer Ausführungsart seien inhaltlich derart eng mit der Verpflichtung selbst verknüpft, dass diese bei einer Beschränkung der Unwirksamkeit auf die unzulässige Ausführungsmodalität inhaltlich umgestaltet und mit einem anderen Inhalt aufrechterhalten würde.

Anmerkung:

Der Entscheidung befasst sich mit einer Klausel zum gegenständlichen Umfang von Schönheitsreparaturen. Das Abziehen des Parketts und das Streichen der Außenseiten von Fenstern und Türen zählen nicht zu den Schönheitsreparaturen (*Kraemer*, NZM 2003, 417). Aus dem Verbot der geltungserhaltenden Reduktion folgt, dass die Klausel, mit der diese Arbeiten als Schönheitsreparaturen auf den Mieter überwälzt werden sollten, insgesamt unwirksam ist (a.A. *Heinrichs*, NZM 2005, 201, 211).

Der *BGH* wendet auch nicht den so genannten "Blue-Pencil-Test" an: Klauseln, die zulässige und unzulässige Tatbestände sprachlich nicht trennbar verbinden, bei denen daher die Ausgrenzung der unzulässigen und die Aufrechterhaltung der zulässigen Teile nur durch eine sprachliche und inhaltliche Umgestaltung erreicht werden könnte, sind insgesamt unwirksam. Die vorliegende Klausel hätte hingegen auch in eine sprachlich und inhaltlich teilbare Formularbestimmung ohne ihren unzulässigen Bestandteil mit ihrem zulässigen Inhalt umformuliert werden können – nämlich durch Streichen der unzulässigen Arbeiten. Das Verbot geltungserhaltender Reduktion einer beanstandeten Klausel gilt nicht, wenn sich die Formularklausel aus sich heraus verständlich und sinnvoll in einen zulässigen und in einen unzulässigen Regelungsteil trennen lässt (*BGH* NJW 2003, 2899). Das ist bei Streichung von unzulässigen Arbeiten wegen der angenommenen Einheitlichkeit der Schönheitsreparaturen nach Auffassung des *BGH* aber nicht der Fall.

BGH: Reinigung des Teppichbodens (Urteil vom 08.10.2008 – XII ZR 15/07, NJW 2009, 510

Vereinbaren die Parteien eines Gewerberaummietvertrages allgemein die Übertragung von Schönheitsreparaturen auf den Mieter, umfassen diese auch die Grundreinigung des Teppichbodens.

Die Klägerin verlangt von der Beklagten nach Beendigung eines Mietvertrages über Gewerberäume u.a. Zahlung fiktiver Reparatur- und Reinigungskosten für einen inzwischen ausgewechselten Teppichboden. Die Klägerin vermietete an die Beklagte eine Gewerbeeinheit zum Betrieb eines Bekleidungsgeschäfts. Nach dem Mietvertrag waren die Instandsetzung und die Instandhaltung einschließlich der Schönheitsreparaturen im Inneren des Mietobjekts Sache der Beklagten. Nach Beendigung des Mietvertrages war die Beklagte verpflichtet, die Mieträume ordnungsgemäß gereinigt an die Klägerin zu übergeben. Die Beklagte sollte darüber hinaus vor ihrem Auszug nach Wahl der Klägerin die durch die Nutzung verursachten Schäden beseitigen und fällige Schönheitsreparaturen auf ihre Kosten durchführen oder der Klägerin die für die Durchführung der Schönheitsreparaturen erforderlichen Beträge bezahlen. Die Mieträume waren mit einem von der Klägerin verlegten Teppichboden ausgestattet. Nach Beendigung des Mietvertrages verlangte die Klägerin von der Beklagten die Erneuerung des Teppichbodens.

Der *BGH* hat grundsätzlich einen Anspruch der Klägerin auf Durchführung einer Grundreinigung des Teppichbodens auf Grund der Regelungen im Mietvertrag bejaht. Sie gehöre zu den auf die Beklagte übertragenen Schönheitsreparaturen. Für das Verständnis des Begriffs Schönheitsreparaturen werde nach übereinstimmender Auffassung in Rechtsprechung und Literatur auf dessen Definition in § 28 Abs. 4 Satz 3 II. BV, der allerdings unmittelbar nur für den preisgebundenen Wohnraum gilt, zurückgegriffen. Danach umfassen Schönheitsreparaturen „nur das Tapezieren, Anstreichen oder Kalken der Wände und Decken, das Streichen der Fußböden, Heizkörper einschließlich Heizrohre, der Innentüren sowie der Fenster und Außentüren von innen". Von dieser Definition, die auch bei preisfreiem Wohnraum zugrunde gelegt wird, sei auch bei der Gewerberaummiete auszugehen.

Ob die Parteien eines Gewerberaummietvertrages, in dem nur allgemein die Schönheitsreparaturen auf den Mieter übertragen werden, nach dem typischen Verständnis redlicher Vertragspartner aus der Beschreibung der Schönheitsreparaturen in § 28 Abs. 4 Satz 3 II. BV schließen müssen, dass davon auch die gründliche Reinigung von Teppichböden umfasst wird, ist umstritten. Der *BGH* schließt sich bislang h.M. an (z.B. Schmidt-Futterer/*Langenberg* § 538 Rz. 71), wonach – auch ohne ausdrückliche Vereinbarung – an die Stelle des in § 28 Abs. 4 Satz 3 II. BV genannten nicht mehr zeitgemäßen Streichens der Fußböden bei vom Vermieter verlegtem Teppichboden dessen Reinigung treten soll. Bei den Schönheitsreparaturen handele es sich nicht um Reparaturen im eigentlichen Sinn, sondern um Maßnahmen zur Erhaltung eines ansprechenden äußeren Erscheinungsbildes der Mieträume durch Beseitigung der Spuren des vertragsgemäßen Gebrauchs. Nach § 28 Abs. 4 Satz 3 II. BV werden hierunter in erster Linie Malerarbeiten für das gesamte Innere der Mieträume verstanden. Soweit auch für die Böden Malerarbeiten, nämlich deren Streichen vorgesehen ist, gehe die Vorschrift von den früher üblichen, inzwischen aber kaum noch vorhandenen gestrichenen Holzdielenböden aus. Da die Schönheitsreparaturen folglich nicht nur die Oberflächen der Decken und Wände, sondern auch die Oberfläche des Bodenbelags in einen ansehnlichen Zustand versetzen sollen, müsse der redliche Mieter davon ausgehen, dass er an Stelle des nur für Holzdielenböden geeigneten Streichens des Bodens die Maßnahme ergreifen muss, die für den vorhandenen Boden zu einem vergleichbaren Ergebnis führt.

BGH: Endrenovierungsklausel (Urteil vom 14.01.2009 – VIII ZR 71/08, NJW 2009, 1075)

Treffen starre und deshalb unwirksame Formularklauseln zur Vornahme der laufenden Schönheitsreparaturen und der Endrenovierung durch den Mieter mit einer später bei Einzug individuell vereinbarten Übernahme der Endrenovierungspflicht durch den Mieter zusammen, unterliegt die Individualvereinbarung weder der Inhaltskontrolle nach § 307 Abs. 1 BGB noch wird sie gemäß § 139 BGB von der Unwirksamkeit der Formularklausel erfasst.

Der Beklagte hatte vom Kläger eine Zweizimmerwohnung gemietet. Zu den Schönheitsreparaturen enthält der vom Kläger verwendete Formularmietvertrag folgende Bestimmung:

„1. Schönheitsreparaturen, (...), hat der Mieter während der laufenden Mietzeit fachgerecht dem Zwecke und der Art der Mieträume entsprechend regelmäßig auszuführen, und zwar während der Mietzeit mindestens in folgenden Zeitabständen: ....

2. Bei Beendigung des Mietverhältnisses hat der Mieter die Räume unabhängig von der Dauer in dem Zustand zurückzugeben, der einer ordnungsgemäßen Instandsetzung ... entspricht."

Anlässlich der Wohnungsübergabe unterzeichneten die Parteien ein maschinenschriftlich gefertigtes Übergabeprotokoll, das folgende Regelung enthält:

„Herr U. [= Beklagter] übernimmt vom Vormieter M. die Wohnung im renovierten Zustand. Er verpflichtet sich dem Vermieter gegenüber, die Wohnung ebenfalls im renovierten Zustand zu übergeben."

Der Kläger hat vom Beklagten, der eine Durchführung von Schönheitsreparaturen abgelehnt hat, den Ersatz der Kosten für die nach seiner Behauptung erforderlichen Renovierungsarbeiten verlangt.

Der *BGH* hat einen Anspruch des Klägers gegen den Beklagten auf Schadensersatz statt der Leistung gemäß §§ 280 Abs. 1 und 3, 281 BGB wegen unterlassener Schönheitsreparaturen bejaht. Die dem Beklagten im Protokoll der Wohnungsübergabe auferlegte Endrenovierungspflicht sei rechtlich nicht zu beanstanden, wenn dies auf einer individuellen Vereinbarung der Parteien beruht. Zwar könne der Anspruch nicht auf die in Klausel 2 vorgesehene Endrenovierungspflicht des Mieters gestützt werden. Diese Klausel sei als starre, vom Abnutzungszustand der Wohnung losgelöste Endrenovierungsklausel gemäß § 307 Abs. 1 S. 2 BGB unwirksam. Dasselbe gelte für die in Klausel 1 durch einen starren Fristenplan gekennzeichnete Überwälzung der Pflicht zur Vornahme der laufenden Schönheitsreparaturen auf den Mieter

Nicht unwirksam sei jedoch die Endrenovierungsabrede des Übergabeprotokolls, die für sich allein schon den aus der verweigerten Endrenovierung abgeleiteten Schadensersatzanspruch trägt. Als Gegenstand einer isolierten Individualvereinbarung bestünden gegen die Wirksamkeit einer solchen Abrede keine rechtlichen Bedenken, auch wenn danach die Endrenovierungspflicht unabhängig vom aktuellen Erhaltungszustand der Wohnung eingreifen soll. Es sei zwar denkbar, dass in einem derartigen Fall die beiden Klauseln wegen ihres sachlichen Zusammenhangs ein einheitliches Rechtsgeschäft im Sinne des § 139 BGB darstellen, das bei Nichtigkeit eines Teils im Zweifel insgesamt nichtig ist (*BGH* NJW 2006, 2116). Dieser Entscheidung habe aber eine Sachverhaltsgestaltung zugrunde gelegen, bei der die Formularbedingung und die individuelle Abrede gleichzeitig vereinbart worden waren. Hier sei die Endrenovierungspflicht dagegen in individueller Form nachträglich vereinbart und auf diese Weise in einen Mietvertrag eingefügt worden, dessen beide Formularklauseln über eine laufende und eine Endrenovierungspflicht des Mieters gemäß § 307 BGB nie wirksam geworden waren, ohne dass dies nach § 306 Abs. 1 BGB den Bestand des Mietvertrages im Übrigen berührt hat. Durch die im Protokoll der Wohnungsübergabe vereinbarte Endrenovierungspflicht haben die Parteien dem bestehenden Mietvertrag also nur später noch eine weitere Abrede hinzugefügt, ohne den sonstigen Bestand an Rechten und Pflichten zu verändern.

Anmerkung:

Grundsätzlich hat eine Individualabrede, die im unmittelbaren oder mittelbaren Widerspruch zu einer vorformulierten Bestimmung steht oder inhaltlich von ihr abweicht, was sich häufig erst durch Auslegung beider Regelungen ermitteln lässt, gemäß § 305b BGB Vorrang. Das gilt unabhängig davon,

- welche Partei sie begünstigt (*BGH* NJW-RR 1990, 613 zur Begünstigung des Erwerbers) – sie gilt also auch zugunsten des Verwenders – und
- wann sie getroffen wird (*BGH* NJW-RR 1995, 179; *OLG Düsseldorf* ZMR 2007, 35).

Derartige Individualabreden können sich auch aus hand- oder maschinenschriftlichen Einfügungen in einem vorformulierten Vertrag ergeben, wobei solche Ergänzungen nicht automatisch zu einer Individualvereinbarung führen (*OLG Celle* NZM 2003, 599). Auch bei nachträglichen Vereinbarungen müssen sich die Parteien nicht darüber bewusst sein oder beabsichtigt haben, dass sie von den Allgemeinen Vertragsbedingungen abweichen (*BGH* NJW 2006, 138).

Eine Individualvereinbarung, also eine zwischen den Parteien im Einzelnen ausgehandelte Vereinbarung im Sinne des § 305 Abs. 1 S. 3 BGB, kann nur angenommen werden, wenn der Verwender die vom Gesetz abweichenden Vertragsbedingungen inhaltlich in ihrem Kern zur Disposition stellt und dem Verhandlungspartner Gestaltungsfreiheit zur Wahrung eigener Interessen zumindest mit der realen Möglichkeit einräumt, die inhaltliche Ausgestaltung der Vertragsbedingungen zu beeinflussen

(*BGH* NJW 2000, 1110). Dies setzt voraus, dass er zur Abänderung der vorgelegten Bedingungen ernsthaft bereit ist und dies seinem Vertragspartner ausdrücklich erklärt (*BGH* NJW 1988, 410). Im Übrigen ist nach der Rechtsprechung des *BGH* auch in einem Formularmietvertrag eine Regelung unbedenklich, die den Mieter lediglich verpflichtet, die im Laufe des Mietverhältnisses (auf Grund einer wirksamen Klausel) fällig gewordenen, aber nicht ausgeführten Schönheitsreparaturen spätestens bei Beendigung des Mietverhältnisses, das heißt vor Rückgabe der Wohnung nachzuholen (*BGH* NJW 2003, 3192; *Beyer*, NJW 2008, 2065).

Der *BGH* hatte vorliegend nicht zu entscheiden, ob die Regelung zur Endrenovierung im Zusammentreffen mit anderen formularmäßig vereinbarten Klauseln unwirksam ist, da vorliegend die Individualklausel für den geltend gemachten Anspruch maßgeblich war. Zwei jeweils für sich genommen unbedenkliche Klauseln können einen Summierungseffekt haben und somit in ihrer Gesamtheit zu einer unangemessenen Benachteiligung des Vertragspartners des Verwenders führen, und zwar insbesondere dann, wenn sie zu einem Übermaß an Renovierungspflichten führen (*BGH* NZM 2006, 623). Der Summierungseffekt ist auch dann zu beachten, wenn die zu prüfende Formularklausel mit einer Individualvereinbarung zusammentrifft; denn bei der Prüfung einer Klausel nach § 307 BGB ist der gesamte Vertragsinhalt einschließlich seiner Individualteile zu würdigen. Darüber hinaus ist der Summierungseffekt auch dann zu beachten, wenn eine Klausel schon für sich gesehen unwirksam ist (*BGH* NZM 2003, 594) und eine „Summierung" der den Mieter belastenden Pflichten im Ergebnis gar nicht eintritt, da der Mieter aufgrund des Transparenzgebotes die Wirksamkeit der Regelungen beurteilen können muss und die Wirksamkeit der einen Klausel sich nicht danach richten kann, ob die andere (un)wirksam ist.

BGH: Zuschlag zur Miete bei unwirksamer Schönheitsreparaturklausel (Urteil vom 09.07.2008 – VIII ZR 181/07, NJW 2008, 2840

> Ein Vermieter ist nicht berechtigt, einen Zuschlag zur ortsüblichen Miete zu verlangen, wenn der Mietvertrag eine unwirksame Klausel zur Übertragung der Schönheitsreparaturen enthält und der Vermieter aufgrund dessen selbst die Schönheitsreparaturen übernehmen muss.

Nach der von der Instanzrechtsprechung bislang überwiegend vertretenen Auffassung soll der Vermieter einen Zuschlag zur ortsüblichen Vergleichsmiete verlangen können, wenn entgegen der üblichen Vertragsgestaltung, wie sie den bestehenden Mietspiegeln mit der dort ausgewiesenen Nettomiete in aller Regel zu Grunde liegt, die Schönheitsreparaturen nicht vom Mieter übernommen werden, sondern beim Vermieter verbleiben (*OLG Koblenz* NJW 1985, 333; *OLG Frankfurt a.M.* NJW-RR 2001, 945; WuM 2008, 22; *OLG Karlsruhe* NJW 2007, 3004; MünchKomm/*Artz*, § 558a Rz. 20). Insoweit könne es keinen Unterschied machen, ob sich die Parteien bewusst dafür entschieden hätten, dass der Vermieter die Schönheitsreparaturen tragen solle, oder ob sich dies allein daraus ergebe, dass der Vermieter hierzu wegen der Unwirksamkeit der formularmäßigen Überwälzung dieser Pflicht auf den Mieter verpflichtet ist. Diese Auffassung schließt sich der *BGH* nicht an.

Einen Zuschlag zur ortsüblichen Vergleichsmiete sieht das Gesetz nicht vor. Nach § 558 Abs. 1 S. 1 BGB kann der Vermieter eine Mieterhöhung nur bis zur ortsüblichen Vergleichsmiete und nicht darüber hinaus verlangen. Einem weitergehenden Anspruch auf Erhöhung der Miete durch die Gewährung eines Zuschlags steht auch der Sinn und Zweck des § 558 BGB entgegen. Dieser geht dahin, es dem Vermieter zu ermöglichen, im Rahmen des Vergleichsmietensystems eine angemessene, am örtlichen Markt orientierte Miete zu erzielen (vgl. *BVerfG* NJW 1974, 1499; 1989, 969; *BGH* NJW 2007, 2546; Staudinger/*Emmerich*, § 558 Rz. 3; MünchKomm/*Artz*, § 558 Rz. 3). Nach dem Regelungskonzept des Gesetzgebers bildeten also die Marktverhältnisse den Maßstab für die Berechtigung einer Mieterhöhung. Der verlangte Zuschlag orientiere sich dagegen an den Kosten für die Vornahme der Schönheitsreparaturen. Auf diese Weise würde bei der nicht preisgebundenen Wohnraummiete ein Kostenelement ohne Rücksicht auf seine Durchsetzbarkeit am Markt zur Begründung einer Mieterhöhung herangezogen. Hiermit wäre jedoch das vom Gesetzgeber vorgesehene System der Vergleichsmieten verlassen (*Emmerich*, NZM 2006, 761, 764; *Sternel*, NZM 2007, 545 [551f.]; *Hannemann*, in: FS Blank, 2006, S. 189, 199 ff.; *Blank*, in: PiG 75 [2006], S. 17, 31 f.).

Zwar handelt es sich nach der Rechtsprechung des *BGH* bei der Übernahme der Schönheitsreparaturen rechtlich und wirtschaftlich um einen Teil der Gegenleistung für die Gebrauchsüberlassung der Räume, weswegen der Verpflichtung des Mieters zur Durchführung von Schönheitsreparaturen Entgeltcharakter zukommt (*BGH* NJW 1988, 2790). Aus dieser Rechtsprechung ließen sich jedoch keine Maßstäbe für die Ermittlung der am Markt erzielbaren Miete im konkreten Mietverhältnis ableiten. Der Entgeltcharakter bilde insoweit lediglich einen Umstand, der für die Würdigung von Bedeutung ist, ob entsprechende Formularklauseln einer Inhaltskontrolle nach § 307 BGB standhalten. Der Entgeltcharakter als solcher könne dagegen keinen abstrakten Zuschlag entsprechend § 28 Abs. 4 II. BVO rechtfertigen, weil damit entgegen der gesetzgeberischen Konzeption nicht die ortsübliche Vergleichsmiete, sondern ein Kostenelement für die Begründung der Mieterhöhung herangezogen würde.

Der Vermieter könne die beanspruchte Mieterhöhung auch nicht im Wege der ergänzenden Vertragsauslegung nach §§ 133, 157 BGB verlangen. Nach der Rechtsprechung des *BGH* setzt eine ergänzende Vertragsauslegung zur Schließung einer Lücke, die durch die Unwirksamkeit einer der Inhaltskontrolle nach dem AGB-Recht unterliegenden Klausel entstanden ist, voraus, dass der Regelungsplan der Parteien infolge der Lücke einer Vervollständigung bedarf. Das sei nur dann anzunehmen, wenn dispositives Gesetzesrecht zur Füllung der Lücke nicht zur Verfügung steht und die ersatzlose Streichung der unwirksamen Klausel keine angemessene, den typischen Interessen des AGB-Verwenders und seines Vertragspartners Rechnung tragende Lösung bietet (*BGH* NJW 2000, 1110). Diese Voraussetzungen seien hier nicht erfüllt, da der Verbleib der in § 535 Abs. 1 S. 2 BGB angelegten Pflicht zur Vornahme von Schönheitsreparaturen bei dem Vermieter keine unangemessene, den typischen Interessen der Vertragspartner widersprechende Regelung darstellt. Der Verwender einer unzulässigen Formularbestimmung müsse sich vielmehr im Rahmen dessen, was noch als angemessene, den typischen Interessen der Vertragspartner Rechnung tragende Lösung anzusehen ist, mit der ihm ungünstigeren Regelung begnügen, die der ersatzlose Wegfall der von ihm verwendeten unzulässigen Klausel zur Folge hat (*BGH* NJW 2000, 1110).

Dem Vermieter stehe der beanspruchte Zuschlag zur ortsüblichen Vergleichsmiete auch nicht gem. § 313 BGB wegen Wegfalls der Geschäftsgrundlage zu. Nach dieser Vorschrift kommt eine Anpassung des Vertrags in Betracht, wenn einer Vertragspartei unter Berücksichtigung aller Umstände des Einzelfalls, insbesondere der vertraglichen oder gesetzlichen Risikoverteilung, das Festhalten am unveränderten Vertrag nicht zugemutet werden kann. Für eine Berücksichtigung von Störungen der Geschäftsgrundlage bestehe jedoch kein Raum, wenn nach der gesetzlichen Regelung derjenige das Risiko zu tragen hat, der sich auf die Störung beruft, § 313 Abs. 1 BGB (*BGH* NJW 2006, 2771). Bei der Unwirksamkeit Allgemeiner Geschäftsbedingungen weise § 306 BGB grundsätzlich dem Verwender das Risiko der Unwirksamkeit und der daraus erwachsenden Folgen zu. Denn nach § 306 Abs. 2 BGB richte sich der Inhalt des Vertrags in diesem Fall nach den sonst zur Anwendung kommenden gesetzlichen Regelungen. Das bedeute hier, dass der Vermieter mangels wirksamer Abwälzung der Schönheitsreparaturen gem. § 535 Abs. 1 S. 2 BGB die Instandhaltungslast in vollem Umfang zu tragen ha. Die wirtschaftlichen Nachteile der Klauselunwirksamkeit sind also seiner Risikosphäre zugewiesen.

Anmerkung:

Bereits im ersten „Raucherurteil" (*BGH* NZM 2006, 691), in dem der Vermieter vom Mieter wegen starken Rauchens in den Mieträumen Schadensersatz für Malerarbeiten begehrte, der Mietvertrag aber eine unwirksame Schönheitsreparaturklausel enthielt, hat der *BGH* die Auffassung des Vermieters, durch die Unwirksamkeit der Schönheitsreparaturklausel sei im Mietvertrag eine Regelungslücke entstanden, die im Wege der ergänzenden Vertragsauslegung zu schließen sei, zurückgewiesen. Er setzt mit der Entscheidung darüber hinaus seine Rechtsprechung fort, dass ein Wegfall der Geschäftsgrundlage, § 313 BGB, bei einer unwirksamen Formularklausel nicht in Betracht komme, da das Risiko der Verwendung der Klausel nach Maßgabe der §§ 305 ff. BGB allein dem Verwender und damit in der Regel dem Vermieter zufalle (ebenso *Lehmann-Richter,* ZMR 2005, 170). Der Vermieter habe es „sich selbst zuzuschreiben", wenn er dem Mieter ein Übermaß an Renovierungspflichten auferlegt (*BGH* NZM 2005, 504). Er trage deshalb das Risiko der Gesamtunwirksamkeit und könne sich nicht darauf berufen, dass dadurch das vertragliche Gleichgewicht gestört wird.

Mit dieser Begründung wird der *BGH* voraussichtlich auch bei langfristig befristeten Gewerberaummietverhältnissen, bei denen eine unwirksame Schönheitsreparaturklausel vereinbart ist, einen Anspruch auf einen Zuschlag zur Miete ablehnen (*Leo/Ghassemi-Tabar,* NZM 2008, 105). Bei unbefristeten Gewerberaummietverhältnissen, bei denen der Vermieter eine unwirksame Klausel in seinem Mietvertrag verwendet hat, verbleibt ihm allerdings die Möglichkeit, den Mietvertrag zu kündigen und dem Mieter einen neuen Mietvertrag mit einer wirksamen Klausel anzubieten. Dieses Recht der Änderungskündigung ist dem Vermieter von Wohnraum hingegen gem. § 573 Abs. 1 S. 2 BGB regelmäßig verwehrt.

Die Praxis wird sich auf diese Entscheidung einzustellen haben. Sie ist gleichwohl im Ergebnis abzulehnen. Dass die Überbürdung der Schönheitsreparaturpflicht auf den Mieter das Synallagma der wechselseitigen Hauptleistungspflichten der Mietvertragsparteien betrifft, bestätigt der *BGH* durch seinen Hinweis auf seine grundlegende Entscheidung aus dem Jahre 1988 (*BGH* NJW 1988, 2790), die maßgeblich mit dem Vorteil des Mieters begründet wurde, die Schönheitsreparaturen selbst ausführen zu können, statt die Kosten einer vom Vermieter in Auftrag zu gebenden Handwerkerfremdleistung über einen Zuschlag zur Miete teuer bezahlen zu müssen. Dieses seinerzeit heftig umstrittene Kalkulationsargument hat an Überzeugungskraft nichts verloren. Sachgerecht wäre es gewesen, den Mieter, der von der Möglichkeit, die Schönheitsreparaturen selbst durchzuführen, keinen Gebrauch machen will, mit den auf Erfahrungswerten beruhenden Kosten gemäß § 28 Abs. 4 S. 2 der II. BV zu belasten. Die Vermieter sind gut beraten, die Schönheitsreparaturpflicht nicht weiter auf den Mieter zu überbürden, sondern selbst zu tragen und die Kosten in die Miete – ggf. offen – einzukalkulieren. Dies wird zu einer nicht unerheblichen Erhöhung des Mietpreisniveaus führen. Damit wird sich die Abstinenz des Gesetzgebers in Sachen Schönheitsreparaturen bei der Mietrechtsreform rächen.

BGH: Mieterhöhung bei unwirksamer Schönheitsreparaturklausel im preisgebundenen Wohnraum (Urteil vom 24.03.2010 – VIII ZR 177/09, NJW 2010, 1590

Bei öffentlich gefördertem, preisgebundenem Wohnraum ist der Vermieter berechtigt, die Kostenmiete einseitig um den Zuschlag nach § 28 Abs. 4 II. BV zu erhöhen, wenn die im Mietvertrag enthaltene Klausel über die Abwälzung der Schönheitsreparaturen auf den Mieter unwirksam ist (Abgrenzung zu *BGH* NJW 2008, 2840).

Der Beklagte mietete von der Klägerin, einer Wohnungsbaugenossenschaft, eine Wohnung. Der Wohnraum war bis Ende 2008 öffentlich gefördert. Im Februar 2008 teilte die Vermieterin dem Mieter mit, dass die in den Allgemeinen Vertragsbestimmungen enthaltene Klausel über die vom Mieter durchzuführenden Schönheitsreparaturen unwirksam sei, und bot ihm an, die unwirksame Klausel im Wege einer Nachtragsvereinbarung durch eine wirksame zu ersetzen. Nachdem der Mieter eine Vertragsänderung abgelehnt hatte, sprach die Vermieterin eine Mieterhöhung gemäß § 28 Abs. 4 II. BV aus.

Nach Auffassung des *BGH* war die Vermieterin vorliegend befugt, die Miete einseitig um den streitigen Betrag zu erhöhen. Sie sei berechtigt gewesen, bei der Ermittlung der gesetzlich zulässigen Kostenmiete in Ansatz zu bringen, da aufgrund der Unwirksamkeit der Schönheitsreparaturenklausel nicht der Mieter, sondern sie selbst die Kosten der Schönheitsreparaturen zu tragen hat. Nach § 28 Abs. 44 II. BV dürfe nämlich der Vermieter einen Zuschlag zur Kostenmiete verlangen, wenn er die Kosten der Schönheitsreparaturen zu tragen hat. Das sei hier der Fall. Die Berechtigung des Vermieters zu einem Zuschlag nach § 28 Abs. 4 II. BV entfalle bei der Kostenmiete nur dann, wenn die Kosten der Schönheitsreparaturen wirksam auf den Mieter abgewälzt worden sind, nicht aber auch dann, wenn der Vermieter – wie hier – die Abwälzung zwar beabsichtigt hat, mit diesem Vorhaben aber gescheitert ist.

Das stehe nicht im Widerspruch zur Rechtsprechung des *BGH*, wonach der Vermieter bei frei finanziertem Wohnraum nicht berechtigt ist, im Falle der Unwirksamkeit einer Schönheitsreparaturklausel vom Mieter eine Mieterhöhung in Form eines Zuschlages zur ortsüblichen Vergleichsmiete zu verlangen. Die dafür maßgeblichen Gründe seien auf die Kostenmiete bei preisgebundenem Wohnraum nicht übertragbar, denn die Kostenmiete werde – anders als die Vergleichsmiete bei preisfreiem Wohnraum – nach Kostenelementen ermittelt und richte sich nicht nach der marktüblichen Miete.

LG Darmstadt: Zuschlag zur Miete für Schönheitsreparaturen bei Wegfall der Preisbindung (Urteil vom 09.02.2011 – 25 S 190/10, BeckRS 2011, 9548)

In ursprünglich preisgebundenem Wohnraum kann der Vermieter bei Vorliegen einer wirksamen, den Vermieter verpflichtenden Schönheitsreparaturklausel nach Wegfall der Preisbindung einen Zuschlag zur ortsüblichen Vergleichsmiete erheben.

Die Beklagte ist Mieterin einer ursprünglich preisgebundenen Werkmietwohnung; mittlerweile ist die Preisbindung entfallen. Nach dem Mietvertrag sind in der Grundmiete Kostenansätze für die Ausführung von Schönheits- und Bagatellreparaturen durch den Vermieter enthalten. Der Kostenansatz für die Schönheitsreparaturen richtet sich nach den Pauschalen des § 28 Abs. 2. BV. Der Mietvertrag enthält zudem eine „starre" Fristenklausel. Die Klägerin begehrt die Zustimmung der Beklagten zur Mieterhöhung auf die ortsübliche Vergleichsmiete nach dem örtlichen Mietspiegel zuzüglich eines Zuschlages für Schönheitsreparaturen.

Nach Auffassung des *LG Darmstadt* hat die Klägerin gemäß § 558 BGB einen Anspruch auf Zustimmung zur begehrten Mieterhöhung zuzüglich des begehrten Zuschlags für Schönheitsreparaturen. Vorliegend treffe die Vermieterin die Verpflichtung zur Ausführung von Schönheitsreparaturen. Der Mietvertrag enthalte insoweit einen Kostenansatz, der auf die Pauschalen des § 28 Abs. 2. BV verweise. Diese Klauseln seien wirksam. Die Frage einer unangemessenen Benachteiligung des Mieters stelle sich vorliegend nicht. Allein die Tatsache, dass Schönheitsreparaturen nach einer starren Fristenregelung auszuführen sind, mache die Klausel nicht unwirksam. Denn die Verpflichtung zur Durchführung von Schönheitsreparaturen werde gerade nicht auf die Mieterseite abgewälzt, sondern liege nach wie vor bei der Vermieterin. Das von den Mietvertragsparteien gewählte Vertragsmodell sähe vor, dass ein Teil der vom Mieter zu entrichtenden Miete vom Vermieter zweckgebunden für die Schönheitsreparaturen bereit zu halten ist. Da die Schönheitsreparaturen auf Antrag der Mieter ausgeführt würden, hätten diese es selbst durch Antragstellung bei der Vermieterin in der Hand, Schönheitsreparaturen durchzuführen bzw. durchführen zu lassen, wobei sie aufgrund des Fristenplanes Mindestwartezeiten einzuhalten hätten. Dieses Vorgehen sei für den Mieter nicht als unangemessen nachteilig im Sinne des § 307 BGB zu werten, denn die Ausführung von Schönheitsreparaturen basiere auf dem Prinzip des „Ansparens".

Für die Ausführung der Schönheitsreparaturen dürfe die Klägerin einen Zuschlag zur ortsüblichen Vergleichsmiete ansetzen. Der Wegfall der Preisbindung habe zur Folge, dass die bis dahin geschuldete Kostenmiete nunmehr vom Mieter als Marktmiete zu zahlen ist. Damit wäre vorliegend die bis dahin geschuldete Kostenmiete mit dem Kostenansatz für Schönheitsreparaturen als Gesamtmarktmiete vom Beklagten zu entrichten. Dem Mietspiegel lägen allerdings Verträge zugrunde, bei denen die Verpflichtung zur Ausführung der Schönheitsreparaturen auf den Mieter abgewälzt wurde. Der Vergleichsmiete aus dem Mietspiegel entspräche daher nur die Nettomiete ohne den vereinbarten Zuschlag. Die vom Beklagten geschuldete Miete setze sich somit aus zwei Beträgen zusammen, nämlich dem Betrag der ortsüblichen Vergleichsmiete zuzüglich des darüber hinaus vertraglich vereinbarten Zuschlags für Schönheitsreparaturen. Würde der Zuschlag auf die ortsübliche Vergleichsmiete nicht gewährt, bliebe unberücksichtigt, dass der Mieter wirtschaftlich die Renovierungskosten – betragsmäßig begrenzt durch den in der Gesamtmiete enthaltenen Zuschlag – zu zahlen hat

Anmerkung:

Eine vergleichbare Konstellation lag dem *BGH* bislang noch nicht zur Entscheidung vor. Entschieden hat er lediglich, dass der Vermieter von preisfreien Wohnraum nicht berechtigt ist, im Falle der Unwirksamkeit einer Klausel zur Vornahme der Schönheitsreparaturen durch den Mieter von diesem eine Mieterhöhung in Form eines Zuschlags zur ortsüblichen Vergleichsmiete zu verlangen, während bei preisgebundenem Wohnraum der Vermieter in diesem Fall die Kostenmiete einseitig um den

Zuschlag nach § 28 IV II. BV erhöhen kann (s. vorhergehende Entscheidungen). Da die Fragen, ob eine Schönheitsreparaturklausel mit starren Fristen für von Vermieterseite durchzuführende Schönheitsreparaturen wirksam ist und ob bei Vorliegen einer wirksamen, den Vermieter verpflichtenden Schönheitsreparaturklausel ein Zuschlag zur ortsüblichen Vergleichsmiete nach Wegfall der Preisbindung erhoben werden kann, höchstrichterlich noch nicht geklärt sind, hat das *LG Darmstadt* die Revision zugelassen.

BGH: Wertausgleich für Mieter (Urteil vom 27.05.2009 – VIII ZR 302/07, NJW 2009, 2590

1. Ein Mieter, der auf Grund einer unerkannt unwirksamen Endrenovierungsklausel Schönheitsreparaturen in der Mietwohnung vornimmt, führt damit kein Geschäft des Vermieters, sondern wird nur im eigenen Rechts- und Interessenkreis tätig, weil er eine Leistung erbringen will, die rechtlich und wirtschaftlich Teil des von ihm für die Gebrauchsüberlassung an der Wohnung geschuldeten Entgelts ist.
2. Der nach § 818 Abs. 2 BGB geschuldete Wertersatz, den der Vermieter an einen Mieter zu leisten hat, der die Mietwohnung vor seinem Auszug auf Grund einer unwirksamen Endrenovierungsklausel in Eigenleistung renoviert hat, bemisst sich üblicherweise nur nach dem, was der Mieter billigerweise neben einem Einsatz an freier Zeit als Kosten für das notwendige Material sowie als Vergütung für die Arbeitsleistung seiner Helfer aus dem Verwandten- und Bekanntenkreis aufgewendet hat oder hätte aufwenden müssen.

Die Kläger hatten eine Wohnung des Beklagten gemietet. Der vom Beklagten verwendete Formularmietvertrag enthielt eine Bestimmung, wonach dem Meter die Schönheitsreparaturen obliegen und je nach Räumlichkeit „mindestens" in im Einzelnen genannten Fristen auszuführen sind. Handschriftlich wurde hinzugefügt, dass bei Beendigung des Mietverhältnisses die Übergabe in renoviertem Zustand zu erfolgen habe. Während des Mietverhältnisses renovierten die Kläger die Wohnung. Kurz vor Ende des Mietverhältnisses sprachen die Parteien über eine durchzuführende Renovierung; der genaue Inhalt des Gesprächs ist streitig. Jedenfalls weißten die Kläger vor Auszug noch die Wohnung. Mit der Behauptung, der Beklagte habe ausdrücklich auf Durchführung einer Endrenovierung bestanden, um die Wohnung in einem frisch renovierten Zustand weiterzuvermieten, beanspruchen die Kläger Erstattung der für das Weißen der Wand- und Deckenflächen getätigten Aufwendungen, die sie mit 9 € je Quadratmeter ansetzen.

Nach Auffassung des *BGH* ist der beklagte Vermieter zum Wertersatz verpflichtet. Allerdings bestehe keine Erstattungspflicht des Beklagten unter den Gesichtspunkten eines Schadensersatzes wegen Verschuldens bei Vertragsschluss und einer Geschäftsführung ohne Auftrag. Zwar könne ein Verwender Allgemeiner Geschäftsbedingungen durch die Verwendung unwirksamer Klauseln seine vorvertragliche Pflicht zur Rücksichtnahme gegenüber seinem Vertragspartner verletzen und sich bei Verschulden diesem gegenüber schadensersatzpflichtig machen, wenn der Vertragspartner in Unkenntnis der Unwirksamkeit der Klausel Aufwendungen tätigt. Auch wenn es sich vorliegend bei der Endrenovierungsklausel um eine allgemeine Geschäftsbedingung gehandelt hatte, habe vom Beklagten allerdings nicht erwartet werden können, dass ihm an der Zulässigkeit einer Endrenovierungsabrede, die individualvertraglich nicht zu beanstanden ist, Zweifel kommen mussten.

Weiter bestimmt zwar § 539 Abs. 1 BGB, dass der Mieter vom Vermieter Aufwendungen auf die Mietsache, die der Vermieter ihm nicht gemäß § 536a Abs. 2 BGB zu ersetzen hat, nach den Vorschriften über die GoA gemäß §§ 677, 683, 670 BGB ersetzt verlangen kann. Vorliegend seien jedoch deren gesetzliche Voraussetzungen nicht erfüllt. Die Regeln der GoA griffen nämlich nur ein, wenn der Geschäftsführer ein Geschäft „für einen anderen" besorgt. Das sei vorliegend nicht der Fall, da ein Mieter, der auf Grund vermeintlicher vertraglicher Verpflichtung Schönheitsreparaturen in der Mietwohnung vornimmt, damit kein Geschäft des Vermieters führt, sondern nur im eigenen Rechts- und Interessenkreis tätig wird. Der für eine Fremdgeschäftsführung erforderliche unmittelbare Bezug zum Rechts- und Interessenkreis des Vermieters bestehe nicht schon deshalb, weil die Renovierungsmaßnahmen zu einer Verbesserung der Mietsache führen und damit dem Vermögen des Vermieters zugute kommen. Denn mit der Vornahme von Schönheitsreparaturen wolle der Mieter eine Leistung erbringen, die rechtlich und wirtschaftlich als Teil des von ihm für die Gebrauchsüberlassung an der Wohnung geschuldeten Entgelts anzusehen ist Eine dadurch bewirkte Vermögensmehrung auf Vermieterseite stelle ebenso wenig wie die Zahlung der Miete eine Wahrnehmung von Vermieterinteressen dar, welche eine Anwendung der Vorschriften der GoA rechtfertigen könnte.

Wohl aber bestehe ein Wertersatzanspruch des Mieters nach der Regeln über die Herausgabe einer ungerechtfertigten Bereicherung gemäß §§ 812 Abs. 1, § 818 Abs. 2 BGB. Die Kläger hätten die von ihnen vorgenommenen Schönheitsreparaturen auf Grund einer unwirksamen Endrenovierungsklausel und damit ohne rechtlichen Grund erbracht. Da die rechtsgrundlos erbrachte Leistung nicht in Natur herausgegeben werden kann, habe der Beklagte nach § 818 Abs. 2 BGB Wertersatz zu leisten. Dieser sei nicht darauf gerichtet, eine durch die Renovierungsmaßnahmen eingetretene Wertsteigerung der Mieträume in Form von Vorteilen auszugleichen, die der Vermieter aus einem erhöhten objektiven Ertragswert der Mietsache tatsächlich erzielen kann oder hätte erzielen können, weil die Leistung der Kläger darin bestanden habe, einen rechtlich und wirtschaftlich als Teil des von ihnen für die Gebrauchsüberlassung an der Wohnung vermeintlich geschuldeten Entgelts durch Vornahme der Schönheitsreparaturen und damit durch eine Werkleistung zu erbringen. Vielmehr bemesse sich bei rechtsgrundlos erbrachten Dienst- oder (nicht verkörperten) Werkleistungen der Wert der herauszugebenden Bereicherung grundsätzlich nach dem Wert der üblichen, hilfsweise der angemessenen Vergütung. Dabei müsse berücksichtigt werden, dass Mieter bei Ausführung von Schönheitsreparaturen vielfach von der im Mietvertrag regelmäßig eingeräumten Möglichkeit Gebrauch machen, die Arbeiten in Eigenleistung zu erledigen oder sie durch Verwandte und Bekannte erledigen zu lassen. In diesem – auch hier gegebenen – Fall bemesse sich der Wert der Dekorationsleistungen üblicherweise nur nach dem, was der Mieter billigerweise neben seinem Einsatz an freier Zeit als Kosten für das notwendige Material sowie als Vergütung für die Arbeitsleistung seiner Helfer aus dem Verwandten- und Bekanntenkreis aufgewendet hat oder hätte aufwenden müssen.

Anmerkung:

Der *BGH* schließt sich der in der mietrechtlichen Instanzrechtsprechung wie auch im Schrifttum vertretenen Auffassung an, dass der Mieter, der auf Grund einer unwirksamen Schönheitsreparaturklausel renoviert, selbst bei einer Schlussrenovierung kein Geschäft des Vermieters führt (z.B. *LG Berlin* GE 2007, 517). Wertersatz soll er hingegen nach den Grundsätzen der ungerechtfertigten Bereicherung verlangen können; dessen Höhe bemisst sich nicht nach der Wertsteigerung der Wohnung aufgrund der Schönheitsreparaturen, sondern nach der üblichen Vergütung für solche Arbeiten. Anders hat der *BGH* erst kürzlich für Investitionen in das Mietobjekt bei vorzeitiger Vertragsbeendigung entschieden (*BGH* NJW 2009, 2374).

Der *BGH* führt seine – zu Lasten des Vermieters mittlerweile gefestigte – Rechtsprechung zu unwirksamen Schönheitsreparaturklauseln in Mietverträgen fort. In den vergangenen fünf Jahren hat er – ausgehend von seiner Leitentscheidung zu „starren Fristen" – hierzu folgende Grundsätze entwickelt: Unwirksam sind – auch in Gewerberaummietverträgen (*BGH* NJW 2008, 3772) und auch wenn der Fristenplan in einer separaten Klausel enthalten ist (*BGH* NJW 2004, 3775) – Klauseln, die dem Mieter nach einem sog. „starren" Fristenplan die Ausführung von Schönheitsreparaturen auferlegen, ohne erkennen zu lassen, dass der Fristenplan nur ein Näherungswert ist, von dem wegen des guten Erhaltungszustands der Mieträume nach oben abgewichen werden kann (*BGH* NJW 2004, 2586), wofür die Verwendung der Formulierung „im allgemeinen" (*BGH* NJW 2004, 2087) oder „in der Regel" (*BGH* NJW 2005, 3416) ausreichend ist. Hierdurch wird nämlich dem Mieter ein Übermaß an Renovierungspflichten auferlegt, denen er auch dann genügen muss, wenn ein tatsächlicher Renovierungsbedarf nicht besteht. Gleiches gilt für so genannte "isolierte Endrenovierungsklauseln" (*BGH* NJW 2007, 3776), die aber individualvertraglich auch nach Mietvertragsabschluss – etwa bei Übergabe – vereinbart werden dürfen (s.o. *BGH* NJW 2009, 1075). Unwirksam sind auch Quotenabgeltungsklauseln auf der Basis von starren Fristen (*BGH* NZM 2006, 924) – ohne Vertrauensschutz auf frühere anderslautende Rechtsprechung (*BGH* NJW 2008, 1438). Die Unwirksamkeit einer Quotenabgeltungsklausel berührt allerdings nicht die Wirksamkeit einer (zulässigen) Renovierungs- und Vornahmeklausel (*BGH* NZM 2008, 605; NZM 2009, 197). Ist eine Schönheitsreparaturklausel unwirksam, so ist der Vermieter nicht berechtigt, vom Mieter eine Mieterhöhung in Form eines Zuschlags zur ortsüblichen Vergleichsmiete zu verlangen (*BGH* NJW 2008, 2840), statt dessen ist – umgekehrt – der Mieter nach dem vorstehenden Urteil berechtigt, Wertersatz bei Vornahme der nicht geschuldeten Schönheitsreparaturen zu verlangen.

2. Sonstiges

BGH: Vollständiger Ausschluss des Minderungsrechts bei der Gewerberaummiete (Urteil vom 23.04.2008 – XII ZR 62/06, NJW 2008, 2497)

Eine vom Vermieter in einem Gewerberaummietvertrag verwendete formularmäßige Klausel, wonach eine Minderung der Miete ausgeschlossen ist, wenn die Nutzung der Räume durch Umstände beeinträchtigt wird, die der Vermieter nicht zu vertreten hat, ist im Zweifel dahin auszulegen, dass sie die Minderung insoweit vollständig ausschließt und dem Mieter nicht die Möglichkeit der Rückforderung der Miete nach § 812 BGB belässt. Eine solche Klausel benachteiligt den Mieter unangemessen und ist deswegen unwirksam.

Die Beklagten mieteten von den Klägern Gewerberäume zum Betrieb eines physikalischen Therapiezentrums. Sie zahlten ab Juni 2001 eine geminderte Miete. Ab diesem Zeitpunkt begannen auf dem Nachbargrundstück Bauarbeiten. Zunächst wurde das Nachbargebäude abgerissen. Sodann wurden Arkaden errichtet. Die Abriss- und Neubauarbeiten waren mit erheblichem Lärm und Erschütterungen verbunden. Die Kläger sind der Ansicht, die Minderung sei nach dem Mietvertrag ausgeschlossen. Nach diesem soll eine Minderung der Miete ausgeschlossen sein, wenn durch Umstände, die der Vermieter nicht zu vertreten hat, „etwa Verkehrsumleitung, Straßensperrungen, Bauarbeiten in der Nachbarschaft etc.", die gewerbliche Nutzung der Räume beeinträchtigt wird, „etwa durch Umsatz- und Geschäftsrückgang". Die Kläger fordern nunmehr Zahlung des Minderungsbetrages.

Nach Auffassung des *BGH* steht den Klägern kein Anspruch auf Zahlung der vollen Miete zu. Zwar könne das Recht zur Mietminderung bei der Geschäftsraummiete – anders als bei der Wohnraummiete – eingeschränkt werden. Eine solche Einschränkung sei grundsätzlich auch formularmäßig möglich. Gleichwohl halte vorliegend die mietvertragliche Klausel einer Inhaltskontrolle am Maßstab des § 307 BGB nicht stand. Nach ihrem Wortlaut sei eine Minderung der Miete ausgeschlossen, wenn die Nutzung der Mietsache durch Umstände beeinträchtigt wird, die der Vermieter nicht zu vertreten hat. Ob der in der Klausel geregelte Ausschluss sich nur auf die Verwirklichung der Minderung durch sofortigen Abzug von der geschuldeten Miete bezieht, oder ob der Ausschluss dem Mieter auch das Recht nimmt, die überzahlte Miete gemäß § 812 BGB zurückzufordern, lasse sich der Klausel nicht zweifelsfrei entnehmen; sie lasse vielmehr beide Auslegungen zu. In diesem Fall greife die Auslegungsregel des § 305c Abs. 2 BGB ein, wonach Zweifel bei der Auslegung Allgemeiner Geschäftsbedingungen zu Lasten des Verwenders gingen. Dies führe jedenfalls dann, wenn eine Auslegungsvariante gegen § 307 BGB verstößt, dazu, dass sich die kundenfeindlichste Variante durchsetzt. Deshalb sei hier von der Auslegung auszugehen, nach der die Minderung endgültig ausgeschlossen ist.

Nach Auffassung des *BGH* verstößt die Klausel in dieser Auslegung gegen § 307 Abs. 2 Nr. 1 BGB. Zwar benachteiligen Minderungsbeschränkungen in Geschäftsraummietverträgen, die den Mieter bei Vorliegen eines den Gebrauch einschränkenden Mangels einstweilen zur Zahlung der vollen Miete verpflichten und ihn wegen der überzahlten Miete auf einen Rückzahlungsanspruch gem. § 812 BGB verweisen, diesen nicht unangemessen. Solche Klauseln trügen dem berechtigten Interesse des Vermieters an der fortlaufenden pünktlichen Zahlung der vereinbarten Miete Rechnung. Um seine Immobilie ohne Liquiditätsprobleme bewirtschaften und finanzieren zu können, sei er auf den vollständigen, pünktlichen Eingang der laufenden Mietzahlungen angewiesen. Ein direkter Abzug des Minderungsbetrages aufgrund vom Mieter behaupteter umstrittener Mängel könne dazu führen, dass der Vermieter bis zur rechtskräftigen gerichtlichen Klärung, ob die behaupteten Mängel bestehen, nicht mehr in der Lage ist, die laufenden Bewirtschaftungs- und Kapitalkosten aufzubringen. Das sich daraus ergebende Sicherungsinteresse des Vermieters rechtfertige es, die Verwirklichung des Minderungsrechts durch Abzug von der laufenden Miete jedenfalls insoweit auszuschließen, als das Minderungsrecht nicht unstreitig oder rechtskräftig festgestellt ist, und den Mieter wegen eines Rückzahlungsanspruchs der überzahlten Miete auf eine gesonderte Klage zu verweisen.

Demgegenüber benachteilige der endgültige Ausschluss der Minderung, der dem Geschäftsraummieter bei Vorliegen eines den vertragsgemäßen Gebrauch einschränkenden Mangels auch den Rückzahlungsanspruch verwehrt, den Mieter unangemessen gem. § 307 Abs. 2 Nr. 1 BGB. Die Minderung sei Ausdruck des das Schuldrecht prägenden Äquivalenzprinzips und habe daher die Aufgabe, die Gleichwertigkeit der beiderseitigen Leistungen sicherzustellen. Ein vollständiger Ausschluss der Minderung durch formularvertragliche Regelung verletze das zu den wesentlichen Grundgedanken des Schuldrechts gehörende Prinzip der Äquivalenz von Leistung und Gegenleistung. Das gelte auch, soweit – wie im vorliegenden Fall – der Minderungsausschluss allein Mängel betreffe, die der Vermieter nicht zu vertreten hat. Denn die Minderung setze kein Verschulden auf Seiten des Vermieters voraus. Der Mieter könne vielmehr selbst dann mindern, wenn der Vermieter nicht über die Möglichkeit zur Beseitigung des Mangels verfügt. Insoweit werde dem Vermieter die Vergütungsgefahr auferlegt: Er verliere den Anspruch auf die vereinbarte Gegenleistung, weil er die von ihm geschuldete Leistung, die Überlassung der Mietsache in einem zum vertragsgemäßen Gebrauch geeigneten Zustand, nicht erbringen kann. Ein vollständiger Ausschluss der Minderung bei von Dritten zu verantwortenden Einschränkungen des vertragsgemäßen Gebrauchs sei mit diesen wesentlichen Grundgedanken der gesetzlichen Regelung nicht vereinbar; der Mieter müsse nämlich die volle Miete entrichten, ohne eine gleichwertige Gegenleistung zu erhalten.

Anmerkung:

Der Entscheidung des *BGH* ist beizupflichten. Nach ganz h.M. in Rechtsprechung und Literatur, die der *BGH* vorliegend bestätigt, ist es bei Geschäftsraummietverhältnissen zulässig, dem Mieter bei Mängeln der Mietsache das Recht auf die Durchsetzung der Minderung durch Abzug vom Mietzins zu versagen und ihn insoweit auf Rückforderungsansprüche aus § 812 BGB zu verweisen (*BGH* NJW-RR 1993, 519; *OLG Hamm* NJW-RR 1998, 1020; *KG* NZM 2002, 526; Schmidt-Futterer/*Eisenschmid*, § 536 Rz. 426 f.). Ein formularmäßiger Ausschluss von Gewährleistungsrechten ist aber nur wirksam, wenn dem Mieter andere Möglichkeiten verbleiben, das Gleichgewicht von Leistung und Gegenleistung wiederherzustellen (so auch die Vorinstanz *LG Hamburg* NZM 2004, 948; Schmidt-Futterer/*Eisenschmid*, a.a.O., Rz. 427).

Im Wohnraummietrecht ist eine solche Verweisung auf Rückforderungsansprüche gemäß § 535 Abs. 4 BGB unzulässig, da der Mieter zur Vorleistung verpflichtet und sein Minderungsrecht eingeschränkt wird. Daneben sind bei „Altverträgen", d.h. solchen, die vor In-Kraft-Treten der Mietrechtsreform am 01.09.2001 geschlossen wurden, weitergehende Einschränkungen zu beachten. Nach § 551 Abs. 1 S. 2 BGB a.F. war der Mietzins jeweils am Ende des Zeitabschnittes, für den er bemessen ist, zu zahlen. So genannte Vorfälligkeitsklauseln, wonach der Mietzins zu Beginn des jeweiligen Abschnitts zu zahlen ist, waren zwar wirksam und verstießen nicht gegen § 307 BGB (Schmidt-Futterer/*Eisenschmid*, a.a.O., Rz. 415; *Kinne* ZMR 2000, 725). Wurde der Mieter daneben aber noch zusätzlich verpflichtet, die Verrechnung von wegen Mängeln überzahlten Mietzinses mit dem laufenden Mietzins dem Vermieter mindestens einen Monat vor dessen Fälligkeit anzuzeigen, stellte sich diese Kombination als unzulässige Beschränkung des Minderungsrechts dar (*BGH* NJW 1995, 254). Infolge der Kombination von Vorauszahlungs- und Ankündigungsklausel kann der Mieter die Minderung nämlich zumindest für den ersten Monat, in welchem der Mangel auftritt, weder durch Abzug vom geschuldeten (und bereits gezahlten) Mietzins noch durch Aufrechnung mit einem Bereicherungsanspruch im Folgemonat durchsetzen. Aufgrund des so genannten "Summierungseffektes" gilt dies auch, sofern beide Klauseln für sich genommen nicht zu beanstanden wären und eine unangemessene Benachteiligung erst aus ihrer Gesamtwirkung folgt. Der Mieter hat somit aufgrund der Klauselkombination trotz der Vorfälligkeitsklausel den Mietzins erst zu Beginn des Folgemonats zu entrichten. Diese Einschränkung ist auch nach der Mietrechtsreform weiterhin zu beachten.

Bei nach dem 31.08.2001 geschlossenen Neuverträgen ist der Mietzins gemäß § 556b Abs. 1 BGB zu Beginn des jeweils vereinbarten Zeitabschnitts fällig. Eine vereinbarte Vorfälligkeitsklausel gibt in diesem Fall nur den Gesetzeswortlaut ohne eigenständige Regelung wider. Die Frage der Kombination mit einer Ankündigungsklausel stellt sich hier folglich nicht. Auch ist die Ankündigungspflicht nunmehr in § 556b Abs. 2 BGB kodifiziert.

BGH: Formularmäßig gestatteter Vermieterwechsel (Urteil vom 09.06.2010 – XII ZR 171/08, NJW 2010, 3708)

Formularmäßige Klauseln, die dem Verwender das Recht einräumen, seine vertragliche Stellung als Vermieter von Gewerberäumen jederzeit auf eine andere Person zu übertragen, stellen nicht generell eine unangemessene Benachteiligung dar. Vielmehr ist, wenn der Mieter Unternehmer ist, eine am Maßstab des § 307 BGB ausgerichtete Prüfung der Umstände des Einzelfalls vonnöten.

Die Parteien streiten um die Aktivlegitimation der Klägerin, die gegen den Beklagten Forderungen aus einem beendeten Mietvertrag über Gewerberäume geltend macht. Ursprünglich hatte die S. AG die Räume an den Beklagten vermietet. Im Formularmietvertrag war eine Klausel enthalten, nach welcher der Vermieter das Recht haben sollte, „diesen Vertrag jederzeit auf eine andere Gesellschaft zu übertragen". Später teilte die S. AG dem Beklagten mit, dass sie das Mietverhältnis auf die Klägerin – eine GbR und Eigentümerin der vermieteten Räume – übertragen habe und künftige Zahlungen an diese zu leisten seien.

Nach Auffassung des *BGH* ist die Klägerin kraft wirksamer Übertragung des Mietvertrags Vermieterin geworden; sie sei deshalb zur Geltendmachung der Ansprüche aktivlegitimiert. Die notwendige Zustimmung des Mieters zur Vertragsübertragung sei bereits im Mietvertrag erteilt worden. Die Klausel halte einer Inhaltskontrolle am Maßstab der §§ 307, 309 BGB stand. Das Eintrittsverbot des § 309 Nr. 10 BGB sei vorliegend nicht anwendbar: Der Mietvertrag zähle nicht zu den dort genannten Vertragstypen; auch gelte § 309 BGB nicht gegenüber Unternehmern.

Auch § 307 BGB führe nicht zur Unwirksamkeit der Klausel. Zwar seien Vertragsübertragungsklauseln, die formularmäßig das Genehmigungserfordernis des § 415 Abs. 1 BGB ersetzen sollen, jedenfalls dann zu beanstanden, wenn dem Kunden des Klauselverwenders nach der Art des geschlossenen Vertrags die Person seines Vertragspartners typischerweise nicht gleichgültig sein kann. Im Mietrecht sei es aber gesetzlich bereits vorgesehen, dass anstelle des ursprünglichen Vermieters ein neuer in den Mietvertrag eintreten kann, §§ 565, 566 BGB. Die Frage nach der Unangemessenheit eines dem Vermieter formularmäßig zuerkannten Rechts zur Vertragsübertragung auf Dritte sei deshalb an eine Abwägung der beteiligten Interessen im Einzelfall zu knüpfen. Dabei werde auf der Vermieterseite ein grundsätzliches Interesse eines gewerblichen, als Gesellschaft organisierten Vermieters anzuerkennen sein, einen wirtschaftlich für sinnvoll erachteten künftigen Wandel der Rechtsform oder Rechtsinhaberschaft durch die Möglichkeit einer Bestandsübernahme – hier: der Übernahme von Mietverträgen der AG – durch eine mit dem Vorstand dieser AG zumindest teilweise personenidentische GbR, die zugleich Eigentümerin der bislang von der AG vermieteten Räume ist, zu erleichtern.

Dem stehe das Interesse des Mieters entgegen, sich über Zuverlässigkeit und Solvenz des Vermieters zu vergewissern. Dieses Interesse des Mieters werde um so eher Beachtung fordern, je stärker das Vertragsverhältnis von einem besonderen Interesse des Mieters an der Person eines bestimmten Vermieters (mit-)geprägt wird. Ein solches Interesse des Mieters könne sich insbesondere aus der Rechtspersönlichkeit des bisherigen Vermieters – etwa bei natürlichen Personen oder Personengesellschaften – ergeben; es könne sich aber auch aus Besonderheiten der Vertragsgestaltung – etwa bei der Inanspruchnahme persönlichen Vertrauens – herleiten. Ein solch personaler Einschlag des Mietverhältnisses sei hier aber nicht ersichtlich.

Anmerkung:

Der Entscheidung ist zuzustimmen. In der Praxis ist eine derartige Eintrittsklausel für Projektentwicklungsfälle von Bedeutung, in denen der Grundstückseigentümer oder Bauträger Mietverträge bereits vor der Fertigstellung eines Gebäudes abschließt und die Mieträume vor deren Überlassung an den Mieter veräußert, so dass es nicht zu einem gesetzlichen Vermieterwechsel nach § 566 BGB kommt. Da in diesem Fall § 578 Abs. 2 i.V.m. § 567a BGB ohnehin einen Vermieterwechsel durch Vereinbarung zwischen Veräußerer und Erwerber ermöglicht, benachteiligt auch eine formularmäßige Befugnis des Vermieters, die Vermieterstellung auf den Grundstückserwerber zu übertragen, den Mieter nicht unangemessen, sofern die Eintrittsregelung dem eintretenden Vermieter keine weitergehenden Rechte als dem bisherigen Vermieter einräumt und die Rechte des Mieters nicht verkürzt; andernfalls folgt die Unwirksamkeit aus § 307 Abs. 2 Nr. 2 BGB, soweit nicht § 565 Abs. 3 BGB einschlägig ist (Hannemann/*Wiegner*, § 48 Rz. 35).

BGH: Betriebs- und Offenhaltungspflicht mit diffuser Sortimentsbindung ohne Konkurrenzschutz (Urteil vom 03.03.2010 – XII ZR 131/08, NJW-RR 2010, 1017

Eine formularmäßig vereinbarte Betriebs- und Offenhaltungspflicht des Mieters eines Ladengeschäfts in einem Einkaufszentrum ist auch dann wirksam, wenn dem Mieter zugleich eine Sortimentsbindung auferlegt, ihm aber kein Sortiments- und Konkurrenzschutz gewährt wird.

Die Parteien streiten über die Wirksamkeit einer mietvertraglichen Vereinbarung, durch welche sich die Klägerin zum Betrieb eines als „T.-Discount" gemieteten Ladenlokals sowie zu dessen durchgehender Offenhaltung nach Maßgabe der von der Beklagten bestimmten Öffnungszeiten verpflichtet hatte. Nach dem Mietvertrag ist die Klägerin verpflichtet, das Sortiment *„entsprechend der oben angeführten Beschränkung einzuhalten. Eine Änderung der … Nutzung oder des Sortiments ist dem Mieter ohne vorherige Zustimmung des Vermieters nicht gestattet. Dem Mieter wird keine Sortimentsausschließlichkeit zugesichert. Konkurrenzschutz ist ausgeschlossen."*

Nach Auffassung des *BGH* ist die vorliegende Klauselkombination wirksam. Für sich genommen stelle weder die formularmäßige Vereinbarung einer Betriebs- und Offenhaltungspflicht noch eine formularmäßige Abrede, die den Mieter von Gewerberäumen an ein bestimmtes Sortiment bindet oder den Vermieter von einer Verpflichtung zum Konkurrenzschutz freistellt, eine unangemessene Benachteiligung des Mieters im Sinne von § 307 BGB dar. Vorliegend könne auch dahinstehen, ob eine Betriebspflicht des Mieters von Verkaufsräumen in einem Einkaufszentrum mit einer Sortimentsbindung kombiniert und zusätzlich mit einem Ausschluss von Konkurrenz- und Sortimentsschutz wirksam verbunden werden kann. Denn der Klägerin sei im Mietvertrag keine hinreichend konkretisierbare Sortimentsbindung auferlegt worden: Die Vermietung als „T.-Discount“ sei keine Sortimentsbezeichnung, sondern ein Teil des Firmennamens. Selbst wenn sich aus dieser Bezugnahme auf eine vage Sortimentsbeschränkung schließen ließe, so hätte diese Beschränkung eine umfänglich kaum begrenzbare Reichweite, die eine Sortimentsbindung jeglicher praktischen Bedeutung entzöge. Deshalb sei vorliegend die Kombination unter dem Aspekt des § 307 I 1 BGB nicht zu beanstanden.

Hieran ändere auch die Verpflichtung der Klägerin zur Offenhaltung ihres Geschäfts nichts. Auch diese benachteilige die Klägerin nicht unangemessen. Es entspreche verbreiteter Übung und den Erwartungen des Publikums, dass ein Discount-Markt mit der größten Ladenfläche in einem Einkaufszentrum während der Öffnungszeiten des Zentrums durchgehend – also ohne Mittagspausen, Ruhetage oder Betriebsferien – offengehalten wird. Der Umstand, dass im Mietvertrag nur Schließungen wegen „Inventuren oder Betriebsversammlungen“ von dieser generellen Offenhaltungspflicht ausgenommen werden, begründe keine Unwirksamkeit der mietvertraglichen Regelung. Diese seien nur beispielhaft genannt. Andere notwendige Schließungen – etwa aufgrund von Schönheitsreparaturen oder Instandhaltungsmaßnahmen – würden hierdurch nicht ausgeschlossen.

Anmerkung:

Der *BGH* führt seine Rechtsprechung fort, wonach für den Mieter von Verkaufsräumen in einem Einkaufszentrum weder eine durchgehende Offenhaltungspflicht (*BGH* NJW-RR 1992, 1032) noch eine Sortimentsbindung (*BGH* NJW 2000, 1714) eine unangemessene Benachteiligung im Sinne des § 307 Abs. 1 S. 1 BGB darstellt. Nach der obergerichtlichen Rechtsprechung soll es auch nicht unangemessen sein, wenn dem Mieter eine Betriebspflicht auferlegt, zugleich aber die Gewährung von Konkurrenz- und Sortimentsschutz durch den Vermieter ausgeschlossen wird (*OLG Rostock* NZM 2004, 460; *OLG Hamburg* ZMR 2003, 254). Z.T. wird es hingegen für unzulässig erachtet, wenn der Mietvertrag dem Mieter für die gesamte Mietzeit eine Betriebspflicht und eine Sortimentsbindung, d.h. die Bindung an die zu Vertragsbeginn bestimmte Geschäftsausrichtung, auferlegt, ihm aber gleichzeitig jeglichen Konkurrenzschutz versagt (*OLG Schleswig* NZM 2000, 1008): Dem Mieter, der ohnehin das Rentabilitätsrisiko zu tragen hat, werde durch diese Kumulation von Pflichten die Möglichkeit des Ausweichens in eine andere Geschäftsausrichtung genommen und eine (ggf. kostensparende) Geschäftsaufgabe versagt. Ob dieser Auffassung zu folgen ist, konnte der *BGH* vorliegend – aufgrund der nur sehr vagen Sortimentsbeschreibung – offen lassen. Richtigerweise ist aber auch eine solche Kombination zulässig.

KG: Verbot von Betriebsschließungen (Urteil vom 05.03.2009 – 8 U 177/08, NJOZ 2010, 149

Eine in einem Mietvertrag über ein in einem Einkaufszentrum belegenes Ladengeschäft enthaltene Klausel mit dem Inhalt „Zeitweise Schließungen (z. B. aus Anlass von Mittagspausen, Ruhetagen, Betriebsferien, Inventuren) sind nicht zulässig" ist wegen unangemessener Benachteiligung gemäß § 307 I, II Nr. 2 BGB jedenfalls dann unwirksam, wenn der Mieter hierdurch an der Durchführung der ihm vertraglich auferlegten Schönheitsreparaturen gehindert wird.

LG Hamburg, Urteil vom 05.03.2009 (Bearbeitungsgebühr) – 307 S 144/08, BeckRS 2009, 19248

Die formularmäßige Vereinbarung zur Zahlung einer einmaligen Bearbeitungsgebühr bei Vertragsabschluss ist gemäß § 307 Abs. 1 S. 1, Abs. 2 Nr. 1 BGB unwirksam.

Die Klägerin war bis März 2006 Mieterin in einer von der Beklagten vermieteten Wohnung. Der Mietvertrag über diese Wohnung sah in § 30 VII die folgende Vereinbarung vor:

„Vereinbarungsgemäß zahlt der Mieter bei Vertragsabschluß an den Vermieter eine einmalige Bearbeitungsgebühr in Höhe von € 130,00 zzgl. 16 % MwSt. € 20,80 – insgesamt € 150,80."

Das *LG Hamburg* hat einen Anspruch der Klägerin auf Rückzahlung der geleisteten Bearbeitungsgebühr bejaht. Die Vereinbarung, wonach die Mieter eine einmalige Bearbeitungsgebühr bei Vertragsabschluss zu zahlen haben, sei nach § 307 Abs. 1 S. 1, Abs. 2 Nr. 1 BGB unwirksam, weil sie mit wesentlichen Grundgedanken der gesetzlichen Regelung, von der abgewichen wird, nicht zu vereinbaren sind und die Kläger unangemessen benachteiligen. Ein Anspruch auf Ersatz anfallender Kosten bestehe nur, wenn dies im Gesetz vorgesehen ist. Anderenfalls könnten die Kosten nicht auf Dritte abgewälzt werden, indem die Erfüllung gesetzlicher Pflichten in AGB zur individuellen Dienstleistung gegenüber dem Vertragspartner erklärt wird. Entgelte könnten nur für Leistungen verlangt werden, die auf rechtsgeschäftlicher Grundlage für den einzelnen Kunden erbracht werden. Jede Entgeltregelung in AGB, die sich nicht auf eine solche Leistung stützt, sondern Aufwendungen für die Erfüllung einer gesetzlichen Pflicht des Verwenders offen auf dessen Kunden abwälzt, stelle eine Abweichung von wesentlichen Grundgedanken der gesetzlichen Regelung dar und verstoße gegen § 307 Abs. 2 Nr. 1 BGB. Diese Grundsätze kämen zudem in § 535 Abs. 1 S. 3 BGB zum Ausdruck. Diese Regelung gehe davon aus, dass der Vermieter die ihm entstehenden Kosten in die Miete einkalkuliert. Soweit er für seine vertragliche Pflicht, dem Mieter während des Mietverhältnisses ständig den Gebrauch in vertragsgemäßem Zustand zu gewähren, Kosten aufwenden muss, habe er diese aus der Miete zu bestreiten. Das *LG Hamburg* hat die Revision zugelassen. Insoweit bleibt abzuwarten, wie der *BGH* entscheiden wird.

Anmerkung:

Vertragsabschlussgebühren werden häufig dort verlangt, wo die Mieter häufig wechseln, insbesondere bei Mietverhältnissen mit Studenten oder ausländischen Arbeitnehmern. Das *LG Hamburg* schließt sich mit der vorliegenden Entscheidung der h.M. (Schmidt-Futterer/*Eisenschmid*, § 535 Rz. 645) an, die einen Anspruch auf eine Bearbeitungsgebühr verneint. Auch das *AG Hamburg-Altona* (NJW-RR 2007, 11) und das *LG Berlin* (GE 1996, 607) haben die Vereinbarung einer formularvertraglichen „Vertragsausfertigungsgebühr" wegen Verstoßes gegen § 307 Abs. 1 BGB für unwirksam erachtet. Die Gebühren haben mit der Leistung des Vermieters, dem Mieter den Gebrauch der Mietsache während der Mietzeit zu gewähren und in einem zum vertragsgemäßen Gebrauch geeigneten Zustand zu überlassen und zu erhalten, § 535 BGB, nichts zu tun.

Das *AG Neuss* (WuM 1996, 532) hat individualvertragliche Vertragsausfertigungsgebühren, die über einer Monatsmiete liegen, gemäß § 138 Abs. 2 BGB für nichtig erachtet. Danach dürfe der Vermieter für seine Bereitschaft zum Abschluss des Mietvertrages zwar grundsätzlich einen „Abstand" verlangen, diese Vertragsausfertigungsgebühr dürfe jedoch eine angemessene Höhe nicht übersteigen. Das *AG Hamburg* (NZM 1999, 460) hat insoweit Gebühren in Höhe von DM 100 bis max. DM 150 für angemessen erachtet; eine Bearbeitungsgebühr in Höhe von DM 290 erachtete es hingegen für unwirksam, insbesondere da die zwischen den Parteien vereinbarte Netto-Kaltmiete nur DM 285 pro Monat betrug.

LG München II, Besichtigungsklausel (Beschluss vom 11.07.2008 – 12 S 1118/08, NJW-RR 2009, 376

Eine mietvertragliche Klausel, nach der es dem Vermieter gestattet ist, die Mietwohnung zur Prüfung ihres Zustandes in angemessenen Abständen und nach rechtzeitiger Ankündigung zu näher genannten Uhrzeiten an bestimmten Tagen zu betreten, ist entgegen den Geboten von Treu und Glauben unangemessen benachteiligend und deshalb unwirksam. Will der Vermieter die vermietete Wohnung besichtigen, muss er in jedem Fall den Mieter vorab über den Grund der Besichtigung informieren.

Der Vermieter hat gegen den Mieter Klage auf Gestattung des Zutritts zur vermieteten Wohnung erhoben. Der Kläger beruft sich auf sein ihm im Mietvertrag eingeräumtes Besichtigungsrecht. Die Klausel gestattet dem Vermieter die Betretung der Mietsache zur Prüfung ihres Zustandes in angemessenen Abständen und nach rechtzeitiger Ankündigung. Außerdem sind bestimmte Uhrzeiten und bestimmte Tage zum Betreten der Mietsache angegeben.

Nach Auffassung des *LG München II* verstößt die Betretungsklausel im Mietvertrag gegen § 307 Abs. 2 BGB und ist daher unwirksam. Zum einen sei der angemessene Zeitabstand nicht definiert, die Klausel insoweit zu unbestimmt. Zum zweiten seien Routinekontrollen zum Zweck der Untersuchung der Wohnung auf ihren Allgemeinzustand grundsätzlich unzulässig. Vorliegend habe der Kläger in seinem Schreiben, in dem er für einen bestimmten Zeitpunkt die Wohnungsbesichtigung ankündigt, keinerlei Grund für diese Besichtigung angegeben. Nunmehr trage er vor, er habe die Wohnung auf den Allgemeinzustand und im Hinblick auf evtl. sich abzeichnende Mängel auch an Elektrogeräten überprüfen wollen. Eine derartige Kontrolle sei jedoch unzulässig. Der Kläger hätte dem Beklagten in jedem Fall auf dessen Schreiben, in welchem dieser ausdrücklich darauf hinwies, dass der Kläger keine schriftliche Begründung für die Wohnungsbesichtigung genannt hatte, über den Grund der Besichtigung informieren müssen. Dies sei jedoch nicht geschehen. Vielmehr habe der Kläger daraufhin mit der Einschaltung eines Rechtsanwalts gedroht, falls der Beklagte angebotene Termine zur Wohnungsbesichtigung nicht annimmt.

Anmerkung:

Die Entscheidung entspricht der h.M., wonach eine Formularvereinbarung, die dem Vermieter jederzeit Zutritt zur Wohnung gewährt, wegen Verstoßes gegen Art. 13 GG i.V.m. § 307 BGB unwirksam ist (Schmidt-Futterer/*Eisenschmid*, § 535 BGB Rz. 187). Dem Mieter steht nämlich auf der Grundlage des Mietvertrages ein durch des Eigentumsgrundrecht des Art. 14 Abs. 1 GG sowie sein Recht auf Unversehrtheit des häuslichen Bereichs gemäß Art. 13 GG geschütztes Recht auf ungestörten Besitz der überlassenen Räumlichkeiten zu. Dieses Recht unterliegt den sich aus Treu und Glauben ergebenden Einschränkungen und einem damit korrespondierenden Anspruch des Vermieters, dessen Position ebenfalls durch Art. 14 Abs. 1 GG geschützt ist. Dieser ist deshalb in bestimmten Fällen zur Besichtigung der Wohnung berechtigt. So besteht ein Besichtigungsrecht des Vermieters, wenn konkrete Anhaltspunkte für einen drohenden Schaden bestehen. Diese können etwa vorliegen, wenn wegen eines muffigen Geruchs der Verdacht auf Schimmelbildung besteht und nicht ausgeschlossen werden kann, dass deren Ursache in der Mieterwohnung liegt (Schmidt-Futterer/*Eisenschmid*, a.a.O., Rz. 181). Auch bei einem begründeten Verdacht auf Verwahrlosung der Mieträume muss dem Vermieter die Wohnung zugänglich gemacht werden. Ein Recht – und zum Teil auch die Pflicht –, die Mietsache zu besichtigen, hat der Vermieter auch, wenn ihm Mängel angezeigt oder sonst bekannt geworden sind (a.A. Schmidt-Futterer/*Eisenschmid*, a.a.O., Rz. 190).

Ist das Mietverhältnis gekündigt, muss der Vermieter gleichfalls die Möglichkeit haben, bei Beendigung des Mietverhältnisses die Wohnung zwecks Abnahme zu besichtigen. Darüber hinaus ist ihm zu gestatten, eventuellen Mietinteressenten auch schon vor Auszug des Mieters die Wohnung zu zeigen (*AG Freiburg* WuM 1983, 112). Voraussetzung ist aber, dass die Beendigung des Mietverhältnisses mit ausreichender Sicherheit feststeht (*AG Ibbenbüren* WuM 1991; *Sonnenschein*, NJW 1998, 2180, 2182). Daran fehlt es beispielsweise, wenn der Mieter der Kündigung des Vermieters widersprochen hat oder ein Räumungsrechtsstreit anhängig ist. Bei einem bevorstehenden Verkauf der Wohnung muss der Vermieter eine Besichtigung mit Kaufinteressenten oder mit einem Immobilienmakler durchführen können (*LG Frankfurt a.M.* NZM 2002, 696; *AG Lüdenscheid* WuM 1990, 489). Ohne Begleitung des Vermieters ist der Kaufinteressent grundsätzlich nicht berechtigt, die Wohnung des Mieters zu betreten. Will der Vermieter Modernisierungs- oder Sanierungsarbeiten durchführen, ergibt sich das Besichtigungsrecht schon aus § 809 BGB. Auch für das Ablesen von Messgeräten, etwa Heizkostenverteilern, ist dem Vermieter ein Zutrittsrecht einzuräumen (Schmidt-Futterer/*Eisenschmid*, a.a.O., Rz. 180). Bedient er sich hierfür aber einer Messdienstfirma, muss nicht der Vermieter, sondern allein der Beauftragte des Unternehmens die Wohnung betreten.

Ob Routinekontrollen, um die Wohnung auf ihren Allgemeinzustand zu untersuchen, zulässig sind, ist umstritten. Während ein Teil der Literatur dies verneint (*AG Bonn* NZM 2006, 698; Schmidt-Futterer/*Eisenschmid*, a.a.O., § 535 Rz. 178), bejaht die h.M. (*LG Stuttgart* ZMR 1985, 273; *AG Saarbrücken* ZMR 2005, 372; *AG Rheine* WuM 2003, 315: Überprüfung von Tierhaltung; Bub/Treier/*Kraemer*, a.a.O., III Rz. 1127; Palandt/*Weidenkaff*, § 535 Rz. 82) ein turnusmäßiges Besichtigungsrecht des Vermieters in gebotenem Abstand – alle ein bis zwei Jahre – auch ohne einen besonderen Anlass. Eine formularvertragliche Regelung muss den zeitlichen Abstand zwischen zwei Besichtigungsterminen definieren sowie eine Einschränkung dahingehend enthalten, dass der Zutritt nur nach vorheriger Absprache mit dem Mieter möglich ist; andernfalls wäre die Regelung ebenfalls wegen eines Verstoßes gegen § 307 BGB unwirksam.

Um Streit zu vermeiden, empfiehlt sich für den Vermieter die Aufnahme einer entsprechenden Regelung in den Mietvertrag, die ihm beispielsweise das Recht einräumt, im Zeitabstand von mindestens zwei Jahren die Wohnung nach vorheriger Absprache mit dem Mieter zu besichtigen. Daneben sollte eine Pflicht des Mieters zur Duldung der Besichtigung bei Vorliegen eines wichtigen Grundes enthalten sein, insbesondere zur Feststellung des Zustands der Räume bei angezeigten Mängeln, bei Verdacht des vertragswidrigen Gebrauchs oder vor Verkauf oder Neuvermietung bei bevorstehender Beendigung des Mietverhältnisses, bei Vernachlässigung der Obhutspflicht und zum Zwecke der Feststellung der ortüblichen Miete durch einen Sachverständigen. Durch den Mindestabstand von zwei Jahren wird eine unzumutbare Beeinträchtigung des Mieters in seinem Recht auf ungestörten Besitz der überlassenen Räumlichkeiten aus Art. 13, 14 Abs. 1 GG verhindert.

Der Vermieter muss sich rechtzeitig für die Besichtigung anmelden (*AG Lüdenscheid*, a.a.O.; *AG Neuss* WuM 1989, 364). Die Modalitäten der Besichtigung sind unter Beachtung der Interessen des Mieters möglichst schonend zu wählen. Ist der Mieter einer Wohnung berufstätig, soll eine Besichtigung dreimal monatlich nach einer Ankündigungsfrist von drei Tagen (a.A. *AG Neustadt am Rübenberge* WuM 1979, 143: 24 Stunden) werktags zwischen 19 und 20 Uhr – ansonsten zu den ortsüblichen Besuchszeiten, d.h. i.d.R. werktags – hierzu zählt auch der Samstag (*AG Köln* NZM 2001, 41) – von 10.00 bis 13.00 Uhr und 15.00 bis 18.00 Uhr – bei einer Dauer von 30 bis 45 Minuten vertretbar sein (*LG Frankfurt a.M.*, a.a.O.). Nach a.A. muss wegen einer möglichen beruflichen Tätigkeit des Mieters die Besichtigung auf die arbeits- und urlaubsfreie Zeit beschränkt werden (Schmidt-Futterer/*Eisenschmid*, a.a.O., Rz. 187). Diese Auffassung ist abzulehnen, da sie die Interessen des Vermieters nicht ausreichend berücksichtigt.

Der Vermieter darf zu den Besichtigungen auch Begleitpersonen, etwa seinen Ehepartner bei einem beabsichtigten Verkauf, mitbringen (*LG Frankfurt a.M.*, a.a.O.), keinesfalls aber eine beliebige Anzahl (*AG Berlin-Schöneberg* GE 2004, 822). Der Vermieter ist zudem gehalten, verschiedene ihm bekannte Gründe für eine Besichtigung der Mietwohnung zu bündeln und seinen Informationsbedarf nach Möglichkeit durch einen einzigen Besichtigungstermin zu befriedigen; es verstößt gegen das Gebot schonender Rechtsausübung, wenn der Vermieter eine Mehrzahl von Besichtigungsgründen zum Gegenstand immer neuer Besichtigungsbegehren macht (*AG Hamburg* NZM 2007, 211

***LG Köln*, Tierhaltung (Urteil vom 04.02.2010 – 6 S 269/09, ZMR 2010, 533)**

Sieht ein Formularmietvertrag vor, dass die Haltung eines Hundes nur mit vorheriger Zustimmung des Vermieters zulässig ist, die nur für den Einzelfall erteilt wird, kann der Vermieter die Abschaffung eines ohne Einwilligung angeschafften Hundes auch dann ohne nähere Begründung verlangen, wenn vor ihm anderen Mietern die Haltung von Hunden erlaubt wurde, da es keinen Anspruch auf Gleichbehandlung aller Mieter gibt.

Die Beklagten sind Mieter der Beklagten. Nach dem Mietvertrag ist das Halten von Kleintieren, z.B. Ziervögeln und Zierfischen, ohne Erlaubnis des Vermieters zulässig. Weiterhin ist geregelt:

„Die Haltung eines sonstigen Haustieres, insbesondere einer Katze oder eines Hundes, ist nur mit vorheriger Zustimmung des Vermieters zulässig. Sie wird nur für den Einzelfall erteilt und kann bei Vorliegen eines wichtigen Grundes widerrufen werden."

In der Liegenschaft werden von anderen Mietern Hunde und Katzen gehalten; der Kläger hat die dazu erforderliche Zustimmung jeweils erteilt. Ohne die Zustimmung des Klägers einzuholen, haben sich die Beklagten einen Mischlingshund angeschafft. Der Kläger begehrt die Abschaffung des Hundes, da er Gemeinschaftsanlagen verunreinigt habe.

Nach Auffassung des *LG Köln* kann der Kläger Beseitigung des Hundes verlangen. Seine Haltung innerhalb der Mietwohnung stelle eine vertragswidrige Nutzung dar. Die Regelung der Tierhaltung im Mietvertrag sei insgesamt wirksam, da sie die Haltung von Kleintieren ohne besondere Gestattung zulasse und auch für die Zustimmung zur Haltung sonstiger Haustiere, insbesondere von Hunden und Katzen, keine Schriftform gefordert werde. Ein Anspruch auf Gestattung der Tierhaltung bestehe nicht. Im Mietrecht gebe es keinen Anspruch auf Gleichbehandlung aller Mieter. Gerade wenn bereits mehrere Tiere im Wohnobjekt gehalten werden, könne das Hinzukommen weiterer Tiere zu Problemen und Streitigkeiten führen, so dass eine Selbstbindung des Vermieters, der bereits ein oder mehrere Tiere erlaubt hat oder duldet, nicht angenommen werden könne. Zudem komme es gerade in größeren Mietobjekten immer wieder zu einem Wechsel im Mieterbestand; selbst wenn die aktuellen Mitmieter mit der Tierhaltung einverstanden sind, könne sich das bei einem Mieterwechsel schnell ändern. Dann aber laufe der Vermieter Gefahr, sich Beschwerden oder Mietminderungen ausgesetzt zu sehen. Daher müsse es in seinem freien Ermessen stehen, inwieweit er sich diesem Risiko aussetzen will – und zwar bis zur Grenze der schikanösen Rechtsausübung.

Anmerkung:

Eine Klausel im Mietvertrag, welche das Halten von Tieren in der Wohnung einem Erlaubnisvorbehalt des Vermieters unterstellt, ist zulässig, soweit Kleintiere hiervon ausdrücklich ausgenommen sind. Enthält der Mietvertrag keine solche Ausnahme oder eine nur eine eingeschränkte – etwa nur für Zierfische und Ziervögel –, so ist die Klausel insgesamt unwirksam (*BGH* NJW 2008, 218; Anmerkung *Bub/Bernhard*, FD-MietR 2007, 246626). Das Halten ungefährlicher Kleintiere wie Kanarienvögel, Kaninchen (*AG Aachen* WuM 1989, 236), Goldhamstern, Fischen im Aquarium oder kleiner Echsen in einem Terrarium (*AG Essen* NJW-RR 1996, 138) ist nämlich vom vertragsgemäßen Mietgebrauch umfasst, da von ihnen im Regelfall keine Störungen oder Belästigungen für die Hausbewohner ausgehen oder Gefahren für die Mietsache zu befürchten sind.

Die Frage, ob bei einer wirksamen Klausel der vorliegenden Art der Vermieter die Erlaubnis nach freiem Ermessen versagen darf oder ob hierfür Sachgründe vorliegen müssen, hatte der *BGH* offen gelassen. Sie ist in Rechtsprechung und Literatur streitig: Nach einer Auffassung muss der Vermieter eine Interessenabwägung vornehmen und kann die Erlaubnis zur Tierhaltung nur versagen, wenn hierfür gewichtige und überzeugende Sachgründe bestehen (*Blank*, NJW 2007, 729). Nach a.A., der sich das *LG Köln* anschließt, ist der Vermieter in seiner Entscheidung, ob er die Hundehaltung in einer Mietwohnung gestatten will, auch dann frei, wenn er – wie hier – in der Wohnanlage bereits andere Hunde duldet (*OLG Hamm* NJW 1981, 1626). Das Ermessen des Vermieters werde nur durch die nach § 242 BGB geltenden Grundsätze, insbesondere durch das Verbot missbräuchlichen oder treuwidrigen Verhaltens begrenzt. Zur Klärung der Tragweite eines Erlaubnisvorbehalts hat das *LG Köln* die Revision zugelassen.

III. Form des Mietvertrages

BGH: Überschreiten der Annahmefrist (Urteil vom 24.02.2010 – XII ZR 120/06, NJW 2010, 1518)

Zur Wahrung der Schriftform des § 550 BGB genügt es, wenn die Vertragsbedingungen eines konkludent abgeschlossenen Mietvertrages in einer der „äußeren Form" des § 126 Abs. 2 BGB genügenden Urkunde enthalten sind.

Die Mieterin verlangt Feststellung, dass der zwischen ihr und der Vermieterin bestehende Mietvertrag über Gewerberäume, dessen Dauer 15 Jahre betragen sollte, als auf unbestimmte Zeit abgeschlossen gilt. Die Beklagte unterzeichnete eine Vertragsurkunde, die die Bedingungen des abzuschließenden Mietvertrages enthielt. Nach dem Mietvertrag, sollte sich die Vertragspartei, die den Vertrag zuerst unterzeichnet, an das Vertragsangebot einen Monat ab Zugang bei der Gegenseite gebunden halten. Die Klägerin zeichnete den Vertrag am letzten Tag der Frist gegen. Zwischen den Parteien ist streitig, ob die gegengezeichnete Urkunde der Beklagten noch am selben Tag zuging.

Nach Auffassung des *BGH* genügt der Mietvertrag der Schriftform. Unerheblich sei insoweit, ob die von der Klägerin gegengezeichnete Urkunde der Beklagten erst nach Ablauf der Annahmefrist zugegangen ist. In diesem Fall gälte die Annahmeerklärung der Klägerin gemäß § 150 Abs. 1 BGB als neues Angebot. Dieses neue Angebot habe die Beklagte nicht schriftlich angenommen. Der Mietvertrag sei aber spätestens mit der Übergabe der Mietsache auf der Grundlage des Mietvertrages konkludent zustande gekommen. Die Einhaltung der äußeren Form reiche zur Wahrung der Schriftform des § 550 BGB aus. Nach § 126 Abs. 2 BGB genüge ein Vertrag der gesetzlichen Schriftform, wenn eine einheitliche Vertragsurkunde von beiden Parteien unterzeichnet worden ist.

Von der Einhaltung dieser äußeren Form zu trennen sei, ob der Vertrag unter Einhaltung der gesetzlichen Schriftform wirksam zustande gekommen ist. Das richte sich nach den allgemeinen Regeln über den Abschluss von Verträgen (§§ 145 ff., 130 BGB). § 550 BGB setze über die Einhaltung der äußeren Form hinaus nicht voraus, dass der Vertrag durch die schriftlich abgegebenen Erklärungen auch zustande gekommen ist. Dem Informationsbedürfnis des Erwerbers, dem durch die Schriftform die Möglichkeit eingeräumt werden soll, sich von dem Umfang und Inhalt der auf ihn übergehenden Rechte und Pflichten zuverlässig zu unterrichten, genüge eine nur der äußeren Schriftform genügende Mietvertragsurkunde, in der die von beiden Parteien unterzeichneten Bedingungen des später konkludent abgeschlossenen Vertrages enthalten sind. Eine solche Urkunde informiere den Erwerber über die Bedingungen des Mietvertrages, in die er eintritt, *wenn* der Mietvertrag mit diesem Inhalt zustande gekommen ist bzw. noch besteht.

Anmerkung:

In Rechtsprechung und Literatur bestand bislang Streit, ob die Schriftform des § 550 BGB gewahrt ist, wenn zwar eine von beiden Mietvertragsparteien unterzeichnete Vertragsurkunde existiert, jedoch eine Partei das formgerechte Angebot der anderen Partei verspätet angenommen hat und ein inhaltsgleicher Vertrag sodann durch Vollzug konkludent abgeschlossen worden ist. Nach einer Auffassung genügt der Vertrag in diesen Fällen nicht der Schriftform des § 550 BGB (*KG* NZM 2007, 517; Anmerkung *Bub/Bernhard*, FD-MietR 2007, 220290; Lindner-Figura/*Hartl*, NZM 2003, 750): Nach § 550 S. 1 BGB müsse der Mietvertrag in schriftlicher Form, somit in der Form des § 126 Abs. 2 BGB geschlossen sein. Die bloße Schriftlichkeit der Erklärungen („äußere Form") genüge nicht, vielmehr müsse auch der Vertragsschluss selbst formgerecht erfolgt sein.

Die Gegenmeinung lässt demgegenüber in Fällen der verspäteten Annahme eines Mietvertragsangebots die Einhaltung der „äußeren Form" genügen (*OLG Jena* NZM 2008, 572; *Schultz*, NZM 2007, 509): Die Anforderungen an die Schriftform des § 126 Abs. 2 BGB könnten schon wegen der unterschiedlichen Rechtsfolgen bei Nichteinhaltung der Form des § 550 BGB – bloße vorzeitige Kündbarkeit des im Übrigen wirksamen Vertrages – und bei Nichteinhaltung der Form von anderen Verträgen (§ 125 BGB) – Nichtigkeit der Verträge – nicht gleich streng sein. Dieser Auffassung hat sich der *BGH* mit zutreffender Begründung angeschlossen. Er setzt damit seine Rechtsprechung fort, wonach Schutzzweck des § 550 BGB nicht ist, dem Erwerber Gewissheit über das Zustandekommen des langfristigen Mietvertrages oder seinen Fortbestand, sondern allein Kenntnis von seinen Bedingungen zu verschaffen (*BGH* NJW 2003, 2158 zur Formfreiheit der Zustimmung zu einem Vermieterwechsel; *BGH* NJW 2004, 2962 zur Entbehrlichkeit der Gegenzeichnung).

BGH: Vertretungszusatz bei Mietermehrheit (Urteil vom 07.05.2008 – XII ZR 69/06, NJW 2008, 2178)

1. Das Schriftformgebot des § 550 BGB will in erster Linie sicherstellen, dass ein späterer Grundstückserwerber, der kraft Gesetzes auf Seiten des Vermieters in ein auf mehr als ein Jahr abgeschlossenes Mietverhältnis eintritt, dessen Bedingungen aus dem schriftlichen Vertrag ersehen kann. Darüber hinaus dient die Schriftform des § 550 BGB aber auch dazu, die Beweisbarkeit langfristiger Abreden zwischen den ursprünglichen Vertragsparteien sicherzustellen und diese vor der unbedachten Eingehung langfristiger Bindungen zu schützen.
2. Ist die Urkunde im Falle einer Personenmehrheit nicht von allen Vermietern oder Mietern unterzeichnet, müssen die vorhandenen Unterschriften deutlich zum Ausdruck bringen, ob sie auch in Vertretung der nicht unterzeichnenden Vertragsparteien hinzugefügt wurden. Wird die Vertretung der Vertragspartei durch die den Vertrag unterzeichnende Person allerdings auf andere Weise deutlich, z.B. wenn nur eine natürliche Person als Mieter oder Vermieter auftritt und eine andere Person den Vertrag unterschreibt, ist ein zusätzlicher Vertretungszusatz nicht erforderlich.

BGH: Mietvertragsabschluss für eine AG (Urteil vom 04.11.2009 – XII ZR 86/07, NJW 2010, 1453)

Bei Abschluss eines Mietvertrages durch eine AG ist die Schriftform des § 550 BGB nur gewahrt, wenn alle Vorstandsmitglieder unterzeichnen oder eine Unterschrift den Hinweis enthält, dass das unterzeichnende Vorstandsmitglied auch die Vorstandsmitglieder vertreten will, die nicht unterzeichnet haben.

Die Parteien streiten über den Fortbestand eines Mietvertrages auf zehn Jahre über Gewerberäume nach vorzeitiger ordentlicher Kündigung durch die Klägerin, einer AG, als Mieterin. Bei einer Vereinbarung über eine Mieterhöhung war diese nach dem Rubrum durch die Vorstandsmitglieder G. und K. vertreten worden; unterzeichnet worden war die Vereinbarung hingegen nur von K. Später erklärte die Klägerin die ordentliche Kündigung des Mietvertrages.

Nach Auffassung des *BGH* ist die Schriftform bei Abschluss der Mieterhöhungsvereinbarung nicht gewahrt worden, weshalb der Mietvertrag nunmehr insgesamt der Schriftform ermangelt. Zwar seien zur Wahrung der Schriftform Angaben darüber, woraus der Unterzeichner seine Vertretungsmacht herleitet, nicht erforderlich. Jedoch könne der Unterschrift des Vorstandsmitgliedes K. nicht entnommen werden, ob es für das Vorstandsmitglied G. mit unterzeichnet habe. Ist die Urkunde im Falle einer Personenmehrheit nicht von allen Vermietern oder Mietern unterzeichnet, müssten die vorhandenen Unterschriften deutlich zum Ausdruck bringen, dass sie auch in Vertretung der nicht unterzeichnenden Vertragsparteien geleistet worden sind. Denn sonst lasse sich der Urkunde nicht eindeutig entnehmen, ob der Vertrag mit den vorhandenen Unterschriften bereits zustande gekommen ist, oder noch weitere Unterschriften erforderlich sind.

Werde die Vertretung der Vertragspartei durch die den Vertrag unterzeichnende Person auf andere Weise deutlich, sei ein zusätzlicher Vertretungszusatz nicht erforderlich. So genüge es etwa, wenn bei einer GmbH der alleinige Geschäftsführer ohne Hinweis auf seine Vertreterstellung unterzeichnet. Bei einer AG hingegen seien nach § 78 Abs. 2 S. 1 AktG, sofern der Vorstand aus mehreren Personen besteht, sämtliche Vorstandsmitglieder nur gemeinschaftlich zur Vertretung der Gesellschaft befugt. Unterzeichne nur ein Mitglied des Vorstandes, obwohl das Gesetz die Mitwirkung aller Vorstandsmitglieder verlangt, lasse sich der Urkunde ohne Vertretungszusatz nicht entnehmen, ob die übrigen Vorstandsmitglieder noch unterzeichnen müssen. Ein Rechtsnachfolger, dessen Schutz die Schriftform in erster Linie dient, könne nicht erkennen, ob der Unterzeichnende auch für das weitere Vorstandsmitglied unterzeichnet hat und die Urkunde deshalb vollständig ist. Auch aus den Umständen ergebe sich vorliegend nicht, dass der Unterzeichner auch für die weiteren Vorstandsmitglieder gehandelt hat, deren Mitwirkung nach der gesetzlichen Regelung unerlässlich ist. Vielmehr hätte es eines Vertreterzusatzes bedurft. Ob der Vertrag damit wirksam zustande kommt oder – mangels Vollmacht des Unterzeichnenden – noch der Genehmigung der anderen Vorstandsmitglieder bedarf, sei hingegen keine Frage der Schriftform, sondern der Wirksamkeit des Vertrages.

Anmerkung:

Der *BGH* führt seine Rechtsprechung zur Schriftform bei Vertragsschluss durch eine Gesellschaft oder eine Personenmehrheit fort. Handelt der Unterzeichner zugleich auch als Vertreter eines anderen, ist zur Wahrung der Schriftform erforderlich, dass dieses aus seiner Unterzeichnung hervorgeht. Der *BGH* hat dies für die Gesellschafter einer GbR (*BGH* NJW 2003, 3053) – auch wenn sie rechtsfähig ist, ändert dies nichts an der Gesamtvertretung gemäß §§ 709, 714 BGB – und für die Mitglieder einer Erbengemeinschaft (*BGH* NJW 2002, 3389) entschieden. Ein Vertretungszusatz ist darüber hinaus immer dann erforderlich, wenn als Mieter oder Vermieter mehrere Personen (etwa Eheleute) auftreten, von denen nur eine den Vertrag unterschrieben hat (*BGH* NJW 1994, 1649). Anderes gilt hingegen für den alleinvertretungsberechtigten Geschäftsführer einer GmbH (*BGH* NJW 2005, 2225). Eines Vertretungszusatzes bedarf es in diesem Falle nicht, weil unzweifelhaft ist, dass der Alleingeschäftsführer nicht für sich handelt. In keinem Fall ist allerdings erforderlich, dass sich aus der Unterzeichnung auch ergibt, worauf die Vollmacht beruht. Denn § 550 BGB will den Erwerber lediglich über den Inhalt eines gesetzlich auf ihn übergehenden Vertrages informieren und nicht darüber, ob überhaupt ein Vertrag besteht (*BGH* NJW 2008, 2178).

OLG Hamm: Vertretungszusatz trotz GbR-Firmenstempels (Urteil vom 16.02.2011 – 30 U 53/10, NZM 2011, 584)

Auch wenn durch einen Stempelzusatz offensichtlich ist, dass durch die Unterschrift eines Gesellschafters die GbR verpflichtet werden soll, muss zur Wahrung der Schriftform eines Mietvertrages deutlich werden, ob der Unterzeichnende auch für die übrigen vertretungsberechtigten Gesellschafter der GbR gehandelt hat.

Die Parteien streiten um Kündigung eines Mietvertrages mit fester Laufzeit. Mieterin ist eine GbR, die als „R-GbR“ firmiert. Sie unterhält Standorte u.a. in E., D. und W. Unterschrieben ist der Mietvertrag von Herrn B. Über seiner Unterschrift befindet sich ein Stempel der „R-GbR“. Die Mieterin vertritt die Auffassung, zur Kündigung berechtigt zu sein, da der Mietvertrag der Schriftform ermangele.

Nach Auffassung des *OLG Hamm* ist das Mietverhältnis durch die Kündigung wirksam wegen Nichtwahrung der Schriftform beendet worden. Zur Einhaltung der Schriftform des § 550 BGB gehöre, dass die Vertragsurkunde von beiden Parteien unterzeichnet ist. Sei die Urkunde im Falle einer Personenmehrheit nicht von allen Vermietern oder Mietern unterzeichnet, müssten die vorhandenen Unterschriften deutlich zum Ausdruck bringen, dass sie auch in Vertretung der nicht unterzeichnenden Vertragsparteien geleistet worden sind. Denn sonst lasse sich der vorliegenden Urkunde nicht eindeutig entnehmen, ob der Vertrag mit den vorhandenen Unterschriften auch für und in Vertretung der anderen Vertragsparteien zustande gekommen ist oder ob die Wirksamkeit des Vertrages so lange hinausgeschoben sein soll, bis auch die weiteren Vertragsparteien diesen unterschrieben haben. Wird die Vertretung der Vertragspartei durch den Unterzeichner allerdings auf andere Weise deutlich, sei ein zusätzlicher Vertretungszusatz nicht erforderlich. Das sei etwa der Fall, wenn bei einer GmbH der alleinige Geschäftsführer ohne Hinweis auf seine Vertreterstellung unterzeichnet, weil von vornherein klar ist, dass der Alleingeschäftsführer nicht für sich, sondern für die Gesellschaft handelt.

Gemessen an diesen Grundsätzen sei vorliegend die Schriftform des Mietvertrages nicht gewahrt, weil der Unterschrift des Gesellschafters B. nicht entnommen werden könne, dass er den Vertrag auch für die weiteren Gesellschafter der Klägerin mitunterzeichnet hat. Die R-GbR werde von sämtlichen Gesellschafter gemeinsam vertreten, §§ 709, 714 BGB. Zwar sei aufgrund des Stempelaufdrucks in Verbindung mit dem

Rubrum des Mietvertrages für einen potentiellen Erwerber unzweifelhaft erkennbar, dass Herr B. jedenfalls nicht für sich, sondern für die (rechtsfähige) GbR unterzeichnet hat. Gleichwohl müsse zur Wahrung der Schriftform aber kenntlich gemacht werden, dass er als Teil einer nur gemeinsam zur Vertretung befugten Personenmehrheit handelt. Auch der Stempelaufdruck dokumentiere nicht hinreichend zuverlässig eine Vertretung der übrigen, an unterschiedlichen Standorten tätigen Gesellschafter. Für einen potentiellen Erwerber könne vorliegend der Eindruck entstehen, dass die Urkunde unvollständig ist und es zur Wirksamkeit des Vertrages noch weiterer Unterschriften bedarf. Zur Klärung der Frage, ob zur Wahrung der Schriftform auch dann noch ein Vertreterzusatz für die weiteren Gesellschafter erforderlich ist, wenn ein Gesellschafter einer GbR den Mietvertrag unterzeichnet hat und zusätzlich über der Unterschriftenzeile ein Firmenstempel vorhanden ist, der unzweifelhaft erkennen lässt, dass allein die GbR aus dem Vertrag berechtigt und verpflichtet werden sollte, hat das *OLG Hamm* die Revision zugelassen.

Anmerkung:

Nach der Rechtsprechung des *BGH* ist es bei einem Mietvertrag mit Personenmehrheiten stets erforderlich, dass aus der Unterschrift deutlich wird, ob ein Gesellschafter nur für sich oder auch in Vertretung der anderen Mitglieder der Personengemeinschaft handelt (*BGH* NJW 2003, 3053 für eine GbR; *BGH* NJW 2002, 3389 für eine Erbengemeinschaft). Unterschreibt nämlich für eine GbR oder sonst für eine Personenmehrheit nur ein Mitglied ohne einen Vertreterzusatz, so ist nicht auszuschließen, dass vorgesehen war, auch die übrigen Mitglieder der Gemeinschaft sollten die Urkunde noch unterschreiben. Auch bei Abschluss eines Mietvertrags durch eine AG ist die Schriftform nach der Rechtsprechung des *BGH* nur gewahrt, wenn alle Vorstandsmitglieder unterzeichnen oder eine Unterschrift den Hinweis enthält, dass das unterzeichnende Vorstandsmitglied auch die übrigen Vorstandsmitglieder vertreten will (s. vorhergehende Entscheidung), da andernfalls nicht deutlich wird, ob die Urkunde (bereits) vollständig ist.

BGH: Nachtragsvereinbarung (Urteil vom 09.04.2008 – XII ZR 89/06, NJW 2008, 2181)

Ein Nachtragsvertrag wahrt die Schriftform eines Mietvertrags nur dann, wenn er eine Bezugnahme auf die Schriftstücke enthält, aus denen sich sämtliche wesentlichen vertraglichen Vereinbarungen ergeben.

Nach ständiger Rechtsprechung des *BGH* ist die Schriftform des § 550 BGB nur gewahrt, wenn sich die Einigung über alle wesentlichen vertraglichen Vereinbarungen – insbesondere den Mietgegenstand, den Mietzins sowie die Dauer und die Parteien des Mietverhältnisses – aus einer von beiden Parteien unterzeichneten Urkunde ergibt. Werden wesentliche vertragliche Vereinbarungen nicht im Mietvertrag selbst schriftlich niedergelegt, sondern in Anlagen ausgelagert, so dass sich der Gesamtinhalt der mietvertraglichen Vereinbarung erst aus dem Zusammenspiel dieser „verstreuten" Bedingungen ergibt, müssen die Parteien zur Wahrung der Urkundeneinheit die Zusammengehörigkeit dieser Schriftstücke in geeigneter Weise zweifelsfrei kenntlich machen (*BGH* NJW 1999, 2591; NZM 1999, 962; NJW 2003, 1248). Dazu bedarf es keiner körperlichen Verbindung dieser Schriftstücke. Vielmehr genügt für die Einheit der Urkunde die bloße gedankliche Verbindung, die in einer zweifelsfreien Bezugnahme zum Ausdruck kommen muss (*BGH* NZM 2003, 281). Dies ist vorliegend indes nicht der Fall.

BGH: Mietvertrag aufgrund Nachtragsvereinbarung (Urteil vom 29.04.2009 – XII ZR 142/07, NJW 2009, 2195)

Ist ein formgerechter Mietvertrag mangels rechtzeitiger Annahme zunächst nicht abgeschlossen worden, so kommt durch eine insoweit formgerechte Nachtragsvereinbarung, die auf die ursprüngliche Urkunde Bezug nimmt, ein insgesamt formwirksamer Mietvertrag zustande.

Nach Auffassung des *BGH* kann offen bleiben, ob der Mietvertrag bereits mit der Unterzeichnung des schriftlichen Angebots des Vermieters durch den Mieter zustande gekommen ist oder ob die Annahmeerklärung gemäß § 147 Abs. 2 BGB verspätet war. Jedenfalls ist es spätestens durch die von beiden Vertragsparteien unterzeichnete Änderungsvereinbarung zu dem Abschluss eines Mietvertrages gekommen. Die Änderungsvereinbarung in Verbindung mit dem Mietvertrag genüge der Schriftform. Die Vereinbarung nehme ausdrücklich Bezug auf den schriftlichen Vertrag und bestätige diesen mit der Maßgabe der in der Vereinbarung aufgeführten Änderungen. Aus der Gesamtheit der durch Bezugnahme zu einer gedanklichen Einheit verbundenen Vertragsurkunden ergebe sich der Inhalt des Vertrages. Für die Einhaltung der Schriftform sei es nicht erforderlich, dass schon die erste Vertragsurkunde selbst alle Schriftformvoraussetzungen erfüllt. Vielmehr genüge es, wenn diese Voraussetzungen in der Änderungsvereinbarung gemeinsam mit der in Bezug genommenen ersten Vertragsurkunde erfüllt werden.

BGH: Formlose Mietvertragfortsetzung (Urteil vom 08.10.2008 – XII ZR 66/06, NJW 2009, 433)

Die Parteien eines Mietvertrages können diesen trotz einer im Ausgangsvertrag enthaltenen Schriftformklausel formlos fortsetzen.

Der befristete Mietvertrag enthielt die Regelung, dass die Bestimmung des § 545 BGB keine Anwendung findet und eine Vereinbarung, durch die das abgelaufene Mietverhältnis fortgesetzt oder erneuert wird, der Schriftform bedarf. Die Vertragsparteien verlängerten zunächst den Mietvertrag durch schriftliche Nachträge von Jahr zu Jahr. Wegen Unstimmigkeiten über die Höhe der Miete haben sie schließlich keinen weiteren Nachtrag vereinbart, die Beklagte hat jedoch das Mietobjekt weiterhin genutzt.

Die Parteien waren sich nach Auffassung des *BGH* über die Fortsetzung des Mietverhältnisses über den vorläufigen Endtermin hinaus einig. Die Nutzung des Mietobjekts ist trotz des nicht schriftlich vereinbarten Mietnachtrags im Einvernehmen der Vertragsparteien fortgesetzt worden. Aus den anschließenden Zahlungen des vereinbarten Monatsbetrages über mehrere Monate ergebe sich auch eine Einigung über die laufende Miete. Dass in dem Rahmen-Mietvertrag § 545 BGB abbedungen ist, stehe dem nicht entgegen. Die Vorschrift regle die Vertragsfortsetzung allein aufgrund fortgesetzter Nutzung der Mietsache und Schweigens des Vermieters. Sie erfasse daher von ihrem Regelungsbereich her schon nicht vorliegend relevanten Vertragsschluss.

Der Fortbestand des Mietverhältnisses scheitere auch nicht an der im Mietvertrag enthaltenen Schriftformklausel. Auch wenn der Schriftwechsel der Vertragsparteien den Formerfordernissen der §§ 126, 127 BGB nicht genügt, führe der Mangel der vertraglich vereinbarten Schriftform hier nicht zum Scheitern des Vertragsschlusses nach § 154 Abs. 2 BGB. Das Nichtzustandekommen des Vertrages sei nach der Auslegungsregel des § 154 Abs. 2 BGB im Zweifel Rechtsfolge einer vereinbarten, aber nicht eingehaltenen Form. Die Regel des § 154 Abs. 2 BGB greife nicht ein, wenn die Schriftform für die Parteien keine konstitutive Bedeutung hat, der Vertragsschluss also nicht mit der Beurkundung steht und fällt. An einer konstitutiven Bedeutung fehlt es etwa dann, wenn die Schriftform nur Beweiszwecken dienen soll. Aber auch wenn die Parteien den noch nicht beurkundeten Vertrag einvernehmlich in Vollzug setzen, können sie damit zu erkennen geben, dass der Vertrag ohne Rücksicht auf die nicht eingehaltene Schriftform wirksam werden soll. Im vorliegenden Fall seien die Vertragsparteien jedenfalls davon ausgegangen. Auch wenn ihre Vorstellungen zur Miethöhe zunächst noch offenkundig voneinander abwichen, waren die Vertragsparteien von vornherein darum bemüht, zu einer inhaltlichen Einigung zu gelangen. Die Schriftformklausel sei somit durch schlüssiges Verhalten der Vertragsparteien abbedungen worden. Ob es sich bei der Klausel um eine allgemeine Geschäftsbedingung im Sinne von § 305 Abs. 1 BGB handelt, könne hierfür offen bleiben. Denn auch eine Individualvereinbarung wäre wirksam abbedungen worden.

Anmerkung:

Offen lassen konnte der *BGH* vorliegend die Frage, ob die Parteien den alten Vertrag fortgesetzt oder einen neuen Vertrag abgeschlossen hatten. Grundsätzlich sieht das Gesetz in § 305 BGB die Möglichkeit vor, den Inhalt eines Schuldverhältnisses durch Vertrag zu ändern. Davon ist der Fall der Aufhebung des bisherigen und der Begründung eines neuen Schuldverhältnisses zu unterscheiden. Maßgebend ist in erster Linie der Wille der Parteien, der sich im Allgemeinen aus der Fassung einer schriftlichen Änderungsvereinbarung ergibt. Neben dem Wortlaut der Urkunde sind auch die wirtschaftliche Bedeutung der Abänderung und die Verkehrsauffassung zu berücksichtigen. Nach der Rechtsprechung des *BGH* spricht z.B. eine Vereinbarung über die Vermietung anderer Räume eines Hauses als im ursprünglichen Vertrag vorgesehen ebenso wie die Erhöhung der Miete nicht zwingend für den Abschluss eines neuen Mietvertrages. Denn einer rechtsgeschäftlichen Abänderung des Schuldverhältnisses (§ 305 BGB) steht nicht entgegen, dass sie auch die Hauptleistungen betrifft (*BGH* NJW 1992, 2283; Palandt/*Weidenkaff*, § 550 Rz. 17).

Im Übrigen bestätigt der *BGH* seine bisherige Rechtsprechung, wonach eine mündliche Verlängerung des Mietvertrages trotz Schriftformklausel möglich ist (*BGH* NJW-RR 1997, 669; NJW 2000, 354, 357). Die Schriftformklausel setzt zwar grundsätzlich voraus, dass Änderungen des Mietvertrages schriftlich erfolgen müssen. Allerdings kann diese Klausel auch durch mündliche Vereinbarung aufgehoben werden. Wird – wie vorliegend – keine ausdrückliche mündliche Vereinbarung über die Aufhebung der Schriftformklausel getroffen wird, reicht es aus, dass sich aus den Gesamtumständen ergibt, dass die mündliche Regelung ernsthaft gewollt ist. Ein solcher Fall liegt insbesondere dann vor, wenn sich die Parteien – wie vorliegend – entsprechend der mündlichen Vereinbarung verhalten (Blank/*Börstinghaus*, § 550 BGB Rz. 78). Der Mietvertrag ist dann auf unbestimmte Zeit geschlossen und kann unter Beachtung der gesetzlichen Kündigungsfristen gekündigt werden.

OLG Rostock: Doppelte Schriftformklausel (Beschluss vom 19.05.2009 – 3 U 16/09, NJW 2009, 3376)

Eine formularmäßige doppelte oder qualifizierte Schriftformklausel, nach der eine Abweichung von einer Schriftformklausel ebenfalls der Schriftform bedarf, verstößt gegen § 307 BGB und ist unwirksam. Sie ist intransparent und benachteiligt den Vertragspartner unangemessen; denn sie erweckt bei diesem den Eindruck, eine mündliche Abrede sei entgegen § 305b BGB unwirksam, und ist deshalb geeignet, den Vertragspartner von der Durchsetzung ihm zustehender Rechte abzuhalten.

Der zwischen den Parteien geschlossene Mietvertrag über Gewerberäume enthält eine Regelung, wonach „Änderungen und Ergänzungen dieses Vertrages" der Schriftform bedürfen. Darüber hinaus soll auch die Aufhebung der Schriftformklausel der Schriftform bedürfen. Die Parteien streiten über die Wirksamkeit einer mündlichen Vereinbarung, mit der sie das Mietverhältnis aufgehoben haben.

Das *OLG Rostock* hat die Wirksamkeit der mündlichen Aufhebungsvereinbarung bejaht. Zu Unrecht mache die Klägerin geltend, die festgestellte Aufhebungsvereinbarung sei unwirksam, weil sie nicht schriftlich erfolgt sei. Dieser Gesichtspunkt greife nicht durch, weil die fragliche Klausel als Allgemeine Geschäftsbedingung der Klägerin zu qualifizieren und deshalb gemäß § 307 Abs. 1 BGB unwirksam sei. Eine in Allgemeinen Geschäftsbedingungen enthaltene doppelte Schriftformklausel sei unwirksam. Eine Schriftformklausel, die nicht nur für Vertragsänderungen die Schriftform vorschreibt, sondern auch Änderungen der Schriftformklausel ihrerseits der Schriftform unterstellt (sog. doppelte Schriftformklausel) erwecke den Eindruck, als könne sie nicht durch eine die Schriftform nicht wahrende Vereinbarung abbedungen werden. Sie käme dann einer konstitutiven Schriftformklausel gleich, weil bei einer solchen Klausel Änderungen und Ergänzungen des Vertrags ohne Beachtung der Schriftform unwirksam wären. Dies widerspräche dem in § 305b BGB niedergelegten Grundsatz des Vorrangs der Individualvereinbarung. Unwirksam sei deshalb eine Schriftformklausel, wenn sie dazu diene, nach Vertragsschluss getroffene Individualvereinbarungen zu unterlaufen, indem sie beim anderen Vertragsteil den Eindruck erwecke, eine mündliche Abrede sei entgegen § 305b BGB unwirksam. Solche Klauseln seien geeignet, den Vertragspartner von der Durchsetzung der ihm zustehenden Rechte abzuhalten. Die Bedeutung der Schriftformklausel liege in einer stets unzutreffenden Belehrung über die Rechtslage. Diese Irreführung des Vertragspartners benachteilige ihn unangemessen, weil sie intransparent ist.

Anmerkung:

Das *OLG Rostock* schließt sich der h.M. (*BGH* NJW 2006, 138; Palandt/*Grüneberg*, § 305b Rz. 5) an, wonach formularmäßige qualifizierte Schriftformklauseln gegen § 307 BGB und § 305b BGB verstoßen. Nachträgliche mündliche Individualvereinbarungen haben Vorrang vor Schriftformklauseln in Formularverträgen. Vereinbaren die Parteien nach dem Abschluss eines Formularvertrages eine Änderung mittels Individualabsprache, so hat diese Änderung Vorrang vor kollidierenden Allgemeinen Geschäftsbedingungen. Hierbei kommt es nicht darauf an, ob die Parteien eine Änderung der Allgemeinen Geschäftsbedingungen beabsichtigt haben oder sich der Kollision mit diesen bewusst geworden sind. Auch kommt es auf die Form der individuellen Abrede nicht an: Sie kann ausdrücklich oder stillschweigend, insbesondere auch mündlich getroffen werden. Gegenüber dem später von den Parteien übereinstimmend Gewollten muss das Interesse des Klauselverwenders bzw. beider Vertragsparteien, nicht durch nachträgliche mündliche Absprachen die langfristige beiderseitige Bindung zu gefährden, zurücktreten (*BGH*, a.a.O.). Entsprechendes muss auch für eine in allgemeinen Geschäftsbedingungen enthaltene qualifizierte Schriftformklausel gelten, wonach auch Änderungen der Schriftformklausel der Schriftform bedürfen (*OLG Düsseldorf* ZMR 2007, 35; einschränkend *KG* MDR 2000, 1241; ebenso Lindner-Figura/Oprée/*Stellmann*, Kap. 7 Rz. 157 f: abhängig vom jeweiligen Einzelfall).

Ob in den Fällen der gesetzlichen Schriftform gemäß § 550 BGB etwas anderes zu gelten hat, ist höchstrichterlich bisher nicht entschieden. Nach einer Ansicht (*KG*, a.a.O.) sind qualifizierte Schriftformklauseln, die nach ihrem Wortlaut keinen anderen Zweck haben als die Einhaltung der Form, in formbedürftigen Verträgen wirksam. Denn ihr Regelungsgehalt gehe nicht über das hinaus, was sich bereits aus der Gesetzesnorm ergibt. Nach anderer zutreffender Auffassung sind solche Regelungen auch in langfristigen Mietverträgen unwirksam, da sie allein bezwecken, dass getroffene Individualabreden keine Gültigkeit erlangen (Bub/Treier/*Bub*, II Rz. 564). Individuell ausgehandelte qualifizierte Schriftformklauseln sind hingegen unbedenklich (BGHZ 66, 378).

OLG Düsseldorf: Mündliche Aufhebung einer qualifizierten Schriftformklausel (Beschluss vom 19.10.2009 – I 24 U 51/09, BeckRS 2010, 12226)

Die mündliche Aufhebung einer qualifizierten Schriftformklausel setzt eine Einigung der Parteien darüber voraus, dass diese Klausel des Mietvertrages abgeändert werden soll.

Die Klägerin begehrt Herausgabe eines Grundstücks, das sie an die Beklagten vermietet hatte. Der Mietvertrag enthält eine qualifizierte Schriftformklausel, nach welcher nicht nur Änderungen des Vertrages, sondern auch die Aufhebung der Schriftformklausel selbst der Schriftform bedürfen. Die Klägerin hat den Mietvertrag ordentlich gekündigt. Der Beklagte behauptet, ein Angestellter der Klägerin hätte mit ihm mündlich vereinbart, eine Kündigung solle nur aus wichtigem Grund möglich sein.

Nach Auffassung des *OLG Düsseldorf* hat die Klägerin einen Anspruch auf Herausgabe des Mietobjekts gemäß § 546 Abs. 1 BGB, da das Mietverhältnis durch die Kündigung beendet wurde. Das Recht zur ordentlichen Kündigung des Mietverhältnisses sei zwischen den Parteien nicht abbedungen worden. Das dahingehende Vorbringen der Beklagten sei schon unschlüssig. Zudem wäre jedenfalls die qualifizierte Schriftformklausel nicht beachtet worden und die behauptete Vereinbarung deshalb gemäß § 125 S. 2 BGB formnichtig. Durch sie sei die Schriftformklausel auch nicht formfrei aufgehoben worden. Dass eine formfreie Absprache gelten solle, müsse klar erkennbar sein, wenn nicht der Zweck der Schriftformvereinbarung, immer Klarheit über den Vertragsinhalt zu haben, völlig ausgehöhlt werden soll. Die Klägerin als Vermieterin einer Vielzahl von Objekten habe ein erhebliches Interesse daran, vertragsändernde Vereinbarungen auch schriftlich zu fixieren. Zudem setze die Aufhebung des Schriftformerfordernisses zumindest eine Einigung der Parteien darüber voraus, dass die Schriftformklausel des Mietvertrages abgeändert werden soll. Eine solche Einigung sei nicht ersichtlich und nicht dargetan.

Im Übrigen sei der Ausschluss des ordentlichen Kündigungsrechts nicht mit § 550 BGB vereinbar. Denn die Parteien hätten diesen wesentlichen Vertragsbestandteil neu geregelt, ohne die dafür nötige Schriftform zu wahren. Demzufolge wäre der Vertrag nunmehr auf unbestimmte Zeit geschlossen und mit gesetzlicher Frist kündbar gewesen. Dem habe die Klägerin genügt.

Anmerkung:

Der Entscheidung ist im Ergebnis zuzustimmen, da – unterstellt die behauptete Vereinbarung sei getroffen worden – die Abbedingung des ordentlichen Kündigungsrechts die Schriftform des Vertrages aufgehoben hätte. Der dahingehende Vortrag des Beklagten war somit nicht nur unschlüssig, sondern auch rechtlich perplex, da eine mündliche Aufhebung des gesetzlichen Kündigungsrechts dieses über § 550 BGB quasi „durch die Hintertür" wieder zum Vertragsbestandteil gemacht hätte.

Das *OLG Düsseldorf* hat nicht geprüft, ob die mietvertragliche Vereinbarung einer qualifizierten Schriftformklausel überhaupt wirksam war. Zwar sind individuell ausgehandelte qualifizierte Schriftformklauseln unbedenklich zulässig (*BGH* NJW 1976, 1895). Da die Klägerin nach den Urteilsgründen aber „Vermieterin einer Vielzahl von Objekten" war, ist zu vermuten, dass es sich um einen Formularmietvertrag handelte. In allgemeinen Geschäftsbedingungen sind qualifizierte Schriftformklauseln aber unwirksam, da sie gegen §§ 307, 305b BGB verstoßen (*BGH* NJW 2006, 138; *OLG Rostock* NJW 2009, 3376, s. vorhergehende Entscheidung).

OLG Zweibrücken: Änderung des Mietvertrages (Urteil vom 19.11.2010 – 2 U 6/10, BeckRS 2011, 104)

Wird ein für längere Zeit als ein Jahr schriftlich abgeschlossener Mietvertrag, mit dem zwei Geschäftsraumeinheiten zur einheitlichen gewerblichen Nutzung überlassen worden sind, mündlich in der Weise geändert, dass eine dieser beiden Einheiten gegen eine andere ausgetauscht wird, so liegt darin keine wesentliche Änderung des Mietvertrages, wenn Mietfläche und Miete identisch bleiben, beide Vertragsparteien davon ausgehen, dass die überlassenen Räumlichkeiten – wie bisher – eine rechtliche und wirtschaftliche Einheit bilden und auch sonst keine schützenswerten Belange der Vertragspartner berührt sind. Die Änderung führt deshalb nicht dazu, dass der Mietvertrag fortan als für unbestimmte Zeit abgeschlossen gilt.

Die Parteien streiten um rückständige Mietzahlungsansprüche für Gewerberäume, welche der Beklagte auf die Dauer von drei Jahren vom Vater des Klägers angemietet hatte. Während der Mietzeit gab der Beklagte die Geschäftsräume im ersten Obergeschoß wegen geplanter Umbauten zurück; zum Ausgleich vereinbarten die Vertragsparteien die Überlassung von Räumlichkeiten im Erdgeschoss des Nachbaranwesens. Um eine einheitliche Nutzung der Geschäftsräume in beiden Erdgeschossen zu erreichen, ließ der Vater des Klägers einen Durchbruch im Erdgeschoss zwischen beiden Anwesen herstellen. Von einer schriftlichen Änderung des zwischen den Parteien bestehenden Mietverhältnisses sah man ab. Später übereignete der Vater des Klägers das Anwesen an diesen; der Beklagte kündigte das Mietverhältnis vorzeitig.

Nach Auffassung des *OLG Zweibrücken* steht dem Kläger ein Anspruch auf Miete für den vereinbarten Mietzeitraum zu, weil der Mietvertrag durch die Kündigung des

Beklagten nicht beendet worden ist. Durch die teilweise Auswechslung des Mietobjektes sei kein neuer Mietvertrag zustande gekommen ist, der seinerseits nach §§ 550, 578 BGB der Schriftform bedurft hätte. Zwar bedürften Vereinbarungen der Parteien über eine Änderung des bestehenden Mietverhältnisses der Schriftform des § 550 BGB, wenn sie wesentlicher Natur sind; hierzu zählte in aller Regel auch die Bezeichnung des Mietgegenstands. Allerdings sei dabei auf den Schutzzweck der Bestimmung des § 550 BGB abzustellen, der in erster Linie (nur) sicherstellen will, dass ein späterer Grundstückserwerber, der kraft Gesetzes auf Seiten des Vermieters in ein auf mehr als ein Jahr abgeschlossenes Mietverhältnis eintritt, dessen Bedingungen aus dem schriftlichen Vertrag ersehen kann. Dieser Schutzzweck stehe hier der Annahme einer nur unwesentlichen – und damit nicht formbedürftigen – Mietvertragsänderung nicht entgegen: Der Kläger, der gemäß § 566 Abs. 1 BGB als Erwerber als Rechtsnachfolger seines Vaters in den Mietvertrag eingetreten war, sei nicht schutzwürdig gewesen, weil er genaue Kenntnis von dem teilweise ausgewechselten Mietobjekt hatte. Aber auch der Beklagte sei nicht schutzwürdig, weil sich der Umfang seiner Rechte und Pflichten infolge des teilweisen Austausches des Mietgegenstands nicht geändert hatte. So blieben sowohl die Mietfläche als auch die Miete identisch. Darüber hinaus seien die Parteien beim Austausch der Mieträume im ersten Obergeschoss gegen die im Erdgeschoss gelegenen erkennbar davon ausgegangen, dass letztere mit den bisherigen Geschäftsräumen im Erdgeschoss eine rechtliche und wirtschaftliche Einheit bilden sollten.

Anmerkung:

Der Entscheidung ist nur im Ergebnis, nicht aber in der Begründung zuzustimmen. Richtig ist zwar, dass vom Schriftformgebot nachträgliche unwesentliche Änderungen des Mietvertrags nicht erfasst werden (*KG* NZM 2005, 457). Der Mietgegenstand gehört jedoch – ebenso wie die Miethöhe, Dauer und Parteien eines Mietvertrages – zu den Essentialia des Vertrages (*BGH* NJW 2010, 1518 m. Anm. *Bub/von der Osten*, FD-MietR 2010, 301885; Schmidt-Futterer/*Lammel*, § 550 BGB Rz. 42). Das Schriftformgebot des § 550 BGB will in erster Linie sicherstellen, dass ein späterer Grundstückserwerber, der kraft Gesetzes auf Seiten des Vermieters in das Mietverhältnis eintritt, dessen Bedingungen aus dem schriftlichen Vertrag ersehen kann (*BGH* NJW 2008, 2178); dann muss sich aus diesem aber jedenfalls der Mietgegenstand zweifelsfrei ermitteln lassen.

Der Erwägung des *OLG Zweibrücken*, die Änderung der Mietflächen sei vorliegend deshalb unwesentlich, weil der Erwerber hiervon genaue Kenntnis hatte, ist nicht zuzustimmen: Die Frage ob eine Vertragsänderung wesentlich ist, muss ex ante und kann nicht ex post danach beantwortet werden, ob ein späterer Erwerber sie kannte. Gleichwohl ist die Kenntnis des Erwerbers von der Vertragsänderung für die Möglichkeit einer vorzeitigen Vertragskündigung von Bedeutung: Erhält der Grundstückserwerber außerhalb des formwidrigen Mietvertrages vollständige Kenntnis von seinem Inhalt, verstößt eine dennoch unter Berufung auf § 550 S. 1 BGB ausgesprochene vorfristige Kündigung gegen Treu und Glauben, da der Schutzzweck des Formgebots nicht tangiert wird (Schmidt-Futterer/*Lammel*, a.a.O., Rz. 44). Im Hinblick auf die Frage der Formbedürftigkeit der Mietvertragsänderung hat das *OLG Zweibrücken* die Revision zugelassen.

OLG Rostock: Ausübung eines Optionsrechts (Urteil vom 08.10.2009 – 3 U 137/08, BeckRS 2010, 5351)

Die Ausübung einer stillschweigenden Option bedarf nicht der Schriftform, um das Schriftformerfordernis des § 550 BGB für den gesamten Vertrag nicht zu verletzen, denn die Ausübung bzw. Nichtausübung der Option stellt eine auflösende Bedingung dar.

Die Klägerin begehrt die Herausgabe von Gewerberäumen. Die Parteien streiten darüber, ob das befristete Mietverhältnis über ein noch zu errichtendes Gebäude durch Kündigung beendet wurde. Im Mietvertrag ist eine Verlängerungsoption für den Mieter vorgesehen, die wirksam werden sollte, sofern er spätestens zwölf Monate vor Ablauf der Mietzeit keine gegenteilige schriftliche Erklärung abgibt. Zu dem Mietvertrag wurden mehrere Nachträge geschlossen, deren Formgültigkeit streitig ist.

Es könne dahin gestellt bleiben, ob die ersten Nachträge den Formerfordernissen des § 550 BGB genügen, denn jedenfalls der letzte Nachtrag sei formgültig. Mit der Einhaltung der Schriftform im letzten Nachtrag seien etwaige Formmängel geheilt. Treffen Vertragsparteien eine Nachtragsvereinbarung zu einem Mietvertrag, bedürfe es für die Wahrung der Schriftform einer lückenlosen Bezugnahme auf alle Schriftstücke, aus denen sich die wesentlichen vertraglichen Vereinbarungen der Parteien – insbesondere Mietgegenstand, Miete sowie Dauer und Parteien des Mietverhältnisses – ergeben. Eine solche Urkunde, die ihrerseits dem Schriftformerfordernis genügt, heile den Mangel vorher errichteter Urkunden, es sei denn der Mangel sei inhaltlicher Natur und werde in der Nachtragsvereinbarung nicht geändert.

Auch die Ausübung der stillschweigenden Verlängerungsoption verletze nicht das Formerfordernis. Die Vereinbarung des Optionsrechts sei schriftlich niedergelegt. Die spätere Ausübung der Verlängerungsoption hingegen habe keiner Schriftform bedurft, weil es sich um eine automatische Verlängerung des Vertrages unter einer auflösenden Bedingung i.S. von § 158 Abs. 2 BGB handele. Unter dem Begriff Bedingung sei ein zukünftiges ungewisses Ereignis zu verstehen, von dessen Eintritt oder Nichteintritt die Rechtsfolgen nach dem Willen desjenigen, der das Rechtsgeschäft vornimmt, abhängig sein sollen. Das Optionsrecht diene ersichtlich dem Interesse des Mieters, dem zu den bestimmbaren Zeitpunkten die Entscheidung obliegen sollte, ob er aus betriebswirtschaftlichen oder sonstigen Erwägungen heraus, den Standort für den Betrieb eines Einkaufsmarktes aufgeben will. Der Mieter habe es somit allein in der Hand, eine Verlängerung des Vertrages zu verhindern. Der Eintritt einer solchen Bedingung sei aber nicht formbedürftig.

Anmerkung:

Nach bislang h.M., der sich das *OLG Rostock* nicht anschließt, bedarf auch die Ausübung einer Option der Schriftform (*OLG Köln* NZM 2006, 464: keine Optionsausübung durch Telefax; *OLG Frankfurt a.M.* NZM 1998, 1006): Durch die Schriftform sollen im Falle des Eigentümerwechsels die wechselseitigen Rechte und Pflichten nachweisbar dokumentiert werden. Die gleiche Interessenlage bestehe, wenn ein Mietverhältnis durch die Ausübung einer Option langfristig fortgesetzt werden soll. Wegen der Divergenz hat das *OLG Rostock* die Revision zugelassen. Der *BGH* wird sich voraussichtlich seiner Auffassung anschließen. Er hat erst kürzlich entschieden, dass der Schriftform allein die Bedingungen eines Mietvertrages, nicht aber sein Zustandekommen oder sein

Fortbestehen bedürfen (*BGH* NJW 2010, 1518): § 550 BGB solle dem Erwerber allein Gewissheit über die Bedingungen eines Mietvertrages verschaffen, sofern dieser (noch) besteht. Für die Ausübung eines Optionsrechts kann nichts anderes gelten.

IV. Veräußerung des Mietobjekts, Wechsel der Mietvertragsparteien

BGH: Vermieterwechsel nach Zwangsversteigerung (Urteil vom 20.01.2010 – VIII ZR 84/09, NJW-RR 2010, 1095)

Ist der Eigentümer und Zwangsvollstreckungsschuldner nicht auch Vermieter, so kann der Ersteher einer vermieteten Wohnung in der Zwangsversteigerung durch konkludente Vertragsübernahme mit Zustimmung der Beteiligten als Vermieter in das Mietverhältnis eintreten.

Die Klägerin nimmt den Beklagten auf Zahlung rückständiger Miete in Anspruch, die dieser wegen Lärmimmissionen aus der Nachbarwohnung gemindert hat. Er hatte mit der W-GmbH einen Mietvertrag über eine Wohnung geschlossen, die im Eigentum von N., dem alleinigen Gesellschafter und Geschäftsführer der W-GmbH, stand. Zwischen den Parteien ist unstreitig, dass N. für die W. GmbH den Mietvertrag unterschrieb und als damaliger Eigentümer der Immobilie mit der Vermietung der Wohnung an den Beklagten einverstanden war. Die Klägerin hat das Grundstück in der Zwangsversteigerung erworben.

Nach Auffassung des *BGH* ist die Klägerin hinsichtlich des Anspruchs gemäß § 535 Abs. 2 BGB gegen den Beklagten auf Zahlung rückständiger Miete aktivlegitimiert. Zwar setze die entsprechende Anwendung von § 566 BGB im Falle des Erwerbs eines vermieteten Grundstücks durch Zuschlagsbeschluss in der Zwangsversteigerung gemäß § 57 ZVG grundsätzlich voraus, dass das Grundstück im Eigentum des Vermieters steht, denn § 566 BGB erfordere nach seinem Wortlaut die Identität von Vermieter und veräußerndem Eigentümer. Im Falle des Erwerbs des Grundstücks durch Zuschlagsbeschluss in der Zwangsversteigerung bedeute dies, dass der Zwangsvollstreckungsschuldner, also der Eigentümer des Grundstücks, im Zeitpunkt des Zuschlags in der Zwangsversteigerung identisch mit dem Vermieter sein muss. Diese Voraussetzung sei hier nicht erfüllt gewesen, weil nicht der Grundstückseigentümer N., sondern die W-GmbH den Mietvertrag mit dem Beklagten abgeschlossen hatte.

Allerdings sei das Mietverhältnis zwischen dem Beklagten und der Klägerin, nachdem diese das Grundstück ersteigert hatte, auf Grund rechtsgeschäftlicher Vereinbarung aller Beteiligten – einschließlich der W-GmbH und des N. – fortgesetzt worden. Die Auswechslung eines Vertragspartners könne sowohl im Wege eines dreiseitigen Vertrags zwischen der ausscheidenden, der übernehmenden und der verbleibenden Partei vereinbart werden als auch durch Vereinbarung zwischen zwei Beteiligten, wenn der Dritte zustimmt. Letzteres sei hier der Fall: Der Beklagte habe nach Mitteilung seitens der Klägerin, dass sie nunmehr als Eigentümerin in den Mietvertrag eingetreten sei, die Miete fortan an sie gezahlt und dem Vermieterwechsel spätestens dadurch konkludent zugestimmt, dass er die Klägerin als neue Vermieterin zur Abhilfe hinsichtlich der Lärmbelästigung aufgefordert hatte. Die Klägerin habe sich als neue Vermieterin gesehen und um Abhilfe bemüht. Die W-GmbH wiederum habe nach der Zwangsversteigerung des Grundstücks zu keinem Zeitpunkt ausstehende Mietzahlungen vom Beklagten reklamiert oder sonstige Ansprüche geltend gemacht und durch dieses Verhalten konkludent der Vertragsübernahme durch die Klägerin zugestimmt.

Anmerkung:

§ 566 BGB erfordert nach seinem Wortlaut („von dem Vermieter ... veräußert“) die Identität von Vermieter und veräußerndem Eigentümer (*BGH* NJW-RR 2004, 657 zu § 571 BGB a.F.). Der Erwerber soll aber analog § 566 Abs. 1 BGB an die Stelle des ursprünglichen Vermieters in den Mietvertrag eintreten, wenn dieser nicht mit dem Veräußerer, sondern mit dessen Hausverwaltung besteht und die Hausverwaltung kein eigenes Interesse an der Vermietung hat, der Vermieter vielmehr allein berechtigt ist zu bestimmen, wer die Räumlichkeiten beziehen darf (*LG München I* BeckRS 2009, 11964; Anmerkung *Bub/Bernhard*, FD-MietR 2009, 283171). Geht das Grundstück nicht – wie vorliegend – aufgrund des Zuschlagbeschlusses, sondern kraft Rechtsgeschäft auf den Erwerber über, ist umstritten, ob die Identität zwischen Vermieter, Grundstückseigentümer und Veräußerer bereits bei Vertragsschluss bestehen muss (so *OLG Köln* ZMR 2001, 967) oder ob es genügt, dass die Identität im Zeitpunkt der Veräußerung vorliegt (*OLG Rostock* NZM 2006, 262; *Börstinghaus,* NZM 2004, 481). Zutreffend ist die zweite Auffassung: § 566 BGB verlangt für den gesetzlichen Vermieterwechsel nicht, dass der Veräußerer eines Grundstücks bereits bei Abschluss des Mietvertrages Eigentümer ist. Voraussetzung ist lediglich, dass die Veräußerung durch den Vermieter nach Überlassung des Grundstücks an den Mieter erfolgt.

BGH: Umwandlung einer GbR in eine GmbH (Urteil vom 27.11.2009 – LwZR 15/09, NZM 2010, 280)

Die identitätswahrende Umwandlung einer Gesellschaft bürgerlichen Rechts auf der Pächterseite zunächst in eine offene Handelsgesellschaft und danach – formwechselnd – in eine Gesellschaft mit beschränkter Haftung (§§ 190 ff. UmwG), die nunmehr als Pächterin auftritt, bedeutet keine Überlassung der Pachtsache an einen Dritten.

Die Kläger sind Eigentümer von landwirtschaftlich genutzten Flächen, die sie für zwölf Jahre an die beklagte GbR verpachtet hatten. Deren – ebenfalls verklagte – Gesellschafter meldeten später die M-oHG zum Handelsregister an und informierten verschiedene Gläubiger über wirtschaftliche Schwierigkeiten. Daraufhin kündigten die Kläger das Mietverhältnis. Nachdem die Gesellschafter der M-oHG mit notarieller Urkunde deren Umwandlung in eine GmbH erklärt hatten und die oHG im Handelsregister gelöscht worden war, kündigten die Kläger nochmals gegenüber der GmbH und verlangen nunmehr auch von dieser die Herausgabe der Pachtflächen.

Nach Auffassung des *BGH* stand den Klägern kein Recht zur außerordentlichen Kündigung nach §§ 589 Abs. 1 Nr. 1, 594e Abs. 1 BGB i.V.m. § 543 Abs. 1, 2 Nr. 3 BGB zu. Zwar sei danach der Verpächter landwirtschaftlich genutzter Flächen zur Kündigung dann berechtigt, wenn der Pächter ohne seine Erlaubnis die Nutzung der Flächen einem Dritten überlässt. Diese Voraussetzung sei vorliegend jedoch nicht erfüllt. Die GbR als ursprüngliche Pächterin sei unter Wahrung ihrer Identität in die M-oHG umgewandet worden. Sie habe damit lediglich ihre Rechtsform geändert. Ihr Vermögen sei mit allen Rechten und Pflichten Vermögen der oHG geworden, ohne dass es einer Übertragung im Einzelnen bedurft hätte. Das Pachtverhältnis mit der GbR habe sich somit ohne weiteres in ein Pachtverhältnis mit der M-oHG verwandelt. Die M-oHG sei formwechselnd und identitätswahrend nach §§ 190 ff UmwG in die beklagte GmbH umgewandet worden. Das habe zur Folge, dass die Gesellschaft in der Rechtsform einer GmbH weiter besteht, § 202 Abs. 1 Nr. 1 UmwG. Ein Pächterwechsel und ein Wechsel in der Person des bisherigen Nutzers der Flächen sei mit der Umwandlung nicht verbunden gewesen.

Auch eine analoge Anwendung der Regelungen der §§ 589 Abs. 1 Nr. 1, 594e Abs. 1 BGB i.V.m. § 543 Abs. 1, 2 Nr. 3 BGB komme nicht in Betracht. Ein infolge der Umwandlung durch Verschmelzung gemäß § 2 UmwG herbeigeführter gesetzlicher Pächterwechsel erlaube keine entsprechende Anwendung der Vorschrift des § 589 Abs. 1 Nr. 1 BGB. Das gelte erst recht, wenn – wie hier – kein Wechsel auf der Pächterseite stattgefunden hat, sondern die ursprüngliche Pächterin trotz der Änderung ihres rechtlichen Charakters in eine oHG dieselbe und diese nach der Umwandlung in eine GmbH gemäß § 202 Abs. 1 Nr. 1 UmwG in der neuen Rechtsform bestehen geblieben ist. Soll auch eine Umwandlung ausgeschlossen und ein Verstoß dagegen mit einem außerordentlichen Kündigungsrecht des Verpächters sanktioniert werden, müssten die Vertragsparteien dies vereinbaren.

Anmerkung:

Im Ergebnis konnte vorliegend das Mietverhältnis gleichwohl wegen Nichtwahrung der Schriftform gekündigt werden, da im Rubrum des Vertrages als Verpächter „W. und Ehefrau G." genannt waren, der Vertrag jedoch nur von W. unterzeichnet wurde und aus seiner Unterschrift nicht ersichtlich war, ob er den Vertrag zugleich in Vertretung seiner Ehefrau unterzeichnet hatte oder ob es noch deren Unterschrift bedurfte. Nach der Rechtsprechung des *BGH* ist es für die Einhaltung der Schriftform nämlich erforderlich, dass alle Vertragsparteien die Vertragsurkunde unterzeichnen; unterschreibt für eine Vertragspartei ein Vertreter, muss dies in der Urkunde durch einen das Vertretungsverhältnis anzeigenden Zusatz hinreichend deutlich zum Ausdruck kommen (*BGH* NJW 2007, 3346).

KG: Schadensersatzanspruch gegenüber Erwerber (Beschluss vom 6.8.2009 – 8 U 61/09, ZMR 2010, 182)

Die dem Grundstücksveräußerer gegenüber eingetretene Verzugslage wirkt nach dem Eigentumsübergang in der Person des Erwerbers fort. Schadensersatzansprüche des Mieters richten sich aber in diesem Fall nur dann gegen den Grundstückserwerber, wenn der Schaden nach dem Eigentumsübergang eintritt.

Der Kläger ist Mieter, der Beklagte Vermieter eines Ladengeschäfts mit Imbiss. Aufgrund von Wasserschäden war der Laden im Laufe des Jahres 2007 zeitweilig nicht nutzbar. Zu dieser Zeit war noch der Rechtsvorgänger des Beklagten Eigentümer des Anwesens, der Beklagte wurde erst später als Eigentümer in das Grundbuch eingetragen. Der Kläger macht vorliegend im Wege des Schadensersatzes entgangenen Gewinn während der Zeit des Nutzungsausfalls geltend.

Nach Auffassung des *KG* kann der Kläger vom Beklagten schon deshalb keinen Schadensersatz verlangen, weil etwaige Ansprüche sich allein gegen den Rechtsvorgänger des Beklagten richten würden. Der Beklagte als Erwerber hafte für die geltend gemachten Ansprüche aus § 536a BGB nicht, da ein etwaiger Anspruch auf Ersatz entgangenen Gewinns noch während der Zeit der Vermieterstellung des Veräußerers entstanden und fällig geworden sei. Zwar wirke die einmal dem Grundstücksveräußerer gegenüber eingetretene Verzugslage nach dem Eigentumsübergang in der Person des Erwerbers fort. Die Ansprüche des Mieters richteten sich aber in diesem Fall nur dann gegen den Grundstückserwerber, wenn der Schaden erst nach dem Eigentumsübergang eintritt; dies sei vorliegend nicht der Fall.

Anmerkung:

Besonders riskant für den Erwerber ist sein Eintritt in „schwebende Schadensersatzlagen". Das *KG* schließt sich der (zutreffenden) Rechtsprechung des *BGH* zu dieser Frage an, dass sich Schadensersatzansprüche (nur) dann noch gegen den Veräußerer richten, wenn sie vor Eigentumsübergang entstanden sind (*BGH* NJW 2005, 1187). Dieser Zeitpunkt bedeutet nämlich hinsichtlich der vertraglichen Ansprüche eine Zäsur: Welche mietvertraglichen Rechte und Pflichten infolge eines Eigentumsübergangs nach § 566 BGB dem Veräußerer und welche dem Erwerber zuzuordnen sind, richtet sich grundsätzlich nach dem Zeitpunkt des Entstehens bzw. der Fälligkeit der Ansprüche. Vor dem Eigentumsübergang entstandene und fällig gewordene Ansprüche verbleiben dem bisherigen Vermieter, danach fällig gewordene Forderungen stehen dem (nunmehrigen) Grundstückseigentümer zu. Ebenso richten sich vertragliche Ansprüche des Mieters dann gegen den Erwerber, wenn sie erst nach dem Eigentumswechsel entstehen oder fällig werden (*BGH* NJW 1988, 705; NZM 2001, 158). Diese Grundsätze geltend auch dann, wenn der Mieter einen Schadensersatzanspruch gem. §§ 536a Abs. 1, 280, 286 BGB geltend macht und Verzug mit der Mangelbeseitigung noch vor dem Eigentumsübergang in der Person des Grundstücksveräußerers eingetreten ist (*BGH*, NJW 2005, a.a.O.).

Als Ausnahme sind Ansprüche des Mieters auf Auszahlung eines Guthaben aus der Betriebskostenabrechnung bzw. des Vermieters auf Nachzahlung eines Abrechnungsfehlbetrages anerkannt (*BGH* NZM 2004, 188 z. Wohnraummietrecht; NZM 2005, 17 z. Gewerberaummietrecht). Sie werden zwar erst mit Erteilung der Abrechnung fällig (*BGH* NJW 1991, 836). Gleichwohl bleibt der frühere Eigentümer gegenüber dem Mieter bezüglich der zum Zeitpunkt des Wechsels im Grundstückseigentum abgelaufenen Abrechnungsperiode zur Abrechnung der Betriebskosten verpflichtet und zur Erhebung etwaiger Nachzahlungen berechtigt. Nur diese Lösung vermeidet nämlich, dass eine vor dem Eigentumswechsel fällig gewordene Abrechnungspflicht beim bisherigen Vermieter verbleibt, während Nachzahlungen und Erstattungen, deren Vorbereitung und Berechnung die Abrechnung dient, dem Erwerber zustehen bzw. von diesem zu erbringen sind. Dies gilt auch für die im Zeitpunkt des Eigentümerwechsels laufende Abrechnungsperiode, wenn der Mieter vor dem Eigentumsübergang ausgezogen ist. Auch in diesem Fall ist ausschließlich über einen Zeitraum abzurechnen, in dem der ehemalige Vermieter noch Eigentümer war und die Vorauszahlungen erhalten hat (*BGH* NJW 2007, 1818).

Zur anfänglichen Garantiehaftung des Vermieters gem. § 536a Abs. 1 Alt. 1 BGB hat der *BGH* bereits entschieden, dass der Erwerber des Grundstücks auch ohne Verschulden für Schäden des Mieters haftet, die diesem nach dem Eigentumswechsel aus einem Mangel der Mietsache entstehen, der bereits beim Abschluss des Mietvertrages mit dem Veräußerer vorgelegen hatte (*BGH* NJW 1968, 885). Bislang nicht entschieden hat er, ob der Erwerber auch für Schäden haftet, die nach Eigentumsübergang eintreten, aber durch einen vom Veräußerer verschuldeten Mangel verursacht wurden, § 536a Abs. 1 Alt. 2 BGB (Anm. *Pohlmann,* LMK 2005, 149825). Zu erwarten ist, dass der *BGH* diese Frage bejahen wird, da er auch den Verzug des Veräußerers gegen den Erwerber wirken lässt, selbst wenn dieser weder von dem Verzug noch dem Mangel Kenntnis hatte. Schadensersatzansprüche richten sich in diesem Fall gegen den Erwerber. Bezweckt nämlich § 566 BGB den Schutz des Mieters, kann seine Rechtsposition nicht dadurch beeinträchtigt werden, dass das Eigentum auf den Erwerber übergeht. Er muss seine Ansprüche bei Fälligkeit gegenüber der Person gelten machen können, die zu diesem Zeitpunkt Vermieter ist, gegen deren laufende Mietforderungen er gegebenenfalls aufrechnen kann und die ihm notfalls mit dem Wert des Grundstücks für seine Forderungen haftet. Dieser Zweck wäre verfehlt, wenn er den Erwerber erneut in Verzug setzen müsste. Insoweit trifft den Erwerber für nachträgliche Mängel eine verschuldensunabhängige Garantiehaftung, wenn der Veräußerer schuldhaft ihre Beseitigung versäumt hatte.

Sein gegenüber dem Veräußerer bestehendes Zurückbehaltungsrecht gemäß § 320 BGB an der noch offenen Miete verliert der Mieter allerdings mit dem Eigentumsübergang (*BGH* NZM 2006, 697). Denn bei der Verpflichtung des Vermieters, die Mietsache während der Mietzeit in einem zum vertragsgemäßen Gebrauch geeigneten Zustand zu erhalten, handelt es sich um eine Dauerverpflichtung, die auch hinsichtlich solcher Mängel, die bereits vor Eigentumsübergang aufgetreten sind, nach Eigentumsübergang laufend neu entsteht und Gegenleistung für die laufend geschuldete Miete darstellt. Deshalb trifft bei einer Veräußerung der Mietsache gemäß § 566 Abs. 1 BGB die Erhaltungspflicht und damit die Verpflichtung zur Beseitigung von Mängeln ab dem Zeitpunkt des Eigentumsübergangs den Erwerber, auch wenn der Mangel schon vor dem Eigentumsübergang vorhanden war. Da der Veräußerer danach nicht mehr zur Beseitigung des Mangels verpflichtet ist, fehlt es für ein Leistungsverweigerungsrecht des Mieters gegenüber seinem Mietzahlungsanspruch an einem – damit gemäß § 320 BGB synallagmatisch verbundenen oder gemäß § 273 BGB damit im Gegenseitigkeitsverhältnis stehenden und auf denselben Lebensverhältnissen beruhenden – Gegenanspruch des Mieters (*Schenkel*, NZM 1998, 502, 504; a.A. *Gellwitzki*, WuM 2006, 126,129). Der Mieter kann nur die dem Veräußerer geschuldete Miete zurückhalten. Allein auf diese Weise erfüllt das Leistungsverweigerungsrecht aus § 320 BGB seinen Zweck, als Druckmittel zur Mängelbeseitigung zu dienen (*BGH* NJW 1995, 254).

Dem Erwerber eines Grundstücks ist anzuraten, sich vor dem Erwerb umfassend über Mängelrügen der Mieter zu informieren, da er nicht nur für die Schadensbeseitigung verantwortlich ist, sondern auch für später eintretende Schäden haftet. Der Veräußerer kann hingegen sicher sein, nicht mehr für Schäden zu haften, die nach Eigentumsübergang eintreten, ist bei Verschulden jedoch u.U. Schadensersatzansprüchen des Erwerbers wegen Verletzung seiner kaufvertraglichen Aufklärungspflichten ausgesetzt.

OLG Brandenburg: Vereinbarter Verpächterwechsel (Urteil vom 12.03.2009 – 5 U [Lw] 63/08, BeckRS 2009, 8455)

Dem Erwerber des Pachtobjektes steht ein Anspruch auf Zahlung des Pachtzinses erst ab Eigentumsübergang zu, soweit nicht ausdrücklich durch dreiseitigen Vertrag ein vorzeitiger Verpächterwechsel vereinbart worden ist.

Die Parteien streiten um die Wirksamkeit einer von den Beklagten ausgesprochen Kündigung eines Landpachtverhältnisses über Flächen, welche die Klägerin vom Voreigentümer fest gepachtet hatte. Die Beklagte hat den Vertrag mit der Begründung gekündigt, die Klägerin habe sich mit der Entrichtung des Pachtzinses für das Jahr 2006, der insgesamt am 15.12.2006 fällig war, für mehr als drei Monate im Verzuge befunden. Der vormalige Verpächter hatte die Flächen bereits im Juni 2006 an die Beklagten veräußert. Da der Klägerin die Kontonummer der Beklagten nicht vorlag, ihr vielmehr durch den ehemaligen Verpächter lediglich mündlich mitgeteilt worden war, dass die Flächen verkauft worden seien, zahlte sie – nach eigenem Vortrag – die Pacht bei Fälligkeit weiterhin an diesen. Nach Auffassung der Beklagten war der vormalige Verpächter jedoch nicht mehr zum Empfang der Leistung der Klägerin befugt gewesen, so dass die Klägerin ihre Schuld mit einer etwaigen Zahlung an ihn nicht habe tilgen können. Die Beklagten seien nämlich unabhängig von dem Zeitpunkt des Eintritts des Eigentumsübergangs bereits zuvor schon durch Vertragsübernahme mit Zustimmung der Klägerin in das Pachtverhältnis eingetreten.

Nach Auffassung des *OLG Brandenburg* war die fristlose Kündigung des Pachtvertrages unwirksam. Zwar habe die Klägerin den Pachtzins für das Jahr 2006 nicht an die Beklagten gezahlt. Dies stelle jedoch keine Pflichtverletzung dar, welche die Beklagten zu einer Kündigung des Pachtvertrages aus wichtigem Grund gemäß § 594e Abs. 2 S. 1 BGB berechtigen würde. Im Zeitpunkt der Fälligkeit des Pachtzinses seien die Beklagten noch nicht als Eigentümer im Grundbuch eingetragen gewesen. Der Pachtzins für das Jahr 2006 habe daher noch der vormaligen Verpächterin zugestanden. Denn bei einem Verpächterwechsel durch Veräußerung entscheide sich die Frage, welche pachtvertraglichen Rechte und Pflichten infolge des Eigentumsübergangs dem Veräußerer und welche dem Erwerber zuzuordnen sind, nach dem Zeitpunkt des Entstehens bzw. der Fälligkeit des Anspruchs. Vor dem Eigentumswechsel entstandene und fällig gewordene Ansprüche verblieben bei dem bisherigen Verpächter, danach fällig werdende Forderungen stünden dem Grundstückserwerber zu. Dies beruhe auf § 566 i.V. mit § 593b BGB, wonach erst im Augenblick des Eigentumsübergangs kraft Gesetzes ein neues Pachtverhältnis zwischen dem Erwerber des Grundstücks und dem Pächter entsteht.

Anders wäre es nur bei einem vorzeitigen Verpächterwechsel oder wenn die Voreigentümerin den Pachtzins für das Jahr 2006 an die Beklagten abgetreten hätte. Ein vorzeitiger Verpächterwechsel hätte eines dreiseitigen Vertrages bzw. der Zustimmung der Klägerin bedurft. Zu einer derartigen dreiseitigen Vereinbarung trügen die Beklagten aber nicht vor. Von einer stillschweigenden Zustimmung der Klägerin zu einem Austausch ihrer Verpächterin könne nicht ausgegangen werden. Zwar mögen die Beklagten mit der Verpächterin im Innenverhältnis vereinbart haben, dass der gesamte Pachtzins für das Jahr 2006 den Beklagten zustehe. In diesem Fall wäre die Klägerin gemäß § 410 Abs. 1 S. 1 BGB aber nur dann zur Zahlung an die Beklagten verpflichtet gewesen, wenn ihr eine von der bisherigen Verpächterin über die Abtretung ausgestellte Urkunde etwa in Gestalt der Vorlage eines Vertragsauszuges vorgelegt worden wäre. Eine – wie hier – bloß mündliche Information, dass der Pachtzins an den Erwerber gezahlt werden solle, reiche hingegen nicht aus. Selbst wenn die Klägerin auch an die vormalige Verpächterin nicht gezahlt haben sollte, würde dies keine Kündigung rechtfertigen. Da ein Recht zur fristlosen Kündigung darauf beruht, dass einer Vertragspartei die Fortsetzung des Pachtverhältnisses unzumutbar ist, wäre das nur in der Person der Voreigentümerin entstandene Kündigungsrecht nicht auf die Beklagten als Erwerber übergegangen.

Anmerkung:

Da keine Vertragsübernahme statttgefunden hatte, musste das *OLG Brandenburg* nicht darüber entscheiden, welcher Form diese bedurft hätte. Nach der Rechtsprechung des *BGH* ist die Zustimmung des neuen Mieters zu einem vom Vermieter und altem Mieter vereinbarten Mieterwechsel, auch wenn der Mietvertrag – wie häufig bei Gewerberaummietverhältnissen – für einen bestimmten Zeitraum abgeschlossen worden oder in ihm für Vertragsänderungen die Schriftform vorgesehen ist, formfrei wirksam (*BGH* NZM 2005, 584) – gleiches muss auch für die Zustimmung des Vermieters zu einem zwischen altem und neuem Mieter vereinbarten Mieterwechsel gelten. Denn der Schriftform genügt auch ein Mietvertrag, der vorsieht, dass er erst nach Zustimmung eines Dritten wirksam werden soll; dessen Zustimmung muss nicht in dieselbe Urkunde aufgenommen oder gar von beiden Parteien noch einmal unterschrieben werden, da sie formfrei ist und nicht der Form des Hauptgeschäfts bedarf. § 550 BGB verfolgt nicht den Zweck, einem späteren Grundstückserwerber zu ermöglichen, sich allein anhand der Urkunde Gewissheit über das Zustandekommen oder den Fortbestand eines langfristigen Mietvertrags zwischen dem Veräußerer und dem Mieter zu verschaffen. Für die in § 550 BGB vorgeschriebene Schriftform genügt es vielmehr, wenn ein späterer Grundstückserwerber aus einer einheitlichen Urkunde ersehen kann, in welche langfristigen Vereinbarungen er nach § 566 BGB gegebenenfalls eintritt, nämlich dann, wenn diese im Zeitpunkt der Umschreibung des Grundstücks (noch) bestehen (*BGH* NJW 2004, 2962, 2964). Aus dem Mietvertrag kann ein potentieller Grundstückserwerber ersehen, dass er, sofern der Mietvertrag überhaupt noch besteht, in ein langfristiges Mietverhältnis entweder mit dem alten oder dem neuen Mieter eintritt (a.A. Schmidt-Futterer/*Lammel*, a.a.O., § 550 BGB Rz. 45: Der Grundstückserwerber müsse sich vor Vertragsabschluss über den Umfang der ihn möglicherweise treffenden schuldrechtlichen Belastungen informieren können).

Die Zustimmung zur Vertragsübernahme ist zudem weder eine Ergänzung noch eine Änderung des bestehenden Vertrages. Sie bedarf deshalb nicht der für Vertragsänderungen und Vertragsergänzungen im Mietvertrag möglicherweise vereinbarten Form (*BGH* MDR 1996, 132). Dies rechtfertigt sich zudem aus dem Rechtsgedanken des § 182 Abs. 2 BGB: Danach bedarf die Zustimmung nicht der für das Rechtsgeschäft bestimmten Form. Auch eine ausdrückliche Zustimmungserklärung ist nicht erforderlich; zur Wirksamkeit der Zustimmung genügt es, dass sie sich aus dem schlüssigen Handeln des anderen Vertragspartners ergibt (*OLG Düsseldorf* ZMR 2008, 122*)*. Vorliegend fehlte es jedoch schon an einer konkludenten Zustimmungserklärung der klagenden Vermieterin/VerpächterinAnders wäre es nur bei einem vorzeitigen Verpächterwechsel oder wenn die Voreigentümerin den Pachtzins für das Jahr 2006 an die Beklagten abgetreten hätte. Ein vorzeitiger Verpächterwechsel hätte eines dreiseitigen Vertrages bzw. der Zustimmung der Klägerin bedurft. Zu einer derartigen dreiseitigen Vereinbarung trügen die Beklagten aber nicht vor. Von einer stillschweigenden Zustimmung der Klägerin zu einem Austausch ihrer Verpächterin könne nicht ausgegangen werden. Zwar mögen die Beklagten mit der Verpächterin im Innenverhältnis vereinbart haben, dass der gesamte Pachtzins für das Jahr 2006 den Beklagten zustehe. In diesem Fall wäre die Klägerin gemäß § 410 Abs. 1 S. 1 BGB aber nur dann zur Zahlung an die Beklagten verpflichtet gewesen, wenn ihr eine von der bisherigen Verpächterin über die Abtretung ausgestellte Urkunde etwa in Gestalt der Vorlage eines Vertragsauszuges vorgelegt worden wäre. Eine – wie hier – bloß mündliche Information, dass der Pachtzins an den Erwerber gezahlt werden solle, reiche hingegen nicht aus. Selbst wenn die Klägerin auch an die vormalige Verpächterin nicht gezahlt haben sollte, würde dies keine Kündigung rechtfertigen. Da ein Recht zur fristlosen Kündigung darauf beruht, dass einer Vertragspartei die Fortsetzung des

Pachtverhältnisses unzumutbar ist, wäre das nur in der Person der Voreigentümerin entstandene Kündigungsrecht nicht auf die Beklagten als Erwerber übergegangen.

Anders wäre es nur bei einem vorzeitigen Verpächterwechsel oder wenn die Voreigentümerin den Pachtzins für das Jahr 2006 an die Beklagten abgetreten hätte. Ein vorzeitiger Verpächterwechsel hätte eines dreiseitigen Vertrages bzw. der Zustimmung der Klägerin bedurft. Zu einer derartigen dreiseitigen Vereinbarung trügen die Beklagten aber nicht vor. Von einer stillschweigenden Zustimmung der Klägerin zu einem Austausch ihrer Verpächterin könne nicht ausgegangen werden. Zwar mögen die Beklagten mit der Verpächterin im Innenverhältnis vereinbart haben, dass der gesamte Pachtzins für das Jahr 2006 den Beklagten zustehe. In diesem Fall wäre die Klägerin gemäß § 410 Abs. 1 S. 1 BGB aber nur dann zur Zahlung an die Beklagten verpflichtet gewesen, wenn ihr eine von der bisherigen Verpächterin über die Abtretung ausgestellte Urkunde etwa in Gestalt der Vorlage eines Vertragsauszuges vorgelegt worden wäre. Eine – wie hier – bloß mündliche Information, dass der Pachtzins an den Erwerber gezahlt werden solle, reiche hingegen nicht aus. Selbst wenn die Klägerin auch an die vormalige Verpächterin nicht gezahlt haben sollte, würde dies keine Kündigung rechtfertigen. Da ein Recht zur fristlosen Kündigung darauf beruht, dass einer Vertragspartei die Fortsetzung des Pachtverhältnisses unzumutbar ist, wäre das nur in der Person der Voreigentümerin entstandene Kündigungsrecht nicht auf die Beklagten als Erwerber übergegangen.

AG Hamburg: Ausscheiden eines Mieters (Urteil vom 05.03.2008 – 46 C 97/07, NZM 2009, 319)

Zu einer Änderung des Mietvertrages bei Ausscheiden einzelner Mieter bedarf es übereinstimmender Erklärungen aller Vertragsparteien.

Die Kläger sind Vermieter einer Wohnung und begehren vom Beklagten deren Räumung. Der Mietvertrag war von ihnen mit dem Beklagten sowie Frau E geschlossen worden. Diese ist bereits im Jahr 1989 aus der Wohnung ausgezogen. Nach dem Mietvertrag ist die Miete monatlich im Voraus, spätestens am 3. Werktag eines Monats an den Vermieter zu zahlen. Zudem findet sich im Mietvertrag eine Regelung, wonach der Mieter „gegenüber dem Mietzins mit einer Gegenforderung nur aufrechnen oder ein Zurückbehaltungsrecht geltend machen (kann), wenn die Gegenforderung auf dem Mietverhältnis beruht, unbestritten ist oder ein rechtskräftiger Titel vorliegt". Im Jahr 2005 bestätigten die Kläger der Prozessbevollmächtigten von Frau E, dass das Mietverhältnis mit ihr beendet worden sei. Im Jahr 2006 kündigten die Prozessbevollmächtigten der Kläger das Mietverhältnis fristgemäß wegen Zahlungsverzuges. Der Beklagte habe trotz einer vorherigen Abmahnung die Augustmiete verspätet, nämlich erst am 07.08.2006 bezahlt; zuvor habe er im Januar die Miete erst am 11.01. und im Februar erst am 06.02. bezahlt, die Miete für Mai sei erst im Juni geleistet worden.

Nach Auffassung des *AG Hamburg* besteht kein Anspruch der Kläger auf Räumung gemäß § 546 BGB, da das Mietverhältnis durch die Kündigung nicht beendet wurde. Dies folge schon daraus, dass die Kündigung nur gegenüber dem Beklagten ausgesprochen wurde, während der Mietvertrag auf Mieterseite von dem Beklagten und Frau E. abgeschlossen worden sei. Die Kläger hätten nicht ausreichend vorgetragen worden, durch welches Rechtsgeschäft bzw. welche konkludenten Handlungen der ursprünglich bestehende Vertrag auf Mieterseite verändert worden sei. Zu einer solchen Änderung des Mietvertrages bedürfe es dreier übereinstimmender Willenserklärungen, nämlich einer Willenserklärung von Vermieterseite sowie je einer des ausscheidenden und des in der Wohnung verbleibenden Mieters. Die Kläger hätten lediglich ein Schreiben der angeblich ehemaligen Mieterin E vorgelegt, aus dem sich ergebe, dass diese den Willen hatte, sich aus dem Mietverhältnis zu lösen, sowie eine Erklärung, dass sie Frau E. für Rechte und Pflichten aus dem Mietvertrag nicht mehr in Anspruch nehmen würden. Auf welche Weise der Beklagte einer Umgestaltung des Vertrages dahingehend zugestimmt habe, dass ab einem bestimmten Zeitpunkt allein er Mieter der streitgegenständlichen Wohnung sei, hätten die Kläger nicht ausgeführt. Durch eine Erklärung allein gegenüber einer Mietpartei – vorliegend dem Schreiben an Frau E, wonach der Mietvertrag mit ihr beendet sei – könne das Vertragsverhältnis nicht umgestaltet werden. Somit fehle es an einer wesentlichen Kündigungsvoraussetzung, nämlich der Kündigung gegenüber allen Mietern.

Hinzu komme, dass sich der Beklagte entgegen der Auffassung der Kläger gar nicht in Verzug befindet. Zwischen den Parteien bestehe ein sogenannter Altmietvertrag, der bereits vor dem 01.09.2001 abgeschlossen wurde. Auf derartige Verträge sei gemäß Art. 229 § 3 Abs. 1 Nr. 7 EGBGB hinsichtlich der Fälligkeit weiterhin § 551 BGB a.F. anzuwenden. Danach war der Mietzins am Ende der Mietzeit bzw. wenn der Mietzins nach Zeitabschnitten bemessen ist, nach dem Ablauf der einzelnen Zeitabschnitte zu zahlen. Nach der Gesetzeslage werde die Miete somit erst zum Monatsende fällig, der Beklagte habe hingegen jeweils während des laufenden Monats gezahlt. Eine frühere Fälligkeit folge nicht aus dem Mietvertrag. Zwar enthalte diese eine sogenannte „Vorfälligkeitsregelung". Der Mietvertrag enthalte aber zudem ein Aufrechnungsverbot. Eine derartige Klauselkombination sei unwirksam, da sie gegen § 537 Abs. 3 BGB a.F. bzw. § 535 Abs. 4 BGB n.F. verstoße, wonach Minderungsrechte des Wohnraummieters nicht eingeschränkt werden dürfen. Ob dies nach neuer Rechtslage gemäß § 556b Abs. 1 BGB anders ist, bedürfe keiner Entscheidung. Hätte der Beklagte nicht – aus seiner Sicht gesehen – das Glück, dass es sich um einen Altmietvertrag handelt und es noch eine weitere Mietvertragspartei gibt, so hätte er jetzt als fast 60jähriger Bezieher einer Berufsunfähigkeitsrente und eines Mietzuschusses nach 28 Jahren seine Wohnung verloren, ohne eine realistische Chance zu haben, auf dem Hamburger Wohnungsmarkt eine auch nur annähernd gleichwertige, bezahlbare Wohnung zu finden.

Anmerkung:

Der Entscheidung ist nur im Ergebnis – aufgrund der Unwirksamkeit der Vorfälligkeitsklausel in Kombination mit einem Aufrechnungsverbot (*BGH* NJW 1995, 254) – , nicht aber in der Begründung zutreffend. Zwar bedarf nach h.M., der sich das *AG Hamburg* anschließt, ein zwischen Vermieter und dem ausscheidenden Mieter geschlossener Aufhebungsvertrag zu seiner Wirksamkeit auch der Zustimmung des in der Wohnung verbleibenden Mieters (*BayObLG* WuM 1983, 107; *OLG Koblenz* NJW 1984, 244; Schmidt-Futterer/*Börstinghaus*, Vorb. § 558 BGB Rz. 48). Anhaltspunkte, die darauf schließen ließen, dass der Beklagte seine Zustimmung zu der mit den Klägern vereinbarten Entlassung von Frau E. aus dem Mietverhältnis – ggf. im Wege schlüssigen Verhaltens – erteilt hatte, waren vorliegend nicht ersichtlich. Nach a.A. ist die Zustimmung des in der Wohnung verbleibenden Mieters im Außenverhältnis zwischen Mieter- und Vermieterseite nicht Wirksamkeitsvoraussetzung, sondern lediglich Voraussetzung einer Enthaftung im Innenverhältnis der früheren Mitmieter untereinander (Wolf/Eckert/*Ball*, Rz. 1022; nicht eindeutig *Kloster-Harz/M. Schmid*, Ehewohnung – Partnerwohnung – Wohngemeinschaften, 1999, Rz. 2054). Hiernach wäre Frau E. aus dem Mietverhältnis entlassen worden. Der *BGH* hat die Streitfrage bislang ausdrücklich offen gelassen (*BGH* NZM 2004, 419).

Gleichwohl kann sich der Beklagte richtigerweise gegenüber der Kündigung des Mietverhältnisses nicht darauf berufen, er hätte der Entlassung von Frau E. aus dem Mietverhältnis nicht zugestimmt. Eine Rechtsausübung ist – auch ohne dass die Voraussetzungen des § 26 BGB vorliegen müssen – missbräuchlich, wenn sie beachtliche Interessen eines anderen verletzt, ihr aber kein schutzwürdiges Eigeninteresse zu Grunde liegt (*BGH* NJW-RR 2000, 1220; Palandt/*Heinrichs*, § 242 Rz. 50). Der Vermieter, der einen Aufhebungsvertrag mit einem Mitmieter schließt, hat ein erkennbares Interesse daran, sich hinsichtlich der weiteren Gestaltung des Mietverhältnisses nur noch an den Mieter zu halten, der aus seiner Sicht noch Vertragspartei ist. Ist nämlich Vertragspartner eines Mietvertrages auf einer Seite eine Personenmehrheit, müssen alle Gestaltungserklärungen, etwa die Kündigung des Mietverhältnisses oder eine Mieterhöhungserklärung, von allen Mitgliedern der Personengemeinschaft und gegenüber allen abgegeben werden dies folgt aus der Einheitlichkeit des Mietverhältnisses und daraus, dass alle Mitmieter gemeinschaftlich die Mieterseite des bestehenden Mietverhältnisses bilden (*BGH* NZM 2004, 419). Wenn der ausgezogene Mieter unbekannten Aufenthalts ist, stände der Vermieter vor erheblichen praktischen Erschwernissen. Andererseits ist es für den in der Wohnung verbleibenden Mieter im Außenverhältnis ohne Bedeutung, ob eine weitere Person Mietpartei ist, da er auch als Gesamtschuldner gegenüber dem Vermieter die ganze Leistung schuldet, § 421 BGB; sein Interesse an der Erhaltung einer weiteren Vertragspartei beschränkt sich auf eventuelle Ausgleichsansprüche im Innenverhältnis der Mieter. Deshalb kann es nicht im Belieben des in der Wohnung verbleibenden Mieters stehen, durch Verweigerung der Zustimmung – folgt man der h.M. in dieser Frage – eine Entlassung des Mitmieters aus dem Mietverhältnis zu verhindern (*BGH* NZM 2004, 419).

Gleichwohl ist es ist dem Vermieter dringend zu empfehlen, einen Mieter nicht einseitig aus dem Mietvertrag zu entlassen, sondern auf eindeutigen vertraglichen Absprachen zu bestehen (*BGH* NJW 2005, 452; Anm. *Börstinghaus*, LMK 2005, 149826). Sinnvoll ist jedenfalls eine mietvertragliche Empfangsvollmacht der Mieter untereinander; denn dann geht die Kündigung auch dem ausgezogenen Mieter zu, wenn sie an die alte Anschrift gerichtet wird. Anders als eine umfassende „Mitmietervertretungsklausel", die jeden einzelnen Mitmieter auch zur Abgabe von Erklärungen im Namen der übrigen bevollmächtigt (*OLG Düsseldorf* FD-MietR 2007, 246630), ist eine solche Klausel auch formularvertraglich zulässig und wirksam (*BGH* NJW 1997, 3437). Eine „gegenseitige Selbstentrechtung" wie bei Erteilung von Abgabevollmachten ist nach Auffassung des *BGH* durch eine wechselseitige Empfangsvollmacht nicht zu befürchten, da das gemeinsame Anmieten und Wohnen Ausdruck eines Näheverhältnisses ist, welches annehmen lässt, dass ein Mieter Erklärungen des Vermieters, die das Mietverhältnis betreffen, den Mitmietern weitergibt. Solche Vollmachten müssen allerdings stets widerruflich sein.

B. Durchführung des Mietverhältnisses

I. Miete, Mietsicherheiten

BGH: Sonnabend als Werktag (Urteil vom 13.07.2010 – VIII ZR 129/09, NJW 2010, 2879)

Bei der Berechnung der Zahlungsfrist von drei Werktagen, die ein vorleistungspflichtiger Mieter nach § 556b Abs. 1 BGB oder entsprechenden Vertragsklauseln einzuhalten hat, ist der Sonnabend nicht als Werktag mitzuzählen (Abgrenzung zu *BGH* NJW 2005, 2154).

BGH: Sonnabend als Werktag (Urteil vom 13.07.2010 – VIII ZR 291/09, NJW 2010, 2882)

Der Sonnabend ist kein Werktag im Sinne des § 556b Abs. 1 BGB und entsprechender mietvertraglicher Vereinbarungen. Das gilt auch für Vereinbarungen, die vor dem Inkrafttreten des § 556b Abs. 1 BGB am 01.09.2001 getroffen worden sind.

In beiden Fällen war vertraglich vereinbart, dass die Miete im Voraus spätestens am dritten Werktag eines jeden Monats zu zahlen ist. Im einen Fall war der Mietvertrag bereits im Jahre 1978, im anderen erst nach Inkrafttreten des 556b Abs. 1 BGB, der die gleiche Zahlungsfrist vorsieht, im Jahr 2006 abgeschlossen worden. Aufgrund unpünktlicher Mietzahlungen wurden die Mieter jeweils abgemahnt. In beiden Fällen ging die Miete für den auf die Abmahnung folgenden Monat an einem Dienstag, den 5. Februar/5. Dezember bei den Vermietern ein. Diese kündigten daraufhin die Mietverhältnisse fristlos, hilfsweise ordentlich.

Nach Auffassung des *BGH* haben die Vermieter in beiden Fällen keinen Anspruch auf Räumung der Wohnung, da die Kündigungen unwirksam waren. Der Sonnabend sei nämlich kein Werktag im Sinne des § 556b Abs. 1 BGB und entsprechender vertraglicher Vereinbarungen, weshalb der Zahlungseingang jeweils am Dienstag noch rechtzeitig gewesen wäre. Mit der Einführung des § 556b Abs. 1 BGB habe eine damals bereits weit verbreitete Vertragspraxis unverändert in das Gesetz übernommen werden sollen. Deshalb müssten Vereinbarungen aus der Zeit vor und nach Inkrafttreten der gesetzlichen Regelung einheitlich ausgelegt werden.

Die Karenzzeit von drei Werktagen, die dem Mieter für die Zahlung der Miete zum Beginn des Monats eingeräumt wird, mildere im Interesse des Mieters die zugunsten des Vermieters begründete Vorleistungspflicht und müsse dem Mieter ungeschmälert zur Verfügung stehen. Die „Schonfrist" solle insbesondere sicherstellen, dass die Mietzahlung den Vermieter auch dann innerhalb von drei Werktagen erreicht, wenn die Überweisung der Miete am letzten Tag des Monats, an dem weite Teile der Bevölkerung ihr Gehalt oder ihren Lohn erhalten haben, in Auftrag gegeben wird. Sie trage damit dem Umstand Rechnung, dass Mietzahlungen großteils durch Überweisungen abgewickelt werden und dies erfahrungsgemäß eine gewisse Zeit in Anspruch nimmt. Bankgeschäftstage seien aber bei Einführung des § 556b Abs. 1 BGB – und auch in der Zeit davor – nur die Tage von Montag bis Freitag gewesen. Deshalb würde sich die Schonfrist für den Mieter bei Zahlung per Überweisung um einen Tag verkürzen, wenn der Sonnabend bei der Berechnung der Zahlungsfrist als Werktag mitgezählt würde.

Zwar gelte der Sonnabend bei der Berechnung der Karenzzeit von drei Werktagen bei Kündigung von Wohnraummietverhältnissen gemäß § 573c BGB als Werktag. Anders als eine Überweisung könnten aber die Übermittlung und die Zustellung eines Kündigungsschreibens durch die Post auch an einem Sonnabend erfolgen. Im Gegensatz zur Zahlungsfrist verkürze sich daher die Karenzzeit für die Kündigung nicht, wenn der Sonnabend bei der Dreitagesfrist des § 573c Abs. 1 S. 1 BGB als Werktag berücksichtigt wird.

Anmerkung:

Eine Kündigung muss nach § 573c Abs. 1 BGB spätestens am 3. Werktag eines Kalendermonats zum Ablauf des übernächsten Monats erfolgen. Bei der Berechnung dieser Karenzzeit, die den Parteien eines Wohnraummietvertrags zur Wahrung der Kündigungsfrist zusteht, ist der Sonnabend als Werktag jedenfalls dann mitzuzählen, wenn er nicht der letzte Tag der Karenzfrist ist (*BGH* NJW 2005, 2154). § 193 BGB bestimmt zwar, dass, sofern an einem bestimmten Tag oder innerhalb einer Frist eine Willenserklärung abzugeben oder eine Leistung zu bewirken ist und der letzte Tag der Frist auf einen Sonntag, einen Feiertag oder einen Sonnabend fällt, an die Stelle dieses Tages der nächste Werktag tritt. Handelt es sich hingegen nicht um den letzten Tag der Frist, ist der Sonnabend bei der Berechnung mitzuzählen. Nach dem allgemeinen Sprachgebrauch ist nämlich auch der Sonnabend ein Werktag.

Mit § 193 BGB wollte der Gesetzgeber lediglich dem Umstand Rechnung tragen, dass ein Großteil der arbeitenden Bevölkerung am Sonnabend nicht mehr arbeitet, was zu Unverträglichkeiten bei der Fristwahrung an diesem Tag gegenüber Gerichten, Behörden und Banken führen würde. Deshalb soll der Sonnabend bei dem Ablauf von Fristen und für die Wahrnehmung von Terminen grundsätzlich ebenso behandelt werden wie ein Sonn- oder Feiertag. Gleichwohl bleibt er ein Werktag, der bei der Karenzfrist des § 573c Abs. 1 S. 1 BGB – nach den zutreffenden Erwägungen des *BGH* aber nicht bei der Karenzfrist des 556b Abs. 1 BGB – mitzuzählen ist.

BGH: Kenntnis von Zahlungsunfähigkeit des Mieters (Urteil vom 20.11.2008 – IX ZR 188/07, NJW-RR 2009, 395)

Weiß der Gläubiger (Vermieter), dass der Schuldner (Mieter) nicht in der Lage ist oder voraussichtlich nicht in der Lage sein wird, die bestehenden Zahlungspflichten im Zeitpunkt der Fälligkeit im Wesentlichen zu erfüllen, so weiß er in der Regel auch, dass dessen Rechtshandlung die übrigen Gläubiger benachteiligt.

Der Kläger ist Insolvenzverwalter in dem im Mai 2005 eröffneten Insolvenzverfahren über das Vermögen des Mieters. Dieser hatte ein Restaurant in vom Beklagten gemieteten Räumen betrieben. Wegen bestehender Zahlungsrückstände kündigte der Beklagte das Mietverhältnis im November 2001 fristlos. Der Mieter räumte die Räumlichkeiten nicht und glich auch den Zahlungsrückstand nicht aus, sondern setzte seine Tätigkeit in den gemieteten Räumen bis zum Entzug der Gaststättenerlaubnis und Einstellung des Betriebs Ende November 2004 fort. Auf die Miete leistete er nur unregelmäßig Barzahlungen. Im Jahr 2004 betrug der Zahlungsrückstand mehr als 46.000 €. Insgesamt hatte er in den Jahren 2003 und 2004 rund 22.000 € an den Beklagten gezahlt. Bereits Anfang 2002 hatte er die eidesstattliche Versicherung abgegeben. Ohne Berücksichtigung der Ansprüche des Beklagten bestanden gegen ihn offene Forderungen in Höhe von mindestens 58.000 €, denen liquide Mittel in Höhe von nie mehr als 1.500 € gegenüberstanden. Dem Beklagten war zudem bekannt, dass dem Mieter im Zeitraum 2001 bis 2004 zweimal der Strom abgestellt worden war. Der Kläger hat sämtliche vom Mieter in den Jahren 2003 und 2004 erbrachten Teilzahlungen angefochten und verlangt Rückgewähr der auf die Mietforderungen des Beklagten geleisteten Zahlungen. Der Beklagte behauptet, der Schuldner habe ihm gegenüber bei jeder Zahlung unter Vorlage entsprechender Quittungen erklärt, dass er zunächst seine übrigen Gläubiger habe befriedigen müssen, um seinen laufenden Geschäftsbetrieb aufrecht zu erhalten. Sowohl sein Anwalt als auch sein Steuerberater hätten ihm geraten, sämtliche anderen Gläubiger vor dem Beklagten zu befriedigen, da dieser als Vermieter mindestens ein Jahr benötige, eine Räumung durchzusetzen.

Nach Auffassung des *BGH* ist die Klage – je nach Ergebnis der noch erforderlichen Sachaufklärung – möglicherweise begründet, da es sich bei den angefochtenen Zahlungen um Rechtshandlungen des Schuldners im Sinne des § 133 Abs. 1 S. 1 InsO handele und dieser den Vorsatz gehabt habe, seine Gläubiger zu benachteiligen. Im Hinblick auf die Verbindlichkeiten, die während des gesamten Zeitraums, in dem der Schuldner Teilzahlungen an den Beklagten erbracht habe, bestanden, könne das nicht zweifelhaft sein. Der Schuldner habe somit gewusst, dass er mit seinen Zahlungen an den Beklagten die übrigen Gläubiger schädigte, da sich deren Befriedigungsaussichten entsprechend verringerten.

Die Kenntnis des Beklagten von diesen Umständen sei gemäß § 133 Abs. 1 S. 2 InsO zu vermuten, da er wusste, dass die Zahlungsunfähigkeit des Schuldners drohte und die Zahlungen dessen Gläubiger benachteiligten. Für diese Vermutung reiche es aus, wenn der Gläubiger Umstände kennt, die – etwa die Nichterfüllung beträchtlicher Verbindlichkeiten über einen längeren Zeitraum hinweg – zwingend auf eine drohende Zahlungsunfähigkeit des Schuldners hindeuten. Unter den vorliegenden Umständen habe der Beklagte damit rechnen müssen, dass weitere Gläubiger mit ungedeckten Ansprüchen vorhanden waren. Wer weiß, dass der Schuldner nicht in der Lage ist oder voraussichtlich nicht in der Lage sein wird, die bestehenden Zahlungspflichten im Zeitpunkt der Fälligkeit im Wesentlichen zu erfüllen, § 18 Abs. 2 InsO, wisse in der Regel auch, dass dessen Zahlungen die übrigen Gläubiger benachteiligten. Entscheidende Voraussetzung für die Anwendung des § 133 Abs. 1 S. 2 InsO sei deshalb in der Praxis vor allem die Kenntnis der drohenden Zahlungsunfähigkeit.

Kenne der Gläubiger die einmal eingetretene Zahlungsunfähigkeit des Schuldners und sei aufgrund der Umstände zu vermuten, dass dessen Benachteiligungsvorsatz dem Gläubiger bekannt ist, so obliege es ihm, darzulegen und zu beweisen, dass er später gleichwohl davon ausgehen durfte, der Schuldner habe seine Zahlungen wieder aufgenommen. Gelinge es dem Beklagten zu beweisen, dass er aufgrund der Erklärungen des Schuldners und der ihm vorgelegten Quittungen davon ausgehen durfte, dieser habe seine Zahlungen wieder aufgenommen und er, der Beklagte, sei der einzige, dessen Forderungen nicht voll befriedigt würden, so scheide eine Anfechtung nach § 133 Abs. 1 S. 1 InsO aus. Könne er hingegen den ihm obliegenden Beweis nicht führen, so habe der Kläger gegen ihn einen Anspruch auf Rückzahlung der geleisteten Mieten.

Anmerkung:

Die Entscheidung verdeutlicht, wie wichtig es für den Vermieter ist, bei Zahlungsstockungen und Zahlungsausfällen des Mieters möglichst frühzeitig einen Titel zu erwirken und diesen auch zu vollstrecken. Im vorliegenden Fall hatte sich der Vermieter darauf beschränkt, das Mietverhältnis aufgrund der Zahlungsausfälle fristlos zu kündigen, ohne die gebotene Räumung zu betreiben, und hatte weitere Zahlungsrückstände auflaufen lassen. Dadurch verlängerte sich nicht allein das Mietverhältnis nach Ablauf der Kündigungsfrist gemäß § 545 BGB auf unbestimmte Zeit – ob der Mietvertrag einen Widerspruch gegen die automatische Verlängerung enthielt, lässt sich dem Sachverhalt nicht entnehmen und ist auch ohne Belang. Die „Kulanz" das Vermieters führte darüber hinaus auch dazu, dass er möglicherweise im Ergebnis für den streitigen Zeitraum gar keine Gegenleistung mehr erhält, da der Insolvenzverwalter die vom Mieter gezahlten Teilbeträge gemäß §§ 129, 133 BGB anfechten kann, weshalb der Vermieter sie gemäß § 143 InsO an die Insolvenzmasse zurückgewähren muss.

Für den Vermieter ist zunächst zu beachten, das Mietverhältnis rechtzeitig zu kündigen. § 112 InsO schränkt nämlich seine Rechte dergestalt ein, dass eine Kündigung wegen Zahlungsverzugs oder Verschlechterung der Vermögensverhältnisse „nach dem Antrag auf Eröffnung des Insolvenzverfahrens" über das Vermögen des Mieters ausgeschlossen ist. Die Kündigungsbeschränkung des § 112 InsO ist in der Insolvenz des Mieters erforderlich, um eine gerechte und ausgewogene Abwicklung zu verwirklichen. Der neu eingesetzte (vorläufige) Insolvenzverwalter benötigt nämlich regelmäßig einen gewissen Zeitraum, um die gesamten wirtschaftlichen Verhältnisse des Schuldners zu erfassen, die – vor allem bei Gewerberaummietverhältnissen – möglicherweise mit Aus- oder Absonderungsrechten belastet sind. § 112 InsO mutet deshalb dem Vermieter einen (weiteren) Ausfall der Nutzungsentschädigung für höchstens zwei Monate zu. Die nach dem Eröffnungsantrag fällig werdenden Raten müssen aus dem Schuldnervermögen nämlich wieder vertragsgerecht gezahlt werden, wenn die Nutzungsmöglichkeit für die Insolvenzmasse erhalten bleiben soll (*BGH* NJW 2002, 3326). Entscheidet sich der vorläufige Insolvenzverwalter aus Zweckmäßigkeitserwägungen gegen eine Fortsetzung des Nutzungsvertrags und zahlt er deshalb die geschuldete Miete oder Pacht nicht, so ist der Vermieter nun wieder berechtigt, den Vertrag wegen der nach dem Eröffnungsantrag neu eintretenden Zahlungsrückstände nach § 543 Abs. 2 S. 1 Nr. 3 BGB zu kündigen (*BGH* NJW 2005, 2552).

Nimmt der Vermieter keine Kündigungsmöglichkeit wahr und vereinnahmt weiterhin Miete vom „finanzschwachen" Mieter, läuft er – wie im entschiedenen Fall – Gefahr, dass gezahlte Mieten im Falle der Insolvenz des Mieters anfechtbar sind. Gemäß § 133 Abs. 1 InsO ist eine Rechtshandlung anfechtbar, die der Schuldner in den letzten zehn Jahren vor dem Antrag auf Eröffnung des Insolvenzverfahrens mit dem Vorsatz, seine Gläubiger zu benachteiligen, vorgenommen hat, wenn der andere Teil zur Zeit der Handlung den Vorsatz des Schuldners kannte. Diese Kenntnis wird vermutet, wenn der Gläubiger Umstände kennt, die zwingend auf eine drohende Zahlungsunfähigkeit hindeuten. Hierfür genügt es, dass der spätere Anfechtungsgegner Umstände kennt, die – etwa bei Nichterfüllung beträchtlicher Verbindlichkeiten über einen längeren Zeitraum hinweg – zwingend auf eine drohende Zahlungsunfähigkeit des Schuldners hindeuten. In diesem Fall obliegt es ihm, darzulegen und zu beweisen, dass er später gleichwohl davon ausgehen durfte, der Schuldner habe seine Zahlungen wieder aufgenommen (*BGH*

ZIP 2006, 290, 293). Diesen – durchaus führbaren – Beweis hat im entschiedenen Fall der *BGH* deshalb dem Beklagten überbürdet und die Angelegenheit zur weiteren Beweisaufnahme an das Berufungsgericht zurückverwiesen.

OLG Düsseldorf: Wirkung einer Stundungsabrede gegenüber dem Insolvenzverwalter (Beschluss vom 28.06.2011 – 10 U 60/11, BeckRS 2011, 21945)

Hat der Vermieter vor Insolvenzeröffnung mit dem Schuldner vereinbart, dass die Miete für die Dauer seiner finanziellen Schwierigkeiten gestundet sei, kann sich hierauf auch der Insolvenzverwalter gegenüber den nach der Eröffnung des Insolvenzverfahrens entstehenden Mietansprüchen berufen.

Der Schuldner hatte von seiner Mutter Räume zum Betrieb einer Allgemeinarztpraxis gemietet. Als er in wirtschaftliche Schwierigkeiten geriet, vereinbarten die Parteien, dass die Mietforderungen gestundet sein sollten, solange die Schwierigkeiten andauerten. Später wurde über sein Vermögen das Insolvenzverfahren eröffnet. Die Vermieterin macht nunmehr gegenüber dem Insolvenzverwalter Mieten für den Zeitraum nach Verfahrenseröffnung geltend.

Nach Auffassung des *OLG Düsseldorf* ist die Klage unbegründet. Zwar gälten nach § 41 InsO Forderungen, die im Zeitpunkt der Insolvenzeröffnung noch nicht fällig sind, als fällig. Hierzu zählten grundsätzlich auch gestundete Forderungen. Aufgrund seiner Stellung im Gesetz erfasse § 41 InsO jedoch nur Insolvenzforderungen i.S. der §§ 38, 39 InsO, d.h. vor Verfahrenseröffnung begründete einfache Forderungen. Erst danach entstandene Masseansprüche und Masseforderungen, wie sie vorliegend geltend gemacht würden, unterfielen dagegen nicht dem Anwendungsbereich der Norm.

Weiterhin müssten zwar die nach der Eröffnung des Insolvenzverfahrens entstehenden Mietansprüche gemäß § 108 Abs. 1 InsO durch den Insolvenzverwalter erfüllt werden. Die Forderungen des Vermieters stellten in derartigen Fällen Masseverbindlichkeiten dar, § 55 Abs. 1 Nr. 2 Alt. 2 InsO; sie seien bevorzugte Forderungen und würden aus der Insolvenzmasse vorweg berichtigt, § 53 InsO. Der Beklagte, der als Insolvenzverwalter gemäß § 80 InsO mit Eröffnung des Insolvenzverfahrens und Fortführung des Mietverhältnisses anstelle des Schuldners für die Masse die Verwaltungs- und Verfügungsbefugnis übernommen hat, könne dem Mietzahlungsanspruch der Klägerin jedoch die zwischen ihr und dem Schuldner vereinbarte und für die hier streitigen Mietforderungen fortbestehende Stundungsabrede entgegen halten. Die Stundungsabrede sollte für die Dauer der finanziellen Schwierigkeiten gelten; diese Voraussetzung sei bislang nicht entfallen.

Auch die von der Klägerin ausgesprochenen Kündigungen rechtfertigten keine abweichende Beurteilung. Sie hätten das Mietverhältnis schon deshalb nicht beenden können, weil die Voraussetzungen des § 543 Abs. 2 S. 1 Nr. 3 BGB mangels Fälligkeit der Forderung nicht vorgelegen hätten.

BGH: Benennung eines insolvenzfesten Kontos für die Zahlung der Mietkaution (Urteil vom 13.10.2010 – VIII ZR 98/10, NJW 2011, 59)

Ein Mieter von Wohnraum darf die Zahlung der Kaution von der Benennung eines insolvenzfesten Kontos durch den Vermieter abhängig machen.

Die Beklagten haben vom Kläger eine Wohnung angemietet. Nach dem Mietvertrag muss der Vermieter die Kaution getrennt von seinem Vermögen bei einem Kreditinstitut anlegen. Die Beklagten zahlten die vereinbarte Kaution trotz mehrfacher Aufforderung mit der Begründung nicht, eine Zahlung müsse erst dann erfolgen, wenn der Vermieter ihnen ein gesondertes und den gesetzlichen Anforderungen genügendes Mietkautionskonto benannt und nachgewiesen hätte. Der Kläger kündigte daraufhin das Mietverhältnis wegen der fehlenden Kautionsleistung und begehrt nunmehr Räumung der Wohnung.

Nach Auffassung des BHG hat die Kündigung das Mietverhältnis nicht beendet. Gemäß § 551 Abs. 3 S. 3 BGB habe der Vermieter eine ihm überlassene Mietsicherheit unabhängig von der gegebenenfalls vereinbarten Anlageform getrennt von seinem Vermögen anzulegen. Sinn und Zweck der Regelung sei es, die Kaution vom Vermögen des Vermieters zu trennen und so vor dem Zugriff von dessen Gläubigern zu schützen. Es bestehe kein Grund dafür, dem Mieter diesen vom Gesetzgeber bezweckten Schutz nicht von vornherein zu gewähren, sondern bei Beginn des Mietverhältnisses eine Lücke zu belassen, indem der Mieter die Kaution dem Vermieter zunächst in bar übergeben oder auf ein nicht insolvenzfestes Vermieterkonto überweisen muss. Die Mieter hätten deshalb durch die Nichtzahlung der Kaution ihre Pflicht zur Erbringung der Mietsicherheit nicht verletzt; die darauf gestützte Kündigung sei unwirksam.

Anmerkung:

Nach h.M. in Literatur und Rechtsprechung ist der Mieter zur Aussonderung der Kaution in der Insolvenz des Vermieters nur dann berechtigt, wenn dieser sie auf einem ausschließlich für die Kaution bestimmten Sonderkonto angelegt hat (*BGH* NJW 2008, 1152; Anm. *Bub/von der Osten*, FD-MietR 2008, 252897; a.A. *Derleder* NZM 2004, 568, 577 mit dem beachtlichen Argument, der Schutzzweck des § 551 Abs. 3 S. 3 BGB gebiete eine Rückzahlungspflicht des Insolvenzverwalters). Bei der Pflicht des Vermieters zur getrennten Anlage der Kaution gemäß § 551 Abs. 3 S. 3 BGB handelt es sich um eine vertragliche Nebenpflicht des Vermieters, deren Verletzung Schadensersatzpflichten nach sich zieht. Aufgrund der Insolvenz des Vermieters sind diese allerdings zumeist wertlos. Da § 551 Abs. 3 S. 3 BGB aber auch ein Schutzgesetz zugunsten des Mieters im Sinne von § 823 Abs. 2 BGB darstellt (*LG Hamburg* NZM 2005, 255), kann der Mieter auch den Geschäftsführer einer Wohnraum vermietenden GmbH oder AG persönlich in Anspruch nehmen, wenn dieser die insolvenzfeste Anlage der Kaution versäumt hat.

Der Wohnraummieter kann die vom Vermögen des Vermieters getrennte Anlage der von ihm geleisteten Barkaution im Klageweg erzwingen (*BayObLG* NJW 1988, 1796) und einen Titel gemäß § 888 BGB durch Zwangsgeld vollstrecken. Alternativ kann der Mieter ein Zurückbehaltungsrecht an der Miete bis zur Höhe der Kaution geltend machen, bis der Vermieter die Kautionssumme gesetzeskonform angelegt und die Anlage nachgewiesen hat (*BGH* NJW 2009, 3505 z. Zurückbehaltungsrecht gegenüber Zwangsverwalter). Bei ratenweiser Zahlung der Kaution hat der Mieter zudem ein Zurückbehaltungsrecht an weiteren Raten bis zum Nachweis der gesetzesgemäßen Anlage der bereits geleisteten Zahlungen.

Der *BGH* schließt sich vorliegend der bislang nur vereinzelt vertretenen Auffassung an, wonach der mietvertragliche Anspruch des Vermieters auf Leistung der Kaution von vornherein nur auf Leistung auf ein Konto gerichtet ist, das den Kriterien des § 551 Abs. 3 S. 3 BGB genügt, nicht hingegen zunächst auf Bareinzahlung auf ein Privatkonto. Vom Wortlaut des § 551 Abs. 2 und 3 BGB ist dies nicht gedeckt, da die Geldsumme zunächst vom Mieter „bereitzustellen" und erst dann vom Vermieter „anzulegen" ist. Jedenfalls begründet § 551 Abs. 3 BGB nicht nur die Verpflichtung des Vermieters zur gesetzeskonformen Anlage der Barkaution, sondern auch die Verpflichtung, eine bereits in dieser Form zur Verfügung gestellte Sicherheit bis zu ihrer Rückgewähr unverändert zu halten (*LG Hamburg*, a.a.O.). Damit die vom *BGH* intendierte lückenlose Absicherung des Mieters erfolgte, müsste die Verfügungsbefugnis des Vermieters über das insolvenzfeste Kautionskonto eingeschränkt werden, um auszuschließen, dass die Kaution nachträglich auf ein nicht insolvenzfestes Konto transferiert wird.

BGH: Anlegung der Mietsicherheit durch Zwangsverwalter (Urteil vom 11.03.2009 – VIII ZR 184/08, NJW 2009, 1673)

Den Zwangsverwalter einer Mietwohnung trifft auch die Pflicht des Vermieters zur Anlage einer vom Mieter als Sicherheit geleisteten Geldsumme bei einem Kreditinstitut; dies gilt auch dann, wenn der Vermieter die Kaution nicht an den Zwangsverwalter ausgefolgt hat.

BGH: Anlegung der Mietsicherheit durch Zwangsverwalter (Urteil vom 23.09.2009 – VIII ZR, 336/08, NJW 2009, 3505)

Dem Mieter steht gegenüber dem Zwangsverwalter, solange dieser nicht die ordnungsgemäße Anlage der Mietsicherheit nachgewiesen hat, ein Zurückbehaltungsrecht an der laufenden Miete bis zur Höhe der geleisteten Kaution auch dann zu, wenn der Zwangsverwalter unstreitig den vom Mieter geleisteten Kautionsbetrag vom Vermieter nicht ausgehändigt erhalten hat.

Nach Auffassung des *BGH* ist der Vermieter verpflichtet, die Mietkaution getrennt von seinem Vermögen bei einem Kreditinstitut anzulegen. Der Mietvertrag sei gegenüber dem Beklagten als Zwangsverwalter wirksam, sofern dem Mieter die Wohnung vom Vermieter schon vor der Beschlagnahme des Grundstücks überlassen worden war. Nach § 152 Abs. 2 ZVG habe der Verwalter anstelle des Schuldners dessen Vermieterrechte zu verfolgen und dessen Pflichten zu erfüllen, weil der Schuldner dazu aufgrund der Beschlagnahme und der damit verbundenen Entziehung der Verwaltung und Benutzung des Grundstücks nicht mehr in der Lage ist. Der Zwangsverwalter werde in allen Fällen, in denen Rechte und Pflichten aus dem Mietverhältnis berührt sind, wie ein Vermieter behandelt; dies gelte auch im Hinblick auf die Kautionsvereinbarung und selbst dann, wenn der Verwalter die Kaution vom Vermieter nicht erhalten habe.

Die Pflichten des Zwangsverwalters umfassten auch die dem Vermieter gemäß § 551 Abs. 3 BGB obliegende Pflicht, eine vom Mieter geleistete Barkaution getrennt von seinem Vermögen bei einem Kreditinstitut anzulegen. Diese Verpflichtung sei vorliegend nicht bereits vom Vermieter (Zwangsverwaltungsschuldner) erfüllt worden. Der Einwand, der Verwalter trete nicht vollständig in die Rechtsstellung des Vermieters ein, sondern nur insoweit, als hierdurch keine Gläubigerinteressen berührt würden, weil anderenfalls die Gläubiger durch die Zwangsverwaltung schlechter gestellt seien, greife nicht durch. Zwar werde die Haftungsmasse der Gläubiger geschmälert, wenn der Vermieter die Verpflichtungen aus der Kautionsabrede auch dann erfüllen muss, wenn ihm der Vermieter die vom Mieter gezahlte Kaution nicht ausgehändigt hat. Dies sei aber wegen des einer Treuhand ähnlichen Verhältnisses zwischen Mieter und Vermieter im Hinblick auf die Gewährung der Kaution gerechtfertigt und vom Gesetzgeber gewollt.

Anmerkung:

Der *BGH* führt seine Rechtsprechung zum Eintritt des Zwangsverwalters in den Mietvertrag fort. Der vom Vermieter abgeschlossene Mietvertrag bindet den Zwangsverwalter mit seinem gesamten Vertragsinhalt. Die Eintrittspflicht umfasst auch die bestehende Kautionsabrede. Der Verwalter kann deshalb die Leistung einer vereinbarten, aber vom Mieter noch nicht gezahlten Kaution verlangen. Hat der Mieter hingegen die Kautionsabrede gegenüber dem Vermieter bereits erfüllt, kann der Verwalter keine (nochmalige) Zahlung fordern, auch wenn ihm der Vermieter die Kaution nicht übergeben hat; der Mieter kann sich dem Zwangsverwalter gegenüber auf die frühere Zahlung an den Vermieter berufen. Nach dem Ende des Mietverhältnisses ist er dem Mieter gegenüber zur Herausgabe einer von diesem geleisteten Kaution auch dann verpflichtet ist, wenn ihm der Vermieter die Kaution nicht ausgehändigt hat (*BGH* NJW 2003, 3342; NJW-RR 2005, 1029). Dies folgt nicht aus §§ 566, 566a BGB, die im Verhältnis zwischen Vermieter und Zwangsverwalter nicht zur Anwendung gelangen, da der Zwangsverwalter nicht dessen Rechtsnachfolger ist, sondern aus seiner Stellung im Rechtsverkehr und den ihm obliegenden Aufgaben: Nach § 152 Abs. 2 ZVG hat er anstelle des Schuldners dessen Vermieterrechte zu verfolgen und dessen Pflichten zu erfüllen, weil diese Aufgaben vom Schuldner aufgrund der Beschlagnahme nicht mehr wahrgenommen werden können. Könnte er die Rückzahlung der vom Vermieter einbehaltenen Kaution verweigern, käme dies zwar der Haftungsmasse und damit den das Verfahren betreibenden Gläubigern zugute; dieses Ergebnis widerspräche jedoch den Mieterinteressen, denen § 152 Abs. 2 ZVG ein besonderes Gewicht verleiht. Die Sonderstellung des Mieters kommt darin zum Ausdruck, dass der Zwangsverwalter im Gegensatz zu allen anderen Verträgen, die der Schuldner zuvor abgeschlossen hat, an einen Mietvertrag gebunden bleibt (*BGH* NJW 2003, a.a.O.; *OLG Hamburg* NJW-RR 2002, 878). Seine Rechte können nicht von dem – für ihn zufälligen – Umstand abhängen, ob der Zwangsverwalter seinen Anspruch auf Aushändigung der Kaution gegen den Vermieter geltend gemacht und dieser den Anspruch erfüllt hat.

Der Zwangsverwalter ist befugt, von dem Vermieter die Überlassung einer vor der Beschlagnahme geleisteten Mietkaution zu verlangen, wobei der Anordnungsbeschluss und die Ermächtigung des Zwangsverwalters gemäß § 150 Abs. 2 ZVG einen Vollstreckungstitel zur Durchsetzung auch dieses Anspruchs darstellen (*BGH* NZM 2006, 71). Dabei kommt es nicht darauf an, ob sich die Beschlagnahme nach § 148 Abs. 1 S. 1 i.V. mit § 21 Abs. 2 ZVG unmittelbar auf den Anspruch auf Überlassung der Mietkaution erstreckt, obwohl die Kaution – anders als Miet- und Pachtzahlungen – nicht für die Raumnutzung entrichtet wird. Unerheblich ist auch, ob und inwieweit die Mietkaution ihre Grundlage in dem Mietverhältnis oder in einer ergänzend getroffenen Sicherungsabrede hat. Unabhängig von diesem eigenen Anspruch des Zwangsverwalters kann auch der Mieter vom Vermieter die Aushändigung der Kaution an den Zwangsverwalter verlangen (*LG Köln* WuM 1987, 351).

BGH: Verjährung des Anspruchs auf Rückzahlung einer überhöhten Kaution (Urteil vom 01.06.2011 – VIII ZR 91/10, NJW 2011, 2570)

Soweit die vom Mieter einer Wohnung erbrachte Kaution drei Monatsmieten übersteigt, steht ihm – unabhängig von der Beendigung des Mietverhältnisses und der Rückgabe der Mietsache – ein Bereicherungsanspruch zu, der binnen drei Jahren seit Ablauf des Jahres verjährt, in dem der Mieter den überschießenden Betrag gezahlt hat.

Die Kläger haben von der Beklagten mit Vertrag vom 01.05.2005 ein Einfamilienhaus gemietet. Sie haben zu Beginn des Mietverhältnisses eine Kaution in Höhe von sechs Monatsmieten erbracht. Mit der im April 2009 erhobenen Klage begehren sie Rückzahlung eines Teils der Kaution. Die Beklagte beruft sich auf Verjährung.

Nach Auffassung des *BGH* ist die Beklagte vor dem Rückerhalt der Wohnung nicht verpflichtet, an die Kläger den Teil der Kaution herauszugeben, der die nach § 551 Abs. 1 BGB zulässige Höchstgrenze von drei Monatsmieten übersteigt. Dem insoweit allein in Betracht kommenden Anspruch aus ungerechtfertigter Bereicherung stehe die von der Beklagten erhobene Einrede der Verjährung entgegen. Die im Jahr 2005 gezahlte Kaution sei ohne Rechtsgrund erbracht worden, soweit sie drei Monatsmieten überstieg. Denn die Kautionsvereinbarung sei gemäß §§ 551 Abs. 1, 4, 134, 139 BGB unwirksam gewesen, soweit sie über die bei einem Mietverhältnis über Wohnraum maximal zulässige Höhe von drei Monatsmieten hinausging. Der daraus resultierende Bereicherungsanspruch der Kläger gemäß § 812 Abs. 1 S. 1 BGB unterliege der regelmäßigen dreijährigen Verjährung. Diese habe gemäß § 199 BGB mit Ablauf des Jahres 2005 begonnen und sei mit Ende des Jahres 2008 abgelaufen.

Für den Beginn der Verjährung komme es nicht darauf an, wann die Kläger erfahren haben, dass die Vereinbarung einer drei Monatsmieten übersteigenden Kaution gesetzwidrig ist und ihnen deshalb ein Rückforderungsanspruch hinsichtlich des darüber hinausgehenden Betrages zusteht. Gemäß § 199 Abs. 1 Nr. 2 BGB setze der Beginn der Verjährung allerdings neben der Entstehung des Anspruchs voraus, dass der Gläubiger von den den Anspruch begründenden Umständen und der Person des Schuldners Kenntnis erlangt hat oder ohne grobe Fahrlässigkeit hätte erlangen müssen. Insoweit genüge es jedoch, wenn der Gläubiger die tatsächlichen Umstände kennt, aus denen sich für einen rechtskundigen Dritten der Anspruch ergibt. Bei einem Anspruch aus ungerechtfertigter Leistung liege die für den Verjährungsbeginn erforderliche Kenntnis des Gläubigers vor, wenn er von der Leistung und vom Fehlen des Rechtsgrundes weiß, d.h. von den Tatsachen, aus denen dessen Fehlen folgt. Eine zutreffende rechtliche Würdigung setze § 199 Abs. 1 Nr. 2 BGB hingegen nicht voraus. Eine Ausnahme komme lediglich für die Fälle in Betracht, in denen es sich um eine unübersichtliche oder zweifelhafte Rechtslage handelt, so dass sie selbst ein rechtskundiger Dritter nicht zuverlässig einzuschätzen vermag.

Vorliegend ergebe sich der Bereicherungsanspruch der Kläger aus dem Umstand, dass sie für eine Wohnung eine Kautionszahlung erbracht haben, die den Betrag von drei Monatsmieten übersteigt; diese Umstände waren ihnen bei Zahlung der Kaution bekannt. Ob sie die Vorschrift des § 551 BGB kannten und ihnen deshalb bewusst war, dass ihnen ein Rückforderungsanspruch zusteht, sei nicht entscheidend. Die zutreffende rechtliche Einordnung eines Sachverhalts durch den Gläubiger sei nicht erforderlich. Auch der Ausnahmefall einer unklaren Rechtslage liege offensichtlich nicht vor.

Anmerkung:

Die Kautionsrückzahlung war von den Mietern im Wege der Widerklage geltend gemacht worden. Mit der Klage hatte der Vermieter Räumung und Herausgabe der Wohnung begehrt, da die Mieter die Miete fortdauernd unpünktlich, nämlich erst zur Monatsmitte gezahlt hatten. Der *BGH* bestätigt seine Rechtsprechung, dass fortdauernde unpünktliche Mietzahlungen den Vermieter zur fristlosen Kündigung berechtigen (*BGH* NZM 2006, 338). Eine derart schleppende und ungeachtet einer oder – wie hier – sogar mehrerer Abmahnungen fortgesetzte Zahlungsweise stelle eine gravierende Pflichtverletzung dar, die die weitere Fortsetzung des Mietvertrages für den Vermieter regelmäßig unzumutbar macht. Dabei kam es nach Auffassung des *BGH* nicht darauf an, ob die Mieter aufgrund eines vermeidbaren Irrtums davon ausgegangen waren, dass die Miete erst zur Monatsmitte zu zahlen sei. Für die Beeinträchtigung der Interessen des Vermieters sei es ohne Bedeutung, ob die verspätete Zahlung auf einem verschuldeten Rechtsirrtum oder auf einer sonstigen Nachlässigkeit des Mieters beruht.weil er aufgrund eines vermeidbaren Irrtums davon ausgegangen war dass er die Miete erst zur Monatsmitte zahlen muss.

LG Berlin: Mitwirkungspflicht des Mieters bei Übertragung der Kaution an den Erwerber der Wohnung (Urteil vom 06.07.2010 – 63 S 319/09, BeckRS 2010, 24122)

Hat der Mieter Sicherheit durch Verpfändung eines Sparbuchs geleistet, so ist er bei einer Veräußerung der Wohnung verpflichtet, der Bank gegenüber einer Übertragung der Sicherheit auf den neuen Eigentümer zuzustimmen.

Der Beklagte ist Mieter einer Wohnung der Klägerin, die sie vom Voreigentümer erworben hatte. Er hatte eine Kaution durch Verpfändung eines Sparbuchs an den vormaligen Vermieter geleistet. Nach dem Kaufvertrag sollte die Kaution bei Zustimmung des Beklagten auf die Klägerin übertragen werden; der Beklagte erteilte keine Zustimmung. Die Hausverwaltung des Voreigentümers hat deshalb die Freigabe der Kaution erklärt. Die Klägerin begehrt vom Beklagten nunmehr Leistung der im Mietvertrag vereinbarten Kaution.

Nach Auffassung des *LG Berlin* hat die Klägerin einen Anspruch auf Leistung einer Kaution, §§ 535, 551 BGB. Grundsätzlich bestünde zwar keine Pflicht des Mieters, die Kaution an den Erwerber zu leisten, soweit er bereits an den Voreigentümer geleistet hat. Vorliegend habe der Beklagte zugunsten des Alteigentümers ein Sparbuch verpfändet. Dennoch sei der Anspruch der Klägerin als neuer Eigentümerin nicht durch Erfüllung (§ 362 BGB) erloschen, weil die Kaution nicht mehr vorhanden ist. Sie sei zwar nicht für Forderungen aus dem Mietverhältnis verbraucht, sondern von der Voreigentümerin an den Beklagten ausbezahlt worden. Darin sei jedoch kein vermieterseitiger Verzicht auf die Kaution zu sehen, weil die Freigabe nur erfolgte, nachdem der Beklagte der Übertragung der Mietsicherheit auf die Klägerin trotz entsprechender Aufforderung nicht zugestimmt hatte, obwohl er zur Mitwirkung verpflichtet war.

Gemäß § 566a BGB gingen die Rechte und Pflichten hinsichtlich der Kaution auf den Erwerber über; der Erwerber habe gegen den Voreigentümer Anspruch auf deren Übertragung. Die Mitwirkung des Mieters an der Übertragung wäre bei einer Barkaution oder einer Bürgschaft nicht erforderlich, weil diese Sicherheiten mit dem Eigentumserwerb kraft Gesetzes übergingen, ohne dass es eines zusätzlichen Übertragungsaktes bedürfte. Auch die Rechte aus der Verpfändung des Sparbuchs sowie das Eigentum am Sparbuch gingen ohne weiteres auf den Erwerber über. Allerdings sei die nicht am Mietverhältnis beteiligte Bank, der gegenüber der Beklagte die Verpfändungserklärung nur zugunsten der Voreigentümerin abgegeben hatte, ohne Zustimmung des verpfändenden Beklagten zur Auszahlung des Sparguthabens an die Klägerin als neuer Eigentümerin nicht verpflichtet. Damit verbliebe für diese das Risiko, nicht ohne die Mitwirkung des Beklagten auf die Mietsicherheit zugreifen zu können, auch wenn sie das Sparbuch in Besitz hat. Somit falle es zwar nicht in die Verantwortung des Mieters, ob der Alteigentümer seiner Pflicht zur Übertragung der Kaution an den Erwerber nachkommt. Soweit die Übertragung einer persönlich für den Alteigentümer bestellten Sicherheit aber faktisch nur mit seiner Mitwirkung möglich ist, sei der Mieter nach Treu und Glauben (§ 242 BGB) gehalten, diese Mitwirkung – hier in Form der Zustimmungserklärung – zu erbringen. Zur abschließenden Klärung dieser höchstrichterlich noch nicht entschiedenen Frage hat das *LG Berlin* die Revision zugelassen.

Anmerkung:

Wurde eine Barkaution vom Vermieter entsprechend § 551 Abs. 3 BGB auf einem insolvenzfesten (*BGH* NJW 2008, 1152) offenen Treuhandkonto angelegt, so wird der Erwerber bei einem Vermieterwechsel materiell Berechtigter an dem entsprechendem Kontoguthaben; er kann daher den Veräußerer auf Freigabe des Guthabens oder das Kreditinstitut aufgrund des auf ihn übergegangenen Auskehranspruches des Veräußerers auf Herausgabe des auf dem offenen Treuhandkonto verwahrten Kautionsguthabens in Anspruch nehmen. Nach h.M. (*OLG Düsseldorf* NJW-RR 1997, 1170; Schmidt-Futterer/*Gather* § 566a BGB Rz. 15) vollzieht sich mit dem Erwerb eines vermieteten Grundstücks sogar ein gesetzlicher Wechsel des Kontoinhabers. Gleiches gilt für die Verpfändung eines Sparguthabens. Mit dem Erwerb des Grundstücks tritt der Erwerber kraft Gesetzes in das Rechtsverhältnis des Vermieters mit dem kontoführenden Kreditinstitut ein; hierzu bedarf es weder der Zustimmung des Mieters noch der Zustimmung des Kreditinstituts (vgl. Staudinger/*Emmerich* § 566a BGB Rz. 10).

LG Lübeck: Sicherheit durch Mitverpflichtung eines weiteren Mieters (Urteil vom 25.03.2010 – 14 S 146/09, BeckRS 2010, 7276)

§ 551 BGB gilt auch für die Sicherung der Forderung aus dem Mietverhältnis durch formelle Mitverpflichtung eines weiteren „Mieters“.

Die Parteien streiten um Ansprüche aus einem durch Zwangsräumung beendeten Mietverhältnis. Der Sohn der Beklagten suchte eine Wohnung in L., weil er dort eine Lehre beginnen wollte. Er führte zusammen mit seiner Mutter ein Interessentengespräch im Rahmen dessen eine Mitarbeiterin der Klägerin beiden erklärte, man könne aufgrund der schlechten Einkommenssituation des Sohnes die Wohnung nicht an ihn vermieten. Eine Vermietung könne nur erfolgen, wenn die Anmietung mindestens auch durch ein Elternteil erfolgen würde. Daraufhin unterschrieb die Beklagte als Mitmieterin. Zusätzlich leistete ihr Sohn als Mieter eine Barsicherheit in Höhe von drei Monatsmieten. Wegen Zahlungsrückstandes kündigte die Klägerin das Mietverhältnis fristlos. Sie macht Schadensersatz wegen nicht ausgeführter Schönheitsreparaturen und Nutzungsentschädigung geltend.

Nach Auffassung des *LG Lübeck* scheitern die geltend gemachten mietvertraglichen Ansprüche gegen die Beklagte bereits daran, dass ihre Mitverpflichtung gemäß § 551 Abs. 4 BGB nichtig ist. § 551 Abs. 1 BGB gelte für alle Arten von Sicherheiten und deshalb auch für den Schuldbeitritt und den formellen Eintritt in den Mietvertrag zum Zweck der Absicherung, die beide verbreitete Mittel der Sicherung von Forderungen sind. Die Beklagte habe den Mietvertrag nur zur Sicherheit formell mitunterzeichnet. Für die Unterscheidung eines Eintritts in den Mietvertrag zum Zweck der Absicherung oder als echter Mitmieter komme es – wie auch sonst – auf den Wortlaut des Vertrages allein nicht an. Die Bezeichnung als Mitmieter könne ein Indiz sein, das hier jedoch durch die eindeutige Zweckrichtung des Eintritts entkräftet wird. Eine Nutzung durch die Beklagte selbst war weder beabsichtigt noch auch nur möglich, weil die Wohnung lediglich über ein Zimmer verfügt und die Beklagte mit ihrem Ehemann in B. lebte. Vorliegend bestand der Zweck des Eintritts auch nicht in der Gewährung von Unterhalt an den Sohn, indem sie die Wohnung anmietete und diesem zur Verfügung stellte, sondern allein in der Absicherung der Klägerin.

Der Vertragsbeitritt sei auf Verlangen der Klägerin erfolgt. Für das Verlangen im Sinne von § 551 Abs. 1 BGB könne nicht mehr verlangt werden, als dass der Vermieter den Abschluss des Mietvertrages von der Stellung der Mietsicherheit abhängig macht. Dies genüge für alle anderen Mietsicherheiten; für den Vertragsbeitritt könne nichts anderes gelten. Die Einordnung des Vertragsbeitritts als Mietsicherheit entspreche auch dem Zweck des § 551 BGB: § 551 BGB wolle den Mieter unter Anerkennung des Sicherungsbedürfnisses des Vermieters vor zu großen Belastungen bewahren. Dabei unterscheide der Gesetzgeber nicht zwischen der Quelle der Sicherheit aus dem Vermögen des Mieters oder dem Vermögen eines Dritten. Die Stellung einer Barsicherheit von mehr als drei Nettomonatsmieten sei auch nichtig, wenn sie von einem Dritten geleistet wird. Es gebe keinen Grund, die Absicherung durch die unterhaltspflichtigen Eltern im Interesse des Vermieters anders als eine andere Form der Fremdsicherung zu behandeln.

Anmerkung:

Sind mehrere Sicherheiten vereinbart, dürfen diese nach dem Kumulationsverbot zusammengerechnet den nach § 551 BGB höchstzulässigen Betrag nicht überschreiten (*BGH* NZM 2004, 613). Ein Bürge ist gemäß § 768 BGB berechtigt, Zahlungen auf die Bürgschaft zu verweigern, soweit ihre Höhe zusammen mit der kumulativ gestellten Barkaution die Summe von drei Monatsmieten übersteigt; zahlt der Bürge gleichwohl, ist der Vermieter ungerechtfertigt bereichert (*BGH* NJW 1989, 1853 zu § 550b BGB a.F.). Das Überschreiten der zulässigen Obergrenze führt aber nicht zur Unwirksamkeit der gesamten Kautionsvereinbarung; vielmehr bleibt die Vereinbarung in der zulässigen Höhe wirksam (*BGH*, a.a.O.). Eine Ausnahme kommt nach dem Sinn und Zweck des § 551 BGB in Betracht, wenn der Bürge die Bürgschaft freiwillig anbietet, um die Bedenken des Vermieters zu zerstreuen und wenn mit der Bürgschaft keine besonderen Belastungen für den Mieter verbunden sind (*BGH* NJW 1990, 2380). Vorliegend hatte jedoch nach den Feststellungen des *LG Lübeck* die Klägerin die Beklagte zur Unterzeichnung des Mietvertrages aufgefordert.

II. Umlage von Betriebskosten

1. Betriebskostenarten

BGH: Hausverwaltungskosten bei der Geschäftsraummiete (Urteil vom 09.12.2009 – XII ZR 109/08, NJW 2010, 671)

Die Umlage von „Kosten der kaufmännischen und technischen Hausverwaltung" in allgemeinen Geschäftsbedingungen eines Mietvertrages über Geschäftsräume ist weder überraschend im Sinne von § 305c BGB, noch verstößt sie gegen das Transparenzgebot gemäß § 307 Abs. 1 S. 2 BGB. Daran ändert sich auch dadurch nichts, dass die Vorauszahlungen im Einzelfall deutlich niedriger festgelegt wurden als die später abgerechneten Kosten und die Klausel keine Bezifferung oder höhenmäßige Begrenzung der Verwaltungskosten enthält.

Die Parteien streiten über Nebenkosten im Rahmen eines Mietverhältnisses über Geschäftsräume. Der Mietvertrag nimmt insoweit Bezug auf eine als Anlage beigefügte Aufstellung der Betriebskosten. Diese enthält als sonstige Kosten u.a. die „Kosten der kaufmännischen und technischen Hausverwaltung".

Nach Auffassung des *BGH* ist die Klausel zur Umlegung der Verwaltungskosten weder überraschend im Sinne von § 305c Abs. 1 BGB, noch benachteiligt sie die Mieterin unangemessen im Sinne von § 307 BGB. Denn die Umlegung von Verwaltungskosten auf den gewerblichen Mieter sei nicht so ungewöhnlich, dass die Beklagte als Vertragspartnerin damit nicht zu rechnen brauchte. Auch aus der konkreten Höhe der tatsächlich angefallenen und abgerechneten Kosten ergebe sich noch nicht ohne weiteres, dass die Klausel überraschend ist. Dass die Bewertung der Klausel nicht von der Höhe der Kosten im Einzelfall und deren Verhältnis zu anderen Positionen abhängen kann, folge schon daraus, dass zum Zeitpunkt des Vertragsschlusses noch nicht feststehen muss, welche Kosten entstehen werden. Die Beklagte als Mieterin sei insoweit vor überhöhten Forderungen durch das allgemeine Wirtschaftlichkeitsgebot geschützt, das den Vermieter etwa dazu verpflichtet, den Mieter von der Umlegung nicht erforderlicher Kosten freizustellen. Unerheblich sei insoweit, ob die vom gewerblichen Vermieter verlangten Betriebskostenvorauszahlungen die später entstandenen Kosten deutlich unterschreiten.

Zudem sei der im Mietvertrag verwendete Begriff der „Kosten der kaufmännischen und technischen Hausverwaltung" hinreichend bestimmt im Sinne des § 307 Abs. 1 S. 2 BGB. Die Höhe der entstehenden Kosten habe keiner näheren Konkretisierung in den allgemeinen Geschäftsbedingungen bedurft, auch eine Höchstgrenze habe nicht festgelegt werden müssen. Vielmehr habe die Klägerin ein legitimes Interesse an der variablen Ausgestaltung der Kostenregelung gehabt und sei die Beklagte als Geschäftsraummieterin in der Lage gewesen, die entstehenden Kosten wenigstens im Groben abzuschätzen.

Anmerkung:

Verwaltungskosten sind nach der Definition in § 1 Abs. 2 Nr. 1 BetrKV jene Kosten, die der Vermieter selbst oder durch Arbeitskräfte wie Büropersonal, ggf. mit Hilfe von Einrichtungen (Büroausstattung) zur kaufmännischen und rechtlichen Verwaltung des Gebäudes aufwenden muss. Sie dienen dazu, den Wert der Immobilie und ihre Rentabilität zu erhalten, z.B. um die bei der Vermietung anfallenden Arbeiten zu erledigen. Im Wohnraummietrecht ist ihre Umlage unzulässig (*OLG Karlsruhe* NJW-RR 1988, 1036); sie sind bereits mit der Miete abgegolten. Verpflichtet sich der Mieter, über die mietvertraglich geschuldeten Betriebskosten hinaus weitere Nebenkosten an den Vermieter zu zahlen, handelt es sich um eine zusätzliche Leistung zur Grundmiete. Zulässig ist zwar eine Vereinbarung, dass der Mieter neben der Miete auch die Verwaltungskosten in Form eines gleich bleibenden Festbetrags zu zahlen hat (*LG Mannheim* NZM 2000, 490), da dies sachlich nur die Offenlegung der Kalkulation des Vermieters darstellt; sie können aber weder in der jeweiligen Höhe auf den Mieter umgelegt, noch mietvertraglich den Betriebskosten zugeschlagen werden, da nach § 556 Abs. 4 BGB die Betriebskostendefinition des § 556 Abs. 1 S. 3 BGB i.V.m. der BetrKV nicht zum Nachteil des Mieters abgeändert, insbesondere erweitert werden darf.

Im Gewerberaummietrecht ist die Umlage von Verwaltungskosten auf den Mieter nach ganz h.M., die der *BGH* vorliegend bestätigt, zulässig (*Ludley*, NZM 2006, 851). Der einschränkenden Auffassung, wonach eine Klausel zur Überwälzung von Verwaltungskosten dann nicht Vertragsbestandteil wird, wenn der Mieter aus dem Vertrag deren Höhe nicht ersehen kann (*OLG Köln* NZM 2008, 368; Anm. *Bub/von der Osten*, FD-MietR 2008, 255346), hat der *BGH* vorliegend zu Recht eine Absage erteilt.

BGH: Kosten der Reinigung des Öltanks (Urteil vom 11.11.2009 – VIII ZR 221/08, NJW 2010, 226)

Wiederkehrende Kosten der Reinigung des Öltanks einer Heizungsanlage sind umlagefähige Betriebskosten. Als Betriebskosten, die nicht jährlich, sondern in größeren zeitlichen Abständen wiederkehren, können sie grundsätzlich in dem Abrechnungszeitraum umgelegt werden, in dem sie entstehen.

Der Kläger ist Mieter einer Wohnung der Beklagten. Er begehrt mit seiner Klage die Rückzahlung von Betriebskostenvorauszahlungen. Strittig ist noch der auf die Wohnung des Klägers entfallende Anteil für die im Abrechnungszeitraum durchgeführte Reinigung des Öltanks. Nach Auffassung des Klägers sind diese Kosten zu Unrecht in die Betriebskostenabrechnung eingestellt worden.

Nach Auffassung des *BGH* war die Beklagte berechtigt, die Kosten für die Reinigung des Öltanks in die Betriebskostenabrechnung einzustellen. Bei den wiederkehrenden Kosten für die Reinigung des Öltanks handele es sich um umlagefähige Betriebskosten im Sinne von § 2 Nr. 4a BetrKV. Zu den Betriebskosten zählten die Kosten des Betriebs der zentralen Heizungsanlage; dazu gehörten auch die Kosten der Reinigung der Anlage. Bei einer Ölheizungsanlage sei der Brennstofftank integraler Bestandteil der Heizungsanlage; da ohne den Tank eine Ölheizung nicht betrieben werden könne. Die Reinigung einer Ölheizungsanlage umfasse daher auch die Reinigung des Öltanks, die von Zeit zu Zeit erforderlich wird, um Ablagerungen (Ölschlamm) zu entfernen und dadurch zu verhindern, dass es durch Verschmutzungen zu einer Unterbrechung der Ölzufuhr und damit zum Ausfall der Heizung kommt.

Bei den wiederkehrenden Kosten der Öltankreinigung handele es sich nicht um Instandhaltungskosten im Sinne von § 1 Abs. 2 Nr. 2 BetrKV, die nicht als Betriebskosten umlagefähig sind. Kosten der Instandsetzung und Instandhaltung würden durch

Reparatur und Wiederbeschaffung verursacht oder müssten zur Erhaltung des bestimmungsgemäßen Gebrauchs aufgewendet werden, um die durch Abnutzung, Alterung oder Witterungseinwirkung entstandenen baulichen oder sonstigen Mängel ordnungsgemäß zu beseitigen; Instandsetzung und Instandhaltung beträfen deshalb Mängel an der Substanz der Immobilie oder ihrer Teile. Regelmäßig durchzuführende Maßnahmen – etwa zur Überprüfung der Funktionsfähigkeit einer technischen Anlage – gehörten dagegen nicht zur Instandhaltung. Dies gelte auch für die Reinigung des Öltanks. Sie diene nicht der Vorbeugung oder Beseitigung von Mängeln an der Substanz der Heizungsanlage, sondern der Aufrechterhaltung ihrer Funktionsfähigkeit.

Diese Kosten entstünden auch „laufend" im Sinne von § 2 Nr. 4a BetrKV. Öltankreinigungen würden in regelmäßigen Abständen von mehreren Jahren durchgeführt. Ein solcher mehrjähriger Turnus reiche aus, um die wiederkehrenden Belastungen als laufend entstehende Kosten anzusehen. Derartige Kosten dürften in vollem Umfang in dem Abrechnungszeitraum umgelegt werden, in dem sie anfallen.

Anmerkung:

Zur Reinigung der Anlagegehört die Reinigung der Kesselheizflächen, des Heizkessels, der Brennerdüsen, des Schornsteins und des Öltanks (*AG Karlsruhe* DWW 2006, 119). Nicht dazu gehören die Neubeschichtung des Tanks, dessen Neuanstrich mit Rostschutzfarbe sowie die Öltankversicherung (*BayObLG* NJW-RR 1997, 715).

Der *BGH* hat den Vermieter nicht verpflichtet, die jeweils nur im Abstand von mehreren Jahren anfallenden Tankreinigungskosten auf mehrere Abrechnungsperioden aufzuteilen. Sie dürfen vielmehr grundsätzlich in dem Abrechnungszeitraum umgelegt werden, in dem sie entstehen. Der *BGH* bestätigt damit die bereits zuvor erkennbare Tendenz, die Umlage aperiodisch anfallender Betriebskosten – so etwa die im vierjährigen Turnus entstehenden Kosten der Überprüfung einer Elektroanlage – im Jahr der Entstehung vornehmen zu können (*BGH* NJW 2007, 1356; Anm. *Bub/Bernhard*, FD-MietR 2007, 220285). Der *BGH* hat aber wegen der Höhe der Kosten offen lassen können, ob ein Vermieter berechtigt oder – unter besonderen Umständen, etwa bei besonders hohen Kosten – sogar verpflichtet sein kann, in mehrjährigem Turnus anfallende Betriebskosten über mehrere Jahre verteilt umzulegen. Den Stimmen in der Literatur, die eine solche Verpflichtung des Vermieters – auch unabhängig von der Höhe der angefallenen Kosten – bejaht (z.B. Staudinger/*Weitemeyer*, § 556a Rz. 31), hat der *BGH* eine Absage erteilt.

BGH: Leasingkosten für Brenner und Öltank (Urteil vom 17.12.2008 – VIII ZR 92/08, NJW 2009, 667)

§ 7 Abs. 2 HeizkVO regelt abschließend, welche Kosten des Betriebs der zentralen Heizungsanlage nach Maßgabe von § 7 Abs. 1 HeizkVO umlagefähig sind. Dazu gehören nicht die Leasingkosten für Brenner, Öltank und Verbindungsleitungen.

Die Beklagten sind Mieter einer Wohnung der Kläger. Nach dem Mietvertrag sind die Beklagten verpflichtet, anteilig die Leasinggebühren für die Ölfeuerung zzgl. Wartungskosten zu tragen. Die Umlage der Kosten soll nach beheizter Wohnfläche erfolgen. Das Haus der Kläger, in dem sich die Wohnung der Beklagten befindet, wurde ursprünglich mit Koks beheizt, die Heizung von einem im Haus wohnenden Heizer bedient. Später übertrugen die Kläger die Bedienung der Heizung der Fa B. Diese stellte die Heizung auf die Verbrennung von Öl um, was ihr nach dem Vertrag freigestellt war. Dazu stattete sie die vorhandene Heizungsanlage auf ihre Kosten gegen jährliche Zahlung einer vertraglich bestimmten „Bedienungs-/Leasinggebühr" durch die Kläger mit einer automatischen Feuerungsanlage, einem Öltank und entsprechenden Verbindungsleitungen aus. Neben dem Vertrag über die Bedienung der Heizung schlossen die Kläger mit der Fa. B. einen Wartungsvertrag. Vorliegend nehmen die Kläger die Beklagten auf eine Heizkostennachzahlung in Anspruch. Der geforderte Betrag setzt sich aus Wartungskosten und Leasinggebühren zusammen. Die Beträge waren den Klägern von der Fa. B. in Rechnung gestellt worden. Die Beklagten machen u.a. geltend, dass die in der Heizkostenabrechnung aufgeführten Leasingkosten nicht auf die Mieter umgelegt werden könnten, da sie nicht zu den Kosten des Betriebs der zentralen Heizungsanlage gehörten.

Nach Auffassung des *BGH* besteht kein Anspruch der Kläger auf Nachzahlung von Betriebskosten, die auf anteiligen Leasingkosten für die Heizungsanlage beruhen. Zwar seien die Beklagten nach dem Mietvertrag verpflichtet, die Leasinggebühr für die „automatische Feuerung" der Heizungsanlage anteilig zu bezahlen. Diese rechtsgeschäftliche Vereinbarung stünde jedoch nicht in Einklang mit den Vorschriften der Heizkostenverordnung, die ihr gemäß § 2 HeizkVO vorgingen, da es sich bei dem Haus der Kläger mit der Wohnung der Beklagten um ein Gebäude mit mehr als zwei Wohnungen handelt. Es könne dahingestellt bleiben, ob § 2 HeizkVO als Verbotsgesetz gemäß § 134 BGB oder als „Kollisionsnorm" anzusehen ist, die entgegenstehende Vereinbarungen nur für die Zeit ihrer Geltung überlagert. Denn in beiden Fällen fänden die betreffenden rechtsgeschäftlichen Bestimmungen bei der Verteilung der Heizkosten auf die Mieter keine Anwendung.

Auch ein gesetzlicher Zahlungsanspruch der Kläger bestehe nicht. Es erfolge keine „Wärmelieferung" im Sinne von § 1 Abs. 1 Nr. 2, Abs. 3 S. 3 HeizkVO durch die Fa. B., vielmehr werde das Haus der Kläger durch eine von ihnen als Gebäudeeigentümer selbst betriebene zentrale Heizungsanlage im Sinne von § 1 Abs. 1 Nr. 1 HeizkVO mit Wärme versorgt. Deswegen ergebe sich nicht aus § 7 Abs. 4 HeizkVO, sondern aus § 7 Abs. 2 HeizkVO, welche Kosten auf die Mieter umgelegt werden können. Die Kläger bezögen den Brennstoff in eigener Regie und auf eigene Kosten, ließen die Heizungsanlage durch die Fa. B. warten und den Verbrauch durch eine andere Firma erfassen und abrechnen. Die Fa B. habe den Klägern deshalb auch nicht ein Entgelt für die Lieferung einer bestimmten Wärmemenge in Rechnung gestellt, sondern ein Entgelt für die „Wartung der Heizungsanlage" und den „Brennerservice" sowie „Leasingkosten für automatische Feuerungs- und Tankanlagen". Überlegungen zum so genannten "Wärmecontracting" seien deshalb entbehrlich.

Die hier allein einschlägige Vorschrift des § 7 Abs. 2 HeizkVO regele abschließend, welche Kosten des Betriebs der zentralen Heizungsanlage umlagefähig sind. Dazu gehörten die streitigen Leasingkosten für Brenner, Öltank und Verbindungsleitungen nicht. Sie fänden in § 7 Abs. 2 HeizkVO keine Erwähnung. Vielmehr seien dort nur die Kosten der Anmietung oder anderer Arten der Gebrauchsüberlassung einer Ausstattung zur Verbrauchserfassung genannt. Dies bestätige mittelbar, dass Miet- oder Leasingkosten für die Heizungsanlage oder Teile davon – wie hier Brenner, Öltank und Verbindungsleitungen – nicht umlagefähig sind. Diese glichen auch nicht die nach § 7 Abs. 2 HeizkVO zu den Kosten des Betriebs der zentralen Heizungsanlage gehörenden Kosten der Bedienung aus. Zwar möge die Bedienung der früher vorhandenen Koksheizung wegen des Arbeitslohns für einen Heizer höhere Kosten verursacht haben, als nach der Umstellung auf die – automatische – Verbrennung von Öl Leasingkosten für Brenner, Öltank und Verbindungsleitungen entstünden. Die Berücksichtigung rein fiktiver Bedienungskosten würde aber dem Zweck des § 7 Abs. 2 HeizkVO widersprechen, Heizenergie dadurch einzusparen, dass dem Verbraucher mit der Abrechnung nicht nur sein Energieverbrauch, sondern auch die von seinem Verbrauch verursachten Kosten vor Augen geführt werden.

Anmerkung:

Der *BGH* schließt sich vorliegend der h.M. an, nach der Miet- oder Leasingkosten für die Heizungsanlage oder Teile davon (Brenner, Öltank, Verbindungsleitungen) nicht umlagefähig sind (z.B. Schmidt-Futterer/*Lammel*, § 7 HeizkVO Rz. 23; Langenberg Anh. I Rz. 12), da diese Kosten in § 7 Abs. 2 HeizkVO nicht erwähnt werden, der abschließend regelt, welche Kosten des Betriebs der zentralen Heizungsanlage nach Maßgabe von § 7 Abs. 1 HeizkVO umlagefähig sind. Da nach Auffassung des *BGH* die Vermieter ihre Heizanlage selbst betrieben, musste er nicht zu der Frage Stellung nehmen, welche Kosten beim sog. „Wärmecontracting" auf den Mieter umgelegt werden können. Hierbei überträgt der Vermieter den Betrieb der – zumeist bereits vorhandenen – Zentralheizungsanlage auf einen Dritten (hierzu nachfolgende Entscheidung).

LG Berlin: Instandhaltungskosten beim Wärmecontracting (Urteil vom 07.07.2009 – 63 S 443/08, GE 2009, 1254)

Grundsätzlich kann der Vermieter seine Instandhaltungskosten nicht als Betriebskosten umlegen, § 1 Abs. 2I Nr. 2 BetrKV. Anderes gilt nur, wenn es vereinbart ist. Ist Wärmecontracting nach dem Mietvertrag zulässig, sind die vom Dritten für die Wärmelieferung und den Betrieb der Heizungsanlage in Rechnung gestellten Beträge voll umlagefähig, auch soweit sie Instandhaltungskosten oder sonstige Kostenarten wie Gewinn, Refinanzierungskosten u.ä. enthalten.

Die klagende Vermieterin begehrt Zahlung eines Abrechnungsfehlbetrages aus der Heizkostenabrechnung. Nach dem Mietvertrag ist der Vermieter berechtigt, die Wärmeversorgung einem Dritten zu übertragen. Die Vermieterin hat die Heizungsanlage einem Fernwärmelieferanten übereignet, der seine Kosten dem Vermieter in Rechnung stellt. Die beklagte Mieterin wendet ein, in der Heizkostenabrechnung seien auch nicht umlagefähige Instandhaltungskosten des Wärmelieferanten, sein Gewinn u.ä. enthalten.

Nach Auffassung des *LG Berlin* hat die Vermieterin Anspruch auf Zahlung des Abrechnungsfehlbetrages. Die Kosten für Instandsetzung, Modernisierung und Refinanzierung seien auch in Bezug auf die Kundenanlage im Hause umlagefähig. Zwar könne der Vermieter grundsätzlich seine Instandhaltungskosten nicht als Betriebskosten umlegen, § 1 Abs. 2 Nr. 2 BetrKV. Ist allerdings Wärmecontracting nach dem Mietvertrag zulässig, seien die vom Dritten für die Wärmelieferung und den Betrieb der Heizungsanlage in Rechnung gestellten Beträge voll umlagefähig, auch soweit sie Instandhaltungskosten oder sonstige Kostenarten wie Gewinn, Refinanzierungskosten des Contractors u.ä. enthalten, die der Vermieter selbst nicht unmittelbar umlegen dürfte. Die Lieferung von Heizwärme durch einen Dritten sei vorliegend nach dem Mietvertrag zulässig und die Kosten nach der bei Mietvertragsabschluss geltenden Fassung der in Bezug genommenen II. BV auch grundsätzlich umlegbar.

Die Mieterin könne Unwirtschaftlichkeit nicht allein mit Hinweis auf allgemein deutlich günstigere Preise einwenden. Zwar sei richtig, dass die Lieferung von Wärme durch Dritte teurer sei, weil dem Mieter zusätzliche Kosten entstünden. Zur Substantiierung der Unwirtschaftlichkeit müsste die Mieterin jedoch ein konkret vergleichbares Kostenangebot eines ortsansässigen Wärmecontractors für ein vergleichbares Objekt und den vergleichbaren Zeitraum vorlegen, woran es vorliegend fehle.

Anmerkung:

Nach der Rechtsprechung des *BGH* darf der Vermieter beim Wärmecontracting die in dem Wärmepreis zusätzlich zu den Kosten der Wärmelieferung enthaltenen Kosten, nämlich die Kosten des Contractors für Kapital, Abschreibung und Gewinn auf den Mieter nur dann umlegen, wenn die zwischen ihm und dem Mieter getroffenen vertraglichen Vereinbarungen dies gestatten (*BGH* NZM 2005, 450). Dies ist etwa dann der Fall, wenn der Mieter vertraglich die Heizkosten gemäß § 27 II. BV zu tragen hat und die zum Zeitpunkt des Vertragsschlusses geltende Fassung der II. BV – wie im vorliegenden Fall – bereits eine Umlegung der Kosten der Fernwärmelieferung auf den Mieter vorsah (*BGH* NJW 2007, 3060; Anm. *Bub/Bernhard*, FD-MietR 2007, 241255). War gesetzlich zu diesem Zeitpunkt (noch) keine Umlegung vorgesehen, sind die Kosten insoweit auch nicht umlagefähig (*BGH* NJW 2006, 2185).

Geht der Vermieter von der Eigenerzeugung von Wärme/Warmwasser zum Fremdbezug über, ohne dass hierfür eine ausdrückliche Regelung im Mietvertrag vorhanden ist, bedarf es insoweit einer nachträglichen Einigung mit dem Mieter. Die HeizkVO gibt dem Vermieter nämlich kein Recht, den mit den Mietern abgeschlossenen Mietvertrag einseitig zu ändern, weil sich die mietvertraglichen Beziehungen der Parteien auf den Eigenbetrieb der Heizung konkretisiert haben und der Vermieter dadurch in der ihm grundsätzlich zustehenden Freiheit, wie er die dem Mieter geschuldete Versorgung mit Wärme und Warmwasser erbringt, beschränkt ist. Eine Abweichung von der mit dem Mieter vereinbarten Vertragsgestaltung durch einseitige Erklärung des Vermieters ist nicht gerechtfertigt und würde diesen mit zusätzlichen Kosten belasten. Etwas anderes folgt nicht aus § 7 Abs. 3 HeizkVO. Danach sind zwar die Kosten der „Wärmelieferung" gemäß § 7 Abs. 1 HeizkVO auf die Mieter zu verteilen. Dies setzt aber voraus, dass zwischen Vermieter und Mieter bereits eine vertragliche Vereinbarung über die grundsätzliche Verteilung der Heizkosten besteht, wozu auch die Art und Weise der Versorgung mit Wärme gehört (*BGH* NZM 2005, 450).

BGH: Aufzugskosten (Urteil vom 08.04.2009 – VIII ZR 128/08, NJW 2009, 2058)

Eine formularmäßige Vereinbarung in einem Wohnraummietvertrag, durch die ein Mieter anteilig mit Kosten für einen Aufzug belastet wird, mit dem seine Wohnung nicht erreicht werden kann, weil sich der Aufzug in einem anderen Gebäudeteil befindet, benachteiligt den Mieter unangemessen (Abgrenzung zu *BGH* NJW 2006, 3557).

Vorliegend wird der Mieter durch eine Verpflichtung zur anteiligen Übernahme der Aufzugskosten unangemessen benachteiligt, weshalb die Bestimmung nach

§ 307 Abs. 1 S. 1 BGB unwirksam ist. An Kosten für Einrichtungen, die einzelnen Mieter zur alleinigen Nutzung überlassen sind, dürften die „ausgeschlossenen" Mieter nicht beteiligt werden. Wenn etwa ein Aufzug nur in eine Dachgeschosswohnung führt, habe der Mieter dieser Wohnung die Aufzugskosten allein zu tragen. Entsprechendes müsse gelten, wenn der Aufzug nur einem Teil der Mieter eines Gebäudes oder einer Wirtschaftseinheit zur Verfügung steht. Auf die Mieter der übrigen Wohnungen, die durch den Aufzug nicht erschlossen werden in dem Sinne, dass von dem Aufzug aus kein Zugang zu den Wohnungen besteht, können Aufzugskosten deshalb nicht umgelegt werden. Dadurch unterscheide sich der hier zu beurteilende Sachverhalt von dem Fall des Erdgeschossmieters, dessen Wohnung mit dem Aufzug erreicht werden kann, auch wenn er ihn wegen der Lage seiner Wohnung faktisch nicht nutzt. Für diesen Fall hat der *BGH* entschieden, dass der Erdgeschossmieter eine Beteiligung an den Aufzugskosten aufgrund eines einheitlichen, generalisierenden Maßstabs hinzunehmen habe, weil es naheläge, andernfalls auch bei den Mietern der Wohnungen in den höher gelegenen Etagen nach dem Grad der tatsächlichen Nutzung zu differenzieren, der damit angestrebten möglichst weitgehenden Umlagegerechtigkeit aber Gründe der Praktikabilität und der Transparenz der Abrechnung entgegenstünden (*BGH* NJW 2006, 3557). Die Grenze der Zumutbarkeit einer generalisierenden Betrachtungsweise für den Mieter werde jedoch überschritten, wenn er einen Aufzug nicht nur tatsächlich nicht nutzt oder dafür kein Bedürfnis hat, sondern wenn seine Wohnung mit dem Aufzug überhaupt nicht erreicht werden kann.

Anmerkung:

Der *BGH* hat sich mit der vorliegenden Entscheidung der bisher h.M. (z.B. MünchKomm/*Schmid*, § 556a Rz. 8) angeschlossen und die Umlage von Betriebskosten für solche Einrichtungen für unwirksam erachtetet, die der Mieter tatsächlich gar nicht nutzen kann. Die vom *BGH* in der vorliegenden Entscheidung aufgestellten Grundsätze gelten wohl auch für Geschäftsraummietverhältnisse, da § 307 BGB auch im Verkehr zwischen Unternehmern zu beachten ist, auch wenn das *LG Berlin* (GE 2007, 446) noch entschieden hat, dass es einen Gewerberaummieter im Erdgeschoss eines Wohn- und Geschäfthauses ohne direkten Zugang des Geschäftlokals zum Treppenhaus nicht unangemessen benachteiligt, wenn er gleichwohl aufgrund einer Formularklausel im Mietvertrag an den Kosten eines Aufzuges beteiligt wird.

BGH: Kosten für eine Terrorschadensversicherung bei der Gewerberaummiete (Urteil vom 13.10.2010 – XII ZR 129/09, NJW 2010, 3647)

Die Kosten für eine Terrorversicherung können im Gewerberaummietrecht als Nebenkosten umgelegt werden, sofern der Abschluss einer Terrorversicherung aus der Sicht eines vernünftigen Vermieters unter Beachtung des Wirtschaftlichkeitsgebots erforderlich ist, da der Eintritt des Versicherungsfalls nicht nur theoretisch möglich, sondern nach Art und Lage des Gebäudes denkbar ist.

Die Klägerin verlangt von der Beklagten, die von ihr zwei Bürogebäude angemietet hatte, die Zahlung anteiliger Kosten für eine Terrorschadensversicherung als Nebenkosten aus einem Gewerberaummietvertrag. Nach dem Mietvertrag war die Beklagte verpflichtet, die auf die Mietsache entfallenden – auch neu entstandenen – Nebenkosten gemäß Anlage 3 zu § 27 II. BV zu tragen. Nachdem der Gebäudeversicherer des Gesamtkomplexes als Folge des Terroranschlags auf das World Trade Center keinen Rückversicherungsschutz mehr erhalten hatte, war er nicht mehr bereit, die Gefahr von Schäden durch Terrorismus weiter in der Gebäudeversicherung mitzuversichern. Er erklärte deshalb gegenüber der Klägerin eine entsprechende Änderungskündigung des Versicherungsvertrages. Die Klägerin schloss daraufhin eine Terrorversicherung ab.

Nach Auffassung des *BGH* sind die Kosten für eine Terrorversicherung nach den vertraglichen Vereinbarungen der Parteien grds. umlagefähig. Zu den umlagefähigen Betriebskosten zählten nach Nr. 13 der Anlage 3 zu § 27 II. BV die Kosten der Sach- und Haftpflichtversicherung. Hierunter fielen alle Sach- und Haftpflichtversicherungen, die dem Schutz des Gebäudes und seiner Bewohner und Besucher dienen. Als Gebäudeversicherung zähle eine Terrorversicherung zu den Sachversicherungen. Der Umlage der Kosten stehe nicht entgegen, dass sie erst nach Mietvertragsabschluss durch einen gesondert abgeschlossenen Versicherungsvertrag entstanden sind. Denn die Beklagte sei mietvertraglich verpflichtet, den Mehrbetrag, der durch die Erhöhung oder Neueinführung von Betriebskosten entsteht, vom Zeitpunkt der Entstehung an zu zahlen.

Die Umlage der Kosten für die Terrorversicherung verstoße auch nicht gegen das Wirtschaftlichkeitsgebot. Dieses Gebot bezeichne die auf Treu und Glauben beruhende vertragliche Nebenpflicht des Vermieters, den Mieter nur mit Nebenkosten zu belasten, die erforderlich und angemessen sind. Für die Wohnraummiete sei diese Verpflichtung in §§ 556 Abs. 3 S. 1, 560 Abs. 5 BGB und § 24 Abs. 2 S. 1 II. BV festgeschrieben. Sie gelte gemäß § 242 BGB aber auch für die Geschäftsraummiete. Es müsse daher für das jeweils versicherte Gebäude geprüft werden, ob eine Versicherung gegen Terrorakte im Einzelfall erforderlich und ob die konkret abgeschlossene Versicherung angemessen ist, d.h. ob ein vernünftiger Vermieter, der ein vertretbares Kosten-Nutzen-Verhältnis im Auge hat, die Versicherung abgeschlossen hätte. Sei ein Gebäudeschaden durch einen terroristischen Angriff unwahrscheinlich und könne lediglich nicht mit letzter Sicherheit ausgeschlossen werden, entspräche es keiner vernünftigen Bewirtschaftung, dieses rein theoretische Risiko mit erheblichem finanziellem Aufwand abzusichern. Ein wirtschaftlich denkender Eigentümer würde für die Versicherung eines fern liegenden Risikos keine erheblichen Kosten aufwenden.

Vorliegend lägen die Mietobjekte in einem großen Gebäudekomplex mit außergewöhnlicher Architektur, der einen Wert von ca. 286 € Millionen hat. In den Mietobjekten seien städtische Ämter untergebracht. Der Gebäudekomplex befinde sich in unmittelbarer Nachbarschaft zum Statistischen Bundesamt und in der Nähe eines Fußballstadions. Angesichts der Art des Gebäudes, seiner Frequentierung, seiner Lage und seines Wertes sei von einer Grundgefährdung des Gebäudes für Schäden durch Terroranschläge auszugehen. Der Abschluss einer Terrorversicherung sei deshalb aus der Sicht eines vernünftigen Vermieters geboten gewesen.

Anmerkung:

Nach der Gegenansicht (*OLG Stuttgart* NZM 2007, 247; *Langheid/Rupietta*, NJW 2005, 3233) ist der Ort von Terroranschlägen nicht vorhersehbar; deshalb sei jedes Gebäude der Welt gefährdet und für jedes Gebäude eine Terrorversicherung erforderlich und angemessen. Der *BGH* hat sich ihr unter Hinweis auf das Wirtschaftlichkeitsgebot zu Recht nicht angeschlossen: Danach darf der Vermieter nur solche Kosten auf die Mieter umlegen, die bei gewissenhafter Abwägung aller Umstände und bei ordentlicher Geschäftsführung gerechtfertigt sind. Maßgebend ist der Standpunkt eines vernünftigen Vermieters, der ein vertretbares Kosten-Nutzen-Verhältnis im Auge behält (*BGH* NJW 2008, 440).

LG Krefeld: Baumfällkosten und Sturmschadenskosten (Urteil vom 17.03.2010 – 2 S 56/09, BeckRS 2010, 10986)

Die Kosten für das Fällen von Bäumen und der Beseitigung von Schäden durch außergewöhnliche Stürme (Kyrill) sind nicht umlagefähig.

Der klagende Vermieter hatte in die Betriebskostenabrechnung Kosten für die Beseitigung von Schäden im Garten des Mietobjekts durch den Sturm „Kyrill" sowie Kosten für die Fällung eines kranken Mammutbaumes umgelegt. Der beklagte Mieter hält diese Kosten für nicht umlagefähig. Zudem sei die Abrechnung formell fehlerhaft, da ein wesentlicher Rechenschritt fehle. Nach dem Mietvertrag hat der Mieter u.a. die Kosten der Gartenpflege gemäß BetrKV zu tragen.

Nach Auffassung des *LG Krefeld* sind die Kosten für die Fällung von Bäumen nicht umlagefähig. Nicht zu den Betriebskosten gehörten nach § 1 Abs. 2 Nr. 2 BetrKV die Kosten, die während der Nutzungsdauer zur Erhaltung des bestimmungsmäßigen Gebrauchs aufgewendet werden müssen, um die durch Abnutzung oder Alterung entstehenden baulichen oder sonstigen Mängel ordnungsgemäß zu beseitigen (Instandhaltungs- und Instandsetzungskosten). Das Fällen eines kranken Baumes stelle eine solche nicht umlagefähige Instandsetzungsmaßnahme dar, da durch das Fällen ein am Grundstück bestehender Mangel beseitigt wird. Etwas anderes ergebe sich auch nicht aus § 2 Nr. 10 BetrKV. Danach umfassten Betriebskosten zwar auch die Kosten der Gartenpflege, wozu u.a. die Kosten der Pflege gärtnerisch angelegter Flächen einschließlich der Erneuerung von Pflanzen und Gehölzen zählten. Der Ausnahmecharakter der Vorschrift gebiete aber eine restriktive Auslegung im Lichte der allgemeinen Definition der Betriebskosten gemäß § 1 Abs. 1 BetrKV: Danach zählten nur die laufend entstehenden Kosten zu den Betriebskosten. Für die Umlagefähigkeit von Betriebskosten sei es danach erforderlich, dass sie mit einer gewissen Regelmäßigkeit anfallen; ein bestimmter Rhythmus sei nicht notwendig, ebenso wenig eine jährliche oder gar mehrfache jährliche Entstehung, es genüge eine wiederkehrende, wenn auch unregelmäßige Belastung. Hieran fehle es bei Fällkosten, da Bäume ganz überwiegend eine sehr lange Lebensdauer hätten.

Gleiches gelte für die Kosten, die durch ein singulär schweres Ereignis, den Jahrhundertsturm „Kyrill" verursacht wurden. Derartige schwere Stürme seien eine Seltenheit und hierdurch verursachte Schäden nicht fortlaufend und mit einer gewissen Regelmäßigkeit zu erwarten.

Anmerkung:

Der *BGH* hat bislang die Frage, ob auch Fällkosten zu den Kosten der Gartenpflege im Sinne von § 2 Nr. 10 BetrKV zählen, ausdrücklich offen gelassen (*BGH* NZM 2009, 27). Einzelne Instanzgerichte halten sie im Rahmen der Kosten für die Gartenpflege für umlagefähig (*LG Frankfurt a.M.* NZM 2005, 338). Die Gegenansicht, der sich vorliegend das *LG Krefeld* anschließt, hält die Kostenumlage auf den Mieter für unzulässig, da die Kosten für das Fällen eines Baumes nicht laufend entstünden und dieses eine nicht umlagefähige Instandsetzungsmaßnahme darstelle (*AG Dinslaken* BeckRS 2009, 6895). Zur Klärung der Frage der Abwälzbarkeit von Baumfällkosten sowie von Sturmschadensbeseitigungskosten auf den Mieter hat das *LG Krefeld* die Revision zugelassen, die aber nicht eingelegt wurde.

Laufend, wenn auch unregelmäßig anfallende Betriebskosten sind nach Auffassung des *BGH* etwa die Kosten für die Dachrinnenreinigung (*BGH* NZM 2004, 417), für die Überprüfung der Elektroanlage (*BGH* NJW 2007, 1356; Anm. *Bub/Bernhard*, FD-MietR 2007, 220285) oder für die Reinigung des Öltanks (*BGH* NZM 2010, 79; Anm. *Bub/von der Osten*, FD-MietR 2010, 296638).

2. Verbrauchserfassung

BGH: Verwendung eines nicht geeichten Wasserzählers (Urteil vom 17.11.2010 – VIII ZR 112/10, NJW 2011, 598)

Im Rahmen der Betriebskostenabrechnung dürfen auch die Messwerte eines nicht geeichten Wasserzählers verwendet werden, wenn der Vermieter nachweisen kann, dass die angezeigten Werte zutreffend sind.

Die klagenden Mieter begehren von den Beklagten Zahlung eines Guthabens aus den Betriebskostenabrechnungen für die Jahre 2006 und 2007. Der zu der Wohnung gehörende Wasserzähler war in diesen Jahren nicht geeicht. Die Kläger sind der Auffassung, dass die von dem Gerät ermittelten Messwerte nach § 25 Abs. 1 S. 1 Nr. 1a EichG unverwertbar seien und die Beklagten daher die nach Verbrauch abgerechneten Kosten für Wasser/Abwasser nicht in die entsprechenden Betriebskostenabrechnungen hätten einstellen dürfen. Die Beklagten behaupten, der Wasserzähler habe ordnungsgemäß funktioniert; aus den Betriebskostenabrechnungen ergebe sich ein Saldo zu Lasten der Kläger.

Nach Auffassung des *BGH* steht den Klägern kein Zahlungsanspruch gegen die Beklagten zu. Im Rahmen der Betriebskostenabrechnung komme es allein darauf an, dass der tatsächliche Verbrauch zutreffend wiedergegeben ist. Beruhten die in die Betriebskostenabrechnung eingestellten Verbrauchswerte auf der Ablesung eines geeichten Messgeräts, spreche eine tatsächliche Vermutung dafür, dass diese Werte den tatsächlichen Verbrauch wiedergeben. Den von einem nicht geeichten Messgerät abgelesenen Werten komme die Vermutung ihrer Richtigkeit nicht zu. In diesem Fall müsse der Vermieter darlegen und beweisen, dass die abgelesenen Werte zutreffend sind. Gelänge dem Vermieter dieser Nachweis, stehe einer Verwendung der Messwerte § 25 Abs. 1 S. 1 Nr. 1a EichG, wonach es strafrechtlich verboten sei, im geschäftlichen Verkehr ungeeichte Messgeräte zu verwenden, nicht entgegen. Vorliegend sei der Nachweis durch Vorlage einer Prüfbescheinigung einer staatlich anerkannten Prüfstelle geführt, aus der hervorging, dass die Messtoleranzgrenzen eingehalten waren.

Anmerkung:

Zu den Kosten der Wasserversorgung, die nach § 2 Nr. 2 BetrKV als Betriebskosten auf den Mieter umgelegt werden können, zählen die Kosten für die Anmietung von Wasserzählern zur Verbrauchserfassung bei einzelnen Nutzern oder Nutzergruppen innerhalb des Gebäudes. Nicht umlegbar sind hingegen die Kosten für einen Erwerb von Wasserzählern; eine Umlegung der Anschaffungskosten kommt nach § 559 BGB bzw. § 11 II. BV in Betracht. Zu den umlagefähigen Kosten der Verwendung von Wasserzählern zählen insbesondere die Kosten einer vorgeschriebenen – vorliegend aber nicht durchgeführten – Eichung. Sind die Kosten für einen Geräteaustausch nicht höher als die Eichkosten, können statt der Eichkosten diese Kosten angesetzt werden. Die Kosten der Berechnung und Aufteilung der Wasserkosten sind vor allem die Kosten der Messdienstfirmen. Umgelegt werden können aber auch eigene Kosten des Vermieters sowie der Wert seiner Arbeitsleistung (§ 1 Abs. 1 S. 2 BetrKV).

Anders als für Heiz- oder Warmwasserkosten besteht für Wasser- oder Abwasserkosten allerdings keine Verpflichtung des Vermieters zur verbrauchsabhängigen Abrechnung. § 556a Abs. 1 BGB sieht auch für verbrauchsabhängige Kosten eine Abrechnung nach der Wohnfläche vor, sofern nicht die Parteien eine anderweitige Vereinbarung getroffen haben oder tatsächlich eine Verbrauchserfassung für alle Mieter erfolgt. Die gesetzliche Regelung nimmt die damit verbundenen Ungenauigkeiten bei der Abrechnung in Kauf. Installiert der Vermieter Wasserzähler, so ist er bei mangels entsprechender Vereinbarungen nicht verpflichtet, verschiedene Nutzergruppen durch jeweils gesonderte Zähler zu erfassen; bei gleichzeitiger Wohn- und Gewerbenutzung innerhalb eines Gebäudes kann der Verbrauch der Wohneinheiten deshalb auch in der Weise ermittelt werden, dass der mittels Zwischenzähler gemessene Verbrauch eines gewerblichen Mieters von dem Gesamtverbrauch laut Hauptwasserzähler abgezogen wird und die Verteilung innerhalb der Wohneinheiten nach dem Maßstab der Wohnfläche erfolgt (*BGH* NJW-RR 2010, 515; Anm. *Bub/von der Osten*, FD-MietR 2010, 296632). Bei der Ermittlung des Verbrauchs von Wärme und Warmwasser ist die Differenzmethode hingegen unzulässig. Hier ist vielmehr eine Messung durch ein geeignetes Gerät, etwa einen Wärmezähler erforderlich (*BGH* NZM 2008, 767). Dies folgt schon aus dem Wortlaut des § 5 Abs. 2 HeizkVO, wonach die Anteile der Gruppen von Nutzern zu „erfassen", also zu messen, nicht lediglich zu berechnen sind.

BGH: Installation eines zusätzlichen Messgerätes zur Erfassung des Wärmeverbrauchs (Urteil vom 12.05.2010 – VIII ZR 170/09, NJW 2010, 2571)

Beabsichtigt der Gebäudeeigentümer, eine bisher vorhandene Lücke bei der Erfassung des Wärmeverbrauchs in einer Wohnung durch die Installation eines zusätzlichen Messgerätes zu schließen, hat der Wohnungsnutzer dies nach § 4 Abs. 2 S. 1 HeizkVO zu dulden.

Die klagende Vermieterin hatte die beklagte Mieterin erfolglos aufgefordert, von ihr beauftragten Personen den Zutritt zu der Wohnung zu gestatten, um einen zusätzlichen Heizkostenverteiler einbauen zu lassen, der die vom Fallrohr des Heizungsstrangs abgegebene Wärme messen soll, sowie den bereits vorhandenen Heizkostenverteiler umzuprogrammieren.

Nach Auffassung des *BGH* steht der Klägerin ein Anspruch auf Gestattung des Wohnungszutritts zu. Nach § 4 Abs. 1 HeizkVO habe der Gebäudeeigentümer den anteiligen Verbrauch der Nutzer an Wärme und Warmwasser zu erfassen. Hierzu habe er die Räume mit Ausstattungen zur Verbrauchserfassung zu versehen; die Nutzer hätten dies zu dulden, § 4 Abs. 2 S. 1 HeizkVO. Hieraus erwachse dem Mieter ein Anspruch gegen den Vermieter, die Wohnung mit geeigneten Heizkostenerfassungssystemen auszustatten; im Gegenzug habe er alle erforderlichen Maßnahmen zu dulden, einschließlich des Wohnungszutritts.

Diese Ansprüche würden nicht mit der ersten Installation funktionierender Heizkostenerfassungsgeräte erlöschen; die Duldungspflicht des Mieters beschränke sich nach der Erstinstallation nicht auf einen eventuellen Austausch nicht mehr funktionierender Geräte. Vorliegend solle ein zusätzliches Gerät angebracht werden, das die bisher nicht erfasste, vom Fallrohr des Heizungsstrangs abgegebene Wärme messen soll. Der Zweck des Geräts bestehe somit darin, eine bisher vorhandene Lücke in der Verbrauchserfassung zu schließen und erstmals den gesamten Wärmeverbrauch in der Wohnung zu erfassen. Jedenfalls hierfür bestehe eine Duldungspflicht des Mieters aus § 4 Abs. 2 S. 1 HS 2 HeizkVO. Gleiches gelte für die Umprogrammierung des bereits in der Wohnung befindlichen Geräts. Diese Maßnahme liege im Interesse beider Vertragsparteien, da danach für die Übermittlung der gemessenen Werte ein Betreten der Wohnung nicht mehr erforderlich sein wird.

Aus der Regelung des § 7 Abs. 1 HeizkVO könne die Beklagte nicht Gegenteiliges herleiten. § 7 HeizkVO regele lediglich die Verteilung bereits erfasster Wärmekosten, sage jedoch nichts darüber aus, in welcher Weise die Erfassung zu erfolgen hat. Etwaige Einwendungen gegen die Verteilung der Kosten könne der Mieter erst nach Vorlage der Betriebskostenabrechnung vorbringen.

BGH: Anspruch auf Duldung des Einbaus eines funkbasierten Erfassungsgeräts für Heizwärme und Warmwasser (Urteil vom 28.09.2011 – VIII ZR 326/10, BeckRS 2011, 24914)

Der Mieter hat nach § 4 Abs. 2 HeizkVO den Austausch funktionstüchtiger Erfassungsgeräte für Heizwärme und Warmwasser gegen ein zur Funkablesung geeignetes System zu dulden.

Die Klägerin ist Eigentümerin eines Mehrfamilienhauses, in dem die Beklagte eine Wohnung angemietet hat. Das Anwesen ist mit einer Zentralheizung ausgestattet. Der Verbrauch wird über Verbrauchserfassungsgeräte für Wärme, Warmwasser und Kaltwasser erfasst. Mit Rundschreiben teilte die Klägerin ihren Mietern mit, dass das Unternehmen T. im Rahmen eines Regelaustauschs die – noch funktionstüchtigen – Verbrauchserfassungsgeräte durch ein funkbasiertes Ablesesystem ersetzen werde. Informationen darüber, auf welche Weise die Anschaffung des Funksystems erfolgen solle und welche Kosten hierbei anfallen würden, enthielt das Rundschreiben nicht. Die Beklagte verweigerte den beabsichtigten Austausch der Ableseeinrichtungen mit der Begründung, in der von ihr angemieteten Wohnung kein mit Funk arbeitendes System einsetzen zu wollen. Außerdem rügte sie, von der Klägerin nur unzureichende Informationen erhalten zu haben.

Nach Auffassung des *BGH* hat die Beklagte den Einbau eines funkbasierten Ablesesystems für Heizenergie- und Warmwasserzähler nach § 4 Abs. 2 S. 1 HS 2 HeizkVO zu dulden. Dem Mieter werde durch § 4 Abs. 2 HeizkVO eine Duldungspflicht nicht nur beim erstmaligen Einbau von Messgeräten zur Erfassung des Verbrauchs von Wärme und Warmwasser auferlegt, eine solche bestehe vielmehr auch dann, wenn – wie hier – funktionsfähige Messgeräte durch ein anderes (modernes) Ablesesystem ersetzt werden sollen. § 4 Abs. 1 HeizkVO verlange eine fortwährende Erfassung des Wärme- und Warmwasserverbrauchs. Schon nach dem Wortlaut von § 4 Abs. 2 HeizkVO sei die Duldungspflicht des Mieters aber nicht auf die Fälle der erstmaligen Installation einer Messeinrichtung (und des Austauschs defekter Geräte) beschränkt. Insbesondere ergebe sich aus der Bezugnahme auf die Ausstattungspflicht des Gebäudeeigentümers/Vermieters („dies zu dulden") keine Begrenzung der den Mieter treffenden Duldungsverpflichtung.

Bestätigt werde dies durch die mit den Regelungen in § 4 HeizkVO verfolgte Intention des Verordnungsgebers. Mit der Einführung der Pflicht zur Verbrauchserfassung habe im Interesse der Energieeinsparung das Verbrauchsverhalten der Nutzer nachhaltig beeinflusst werden sollen. Mit diesem Anliegen sei es nicht vereinbar, den Gebäudeeigentümer/Vermieter durch eine Begrenzung der Duldungspflicht des Nutzers daran zu hindern, ältere, aber noch funktionsfähige Messeinrichtungen durch moderne Geräte zu ersetzen, die regelmäßig infolge ihrer fortentwickelten Ablesetechnik eine zuverlässigere Verbrauchserfassung ermöglichen. Zudem habe der Verordnungsgeber schon kurze Zeit nach dem Inkrafttreten von § 4 HeizkVO in der erklärten Absicht, Anstöße zur Verwendung verbesserter Ausstattungen zu geben und dem technischen Fortschritt Rechnung zu tragen, die Möglichkeit zugelassen, Erfassungsgeräte durch Anmietung oder durch eine sonstige vorübergehende Gebrauchsüberlassung zu beschaffen, und damit eine Verkürzung der Austauschintervalle gebilligt.

Die Duldungspflicht der Beklagten werde auch nicht dadurch berührt, dass die Klägerin die für die beabsichtigte Anmietung des Funksystems vorgeschriebenen Mitteilungspflichten (§ 4 Abs. 2 S. 2 HS 2 HeizkVO) nicht erfüllt hat. Die Nichteinhaltung dieses Verfahrens führe nur dazu, dass der betroffene Mieter die hierdurch anfallenden Kosten nicht nach § 7 Abs. 2 HeizkVO zu tragen hat.

Anmerkung:

Der *BGH* hatte die in der Instanzrechtsprechung und im Schrifttum unterschiedlich beurteilte Frage, ob § 4 Abs. 2 HeizkVO auch in den Fällen eine Duldungspflicht des Mieters begründet, in denen der Vermieter vorhandene und noch funktionstüchtige Erfassungsvorrichtungen durch andere Ablesesysteme ersetzen will, bislang offen lassen können (*BGH* NJW 2010, 2571). Mit zutreffender Begründung hat er sich nunmehr jener Auffassung angeschlossen, nach der sich die Duldungspflicht nicht auf die erstmalige Installation von Erfassungsvorrichtungen beschränkt, sondern auch bei einem späteren Austausch noch funktionstüchtiger Messgeräte durch moderne Systeme besteht (*LG Berlin* NJW-RR 2011, 740; *Kinne*, GE 2006, 1583 f.; a.A. *LG Kassel* NZM 2006, 818; Schmidt-Futterer/*Eisenschmid*, § 554 BGB Rz. 169).

Umstritten war bislang auch die Rechtsfolge eines Verstoßes gegen das Ankündigungsverfahren. Z.T. wurde vertreten, es entfalle bereits die Duldungspflicht des Mieters (*LG Kassel*, a.a.O.; Schmidt-Futterer/*Lammel*, § 4 HeizkVO Rz. 31). Nach a.A. sollte die Widerspruchsbefugnis von vornherein auf die zu erwartenden Kosten beschränkt oder der Widerstand gegen bestimmte Gerätearten unzulässig sein (*Lammel*, HeizkVO, 3. Aufl. 2010, § 4 Rz. 23). Nach zutreffender Auffassung, der sich nunmehr der *BGH* angeschlossen hat, wirkt sich ein Verstoß gegen das Mitteilungs- und Widerspruchsverfahren ausschließlich auf die Pflicht des Mieters zur Kostentragung aus (MünchKomm/*Schmid*, HeizkVO § 4 Rz. 7).

BGH: Anspruch auf Duldung des Einbaus eines funkbasierten Kaltwasserzählers (Urteil vom 28.09.2011 – VIII ZR 326/10, BeckRS 2011, 24914)

Für die Ersetzung der bisherigen Erfassungsgeräte für Kaltwasser durch ein funkbasiertes Ablesesystem kann sich eine Duldungspflicht aus § 554 Abs. 2 BGB ergeben.

Die Klägerin ist Eigentümerin eines Mehrfamilienhauses, in dem die Beklagte eine Wohnung angemietet hat. Das Anwesen ist mit einer Zentralheizung ausgestattet. Der Verbrauch wird über Verbrauchserfassungsgeräte für Wärme, Warmwasser und Kaltwasser erfasst. Mit Rundschreiben teilte die Klägerin ihren Mietern mit, dass das Unternehmen T. im Rahmen eines Regelaustauschs die – noch funktionstüchtigen – Verbrauchserfassungsgeräte durch ein funkbasiertes Ablesesystem ersetzen werde. Die Beklagte verweigerte den beabsichtigten Austausch mit der Begründung, in der von ihr angemieteten Wohnung kein mit Funk arbeitendes System einsetzen zu wollen.

Nach Auffassung des *BGH* hat die Beklagte die Ersetzung des bisherigen Kaltwasserzählers durch ein funkbasiertes Ablesesystem gemäß § 554 Abs. 2 S. 1 Alt. 1 BGB als Maßnahme zur Verbesserung der Mietsache zu dulden. Zu den nach § 554 Abs. 2 S. 1 Alt. 1 BGB vom Mieter zu duldenden Maßnahmen zähle jede Veränderung der Mietsache, die den objektiven Gebrauchs- oder Substanzwert der Räume oder Gebäudeteile im Rahmen ihres Zwecks erhöht und eine bessere Benutzung ermöglicht. Ob eine solche Wohnwertverbesserung vorliegt, sei nicht nach der Wertung des derzeitigen Mieters, sondern nach der Verkehrsanschauung zu beurteilen; entscheidend sei, ob allgemein in den für das Mietobjekt in Betracht kommenden Mieterkreisen der Maßnahme eine Wohnwertverbesserung zugemessen wird, so dass der Vermieter damit rechnen kann, dass die Wohnung nach Durchführung der Maßnahme von künftigen Mietinteressenten – bei im Übrigen gleichen Konditionen – eher angemietet würde als eine vergleichbare Wohnung, bei der diese Maßnahme nicht durchgeführt worden ist.

Vorliegend habe die Klägerin als Gründe für den beabsichtigten umfassenden Austausch der Messgeräte die bei einer Funkablesung entfallende Notwendigkeit, Dritten zum Zwecke der Ablesung Zutritt zur Wohnung zu verschaffen oder eine Verbrauchsschätzung hinzunehmen, und die künftig mögliche Speicher- und Abrufbarkeit der Zählerstände angeführt. Solche auf einer verbesserten Ablesetechnik beruhenden Erleichterungen könnten nach der Verkehrsanschauung den Wert einer Wohnung erhöhen. Dass vorliegend eine andere Beurteilung geboten wäre, sei nicht ersichtlich. Die von der Beklagten vermuteten gesundheitsschädlichen Wirkungen der Funktechnik seien nach den Feststellungen des Berufungsgerichts wissenschaftlich nicht belegt und daher aus Sicht eines objektiven Mieters nicht geeignet, die mit Funkablesesystemen verbundenen Nutzungsvorteile zu entwerten. Hinzu komme, dass die Beklagte den Einbau eines funkbasierten Ablesesystems zur Erfassung des Wärme- und Warmwasserverbrauchs ohnehin nach § 4 Abs. 2 S. 1 HS 2 HeizkVO zu dulden habe (s. vorhergehende Entscheidung des *BGH*), so dass sich im Rahmen des § 554 Abs. 2 BGB nur noch die Frage stelle, ob die mit dem Austausch des Kaltwasserzählers verbundene Vervollständigung des Funksystems den Wohnwert der Mieträume verbessert. Dies sei zu bejahen, denn bei Belassung des bisherigen Kaltwasserzählers würden zwei getrennte Erfassungssysteme (mit unterschiedlichen technischen Anforderungen) nebeneinander betrieben und die mit dem Einbau von funkbasierten Messgeräten für den Wärme- und Warmwasserverbrauch verbundenen Nutzungserleichterungen unterlaufen.

Anmerkung:

Beim *BGH* derzeit anhängig ist die Frage, ob die Zusammenfassung von Kaltwasser- und Abwasserkosten mit den Wärmekosten zu einem einheitlichen Abrechnungskreis verbrauchsabhängiger Kosten entsprechend § 556a Abs. 2 BGB durch einseitige

Erklärung des Vermieters zulässig ist, wenn Kaltwasserzähler eingebaut wurden und die Zusammenfassung dazu dient, eine Kostenersparnis zu ermöglichen, weil die Ablesung der Verbrauchsmengen einheitlich erfolgen kann. Das *LG Itzehoe* hat diese Frage kürzlich bejaht (*LG Itzehoe* NJOZ 2011, 916): Nach § 556a Abs. 2 BGB dürfe der Vermieter durch Erklärung in Textform, § 126b BGB, bestimmen, dass verbrauchsabhängige Betriebskosten zukünftig abweichend von der getroffenen Vereinbarung ganz oder teilweise nach einem Maßstab umgelegt werden dürfen, der dem erfassten unterschiedlichen Verbrauch Rechnung trägt. Ihrem Wortlaut nach regele diese Vorschrift zwar nur die einseitige Umstellung der Betriebskostenumlage auf einen verbrauchsbezogenen Abrechnungsmaßstab; sie sei jedoch analog auf die Einbeziehung von verbrauchsabhängigen Kosten in den Abrechnungskreis der Wärmekosten anzuwenden, wenn dadurch die Zahl der Ablesetermine reduziert und die diesbezüglichen Kosten entsprechend gering gehalten werden. Dann sei eine solche Umgliederung der betreffenden Betriebskostenpositionen nämlich bereits im Hinblick auf den Grundsatz der Wirtschaftlichkeit geboten. In diesem Fall soll entsprechend § 556a Abs. 2 BGB auch eine Verschiebung der Abrechnungsperiode einzelner Kosten zum Zwecke der Vereinheitlichung der Abrechnungsperioden und damit der Kostenersparnis zulässig sein.

3. Erhöhung der Betriebskostenvorauszahlungen

BGH: Nichteinhaltung der Abrechnungsfrist (Urteil vom 16.06.2010 – VIII ZR 258/09, NZM 2010, 736)

Die Nichteinhaltung der Abrechnungsfrist steht einer Anpassung der Vorauszahlungen nach § 560 Abs. 4 BGB nicht entgegen.

Zwischen den Parteien ist streitig, ob die Klägerin – im Anschluss an die im April 2007 erteilte Nebenkostenabrechnung für das Jahr 2005 – ab Juni 2007 entsprechend erhöhte Betriebskostenvorauszahlungen verlangen kann.

Nach Auffassung des *BGH* stehen der Klägerin für 2007 schon deshalb keine erhöhten Betriebskostenvorauszahlungen (mehr) zu, weil die Jahresfrist für die Abrechnung der Betriebskosten für das Abrechnungsjahr 2007 vor dem Schluss der mündlichen Verhandlung vor dem Berufungsgericht abgelaufen war. Vom Zeitpunkt der Abrechnungsreife an könne der Vermieter einen Anspruch auf Vorauszahlungen nicht mehr geltend machen, sondern nur noch die sich aus der Abrechnung ergebenden Beträge verlangen; er müsse die Klage gemäß § 264 Nr. 3 ZPO entsprechend umstellen. Hingegen sei für die Betriebskosten des Abrechnungsjahres 2008 die Abrechnungsfrist bis zum Schluss der Berufungsverhandlung noch nicht abgelaufen gewesen, so dass die Klägerin nicht an der weiteren Geltendmachung von Vorauszahlungen gehindert gewesen sei.

Diese Erhöhungsbeträge hätten ihr – ungeachtet der verspäteten Abrechnung für das Jahr 2005 – auch zugestanden. Gemäß § 560 Abs. 4 BGB könne jede Vertragspartei nach einer Abrechnung durch Erklärung in Textform eine Anpassung der Betriebskostenvorauszahlungen auf eine angemessene Höhe vornehmen. Dies habe die Klägerin getan, indem sie mit der Abrechnung für das Jahr 2005 die monatlichen Vorauszahlungen erhöht hat. Dem stehe nicht entgegen, dass die Klägerin die Abrechnungsfrist des § 556 Abs. 3 S. 2 BGB für den Abrechnungszeitraum 2005 nicht eingehalten hat und deshalb mit der Geltendmachung einer Nachforderung von Betriebskosten für das betreffende Abrechnungsjahr ausgeschlossen war, § 556 Abs. 3 S. 3 BGB. Das Gesetz sehe nämlich über den Nachforderungsausschluss für den verspätet abgerechneten Zeitraum hinaus keine Sanktion für die verspätete Abrechnung vor.

Dem Vermieter könne die Anpassung der Vorauszahlungen nach § 560 Abs. 4 BGB auch nicht deshalb verwehrt werden, weil im Hinblick auf die nicht fristgerecht erstellte Abrechnung zu besorgen sei, dass er auch künftige Abrechnungen verspätet erstellen werde. Der Mieter sei gegen Nachteile, die ihm durch eine verspätete Abrechnung des Vermieters entstehen könnten, durch den Ausschluss von Nachforderungen und das Zurückbehaltungsrecht an den laufenden Betriebskostenvorauszahlungen hinreichend geschützt. Die Anpassung der Vorauszahlungen an die jeweils letzte Betriebskostenabrechnung stelle sicher, dass die Vorauszahlungen – im Interesse beider Vertragsparteien – den voraussichtlich tatsächlich entstehenden Kosten möglichst nahe kommen. Für eine Ausnahme bei nicht fristgerechter Abrechnung bestehe kein Anlass.

Anmerkung:

In der Rechtsprechung der Instanzgerichte und in der Literatur wurde bislang z.T. die Auffassung vertreten, eine Anpassung der Vorauszahlungen durch den Vermieter nach § 560 Abs. 4 BGB setze voraus, dass die vorangegangene Abrechnung zu einer Nachforderung des Vermieters geführt habe, woran es bei einer verspäteten Abrechnung des Vermieters fehle (*LG Berlin* NZM 2004, 339; Staudinger/*Weitemeyer* § 560 Rz. 47). Mit zutreffender Begründung hat sich der *BGH* vorliegend der Gegenmeinung angeschlossen, die eine Anpassung der Vorauszahlungen gemäß § 560 Abs. 4 BGB auch nach verspäteter Abrechnung für zulässig hält (MünchKomm/*Schmid*, § 560 Rz. 30; *Derckx*, NZM 2004, 321).

Mit Eintritt der Abrechnungsreife wandelt sich der Anspruch des Vermieters auf Entrichtung der Vorauszahlungen in einen Anspruch auf Ausgleich des sich aus einer Abrechnung ergebenden Saldos um (*BGH* NZM 2003, 196). Prozessual hat der Vermieter diesem Umstand Rechnung zu tragen, indem er von der Vorauszahlungsklage gemäß § 264 Nr. 3 ZPO zur Abrechnungsklage übergeht (*OLG Düsseldorf* NJOZ 2001, 287; Schmidt-Futterer/*Langenberg*, § 556 BGB Rz. 455). Dem Mieter steht ab diesem Zeitpunkt bis zur ordnungsgemäßen Abrechnung ein Zurückbehaltungsrecht an den laufenden Betriebskostenvorauszahlungen zu (*BGH* NZM 2006, 533). Ist das Mietverhältnis allerdings bereits beendet, kann der Mieter die vollständige Rückzahlung der geleisteten Abschlagszahlungen verlangen; er ist nicht gehalten, zuerst auf Erteilung der Abrechnung zu klagen (*BGH* NJW 2005, 1499).

BGH: Anpassung der Betriebskostenvorauszahlungen trotz bereits abgelaufener Abrechnungsperiode (Urteil vom 18.05.2011 – VIII ZR 271/10, NJW 2011, 2350)

Nach einer Betriebskostenabrechnung ist eine Anpassung der Vorauszahlungen auch dann möglich, wenn bereits die folgende Abrechnungsperiode abgelaufen, aber noch nicht abgerechnet ist. Die Anpassung ist aber nur für die Zukunft möglich.

Die Beklagte war Mieterin einer Wohnung der Klägerin. Mit Schreiben vom Dezember 2008 teilte die Beklagte der Klägerin mit, dass sie auf der Basis der Abrechnung 2006/2007 die Vorauszahlungen rückwirkend ab Juni 2008 herabsetze und die sich daraus ergebenden Überzahlungen in den nächsten Monaten verrechnen werde. Die Klägerin begehrt Zahlung des Mietrückstands, der sich bei Zugrundelegung der von ihr verlangten Vorauszahlungen ergibt.

Nach Auffassung des *BGH* war die Beklagte berechtigt, die Vorauszahlungen auf der Basis der Abrechnung 2006/2007 anzupassen. Gemäß § 560 Abs. 4 BGB könne jede Partei nach einer Abrechnung von Betriebskosten durch Erklärung in Textform eine Anpassung der Vorauszahlungen auf eine angemessene Höhe verlangen. Dies habe die Beklagte getan; sie habe dabei zutreffend die sich aus der Abrechnung ergebenden Kosten zugrunde gelegt. Ihr sei eine solche Anpassung nicht im Hinblick darauf verwehrt gewesen, dass auch der Abrechnungszeitraum 2007/2008 bereits abgelaufen war. Eine Einschränkung des Anpassungsrechts dahin, dass es nur aufgrund der letztmöglichen Abrechnung vorgenommen werden kann, selbst wenn diese noch nicht erstellt ist, lasse sich dem Gesetz nicht entnehmen.

Mit der Anpassung der Vorauszahlungen nach einer Abrechnung solle erreicht werden, dass die vom Mieter zu leistenden Abschläge den tatsächlichen Kosten möglichst nahe kommen, so dass weder der Mieter dem Vermieter – durch zu hohe Vorauszahlungen – ein zinsloses Darlehen gewährt noch der Vermieter – angesichts zu niedriger Vorauszahlungen – die Nebenkosten teilweise vorfinanzieren muss. Die gegenteilige Auffassung würde dazu führen, dass dem Mieter, wenn – wie hier – die letztmögliche Abrechnung noch nicht erstellt ist, eine Anpassung der Vorauszahlungen verwehrt ist und es deshalb bei den aus einer noch weiter zurückliegenden Abrechnungsperiode stammenden und deshalb (noch) weniger realistischen Vorauszahlungen bliebe. Die Beklagte habe nicht darauf verwiesen werden können, die Klägerin zur Abrechnung der Nebenkosten für den Zeitraum 2007/2008 – notfalls im Klagewege – anzuhalten und von einer Anpassung der laufenden Vorauszahlungen bis zur Erstellung dieser Abrechnung abzusehen, zumal die Durchsetzung einer Abrechnung auf dem Klageweg regelmäßig einen erheblichen Zeitaufwand erfordert.

Allerdings sei eine Anpassung der Vorauszahlungen nur mit Wirkung für die Zukunft möglich. Deshalb habe es bis einschließlich Dezember 2008 mit den noch in bisheriger Höhe geleisteten Vorauszahlungen sein Bewenden und sei eine Verrechnung mit den ab Januar 2009 geschuldeten Vorauszahlungen nicht möglich.

Anmerkung:

Nach h.M. in der Literatur, der sich der *BGH* vorliegend anschließt, ist eine Anpassung der Vorauszahlungen nur mit Wirkung für die Zukunft möglich (Palandt/*Weidenkaff*, § 560 Rz. 17; Staudinger/*Weitemeyer*, § 560 Rz. 53). Deshalb schuldete die Beklagte bis zum Zeitpunkt der Anpassung die ursprünglich vereinbarten Vorauszahlungen.

Zum Zeitpunkt der Berufungsverhandlung (September 2010), war auch die zwölfmonatige Abrechnungsfrist für die Abrechnungsperiode von Juni 2008 bis Mai 2009 bereits abgelaufen. Für diesen Zeitraum konnte die Klägerin deshalb überhaupt keine Vorauszahlungen mehr verlangen. Nach der Rechtsprechung des *BGH* steht dem Vermieter ab dem Zeitpunkt der Abrechnungsreife, § 556 Abs. 3 S. 2 BGB, kein Anspruch auf Vorauszahlungen mehr zu (*BGH* NZM 2010, 736). Ab diesem Zeitpunkt kann er keine rückständigen Betriebskostenvorauszahlungen, sondern nur noch den Saldo der Betriebskostenabrechnung verlangen; eine Klage auf Zahlung rückständiger Betriebskostenvorschüsse ist auf die Zahlung des Saldos umzustellen, falls die

Abrechnungsreife während des Prozesses eintritt (*OLG Hamburg* NJW-RR 1989, 82). Entgegen einer in der Literatur vertretenen Auffassung (MünchKomm/*Schmid*, § 556 Rz. 62) werden dadurch dem Mieter keine ungerechtfertigten Vorteile aus einem vertragswidrigen Verhalten eingeräumt; vielmehr wird damit lediglich berücksichtigt, dass sich der Vermieter, der den Mieter auf Zahlung von Vorauszahlungen in Anspruch nimmt, obwohl die Abrechnung bereits erstellt ist oder bei fristgemäßer Abrechnung hätte erstellt werden müssen, seinerseits nicht vertragsgetreu verhält.

BGH: Kein „Sicherheitszuschlag" bei Anpassung von Betriebskostenvorauszahlungen (Urteil vom 28.09.2011 – VIII ZR 294/10, BeckRS 2011, 25102)

Die letzte Betriebskostenabrechnung ist Grundlage für eine Anpassung der Vorauszahlungen, hindert aber nicht die Berücksichtigung anderer – bereits eingetretener oder noch eintretender – Umstände, von denen die im laufenden Jahr entstehenden Kosten voraussichtlich beeinflusst werden. Es ist jedoch kein Raum für einen „abstrakten" Sicherheitszuschlag in Höhe von 10 % auf die zuletzt abgerechneten Betriebskosten.

Die Kläger sind Mieter einer Wohnung der Beklagten. Aus der Betriebskostenabrechnung ergab sich eine Nachzahlung. Mit der Abrechnung erklärte die Beklagte deshalb zugleich eine Erhöhung der monatlichen Vorauszahlungen, die auch einen „Sicherheitszuschlag" für künftige Kostensteigerungen enthielt. Die Kläger begehren die Feststellung, dass sie nicht verpflichtet sind, die erhöhten monatlichen Vorauszahlungen – über einen von ihnen anerkannten Betrag hinaus – zu leisten.

Nach Auffassung des *BGH* sind die Kläger nicht verpflichtet, höhere Vorauszahlungen als die von ihnen zugestandenen Beträge zu leisten. Jede Vertragspartei könne Betriebskostenvorauszahlungen nach einer Abrechnung auf eine angemessene Höhe anpassen, § 560 Abs. 4 BGB. Damit solle Änderungen der Betriebskosten, die im Laufe des Mietverhältnisses zum Beispiel aufgrund der Anzahl der Bewohner oder der Verbrauchsgewohnheiten eintreten, Rechnung getragen werden können. Hinsichtlich des Begriffs der Angemessenheit korrespondiere § 560 Abs. 4 BGB mit der Regelung in § 556 Abs. 2 BGB, nach der Betriebskostenvorauszahlungen nur in angemessener Höhe vereinbart werden können. Deshalb sei für die Angemessenheit von Vorauszahlungen auf die voraussichtlich tatsächlich entstehenden Kosten abzustellen.

Das Recht der Mietvertragsparteien, eine Anpassung vorzunehmen, bestehe allerdings nur „nach einer Abrechnung". Ausgangspunkt für die Anpassung sei damit die letzte Betriebskostenabrechnung, die bereits vorliegt, nicht eine „letztmögliche" Abrechnung, die noch nicht erstellt ist. Die Anpassung der Vorauszahlungen an die jeweils letzte Betriebskostenabrechnung stelle sicher, dass die Vorauszahlungen – im Interesse beider Vertragsparteien – den voraussichtlich tatsächlich entstehenden Kosten möglichst nahe kommen. Deshalb sei i.d.R. ein Zwölftel des vom Mieter geschuldeten Jahresbetrags der letzten Betriebskostenabrechnung als monatlicher Vorauszahlungsbetrag für das Folgejahr angemessen. Allerdings könne es aufgrund besonderer Umstände Ausnahmen von dieser Berechnungsweise geben. Sowohl der Mieter als auch der Vermieter seien nicht daran gehindert, eine Anpassung der Vorauszahlungen im Hinblick darauf vorzunehmen, dass die Betriebskosten des laufenden Jahres voraussichtlich höher oder niedriger sein werden als die abgerechneten Betriebskosten des Vorjahres. Denn ausschlaggebend für die Angemessenheit einer Anpassung seien letztlich nicht die Betriebskosten des vergangenen, sondern die zu erwartenden Kosten des laufenden Jahres. Diese könnten maßgeblich auch durch Umstände beeinflusst werden, die sich in der letzten Betriebskostenabrechnung noch nicht ausgewirkt haben können. Deshalb dürfe auch eine zu erwartende Entwicklung der künftigen Betriebskosten bei der für die Anpassung erforderlichen Prognose über die mutmaßliche Höhe der Betriebskosten im laufenden Jahr berücksichtigt werden.

Für einen „abstrakten" Sicherheitszuschlag in Höhe von 10 % wegen möglicher Preissteigerungen sei allerdings kein Raum. Die Zubilligung eines generellen Zuschlags auf die gesamten Betriebskosten, der deutlich über der gegenwärtigen Teuerungsrate liegt, ginge über das berechtigte Interesse des Vermieters, die vom Mieter zu tragenden Betriebskosten nicht vorfinanzieren zu müssen, hinaus. Nur wenn hinsichtlich bestimmter Betriebskosten – etwa der Energiepreise – Preissteigerungen konkret zu erwarten sind, könne dies in die Berechnung der Vorauszahlungen einbezogen werden.

Anmerkung:

Bei der Anpassung der Betriebskostenvorauszahlungen gem. § 560 Abs. 4 BGB handelt es sich um ein Gestaltungsrecht, das jeder Partei die Möglichkeit eröffnet, die Höhe der insgesamt vom Mieter zu erbringenden Miete durch einseitige Erklärung zu verändern. Mit der Anpassung der Vorauszahlungen nach einer Abrechnung soll erreicht werden, dass die vom Mieter zu leistenden Abschläge den tatsächlichen Kosten möglichst nahe kommen, so dass weder der Mieter dem Vermieter – durch zu hohe Vorauszahlungen – ein zinsloses Darlehen gewähren, noch der Vermieter – angesichts zu niedriger Vorauszahlungen – die Nebenkosten teilweise vorfinanzieren muss (*BGH* NZM 2011, 544).

Von praktischer Relevanz ist dies insbesondere bei Kostensteigerungen während der Abrechnungsperiode, die außerhalb der Einflusssphäre des Vermieters liegen: Ihm soll ein gegenüber §§ 558 ff BGB vereinfachtes Verfahren zur Umlage der Kosten zur Verfügung stehen. Deshalb räumt ihm § 560 Abs. 4 BGB ein einseitiges Anpassungsrecht statt des für die Anpassung der Grundmiete an den marktüblichen Standard vorgesehenen Zustimmungsverlangens ein: Durch eine Erhöhungserklärung werden – ab dem nächsten Fälligkeitszeitpunkt (Blank/*Börstinghaus*, § 560 Rz. 29; Staudinger/*Weitemeyer*, § 560 Rz. 53) – kraft Gesetzes Zahlungsansprüche gegenüber dem Mieter begründet, nicht lediglich ein Anspruch auf Zustimmung zu der verlangten Erhöhung (*Schüller*, in: Bamberger/Roth, BeckOK-BGB, § 560 Rz. 1; *Kinne*, ZMR 2001, 868, 872). Die Nichtzahlung der Erhöhungsbeträge durch den Mieter kann den Vermieter somit, sofern die gesetzlichen Grenzen eines Zahlungsrückstands überschritten sind, auch zu einer Kündigung des Mietverhältnisses berechtigen (*Hinz*, NZM 2010, 57, 65). Das Anpassungsrecht steht allerdings nicht nur dem Vermieter, sondern in gleicher Weise auch dem Mieter zu, der bei zu hoch bemessenen Vorauszahlungen diese mit seiner Anpassungserklärung herabsetzen kann (Blank/*Börstinghaus*, § 560 Rz. 19).

LG Itzehoe: Anpassung der Vorauszahlungen trotz materieller Abrechnungsfehler (Urteil vom 17.12.2010 – 9 S 66/10, BeckRS 2011, 1951)

Die Anpassung von Betriebskostenvorauszahlungen nach § 560 Abs. 4 BGB setzt lediglich eine formell ordnungsgemäße Betriebskostenabrechnung voraus und ist unabhängig von deren inhaltlicher Richtigkeit wirksam.

Die Parteien streiten über eine Heizkostennachforderung sowie die Berechtigung des klagenden Vermieters, die Betriebskostenvorauszahlungen des Mieters gemäß § 560 Abs. 4 BGB heraufzusetzen. In der Wohnung des Mieters war vor der Erstellung der Abrechnung der Heizkostenzähler abgelesen worden. Im Prozess hat der Mieter mit Nichtwissen bestritten, dass die in der Abrechnung angegebenen Abrechnungswerte den tatsächlich bei der Ablesung angezeigten Werten entsprechen. Er war bei der Ablesung zugegen gewesen, hatte sich aber keine Ablesebelege aushändigen lassen. Die Abrechnung wurde im August 2009 erteilt, mit Schreiben vom Januar 2010 hat der Vermieter ab Februar 2010 höhere monatliche Vorauszahlungen geltend gemacht.

Nach Auffassung des *LG Itzehoe* stehen dem Kläger die verlangten Vorauszahlungen zu. Die Anhebung der monatlichen Vorauszahlungen sei wirksam. Gemäß § 560 Abs. 4 BGB könne jede Vertragspartei, sofern Betriebskostenvorauszahlungen vereinbart worden sind, nach einer Abrechnung durch Erklärung in Textform eine Anpassung auf eine angemessene Höhe verlangen. Der zeitliche Abstand zwischen der Übersendung der Abrechnung und der geforderten Anhebung der Vorauszahlungen sei ohne Belang. Eine zeitliche Beschränkung bestehe insoweit jedenfalls nicht, solange noch keine Abrechnungsreife einer neuen Abrechnung eingetreten ist. Soweit die begehrte Erhöhung angemessen ist, sei sie ab Februar 2010 wirksam. Die Frist des § 560 Abs. 2 S. 1 für die Erhöhung einer Nebenkostenpauschale sei auf eine Erhöhung von Vorauszahlungen nach § 560 Abs. 4 BGB nicht entsprechend anzuwenden. Diese gelte grundsätzlich ab Zugang.

Auf etwaige inhaltliche Fehler der Abrechnung komme es für die Berechtigung der Vorauszahlungserhöhung grundsätzlich nicht an. Die Anpassung von Betriebskostenvorauszahlungen nach § 560 Abs. 4 BGB setze lediglich eine formell ordnungsgemäße Betriebskostenabrechnung voraus und sei unabhängig von deren materieller Richtigkeit wirksam. Eine formell wirksame Abrechnung habe hinsichtlich der Heizkosten aber vorgelegen. Unklar sei allerdings, ob zur Prüfung der Angemessenheit der Mieterhöhung die inhaltliche Richtigkeit der Abrechnung zu berücksichtigen ist. Käme es für die Berechtigung der Mieterhöhung auf inhaltliche Fehler gar nicht an, so wäre allein zu prüfen, ob die Abrechnung formell wirksam ist und ob die geforderten Vorauszahlungen – bezogen auf das Ergebnis dieser Abrechnung – angemessen sind. Würden hingegen inhaltliche Fehler zwar das Erhöhungsrecht nach § 560 Abs. 4 BGB nicht berühren, aber Bedeutung für die Angemessenheit des Erhöhungsbetrages erlangen können, so würde eine Entscheidung über die Wirksamkeit einer Vorauszahlungserhöhung nach § 560 Abs. 4 BGB voraussetzen, dass auch über sämtliche Rügen der Mieter, die sich auf inhaltliche Mängel der Abrechnung beziehen, zumindest insoweit entschieden wird, als nicht von vornherein feststeht, dass sie – etwa wegen ihres geringen Ausmaßes – auf die Angemessenheit der Erhöhung keinen Einfluss haben können. Dann wäre auch die inhaltliche Richtigkeit der in Rechnung gestellten Verbrauchswerte zu überprüfen. Letztlich komme es vorliegend hierauf jedoch nicht an: Das Bestreiten der Richtigkeit des Ablesewerte mit Nichtwissen sei nur unter der Voraussetzung zulässig, dass den Beklagten keine Ablesewerte mitgeteilt wurden; könnten sie aber vorliegend die Richtigkeit der Ablesewerte nicht pauschal mit Nichtwissen bestreiten, weise die Abrechnung auch keine inhaltlichen Fehler auf.

Anmerkung:

Die *BGH* hat bislang nicht ausdrücklich entschieden, ob die Anpassung von Betriebskostenvorauszahlungen nach § 560 Abs. 4 BGB lediglich eine formell ordnungsgemäße Betriebskostenabrechnung voraussetzt (so *BGH* NJW 2008, 508; Anm. *Bub/Bernhard*, FD-MietR 2008, 250672) oder ob inhaltliche Fehler, die der Abrechnung anhaften, zwar das Erhöhungsrecht nach § 560 Abs. 4 BGB nicht berühren, aber Bedeutung für die Angemessenheit des Erhöhungsbetrages erlangen können (so *BGH* Beck RS 2010, 3344; MünchKomm/*Schmid*, § 560 Rz. 30). Zur Klärung dieser Frage hat das *LG Itzehoe* die Revision zugelassen.

4. Sonstiges

BGH: Keine Aufschlüsselung von Betriebskosten im preisgebundenen Wohnraum (Urteil vom 13.01.2010 – VIII ZR 137/09, NJW 2010, 1198)

Zur Geltendmachung von Betriebskosten im preisgebundenen Wohnraum genügt es, wenn der Vermieter den Umfang der umzulegenden Betriebskosten durch Bezugnahme auf die Anlage 3 zu § 27 II. BV umschreibt und die Höhe der ungefähr zu erwartenden Kosten durch den Gesamtbetrag der geforderten Vorauszahlungen mitteilt. Einer Aufschlüsselung der Vorauszahlungen auf die einzelnen Betriebskosten bedarf es nicht.

Die Beklagten sind Mieter einer öffentlich geförderten Wohnung der Klägerin. Im Mietvertrag ist zur Tragung der Betriebskosten bestimmt, dass Vorauszahlungen auf die Betriebs- und Heizkosten im Sinne von § 27 II. BV in jeweils genannter Höhe erhoben werden. Die Klägerin begehrt eine Nachzahlung auf die Betriebs- und Heizkostenabrechnung, die höher als im Vorjahr ausgefallen ist.

Nach Auffassung des *BGH* besteht der Nachzahlungsanspruch. Die Parteien hätten im Mietvertrag vereinbart, dass die Beklagten die Betriebskosten gemäß Anlage 3 zu § 27 II. BV zu tragen und dafür monatliche Vorauszahlungen zu entrichten haben. Dies stehe in Einklang mit § 20 Abs. 1 S. 1 und 3 NMV, wonach Betriebskosten nach Art und Höhe dem Mieter bei der Überlassung der Wohnung bekannt zu geben sind. Weder aus dem Wortlaut noch aus dem Sinn und Zweck des § 20 NMV ergebe sich die Notwendigkeit einer Aufschlüsselung von Vorauszahlungen auf die einzelnen Betriebskosten. Zwar müsse der Mieter ersehen können, welche Betriebskosten auf ihn zukommen und welche Belastungen damit ungefähr für ihn verbunden sind. Hierfür genüge aber, dass der Umfang der umzulegenden Betriebskosten durch die Bezugnahme auf die Anlage 3 zu § 27 II. BV umschrieben und die Höhe der ungefähr zu erwartenden Kosten durch den Gesamtbetrag der geforderten Vorauszahlungen mitgeteilt wird. Für den Mieter komme es entscheidend auf die Summe der Betriebskosten an, die er voraussichtlich zu tragen hat, nicht auf deren Aufschlüsselung auf die einzelnen Betriebskostenarten.

Bei Erteilung einer Betriebskostenabrechnung bedürfe es keines Abgleichs mit anderen Abrechnungszeiträumen. Die formelle Ordnungsmäßigkeit einer Betriebskostenabrechnung setze keine Erläuterung von Kostensteigerungen gegenüber dem Vorjahr voraus. Zwar sei nach §§ 20 Abs. 4 NMV, 10 Abs. 1 WoBindG im Falle der Nachforderung von Nebenkosten eine schriftliche Erklärung des Vermieters erforderlich, in der die Forderung berechnet und erläutert ist. Diesem Erfordernis genüge indes die hier erteilte Abrechnung, aus der der Mieter im Einzelnen ersehen könne, welche Kosten insgesamt angefallen sind, wie sie auf die Mieter umgelegt worden sind und wie sich die erhobene Nachforderung errechnet.

Anmerkung:

Zurecht hat der *BGH* die Anforderungen an die Umlage von Betriebskosten auf die Mieter im preisgebundenen Wohnraum sowohl hinsichtlich der mietvertraglichen Vereinbarung als auch hinsichtlich der Abrechnung eingeschränkt und ist anderslautenden Stimmen aus der Literatur sowie der instanzgerichtlichen Rechtsprechung, wonach der Vermieter die voraussichtlichen oder angefallenen Kosten für jede Betriebskostenart gesondert angeben müsse (*OLG Oldenburg* NJW-RR 1998, 12; *Langenberg*, Betriebskostenrecht der Wohn- und Geschäftsraummiete, 5. Aufl., B VI Rz. 28) nicht gefolgt. Auch für nicht preisgebundenen Wohnraum genügt für die Umlage im Mietvertrag die Bezugnahme auf Anh. 3 zu § 27 II. BV (*OLG Frankfurt a.M.* NZM 2000, 757), bzw. nunmehr die BetrKV. In der Abrechnung ist ein Vergleich mit anderen Abrechnungszeiträumen nicht erforderlich (*BGH* NZM 2008, 567),

Bei öffentlich gefördertem Wohnraum gelten gemäß § 20 Abs. 4 NMV für die Erhebung des durch die Vorauszahlungen nicht gedeckten Umlegungsbetrags sowie für die Nachforderung von Betriebskosten die Vorschriften des § 4 Abs. 7, 8 NMV entsprechend, die ihrerseits auf § 10 Abs. 1 WoBindG verweisen. Danach ist im Falle einer Nachforderung eine schriftliche Erklärung des Vermieters erforderlich, in der die Forderung berechnet und erläutert wird. Der Umfang der Schriftform bestimmt sich nach § 126 BGB; danach muss die Urkunde von dem Vermieter eigenhändig durch Namensunterschrift unterzeichnet werden. Der eigenhändigen Unterschrift bedarf es nach § 10 Abs. 1 S. 5 WoBindG dann nicht, wenn dieser seine Erklärung mit Hilfe automatischer Einrichtungen gefertigt hat. Eine maschinelle Unterschrift des Vermieters unter einer Betriebskostenabrechnung genügt bereits dann, wenn die Abrechnung *soweit wie technisch möglich* automatisch gefertigt wurde (*BGH* NZM 2005, 61).

BGH: Änderungsvertrag durch langjährige Nichtabrechnung von Betriebskosten (Urteil vom 13.02.2008 – VIII ZR 14/06, NJW 2008, 1302)

Die schriftlich vereinbarte Regelung über die Abrechnung der Betriebskosten wird nicht konkludent in eine Pauschalabgeltungsregelung abgeändert, wenn in dem Mietverhältnis jahrelang nicht über die Betriebskosten abgerechnet wird.

Die Beklagten sind Mieter einer Wohnung, die bei Abschluss des Mietvertrags im Jahr 1982 der Mutter des Klägers gehörte. Im Februar 2004 trat der Kläger als neuer Eigentümer anstelle seiner Mutter in das Mietverhältnis ein. Nach dem Mietvertrag haben die Beklagten neben der Grundmiete anteilige Betriebskosten zu tragen und darauf als „Vorauspauschale" bezeichnete monatliche Vorauszahlungen in Höhe von (ursprünglich 40 DM, jetzt) 20,45 € zu leisten, über die sodann abzurechnen ist. Für die Jahre 1982 bis 2002 wurden den Beklagten keine Betriebskostenabrechnungen erteilt. Mit Schreiben vom 08.10.2004 rechnete der Kläger die Betriebskosten für das Jahr 2003 ab; danach haben die Beklagten 946,85 € nachzuzahlen.

Der *BGH* hat einen Anspruch der Kläger auf Zahlung des geforderten Betrages bejaht. Die schriftlich vereinbarte Regelung betreffend die Abrechnung der Betriebskosten sei nicht dadurch konkludent in eine Pauschalabgeltungsregelung abgeändert worden, dass die ursprüngliche Vermieterin zu keiner Zeit Betriebskosten abgerechnet hat. Bei dem langjährigen Unterlassen der Betriebskostenabrechnung fehle es aus der Sicht der Mieter schon an einer auf Vertragsänderung gerichteten Willensbetätigung der damaligen Vermieterin. Zwar könne ein die Umlage der Betriebskosten betreffender Änderungsvertrag grundsätzlich auch stillschweigend zustande kommen. Erforderlich sei dafür aber ein Verhalten der einen Vertragspartei, das aus der Sicht der anderen Partei einen entsprechenden Vertragsänderungswillen erkennen lasse. Wie der *BGH* für den umgekehrten Fall einer konkludenten Erweiterung der Vereinbarung über die Umlage der Betriebskosten entschieden hat, lasse sich aus der Sicht des Mieters der Übersendung einer Betriebskostenabrechnung, die vom Mietvertrag abweicht, nicht ohne weiteres, sondern nur bei Vorliegen besonderer Umstände der Wille des Vermieters entnehmen, eine Änderung des Mietvertrags herbeizuführen. Das gelte auch für die hier in Rede stehende Einschränkung der Umlagevereinbarung und erst recht dann, wenn wie im vorliegenden Fall das unter dem Blickwinkel eines konkludenten Änderungsangebots zu beurteilende Verhalten in einem bloßen Untätigbleiben besteht. Besondere Umstände, die aus der Sicht der Beklagten für die Annahme hätten sprechen können, die damalige Vermieterin wolle durch das Unterlassen der jährlichen Betriebskostenabrechnung den Mietvertrag zu ihrem Nachteil dahin abändern, dass die vereinbarte Abrechnung für die Zukunft ausgeschlossen sein solle, seien von den Beklagten nicht vorgetragen worden und auch nicht ersichtlich.

Anmerkung:

Nach der Rechtsprechung des *BGH* kann das jahrelange Unterlassen der Abrechnung ebenso wie die jahrelange Abrechnung nicht im Mietvertrag vereinbarter Betriebskosten (*BGH* NJW 2008, 283; Anm. *Bub/Bernhard*, FD-MietR 2008, 249477), zu einem stillschweigenden Änderungsvertrag führen. Dies setzt aber ein Verhalten der einen Vertragspartei voraus, das aus der Sicht der anderen Partei einen entsprechenden Vertragsänderungswillen erkennen lässt. Der *BGH* hat deshalb eine (stillschweigende) Änderung des Mietvertrages nicht bereits dann angenommen, wenn der Vermieter dem Mieter eine Betriebskostenabrechnung übersendet, die vom Mietvertrag abweichende Betriebskosten enthält, und der Mieter die Betriebskostenabrechnung unter Einbeziehung bisher nicht vereinbarter Betriebskosten lediglich nicht beanstandet bzw. hierauf zahlt. Denn durch die Zahlung komme zunächst allein die Vorstellung des Mieters zum Ausdruck, hierzu verpflichtet zu sein (Schmidt-Futterer/*Langenberg*, a.a.O., § 556 Rz. 58). Der *BGH* hatte allerdings besondere Umstände bejaht, als in einem Gewerbemietverhältnis der Vermieter wechselte und der neue Vermieter umfassend Nebenkosten in Rechnung stellte, während sich die Abrechnung zuvor auf die Kosten für Heizung und Warmwasser beschränkt hatte (*BGH* NJW-RR 2000, 1463).

Der *BGH* setzt sich in Widerspruch zu seiner bisherigen Rechtsprechung. Denn bislang hatte er iudiziert, dass durch jahrelange Übung eine (stillschweigende) Vereinbarung über die Umlegung zunächst nicht umgelegter Nebenkosten zu Stande kommt (*BGH* NJW-RR 2004, 877; NJW-RR 2000, 1463), so z.B. wenn der Vermieter in die Abrechnung die Kosten der Dachrinnenreinigung aufnimmt, die der Mietvertrag nicht vorsieht, und der Mieter diese jahrelang zahlt. In seiner Begründung führte der *BGH* aus, das Verhalten des Mieters könne „nur dahin verstanden werden, dass er mit der Auferlegung der Kosten für die Dachrinnenreinigung einverstanden war".

Der Vermieter, der nach Abschluss des Mietvertrages neu anfallende Betriebskosten anteilig auf den Mieter umlegen will, kann dies nach der Rechtsprechung des *BGH* nur dann, wenn der Mietvertrag eine so genannte Mehrbelastungsklausel enthält, wonach dem Vermieter das Recht eingeräumt ist, auch neu entstehende Betriebskosten auf den Mieter umzulegen (*BGH* BeckRS 2006, 12966 m. Anm. *Bub/Bernhard,* FD-MietR 2006, 201269). Der Vermieter sollte deshalb darauf achten, dass seine Mietverträge eine solche Klausel enthalten.

BGH: Umlage weiterer Betriebskosten durch Bekanntgabe einer Betriebsostenabrechnung (Urteil vom 12.04.2010 – VIII ZR 120/09, NJW 2010, 1744)

Sieht der Mietvertrag über eine preisgebundene Wohnung nur die Umlage einzelner Betriebskosten vor (Teilinklusivmiete), kann der Vermieter durch einseitige Erklärung – für die Zukunft – die Umlage weiterer Betriebskosten im Sinne des § 27 II. BV erreichen, indem er dem Mieter diese nach Art und Höhe bekannt gibt; dies kann auch dadurch geschehen, dass er dem Mieter eine – formell ordnungsgemäße – Betriebskostenabrechnung erteilt, die derartige Betriebskosten umfasst.

Die Kläger nehmen die Beklagten auf Zahlung des Saldos aus der Betriebskostenabrechnung 2005 in Anspruch. Die Beklagten sind Mieter einer öffentlich geförderten Wohnung. Nach dem Mietvertrag sind für im Einzelnen aufgeführte Betriebskosten monatliche Vorauszahlungen zu leisten. Ab dem Jahr 1999 erstellten die Kläger Abrechnungen, in die auch andere Betriebskosten einbezogen waren.

Nach Auffassung des *BGH* steht den Klägern der Nachzahlungsanspruch zu. Die Beklagten hätten die abgerechneten Betriebskosten unabhängig davon zu tragen, ob der Mietvertrag eine Umlage dieser Kosten vorsah. Denn die Kläger hätten spätestens mit der für das Jahr 1999 erteilten Abrechnung für die nachfolgenden Abrechnungszeiträume eine Änderung der ursprünglichen Mietstruktur durch einseitige Erklärung nach § 10 Abs. 1 WoBindG herbeigeführt. Nach früherer Rechtslage habe der Vermieter die Betriebskosten in die Durchschnittsmiete einrechnen können. Diese Möglichkeit sei entfallen; der Vermieter preisgebundenen Wohnraums könne Betriebskosten nur als gesondert abzurechnende Kosten auf den Mieter abwälzen. Insoweit könne die bisherige Mietstruktur für die Zukunft vom Vermieter durch einseitige Erklärung nach § 10 WoBindG geändert werden, indem er die bisher in der Grundmiete enthaltenen Betriebskosten herausrechnet und diesen Betrag als Vorauszahlung auf die nunmehr zwingend abzurechnenden Betriebskosten erhebt.

§ 10 Abs. 1 WoBindG eröffne dem Vermieter preisgebundenen Wohnraums generell die Möglichkeit zur Erhöhung der Miete, wenn der Mieter nur zur Entrichtung eines geringeren als des gesetzlich zulässigen Entgelts verpflichtet ist. Deshalb könne der Vermieter Betriebskosten, deren Umlage im Mietvertrag nicht vereinbart ist, durch Erklärung nach § 10 Abs. 1 WoBindG für die Zukunft auf den Mieter umlegen. Hierzu genüge die Übermittlung einer formell ordnungsgemäßen Betriebskostenabrechnung; denn aus dieser könne der Mieter ersehen, welche Betriebskosten der Vermieter nunmehr geltend macht und mit welchen Kosten er für die Zukunft rechnen muss. Eine Umstellung der Mietstruktur dahin, dass die Kläger die Betriebskosten gemäß § 27 II. BV gesondert zu tragen haben, sei vorliegend spätestens dadurch erfolgt, dass die Kläger diese Kosten für das Jahr 1999 gegenüber den Beklagten abgerechnet haben.

Anmerkung:

Bei preisfreiem Wohnraum bedarf es für die Umlage weiterer, im Mietvertrag nicht genannter Betriebskosten einer ausdrücklichen Vereinbarung der Mietvertragsparteien. Ein solcher Änderungsvertrag muss nicht ausdrücklich geschlossen werden, sondern kann auch stillschweigend zustande kommen. Seine Wirksamkeit setzt jedoch einen entsprechenden rechtsgeschäftlichen Willen der Parteien voraus. Während beim Vermieter bei Übersendung der Abrechnung durchaus ein solcher Änderungswille vorhanden sein kann – etwa wenn er festgestellt hat, dass für ihn die Regelung des ursprünglichen Mietvertrags nachteilig ist –, wird beim Mieter ein solcher Änderungswille in aller Regel fehlen: Er erhält mit der Betriebskostenabrechnung nur ein Rechenwerk ohne Hinweis auf die Abweichung vom Mietvertrag; er gleicht die Forderung des Vermieters in der irrigen Ansicht aus, hierzu verpflichtet zu sein (Schmidt-Futterer/*Langenberg*, § 556 BGB Rz. 58).

Nach der Rechtsprechung des *BGH* sind aber auch stillschweigend abgegebene Willenserklärungen aus der Sicht des Erklärungsempfängers auszulegen. Der Vermieter kann das Verhalten des Mieters, der mehrere Jahre lang Betriebskostenabrechnungen ausgeglichen hat, obwohl darin nicht im Mietvertrag vereinbarte Betriebskosten angesetzt worden waren, nur so verstehen, dass er diese Mehrbelastung akzeptiert. Durch wiederholten Ausgleich solcher Abrechnungen kann deshalb auch bei preisfreiem Wohnraum die Mietstruktur dahin geändert werden, dass über vormals in der Grundmiete enthaltene Nebenkosten nunmehr gesondert abzurechnen ist (*BGH* NJW-RR 2000, 1463: sechs Jahre; NZM 2004, 418: neun Jahre).

OLG Rostock: Anfechtung wegen zu geringer Vorauszahlungen (Urteil vom 23.10.2008 – 3 U 123/07, GE 2009, 324)

Der Mieter ist nicht zur Anfechtung des Mietvertrages wegen arglistiger Täuschung berechtigt, wenn die vom Vermieter festgelegten Vorauszahlungen auf Heiz- und Betriebskosten die tatsächlich entstandenen Kosten nicht decken und der Mieter deshalb zu einer nicht unbeträchtlichen Nachzahlung verpflichtet ist.

Die Klägerin verlangt von den Beklagten die Zahlung rückständiger Mieten sowie von Nachzahlungen auf Betriebskostenabrechnungen. Die Beklagten hatten die Räumlichkeiten Anfang 2002 zum Betrieb eines Bowlingcenters angemietet. Nach dem Mietvertrag waren vom Mieter Betriebs- und Heizkostenvorauszahlungen in Höhe von 1.550 € pro Monat zu leisten, über die der Vermieter abzurechnen hatte. Die Abrechnungen der Jahre 2002 bis 2004 wiesen jeweils Nachzahlungen zwischen 3.000 und 5.500 € auf, woraufhin die Klägerin die Vorauszahlungen erhöhte. Nachdem auch die Betriebskostenabrechnung für das Jahr 2005 einen beträchtlichen Saldo aufwies, erklärten die Beklagten die Anfechtung des Mietvertrages mit der Begründung, die Klägerin habe sie bei Abschluss des Mietvertrages über die tatsächlichen Nebenkosten getäuscht. Diese habe positive Kenntnis von deren wahrer Höhe gehabt, als sie, um diese zu verschleiern, mit den Beklagten bewusst geringe Nebenkostenvorauszahlungen vereinbarte. Schon der Vormieter habe für 2000 nach der im Januar 2005 erstellten Betriebskostenabrechnung erhebliche Nachzahlungen leisten müssen.

Nach Auffassung des *OLG Rostock* können die Mieter den Mietvertrag nicht mit der Begründung anfechten, die Klägerin habe bei Vertragsschluss bewusst die Betriebskostenvorauszahlungen zu niedrig vereinbart, denn sie habe aus der Betriebskostenabrechnung des vorhergehenden Mieters für das Jahr 2000 wissen müssen, dass die vereinbarten Vorauszahlungen die tatsächlichen Betriebskosten nicht decken. Diese Argumentation greife schon deshalb nicht, weil die Klägerin diese Betriebskostenabrechnung erst im Januar 2005 und damit weit nach Vertragsschluss erstellt hat. Sie habe die Beklagten deshalb nicht arglistig täuschen können.

Auch bestehe kein Schadensersatzanspruch. Der Vermieter sei ohne besonderen Anlass nicht verpflichtet, die Höhe der Vorauszahlungen so zu kalkulieren, dass sie jedenfalls überschlägig kostendeckend sind. Im Gegenteil treffe den Vermieter grundsätzlich keine Aufklärungspflicht, dass die Vorauszahlungen die tatsächlichen Kosten voraussichtlich nicht decken werden und diese auch nicht im Einzelnen kalkuliert wurden; der Vermieter sei nämlich nicht verpflichtet, überhaupt Vorschüsse zu erheben. Etwas anderes könne nur dann gelten, wenn der Vermieter die Angemessenheit der Vorschüsse zugesichert oder er den Mieter über die tatsächlichen Kosten getäuscht hat, um ihn zum Vertragsabschluss zu bewegen. Nur wenn der Mieter nachgefragt und der Vermieter die ausreichende Bemessung bewusst unzutreffend bestätigt habe, sei letzterer in Höhe des Differenzbetrages gegenüber dem Mieter wegen Verletzung vorvertraglicher Pflichten schadensersatzpflichtig. Durch die bloße Vereinbarung von Vorauszahlungen werde hingegen für den Mieter kein Vertrauenstatbestand geschaffen, wonach die Vorauszahlungen die tatsächlichen Betriebskosten auch decken. Selbst wenn die Vorauszahlungen deutlich zu gering bemessen sind, müsse der Mieter gleichwohl den sich aus der Abrechnung ergebenden Betrag nachzahlen.

Anmerkung:

Das *OLG Rostock* schließt sich der Auffassung des *BGH* an, dass den Vermieter in der Regel keine Aufklärungspflicht über die Höhe der Nebenkosten bei Vereinbarung von Vorauszahlungen trifft. Zwar obliegt dem Vermieter grundsätzlich eine Aufklärungspflicht gegenüber dem Mieter hinsichtlich derjenigen Umstände und Rechtsverhältnisse, die – für den Vermieter erkennbar – von besonderer Bedeutung für den Entschluss des Mieters zur Eingehung des Mietvertrages sind und deren Mitteilung nach Treu und Glauben erwartet werden kann (*BGH* NJW 2000, 1714). Der Vermieter ist aber nicht gehalten, dem Mieter das Vertragsrisiko abzunehmen und dessen Interessen wahrzunehmen. Der Mieter muss selbst prüfen, ob der avisierte Vertrag für ihn vorteilhaft ist. Es ist seine Sache, sich umfassend zu informieren und zu klärungsbedürftigen Punkten in den Vertragsverhandlungen Fragen zu stellen. Unterlässt er dies, hat er keinen Anspruch auf Schadensersatz (*BGH* NJW 1987, 909). Stellt der Mieter allerdings Fragen oder macht der Vermieter von sich aus Aussagen in Bezug auf das Mietobjekt, so müssen seine Angaben richtig und vollständig sein (*BGH* NJW-RR 1997, 144).

Gemessen an diesen Grundsätzen besteht keine Aufklärungspflicht über die Höhe der Nebenkosten. Zwar ist sie regelmäßig von besonderer Bedeutung für die Kalkulation und damit für den Entschluss des Mieters zur Eingehung des Mietvertrages. Dies begründet aber keine Pflicht des Vermieters, dem Mieter von sich aus seine Einschätzung der tatsächlichen Höhe der Betriebskosten mitzuteilen. Schließt der Mieter einen Mietvertrag, obwohl ihm die tatsächliche Höhe der Nebenkosten nicht bekannt ist, übernimmt er ein ausschließlich in seiner Sphäre liegendes Risiko, da es seine Sache ist, sich zu vergewissern, ob der Mietvertrag für ihn wirtschaftlich vorteilhaft ist (*BGH* NJW 2004, 2674). Aufgrund der im Mietvertrag vereinbarten Vorauszahlungen kann der Mieter auch nicht davon ausgehen, dass die vereinbarten Vorauszahlungen die tatsächlichen Betriebskosten decken werden (*OLG Stuttgart* NJW 1982, 2506). Selbst wenn die Vorauszahlungen deutlich zu gering bemessen sind, muss der Mieter deshalb gleichwohl den sich aus der Abrechnung ergebenden Saldo bezahlen (*BGH* NJW 2004, 1102; *OLG Dresden* NZM 2004, 68).

Etwas anderes kann nach Auffassung des *BGH* nur gelten, wenn der Vermieter die Angemessenheit der Vorschüsse zugesichert oder er den Mieter über die tatsächlichen Kosten getäuscht hat, um ihn zum Vertragsabschluss zu bewegen (*BGH* a.a.O.), etwa indem er die Betriebskostenvorschüsse bewusst extrem zu niedrig festgesetzt hat (*OLG*

Hamm NZM 2003, 717; *LG Berlin* NZM 2002, 212). In diesem Fall ist der Vermieter in Höhe des Differenzbetrages zwischen der Summe der Vorauszahlungen und den tatsächlich angefallenen Kosten gegenüber dem Mieter wegen Verletzung vorvertraglicher Pflichten schadensersatzpflichtig (Both, Betriebskostenlexikon, 2. Aufl., Rz. 341); er hat den Mieter deshalb von den Betriebskosten in dieser Höhe freizustellen. Nach einer einschränkenden Ansicht soll sich Anspruch lediglich auf Freihaltung von den Kosten richten, die den vom Vermieter genannten Betrag nicht nur unwesentlich übersteigen; Grenze soll der Sicherheitszuschlag sein, um den der Vermieter die Vorauszahlungen erhöhen darf, ohne deren Angemessenheit im Sinne von § 556 Abs. 2 S. 2 BGB zu überschreiten, und der mit 15 bis 20 % veranschlagt werden kann (*LG Berlin* MM 2003, 340; *LG Hamburg* WuM 2002, 117).

In der Literatur wird dagegen eingewandt, bei Geltung vorstehender Grundsätze wäre es dem Vermieter unbenommen, eine Vorauszahlung auf die Nebenkosten zu verlangen, die jeglicher sachlichen Grundlage entbehren (*Artz*, LMK 2004, 157). Er könnte im gewerblichen Mietrecht die Vorauszahlung auch frei von der Grenze des § 556 Abs. 2 BGB quasi „wahllos" festlegen. Damit müsse der Empfänger aber nicht rechnen, sondern dürfe die Vorauszahlungsabrede als bezogen auf das zu erwartende Abrechnungsergebnis verstehen (*Lehmann-Richter,* WuM 2004, 254, 256, der von einer „begrenzten Risikoübernahme durch den Mieter" spricht). Ob im Hinblick auf die breite Kritik an seiner Rechtsprechung (*Artz*, NZM 2004, 328; *Derckx*, NZM 2004, 321; *Eisenschmid*, WuM 2004, 202) der *BGH* seine Rechtsprechung korrigieren, etwa jene Fälle ausnehmen wird, in denen die tatsächliche Höhe der Betriebskosten dem Vermieter durchaus bekannt war und er die Voraussetzungen gleichwohl nur auf einen vergleichsweise marginalen Betrag festgesetzt hat, bleibt abzuwarten. In einem solchen Fall wird ohnehin eine Täuschungsabsicht naheliegen.

BGH: Einhaltung des Wirtschaftlichkeitsgebots bei der Abrechnung von Betriebskosten (Müllgebühren) durch den Vermieter (Urteil vom 06.07.2011 – VIII ZR 340/10, NJW 2011, 3028)

Der Mieter, der mit der Behauptung eines Verstoßes gegen den in § 556 Abs. 3 S. 1 BGB niedergelegten Grundsatz der Wirtschaftlichkeit bei der Betriebskostenabrechnung einen Schadensersatzanspruch gegen den Vermieter geltend macht, trägt die Darlegungs- und Beweislast für die Anspruchsvoraussetzungen.

Die Beklagten sind Mieter einer Wohnung der Klägerin in einem Anwesen mit mehreren Mietparteien. Die Betriebskostenabrechnung für das Jahr 2007 enthält betreffend die Müllabfuhrgebühren einen auf die Beklagten entfallenden Anteil von 525,71 €. Die Beklagten beanstandeten dies mit Anwaltsschreiben und errechneten unter Heranziehung des vom Deutschen Mieterbund e.V. herausgegebenen „Betriebskostenspiegels für Deutschland" einen aus ihrer Sicht berechtigten Betrag von 185,76 €. Die Differenz von 395,95 € behielten die Beklagten von der Januarmiete 2009 ein.

Nach Auffassung des *BGH* waren die Mieter nicht zur Einbehaltung eines Teils der Miete berechtigt. Nach dem Wirtschaftlichkeitsgrundsatz sei der Vermieter verpflichtet, bei Maßnahmen und Entscheidungen, die Einfluss auf die Höhe der vom Mieter zu tragenden Nebenkosten haben, auf ein angemessenes Kosten-Nutzen-Verhältnis Rücksicht zu nehmen. Vorliegend sei den Mietern die erforderliche Darlegung einer Pflichtverletzung des Vermieters indes nicht gelungen. Insbesondere genüge der Hinweis der Beklagten auf einen gegenüber dem „Betriebskostenspiegel für Deutschland" erhöhten Betriebskostenansatz der Klägerin nicht den prozessualen Darlegungsanforderungen. Denn überregional auf empirischer Basis ermittelten Betriebskostenzusammenstellungen komme angesichts der je nach Region und Kommune unterschiedlichen Kostenstruktur keine Aussagekraft im Einzelfall zu. Auch der weitere Hinweis der Beklagten, die anteiligen Müllentsorgungskosten für ihre Wohnung seien auch gemessen an den örtlichen Verhältnissen deutlich erhöht, reiche nicht aus, um der Klägerin eine erhöhte Darlegungslast aufzuerlegen, da die Beklagten hinsichtlich der im Streit stehenden Müllgebühren über die gleichen Erkenntnismöglichkeiten verfügten wie die Klägerin. So konnten sich die Beklagten über ihr Recht, die der Betriebskostenabrechnung zugrunde liegenden Belege einzusehen, Kenntnis von dem Müllgebührenbescheid der Gemeinde und dessen tatsächlichen Grundlagen verschaffen.

Vorliegend habe der Grund für die relativ hohen Müllgebühren in dem Fehlverhalten der Mieter des Anwesens bei der Mülltrennung (Einwurf von Restmüll in die für Verpackungsmüll bestimmten gelben Tonnen) gelegen, das die Gemeinde veranlasst hatte, im Jahr 2002 die kostenlosen gelben Tonnen für die Entsorgung von Verpackungsmüll einzuziehen und durch kostenpflichtige Restmülltonnen zu ersetzen. Eine Pflichtverletzung der Klägerin sei in diesem Zusammenhang nicht feststellbar. Dass die Klägerin in der Folgezeit Anlass gehabt hätte, von einem verbesserten Mülltrennungsverhalten der Mieter auszugehen und sich bei der Gemeinde um die erneute Aufstellung kostenloser gelber Tonnen zu bemühen, sei von den Beklagten ebenfalls nicht dargetan worden. Im Übrigen wäre eine etwaige Pflichtverletzung der Klägerin insoweit für die Entstehung der hohen Müllentsorgungskosten nicht ursächlich gewesen, weil die Mieter auch nach der Einziehung der gelben Tonnen den Verpackungsmüll kostenlos unter Verwendung gelber Säcke entsorgen konnten, worüber sie von der Klägerin informiert worden waren. Dass dies geschehen wäre und deswegen die Anzahl der kostenpflichtigen Restmülltonnen hätte reduziert werden können, hatten die Beklagten ebenfalls nicht vorgetragen.

Anmerkung:

Nach dem Wirtschaftlichkeitsgebot darf der Vermieter nur solche Kosten auf die Mieter umlegen, die bei gewissenhafter Abwägung aller Umstände und bei ordentlicher Geschäftsführung gerechtfertigt sind. Maßgebend ist der Standpunkt eines vernünftigen Vermieters, der ein vertretbares Kosten-Nutzen-Verhältnis im Auge behält (*BGH* NJW 2008, 440; Anmerkung *Bub/Bernhard*, FD-MietR 2008, 250667). Zur Frage der Beweislast schließt sich der *BGH* der Vorinstanz an, welche auf die zum Mietrecht entwickelten Grundsätze der Beweislastverteilung nach Verantwortungsbereichen – „Sphärentheorie“ (*BGH* NJW 1998, 594) – zurückgegriffen hatte (*LG Heidelberg* BeckRS 2010, 29359). Trotz der Grundsätze der sekundären Beweislast hält der *BGH* vorliegend zu Recht den Mieter für beweispflichtig, da der Vermieter über keine weiterreichenden Erkenntnisquellen verfügte.

KG: Rückzahlung der Nebenkostenvorauszahlungen trotz Verjährung des Abrechungsanspruchs (Urteil vom 22.03.2010 – 8 U 142/09, BeckRS 2010, 8460)

Der Anspruch auf Rückzahlung der Nebenkostenvorauszahlungen wird fällig, wenn die Abrechnungsfrist erfolglos abgelaufen ist und das Mietverhältnis beendet ist. Die Entstehung und die Durchsetzbarkeit des Rückzahlungsanspruchs sind nicht davon abhängig, dass noch ein fälliger und durchsetzbarer Anspruch auf Erteilung der Nebenkostenabrechnung besteht.

Die klagenden Gewerberaummieter nehmen den Vermieter auf Rückzahlung der Nebenkostenvorauszahlungen für die Jahre 1998 bis 2001 in Anspruch. Der Vermieter hat bislang keine Abrechnungen erteilt. Mietvertraglich vereinbart ist eine Abrechnung bis jeweils zum 30. Juni des Folgejahres. Nach Auffassung des Vermieters ist der Anspruch des Mieters auf Rückzahlung von Nebenkostenvorauszahlungen mit Verjährung des Anspruchs auf Erteilung einer Abrechnung entfallen.

Nach Auffassung des *KG* ist der Rückzahlungsanspruch begründet. Bei beendetem Mietverhältnis könne der Wohnraummieter unmittelbar auf Rückerstattung der Nebenkostenvorauszahlungen klagen, wenn der Vermieter seiner Verpflichtung zur Erteilung der Abrechnung nicht innerhalb einer Frist von längstens einem Jahr nachkommt. Wegen des im beendeten Mietverhältnis entfallenden Druckmittels aus § 273 BGB sei die Rückforderung der Vorauszahlungen der einzig effiziente und dem Mieter auch zumutbare Weg, den Vermieter zu einer formell wirksamen Abrechnung zu veranlassen; der Mieter sei nicht gehalten, zuerst auf Erteilung der Abrechnung zu klagen. Das habe auch für ein Gewerberaummietverhältnis zu gelten, da dieses keine Besonderheiten aufwiese, die eine andere Beurteilung rechtfertigen würden. Die Rechte- und Pflichtenlage sei in Bezug auf die Abrechnung von Nebenkostenvorschüssen bei einem Mietverhältnis über Gewerberaum nicht anders zu beurteilen als bei einem solchen über Wohnraum.

Der Anspruch werde fällig, wenn die Abrechnungsfrist abgelaufen und das Mietverhältnis beendet ist. Die Abrechnungsfrist ende regelmäßig ein Jahr nach Ende des Abrechnungszeitraumes. Andernfalls könnte der Vermieter die Fälligkeit eines Rückzahlungsanspruches nach Belieben hinauszögern. Dem Anspruch auf Rückzahlung von Nebenkostenvorauszahlungen nach Beendigung des Mietverhältnisses stehe nicht entgegen, dass Ansprüche des Mieters auf Erteilung von Abrechnungen bereits verjährt seien. Es handele sich insoweit um zwei unterschiedliche Ansprüche, die weder bezüglich der Frage der Fälligkeit noch der Durchsetzbarkeit voneinander abhängig oder miteinander verknüpft sind. Der Mieter solle im beendeten Mietverhältnis gerade nicht gehalten sein, zunächst auf Abrechnung zu klagen, weil es allein Sache des Vermieters ist, fristgerecht über die angefallenen Kosten vollständig und richtig abzurechnen (§ 259 BGB). Dem Vermieter bleibe es unbenommen, im Rückforderungsprozess die Abrechnung noch zu erteilen und Erledigung der Zahlungsklage herbeizuführen.

Zur Klärung der Frage, ob der Anspruch auf Rückforderung von nicht abgerechneten Nebenkostenvorauszahlungen davon abhängt, ob noch ein durchsetzbarer Anspruch auf Abrechnung über die Nebenkostenvorauszahlungen besteht, hat das *KG* die Revision zugelassen.

Anmerkung:

Nach der Rechtsprechung des *BGH* kann der Wohnraummieter nach Beendigung des Mietverhältnisses Rückzahlung der Nebenkostenvorauszahlungen verlangen, falls der Vermieter nicht binnen der einjährigen Abrechnungsfrist des § 556 BGB die Betriebskostenabrechnung erteilt (*BGH* NJW 2005, 1499). Gleiches gilt für ein beendetes Gewerberaummietverhältnis (*OLG Düsseldorf* BeckRS 2008, 8864). Anderes gilt hingegen für ein laufendes Mietverhältnis; hier ist der Mieter (lediglich) berechtigt, die weiteren

Vorauszahlungen auf die Nebenkosten gemäß § 273 BGB zu verweigern (*BGH* NJW 2006, 2552). Dem Mieter steht mit dem Zurückbehaltungsrecht aus § 273 BGB ein starkes Druckmittel zur Verfügung, da die einbehaltenen Beträge zumeist schneller die Höhe eines in Betracht kommenden Erstattungsanspruchs aus der versäumten Abrechnung erreichen werden, als ein Anspruch auf Rückzahlung der Vorschüsse gerichtlich durchgesetzt werden könnte. Bei einem beendeten Mietverhältnis ist dies nicht der Fall, weshalb dem Mieter ein unmittelbarer Rückerstattungsanspruch zustehen muss, um die Verpflichtung des Vermieters zur ordnungsgemäßen Abrechnung durchzusetzen. Das im laufenden Mietverhältnis bestehende Zurückbehaltungsrecht wird im beendeten Mietverhältnis somit durch den unmittelbaren Rückerstattungsanspruch ersetzt.

LG Bonn: Rückzahlung der Vorauszahlungen bei verweigerter Einsichtnahme (Urteil vom 17.09.2009 – 6 S 119/09, BeckRS 2009, 28532)

Der Mieter kann im laufenden Mietverhältnis nicht die Rückzahlung sämtlicher Nebenkostenvorauszahlungen verlangen, wenn der Vermieter zwar abgerechnet hat, aber keine zumutbare Einsichtnahme in die Belege ermöglicht.

III. Betriebskostenabrechnung

1. Erteilung der Abrechnung

BGH: Übersendung von Belegkopien nur im Ausnahmefall (Beschluss vom 19.01.2010 – VIII ZR 80/09, NZM 2010, 576)

Der Mieter preisfreien Wohnraums hat grundsätzlich keinen Anspruch gegen den Vermieter auf Überlassung von Fotokopien der Abrechnungsbelege zur Betriebskostenabrechnung. Ein solcher Anspruch kann ihm ausnahmsweise dann zustehen, wenn ihm die Einsichtnahme in die Abrechnungsunterlagen in den Räumen des Vermieters nicht zugemutet werden kann.

Der Kläger begehrt von der beklagten Mieterin Zahlung einer Betriebskostennachforderung. Diese hat um Übersendung von Belegkopien nachgesucht, was der Vermieter verweigerte. Die Beklagte war in eine andere Stadt gezogen und hielt sich vorübergehend zu Studienzwecken in Portugal auf.

Nach Auffassung des *BGH* konnte die Beklagte dem Anspruch des Klägers auf Nachzahlung aus der Betriebskostenabrechnung entgegenhalten, dass dieser ihrem Begehren auf Übersendung von Belegkopien (noch) nicht entsprochen hat, so dass der Zahlungsanspruch des Klägers (jedenfalls derzeit) nicht begründet ist. Zwar stehe dem Mieter einer nicht preisgebundenen Wohnung grundsätzlich kein Anspruch auf Übersendung von Belegkopien zur Betriebskostenabrechnung zu, weil er die Belege beim Vermieter oder Wohnungsverwalter einsehen kann. Nur wenn ihm dies im Einzelfall nach Treu und Glauben gemäß § 242 BGB nicht zumutbar ist, komme ein Anspruch des Mieters auf Übersendung von Fotokopien der Rechnungsbelege in Betracht. Ob ein solcher Ausnahmefall gegeben ist, entziehe sich allgemeiner Betrachtung und sei vom Tatrichter unter Würdigung aller Umstände des Einzelfalls zu entscheiden Die tatrichterliche Würdigung, dass der Beklagten vorliegend wegen ihres Umzugs und ihres studienbedingten Aufenthaltes in Portugal eine Einsichtnahme in die Belege beim Vermieter nicht zumutbar gewesen war, sei nicht zu beanstanden. Auch eine Einsichtnahme durch Dritte sei für die Beklagte nicht durchführbar gewesen.

Anmerkung:

Der *BGH* bestätigt seine Rechtsprechung, wonach der Mieter preisfreien Wohnraums grundsätzlich keinen Anspruch auf Übersendung von Belegkopien hat (*BGH* NJW 2006, 1419). Gemäß § 259 BGB hat der zur Rechenschaft Verpflichtete dem Berechtigten eine die geordnete Zusammenstellung der Einnahmen oder der Ausgaben enthaltende Rechnung mitzuteilen und Belege „vorzulegen", soweit diese erteilt zu werden pflegen. Einen Anspruch des Mieters auf Überlassung von Fotokopien der Abrechnungsbelege sieht das Gesetz für den Bereich des preisfreien Wohnraums nicht vor. Hingegen bestimmt § 29 Abs. 2 NMV für preisgebundene Wohnraummietverhältnisse, dass der Mieter an Stelle der Einsicht in die Berechnungsunterlagen Ablichtungen davon gegen Erstattung der Auslagen verlangen kann. Einer analogen Anwendung auch für preisfreien Wohnraum steht entgegen, dass eine planwidrige Regelungslücke des Gesetzes fehlt: § 29 NMV ist eine nur noch beschränkt anwendbare Sonderbestimmung für preisgebundenen Wohnraum. Von einer Nachfolgeregelung hat der Gesetzgeber abgesehen. Ein Anspruch auf Fertigung und Übersendung von Kopien ist auch deshalb zu verneinen, um den für den Vermieter durch die Anfertigung von Fotokopien entstehenden zusätzlichen Aufwand zu vermeiden (*BGH*, a.a.O.; Schmidt-Futterer/*Langenberg*, § 556 BGB Rz. 495). Ein Zurückbehaltungsrecht gegenüber dem Nachforderungsanspruch des Vermieters wegen fehlender Übersendung von Belegkopien steht dem Mieter deshalb im Regelfall nicht zu. Macht der Mieter unberechtigterweise ein solches geltend, ist der Vermieter u.U. berechtigt, das Mietverhältnis außerordentlich gemäß § 543 Abs. 1 S. 1, Abs. 2 S. 1 Nr. 3b BGB oder ordentlich gemäß § 573 Abs. 1 S. 1, Abs. 2 Nr. 1 BGB zu kündigen (*BGH* NJW 2007, 428 zur fehlerhaften Beratung durch einen Mieterverein)

Nimmt der Mieter Einsicht in die Abrechnungsunterlagen, ist er berechtigt, am Ort der Einsichtnahme Kopien von den Belegen zu fertigen, etwa durch ein mitgebrachtes tragbares Handkopiergerät (Anm. *Bub/Bernhard*, FD-MietR 2006, 198578). Dem Mieter ist es nicht verwehrt, sich für eine eingehende Prüfung einschließlich der Beratung mit kundigen Dritten umfängliche Notizen zu machen oder die Belege notfalls vollständig abzuschreiben (*BGH*, a.a.O.). Besteht jedoch die Möglichkeit, die Belege vollständig abzuschreiben, kann auch die Fertigung von Kopien am Ort der Einsichtnahme nicht ausgeschlossen sein (*LG Duisburg* LSK 2002, 160196). Die Kosten der Fertigung der Kopien und damit auch die Kosten für den Strom, mit dem das Handkopiergerät gegebenenfalls betrieben wird, gehen jedoch zu Lasten des Mieters (Schmidt-Futterer/*Langenberg*, a.a.O., Rz. 496).

LG Freiburg: Einsicht in Betriebskostenbelege (Urteil vom 24.03.2011 – 3 S 348/10, BeckRS 2011, 7560)

Liegt der Sitz des Vermieters weit entfernt vom Ort der Mietwohnung (hier: über 400 km), ist der Anspruch des Mieters auf Einsicht in die Betriebskostenbelege am Ort des Mietobjekts zu erfüllen. Auf die Übersendung von Fotokopien, gleich ob mit oder ohne Kostentragungspflicht, muss sich der Mieter regelmäßig nicht verweisen lassen.

Der klagende Mieter begehrt, den Vermieter zu verurteilen, ihm die Einsicht in die Belege zur Betriebskostenabrechnung an seinem Wohnort zu gestatten. Eine Einsichtnahme im Büro des Verwalters sei nicht zumutbar, da dieser über 400 km entfernt seinen Betriebssitz habe.

Nach Auffassung des *LG Freiburg* handelt es sich bei der Frage, an welchem Ort die Verpflichtung zur Vorlage der Belege zur Betriebskostenabrechnung zu erfüllen ist, in erster Linie um eine Frage der Auslegung des jeweiligen Mietvertrags. Die Parteien könnten den Erfüllungsort dieser Verpflichtung jedenfalls durch individualvertragliche Vereinbarung frei bestimmen. In zweiter Linie seien die Umstände des Einzelfalls maßgeblich, darunter insbesondere die Natur des Schuldverhältnisses. Beim Wohnungsmietvertrag als gegenseitigem Vertrag mit einer Mehrzahl von Verpflichtungen gebe es keinen einheitlichen Erfüllungsort, vielmehr sei letzterer für jede Vertragspflicht gesondert festzustellen.

Die Verpflichtung zur Vorlage von Belegen sei in Fällen, in denen Vermieter und Mieter ihre Wohnung bzw. ihren Sitz im gleichen Ort haben, in den Räumen des Vermieters zu erfüllen. Befinden sich die Mietsache bzw. der Wohnsitz des Mieters und der Sitz des Vermieters allerdings nicht am gleichen Ort, so könne der Mieter Einsicht am Ort der Mietsache jedenfalls dann verlangen, wenn dieser und der Sitz des Vermieters weit voneinander entfernt lägen. So verhalte es sich hier. Die Einsichtsgewährung sei der Beklagten auch zumutbar. An die Räumlichkeiten, die vorhanden sein müssten, seien keine besonderen Anforderungen zu stellen. Im Grunde benötige die Beklagte lediglich eine Person, die den Gewahrsam über die Originalbelege ausübt, während der Kläger oder sein Bevollmächtigter die Belege einsehen; besondere Sachkenntnis brauche diese Person nicht zu haben. Es sei nicht erforderlich, dass die Beklagte die Belege aus der Hand gibt; sie könne vom Kläger verlangen, dass dieser eine von ihr zu bestimmende Örtlichkeit aufsucht. Deshalb müsse sich der Kläger auch nicht auf die Übersendung von Fotokopien verweisen lassen – gleich ob mit oder ohne Kostenerstattungspflicht. Der Mieter könne durchaus Interesse daran haben, zunächst Einsicht in die Originale zu erhalten, um sich zügig von der Richtigkeit der Abrechnung zu überzeugen oder aber etwaige Einwendungen von vornherein punktgenau vorbringen und beschränken zu können.

BGH: Übersendung der Abrechnung an nur einen Mitmieter (Urteil vom 28.04.2010 – VIII ZR 263/09, NJW 2010, 1965)

Ein Vermieter kann von einem Mieter auch dann die Nachzahlung von Betriebskosten verlangen, wenn die Betriebskostenabrechnung nur dem in Anspruch genommenen Mieter, nicht aber auch den weiteren Mietern der Wohnung zugegangen ist, die ebenfalls Vertragspartner des Vermieters sind.

Die Beklagte ist neben ihrem Ehemann Mieterin einer Wohnung der Klägerin. Diese verlangt Nachzahlung von Heizkosten. Die Heizkostenabrechnung war nur an die Beklagte adressiert gewesen und auch nur ihr zugegangen.

Nach Auffassung des *BGH* besteht der Nachforderungsanspruch der Klägerin. Der Vermieter sei nicht gehindert, die nach § 556 Abs. 3 BGB geschuldete Abrechnung der Betriebskosten, die eine Nachforderung zu seinen Gunsten ausweist, nur einem Mieter gegenüber zu erteilen und lediglich diesen auf Ausgleich des Nachzahlungsbetrags in Anspruch zu nehmen. Mieten mehrere Personen eine Wohnung an, hafteten sie grundsätzlich für die Mietforderungen einschließlich der Nebenkosten als Gesamtschuldner. Der Vermieter sei daher berechtigt, nach seinem Belieben jeden Schuldner ganz oder teilweise in Anspruch zu nehmen, § 421 S. 1 BGB. Die Übermittlung einer formell ordnungsgemäßen Abrechnung an den Mieter diene dazu, die Fälligkeit des sich aus der Abrechnung ergebenden Saldos herbeizuführen. Diese Fälligstellung sei kein Umstand, der einheitlich gegenüber allen Gesamtschuldnern erfolgen muss. Der Einwand, der Vermieter könne in diesem Fall nach § 421 BGB auch den Mieter, dem keine Abrechnung erteilt worden sei, auf Ausgleich von Nachzahlungen in Anspruch nehmen, sei schon deswegen nicht stichhaltig, weil die Nachforderung diesem Mieter gegenüber gerade nicht fällig gestellt worden ist.

Anmerkung:

Anderes als für eine Betriebskostenabrechnung, bei welcher es ausreicht, wenn diese nur einem Mitmieter zugeht, gilt für Gestaltungserklärungen, etwa für eine Mieterhöhung oder eine Kündigung: Ist Vertragspartner eines Mietvertrages auf einer Seite eine Personenmehrheit, müssen alle Gestaltungserklärungen grds. von allen Mitgliedern der Personengemeinschaft oder gegenüber allen abgegeben werden (Schmidt-Futterer/*Blank*, § 542 BGB Rz. 26). Wird die Kündigung nur gegenüber einem von mehreren Vertragspartnern erklärt, so ist sie insgesamt unwirksam. Haben allerdings mehrere Mieter als Partner einer Lebens- oder Wohngemeinschaft gemeinsam eine Wohnung gemietet und zieht einer der Mieter aus, so wird diesem in der obergerichtlichen Rechtsprechung ein Anspruch gegen den anderen Mieter eingeräumt, an der für eine Beendigung des Mietverhältnisses grundsätzlich erforderlichen gemeinsamen Kündigung mitzuwirken (*KG* NJW-RR 1992, 1490; *OLG Köln* NZM 1999, 998).

In einem solchen Fall kann auch der Vermieter allein gegenüber dem in der Wohnung verbliebenen Mieter kündigen. Zwar bedarf nach überwiegender Auffassung ein zwischen Vermieter und einem Mitmieter geschlossener Aufhebungsvertrag zu seiner Wirksamkeit auch der Zustimmung des in der Wohnung verbleibenden Mieters (*OLG Koblenz* NJW 1984, 244; Staudinger/*Emmerich*, Vorb. § 535 Rz. 79, 87). Der Vermieter, der einen Aufhebungsvertrag mit einem Mitmieter schließt, hat aber ein erkennbares Interesse daran, sich hinsichtlich der weiteren Gestaltung des Mietverhältnisses nur noch an den Mieter zu halten, der aus seiner Sicht noch Vertragspartei ist. Auf der anderen Seite ist es für den in der Wohnung verbleibenden Mieter im Außenverhältnis ohne Bedeutung, ob eine weitere Person Mietpartei ist, da er auch als Gesamtschuldner gegenüber dem Vermieter die ganze Leistung schuldet; sein Interesse an der Erhaltung einer weiteren Vertragspartei beschränkt sich auf eventuelle Ausgleichsansprüche im Innenverhältnis der Mieter. Der in der Wohnung verbliebene Mieter muss sich so behandeln lassen, als ob die Kündigung allein ihm gegenüber möglich wäre (*BGH* NJW 2005, 1715). Gleichwohl ist es ist dem Vermieter dringend zu empfehlen, einen Mieter nicht einseitig aus dem Mietvertrag zu entlassen und auf eindeutigen vertraglichen Absprachen zu bestehen. Hilfreich kann eine mietvertragliche Empfangsvollmacht sein, die auch formularvertraglich wirksam ist (*BGH* NJW 1997, 3437). Dann geht die Kündigung auch dem ausgezogenen Mieter zu, wenn sie an die alte Anschrift gerichtet ist.

BGH: Zulässigkeit der einvernehmlichen Verlängerung der jährlichen Abrechnungsperiode (Urteil vom 27.07.2011 – VIII ZR 316/10, NJW 2011, 2878)

§ 556 Abs. 3, 4 BGB steht einer einmaligen einvernehmlichen Verlängerung der jährlichen Abrechnungsperiode zum Zwecke der Umstellung auf eine kalenderjährliche Abrechnung nicht entgegen.

Der Beklagte ist Mieter einer in einem Mehrfamilienhaus gelegenen Wohnung, die Klägerin Testamentsvollstreckerin über den Nachlass der ursprünglichen Vermieterin. Im August 2009 rechnete das mit der Abrechnung betraute Unternehmen die Betriebskosten für den Zeitraum von Juni 2007 bis Dezember 2008 ab. Der Beklagte hatte zuvor mit der damaligen Betreuerin der Erblasserin vereinbart, dass der Abrechnungszeitraum im Hinblick auf deren Überlastung und die beabsichtigte Umstellung auf eine kalenderjährliche Abrechnung von zwölf Monaten auf neunzehn Monate verlängert wird.

Nach Auffassung des *BGH* ist die zwischen der damaligen Betreuerin der Erblasserin und dem Beklagten getroffene Vereinbarung über eine einmalige Verlängerung der jährlichen Abrechnungsperiode auf neunzehn Monate nicht nach § 556 Abs. 4 BGB unwirksam. Nach § 556 Abs. 3 S. 1 BGB sei über die Vorauszahlungen für die Betriebskosten jährlich abzurechnen. Eine hiervon zum Nachteil des Mieters abweichende Vereinbarung sei unwirksam, § 556 Abs. 4 BGB. Dies verbiete aber keine vertragliche Vereinbarung über eine Ausdehnung der gesetzlich bestimmten Abrechnungsperiode auch in Fällen, in denen eine einzelfallbezogene Verlängerung der gesetzlich vorgegebenen Abrechnungsperiode zum Zwecke der Angleichung des bisher geltenden jährlichen Abrechnungszeitraums auf das Kalenderjahr in Frage steht. Denn die mit einer solchen Verlängerung dem Mieter möglicherweise entstehenden Nachteile würden durch entsprechende Vorteile hinreichend kompensiert.

Die Gefahr, dass der Mieter bei der verlängerten Abrechnungsperiode möglicherweise einen erhöhten Überprüfungsaufwand hat, werde dadurch ausgeglichen, dass zukünftig ein Abrechnungsturnus gilt, der die Erstellung der Abrechnungen vereinfacht und damit auch die Nachvollziehbarkeit für den Mieter erhöht. Der Umstand, dass im Falle eines sich aus der Abrechnung möglicherweise ergebenden Guthabens dessen Auszahlung verzögert wird, begründe ebenfalls keinen signifikanten Nachteil für den Mieter: Der Mieter sähe sich nämlich bei einer zum Zwecke der Umstellung auf einen neuen (jährlichen) Abrechnungsturnus vereinbarten Verlängerung der bisherigen Abrechnungsperiode nur einmal der Gefahr einer verspäteten Auszahlung eines etwaigen Guthabens ausgesetzt. Zudem stehe bei Abschluss einer solchen Vereinbarung ohnehin nicht fest, dass sich diese Gefahr verwirklicht, denn aus der Abrechnung könne sich genauso gut eine Nachforderung des Vermieters ergeben, die – sofern sie aus der ursprünglichen Abrechnungsperiode resultieren sollte – im Hinblick auf die Verlängerung des Abrechnungszeitraums – für den Mieter vorteilhaft – später als bisher fällig würde. Die zwischen der Betreuerin der Erblasserin und dem Beklagtem getroffene Absprache über die Verlängerung der Abrechnungsperiode sei demnach nicht zu beanstanden. Sie sollte erfolgen, um der Betreuerin der Vermieterin mehr Zeit für die Abrechnung zu verschaffen und dieser eine Umstellung des Abrechnungsturnus auf das Kalenderjahr zu ermöglichen.

Anmerkung:

In der Instanzrechtsprechung und im Schrifttum war bislang umstritten, ob bei der Wohnraummiete im Hinblick auf § 556 Abs. 4 BGB eine vertragliche Verlängerung der in § 556 Abs. 3 S. 1 BGB vorgesehenen Abrechnungsperiode von einem Jahr zulässig ist. Nach bislang h.M. sollte dies ohne Ausnahme unzulässig sein (*LG Leipzig* WuM 2004, 481; *LG Bremen* WuM 2006, 199; siehe u.a. Schmidt-Futterer/*Langenberg*, § 556 BGB Rz. 298). Nach der Gegenauffassung, welcher sich vorliegend mit zutreffender Begründung der *BGH* anschließt, steht § 556 Abs. 4 BGB einer vertraglichen Absprache über eine einmalige Verlängerung des bisherigen Abrechnungszeitraums jedenfalls dann nicht entgegen, wenn damit eine Umstellung auf das Kalenderjahr ermöglicht werden soll. Dies kann etwa der Harmonisierung des Abrechnungsjahrs mit den Abrechnungszeiträumen verschiedener Leistungsträger oder auch der Vereinfachung und der praktikableren Handhabung der Abrechnung dienen (Lützenkirchen/*Jennißen*, Betriebskostenpraxis, 2002, Rz. 260).

Bei Gewerberaum richtet sich der Abrechnungszeitraum nach den Abreden der Parteien; ob ein formularvertraglich vereinbarter, erheblich über ein Jahr hinausgehender Zeitraum wirksam ist, erscheint fraglich, weil dem Mieter die sachliche Berechtigung der Kostenansätze umso weniger nachprüfbar ist, je länger die Abrechnungsintervalle sind, was ihn unangemessen benachteiligen kann (Schmidt-Futterer/*Langenberg*, a.a.O., Rz. 300).

2. Abrechnungsfrist

BGH: Zugang der Abrechnung (Urteil vom 21.01.2009 – VIII ZR 107/08, NJW 2009, 2197)

Bei der Versendung einer Betriebskostenabrechnung auf dem Postweg genügt die rechtzeitige Absendung nicht zur Wahrung der in § 556 Abs. 3 S. 2 BGB geregelten Abrechnungsfrist von einem Jahr; die Abrechnung muss dem Mieter vielmehr noch innerhalb der Frist zugegangen sein. Darüber hinaus besteht bei zur Post gegebenen Briefen kein Anscheinsbeweis für den Zugang der Sendung.

Die Kläger waren Mieter einer von der Beklagten vermieteten Wohnung in Berlin. Sie machen gegen diese Rückzahlungsansprüche aufgrund eines Guthabens in der Heizkostenabrechnung geltend. Die Klägerin machte ihrerseits eine Nachforderung aus einer Betriebskostenabrechnung für das Jahr 2004 geltend, die sie am 21.12.2005 zur Post gegeben haben, ohne dass diese jedoch den Klägern nachweisbar zugegangen wäre. Mit dieser Forderung hat sie die Aufrechnung erklärt und wegen des die Klageforderung übersteigenden Betrages Widerklage erhoben. Die Kläger haben geltend gemacht, die Beklagte habe die Abrechnungsfrist des § 556 Abs. 3 S. 2 BGB nicht gewahrt.

Nach Auffassung des *BGH* ist die Beklagte mit einem Abrechnungsfehlbetrag für die Betriebskosten 2004 präkludiert, weshalb die Aufrechnung gegen die Klageforderung scheitere. Denn den Klägern sei innerhalb der Abrechnungsfrist des § 556 Abs. 3 S. 2 BGB, die am 31.12.2005 ablief, keine Abrechnung über die Betriebskosten für das Jahr 2004 zugegangen. Der Vermieter schulde dem Mieter gemäß § 556 Abs. 3 S. 2 BGB die Mitteilung der Abrechnung. Eine „Mitteilung" setze voraus, dass sie dem Mieter auch zugegangen ist.

Es sei der Beklagten auch nicht gelungen, darzulegen, dass sie die Verspätung bzw. den Verlust der Abrechnung auf dem Postwege und den verspäteten Zugang erst während des gerichtlichen Verfahrens nicht im Sinne von § 556 Abs. 3 S. 4 BGB zu vertreten habe. Es reiche nicht aus, vorzutragen, dass die Abrechnung rechtzeitig abgesandt worden sei, denn damit wäre der Verpflichtung zur Mitteilung der Abrechnung noch nicht ausreichend genüge getan. Vielmehr müsse der Vermieter dafür Sorge tragen, dass die Abrechnung auch in den Empfangsbereich des Mieters gelange. Die Beklagte habe insoweit lediglich vorgetragen, dass sie die Abrechnung noch am 21.12.2005 zur Post aufgegeben und versandt habe. Das genüge jedoch nicht. Denn die für die Zusendung in Anspruch genommene Post sei Erfüllungsgehilfe des Vermieters gemäß § 278 BGB. § 278 BGB sei nicht einschränkend anzuwenden und der in § 556 Abs. 3 S. 3 BGB geregelte Ausnahmefall nicht generell anzunehmen, wenn auf dem Postweg für den Vermieter unerwartete und nicht vorhersehbare Verzögerungen oder Postverluste aufgetreten sind. Dies liefe im Ergebnis darauf hinaus, dass im Hinblick auf den Ausschluss von Nachforderungen in allen Fällen des Postversands – abgesehen von Ausnahmesituationen (z. B. Poststreik) – doch die rechtzeitige Absendung der Abrechnung zur Fristwahrung genügen würde. Dies widerspräche jedoch der ausdrücklichen Regelungsabsicht des Gesetzgebers. Es hänge vielmehr von den konkreten Umständen des Einzelfalls ab, ob eine verzögerte Postzustellung oder ein Verlust der Postsendung auf einem Verschulden der Post beruht.

Anmerkung:

Bei der Frage, inwieweit sich der Vermieter Verzögerungen bei der Übermittlung bzw. den Verlust einer Betriebskostenabrechnung, die auf das Verschulden Dritter – etwa der Post – zurückzuführen sind, zurechnen lassen muss, sind zwei Fälle zu unterscheiden:

(1) Der Vermieter kann nachweisen, dass er die Betriebskostenabrechnung per Post abgesandt hat, der Mieter behauptet aber, sie sei ihm nicht zugegangen. Diese Fallkonstellation lag der vorliegenden Entscheidung zugrunde.

(2) Der Vermieter kann nachweisen, dass er das Schreiben rechtzeitig per Post aufgegeben hat, der Mieter bestreitet nicht den Zugang, behauptet aber, es erst nach Ablauf der Ausschlussfrist des § 556 Abs. 3 S. 3 BGB erhalten zu haben.

Unstrittig ist insoweit zunächst, dass es für die Frage der Rechtzeitigkeit nicht auf die Absendung, sondern auf den Zugang der Abrechnung ankommt, da § 556 Abs. 3 S. 2 BGB auf die «Mitteilung» an den Mieter innerhalb der Frist abstellt (*LG Düsseldorf* NZM 2007, 328; *AG Köln* NJW 2005, 2930; Palandt/*Weidenkaff*, § 556 Rz. 11). Zur Fristwahrung genügt nicht die rechtzeitige Absendung der Abrechnung (Referentenentwurf zu § 556 BGB, abgedruckt in NZM 2000, 415, 437). Auch eine geringfügige Überschreitung der Frist ist nur dann unschädlich, wenn sie der Vermieter nicht zu vertreten hat. Versendet er beispielsweise die Betriebskostenabrechnung am Silvestertag um 19.00 Uhr per Fax, so ist dies nicht ausreichend, da mit einer Kenntnisnahme noch am selben Tag nicht zu rechnen ist (*AG Köln* a.a.O.; zu Fragen des Zugangs am Silvestertag s. *BGH* NJW 2008 843).

Zunehmend streiten die Parteien auch um den Zugang bei Versendung der Abrechnung auf dem Postweg. Nach einer Mindermeinung soll der Vermieter bzw. sein Verwalter mit der Aufgabe per Post alles getan haben, um einen fristgerechten Zugang beim Mieter herbeizuführen. Es könne nicht verlangt werden, dass alle Betriebskostenabrechnungen durch eingeschriebenen Brief, Boten o.ä. übermittelt würden (*AG Leipzig* ZMR 2006, 47). Diese Rechtsauffassung stützt sich auf Statistiken, nach denen nur sehr wenige Briefsendungen auf dem Postwege verloren gingen. Deshalb spreche zunächst der Anscheinsbeweis dafür, dass eine per Post versandte Briefsendung dem Empfänger auch zugegangen sei (*AG Erfurt* WuM 2007, 580). Die Rechtsprechung lehnt einen Anscheinsbeweis des Zugangs jedoch überwiegend ab (*BGH* NJW 1996, 2033; VersR 1978, 671). Nach h.M. muss deshalb der Vermieter den Zugang einer Betriebskostenabrechnung beweisen (*LG München I* NJW-RR 2008, 319). Bestreitet der Mieter den Zugang, ist die erneute Übersendung einer Abrechnung mit einer Nachforderung nach Fristablauf grundsätzlich nicht mehr fristwahrend möglich (*AG Duisburg-Ruhrort* WuM 2004, 203).

Aufgrund des Zugangserfordernisses ist es für den Vermieter von großer Bedeutung, wie er den Zugangsnachweis führen kann (hierzu *Wall*, jurisPR-MietR 9/2008 Anm. 4). Keine Sicherheit gewährt ihm die Versendung per Übergabe-Einschreiben. Dieses ist zugegangen, sobald es der Postbote dem Empfänger aushändigt, der die Entgegennahme quittiert. Trifft der Postbote den Adressaten oder einen Empfangsberechtigten nicht an, hinterlässt er einen Benachrichtigungsschein im Briefkasten, mit dem der Brief auf der Poststelle gegen Empfangsquittung abgeholt werden kann. Der Zugang erfolgt somit nicht durch den Einwurf des Benachrichtigungsscheins, sondern erst durch die Abholung des Briefes (*LG Berlin* ZMR 2000, 295). Wird die Briefsendung bei der Poststelle nicht entgegengenommen, sondern nach einer festgelegten Lagerfrist wieder an den Absender zurückgesandt, ist sie nicht zugegangen (*BGH* NJW 1998, 976). Eine Ausnahme besteht nur, wenn der Absender eine bewusste Zugangsvereitelung nachweisen kann (*AG Berlin-Köpenick* MM 2007, 299 für eine Betriebskostenabrechnung; *LG Osnabrück* WuM 2001, 196 für eine Mieterkündigung).

Für den Vermieter sicherer ist das Einwurf-Einschreiben. Bei dieser Form der Versendung erhält der Absender zunächst einen Einlieferungsbeleg. Der Postbote wirft die Sendung in den Briefkasten des Adressaten und dokumentiert dies auf einem Auslieferungsbeleg. Die Briefsendung gelangt mit dem Einwurf in den Machtbereich des Empfängers. Der Zugang erfolgt zu dem Zeitpunkt, zu dem üblicherweise der Briefkasten geleert wird. Der Auslieferungsbeleg wird bei der Post AG eingescannt und für drei Jahre gespeichert; der Absender erhält gegen eine Gebühr einen Datenauszug, auf dem der Zeitpunkt des Einwurfs vermerkt ist. Obwohl dieser Auslieferungsbeleg nur eine begrenzte Beweiskraft hat, da er nicht als öffentliche Urkunde im Sinne vom §§ 415 ff. ZPO, sondern nur als technische Aufzeichnung gilt (*Hosenfeld*, NZM 2002, 93), soll er nach (wohl) h.M. ein ausreichendes Indiz darstellen, mit dem sich der Zugang widerlegbar belegen lässt (*OLG Koblenz* OLGR 2005, 869; *AG Paderborn* NJW 2000, 3722; *Putz*, NJW 2007, 2450; *Reichert*, NJW 2001, 2523). Nach a.A. soll hingegen auch in diesem Fall kein Anscheinsbeweis des Zugangs möglich sein (*LG Potsdam* NJW 2000, 3722; *Bauer/Diller*, NJW 1998, 2795; *Friedrich*, VersR 2001, 1090 ff; differenzierend *Saenger/Gregoritza*, JuS 2001, 899 ff), da die Post infolge des Zusammenklebens von Briefen auch in den falschen Briefkasten eingeworfen werden könne. Auch nach h.M. können sich zudem Zugangsprobleme ergeben, wenn der Mieter unter der angegebenen Adresse nicht mehr wohnt (*LG München I* NJW-RR 2008, 319). Die Zustellung durch einen Boten an den allein in der Wohnung lebenden Untermieter genügt nicht (*AG Siegburg* WuM 2005, 775). Gleichwohl ist dem Vermieter die Übermittlung von Betriebskostenabrechnungen per Einwurf-Einschreiben als die derzeit sicherste Möglichkeit anzuraten.

Teilweise übermitteln die Vermieter die Abrechnung auch per E-Mail an den Mieter. Die Übermittlung per E-Mail ist grundsätzlich zulässig, da dem Mieter gemäß § 556 Abs. 3 S. 2 BGB die Abrechnung bis zum Ablauf des zwölften Monats nach Ende des Abrechnungszeitraums mitzuteilen ist. Bei einer Übermittlung per E-Mail gilt eine elektronische Erklärung am Tag des Eingangs in den elektronischen Briefkasten als zugegangen (*LG Nürnberg-Fürth* NJW-RR 2002, 1721). Bei der Mailbox handelt es sich aber nur dann um eine in diesem Sinne geeignete Empfangsvorrichtung, wenn der Empfänger sie auch für den Empfang von Willenserklärungen im Rechts- und Geschäftsverkehr bestimmt hat; anzunehmen ist dies, wenn der Adressat im Rechts- und Geschäftsverkehr seine E-Mail-Adresse angibt, während zumindest nach heutiger Verkehrsanschauung die Benutzung der E-Mail-Adresse lediglich im privaten Bereich richtigerweise nicht ausreicht, um die Mailbox als Empfangsvorrichtung des Adressaten für rechtsgeschäftliche Erklärungen anzusehen (*Ultsch*, NJW 1997, 3007). Bestreitet der Empfänger den Zugang eines E-Mails kann dies nur durch eine Eingangs- und Lesebestätigung nachgewiesen werden, die wohl den Beweis des ersten Anscheins begründet (*Mankowski*, NJW 2004, 1897).

Willenserklärungen, die durch Telefax übermittelt werden, gehen dem Adressaten grundsätzlich mit Abschluss des Druckvorgangs an dessen Empfangsgerät zu (*BGH* NJW 1995, 665, 667; NJW 1987, 2586). Allerdings ist der Zugang erst dann vollendet, wenn die Kenntnisnahme durch den Empfänger möglich und nach der Verkehrsanschauung zu erwarten ist. Daher ist auch bei einer Übermittlung per Telefax auf den Zeitpunkt abzustellen, in dem sich der Empfänger nach den Gepflogenheiten der Verkehrsanschauung Kenntnis vom Inhalt der Willenserklärung verschaffen konnte (*BGH* NJW 1977, 194). Durch die Vorlage eines Telefax-Sendeberichts wird nicht der Nachweis erbracht, dass ein Schreiben zu den im Bericht genannten Daten tatsächlich dem dort mit Telefaxnummer gekennzeichneten Empfänger zugegangen ist. Das Telefaxprotokoll vermag allenfalls ein Indiz für den Zugang des Schreibens zu begründen, es hat aber keinen entscheidenden Beweiswert, denn wie allgemein bekannt ist, können die Daten eines Sendeprotokolls durch Manipulation des Geräts beliebig hergestellt werden (*BGH* NJW 1995, 665, 667).

LG Waldshut-Tiengen: Einwurf an Silvester (Urteil vom 09.07.2009 – 1 S 19/09, NJOZ 2009, 3746)

Eine Betriebskostenabrechnung geht nicht fristwahrend zu, wenn der Vermieter sie am Silvestertag gegen 17.00 Uhr in den Hausbriefkasten des Mieters einwirft.

Die Klägerin wehrt sich im Wege der negativen Feststellungsklage gegen eine Betriebskostenforderung. Zwischen den Parteien besteht ein Mietverhältnis über eine Wohnung in W. Der beklagte Vermieter erstellte kurz vor dem Jahresende 2008 eine Betriebskostenabrechnung für das Jahr 2007, die eine Nachforderung auswies, und legte sie am 31.12.2008 um 17.05 Uhr persönlich in den Briefkasten der Klägerin. Die Klägerin, die ihren Briefkasten am 31.12.2008 bereits um 15.00 Uhr geleert hatte, fand sie dort am 02.01.2009 um 15.00 Uhr vor. Die Klägerin behauptet, das Austragen von Briefsendungen durch die Deutsche Post sei deutschlandweit spätestens um 16.30 Uhr, in W. spätestens bis 14.30 Uhr abgeschlossen. Die Betriebskostenabrechnung sei ihr daher am 31.12.2008 nicht mehr zugegangen und die Geltendmachung der Nachforderung deshalb ausgeschlossen. Der Beklagte macht geltend, er habe die Betriebskostenabrechnung eigentlich bereits nach dem Mittagessen einwerfen wollen, sei hieran jedoch durch einen plötzlich einsetzenden Eisregen gehindert worden, den er zunächst abgewartet habe.

Nach Auffassung des *LG Waldshut-Tiengen* steht dem Beklagten der behauptete Anspruch aus der Betriebskostenabrechnung für das Jahr 2007 nicht zu. Die Geltendmachung des Anspruchs sei gemäß § 556 Abs. 3 S. 2, 3 BGB ausgeschlossen, da der Beklagte die dort geregelte zwölfmonatige Abrechnungsfrist versäumt habe. Die jährliche

Abrechnung über die Vorauszahlungen für Betriebskosten sei dem Mieter spätestens bis zum Ablauf des zwölften Monats nach Ende des Abrechnungszeitraums mitzuteilen § 556 Abs. 3 S. 2 BGB. Nach Ablauf dieser Frist sei die Geltendmachung einer Nachforderung durch den Vermieter ausgeschlossen, es sei denn, er habe die verspätete Geltendmachung nicht zu vertreten, § 556 Abs. 3 S. 3 BGB. Die Frist werde nur dann gewahrt, wenn die Abrechnung dem Mieter innerhalb der Frist zugeht; die rechtzeitige Absendung der Abrechnung genüge nicht.

Der Einwurf in einen Briefkasten bewirke gemäß § 130 BGB den Zugang, sobald nach der Verkehrsanschauung mit der nächsten Entnahme zu rechnen ist. Bis zu welcher Uhrzeit der Einwurf in einen Briefkasten spätestens erfolgen muss, um einen Zugang noch am selben Tage zu bewirken, sei zwar streitig, könne vorliegend aber offen bleiben; ein Einwurf am späten Nachmittag reiche jedenfalls nicht aus. Abzustellen sei auf den Zeitpunkt, bis zu welchem das Austragen der Post gewöhnlicherweise abgeschlossen ist; nach diesem Zeitpunkt könne mit einer Leerung des Briefkastens am selben Tage normalerweise nicht mehr gerechnet werden. Es könne dahin stehen, ob das Austragen der Post andernorts in Deutschland erst gegen 17.00 Uhr abgeschlossen ist. Auf den Zugang derart spät eingeworfener Schriftstücke würde sich dies nur dann auswirken, wenn es auch in W. so gehandhabt würde, und zwar nicht nur in seltenen Ausnahmefällen, sondern üblicherweise, was nicht der Fall sei. Die Geltendmachung einer Nachforderung nach Fristablauf sei zwar dann nicht ausgeschlossen, wenn der Vermieter die verspätete Geltendmachung nicht zu vertreten hat, § 556 Abs. 3 S. 3 BGB. Dies habe der Beklagte aber durch den bloßen Hinweis auf einsetzenden Eisregen nicht genügend dargelegt.

Anmerkung:

Das Urteil steht in Übereinstimmung mit der Rechtsprechung des *BGH* und verdeutlicht, wie wichtig es für den Vermieter ist, die Betriebskostenabrechnung rechtzeitig vor Fristablauf fertig zu stellen und dem Mieter – unter Zugangsnachweis – zu übermitteln. Der *BGH* hat erst jüngst geklärt, dass sich der Vermieter ein Verschulden der Post als seines Erfüllungsgehilfen bei der Übersendung der Betriebskostenabrechnung zurechnen lassen muss (s. vorhergehende Entscheidung). Zur Wahrung der Abrechnungsfrist muss die Betriebskostenabrechnung dem Mieter noch innerhalb der Frist zugehen; die rechtzeitige Absendung der Abrechnung genügt nicht. Der *BGH* hat auch entschieden, dass ein Schriftstück, das erst am 31.12. nachmittags in den Briefkasten eines Bürobetriebes geworfen wird, in dem branchenüblich Silvester nachmittags – auch wenn dieser Tag auf einen Werktag fällt – nicht mehr gearbeitet wird, erst am nächsten Werktag zugeht (*BGH* NJW 2008, 843 z. Ausübung einer Mietvertragsverlängerungsoption gegenüber einer Mietverwaltungsgesellschaft). Nach a.A. sollen hingegen bis 18.00 Uhr eingeworfene Briefe noch am selben Tag zugehen. (*BayVerfGH* NJW 1993, 518; *LG Stuttgart* BB 2002, 380; Palandt/*Heinrichs*, § 130 Rz. 6). Der letzteren Auffassung ist der Vorzug zu geben: Die Ansicht, die auf die Einhaltung der üblichen Zustellzeiten der Deutschen Post (am Vormittag) abstellt, ist praxisfern, da die Post AG und andere Dienstleister zwischenzeitlich Briefe nicht nur vormittags zustellen und auch davon auszugehen ist, dass die üblichen Zustellzeiten erheblich schwanken und im Übrigen kaum zur Kenntnis eines Arbeitnehmers gelangen, der tagsüber nicht zu Hause ist. Da die Frage des Zugangs eines Schreibens, das nachmittags eingeworfen wird, jedoch höchst umstritten ist, sollten sicherheitshalber fristgebundene Schriftstücke vormittags in den Briefkasten eingeworfen werden.

BGH: Nebenkostenabrechnung bei der Gewerberaummiete (Urteil vom 27.01.2010 – XII ZR 22/07, NJW 2010, 1065)

Der Vermieter von Geschäftsräumen ist zur Abrechnung über die Nebenkosten, auf die der Mieter Vorauszahlungen geleistet hat, innerhalb einer angemessenen Frist verpflichtet. Diese Frist endet regelmäßig zum Ablauf eines Jahres nach Ende des Abrechnungszeitraums.

Die Kläger verlangen von der Beklagten restliche Nebenkosten aus einem Mietvertrag über Gewerberäume. Die Nebenkostenabrechnungen für die Jahre 2002 und 2003 wurden der Beklagten im September 2004 zugestellt.

Nach Auffassung des *BGH* haben die Kläger einen Anspruch auf Zahlung der Nebenkosten. Deren Geltendmachung sei auch für das Jahr 2002 nicht gemäß § 556 Abs. 3 S. 3 BGB ausgeschlossen. Die Norm sei auf die Geschäftsraummiete nicht anwendbar; es existiere keine gesetzliche Regelung über den Ausschluss von Nebenkostennachforderungen bei der Geschäftsraumiete bei Abrechnung nach mehr als einem Jahr nach Ablauf des Abrechnungszeitraums. Auch eine analoge Anwendung von § 556 Abs. 3 S. 3 BGB auf die Geschäftsraummiete scheide aus. Es fehle an einer planwidrigen Regelungslücke. Anhaltspunkte dafür, dass der Gesetzgeber es versehentlich unterlassen hat, für die Geschäftsraummiete in § 578 BGB auch auf § 556 BGB zu verweisen, bestünden nicht.

Die geltend gemachten Nebenkosten seien auch nicht verwirkt. Zwar endet nach Auffassung des *BGH* auch bei der Geschäftsraummiete die angemessene Frist für die Abrechnung von Nebenkosten ein Jahr nach Ablauf des Abrechnungszeitraums, sofern die Parteien nichts anderes vereinbart haben oder der Vermieter eine verspätete Abrechnung nicht zu vertreten hat. Bei der Bestimmung der angemessenen Frist sei dem Interesse der Mietvertragsparteien an einer alsbaldigen Klarheit über die ständig neu entstehenden gegenseitigen Rechte und Pflichten Rechnung zu tragen. Da für die Angemessenheit der Abrechnungsfrist keine anderen Gesichtspunkte entscheidend seien als bei der Wohnraummiete, könne auch bei der Geschäftsraummiete davon ausgegangen werden, dass die Abrechnung über die Nebenkosten spätestens bis zum Ablauf des zwölften Monats nach dem Ende des Abrechnungszeitraums zu erteilen sei. Daraus folge allerdings nur, dass der Mieter ab diesem Zeitpunkt den Vermieter auf Erteilung der Nebenkostenabrechnung in Anspruch nehmen kann und keine weiteren Vorauszahlungen auf die Nebenkosten mehr erbringen muss. Ein Ausschluss mit Nachforderungen sei damit nicht verbunden.

Anmerkung:

Der *BGH* schließt sich der h.M. in Literatur und Rechtsprechung an, wonach § 556 Abs. 3 BGB, der eine Abrechnung binnen zwölf Monaten nach Ablauf des Abrechnungszeitraumes verlangt, auf die Geschäftsraummiete nicht anwendbar ist (*OLG Düsseldorf* LSK 2008, 70497; Schmidt-Futterer/*Langenberg*, § 556 BGB Rz. 6 und 458; a.A. *LG Darmstadt* NZM 2009, 546). Deshalb verliert der Vermieter von Gewerberaumgrundsätzlich auch dann nicht den Anspruch auf Ausgleich einer schließlich erstellten Abrechnung, wenn er die Abrechnungsfrist erheblich überschreitet. Da für den Beginn der Verjährung seiner Nachforderung der Zeitpunkt maßgeblich ist, zu welchem dem Mieter die Abrechnung zugeht (*BGH* NJW 1991, 836), kann dem Anspruch des Vermieters nur der Einwand der Verwirkung aus § 242 BGB entgegenstehen. Eine Ausnahme greift dann ein, wenn die Parteien vertraglich eine bindende Abrechnungsfrist in der Weise festgelegt haben, dass bei ihrer Überschreitung ein Nachforderungsausschluss angenommen werden kann (*AG Diez* DWW 1994, 25: „muss die Abrechnung jährlich bis zum 30. Juni erfolgen"; a.A. zu derselben Klausel *LG Limburg* WuM 1997, 120).

Nach Ablauf einer angemessenen Frist ist der Vermieter von Geschäftsräumen zwar nicht mit Nachforderungen, wohl aber mit dem Anspruch auf weitere Vorauszahlungen ausgeschlossen. Insoweit wird in Rechtsprechung und Literatur überwiegend eine entsprechende Frist wie bei der Wohnraummiete für angemessen erachtet (*OLG Hamburg* NJW-RR 1989, 82; Schmidt-Futterer/*Langenberg*, a.a.O., Rz. 447). Nach Eintritt der Abrechnungsreife kann der Vermieter keine rückständigen Betriebskostenvorauszahlungen, sondern nur noch den Saldo der Betriebskostenabrechnung verlangen; eine Klage auf Zahlung rückständiger Betriebskostenvorschüsse ist auf die Zahlung des Saldos umzustellen, falls die Abrechnungsreife während des Prozesses eintritt (*OLG Hamburg*, a.a.O).

BGH: Nebenkostenabrechnung bei der Geschäftsraummiete (Urteil vom 17.11.2010 – XII ZR 124/09, NJW 2011, 445)

§ 556 Abs. 3 S. 3 BGB, der für die Wohnraummiete den Ausschluss von Betriebskostennachforderungen anordnet, die der Vermieter später als zwölf Monate nach Ablauf des Abrechnungszeitraumes verlangt, ist auf die Geschäftsraummiete nicht analog anwendbar.

Der Kläger verlangt von den Beklagten Zahlung von Nebenkostennachforderungen für die Jahre 2005 bis 2007 aus einem Pachtvertrag über Gewerberäume. Für die Jahre 2002 bis 2004 hatte er keine Nebenkostenabrechnungen erteilt; die streitgegenständlichen Nebenkosten hat er im Juli 2008 abgerechnet.

Nach Auffassung des *BGH* hat der Kläger einen Anspruch auf Zahlung der rückständigen Nebenkosten. § 556 Abs. 3 S. 3 BGB sei auf die Geschäftsraummiete nicht analog anwendbar. Es fehle bereits an der für eine Analogie erforderlichen planwidrigen Gesetzeslücke. Der Gesetzgeber habe die als Ausschlussfrist gestaltete Abrechnungsfrist in § 556 Abs. 3 S. 3 BGB nur für frei finanzierten Wohnraum vorgesehen. In § 578 BGB, der konkret aufzählt, welche von den für die Wohnraummiete geltenden Vorschriften auf die Mietverhältnisse über sonstige Räume entsprechend anwendbar sind, werde § 556 BGB nicht genannt. Anhaltspunkte dafür, dass der Gesetzgeber es versehentlich unterlassen habe, in § 578 BGB auf § 556 BGB zu verweisen, bestünden nicht. Über diesen gesetzgeberischen Willen dürfe nicht im Wege der Analogie hinweggegangen werden.

Der geltend gemachte Anspruch auf Zahlung der Nebenkosten sei auch nicht verwirkt. Eine Frist, innerhalb derer die Abrechnung der Nebenkosten erteilt werden muss, sei für die Geschäftsraummiete nicht gesetzlich bestimmt. Lediglich für die Wohnraummiete bestimme § 556 Abs. 3 S. 2 BGB, dass der Vermieter dem Mieter die Abrechnung spätestens bis zum Ablauf des zwölften Monats nach dem Ende des Abrechnungszeitraums mitzuteilen hat. Eine solche Frist sei auch für die Geschäftsraummiete angemessen. Die im Juli 2008 erteilten Nebenkostenabrechnungen für die Jahre 2005 und 2006 seien demnach für das Jahr 2005 mehr als eineinhalb Jahre und für das Jahr 2006 mehr als ein halbes Jahr nach Ablauf der Abrechnungsfrist erfolgt. Es könne dahingestellt bleiben, ob durch diese Fristüberschreitung das Zeitmoment erfüllt ist. Es fehle jedenfalls an Umständen, die geeignet sind, ein Vertrauen der Beklagten darauf zu begründen, der Kläger werde diese Kosten nicht mehr abrechnen. Hierfür reiche der bloße Zeitablauf nicht aus. Ohne das Hinzutreten weiterer Umstände, aus denen sich ein solcher Wille des Klägers ergibt, konnten die Beklagten nicht auf einen Verzicht auf diese Forderungen vertrauen. Ein solcher Wille des Klägers könne auch nicht daraus hergeleitet werden, dass er in den Jahren 2002 bis 2004 keine Nebenkosten abgerechnet hat. Daraus hätten die Beklagten nicht schließen können, der Kläger wolle auch in Zukunft die jährlich neu entstehenden Nebenkostenforderungen nicht verlangen. Es habe vielmehr nahegelegen, davon auszugehen, dass er versehentlich oder aus Nachlässigkeit die Abrechnungen unterlassen hat.

Anmerkung:

Der *BGH* bestätigt seine Rechtsprechung, wonach der Vermieter von Gewerberaum auch dann nicht den Anspruch auf Ausgleich einer schließlich erstellten Abrechnung verliert, wenn er die Abrechnungsfrist von zwölf Monaten, § 556 Abs. 3 S.2 BGB, die der *BGH* auch bei der Geschäftsraummiete für angemessen erachtet, erheblich überschreitet (s. vorhergehende Entscheidung). Eine Ausnahme kann dann bestehen, wenn die Parteien vertraglich eine bindende Abrechnungsfrist in der Weise festgelegt haben, dass bei ihrer Überschreitung ein Nachforderungsausschluss angenommen werden muss; hierfür reicht aber die Formulierung, dass „die Abrechnung jährlich bis zum 30. Juni erfolgen muss", nicht aus (*LG Limburg* WuM 1997, 120; a.A. *AG Diez* DWW 1994, 25).

Gleichwohl sollte der Vermieter die Abrechnungsfrist nicht unbeachtet lassen. Nach ihrem Ablauf ist er nämlich zwar nicht mit Nachforderungen, wohl aber mit dem Anspruch auf weitere Vorauszahlungen ausgeschlossen, da der Mieter an den laufenden Vorauszahlungen ein Zurückbehaltungsrecht gemäß § 273 BGB geltend machen kann (*BGH* NJW 2005, 2552 z. Wohnraummiete). Auch kann der Vermieter keine rückständigen Betriebskostenvorauszahlungen, sondern nur noch den Saldo der Betriebskostenabrechnung verlangen; eine Klage auf Zahlung rückständiger Betriebskostenvorschüsse ist auf Zahlung des Saldos umzustellen, falls die Abrechnungsreife während des Prozesses eintritt (*OLG Hamburg* NJW-RR 1989, 82).

BGH: Anerkenntnis des Mieters (Urteil vom 09.04.2008 – VIII ZR 84/07, NJW 2008, 2258)

Der Vermieter kann Betriebskosten auch dann nicht nach Ablauf der Abrechnungsfrist nachfordern, wenn er dem Mieter zwar vor deren Ablauf keine formell ordnungsmäßige Abrechnung erteilt, der Mieter aber zuvor erklärt hat, er werde die Nachforderung begleichen. Auf die Ausschlussfrist des § 556 Abs. 3 S. 2, 3 BGB ist § 212 Abs. 1 Nr. 1 BGB nicht anwendbar.

Die Klägerin ist Vermieterin einer von den Beklagten gemieteten Wohnung. Mit ihrem Kündigungsschreiben vom Oktober 2004 baten die Beklagten die Klägerin, ihnen die noch ausstehenden Betriebskostenabrechnungen, unter anderem diejenige für das Jahr 2003, bis Ende März 2005 zukommen zu lassen. Mit Schreiben vom 05.11.2004 erteilte der Hausverwalter der Klägerin den Beklagten die Betriebskostenabrechnung für den Abrechnungszeitraum 2003 mit einer Nachforderung von 602,84.

Einer der Verteilerschlüssel war wie folgt erläutert: „Umlage nach Quadratmeter Wohnfläche * Monate". Dazu heißt es: „Gesamtsumme 3816,00", „Ihr Anteil 1176,00"; in der Zeile darunter war die Zahl „12,00" aufgeführt. Die Klägerin hat behauptet, die Beklagten hätten dem Hausverwalter im Dezember 2004 und Januar 2005 zugesagt, die Nachforderung zu begleichen. Anfang Februar 2005 machten die Beklagten geltend, die Betriebskostenabrechnung sei unverständlich. Daraufhin präzisierte der Hausverwalter mit Schreiben vom 23.03.2005 den Verteilerschlüssel. Das AG hat die Klage abgewiesen und das *LG* die Berufung zurückgewiesen.

Nach Auffassung des *BGH* war die Betriebskostenabrechnung vom 05.11.2004 unverständlich und damit formell nicht ordnungsmäßig. Dem durchschnittlichen Mieter erschließe sich nicht, dass die unter „Gesamtsumme" angeführte Zahl das Produkt aus der Gesamtwohnfläche des Hauses und den zwölf Monaten des Jahres sein soll. Ebenso wenig werde klar, dass sich die unter „Ihr Anteil" angegebene Zahl aus der Wohnfläche der von den Beklagten gemieteten Wohnung multipliziert mit zwölf Monaten ergeben soll. Die Korrekturabrechnung vom 23.03.2005 für den Abrechnungsrechnungszeitraum 2003 war hingegen verspätet. Deshalb ist sie gemäß § 556 Abs. 3 S. 3 BGB mit der Nachforderung aus der korrigierten Abrechnung ausgeschlossen. Die einjährige Abrechnungsfrist sei eine Ausschlussfrist. Selbst wenn die Beklagten dem Hausverwalter im Dezember 2004 den Ausgleich der Nachforderung zugesagt haben sollten, habe die Ausschlussfrist damit nicht neu begonnen. Die für das Verjährungsrecht geltende Vorschrift des § 212 I Nr. 1 BGB, wonach die Verjährung erneut beginnt, wenn der Schuldner dem Gläubiger gegenüber den Anspruch vor Ablauf der Verjährungsfrist anerkennt, findet nach Auffassung des *BGH* auf die Ausschlussfrist für eine Betriebskostenabrechnung keine entsprechende Anwendung. Der Zweck der Ausschlussfrist bestehe darin, für Rechtssicherheit und Rechtsklarheit zu sorgen. Dieser Zweck stehe ihrer vollständigen Erneuerung entgegen.

Anmerkung:

Der *BGH* setzt mit dieser Entscheidung seine Rechtsprechung fort, wonach die für Verjährungsfristen geltenden Vorschriften der §§ 212 ff BGB auf die Ausschlussfrist des § 556 Abs. 3 S. 3 BGB nicht entsprechend anwendbar sind. Er hat bereits festgestellt, dass der sich aus § 812 Abs. 1 S. 1 Alt 1 BGB ergebende Bereicherungsanspruch eines Wohnungsmieters, der eine Betriebskostennachforderung des Vermieters bezahlt hat, die wegen Versäumung der Abrechnungsfrist nach § 556 Abs. 3 S. 3 BGB unzulässig war, nicht in entsprechender Anwendung des § 214 Abs. 2 S. 1 BGB ausgeschlossen ist (*BGH* NJW 2006, 246). Der Ablauf einer Ausschlussfrist führt – anders als der Ablauf einer Verjährungsfrist – nicht zu einer bloßen Einredebefugnis gegenüber einem fortbestehenden Recht, sondern hat den Untergang des Rechts zur Folge (*BGH* NJW 1993, 1585). Der Schuldner, der nach Ablauf einer Ausschlussfrist Leistungen auf einen untergegangenen Anspruch erbringt, leistet ohne Rechtsgrund und kann somit auch geleistete Zahlungen aus dem Gesichtspunkt der ungerechtfertigten Bereicherung zurückfordern. § 214 Abs. 2 S. 1 BGB, wonach das zur Befriedigung eines verjährten Anspruchs Geleistete nicht zurückgefordert werden kann, steht nach Auffassung des *BGH* diesem Bereicherungsanspruch nicht entgegen. Der Ausschluss der Rückzahlung beruht nämlich darauf, dass der Anspruch durch die Verjährung nicht erlischt und der Gläubiger deswegen durch die Leistung des Schuldners nur das erhalten hat, worauf er trotz der Verjährung einen – wenn auch einredebehafteten – Anspruch besaß. Nach Ablauf einer Ausschlussfrist erlischt hingegen das betreffende

Recht, weshalb § 214 Abs. 2 BGB nach Sinn und Zweck der Vorschrift auf Ausschlussfristen nicht anwendbar ist (MünchKomm/*Grothe*, § 214 Rz. 9; Staudinger/*Peters*, § 214 Rz. 39).

BGH: Vollstreckungsgegenklage gestützt auf Betriebskostenabrechnung (Beschluss vom 10.08.2010 – VIII ZR 319/09, NJW-RR 2010, 1598)

Eine Klage des Mieters auf Rückzahlung von Vorauszahlungen, die mangels Erteilung der fälligen Betriebskostenabrechnung Erfolg hat, ist lediglich «zur Zeit begründet», so dass der Vermieter auch nach Rechtskraft dieser Entscheidung mit der Erteilung einer Betriebskostenabrechnung die Voraussetzung für die Fälligkeit seines Zahlungsanspruchs schaffen und den Anspruch des Mieters auf Rückzahlung der Vorauszahlungen zu Fall bringen kann.

Die Parteien streiten über die Rückzahlung von Betriebskostenvorauszahlungen aus einem beendeten Mietverhältnis. Der Vermieter hatte keine Abrechnung erteilt, der Mieter deshalb Klage auf Rückzahlung der von ihm geleisteten Vorauszahlungen erhoben. Der Klage wurde stattgegeben. Nachdem der Vermieter nunmehr die Betriebskostenabrechnung erteilt hat, begehrt er mit seiner Vollstreckungsgegenklage die Vollstreckung aus dem ihn zur Rückzahlung verpflichteten Urteil für unzulässig zu erklären.

Nach Auffassung des *BGH* ist die Vollstreckungsgegenklage begründet. Die mit ihr erhobene Einwendung des Vermieters, die Rückforderung der Vorauszahlungen sei angesichts der zwischenzeitlich erteilten Betriebskostenabrechnung (nunmehr) unbegründet, sei nach § 767 Abs. 2 ZPO zulässig, denn sie beruhe auf der erst nach Abschluss des Vorprozesses erteilten Abrechnung der Betriebskosten und somit auf Gründen, die erst nach dem Schluss der mündlichen Verhandlung im Vorprozess entstanden sind und nicht mehr durch Einspruch hätten geltend gemacht werden können. Zwar sei für Gestaltungsrechte wie beispielsweise die Aufrechnung anerkannt, dass es für die Frage des Einwendungsausschlusses nicht auf die Ausübung des Gestaltungsrechts ankommt, sondern darauf, ob dieses – also etwa die Aufrechnungslage – zu dem nach § 767 Abs. 2 ZPO maßgeblichen Zeitpunkt objektiv bereits bestanden hat. Der Betriebskostenabrechnung komme aber kein rechtsgeschäftlicher Erklärungswert zu: Es handele es sich um kein Gestaltungsrecht, sondern lediglich um einen Rechenvorgang im Sinne des § 259 BGB, der die materielle Voraussetzung dafür schafft, dass dem Vermieter die Vorauszahlungen – soweit durch das Abrechnungsergebnis gerechtfertigt – endgültig verbleiben und ein etwaiger Nachforderungsanspruch fällig wird.

Für den Ausschluss einer Einwendung nach § 767 Abs. 2 ZPO komme es darauf an, ob sie bis zum Schluss der mündlichen Verhandlung objektiv hätte erhoben werden können; hieran fehle es, wenn die materiell-rechtlichen Voraussetzungen der Einwendung – hier: die die Fälligkeit der Betriebskostenforderung des Vermieters herbeiführende Betriebskostenabrechnung – zu diesem Zeitpunkt noch nicht vorgelegen haben. Dass der Schuldner die materiellen Voraussetzungen für eine Einwendung vor diesem Zeitpunkt hätte schaffen können, genüge für den Einwendungsausschluss nicht. Die Abrechnung weise einen Saldo zu Lasten des Mieters auf; die von diesem erbrachten Vorauszahlungen gebührten deshalb vollständig dem Vermieter.

Anmerkung:

Nach der Rechtsprechung des *BGH* kann der Mieter nach Beendigung des Mietverhältnisses Rückzahlung der Betriebskostenvorauszahlungen verlangen, falls der

Vermieter nicht binnen der einjährigen Abrechnungsfrist des § 556 BGB die Betriebskostenabrechnung erteilt (*BGH* NJW 2005, 1499). Dieser Rückzahlungsanspruch entfiel vorliegend durch die nachträgliche Erteilung der Abrechnung. Der Ablauf der Abrechnungsfrist stand dem Anspruch des Vermieters auf (nachträgliche) Zahlung der Betriebskosten nicht entgegen. Da es sich bei dem Vorauszahlungsanspruch des Vermieters – nicht aber beim überschießenden Abrechnungssaldo – nicht um eine „Nachforderung" im Sinne von § 556 Abs. 3 S. 3 BGB handelt (*BGH* NJW 2008, 142; Anm. *Bub/Bernhard*, FD-MietR 2007, 247963), ist die Versäumung der Abrechnungsfrist insoweit irrelevant. Dies gilt auch für länger zurückliegende Abrechnungszeiten (*OLG Düsseldorf* BeckRS 2008, 26055). Klagt der Mieter im Aktivprozess auf Rückzahlung der Betriebskostenvorschüsse, so ist er nach erfolgter Abrechnung gehalten, die Klage in eine solche auf Rückerstattung zu viel bezahlter Betriebskosten zu ändern, sofern die Abrechnung für ihn ein Guthaben ausweist (*LG Hamburg* WuM 1997, 380), und/oder die Hauptsache ganz oder teilweise für erledigt zu erklären.

BGH: Entfallen der Wirkungen einer Aufrechnung mit Erteilung der Betriebskostenabrechnung (Urteil vom 22.09.2010 – VIII ZR 285/09, NJW 2011, 143)

Macht der Mieter den Anspruch gegen den Vermieter auf Rückzahlung geleisteter Vorschüsse auf Betriebskosten, über die der Vermieter nicht innerhalb der Frist des § 556 Abs. 3 S. 2 BGB abgerechnet hat, im Wege der Aufrechnung geltend, so entfällt die Wirkung der Aufrechnung ex nunc, soweit der Vermieter nachträglich eine wirksame Betriebskostenabrechnung erteilt und der Mieter hiernach Betriebskosten schuldet.

Die Beklagten waren Mieter einer Dachgeschosswohnung des Klägers. Das Mietverhältnis endete aufgrund fristloser Kündigung des Klägers im Mai 2006. Er nimmt die Beklagten auf Nutzungsentschädigung sowie Schadensersatz in Anspruch. Die Beklagten hatten insoweit z.T. mit Gegenforderungen auf Rückzahlung von Betriebskostenvorauszahlungen für die Jahre 2003 bis 2005 aufgerechnet, da der Kläger keine Abrechnung erteilt hatte. Während des Prozesses erstellte der Kläger im Dezember 2007 die ausstehenden Betriebskostenabrechnungen.

Nach Auffassung des *BGH* hat die Klage in voller Höhe Erfolg. Zwar könne der Mieter nach Ende des Mietverhältnisses Rückzahlung seiner Betriebskostenvorauszahlungen verlangen, sofern der Vermieter keine Abrechnung erteilt, und mit diesem Anspruch auch gegen weitere Ansprüche des Vermieters aufrechnen. Der Anspruch des Mieters auf Rückzahlung geleisteter Betriebskostenvorauszahlungen sei aber nur vorläufiger Natur. Führe nämlich der Vermieter die Fälligkeit seines Betriebskostenerstattungsanspruchs durch ordnungsgemäße Abrechnung nachträglich noch herbei, so stehe selbst die Rechtskraft des einer Klage des Mieters stattgebenden Urteils einer (späteren) Klage des Vermieters auf Zahlung der Betriebskosten nicht entgegen, denn der Rückzahlungsanspruch des Mieters sei lediglich als „zur Zeit begründet" anerkannt worden. Der Mieter sei daher bis zum Eintritt der Verjährung dem begründeten Anspruch des Vermieters auf Zahlung der tatsächlich angefallenen Betriebskosten ausgesetzt.

Mache der Mieter seinen Anspruch auf Rückzahlung der Betriebskostenvorauszahlungen nicht mit einem Zahlungsverlangen, sondern – wie hier – im Wege der Aufrechnung geltend, führe dies zu keinem anderen Ergebnis. Denn der Anspruch des Mieters auf Rückzahlung geleisteter Vorauszahlungen stehe unter der auflösenden

Bedingung einer formell ordnungsgemäßen und inhaltlich richtigen Abrechnung des Vermieters. Trete die Bedingung ein, entfalle der Rückzahlungsanspruch des Mieters ex nunc gem. § 158 Abs. 2 HS 2 BGB, soweit der Vermieter Anspruch auf die abgerechneten Betriebskosten hat; die Aufrechnungserklärung verliere insoweit ihre Wirkung. § 388 S. 2 BGB, wonach die Aufrechnung nicht unter einer Bedingung erklärt werden kann, stehe dem nicht entgegen: Nicht die Aufrechnung werde unter einer Bedingung erklärt, sondern die Forderung, mit der aufgerechnet wird, stehe unter einer auflösenden Bedingung.

Anmerkung:

Vorliegend konnte der Mieter im Passivprozess zunächst mit seinem Rückzahlungsanspruch aufrechnen, da die Aufrechnung bis zum Bedingungseintritt auch mit einer auflösend bedingten Forderung möglich ist. Mit Eintritt der Bedingung wird jedoch eine solche Aufrechnung nach h.M. (*OLG Düsseldorf* BeckRS 2009, 27628; *OLG Nürnberg* NJW-RR 2002, 1239; Staudinger/*Gursky*, § 387 Rz. 130; MünchKomm/*Schlüter*, § 387 Rz. 36), der sich der *BGH* vorliegend anschließt, hinfällig. Kostennachteile hätte der Mieter durch ein sofortiges Anerkenntnis der Mietforderungen und deren Erfüllung gemäß § 93 ZPO nach Vorliegen der Abrechnungen vermeiden können.

3. Inhalt der Abrechnung

BGH: Betriebskostenabrechnung nach Personenzahl (Urteil vom 15.09.2010 – VIII ZR 181/09, NJW 2010, 3570)

Eine Betriebskostenabrechnung nach der Personenzahl ist nicht deshalb (formell) unwirksam, weil die Gesamtpersonenzahl mit einem Bruchteil angegeben ist.

Die Beklagten sind Mieter einer Wohnung des Klägers. Dieser nimmt sie auf Nachzahlung von Betriebskosten in Anspruch. In den Betriebskostenabrechnungen sind die Positionen Kaltwasser, Abwasser und Müllabfuhr nach „Gesamteinheiten" von „20,39 Personen" für 2003, „17,22 Personen" für 2004, „16,06 Personen" für 2005 und „13,98 Personen" für 2006 aufgeschlüsselt, wobei auf die Beklagten jeweils „Einheiten" von „2,0 Personen" entfallen.

Nach Auffassung des *BGH* sind die Betriebskostenabrechnungen nach „Personenbruchteilen" entgegen der Auffassung der Vorinstanz nicht schon wegen formeller Mängel unwirksam. Die Abrechnung nach Personen ermögliche es dem Mieter, gedanklich und rechnerisch nachzuvollziehen, wie, d.h. in welchen Rechenschritten die Umlage der Betriebskosten erfolgt ist. Der in den Abrechnungen unter der Rubrik „Gesamteinheiten" aufgeführte Umlagemaßstab „Personen" sei als Verteilerschlüssel allgemein verständlich; für den Mieter sei ohne weitere Erläuterungen ersichtlich, dass sich bei diesem Umlageschlüssel sein Anteil an den Betriebskosten nach dem Verhältnis der Anzahl der in seiner Wohnung lebenden Personen zu den in der Abrechnungseinheit insgesamt wohnenden Personen bestimmt.

Die Nachvollziehbarkeit einer solchen Abrechnung werde nicht dadurch in Frage gestellt, dass sich aus ihr nicht ergibt, wie der Vermieter die – hier mit einem Bruchteil angegebene – Gesamtpersonenzahl im Einzelnen ermittelt hat. Bei der Ermittlung der Personenzahl müsse der Vermieter einen weiteren Schritt oder eine gewisse „Gewichtung" vornehmen, weil die Zahl der in einem Mietobjekt wohnenden Personen nur entweder „taggenau" oder zu einzelnen (gröberen) Stichtagen ermittelt werden könne. Der Angabe derartiger Details bedürfe es für die formelle Richtigkeit der Abrechnung aber nicht. Ohnehin könnte der Mieter die Ermittlung der Gesamtpersonenzahl nur dann im Einzelnen nachvollziehen, wenn ihm eine Belegungsliste für das Mietobjekt im Abrechnungsjahr zur Verfügung gestellt würde; damit würde die Betriebskostenabrechnung aber überfrachtet. Wie der Vermieter die Gesamtpersonenzahl errechnet hat, sei – nicht anders als etwa die Zusammensetzung der in der Betriebskostenabrechnung angesetzten Gesamtwohnfläche bei der Umlage von Betriebskosten nach der Wohnfläche – eine Frage der inhaltlichen Richtigkeit, die der Mieter anhand einer Einsicht in die Berechnungsunterlagen (Belegungsliste) im Einzelnen überprüfen könne.

Anmerkung:

Während verbrauchsunabhängige Kosten gemäß § 556a Abs. 1 S. 1 BGB nach dem Flächenmaßstab umzulegen sind, da der Anteil der gemieteten Wohn- oder Nutzfläche an der Gesamtfläche des Gebäudes mit den insoweit anfallenden Kosten, etwa Versicherungskosten, Kosten des Grundstücks wie Grundsteuer, Gartenpflege u.ä. korrespondiert und die Umlage nach der Personenzahl zu grob unbilligen Ergebnissen führen würde, steht es den Mietvertragsparteien bei verbrauchsabhängigen Kosten, wie z.B. den Wasserkosten frei, die Kosten nach der Zahl der Nutzer zu vereinbaren. Für dieses Verfahren scheint prima facie eine größere Verteilungsgerechtigkeit zu sprechen, z.T. wird es sogar allein für sachgerecht gehalten (*Kox*, ZMR 1981, 163). Tatsächlich unterstellt eine Umlage nach der Nutzerzahl jedoch ein weitgehend identisches bzw. nur gering variables Nutzerverhalten, was – wie etwa ein Blick auf die unterschiedlichen Dusch- und Badegewohnheiten zeigt – nicht angenommen werden kann.

Vorliegend war Streitgegenstand nur die formelle Richtigkeit der Abrechnung, zur inhaltlichen Richtigkeit musste der *BGH* nicht Stellung nehmen. Bei einer Verteilung nach Personen ist für die Personenzahl nicht die Eintragung im Melderegister, sondern die tatsächliche Nutzung maßgeblich (*BGH* NJW 2008, 1521). Dass in einem Mietshaus die Bewohnerzahl aufgrund von Geburt, Tod, Ein- und Auszug von Familienmitgliedern u.ä. stets fluktuiert, spiegelt sich mit Melderegister nicht oder nur unzureichend wider. Der Vermieter muss deshalb die Fluktuation in der Belegung während des Abrechnungsjahres ermitteln; die Frage, welche Genauigkeit insoweit erforderlich ist, musste der *BGH* nicht entscheiden. Zu erwarten ist hier angesichts der außer Betracht bleibenden Differenzierung nach dem individuellen Nutzerverhalten eine großzügige Handhabung. Gleichwohl verbleiben nach Größe der Wohnanlage steigende praktische Probleme bei der Ermittlung der Zahl der jeweiligen Nutzer, welche die Vertragspartner davon abhalten sollten, personenbezogene Umlageschlüssel zu vereinbaren.

BGH: Zusammenfassung mehrerer Wohngebäude zu einer Abrechnungseinheit (Urteil vom 14.07.2010 – VIII ZR 290/09, NJW 2010, 3229

Werden mehrere Wohngebäude von Beginn des Mietverhältnisses an durch eine Gemeinschaftsheizung versorgt, können diese Gebäude für die Heiz- und Warmwasserkostenabrechnung zu einer Abrechnungseinheit zusammengefasst werden, auch wenn als Mietsache im Mietvertrag nur eines der Gebäude bezeichnet wird. Einer dahin gehenden mietvertraglichen Abrechnungsvereinbarung bedarf es nicht.

BGH: Zusammenfassung mehrerer Wohngebäude zu einer Abrechnungseinheit (Urteil vom 20.10.2010 – VIII ZR 73/10, NJW 2011, 368)

Sofern vertragliche Abreden dem nicht entgegen stehen, ist der Vermieter preisfreien Wohnraums bei der Abrechnung der umlagefähigen Betriebskosten regelmäßig berechtigt, mehrere von ihm verwaltete und der Wohnnutzung dienende zusammenhängende Gebäude vergleichbarer Bauweise, Ausstattung und Größe zu einer Abrechnungseinheit zusammenzufassen. Dies gilt auch dann, wenn nur hinsichtlich einzelner Betriebskosten (hier: Heizkosten) ein unabweisbares technisches Bedürfnis für eine gebäudeübergreifende Abrechnung besteht.

Die Beklagte ist Mieterin einer nicht preisgebundenen Wohnung der Klägerin. Diese nimmt die Beklagte auf Nachzahlung von Betriebskosten in Anspruch. Für die Abrechnung der Heizkosten ist das Anwesen mit dem auf der gegenüberliegenden Straßenseite gelegenen, ebenfalls im Eigentum und unter der Verwaltung der Klägerin stehenden Mietshaus zu einer Abrechnungseinheit zusammengefasst worden. Die Klägerin hat dies damit begründet, dass beide Anwesen über eine gemeinsame Heizungsanlage mit Wärme versorgt würden und eine nach Gebäuden getrennte Abrechnung der Heizkosten deshalb nicht möglich sei. Die Beklagte hält die Abrechung nach der Wirtschaftseinheit für unzulässig.

Nach Auffassung des *BGH* ist die Beklagte zur Zahlung des Abrechnungssaldos verpflichtet. Der Vermieter könne – bei preisfreiem Wohnraum nach billigem Ermessen gemäß § 315 BGB, bei preisgebundenem Wohnraum gemäß § 2 Abs. 2 S. 2 und 3 II. BV a.F. – mehrere Gebäude zu einer Wirtschafts- und Abrechnungseinheit zusammenfassen, soweit im Mietvertrag nichts anderes bestimmt ist. Eine anderweitige Bestimmung könne nicht bereits darin gesehen werden, dass das Mietobjekt bei der Bezeichnung der zu vermietenden Sache mit Straße und Hausnummer bezeichnet ist. Die Parteien verfolgen nämlich mit der Benennung des Orts, an dem die Mietsache belegen ist, regelmäßig nicht den Zweck, auch die Abrechnungseinheit festzulegen. Selbst wenn aber die Lagebeschreibung des Mietobjekts zugleich als Bestimmung der Abrechnungseinheit auszulegen sein sollte, könne dies jedenfalls dann nicht gelten, wenn eine hausbezogene Abrechnung von Beginn des Mietverhältnisses an nicht möglich war. So verhalte es sich hier: Die beiden Anwesen seien von Beginn des Mietverhältnisses mit der Beklagten an durch eine gemeinsame Heizungsanlage mit Wärme versorgt worden. Deshalb sei die Zusammenfassung beider durch die Heizungsanlage verbundenen Anwesen in einer Abrechnungseinheit zulässig; die Klägerin habe keine andere Möglichkeit, als in dieser Weise abzurechnen. Allerdings würden die Verbrauchskosten konkret nutzerbezogen abgerechnet. Es müsse aber zwischen der Zuordnung der für den Betrieb der gemeinsamen Heizungsanlage entstandenen Kosten zu den beiden angeschlossenen Häusern und der Umlage der Gesamtkosten auf die einzelnen Mieter unterschieden werden.

§ 556 BGB beschränke einen Vermieter zudem nicht darauf, eine gebäudebezogene Abrechnung nur dann vorzunehmen, wenn dies aus technischen Gründen unvermeidbar ist. (a.A. *AG Pinneberg* ZMR 2006, 939). Dies ergebe sich eindeutig aus der Gesetzesbegründung und entspreche im Übrigen auch dem Wirtschaftlichkeitsgebot des § 556 Abs. 3 BGB, da sich bei Bildung größerer Abrechnungseinheiten regelmäßig Kostenvorteile ergeben. Der Einwand, dass sich die Abrechnung nach Wirtschaftseinheit wegen der Einbeziehung eines größeren Nutzerkreises im Einzelfall auch nachteilig für den Mieter auswirken könne und somit die Vereinbarung einer Abrechnung nach Wirtschaftseinheit oder eine diesbezügliche Bestimmung des Vermieters gegen § 556 Abs. 4 BGB verstoße (*Langenberg* NZM 2004, 41, 46), sei schon deswegen nicht stichhaltig, weil nach der Einschätzung des Gesetzgebers eine Abrechnung nach größeren Einheiten bei Beachtung der in Rechtsprechung und Schrifttum entwickelten Kriterien den Mieter nicht unbillig oder unzumutbar belastet.

Anmerkung:

Die Betriebskosten sind grundsätzlich nach der kleinstmöglichen Einheit abzurechnen. Dies wird jedoch im Einzelfall nicht immer möglich, zumindest nicht immer praktikabel sein. Der Vermieter kann deshalb mehrere Gebäude zu einer Wirtschafts- und Abrechnungseinheit zusammenfassen (*BGH* NJW 2005, 3135). Soll die Abrechnung auf der Grundlage einer Wirtschaftseinheit erfolgen, muss dies im Mietvertrag vereinbart sein bzw. der Mietvertrag deutlich zum Ausdruck bringen, dass sich die angemietete Wohnung in einer Wirtschaftseinheit befindet (Hannemann/Wiegner/*Gies*, § 24 Rz. 254). Enthält der Mietvertrag keinen Hinweis darauf, dass die Wohnung Teil einer aus mehreren Häusern bestehenden Wirtschaftseinheit ist, sind objektbezogen (Wohnung, Haus) erfassbare Betriebskosten objektbezogen und nicht auf der Grundlage der Kosten der gesamten Wirtschaftseinheit abzurechnen (*LG Bonn* NZM 2005, 615).

BGH: Betriebskostenabrechnung einer Wohnungseigentumsanlage (Urteil vom 23.06.2010 – VIII ZR 227/09, NJW 2010, 3228)

Bei einer Betriebskostenabrechnung, in der mehrere Gebäude oder Gebäudeteile einer Wohnungseigentumsanlage zu einer – je nach Betriebskostenart unterschiedlichen – Abrechnungseinheit zusammengefasst werden, betrifft die Frage, ob die der Abrechnung zugrunde gelegten unterschiedlichen Bezugspunkte für die einzelnen Betriebskosten maßgeblich sind und ob die insoweit angesetzten Flächenangaben zutreffen, nicht die („formelle") Wirksamkeit, sondern die (inhaltliche) Richtigkeit der Abrechnung.

Die Parteien streiten über die Nachzahlung von Betriebskosten. Die Beklagten sind Mieter einer der Klägerin gehörenden Eigentumswohnung in einer Wohnungseigentumsanlage mit insgesamt 203 Wohnungen in mehreren Gebäuden mit 20 Hauseingängen. In der Abrechnung sind bei Kostenpositionen, die nach dem Anteil der Wohnfläche abgerechnet werden, nicht die Einzelflächen aller 20 Anwesen, sondern nur die Gesamtfläche sowie die Fläche der jeweiligen Wohnung angegeben.

Nach Auffassung des *BGH* sind die Betriebskostenabrechnungen formell wirksam. Ob eine Betriebskostenabrechnung die formellen Voraussetzungen erfüllt, die an ihre Wirksamkeit zu stellen sind, richte sich danach, ob der Mieter in der Lage ist, die zur Verteilung anstehenden Kostenpositionen zu erkennen und anhand des ihm mitgeteilten Verteilerschlüssels den auf ihn entfallenden Anteil an diesen Kosten rechnerisch nachzuprüfen. Bei Gebäuden mit mehreren Wohneinheiten seien, soweit keine besonderen Abreden getroffen sind, regelmäßig folgende Mindestangaben in die Abrechnung aufzunehmen: Eine Zusammenstellung der Gesamtkosten, die Angabe und

– soweit erforderlich – Erläuterung der zugrunde gelegten Verteilerschlüssel, die Berechnung des Anteils des Mieters und der Abzug seiner Vorauszahlungen.

Nichts anderes gelte, wenn bei einer größeren Wohnungseigentumsanlage mehrere Gebäude oder Gebäudeteile für bestimmte Betriebskosten in zulässiger Weise zu einer Abrechnungseinheit zusammengefasst werden. Die streitigen Abrechnungen setzten für die nach dem Anteil der Wohnfläche umzulegenden Betriebskosten die Fläche der von den Beklagten gemieteten Wohnung ins Verhältnis zu der für die jeweilige Kostenposition maßgeblichen Gesamtfläche. Dies sei ausreichend. Für die Errechnung des flächenabhängigen Anteils der Beklagten an den Betriebskosten komme es nämlich nur auf die Angabe der Gesamtfläche der Gebäude oder Gebäudeteile an, die in der Abrechnung für die jeweilige Betriebskostenposition zu einer Wirtschaftseinheit zusammengefasst worden sind.

LG Itzehoe: Fehlerhafte Angabe der Abrechnungseinheit (Urteil vom 17.12.2010 – 9 S 37/10, BeckRS 2011, 2433)

Wenn eine Betriebskostenabrechnung über mehrere Objekte die Angabe enthält, dass ein Abrechnungsobjekt aus mehreren Gebäuden gebildet wurde und welche Objekte (vermeintlich) dazugehören, die Angabe der Objekte aber fehlerhaft ist, so stellt dies keinen formellen Fehler der Abrechnung dar. Es handelt sich lediglich um einen inhaltlichen Mangel, der auch nach Ablauf der Abrechnungsfrist des § 556 Abs. 3 S. 3 BGB korrigiert werden kann.

Der Kläger verlangt vom Beklagten Nachzahlung aus einer Heizkostenabrechnung. Das Objekt, in welchem sich die Wohnung des Beklagten befindet, wird zusammen mit anderen, von einer Heizanlage versorgt. In der Abrechnung war folgender Hinweis enthalten: „*Bei dieser Liegenschaft handelt es sich um eine Heizungsanlage, die ... umfasst.*“ Der Hinweis war unrichtig: Tatsächlich wurden andere Objekte mitversorgt, die in der Abrechnung nicht genannt sind, das in der Abrechnung genannte Objekt hingegen nicht.

Nach Auffassung des *LG Itzehoe* ist die Abrechnung formell ordnungsgemäß. Eine Betriebskostenabrechnung sei formell ordnungsgemäß, wenn sie den allgemeinen Anforderungen des § 259 BGB entspricht. In die Abrechnung seien bei Gebäuden mit mehreren Wohneinheiten regelmäßig folgende Mindestangaben aufzunehmen: Eine Zusammenstellung der Gesamtkosten, die Angabe und Erläuterung der zugrunde gelegten Verteilerschlüssel, die Berechnung des Anteils des Mieters und der Abzug seiner Vorauszahlungen. Diese Voraussetzungen seien gewahrt. Der formellen Ordnungsmäßigkeit stehe nicht entgegen, dass in der Abrechnung das Abrechnungsobjekt unrichtig angegeben ist. Es könne offen bleiben, ob es für die formelle Wirksamkeit einer Abrechnung überhaupt erforderlich ist, dass sich aus ihr ergibt, ob eine Abrechnungseinheit gebildet wurde. Denn die streitige Abrechnung stelle klar, dass sie ein Abrechnungsobjekt betrifft, welches aus mehreren Gebäuden besteht, und enthalte auch Angaben dazu, welche Gebäude das Abrechnungsobjekt – vermeintlich – umfassen soll. In diesem Fall sei die Abrechnung formell wirksam – auch wenn sich bei der Benennung der zusammengefassten Gebäude Fehler eingeschlichen haben sollten. Seien die abgerechneten Positionen in verständlicher Form in die Abrechnung eingestellt worden, beträfe die Frage, ob diese Positionen dem Ansatz und der Höhe nach zu Recht bestehen oder ob sonstige Mängel der Abrechnung vorlägen, nicht mehr die formelle Wirksamkeit, sondern nur die inhaltliche – jederzeit nachbesserungsfähige – Richtigkeit der Abrechnung.

Anmerkung:

Nach der Rechtsprechung des *BGH* ist der Vermieter preisfreien Wohnraums, sofern dem nicht mietvertragliche Abreden entgegenstehen, bei der Abrechnung der umlagefähigen Betriebskosten regelmäßig berechtigt, mehrere von ihm verwaltete und der Wohnnutzung dienende zusammenhängende Gebäude vergleichbarer Bauweise, Ausstattung und Größe zu einer Abrechnungseinheit zusammenzufassen – auch wenn nur hinsichtlich einzelner Betriebskosten ein technisches Bedürfnis für eine gebäudeübergreifende Abrechnung besteht (s. vorhergehende Entscheidungen). Noch nicht höchstrichterlich geklärt ist allerdings die Frage, ob es einen formellen – und damit nur innerhalb der Abrechnungsfrist korrigierbaren – Fehler der Abrechnung darstellt, wenn zwar angegeben ist, dass ein Abrechnungsobjekt aus mehreren Gebäuden gebildet wurde und welche Objekte (vermeintlich) dazugehören, die Angabe der Objekte aber fehlerhaft ist. Das *LG Itzehoe* hat deshalb die Revision zugelassen.

Es hatte weiterhin die Frage zu entscheiden, ob die Zusammenfassung von Kaltwasser- und Abwasserkosten mit den Wärmekosten zu einem einheitlichen Abrechnungskreis verbrauchsabhängiger Kosten entsprechend § 556 a Abs. 2 BGB durch einseitige Erklärung des Vermieters zulässig ist, wenn Kaltwasserzähler eingebaut wurden und die Zusammenfassung dazu dient, eine Kostenersparnis zu ermöglichen, weil die Ablesung der Verbrauchsmengen einheitlich erfolgen kann. Es hat die Frage bejaht und damit an seiner bisherigen Rechtsauffassung festgehalten (*LG Itzehoe*, BeckRS 2010, 27511; Anm. *Bub/von der Osten*, FD-MietR 2010, 311020). In diesem Fall soll entsprechend § 556a Abs. 2 BGB auch eine Verschiebung der Abrechnungsperiode einzelner Kosten zum Zwecke der Vereinheitlichung der Abrechnungsperioden und damit der Kostenersparnis zulässig sein. Auch zur Klärung dieser Frage, zu welcher das *LG Itzehoe* bereits in der genannten früheren Entscheidung die Revision zugelassen hatte, hat es die Revision (nochmals) zugelassen.

BGH: Zusammenfassung von Kostenpositionen in der Abrechnung (Urteil vom 15.07.2009 – VIII ZR 340/08, NJW-RR 2009, 1383)

Der Vermieter darf die Kosten für Frischwasser und Schmutzwasser bei der Betriebskostenabrechnung jedenfalls dann in einer Summe zusammenfassen und einheitlich abrechnen, wenn die Umlage dieser Kosten einheitlich nach dem durch Zähler erfassten Frischwasserverbrauch vorgenommen wird.

BGH: Zusammenfassung von Kostenpositionen in der Abrechnung (Urteil vom 16.09.2009 – VIII ZR 346/08, NJW 2009, 3575)

Der Vermieter darf die Kosten der Sach- und Haftpflichtversicherung in einer Summe unter der Position „Versicherung" abrechnen.

Die Beklagten sind Mieter, der Kläger Vermieter einer Wohnung. Der Kläger macht Nachforderungen aus Betriebskostenabrechnungen geltend, in welche er unter der Position „Versicherung" die Kosten verschiedener Versicherungsarten ohne Aufschlüsselung eingestellt hat.

Nach Auffassung des *BGH* steht die Zusammenfassung der Kosten unterschiedlicher Versicherungen in einer Position der Zahlungspflicht des Mieters nicht entgegen. Vielmehr genüge es, in der Abrechnung nach den Betriebskostenarten zu differenzieren, die jeweils unter einer Ziffer im Katalog der Anlage 3 zu § 27 II. BV oder in § 2 BetrKV zusammengefasst sind. Maßgeblich für die formelle Wirksamkeit einer Betriebskostenabrechnung sei die Nachvollziehbarkeit und Prüffähigkeit für den Mieter. Notwendig, aber auch ausreichend sei es, dass der Mieter die ihm angelasteten Kosten bereits aus der Abrechnung klar ersehen und überprüfen kann, so dass die Einsichtnahme in dafür vorliegende Belege nur noch zur Kontrolle und zur Behebung von Zweifeln erforderlich ist; die Pflichten zur Spezifizierung von Kosten dürften nicht überspannt werden.

Die Nachvollziehbarkeit der Abrechung für den Mieter sei auch dann gewährleistet, wenn der Vermieter eng zusammenhängende Kosten – wie vorliegend die Kosten für Sach- und Haftpflichtversicherung – in einer Summe zusammenfasst, ohne die auf die jeweilige Versicherungsart entfallenden Einzelbeträge anzugeben. Unschädlich sei auch, dass der Kläger diese Kostenposition nur allgemein als „Versicherung" bezeichnet und nicht ausdrücklich die in Nr. 13 der Anlage 3 zu § 27 II. BV und § 2 Nr. 13 BetrKV genannte Bezeichnung „Kosten der Sach- und Haftpflichtversicherung" verwendet hat. Eine Kontrolle der Kostenposition „Versicherung" daraufhin, ob für das Mietobjekt Kosten der Sach- und Haftpflichtversicherung in dieser Höhe tatsächlich angefallen sind und wie sie sich auf die die beiden Versicherungsarten verteilen, brauche die Abrechnung nicht zu ermöglichen; hierfür stehe dem Mieter die Möglichkeit der Belegeinsicht zur Verfügung.

Anmerkung:

Wie stark der Vermieter die angefallenen Kosten in der Betriebskostenabrechnung aufgliedern muss, ist in Rechtsprechung und Literatur noch nicht abschließend geklärt. Überwiegend wird verlangt, dass sämtliche angesetzten Kostenarten einzeln abgerechnet werden (*OLG Dresden* NJW-RR 2002, 801). Zumindest wird eine Differenzierung entsprechend den Betriebskostenarten in § 2 BetrKV für erforderlich gehalten (*Sternel*, MietR aktuell, V Rz. 426 f.), teils wird aber auch noch eine zusätzliche Spezifizierung verlangt, etwa bei der Position Versicherung die Angabe der einzelnen Versicherungsarten (*KG* NZM 2002, 954).

Der *BGH* setzt seine Rechtsprechung fort, dass an die Aufgliederung der Kosten in der Abrechnung keine überzogenen Anforderungen gestellt werden dürfen und erteilt der anderslautenden Rechtsprechung einzelner Instanzgerichte zur Zusammenfassung von Kostenpositionen in der Betriebskostenabrechnung (vgl. *AG Berlin-Mitte* NZM 2002, 523) eine Absage. Noch nicht abschließend geklärt ist, ob eine Zusammenfassung von Einzelkosten bei der Position „Strom allgemein" erfolgen darf, wenn sie sich aus dem Verbrauch für die Beleuchtung allgemein genutzter Teile und dem Stromverbrauch der Heizung zusammensetzt (*OLG Hamburg* BeckRS 2002, 30238078), oder unter der Position „Straßenreinigung" Gebühren der Gemeinde und die Kosten eines privaten Winterdienstes zusammengefasst werden dürfen (Eisenschmidt/Rips/*Wall*, Rz. 1864). Insoweit ist dem Vermieter jedenfalls zu empfehlen, die Positionen soweit als möglich aufzuschlüsseln, um zu vermeiden, dass ein Instanzgericht – trotz der entgegenstehenden Tendenz des *BGH* – die Abrechnung für nicht ordnungsgemäß erachtet.

BGH: Wasserkostenabrechnung für verschiedene Nutzergruppen (Urteil vom 25.11.2009 – VIII ZR 69/09, NJW-RR 2010, 515)

Der Vermieter ist bei der Abrechnung von Wasserkosten mangels entsprechender Vereinbarungen nicht verpflichtet, verschiedene Nutzergruppen durch jeweils gesonderte Zähler zu erfassen. Der Verbrauch von Wohneinheiten kann in der Weise ermittelt werden, dass der mittels Zwischenzähler gemessene Verbrauch eines gewerblichen Mieters von dem Gesamtverbrauch laut Hauptwasserzähler abgezogen wird.

Der Beklagte ist Mieter einer Wohnung der Klägerin. Das Gebäude, in dem sich die Wohnung befindet, besteht aus einer Gewerbeeinheit sowie vier Wohneinheiten. Streitgegenstand sind die Positionen Wasser, Abwasser und Niederschlagswasser einer Betriebskostenabrechnung. Die Klägerin ermittelt den auf die vier Wohnungen umzulegenden Wasserverbrauch, indem sie den mittels Zwischenzähler gemessenen Verbrauch der Gewerbeeinheit von dem Gesamtverbrauch laut Hauptwasserzähler abzieht. Die Verteilung innerhalb der Wohneinheiten erfolgt nach dem Maßstab der Wohnfläche.

Nach Auffassung des *BGH* ist die Abrechnung der Wasserkosten nicht deshalb fehlerhaft, weil die Klägerin nur den Verbrauch der Gewerbeeinheit durch einen gesonderten Zwischenzähler erfasst und den Verbrauch der Wohnungen anhand der so genannten Differenzmethode ermittelt hat. Zwar sei im Geltungsbereich des § 5 Abs. 2 S. 2 HeizkVO eine Vorerfassung von Nutzergruppen in der Weise erforderlich, dass der Anteil jeder Nutzergruppe am Gesamtverbrauch durch einen gesonderten Zähler erfasst wird. Ein Verstoß hiergegen habe gemäß § 12 HeizkVO ein Kürzungsrecht in Höhe von 15 % bei den zu Unrecht nicht verbrauchsabhängig abgerechneten Kosten zur Folge. Dies gelte aber nur für den Wärme- und den Warmwasserverbrauch. Für den Bereich der Abrechnung von Kosten für Wasser, Abwasser und Niederschlagswasser existiere keine der Bestimmung des § 5 Abs. 2 HeizkVO entsprechende Vorschrift zur Vorerfassung von Nutzergruppen.

Eine Verpflichtung hierzu ergebe sich auch nicht aus §§ 315, 556a BGB. § 556a Abs. 1 BGB sehe auch für verbrauchsabhängige Kosten eine Abrechnung nach der Wohnfläche vor, sofern nicht die Parteien eine anderweitige Vereinbarung getroffen haben oder tatsächlich eine Verbrauchserfassung für alle Mieter erfolgt. Die gesetzliche Regelung schreibe mithin eine generelle Verbrauchserfassung für Wasserkosten nicht vor und nehme die damit verbundenen Ungenauigkeiten bei der Abrechnung in Kauf. Mit dem Vorwegabzug für den gewerblichen Mieter trage die Klägerin dem unterschiedlichen Verbrauch in der Gewerbeeinheit einerseits und den Wohneinheiten andererseits Rechnung. Eine Verpflichtung der Klägerin, im Interesse einer möglichst genauen Abrechnung den Gesamtverbrauch der Wohneinheiten mit einem weiteren Zwischenzähler gesondert zu erfassen, lasse sich daraus nicht herleiten.

Anmerkung:

Bei der Ermittlung des Verbrauchs von Wärme und Warmwasser ist die Differenzmethode unzulässig. Hier ist vielmehr eine Messung durch ein geeignetes Gerät, etwa einen Wärmezähler erforderlich (*BGH* NZM 2008, 767). Dies folgt nach Auffassung des *BGH* schon aus dem Wortlaut des § 5 Abs. 2 HeizkVO, wonach die Anteile der Gruppen von Nutzern zu „erfassen", also zu messen, nicht lediglich zu berechnen sind. Zudem wird die Differenzmethode dem Ziel einer möglichst genauen Erfassung des Verbrauchs deshalb nicht gerecht, weil sie durch eine Summierung von Messungenauigkeiten des Wärmezählers für die Gewerbeeinheit und des Eingangszählers, selbst wenn sich die Messungenauigkeiten innerhalb der zulässigen Messtoleranzen halten, zu einer erheblichen Abweichung von dem tatsächlichen Verbrauch in der Gewerbeeinheit und den Wohnungen führen kann.

Wird der Wärmeverbrauch nicht gemäß § 5 Abs. 2 S. 1 HeizkVO durch gesonderte Zähler erfasst, so gilt folgende Regelung (*Blank*, IBR 208, 298): Die Gesamtkosten der Wärmeversorgung sind jeweils zu 50 % den Grundkosten und zu 50 % den Verbrauchskosten zuzuweisen, § 6 Abs. 2 HeizkVO. Von den Grundkosten hat jeder Nutzer einen Anteil zu tragen, der dem Verhältnis der Fläche seiner Einheit zur beheizten Gesamtfläche des Gebäudes entspricht. Von den Verbrauchskosten entfallen auf den Mieter der Gewerbeeinheit die durch den Zwischenzähler erfassten Kosten; auf die Gruppe der Wohnungen entfällt der Rest. Dieser Teil wird entsprechend dem Verhältnis der Heizkostenverteiler auf die jeweiligen Wohnungsmieter umgelegt. Jeder Wohnungsmieter kann seine Heizkostenabrechnung gemäß § 12 Abs. 1 S. 1 HeizkVO um 15 % kürzen.

BGH: Vorwegabzug bei gewerblicher Nutzung (Urteil vom 11.08.2010 – VIII ZR 45/10, NJW 2010, 3363)

Bei der Abrechnung der Betriebskosten für ein teils gewerblich, teils zu Wohnzwecken genutztes Gebäude gehört die Vornahme eines Vorwegabzugs für die gewerbliche Nutzung selbst dann nicht zu den an eine Abrechnung zu stellenden Mindestanforderungen, wenn durch die gewerbliche Nutzung ein erheblicher Mehrverbrauch verursacht wird und deshalb ein solcher Vorwegabzug geboten ist.

Der Kläger verlangt von den Beklagten Zahlung des sich aus mehreren Betriebskostenabrechnungen ergebenden Saldos. Diese sind Mieter einer Wohnung in einem Bahnhofscenter. Die Parteien streiten darüber, ob bei den Betriebskosten ein Vorwegabzug für die in den ersten drei Stockwerken des Komplexes untergebrachten gewerblichen Nutzer – unter anderem Lebensmittelgeschäft, Behörde, Gaststätte, Praxen von Ärzten und Steuerberatern – vorzunehmen ist.

Nach Auffassung des *BGH* sind die Betriebskostenabrechnungen nicht wegen formeller Mängel unwirksam. Allerdings sei ein Vorwegabzug aus Billigkeitsgründen erforderlich, wenn die Gewerbenutzung bei der Abrechnung nach dem Flächenmaßstab zu einer erheblichen Mehrbelastung der Wohnungsmieter führt. Ob die Betriebskosten pro Quadratmeter bei den gewerblichen Einheiten wesentlich höher sind als bei den vermieteten Wohneinheiten, lasse sich nicht pauschal mit dem Hinweis auf erhöhten Publikumsverkehr der Gewerbeeinheiten oder durch einen Vergleich mit den Durchschnittskosten begründen, sondern könne nur anhand der konkreten Gegebenheiten des Gebäudekomplexes einerseits und der Art der gewerblichen Nutzung andererseits beurteilt werden. Dabei sei hinsichtlich der einzelnen Betriebskosten zu differenzieren. So könne der von einem Discounter oder einer Gaststätte verursachte Publikumsverkehr je nach den örtlichen Gegebenheiten beim Turnus der Gebäudereinigung zu einer Vervielfachung führen, während Gartenpflege oder Gebäudeversicherung nicht notwendig aufwendiger oder wesentlich teurer ist, wenn sie sich nicht auf einen reinen Wohnkomplex beziehen.

Die Vornahme eines Vorwegabzugs für die gewerbliche Nutzung gehöre aber selbst dann nicht zu den an eine Abrechnung zu stellenden Mindestanforderungen, wenn durch die gewerbliche Nutzung ein erheblicher Mehrverbrauch verursacht wird und deshalb ein Vorwegabzug geboten ist. Allerdings dürften die Kosten nicht vorab – außerhalb der dem Mieter erteilten Abrechnung – um nicht umlagefähige Anteile bereinigt werden; in einem solchen Fall fehle es an der erforderlichen Angabe der „Gesamtkosten". Vorliegend habe die Klägerin aber die Gesamtkosten angegeben, die für den abzurechnenden Komplex entstanden sind. Ein etwa zu Unrecht unterbliebener Vorwegabzug betreffe (nur) die materielle Richtigkeit der Abrechnung und führe deshalb nicht zur Unwirksamkeit der Abrechnung insgesamt, sondern nur zu einer entsprechenden Korrektur um den erforderlichen Vorwegabzug.

Anmerkung:

Durch den Vorwegabzug soll verhindert werden, dass die Wohnungsmieter mit Kosten belastet werden, die allein oder in höherem Maße auf Grund einer gewerblichen Nutzung entstehen; werden sie durch die Umlage der auf das Gebäude entfallenden Gesamtkosten nach einem einheitlich für alle Mieter geltenden Maßstab nicht schlechter gestellt als im Fall einer Voraufteilung zwischen Wohn- und Gewerbeflächen, ist deshalb kein Vorwegabzug erforderlich (*BGH* NJW 2006, 1419). Rechnet der Vermieter über Betriebskosten in gemischt genutzten Abrechnungseinheiten nach dem Flächenmaßstab ab, ohne einen Vorwegabzug der auf Gewerbeflächen entfallenden Kosten vorzunehmen, so trägt der Mieter die Darlegungs- und Beweislast dafür, dass diese Kosten zu einer erheblichen Mehrbelastung der Wohnraummieter führen und deshalb ein Vorwegabzug der auf die Gewerbeflächen entfallenden Kosten geboten wäre (*BGH* NJW 2007, 211; Anm. *Bub/Bernhard*, FD-MietR 2006, 204103).

Auch wenn ein Vorwegabzug erforderlich ist, muss der Vermieter allerdings in der Abrechnung die anfallenden Gesamtkosten angeben (*BGH* NZM 2007, 244; Anm. *Bub/Bernhard*, FD-MietR 2007, 218367). Es genügt nicht, nur die insoweit schon bereinigten Kosten mitzuteilen. Dem Mieter muss auch ersichtlich sein, ob und in welcher Höhe nicht umlagefähige Kosten vorab abgesetzt worden sind, denn auch dies hat Einfluss auf die dem Mieter angelasteten Kosten (Schmidt-Futterer/*Langenberg*, § 556 BGB Rz. 337). Fehlt es an einer solchen Offenlegung, liegt ein formeller Mangel der Abrechnung vor, der zu ihrer Unwirksamkeit führt und nur innerhalb der Abrechnungsfrist korrigiert werden kann.

LG Itzehoe: Vorwegabzug bei gewerblicher Nutzung (Urteil vom 14.01.2011 – 9 S 22/10, BeckRS 2011, 3424)

Ein Vorwegabzug im Sinn der höchstrichterlichen Rechtsprechung liegt nicht vor, wenn der Vermieter einzelne umlegbare Kostenbestandteile nicht mit abrechnet und daher nicht den Gesamtbetrag aller umlegbaren Kosten dieser Kostenart (vorliegend Heizkosten), sondern nur den Gesamtbetrag der abgerechneten Kosten angibt. Der Angabe der Gesamtkosten einschließlich der nicht umgelegten Bestandteile bedarf es nur dann, wenn die Höhe der abgezogenen Kostenteile für die Nachvollziehbarkeit des abgerechneten Betrages von Bedeutung ist, etwa weil dieser Anteil geschätzt und von den Gesamtkosten abgezogen worden ist.

Die klagende Vermieterin nimmt die beklagten Mieter auf Nachzahlung von Heizkosten in Anspruch. In der Heizkostenabrechnung sind die Kosten für den Betriebsstrom der Heizung nicht ausgewiesen. Die Mieter wenden ein, die Abrechung sei mangels Ausweisung des Heizungsstromes nicht ordnungsgemäß. Da beim Betrieb einer Heizung immer Kosten für den Betriebsstrom anfielen, sei der Abrechnung nicht zu entnehmen, ob die Kosten des Betriebsstromes nicht geltend gemacht werden sollten – dann liege ein unzulässiger Vorwegabzug vor – oder ob sie in anderen Kostenansätzen enthalten, dort aber nicht erwähnt seien.

Nach Auffassung des *LG Itzehoe* sind die Beklagten zur Nachzahlung von Heizkosten verpflichtet. Die Heizkostenabrechnung sei formell wirksam, auch wenn sie keine Angaben zum Betriebsstrom der Heizung enthielte. Zwar gehörten die Kosten des Betriebsstromes der Heizung zu den Heizkosten. Die Abrechnung über die Heizkosten werde aber nicht formell unwirksam, wenn der Vermieter einzelne Kosten, die ihm entstanden sind, bewusst oder unbewusst nicht auf die Mieter umlegt. Allerdings führe ein verdeckter „Vorwegabzug" von Kostenbestandteilen zur formellen Unwirksamkeit der Abrechnung; würden einzelne Kosten vorab – außerhalb der dem Mieter erteilten Abrechnung – um nicht umlagefähige Anteile bereinigt, fehle es an der erforderlichen Angabe der Gesamtkosten.

Gleichwohl müsse der Vermieter innerhalb einer Kostenart nicht über alle Kosten abrechnen, die er umlegen könnte. Er sei nicht verpflichtet, sämtliche ihm entstandenen umlagefähigen Kosten auch tatsächlich auf die Mieter umzulegen. Er könne auf die Umlage auch verzichten, was namentlich dann sinnvoll sei, wenn es sich wegen des geringen Umfangs um Kosten untergeordneter Bedeutung handelt und der Vermieter die Gefahr einer Angreifbarkeit der Abrechnung im Hinblick etwa auf die Schätzung einer solchen Position vermeiden will. Vorliegend habe er in der Heizkostenabrechnung die Brennstoffkosten und die Kosten der Verbrauchserfassung ausgewiesen und den Mietern in Rechnung gestellt. Damit habe er – weil die Kosten des Betriebsstromes der Heizung angefallen, aber nicht in Rechnung gestellt wurden – die Gesamtheizkosten i. S. von § 7 Abs. 2 HeizkVO angegeben. Mehr sei nicht erforderlich. Die Angabe der Gesamtkosten sei kein Selbstzweck, sondern diene allein der gedanklichen und rechnerischen Nachvollziehbarkeit der dem Mieter in Rechnung gestellten Beträge. Das Erfordernis der Angabe eines Vorwegabzuges beschränke sich daher auf Fälle, in denen seine Angabe für die gedankliche und rechnerische Nachvollziehbarkeit der Abrechnung von Bedeutung ist. Das sei hier aber nicht der Fall.

Anmerkung:

Mit gut nachvollziehbarer Begründung hat das *LG Itzehoe* die vom *BGH* entwickelten Grundsätze zum Vorwegabzug (s. vorhergehende Entscheidung) vorliegend nicht angewendet, da ausgeschlossen werden kann, dass die fehlende Umlage des Betriebsstroms sich zu Lasten des Mieters auswirkt oder die Nachvollziehbarkeit der Abrechnung beeinträchtigt. Zur Klärung der Frage, ob die fehlende Einstellung des Betriebsstroms in die Heizkostenabrechnung einen unzulässigen Vorwegabzug im Sinne der Rechtsprechung des *BGH* darstellt, hat das *LG Itzehoe* die Revision zugelassen.

BGH: Summenmäßige Angabe der Verbrauchswerte in der Heizkostenabrechnung Urteil vom 25.11.2009 – VIII ZR 322/08, NJW 2010, 2053)

Eine ordnungsgemäße Abrechnung über Brennstoffkosten erfordert nur die summenmäßige Angabe der Verbrauchswerte und der dafür angefallenen Kosten. Eine aus sich heraus vollständige Überprüfbarkeit dieser Angaben auf ihre materielle Richtigkeit ist nicht erforderlich, sondern bleibt einer auf Verlangen des Mieters zu gewährenden Belegeinsicht vorbehalten.

Die Beklagten sind Mieter einer in einem Mehrfamilienhaus gelegenen Wohnung des Klägers. Für das Abrechnungsjahr 2005/2006 übermittelte der Kläger den Beklagten im September 2006 eine Betriebskostenabrechnung, die einen Nachzahlungsbetrag ausweist. Zu den eingestellten Heizkosten wird auf eine beigefügte Heizkostenabrechnung eines Ableseunternehmens Bezug genommen, in welcher nicht nur der Verbrauch, sondern auch der Anfangs- und Endbestand des Heizöls zu Beginn und Ende der Abrechnungsperiode, diese Werte allerdings missverständlich, ausgewiesen sind.

Nach Auffassung des *BGH* wird die vorgelegte Heizkostenabrechnung gleichwohl jenen Anforderungen gerecht, die an die formelle Ordnungsmäßigkeit einer Abrechnung zu stellen sind, weshalb die Abrechnungsfrist des § 556 Abs. 3 S. 2 BGB gewahrt sei. Formell ordnungsgemäß sei eine Betriebskostenabrechnung, wenn der Mieter in der Lage sei, die zur Verteilung anstehenden Kostenpositionen zu erkennen und anhand des ihm mitgeteilten Verteilerschlüssels den auf ihn entfallenden Anteil an diesen Kosten rechnerisch nachzuprüfen. Sind die abgerechneten Positionen in verständlicher Form in die Abrechnung eingestellt worden, betreffe die Frage, ob diese Positionen dem Ansatz und der Höhe nach zu Recht bestehen oder ob sonstige Mängel der Abrechnung vorliegen, nicht mehr die formelle Wirksamkeit, sondern nur noch die inhaltliche Richtigkeit der Abrechnung. Etwaige inhaltliche Fehler der Abrechnung könnten dann auch noch nach Ablauf der Frist des § 556 Abs. 3 S. 2 BGB korrigiert werden.

Der Kläger habe den in der Abrechnungsperiode angefallenen Heizölverbrauch und die hierfür entstandenen Brennstoffkosten, § 2 Abs. 4 a BetrKV, in verständlicher Form dargestellt, so dass die Beklagten in der Lage waren, den geltend gemachten Nachzahlungsanspruch des Klägers gedanklich und rechnerisch nachzuvollziehen und damit dem Zweck der Abrechnung entsprechend nachzuprüfen. Der Vermieter sei ist bei den abgerechneten Gesamtkosten nicht gehalten, jeden einzelnen Rechnungsbetrag anzugeben. Auch eine Mitteilung des Anfangs- und des Endbestandes als Grundlage der vorgenommenen Verbrauchsberechnung sei nicht erforderlich, vielmehr sei es ausreichend, wenn der Brennstoffverbrauch und die dafür angesetzten Kosten summenmäßig in die Abrechnung eingestellt werden. Diese Angaben zeigten dem Mieter, mit welchen Werten tatsächlich abgerechnet worden ist, und versetzten ihn in die Lage, gezielt nach den entsprechenden Belegen zu fragen und über deren Einsichtnahme die inhaltliche Richtigkeit der angegebenen Verbrauchswerte und -kosten nachzuprüfen. Ob letztere durch Berechnung der Differenz zwischen einem Anfangs- und einem Endbestand, durch Addition der Werte mehrerer Beschaffungsvorgänge oder durch eine Kombination solcher Erfassungsmethoden ermittelt werden, sei ohne Belang. Die gedankliche Nachvollziehbarkeit des mitgeteilten Heizölverbrauchs werde durch die weiteren missverständlichen Angaben des Klägers zum Anfangsbestand und zum Heizölbezug am Ende der Abrechnungsperiode vorliegend nicht beseitigt.

Anmerkung:

Zurecht hat sich der *BGH* nicht der in der instanzgerichtlichen Rechtsprechung vereinzelt vertretenen Auffassung angeschlossen, wonach eine Heizkostenabrechnung formell unwirksam ist, wenn in ihr die Grundlagen für die Schätzung bzw. Berechnung des End- und Anfangsbestandes des Heizöls nicht erläutert werden (*LG Berlin* BeckRS 2008, 19937). Vielmehr führt er seine bisherige Rechtsprechung zu den eingeschränkten formellen Voraussetzungen der Betriebskostenabrechnung fort. So bedürfen durch Messeinrichtungen erfasste Verbrauchswerte in einer Abrechnung grundsätzlich keiner näheren Erläuterung, da sie aus sich heraus verständlich sind. Ob die Werte zutreffend angesetzt sind, ist nicht eine Frage der formellen Ordnungsmäßigkeit, sondern der materiellen Richtigkeit der Abrechnung (*BGH* NJW 2008, 2260). Die Grundsätze dieser Entscheidung, die zur Angabe von „schwankenden" Flächen- und Verbrauchswerten in der Abrechnung ergangen war, überträgt der *BGH* vorliegend auf die Berechnung von Verbrauchswerten und die dafür angesetzten Preise.

BGH: Umlegung der Wassergrundgebühr nach Verbrauch (Urteil vom 06.10.2010 – VIII ZR 183/09, NJW 2010, 3645)

In einem Formularmietvertrag hält eine Klausel, nach welcher nicht nur das Frisch-/Kaltwasser nach dem Ergebnis der Verbrauchsmessung abgerechnet, sondern auch die Grundgebühr im Verhältnis der je Wohnung erfassten Verbrauchsmenge umgelegt wird, der Inhaltskontrolle nach § 307 BGB nicht stand, weil sie die Grenze der Zulässigkeit einer Umlegung auch der Grundgebühren der Wasserversorgung nach dem erfassten Verbrauch nicht beachtet.

Der Kläger ist ein eingetragener Mieterschutzverein. Er nimmt die beklagte Wohnungsgenossenschaft auf Unterlassung der Verwendung der fraglichen Klausel in den zwischen der Beklagten und ihren Mietern geschlossenen Verträgen in Anspruch.

Nach Auffassung des *BGH* ist die Klausel über die Umlage der Grundgebühr der Kaltwasserversorgung nach dem in den Wohnungen erfassten Wasserverbrauch unwirksam; sie sei nämlich mit wesentlichen Grundgedanken der gesetzlichen Regelung über die Umlegung von Betriebskosten auf den Mieter unvereinbar. Sie benachteilige den Mieter dadurch unangemessen, dass sie die Umlegung der Grundgebühr nach dem Maßstab des in den Wohnungen erfassten Kaltwasserverbrauchs zwingend anordnet ohne Ausnahme für den Fall, dass eine solche Umlegung wegen erheblichen Wohnungsleerstands in der Abrechnungseinheit zu einer nicht hinnehmbaren Mehrbelastung der verbliebenen Mieter führt. Dies verstoße gegen den Grundsatz, dass der Vermieter bei der Umlegung von Betriebskosten das Leerstandsrisiko zu tragen hat. Zwar eröffne § 556a Abs. 1 S. 2 BGB dem Vermieter auch bei erfasstem Verbrauch einen gewissen Spielraum für die konkrete Ausgestaltung der Umlage verbrauchsabhängiger Betriebskosten; das Gesetz lasse es nicht nur zu, dass die Umlegung verbrauchsabhängiger Betriebskosten nicht vollständig nach erfasstem Verbrauch erfolgt, sondern erlaube es auch, dass in gewissem Umfang verbrauchsunabhängige Kostenbestandteile in die Umlegung nach erfasstem Verbrauch einbezogen werden. Aus Gründen der Praktikabilität könnten deshalb die Kosten der Kaltwasserversorgung im – vom Gesetz vorausgesetzten – Normalfall, in dem die Wohnungen der Abrechnungseinheit im Wesentlichen vermietet sind, einheitlich nach dem erfassten Wasserverbrauch umgelegt werden, also auch insoweit, als Fixkosten wie Grundgebühren oder Zählermiete unabhängig vom tatsächlichen Wasserverbrauch anfallen

Der Grundsatz, dass nach § 556a Abs. 1 S. 2 BGB die gesamten Kosten der Kaltwasserversorgung einheitlich nach dem erfassten Wasserverbrauch umgelegt werden dürfen, gelte allerdings nicht uneingeschränkt. Er finde seine Grenze dort, wo eine solche Umlegung wegen erheblichen Wohnungsleerstands in der Abrechnungseinheit zu einer unzumutbaren Mehrbelastung der Mieter mit Fixkosten der Wasserversorgung führt, die auf die leerstehenden Wohnungen nicht nach Verbrauch umgelegt werden können, weil in ihnen kein Wasser verbraucht wird. Eine Verlagerung des Leerstandsrisikos vom Vermieter auf den Mieter müsse dieser nicht hinnehmen. Zwar seien die Kosten geringfügiger Leerstände von den verbleibenden Mietern mitzutragen. Wenn aber Dauer und Umfang des Leerstands unter Berücksichtigung der Höhe der verbrauchsunabhängigen Kostenbestandteile eine für die Mieter nicht mehr hinnehmbare Mehrbelastung ergeben, sei der Vermieter verpflichtet, diesem Umstand durch eine Änderung des Umlegungsmaßstabs hinsichtlich der verbrauchsunabhängigen Kostenbestandteile der Wasserversorgung Rechnung zu tragen oder den Mietern in anderer Weise einen finanziellen Ausgleich zu verschaffen.

Anmerkung:

Sind die „kalten" Betriebskosten vereinbarungsgemäß nach dem Verhältnis der Fläche der Mietwohnung zur Gesamtwohnfläche umzulegen, hat der Vermieter die auf leer stehende Wohnungen entfallenden Betriebskosten selbst zu tragen, da ihn das Leerstandsrisiko trifft; dies gilt auch für verbrauchsabhängige Betriebskosten, die wegen fehlender Erfassung des Verbrauchs der einzelnen Mieter nach der Wohnfläche abgerechnet werden (*BGH* NZM 2006, 655). Der Vermieter kann aber durch den Einbau von Wasseruhren den Verbrauch konkret erfassen; er hat es insoweit selbst in der Hand, eine Kostenbeteiligung leerstehender Wohnungen zu vermeiden und eine verbrauchsabhängige Umlegung dieser Kosten ohne Zustimmung des Mieters zu erreichen, § 556a Abs. 1 S. 2, Abs. 2 BGB. Ergänzend stellt der *BGH* vorliegend allerdings klar, dass eine Umlegung auch verbrauchsunabhängiger Kostenbestandteile der Wasserversorgung auf den Mieter nach § 556a Abs. 1 S. 2 BGB nicht schrankenlos zulässig ist.

BGH: Betriebskostennachforderung als einfache Insolvenzforderung (Urteil vom 13.04.2011 – VIII ZR 295/10, NJW-RR 2011, 876)

In der Insolvenz des Mieters ist die einen Abrechnungszeitraum vor Insolvenzeröffnung betreffende Betriebskostennachforderung des Vermieters auch dann (einfache) Insolvenzforderung, wenn der Vermieter erst nach der Insolvenzeröffnung oder nach dem Wirksamwerden der Enthaftungserklärung des Insolvenzverwalters gemäß § 109 Abs. 1 S. 2 InsO abgerechnet hat.

Die Beklagte ist Mieterin einer Wohnung der Klägerin. Über ihr Vermögen wurde im April 2008 das Insolvenzverfahren eröffnet. Im Mai 2008 erklärte der Insolvenzverwalter die „Freigabe des Mietverhältnisses". Die Klägerin erteilte der Beklagten im November 2008 die Betriebskostenabrechnung für das Jahr 2007, die eine Nachforderung ausweist. Sie macht diese nunmehr klageweise geltend.

Nach Auffassung des *BGH* handelt es sich bei dem Anspruch auf Zahlung der Betriebskostennachforderung um eine Insolvenzforderung, die die Klägerin während der Dauer des Insolvenzverfahrens gemäß § 87 InsO nur nach den Vorschriften über das Insolvenzverfahren verfolgen kann, nämlich durch Anmeldung dieser Forderung zur Tabelle, § 174 Abs. 1 InsO. Insolvenzgläubiger seien gemäß § 38 InsO die persönlichen Gläubiger, die im Zeitpunkt der Eröffnung des Insolvenzverfahrens einen begründeten Vermögensanspruch gegen den Schuldner haben. Dabei gälten nicht fällige Forderungen als fällig, § 41 Abs. 1 InsO. Die Nachforderung von Betriebskosten für das Abrechnungsjahr 2007 sei Teil der von der Beklagten für das Jahr 2007 geschuldeten Miete. Gemäß §§ 38, 108 Abs. 3 InsO handele es sich deshalb um eine Insolvenzforderung. Dem stehe nicht entgegen, dass die Betriebskostenabrechnung zu diesem Zeitpunkt noch nicht erstellt war. Zwar könne eine Nachforderung erst mit der Abrechnung abschließend beziffert werden und müsse der Vermieter die Abrechnung binnen Jahresfrist seit Ablauf des Abrechnungszeitraums erstellen, weil er sonst gemäß § 556 Abs. 3 S. 2 BGB mit einer Nachforderung ausgeschlossen ist. Diese Umstände ständen der Einordnung der Nachforderung als (einfache) Insolvenzforderung und ihrer Anmeldung zur Tabelle jedoch nicht entgegen. Denn auch nicht fällige oder auflösend oder aufschiebend bedingte Ansprüche könnten zur Tabelle angemeldet werden.

Hieran ändere auch nichts die vom Insolvenzverwalter erklärte „Freigabe". Zwar würden nach dem Wortlaut des § 109 Abs. 1 S. 2 InsO auch Nebenkostennachforderungen erfasst, die – wie hier – einen Zeitraum vor Insolvenzeröffnung betreffen, aber auf einer erst nach Wirksamkeit der Freigabeerklärung erteilten Abrechnung beruhen; denn die Nachforderung werde erst mit der Erteilung der Abrechnung fällig. Nach dem Zweck des § 109 Abs. 1 InsO könne gleichwohl die Passivlegitimation des Schuldners während des Insolvenzverfahrens nicht bejaht werden. Die hinsichtlich eines Wohnraummietverhältnisses abgegebene „Freigabeerklärung" des Insolvenzverwalters diene dazu, die Enthaftung der Masse für Ansprüche aus dem Mietverhältnis herbeizuführen, der sie durch den in § 108 Abs. 1 InsO angeordneten Fortbestand des Mietverhältnisses ausgesetzt ist. Der Mieter werde insoweit geschützt, als der Insolvenzverwalter nicht zur Kündigung des Mietverhältnisses berechtigt ist, sondern lediglich – mit der für die Kündigung geltenden Frist – durch die „Freigabeerklärung" erreichen kann, dass die Masse ab dem Wirksamwerden der Erklärung nicht mehr für danach fällig werdende Ansprüche des Mieters haftet. Die Erklärung des Verwalters nach § 109 Abs. 1 S. 2 InsO könne aber nicht dazu führen, dass eine bisher nicht als Masse-, sondern als Insolvenzforderung zu qualifizierende Betriebskostennachforderung aus dem Insolvenzverfahren quasi herausgelöst wird und ihren Charakter als Insolvenzforderung verliert. Dies widerspräche dem System der InsO, die eine vorgegebene Einteilung der Gläubiger und ihrer Forderungen kennt und einer nachträglichen Verschiebung entgegensteht.

Anmerkung:

Der *BGH* hat für den umgekehrten Fall, dass sich in der Insolvenz des Vermieters bei der Abrechnung einer vor Insolvenzeröffnung bereits abgeschlossenen Abrechnungsperiode ein Guthaben des Mieters ergibt, entschieden, dass es sich bei dem Anspruch auf Auskehrung des Betriebskostenguthabens auch dann um eine vor Eröffnung des Insolvenzverfahrens entstandene Forderung handelt, wenn die Abrechnung erst nach diesem Zeitpunkt erfolgt (*BGH* NZI 2007, 164, Anm. *Herzig*, FD-InsR 2007, 215030). Für die Entstehung beziehungsweise „Begründung" einer Forderung im Sinne des § 38 InsO kann nichts anderes gelten. Dies entspricht auch der h.M. im Schrifttum (MünchKomm/*Eckert*, InsO, § 108 Rz. 90; *Schläger*, ZMR 1999, 522, 524).

LG Itzehoe: Änderung des Abrechnungsmodus (Urteil vom 24.09.2010 – 9 S 73/09, BeckRS 2010, 27511)

Der Vermieter ist berechtigt, im Zuge einer Umstellung auf eine verbrauchsbezogene Umlage entsprechend § 556a Abs. 2 BGB die Kostenpositionen Kaltwasser und Entwässerung in die Heizkostenabrechnung einzustellen.

Die Klägerin verlangt von der Beklagten Nachzahlungen aus Wärme- und Kaltwasserkostenabrechnungen. Nach dem Mietvertrag haben sie Vorauszahlungen für Heiz- und Warmwasserkosten einerseits, für sonstige Betriebskosten andererseits zu leisten. Später teilte die Klägerin schriftlich mit, dass sie eine Umschichtung in den Betriebskostenvorauszahlungen vornehmen werde. Die Kaltwasserabrechnung würde zukünftig zusammen mit der Heizkostenabrechnung erstellt. Gegen die Abrechnungen wendet die Beklagte nunmehr ein, im Mietvertrag seien für Heizungs- und Warmwasserkosten einerseits und für sämtliche übrigen Betriebskostenarten andererseits – dazu gehörten auch die Kosten für Wasser und Entwässerung – zwei separate Abrechnungskreise vereinbart. Der Vermieter sei nicht berechtigt, diesen Abrechnungsmodus einseitig zu ändern.

Nach Auffassung des *LG Itzehoe* steht der Klägerin der geltend gemachte Nachzahlungsanspruch zu. Die Einbeziehung der Kaltwasser- und Entwässerungskosten in die Heizkostenabrechnung sei nicht fehlerhaft. Zwar differenziere der Mietvertrag ausdrücklich zwischen Heizkosten, also Heizungs- und Warmwasserkosten, und „kalten" Betriebskosten; die Parteien hätten insoweit zwei separate Abrechnungskreise vereinbart. Allerdings habe die Klägerin durch einseitige Erklärung die Kostenpositionen Kaltwasser und Entwässerung im Zuge der Umstellung auf eine verbrauchsbezogene Umlage aus dem Abrechnungskreis der „kalten" Betriebskosten herausgelöst und in den Abrechnungskreis der Wärmekosten eingegliedert. Die Berechtigung dazu ergebe sich aus einer entsprechenden Anwendung des § 556a Abs. 2 BGB. Danach dürfe der Vermieter durch Erklärung in Textform, § 126b BGB, bestimmen, dass verbrauchsabhängige Betriebskosten zukünftig abweichend von der getroffenen Vereinbarung ganz oder teilweise nach einem Maßstab umgelegt werden, der dem erfassten unterschiedlichen Verbrauch Rechnung trägt. Die Vorschrift regele ihrem Wortlaut nach zwar nur die einseitige Umstellung der Betriebskostenumlage auf einen verbrauchsbezogenen Abrechnungsmaßstab; sie sei jedoch analog auf die Einbeziehung von verbrauchsabhängigen Kosten in den Abrechnungskreis der Wärmekosten anzuwenden, wenn dadurch die Zahl der Ablesetermine reduziert und die diesbezüglichen Kosten entsprechend gering gehalten werden. Dann sei eine solche Umgliederung der betreffenden Betriebskostenpositionen bereits mit Blick auf den Grundsatz der Wirtschaftlichkeit, §§ 556 Abs. 3 S., 560 Abs. 5 BGB, geboten.

Dies entspreche auch den Intentionen des Gesetzgebers. Da dieser mit § 556a Abs. 2 BGB den sparsamen und kostenbewussten Umgang mit Energie fördern wollte, seien auch die Kosten der Ablesung möglichst niedrig zu halten. Im Übrigen sollte der Bestimmung des § 556a Abs. 2 BGB ein weiter Anwendungsbereich zukommen. Da die Klägerin auch die erforderliche Textform eingehalten habe, sei der Abrechnungsmodus durch einseitige Erklärung wirksam geändert worden. Selbst wenn man im übrigen dem Mieter einen Korrekturanspruch im Hinblick auf die Abrechnung zubilligen würde, wäre dessen einredeweise Geltendmachung vorliegend treuwidrig, da sich der Abrechnungssaldo durch die Übernahme der Kaltwasser- und Entwässerungskosten in den Abrechnungskreis der Heizkosten nicht verändert; es handele sich um ein „Nullsummenspiel".

Anmerkung:

Der Vermieter kann von seinem Änderungsrecht nach § 556a Abs. 2 BGB jederzeit Gebrauch machen; bestimmte Fristen sind nicht zu beachten. Die Erklärung kann nach § 556a Abs. 2 S. 2 BGB jedoch nur für zukünftige Abrechnungszeiträume abgegeben werden, sie wirkt also nicht in der laufenden Abrechnungsperiode. Der Mieter muss der Erklärung entnehmen können, in welcher Weise der Vermieter von seinem Bestimmungsrecht Gebrauch macht. Der Umfang der Erläuterung hängt von der bisherigen Mietstruktur ab; gilt eine Nettomiete, genügt die nachvollziehbare Mitteilung, welche Betriebskostenart betroffen ist. Ist das Bestimmungsrecht nicht wirksam ausgeübt worden, verbleibt es bei der zuvor geltenden Regelung. Zur abschließenden Klärung der Frage, ob § 556a Abs. 2 BGB auch auf die Ausgliederung von Kaltwasser- und Entwässerungskosten aus dem vertraglich vereinbarten Abrechnungskreis der „kalten" Betriebskosten Anwendung findet, hat das *LG Itzehoe* die Revision zugelassen.

LG Heidelberg: Heizkostenabrechnung nach dem Abflussprinzip (Urteil vom 25.02.2011 – 5 S 77/10, BeckRS 2011, 5561)

Jedenfalls im Fall der nicht verbrauchsabhängigen Abrechnung über die Heizkosten nach § 12 Abs. 1 HeizkVO kann der Vermieter auch nach dem „Abflussprinzip" abrechnen.

Die klagende Vermieterin verlangt Nachzahlung von Heizkosten für das Jahr 2008. Die Heizkosten werden nicht verbrauchsabhängig abgerechnet, da in dem Anwesen keine Heizkostenzähler installiert sind. In der Heizkostenabrechnung sind für den Abrechnungszeitraum für drei Heizöllieferungen Gesamtkosten in Höhe von 6.100 € angegeben. Der Beklagte verweigert die Zahlung mit der Begründung, die Klägerin habe nicht darlegen können, dass das im Abrechnungszeitraum getankte Heizöl im Jahr 2008 auch verbraucht worden sei.

Nach Auffassung des *LG Heidelberg* ist ein Nachzahlungsanspruch nicht deshalb ausgeschlossen, weil unklar geblieben ist und auch nicht mehr ermittelt werden kann, in welcher Höhe das 2008 gelieferte und bezahlte Heizöl im Abrechnungszeitraum tatsächlich verbraucht wurde. Zwar gehörten nach § 7 Abs. 2 HeizkVO zu den Kosten der Versorgung mit Wärme nur die Kosten der „verbrauchten" Brennstoffe. Jedenfalls im Rahmen einer nicht verbrauchsabhängigen Abrechnung nach § 12 Abs. 1 HeizkVO sei eine Abrechnung aber auch nach dem Abflussprinzip zuzulassen. Dies sei § 7 Abs. 2 HeizkVO vereinbar, weil dieser durch § 12 Abs. 1 HeizkVO ergänzt wird, der für den Fall der nicht verbrauchsabhängigen Abrechnung gerade voraussetzt, dass auch dann Kostenanteile auf Nutzer entfallen und lediglich gekürzt werden dürfen.

Intention der Heizkostenverordnung sei es, im öffentlichen Interesse einen sorglosen Umgang mit Heizenergie zu verhindern, nicht im Mieterinteresse eine gerechtere Abrechnung des Verbrauchs zu erreichen. Zwar bestehe bei der Abrechnung nach dem Abflussprinzip – allerdings nur am Ende des Mietverhältnisses – die Gefahr, dass die ohnehin bereits eingekaufte Heizenergie dann auch großzügig genutzt wird. Diese für die Allgemeinheit schädliche Folge der verordnungswidrigen Abrechnungsweise des Gebäudeeigentümers werde aber schon durch § 12 Abs. 1 HeizkVO ausreichend erfasst. Der Kürzungsbetrag von 15 % entspreche bereits demjenigen, was der Verordnungsgeber an Energieeinsparung durch verbrauchsabhängige Abrechnung erwartet hat. Für eine zusätzliche Kürzung bei Abrechnung nach dem Abflussprinzip auf Null fehle jeder sachliche Grund. Dass sie zu einer Energieverschwendung von weiteren 85 % führen könnte, sei im Gegenteil fernliegend und eine solche Rechtsfolge deshalb unverhältnismäßig.

Wie der vorliegende Fall zeigt, seien die Konsequenzen der gegenteiligen Auffassung zudem ausgesprochen unbillig. Hat es der Gebäudeeigentümer versäumt, den Heizölstand zu Beginn oder Ende des Abrechnungszeitraums zu messen, könnte er nicht nur keine Nachforderungen geltend machen, sondern auch noch auf Rückzahlung der Vorauszahlungen in Anspruch genommen, weil er eine inhaltlich richtige Abrechnung überhaupt nicht mehr erstellen kann. Es dürfte im Übrigen kaum dem Zweck der Verordnung, Energie einzusparen, entsprechen, wenn in solchen Fällen der Nutzer gänzlich kostenlos Wärme verbrauchen darf. Sollte nach alledem die Abrechnung nach dem Abflussprinzip zu unerträglichen Konsequenzen im Einzelfall führen, können diese über § 242 BGB korrigiert werden. Nachdem hier die Beklagte von den Heizöllieferungen aber noch elf Monate im nachfolgenden Abrechnungsjahr 2009 profitierte, müsse es bei dem Anspruch der Klägerin bleiben.

Anmerkung:

Nach Auffassung des *BGH* muss über Betriebskosten nicht nach dem Leistungsprinzip, sondern kann auch nach dem Abflussprinzip abgerechnet werden (*BGH* NJW 2008, 1300, Anm. *Bub/von der Osten*, FD-MietR 2008, 256224). Es ermöglicht eine sachgerechte Umlage der Betriebskosten, indem es auf die Kosten abstellt, mit denen der Vermieter im Abrechnungszeitraum vom Leistungsträger jeweils tatsächlich belastet wird. Die Betriebskostenabrechnung vereinfacht sich dadurch jedenfalls für bestimmte Betriebskostenarten für den Vermieter u.U. erheblich.

Diese Entscheidung betraf jedoch nur Betriebskosten im Allgemeinen; ob auch Heizkosten nach dem Abflussprinzip abgerechnet werden können, hat der *BGH* ausdrücklich offen gelassen (*BGH* NJW 2008, 2328). Die h.M. in Rechtsprechung und Literatur verneint dies (*LG Hamburg* BeckRS 2009, 19244: formell unwirksame Abrechnung; *Milger*, NZM 2008, 757, 761). Über sie sei ausschließlich nach dem Leistungs- oder Verbrauchsprinzip abzurechnen, weil nach § 7 Abs. 2 S. 1 HeizkVO die Kosten der „verbrauchten" Brennstoffe zu verteilen sind. Zur abschließenden Klärung der Frage hat das *LG Heidelberg* die Revision zugelassen.

LG Heidelberg: Heizkostenabrechnung trotz vereinbarter Pauschale (Urteil vom 25.02.2011 – 5 S 77/10, BeckRS 2011, 5561)

Vereinbaren die Parteien entgegen § 2 HeizkVO eine Betriebskostenpauschale, die auch Heizkosten erfasst, so geht die Heizkostenverordnung dieser Vereinbarung von Anfang an vor und steht deshalb, wenn der Vermieter über die Heizkosten abrechnet, Nachforderungen nicht entgegen. Der Anspruch auf Nachzahlung von Heizkosten folgt dann unmittelbar aus § 6 Abs. 1 S. 1 HeizkVO.

Die Parteien streiten um Nachzahlung von Heizkosten. Die Räume waren nicht mit Ausstattungen zur Verbrauchserfassung versehen. Nach dem Mietvertrag sollten Nebenkosten für „Heizung, Wasser und Abwasser" neben der Miete mit einem festen Betrag pro Monat vom Mieter zu tragen sein. Für die Jahre 2004 und 2005 hatte die Klägerin über die Heizkosten abgerechnet und die Beklagte die Nachzahlungsbeträge beglichen, ohne Einwendungen geltend zu machen.

Nach Auffassung des *LG Heidelberg* folgt ein Anspruch der Klägerin auf Nachzahlung von Heizkosten nicht aus dem Mietvertrag. Nach dessen Wortlaut sollten diese gerade nicht abgerechnet werden. Durch die Leistung von Nachzahlungen sei der Mietvertrag auch nicht abgeändert worden. Dem Vermieter stehe aber ein Anspruch auf Nachzahlung von Heizkosten unmittelbar aus § 6 Abs. 1 S. 1 HeizkVO zu, wonach der Gebäudeeigentümer die Kosten der Versorgung mit Wärme auf der Grundlage der Verbrauchserfassung „auf die einzelnen Nutzer zu verteilen" hat. Die Vereinbarung der Parteien über eine auch die Heizkosten erfassende Pauschale sei unwirksam, denn nach § 2 HeizkVO gingen die Vorschriften der HeizkVO rechtsgeschäftlichen Bestimmungen vor. Die Geltung von § 2 HeizkVO sei auch nicht davon abhängig, dass Gebäudeeigentümer oder Nutzer eine verbrauchsabhängige Kostenverteilung verlangten. Dann aber sei es sachgerecht, die HeizkVO auch für Nachzahlungspflichten „rückwirkend" ab Vertragsschluss anzuwenden. Dass eine rückwirkende Ausstattung mit Erfassungsgeräten nicht möglich ist, sei unschädlich. Eben diesen Fall erfasse § 12 Abs. 1 HeizkVO, indem er dem Mieter ein Kürzungsrecht einräumt, wenn nicht verbrauchsabhängig abgerechnet wird.

Eine Vereinbarung über Heizkostenvorauszahlungen hätten die Parteien nicht abschließen wollen, weil sie nicht von einer Abrechnung ausgegangen sind. Der Vertrag sei insoweit lückenhaft. Im Wege der ergänzenden Vertragsauslegung sei deshalb der nach § 2 HeizkVO unbeachtliche Teil der vereinbarten Pauschale von 130 € als Vorauszahlung zu behandeln. Angesichts der anfänglichen Unwirksamkeit der vereinbarten Heizkostenpauschale könne für ihren Anteil an der Gesamtpauschale nur maßgeblich sein, was die Parteien vereinbart hätten, wenn sie bei Vertragsschluss die Unwirksamkeit ihrer Vereinbarung bedacht hätten. Dann aber hätten sie für Heizkostenvorauszahlung einerseits und Pauschale für die übrigen Betriebskosten andererseits gesonderte Beträge vereinbart, deren Summe 130 € beträgt und deren Verhältnis zueinander dem Verhältnis zwischen Heizkosten und übrigen Betriebskosten entspricht, wie sie bei Vertragsschluss zu erwarten waren. Maßgeblich sei also nicht das in der letzten Abrechnungsperiode oder gar zukünftig zu erwartende Verhältnis der beiden Kostenarten zueinander, sondern dasjenige bei Beginn des Mietverhältnisses. Vorliegend erscheine es sachgerecht, das über die Jahre relativ stabile Verhältnis zwischen Heizkosten und sonstigen Betriebskosten zu Grunde zu legen.

Anmerkung:

Im Anwendungsbereich der HeizkVO muss der Vermieter gemäß §§ 4, 6 HeizkVO die Kosten für Heizung und Warmwasser verbrauchsabhängig messen und auf die Mieter umlegen. Damit besteht eine Pflicht zur tatsächlichen Abrechnung nach § 556 Abs. 3 BGB. Diese Verpflichtung geht vertraglichen Vereinbarungen vor (*BGH* NJW 1993, 1061; Staudinger/*Weitemeyer*, Anh. §§ 556, 556a Rz. 4). Aus diesem Grund ist die Vereinbarung einer pauschalen Warmmiete (*BayObLG* NJW-RR 1988, 1293), einer Abrechnung nach der Personenzahl, einer Heizkostenpauschale, über die nicht abgerechnet wird (*OLG Hamm* NJW-RR 1987, 8), oder entgegenstehender Formularklauseln unwirksam.

Das *LG Heidelberg* schließt sich nicht der h.M. an, dass sich die Vertragsparteien für die Vergangenheit allerdings an einer solchen Vereinbarung festhalten lassen müssen (*LG Berlin* NZM 2000, 333; Staudinger/*Weitemeyer*, a.a.O.), sondern wendet die Vorschriften der HeizkVO auch rückwirkend an. Dem ist zuzustimmen, da kein Grund dafür ersichtlich ist, weshalb eine unwirksame Vereinbarung aufrecht erhalten bleiben soll.

LG Krefeld: Berücksichtigung von Leerstand bei der Betriebskostenabrechnung (Urteil vom 17.03.2010 – 2 S 56/09, BeckRS 2010, 10986)

Bei einer Abrechnung von Betriebskosten nach dem Personenschlüssel oder einem kombinierten Personen-/Flächenschlüssel muss der Vermieter auch bei ausschließlich verbrauchsabhängigen Kosten einen Wohnungsleerstand berücksichtigen. Eine dem zuwider lautende Vertragsklausel ist unwirksam.

Der Kläger nimmt die Beklagten auf Zahlung von Betriebskosten in Anspruch. Nach dem Mietvertrag sind die verbrauchsabhängigen Betriebskosten (u.a. Müllabfuhrgebühren, Wasser- und Kanalisationsgebühren sowie Abwasserkosten) nach der „Hausbelegungsstärke“, d.h. für die einzelne Wohnung nach der Kopfzahl – zusätzlich modifiziert nach der Fläche – abzurechnen. Nach Auffassung der Beklagten muss der Kläger den unstreitig erhöhten Leerstand im Mietobjekt durch Ansatz einer fiktiven Personenzahl für jede leerstehende Wohnung berücksichtigen.

Nach Auffassung des *LG Krefeld* ist der im Mietvertrag vereinbarte Umlageschlüssel für die verbrauchsabhängigen Kosten gemäß § 307 Abs. 1 S. 1 BGB unwirksam. Allerdings könnten die Parteien durch Formularvertrag die verbrauchsabhängigen Betriebskosten nach dem Verhältnis der Personenzahl umlegen; gleiches müsse gelten, wenn die Personenzahl nicht der allein ausschlaggebende Bemessungsfaktor ist, sondern – wie hier – eine Kombination aus Fläche und Kopfzahl. Dieser Umlageschlüssel benachteilige die Beklagten als Mieter vorliegend aber unangemessen, weil bei der Umlage der verbrauchsabhängigen Betriebskosten etwaige Leerstandsflächen im Mietobjekt nicht berücksichtigt werden. Leerstand sei im Falle der Kostenverteilung auf Grund des gesetzlichen Flächenschlüssels grds. zu berücksichtigen. Der Vermieter habe das Vermietungsrisiko und damit das Leerstandsrisiko zu tragen. Auf Grund dieser Risikoverteilung könne der Vermieter die auf leer stehende Wohnungen entfallenden Betriebskosten nicht auf die Mieter abwälzen, wenn die Betriebskosten nach dem Verhältnis der Fläche der Mietwohnung zur Gesamtwohnfläche umzulegen sind.

Nach Auffassung des *LG Krefeld* sind Leerstandsflächen auch bei einer Umlage der verbrauchsabhängigen Betriebskosten nach der Personenzahl zu berücksichtigen. Hier könne hinsichtlich der Risikoverteilung nichts anderes gelten als bei der Verwendung des Flächenschlüssels. Das Vermietungsrisiko falle ebenso allein in die Sphäre des Vermieters wie der Entschluss, von der Neuvermietung abzusehen. Das Argument, die Betriebskosten würden bei Umlage der verbrauchsabhängigen Kosten nur auf die tatsächlichen Nutzer verteilt und die Kosten stiegen durch den Leerstand nicht an, vermöge nicht zu überzeugen: Der Personenschlüssel verteile nämlich auch bei verbrauchsabhängigen Kosten nicht einen erfassten Verbrauch im Sinne von § 556a Abs. 1 S. 2 BGB; hierfür wären Messeinrichtungen für jede einzelne Wohneinheit erforderlich. Er sei vielmehr (nur) eine – vermeintlich – gerechtere Schätzung als der Flächenschlüssel, jedoch keine Verbrauchsmessung. Bei einem Leerstand, den nicht der Vermieter zu tragen hat, werde ein erheblicher Mehrverbrauch eines einzelnen oder weniger Mitmieter auf eine geringere Anzahl von Personen verteilt, so dass die Belastung der Normal- und Wenigverbraucher steigt. Die Umlagegerechtigkeit, die elementare Grundlage der Verteilung ist, erfordere daher eine Leerstandsberücksichtigung. Ist die Klausel unwirksam, gelte der gesetzliche Flächenschlüssel gemäß § 556a Abs. 1 S. 1 BGB, für den die Vermutung der Angemessenheit spricht

Anmerkung:

Nach der Rechtsprechung des *BGH* ist Leerstand im Falle der Kostenverteilung nach dem gesetzlichen Flächenschlüssel gemäß § 556a BGB grds. zu berücksichtigen (*BGH* NZM 2006, 655). Ob dies auch für Leerstand bei der Verteilung von verbrauchsabhängigen Betriebskosten nach der Personenzahl gilt, ist höchstrichterlich noch nicht entschieden. Teilweise wird vertreten, bei verbrauchsabhängigen Betriebskosten sei dies nicht erforderlich, wenn auf die leerstehenden Wohnungen kein Verbrauch entfällt und die Verbrauchskosten deshalb ausschließlich von den verbleibenden Mietern verursacht worden sind (*AG Zwickau* NJW-RR 2001, 1018). Nach a.A., der sich das *LG Krefeld* vorliegend anschließt, muss auch in diesem Fall etwaiger Leerstand im Mietobjekt zu Lasten des Vermieters berücksichtigt werden (*AG Köln* WuM 2002, 285; Schmidt-Futterer/*Langenberg*, § 556a BGB Rz. 56). Um die Frage der Notwendigkeit der Leerstandsberücksichtigung abschließend zu klären, hatte das *LG Krefeld* die Revision zugelassen, die allerdings nicht eingelegt wurde.

4. Einwendungen gegen die Abrechnung

BGH: Deklaratorisches Anerkenntnis durch Zahlung (Urteil vom 12.01.2011 – VIII ZR 296/09, NJW 2011, 843)

Jedenfalls seit der gesetzlichen Einführung der ausschlussbewehrten Abrechnungs- und Einwendungsfristen gemäß § 556 Abs. 3 S. 2, 3 und 5, 6 BGB erlauben weder die vorbehaltlose Zahlung einer Betriebskostennachforderung durch den Mieter, noch die vorbehaltslose Erstattung eines sich aus der Betriebskostenabrechnung ergebenden Guthabens durch den Vermieter für sich genommen die Annahme eines deklaratorischen Schuldanerkenntnisses, das einer späteren Nach- oder Rückforderung während des Laufs der genannten Fristen entgegensteht.

Die Kläger sind Mieter einer Wohnung der Beklagten. Die Betriebskostenabrechnung 2006 ergab ein Guthaben der Kläger, das die Beklagte deren Mietkonto gutschrieb, weshalb sie im Lastschriftverfahren nur eine verringerte Miete einzog. Später bemerkte sie, dass bei der Abrechnung Heizöl nicht berücksichtigt worden war. Sie buchte deshalb den Differenzbetrag vom Konto der Kläger ab.

Nach Auffassung des *BGH* steht den Klägern kein Rückzahlungsanspruch zu. Der Beklagten habe aufgrund der von ihr innerhalb der laufenden Abrechnungsfrist des § 556 Abs. 3 S. 2 BGB vorgenommenen Korrektur der Betriebskostenabrechnung ein Anspruch auf Zahlung zugestanden; diesem Anspruch stehe nicht entgegen, dass sie das gemäß der ursprünglichen Betriebskostenabrechnung zugunsten der Kläger bestehende Guthaben diesen bereits gutgeschrieben hatte; insbesondere sei in dieser vorbehaltlosen Gutschrift kein – mit einem Verzicht auf etwaige weitergehende Ansprüche verbundenes – deklaratorisches Schuldanerkenntnis zu sehen. Innerhalb der Abrechnungsfrist sei jederzeit eine Korrektur der Betriebskostenabrechnung möglich, auch wenn sie zu Lasten des Mieters erfolgt. Nach Ablauf der Abrechnungsfrist sei der Mieter hingegen vor einer Berichtigung zu seinen Lasten durch § 556 Abs. 3 S. BGB weitgehend geschützt.

Zwar sei bis zum Inkrafttreten des Mietrechtsreformgesetzes aus Gründen der Rechtssicherheit jede Partei mit nachträglichen Einwendungen ausgeschlossen gewesen, die bereits bei Rechnungslegung oder Zahlung hätten geltend gemacht werden können. Hieran sei aber seit der gesetzlichen Einführung der ausschlussbewehrten Abrechnungs- und Einwendungsfristen in § 556 Abs. 3 S. 2, 3 und 5, 6 BGB nicht festzuhalten. Die Abrechnungsfrist und der Ausschluss von Nachforderungen nach Fristablauf dienten der Abrechnungssicherheit und sollten Streit vermeiden. Sie gewährleisteten eine zeitnahe Abrechnung, damit der Mieter in einem überschaubaren zeitlichen Zusammenhang mit dem Abrechnungszeitraum entweder über ein sich bei der Abrechnung zu seinen Gunsten ergebendes Guthaben verfügen kann oder Gewissheit darüber erlangt, ob und in welcher Höhe er mit einer Nachforderung des Vermieters rechnen muss. Gleiches gelte umgekehrt für die Einwendungsfrist des Mieters gegen die Betriebskostenabrechnung. Durch diese gesetzlichen Regelungen sei umfassend gewährleistet, dass die Mietvertragsparteien nach überschaubarer Zeit Klarheit über ihre Verpflichtungen aus einem abgeschlossenen Abrechnungszeitraum erlangen. Ein Erfordernis für die Annahme eines bereits in einer vorbehaltlosen Zahlung oder einer vorbehaltlosen Gutschrift zu sehenden deklaratorischen Schuldanerkenntnisses bestehe deshalb nicht mehr. Der bis zum Ablauf der Abrechnungsfrist bestehende Schwebezustand müsse hingenommen werden.

Anmerkung:

Mit zutreffender Begründung tritt der *BGH* jenen Stimmen in der Literatur entgegen, die an der bis zum Inkrafttreten der Mietrechtsreform vertretenen Auffassung zu den Präklusionswirkungen einer Zahlung oder Erstattung von Betriebskosten *vor Ablauf* der Abrechnungsfrist festhalten wollen (Schmidt-Futterer/*Langenberg*, § 556 Rz. 408 ff.; a.A. MünchKomm/*Schmid*, § 556 Rz. 102 f.; offen gelassen von *BGH* NJW 2006, 903). *Nach Ablauf* der Abrechnungsfrist ist hingegen jede Nachforderung des Vermieters ausgeschlossen. Eine solche liegt nicht nur dann vor, wenn der Vermieter einen die geleisteten Vorauszahlungen des Mieters übersteigenden Betrag fordert, sondern auch dann, wenn er einen Betrag fordert, der – wie vorliegend – das Ergebnis einer bereits erteilten Abrechnung übersteigt, insbesondere wenn diese ein Guthaben des Mieters ausweist (*BGH* NJW 2008, 1150, Anm. *Bub/von der Osten*, FD-MietR 2008, 254102). Zahlt der Mieter nach Fristablauf versehentlich auf eine Abrechnung, steht ihm gegen den Vermieter ein Rückerstattungsanspruch zu, da er auf einen nicht (mehr) bestehenden, nämlich durch Ablauf der Ausschlussfrist *erloschenen* Anspruch geleistet hat (*BGH* NJW 2006, a.a.O.).

BGH: Falsch umgelegte Betriebskosten (Urteil vom 10.10.2007 – VIII ZR 279/06, NZM 2008, 81)

Zu den Einwendungen gegen eine Abrechnung des Vermieters über Vorauszahlungen für Betriebskosten, die der Mieter spätestens bis zum Ablauf des zwölften Monats nach Eingang einer formell ordnungsgemäßen Abrechnung geltend machen muss, gehört auch der Einwand, dass es für einzelne, nach § 556 Abs. 1 BGB grundsätzlich umlagefähige Betriebskosten an einer vertraglichen Vereinbarung über deren Umlage fehlt.

BGH: Falsch umgelegte Betriebskosten (Urteil vom 05.03.2008 – VIII ZR 80/07, NZM 2008, 361)

Zu den Einwendungen gegen eine Abrechnung des Vermieters über Vorauszahlungen für Betriebskosten, die der Mieter spätestens bis zum Ablauf des zwölften Monats nach Zugang einer formell ordnungsgemäßen Abrechnung geltend machen muss, gehört auch der Einwand, dass der Vermieter Betriebskosten, die nach der mietvertraglichen Vereinbarung durch eine Teilinklusivmiete abgegolten sein sollten, abredewidrig konkret abgerechnet habe (Fortführung von *BGH* NZM 2008, 81).

Im ersten Fall enthielt der Mietvertrag im Einzelnen genannte Betriebskosten, die durch Vorauszahlungen und Abrechnung auf den Mieter umgelegt wurden. Weiter heißt es im Mietvertrag, dass unter die Betriebskosten die in der Anlage aufgeführten Kosten fallen sollen. In der Anlage 2 sind in der „Aufstellung der Betriebskosten" die in der Anlage 3 zu § 27 II. BV bezeichneten Kosten als Betriebskosten genannt. Der Kläger hat den Beklagten die Mietkostenabrechnungen für die Jahre 2000 bis 2003 übersandt. Sämtliche Abrechnungen enthalten u.a. die Positionen Kabelanschluss, Haus- und Gartenpflege, Versicherung sowie Strom allgemein. Der Kläger macht aufgrund der Abrechnungen eine Nachforderung in Höhe von 1.052,27 € geltend. Der Beklagte wendet ein, die Abrechnungen enthielten Positionen, deren Umlage mietvertraglich nicht vereinbart worden sei und verlangt widerklagend die Rückzahlung eines Teils der geleisteten Betriebskostenvorschüsse für die Jahre 2000 bis 2003.

Der Kläger kann nach Auffassung des *BGH* keine Betriebskostennachzahlungen beanspruchen, weil es an einer vertraglichen Vereinbarung hierfür fehlt. Die Parteien hätten im Mietvertrag lediglich eine Übernahme derjenigen Betriebskosten durch den Mieter vereinbart, die in ihm im Einzelnen aufgeführt sind. Dazu zählten nicht die Kosten für den Kabelanschluss, für Haus- und Gartenpflege, Versicherungen sowie für Allgemeinstrom. Durch die jahrelange beanstandungslose Hinnahme der Nebenkostenabrechnungen des Vermieters, welche diese Kosten einbezogen hatten, sei keine (nachträgliche) stillschweigende Vereinbarung über die Umlage der in den jeweiligen Abrechnungen enthaltenen Betriebskosten zustande gekommen. Zum einen hätten die Abrechnungen Guthaben für den Mieter ausgewiesen. Zum anderen genüge es für eine solche Vereinbarung aber auch grundsätzlich nicht, dass der Mieter Betriebskostenabrechnungen unter Einbeziehung bislang nicht vereinbarter Betriebskosten lediglich nicht beanstandet. Erforderlich für eine konkludente Umlage weiterer Betriebskosten sei es, dass der Vermieter nach den Gesamtumständen davon ausgehen kann, der Mieter stimme einer solchen Umlage zu, wofür die Zahlung allein nicht ausreicht. Selbst wenn er nämlich auf die Abrechnung eine Zahlung erbringt, komme darin zunächst allein seine Vorstellung zum Ausdruck, hierzu verpflichtet zu sein. Anders verhalte es sich, wenn aufgrund besonderer Umstände der Änderungswille des Vermieters für den Mieter erkennbar ist, etwa wenn bei einem Gewerberaummietverhältnis ein Vermieterwechsel stattfindet und der neue Vermieter umfassend Nebenkosten in Rechnung stellt, während sich die Abrechnung zuvor auf die Kosten für Heizung und Warmwasser beschränkt hatte. Solche besonderen Umstände lägen in dem nunmehr entschiedenen Fall jedoch nicht vor.

Umgekehrt ist nach Auffassung des *BGH* auch der Vermieter nicht zu Rückzahlungen an den Mieter verpflichtet. Dieser sei mit Einwendungen gegen die Betriebskostenabrechnungen der Jahre 2001 und 2002 gemäß § 556 Abs. 3 S. 5 und 6 BGB ausgeschlossen. Nach diesen Vorschriften obliege es dem Mieter, dem Vermieter bis zum Ablauf des zwölften Monats nach Abrechnung mitzuteilen, ob er Einwendungen erhebt; nach Ablauf der Frist könne er Einwendungen grundsätzlich nicht mehr geltend machen. Durch den Einwendungsausschluss soll – ebenso wie durch den Nachforderungsausschluss für den Vermieter gemäß § 565 Abs. 3 S. 3 BGB – erreicht werden, dass in absehbarer Zeit nach einer Betriebskostenabrechnung Klarheit über die wechselseitigen Ansprüche besteht. Die insoweit beabsichtigte Befriedungsfunktion wäre nicht gewährleistet, wenn nicht nach Ablauf der Einwendungsfrist auch Streitigkeiten darüber ausgeschlossen wären, ob die Abwälzung einzelner Betriebskostenarten auf den Mieter vereinbart worden ist oder nicht. Vom Einwendungsausschluss würden deshalb auch solche Einwendungen erfasst, die darauf beruhen, dass es für einzelne, nach § 556 Abs. 1 BGB grundsätzlich umlagefähige Betriebskosten an einer vertraglichen Vereinbarung über deren Umlage fehlt. Ein Wertungswiderspruch zu § 556 Abs. 1 BGB bestehe in diesem Fall nicht. Deshalb könne auch offen bleiben, wie der Fall zu beurteilen wäre, dass der Vermieter Betriebskosten abrechnet, obwohl im Mietvertrag eine Übernahme von Betriebskosten überhaupt nicht oder nur als Pauschale vereinbart wurde. Dies gilt nach der zweiten Entscheidung auch für den Fall, dass der Vermieter Betriebskosten abrechnet, die nach der mietvertraglichen Vereinbarung durch eine Teilinklusivmiete abgegolten sein sollten.

Anmerkung:

Der Entscheidung des *BGH* zum Einwendungsausschluss des Mieters ist zuzustimmen. Dessen Grenzen waren bislang umstritten: Während nach einem Teil der Literatur die Abrechnung für den Mieter in jedem Fall verbindlich sein soll, wenn er nicht vor Ende der zwölfmonatigen Ausschlussfrist des § 556 Abs. 3 5 BGB Einwendungen geltend macht (Staudinger/*Weitemeyer*, § 556 Rz. 129; *Sternel*, ZMR 2001, 937, 939; *Schmid*, ZMR 2002, 727, 730; *Streyl*, WuM 2002, 505 f), sollen nach a.A. Gegenstand des Einwendungsausschlusses nur solche Fehler sein, die sich auf eine dem Grund und den Kostenarten nach zulässige Abrechnung beziehen, sich also aus ihr selbst oder unschwer bei der Kontrolle der Belege feststellen lassen (Schmidt-Futterer/*Langenberg*, § 556 Rz. 505). Enthalte die Abrechnung hingegen Kostenpositionen, deren Umlage mietvertraglich nicht vereinbart worden ist, könne sich der Mieter dagegen auch noch nach Ablauf der Einwendungsfrist wenden (*Lützenkirchen*, NZM 2002, 512 f; *Sternel*, ZMR 2001, 937, 939).

Zu Recht hat sich der *BGH* dieser einschränkenden Auffassung nicht angeschlossen und zur Begründung darauf verwiesen, weder aus dem Wortlaut des § 556 Abs. 3 S. 5 BGB noch aus Sinn und Zweck der Vorschrift ergäben sich Hinweise für eine solche Beschränkung des Einwendungsausschlusses. Nicht zu entscheiden hatte er allerdings, ob der Einwendungsausschluss auch den Fall erfasst, dass in der Abrechnung vom Vermieter Kosten umgelegt werden, deren Umlage nicht nur nicht vereinbart wurde, sondern die auch nicht zu den Betriebskosten im Sinn der BetrKV zählen, wie etwa Verwaltungskosten. Nach einem Teil der Literatur soll der Einwendungsausschluss in diesem Fall erst Recht keine Anwendung finden (Börstinghaus/*Eisenschmid*, Arbeitskomm. Neues MietR, 2001, S. 209 f; Beuermann/*Blümmel*, Das neue Mietrecht, S. 117). Die vom *BGH* gewählte Formulierung, der Einwendungsausschluss erfasse jedenfalls „solche Einwendungen …, die sich … gegen eine formell ordnungsgemäße Abrechnung richten und darauf beruhen, dass es für einzelne, nach § 556 Abs. 1 BGB *grundsätzlich umlagefähige* Betriebskosten an einer vertraglichen Vereinbarung über deren Umlage fehlt“, lässt beide Möglichkeiten offen.

BGH: Einwendungsausschluss bei Pauschalvereinbarung (Urteil vom 12.01.2011 – VIII ZR 148/10, NJW 2011, 842)

Der Mieter muss dem Vermieter innerhalb von zwölf Monaten seit Erhalt einer Betriebskostenabrechnung mitteilen, dass einzelne Betriebskosten mit Rücksicht auf eine hierfür vereinbarte Pauschale nicht abzurechnen sind.

Die Parteien streiten über Nachforderungen aus Betriebskostenabrechnungen. Der Mietvertrag sah für Heizung und Warmwasser monatliche Nebenkostenvorauszahlungen und für verschiedene weitere Nebenkosten eine monatliche Pauschale vor. Die Klägerin rechnete seit Beginn des Mietverhältnisses jeweils die gesamten im Mietvertrag genannten Betriebskosten ab; dabei errechnete Nachforderungen wurden vom Beklagten jeweils bezahlt. Auch gegen die nunmehr streitigen Abrechnungen erhob der Beklagte innerhalb von zwölf Monaten seit ihrem Zugang keine Einwendungen.

Nach Auffassung des *BGH* steht der Klägerin die geltend gemachte Nachforderung aus den Betriebskostenabrechnungen zu. Mit seinem Einwand, wegen der vereinbarten Pauschale schulde er für die von der Klägerin geltend gemachten Betriebskosten keine Nachzahlung, sei der Beklagte nach § 556 Abs. 3 S. 5, 6 BGB ausgeschlossen. Der Einwendungsausschluss nach § 556 Abs. 3 S. 5, 6 BGB setze nicht voraus, dass im Mietvertrag Vorauszahlungen auf Betriebskosten mit entsprechender Abrechnungspflicht überhaupt vereinbart sind. Die aufeinander abgestimmten Ausschlussfristen für die Abrechnung des Vermieters gemäß § 556 Abs. 3 S. 3 BGB und die Einwendungen des Mieters gemäß § 556 Abs. 3 S. 5 BGB verfolgten den Zweck, dass innerhalb einer absehbaren Zeit nach Ablauf des Abrechnungszeitraums eine Abrechnung erteilt und Klarheit über die wechselseitig geltend gemachten Ansprüche erzielt wird. Die damit beabsichtigte Befriedungsfunktion wäre nicht gewährleistet, wenn nach Ablauf der Frist noch Streitigkeiten darüber möglich wären, ob bestimmte Betriebskosten mit Rücksicht auf eine vereinbarte Pauschale zu Unrecht angesetzt worden sind. Dass der Mietvertrag hier nur für Warmwasser und Heizung eine Abrechnung vorgesehen habe, rechtfertige keine andere Beurteilung.

Der Beklagte habe die verspätete Geltendmachung des Einwandes zur Vereinbarung einer Pauschale auch zu vertreten, § 556 Abs. 3 S. 6 BGB. Nach § 556 Abs. 3 S. 5 BGB sei der Mieter im eigenen Interesse gehalten, *sämtliche* Einwendungen gegen eine Betriebskostenabrechnung innerhalb von zwölf Monaten nach Zugang der Abrechnung vorzubringen. Dass der Beklagte gehindert gewesen wäre, diesen sich aus dem Mietvertrag ohne weiteres ergebenden Einwand innerhalb der Frist vorzubringen, sei nicht ersichtlich.

BGH: Umlage von Betriebskosten trotz vereinbarter Pauschale (Urteil vom 18.05.2011 – VIII ZR 240/10, NJW 2011, 2786)

Die (vertragswidrige) Abrechnung von Betriebskosten, für die es an einer Umlagevereinbarung fehlt oder für die eine Pauschale vereinbart ist, führt nicht zur Unwirksamkeit der Betriebskostenabrechnung aus formellen Gründen. Das Gleiche gilt für in der Abrechnung zu hoch oder zu niedrig angesetzte Vorauszahlungen oder den Ansatz von Soll- statt Ist-Vorauszahlungen.

Die Parteien streiten über die Nachforderung des Klägers aus der Betriebskostenabrechnung für das Jahr 2005. Die Beklagte war Mieterin einer Wohnung des Klägers. Der Mietvertrag sieht für Betriebskosten eine monatliche Pauschale und für Heiz- und Warmwasserkosten monatliche Vorauszahlungen vor. Der Kläger fordert für das Abrechnungsjahr 2005 eine Nebenkostennachzahlung in Höhe von 1.247,56 €. In der Höhe nicht nachvollziehbar sind in der Abrechnung „Vorauszahlungen" ausgewiesen.

Nach Auffassung des *BGH* ist die Abrechnung nicht formell unwirksam. Inhaltliche Mängel der Abrechnung (zu Unrecht angesetzte Kosten, Fehler bei den Vorauszahlungen) würden die Nachvollziehbarkeit der Rechnungslegung nicht beeinträchtigen.

Die Abrechnung von Betriebskosten, für die es an einer Umlagevereinbarung fehlt, stelle (nur) einen inhaltlichen Fehler dar. Das Gleiche gelte für den ähnlich gelagerten Fall, dass die Abrechnung – wie hier – Betriebskosten enthält, für die eine Pauschale vereinbart ist. Eine andere Beurteilung sei nicht deshalb geboten, weil die – nicht abzurechnenden – Kalt- und Abwasserkosten in der Heiz- und Wasserkostenabrechnung der Ista enthalten sind und die Abrechnung deshalb für einen durchschnittlichen Mieter nicht mehr nachvollziehbar wäre. Der Mieter könne anhand des Mietvertrags überprüfen, ob die ihm in Rechnung gestellten Betriebskosten nach den vertraglichen Vereinbarungen abrechenbar sind; dass er dazu den Mietvertrag zur Hand nehmen und die Abrechnung des Vermieters – hier einschließlich der Einzelabrechnung der Ista – auf die einzelnen Betriebskosten durchsehen muss, habe mit der Nachvollziehbarkeit der Abrechnung nichts zu tun.

Die Abrechnung des Klägers sei nicht auch bezüglich der Heiz- und Warmwasserkosten unwirksam, weil er vertragswidrig weitere Kosten abgerechnet habe. Formelle Mängel, die nur einzelne Kostenpositionen betreffen, führten nicht zur Unwirksamkeit der gesamten Abrechnung, wenn diese Positionen unschwer aus der Abrechnung herausgerechnet werden können. Das Gleiche gelte für inhaltliche Mängel. Rechne der Vermieter Kosten ab, für die eine Pauschale vereinbart ist, blieben diese im Falle fristgemäßer Einwendung des Mieters unberücksichtigt; eine etwaige Nachforderung des Vermieters, die sich aus den übrigen Positionen ergibt, bleibe davon unberührt.

Die Abrechnung des Klägers sei auch nicht deshalb aus formellen Gründen unwirksam, weil angesichts der vereinbarten Vorauszahlung auf die Heiz- und Warmwasserkosten sowie der vorgesehenen Pauschale auf die Nebenkosten nicht erkennbar wäre, wie sich die in der Abrechnung angesetzten „Vorauszahlungen" errechneten, und die Abrechnung deshalb nicht nachvollziehbar sei. Auf eine „Nachvollziehbarkeit" komme es nicht an. Der Vermieter habe die Vorauszahlungen anzusetzen, die der Mieter für den Abrechnungszeitraum tatsächlich geleistet hat. Der vom Vermieter in der Abrechnung angesetzte Betrag bedürfe schon deshalb keiner Erläuterung, weil der Mieter anhand seiner Unterlagen ohne weiteres nachprüfen kann, ob der Vermieter die geleisteten Zahlungen korrekt berücksichtigt hat. Etwaige Fehler – zu hoch oder zu niedrig angesetzte Vorauszahlungen, Ansatz der Soll- statt der Ist-Vorauszahlungen – stellten (nur) materielle Fehler dar und führten deshalb nicht zur formellen Unwirksamkeit der Abrechnung.

Anmerkung:

Ist die Abrechnung nicht bereits formell mangelhaft, sondern lediglich inhaltlich angreifbar, muss der Mieter innerhalb der Frist des § 556 Abs. 3 BGB die Mängel rügen, um nicht mit Einwendungen präkludiert zu sein. Nach der Rechtsprechung des *BGH* muss der Mieter dem Vermieter innerhalb von zwölf Monaten seit Erhalt einer Betriebskostenabrechnung mitteilen, dass – wie vorliegend – einzelne Betriebskosten mit Rücksicht auf eine hierfür vereinbarte Pauschale nicht abzurechnen sind (*BGH* NJW 2011, 842, Anm. *Bub/von der Osten*, FD-MietR 2011, 315178). Gleiches gilt bei Vereinbarung einer Inklusivmiete für den Einwand, dass es für einzelne nach § 556 Abs. 1 BGB grundsätzlich umlagefähige Betriebskosten an einer vertraglichen Vereinbarung über deren Umlage fehlt, da sie bereits in der Grundmiete enthalten sind (*BGH* NZM 2008, 81, Anm. *Bub/Bernhard*, FD-MietR 2008, 249477).

BGH: Einwendungsausschluss bei formell fehlerhafter Abrechnung (Urteil vom 08.12.2010 – VIII ZR 27/10, NJW 2011, 1867)

Der Zugang einer den formellen Anforderungen nicht genügenden Betriebskostenabrechnung setzt die Einwendungsfrist des § 556 Abs. 3 S. 5 BGB nicht in Gang. Dies hat zur Folge, dass der Einwendungsausschluss des § 556 Abs. 3 S. 6 BGB hinsichtlich der Kostenpositionen nicht greift, bei denen es an einer in formeller Hinsicht ordnungsgemäßen Abrechnung fehlt.

Die Parteien streiten über Nachzahlungen aus einer Betriebskostenabrechnung. In der Abrechnung ist kein Umlageschlüssel für die einzelnen Kostenarten angegeben. Der beklagte Mieter hatte insoweit allerdings keine Einwendungen erhoben.

Nach Auffassung des *BGH* steht dem Vermieter keine Nachforderung zu, da die Betriebskostenabrechnung formell mangelhaft ist. Eine Betriebskostenabrechnung sei formell ordnungsgemäß, wenn sie den allgemeinen Anforderungen des § 259 BGB entspricht, also eine geordnete Zusammenstellung der Einnahmen und Ausgaben enthält. In die Abrechnung bei Gebäuden mit mehreren Wohneinheiten seien regelmäßig folgende Mindestangaben aufzunehmen: eine Zusammenstellung der Gesamtkosten, die Angabe und Erläuterung der zugrunde gelegten Verteilerschlüssel, die Berechnung des Anteils des Mieters und der Abzug der geleisteten Vorauszahlungen. Diesen – geringen – Anforderungen werde das Abrechnungsschreiben des Klägers nicht gerecht. Aufgrund dieses Mangels, der nach Auflauf der Abrechnungsfrist des § 556 Abs. 3 S. 2 BGB auch nicht mehr geheilt werden könne, sei der Abrechnungsfehlbetrag nicht fällig geworden.

Unschädlich sei, dass der Mieter den Mangel nicht innerhalb der Rügefrist des § 556 Abs. 3 S. 5 BGB beanstandet habe. Der Zugang einer wegen formeller Mängel unwirksamen Abrechnung setzte die Einwendungsfrist des § 556 Abs. 3 S. 5 BGB nicht in Lauf. Dies ergebe sich bereits aus dem Zusammenspiel der einzelnen Regelungen in § 556 Abs. 3 BGB und der mit ihnen verfolgten gesetzgeberischen Zielsetzung: Mit dem Nachforderungsausschluss für den Vermieter und dem Einwendungsausschluss für den Mieter sollte ein angemessener Ausgleich zwischen den Interessen von Vermietern und Mietern gefunden werden; beiden Seiten sollte jeweils eine Frist von zwölf Monaten zur Erstellung beziehungsweise zur Prüfung einer Abrechnung zur Verfügung stehen. Mit einer wegen formeller Mängel unwirksamen Abrechnung genüge der Vermieter seiner Abrechnungspflicht allerdings nicht, vielmehr könne der Mieter in diesem Fall eine erneute Abrechnung verlangen. Solange nur eine formell fehlerhafte Abrechnung vorliegt, fehle es an einer ausreichenden Beurteilungsgrundlage für eine zuverlässige inhaltliche Überprüfung der in ihr angestellten Berechnungen. Damit sei der Mieter regelmäßig daran gehindert, die Richtigkeit einer solchen Abrechnung innerhalb der zwölfmonatigen Einwendungsfrist hinreichend zu prüfen. Würde also die Ausschlussfrist des § 556 Abs. 3 S. 5, 6 BGB bereits mit dem Zugang einer wegen formeller Mängel unwirksamen Abrechnung in Gang gesetzt, würde letztlich die Ausgewogenheit der beiderseitigen fristgebundenen Pflichten in Frage gestellt: Obwohl der Vermieter seine Abrechnungspflicht noch nicht erfüllt hätte, würden die der Abrechnung anhaftenden Mängel mit Ablauf der Einwendungsfrist „geheilt“. Dies würde zu einer unangemessenen Verlagerung der den Vermieter treffenden Pflichten auf den Mieter führen.

Anmerkung:

Der *BGH* hatte bislang offen gelassen, ob auch der Zugang einer formell fehlerhaften Abrechnung die Einwendungsfrist in Lauf setzt (*BGH*, NJW 2005, 3135). In der Literatur ist diese Frage umstritten. Während ein Teil der Literatur sie mit der Erwägung bejaht, nach Ablauf einer bestimmten Zeit solle endgültig Klarheit über die wechselseitigen Ansprüche bestehen (MünchKomm/*Schmid*, § 556 Rz. 91; Staudinger/*Weitemeyer*, § 556 Rz. 128 f), soll nach a.A. zur Vermeidung widersprüchlicher Ergebnisse die Einwendungsfrist des § 556 Abs. 3 S. 5 BGB nur durch den Zugang einer formell ordnungsgemäßen und damit wirksamen Abrechnung in Lauf gesetzt werden (Schmidt-Futterer/*Langenberg*, § 556 BGB Rz. 499; *Lützenkirchen*, NZM 2002, 512). Dieser Position hat sich nunmehr der *BGH* mit im Wesentlichen überzeugenden Erwägungen angeschlossen: Dem Mieter hätte es allerdings auch zugemutet werden können, fristgerecht Einwendungen gegen eine offensichtlich ungenügende, nämlich nicht einmal formell ordnungsgemäße Abrechnung zu erheben. Sind allerdings nur einzelne, abtrennbare Kostenpositionen formell nicht ordnungsgemäß abgerechnet worden, greift der Einwendungsausschluss auch nur hinsichtlich dieser Positionen nicht ein.

BGH: Erneute Erhebung von Einwendungen gegen eine Betriebskostenabrechnung (Urteil vom 12.05.2010 – VIII ZR185/09, NJW 2010, 2275)

Materiell-rechtliche Einwendungen gegen die Betriebskostenabrechnung (hier: fehlende Umlagefähigkeit der Grundsteuer) muss der Mieter dem Vermieter auch dann innerhalb eines Jahres (erneut) mitteilen, wenn er sie bereits gegenüber einer früheren Abrechnung erhoben hatte.

Gegen die Betriebskostenabrechnungen 2003 und 2004 hatten die beklagten Mieter eingewandt, dass in ihnen auch die Grundsteuer enthalten sei, die nach dem Mietvertrag nicht auf sie umgelegt werden könne. Auf die Abrechnung 2006 zahlten sie lediglich einen Teilbetrag, ohne sich inhaltlich zu ihr zu äußerten. Auf die fehlende Umlagefähigkeit der Grundsteuer beriefen sich die Mieter erst im Prozess.

Nach Auffassung des *BGH* haben die Beklagten die Frist des § 556 Abs. 3 S. 5 BGB versäumt mit der Folge, dass sie die Einwendung einer fehlenden Umlagevereinbarung für die Grundsteuer nicht mehr geltend machen können. Eine Beanstandung sei nicht deshalb entbehrlich gewesen, weil sie bereits gegenüber früheren Betriebskostenabrechnungen jeweils fristgerecht eingewandt hätten, dass sie die Erstattung anteiliger Grundsteuer nicht schuldeten. Nach § 556 Abs. 3 S. 5 und 6 BGB müsse der Mieter eine materiell-rechtliche Einwendung, die er gegenüber einer Betriebskostenabrechnung für ein bestimmtes Jahr erheben will, dem Vermieter innerhalb von zwölf Monaten ab Zugang dieser Abrechnung mitteilen; die Beanstandung einer früheren Betriebskostenabrechnung mache eine solche Mitteilung grundsätzlich auch dann nicht entbehrlich, wenn es sich der Sache nach um die gleiche Einwendung handelt. Da zu den Einwendungen gegen eine Betriebskostenabrechnung auch die der fehlenden Umlagefähigkeit einzelner Positionen zählt, habe der Mieter diese gegenüber jeder jährlichen Betriebskostenabrechnung, in welcher die Kosten erscheinen, erneut geltend zu machen. Denn jede Betriebskostenabrechnung setze eine neue Frist in Lauf.

Einer Einschränkung des Anwendungsbereichs der Vorschriften über den Einwendungsausschluss in Fällen, in denen der Mieter den Mangel der Betriebskostenabrechnung bereits früher gerügt hatte, stehe nicht nur der Wortlaut, sondern auch der Sinn und Zweck des Gesetzes entgegen. Durch den beiderseitigen Einwendungsausschluss in § 556 Abs. 3 S. 2 und 3 BGB für den Vermieter sowie § 556 Abs. 3 S. 5 und 6 BGB für den Mieter solle erreicht werden, dass in absehbarer Zeit nach einer Betriebskostenabrechnung Klarheit über die wechselseitig geltend gemachten Ansprüche besteht. Das Ziel der Rechtssicherheit erfordere es aber, dass das Einwendungsrecht des Mieters gegenüber jeder Betriebskostenabrechnung ausgeschlossen ist, die er nicht fristgerecht beanstandet hat. Dies sei ihm auch zumutbar. Zudem sei es auch keine Selbstverständlichkeit, dass ein Mieter eine Einwendung gegen die Umlagefähigkeit bestimmter Betriebskosten, die er gegenüber einer früheren Betriebskostenabrechnung erhoben hat, auch gegenüber einer späteren aufrechterhält. Insbesondere bei ungeklärter Rechtslage sei es nicht ungewöhnlich, dass eine der Parteien auf ihrem Standpunkt nicht weiter beharrt – sei es, dass der Vermieter streitig gewordene Betriebskosten in einer späteren Abrechnung nicht wieder umlegt, sei es dass der Mieter eine gegenüber einer früheren Abrechnung erhobene Einwendung gegenüber einer späteren nicht wieder aufgreift.

LG Köln: Unrichtige Vorauszahlungen (Urteil vom 06.11.2008 – 6 S 439/07, BeckRS 2009, 4528)

Der Einwendungsausschluss der Betriebskostenabrechung erfasst auch solche Einwendungen, die darauf beruhen, dass Vorauszahlungen der Höhe nach unrichtig in die Abrechung eingestellt wurden.

Die Klägerin, die Alleinerbin des zwischenzeitlich verstorbenen Mieters, verlangt die Rückzahlung von Nebenkostenvorauszahlungen für die Jahre 2003 und 2004. In die Abrechnung waren Zahlungen auf Betriebskosten, welche der Rechtsvorgänger der Klägerin erbracht hatte, in zu geringer Höhe eingestellt worden. Die Abrechnung 2003 ist der Klägerin mit Schreiben vom 29.11.2004, die Abrechnung für 2003 mit Schreiben vom 24.03.2005 übermittelt worden. Mit Schreiben des Mietervereins vom 11.10.2006 hat sich die Klägerin gegen die Richtigkeit der Abrechnung gewandt.

Nach Auffassung des *LG Köln* ist die Klage auf Rückzahlung der erbrachten Vorauszahlungen unbegründet. Gemäß § 556 Abs. 3 S. 5, 6 BGB sei die Klägerin mit einem Anspruch auf Rückzahlung von nicht berücksichtigten Vorauszahlungen für die Jahre 2003 und 2004 ausgeschlossen, weil sie ihre Einwendungen, die Betriebskostenvorauszahlungen seien nicht in tatsächlich geleisteter Höhe berücksichtigt worden, nicht innerhalb der Ausschlussfrist von einem Jahr nach Zugang der Abrechnung vorgebracht hat. Von § 556 Abs. 3 BGB würden alle Einwendungen erfasst, die sich – wie hier – gegen eine formell ordnungsgemäße Abrechnung richten – sogar solche, die darauf beruhen, dass es für einzelne, nach § 556 Abs. 1 BGB grundsätzlich umlagefähige Betriebskosten an einer vertraglichen Vereinbarung über deren Umlage fehlt. Dem entspreche es, § 556 Abs. 3 BGB auch auf den Fall anzuwenden, dass Vorauszahlungen der Höhe nach unrichtig in die Abrechnung eingestellt worden sind. Eine Abrechnung umfasse neben der Summe der einzelnen Kosten und dem Anteil des Mieters auch die Vorauszahlungen. Aus der Differenz ergebe sich der Abrechnungssaldo. Für die Unrichtigkeit des Saldos mache es aber keinen Unterschied, ob Kosten zu hoch oder Vorauszahlungen zu niedrig angesetzt sind. Die Bestimmung des § 556 Abs. 3 S. 5 BGB stelle im Interesse der Ausgewogenheit dem Nachforderungsausschluss für den Vermieter gem. § 556 Abs. 3 S. 3 BGB, einen Einwendungsausschluss für den Mieter gegenüber, wodurch erreicht werden solle, dass in absehbarer Zeit nach einer Betriebskostenabrechnung Klarheit über die wechselseitig geltend gemachten Ansprüche besteht. Die insoweit beabsichtigte Befriedungsfunktion wäre nicht gewährleistet, wenn auch nach Ablauf der Einwendungsfrist noch Streitigkeiten darüber möglich wären, ob Vorauszahlungen richtig berücksichtigt worden sind.

Auch andere Gründe, die den Einwendungsausschluss entfallen lassen könnten, wie z. B. eine arglistige Täuschung des Vermieters, seien nicht ersichtlich. Dass die Vorauszahlungen zu niedrig angesetzt waren, hätte die Klägerin ohne weiteres den Abrechnungen selbst entnehmen können. Hätte sie ihre Zahlungsbelege und Unterlagen pflichtgemäß überprüft, hätte sie dies ohne weiteres feststellen und fristgerecht rügen können. Sie könne die Rückforderung auch nicht auf ein Anerkenntnis des Beklagten stützen. In der angeblichen Erklärung der Hausverwaltung, man werde zahlen, liege kein deklaratorisches Anerkenntnis mit konstitutiver Wirkung. Für ein Anerkenntnis im Sinn von § 781 BGB fehle im Übrigen die Schriftform.

Anmerkung:

Nach der Entscheidung des *LG Köln* ist der Mieter nach Ablauf der Einwendungsfrist auch mit dem Einwand ausgeschlossen, der Vermieter habe fälschlich zu geringe Vorauszahlungen in die Abrechnung eingestellt. Zum „Gegenstück", dem Nachforderungsausschluss des Vermieters, hat der *BGH* bislang noch nicht entschieden, ob der Vermieter nach Ablauf der Abrechnungsfrist auch dann nicht zu einer Korrektur der Abrechnung und damit zu einer Nachforderung berechtigt ist, wenn er in sie fälschlicherweise Vorauszahlungen als geleistet einstellt, die der Mieter gar nicht erbracht hat. Nach seiner Definition der Nachforderung im Sinn von § 556 Abs. 3 S. 3 BGB – „Betrag, der eine bereits erteilte Abrechnung übersteigt" (*BGH* NJW 2005, 1499) – wäre der Vermieter mit einer solchen auch in diesem Fall ausgeschlossen. So hat auch das *LG Bonn* entschieden (WuM 2007, 266 m. abl. Anm. *Bub/Bernhard*, FD-MietR 2007, 2238577). Dort hatte der Vermieter fehlerhaft die vom Mieter geschuldeten Soll-Zahlungen in die Abrechnung eingestellt. Ob dem Mieter dieser in der Sphäre des Vermieters liegende Fehler auffallen musste oder auch tatsächlich aufgefallen ist, soll nach Auffassung des *LG Bonn* für die Anwendung von § 556 Abs. 3 S. 3 BGB ohne Bedeutung sein. Denn der Mieter sei dem Vermieter gegenüber nicht zu einer Prüfung der Betriebskostenabrechnung verpflichtet.

LG Düsseldorf: Verjährungsbeginn bei Korrektur der Abrechnung (Urteil vom 22.09.2010 – 23 S 430/09, NJW 2011, 688)

Wird eine Betriebskostenabrechnung vom Vermieter nachträglich korrigiert, etwa weil der Grundsteuerbescheid geändert wurde, so beginnt die Verjährungsfrist für die Betriebskostennachforderung gleichwohl einheitlich mit Zugang der ursprünglichen Abrechnung zu laufen.

Die Klägerin nimmt den Beklagten auf Zahlung von Nachforderungen aus einer korrigierten Betriebskostenabrechnung in Anspruch. Das Mietverhältnis ist seit Ende 2007 beendet. Im Jahr 2008 erhielt die Klägerin einen geänderten Grundsteuerbescheid, mit welchem für das von dem Beklagten bewohnte Haus für die Jahre 2003 bis 2009 eine erhöhte Grundsteuer gefordert wurde. Die Klägerin berechnete daraufhin unter Berücksichtigung des neuen Grundsteuerbescheides und unter Abzug der bislang veranlagten Grundsteuer die im Mietzeitraum auf den Beklagten entfallende Grundsteuer neu.

Nach Auffassung des *LG Düsseldorf* kann die Klägerin für die Jahre 2003 und 2004 keine Nachzahlung des erhöhten Grundsteuerbetrages verlangen. Zwar sei die Nachforderung nicht nach § 556 Abs. 3 S. 3 BGB ausgeschlossen, da die Klägerin eine

Grundsteuernachforderung aufgrund von Steuerbescheiden nach Ablauf der Abrechnungsfrist nicht zu vertreten habe. Da die Grundsteuerfestsetzung außerhalb ihres Einflussbereiches liegt, sei es ihr auch nicht möglich gewesen, auf eine rechtzeitige Änderung des Grundsteuerbescheides hinzuwirken.

Der Anspruch auf Nachforderung des erhöhten Grundsteuerbetrages sei allerdings teilweise verjährt. Der Anspruch des Vermieters auf Zahlung eines Abrechnungsfehlbetrages beginne mit Zugang der Abrechnung beim Mieter zu verjähren, weil mit diesem Zeitpunkt die Nachforderung fällig werde. Die Grundsteuer für die Jahre 2003 und 2004 sei dem Mieter in den Jahren 2004 und 2005 in Rechnung gestellt worden, womit die Verjährungsfrist gemäß §§ 195, 199 BGB zu laufen begonnen habe. Bei dem nunmehr geltend gemachten Anspruch handele es sich lediglich um eine Korrektur dieser bereits erfolgten Grundsteuerabrechnung. Die Korrektur könne an der durch Rechnungsstellung begründeten Fälligkeit des Anspruchs auf Betriebskostennachzahlung nichts ändern. Insbesondere aus Gründen der Rechtssicherheit sei für den Beginn der Verjährungsfrist nicht auf den Zeitpunkt der Korrektur der Betriebskostenabrechnung wegen der erhöhten Grundsteuer, sondern auf den Zugang der ursprünglichen Nebenkostenabrechnung beim Mieter abzustellen. Bei der Betriebskostennachforderung handele es sich nämlich um einen einheitlichen Anspruch, der mit erstmaliger Abrechnung fällig wird. Die einzelnen Betriebskosten seien nur unselbstständige Bestandteile dieses Anspruchs. Eine nachträgliche Korrektur einzelner Positionen vermöge daher keine neue Verjährungsfrist in Gang zu setzen. Greife wegen des fehlenden Vertretenmüssens die Ausschlussfrist des § 556 Abs. 3 S. 3 BGB nicht ein, sei der Mieter vor einer langfristigen Nachforderung über die Verjährungsfrist des § 199 BGB ab Zugang der Nebenkostenabrechnung geschützt. Dies müsse insbesondere dann gelten, wenn das Mietverhältnis – wie hier – zwischenzeitlich beendet wurde.

Anmerkung:

Der Entscheidung ist nicht zuzustimmen. Richtig ist zwar der Ausgangspunkt des *LG Düsseldorf*, dass die Verjährungsfrist für Betriebskostennachforderungen mit Ablauf des Jahres der Rechnungsstellung beginnt (*BGH* NJW 1991, 836; Schmidt-Futterer/*Langenberg*, § 556 BGB Rz. 512). Können einzelne Nachforderungsbeträge jedoch erst nach Jahren geltend gemacht werden, so kann die Verjährungsfrist nach der Rechtsprechung des *BGH* nicht zu laufen beginnen, bevor nicht der Nachforderungsbetrag durch Erteilung einer Abrechnung fällig geworden ist (*BGH* NJW-RR 1987, 237). Diese Entscheidung betraf zwar nicht die Korrektur von bereits abgerechneten Betriebskosten, sondern einen zuvor unbekannten Nachforderungsanspruch: Ein Gasversorgungsunternehmen hatte nicht fehlerhaft, sondern gar nicht abgerechnet. Dies rechtfertigt – entgegen der Auffassung des *LG Düsseldorf* – jedoch keine andere Beurteilung. Zwar setzt die Korrektur einer Betriebskostenabrechnung – insoweit zutreffend – keine neue Verjährungsfrist für den *gesamten Anspruch* in Lauf (Gramlich, § 556 BGB Ziff. 7). Ein nach der Abrechnung neu entstandener „Nachforderungsrest", den der Vermieter *nicht kennen konnte*, kann jedoch nach § 199 Abs. 1 BGB auch nicht verjähren. Zur Klärung dieser höchstrichterlich noch nicht entschiedenen Frage hat das *LG Düsseldorf* die Revision zugelassen.

IV. Mieterhöhung

1. Mietspiegel

BGH: Einsicht in Mietspiegel (Urteil vom 11.03.2009 – VIII ZR 74/08, NJW 2009, 1667)

Ein Vermieter, der zur Begründung seines Mieterhöhungsverlangens auf einen Mietspiegel Bezug nimmt und dabei dem Mieter die Einsichtnahme in diesen in den Räumen seines Kundencenters am Wohnort des Mieters anbietet, muss den Mietspiegel seinem Schreiben nicht beifügen.

Die Beklagten haben von der Klägerin eine Wohnung gemietet. Mit Schreiben vom 25.04.2006 begehrte die Klägerin von den Beklagten die Zustimmung zu einer Erhöhung der Grundmiete von 374,50 € auf 407,54 € (= 6,74 € pro m²). Zur Begründung des Erhöhungsverlangens berief sich die Klägerin auf den Mietpreisspiegel der Landeshauptstadt – Stand 01.01.2006 – und erläuterte die begehrte Mieterhöhung in einer Vergleichsmietenberechnung nach Baualtersklasse, Lageklasse, Ausstattungsklasse, Größenklasse und Mietpreisspanne. Danach betrug die Vergleichsmiete gemäß Mietspiegel 6,79 € pro m². Außerdem wies die Klägerin im Mieterhöhungsverlangen darauf hin, dass der Mietspiegel unter anderem beim Mieterschutzverein erhältlich sei und auch im Kundencenter der Klägerin eingesehen werden könne. Die Beklagten erteilten die erbetene Zustimmung zur Mieterhöhung nicht. Daraufhin hat die Klägerin Klage auf Zustimmung zu einer Mieterhöhung von 374,50 € um 33,04 € auf 407,54 € ab 01.07.2006 erhoben.

Nach Auffassung des *BGH* erfüllt das Mieterhöhungsverlangen der Klägerin die formellen Voraussetzungen des § 558a BGB. Der Beifügung des Mietspiegels für die Stadt W. habe es nicht bedurft. Gemäß § 558a Abs. 1 BGB sei das Erhöhungsverlangen dem Mieter in Textform zu erklären und zu begründen. Mit der Begründung des Mieterhöhungsverlangens sollten dem Mieter im Interesse einer außergerichtlichen Einigung die Tatsachen mitgeteilt werden, die er zur Prüfung einer vom Vermieter gemäß § 558 BGB begehrten Mieterhöhung benötigt, also etwa die Angabe der ortsüblichen Vergleichsmiete und bei Bezugnahme auf einen Mietspiegel die Einordnung der Wohnung in die betreffende Kategorie des Mietspiegels. Dabei dürften an die Begründung keine überhöhten Anforderungen gestellt werden; es genüge die Angabe des nach Auffassung des Vermieters einschlägigen Mietspiegelfeldes. Diesen Anforderungen werde das Mieterhöhungsverlangen der Klägerin, das die Einstufung der Wohnung nach Baualter, Lage, Ausstattung sowie Größenklasse mitteilt und die dafür im Mietspiegel angesetzte Vergleichsmiete angibt, gerecht.

Die ordnungsgemäße Begründung des Mieterhöhungsverlangens der Klägerin habe nicht die Beifügung des Mietspiegels erfordert. Einer Beifügung des Mietspiegels bedürfe es jedenfalls dann nicht, wenn dieser allgemein zugänglich ist; in einem solchen Fall sei es dem Mieter zumutbar, zur Überprüfung des Mieterhöhungsverlangens auf den ohne weiteres zugänglichen Mietspiegel zuzugreifen. Dasselbe gelte, wenn der Vermieter – wie hier – in seinem Mieterhöhungsverlangen die Einsichtnahme in den Mietspiegel in den Räumen seines Kundencenters am Wohnort des Mieters anbietet. Ebenso wie bei der Einsichtnahme in die Belege der Betriebskostenabrechnung könne einem Mieter, der die Angaben des Vermieters zur Einordnung seiner Wohnung in den Mietspiegel sowie die dafür angegebene ortsübliche Vergleichsmiete anhand des Mietspiegels überprüfen will, eine damit unter Umständen verbundene gewisse Mühe zugemutet werden. Einer Beifügung des Mietspiegels bedürfe es auch nicht deshalb, um eine umfassende rechtliche Beratung des Mieters – zum Beispiel durch einen Rechtsanwalt – zu ermöglichen, denn die Kenntnis des örtlichen Mietspiegels sei bei einem in Mietsachen tätigen Rechtsanwalt vorauszusetzen.

Anmerkung:

Der *BGH* führt seine Rechtsprechung zu den eingeschränkten formellen Anforderungen eines Mieterhöhungsverlangens fort. Die Begründung des Erhöhungsverlangens soll dem Mieter lediglich konkrete Hinweise auf dessen sachliche Berechtigung geben, damit er während der Überlegungsfrist des § 558b Abs. 2 BGB die Berechtigung der Mieterhöhung überprüfen und sich darüber schlüssig werden kann, ob er dem Erhöhungsverlangen zustimmt oder nicht (*BGH* NJW 2004, 1379; NJW 2003, 963;). Deshalb dürfen an das Begründungserfordernis auch im Hinblick auf das Grundrecht des Vermieters aus Art. 14 GG keine überhöhten Anforderungen gestellt werden (*BVerfG* NJW 1979, 31). So muss der Vermieter, der sein Mieterhöhungsverlangen mit einem qualifizierten Mietspiegel begründet, der allgemein zugänglich ist, in seinem Schreiben nur das für die Wohnung einschlägige Mietspiegelfeld benennen. Es ist nicht erforderlich, dass er den Mietspiegel dem Schreiben beifügt oder die dort vorgesehene Spanne ausdrücklich angibt (*BGH* NJW 2008, 573; Anm. *Bub/Bernhard*, FD-MietR 2008, 249478).

Für die formelle Wirksamkeit eines Mieterhöhungsverlangens ist es auch unschädlich, wenn der Vermieter zwar auf einen Mietspiegel Bezug nimmt, jedoch eine Miete verlangt, der außerhalb der dort vorgesehenen Mietspanne liegt. Sofern der Mietspiegel Mietspannen enthält, genügt es gemäß § 558a Abs. 4 BGB, wenn die verlangte Miete innerhalb der Spanne liegt. Bis zu dem im Mietspiegel angegebenen Höchstbetrag ist das Mieterhöhungsverlangen deshalb formell wirksam (*BGH* NJW 2004, 1379; a.A. noch *LG Hamburg* NJW-RR 1993, 82: insgesamt formell unwirksam) und nur insoweit unwirksam, als es den außerhalb der von dem Mietspiegel gewährten Spanne liegenden Teil betrifft (so auch *OLG Karlsruhe* WuM 1984, 21; *LG Berlin* GE 1997, 241).

Der Vermieter, der sein Mieterhöhungsverlangen auf einen Mietspiegel stützen will, hat zur Begründung seines Begehrens die dort genannten Mietspannen unter zutreffender Einordnung der fraglichen Wohnung in die entsprechende Kategorie des Mietspiegels anzugeben. Dem Mieter ist es in diesem Fall ohne weiteres möglich, durch Vergleich der im Mietspiegel genannten Spanne mit der vom Vermieter verlangten erhöhten Miete die Berechtigung des Mieterhöhungsbegehrens zu überprüfen, weshalb es den formellen Anforderungen genügt. In einem zweiten Schritt ist anschließend auch materiell-rechtlich zu prüfen, ob die konkret vom Vermieter geltend gemachte Mieterhöhung tatsächlich berechtigt ist. Soweit sich der Vermieter auf einen Mietspiegel berufen hat, erfolgt diese Überprüfung anhand eines Vergleichs der in dem Mietspiegel ausgewiesenen Mietspanne mit der begehrten erhöhten Miete. Für eine vollständige Abweisung der Klage wegen der Überschreitung der im Mietspiegel vorgesehenen Mietspannen bleibt kein Raum mehr. Vielmehr hat das Gericht nunmehr die Miete zu ermitteln, die der Vermieter berechtigterweise verlangen kann. Bei einer Überschreitung der im Mietspiegel vorgesehenen Mietspannen ist die Klage somit nicht vollständig abzuweisen, sondern – vorausgesetzt das Erhöhungsverlangen ist formell wirksam – die erhöhte Miete vom Gericht auf den nach §§ 558 Abs. 2 Nr. 1, 558c, 558d BGB in Verbindung mit dem Mietspiegel zulässigen Betrag zu reduzieren. Da die Spannenregelung eines Mietspiegels lediglich eine Darstellung der natürlichen Streubreite der ortsüblichen Mietentgelte ist und es sich nicht um voraussetzungsabhängige Rahmengrößen handelt, deren Ausnutzung begründet werden müsste, darf der Vermieter bei der Anwendung des Mietspiegels die maximale Spanne in jedem Fall vollständig nach oben ausnutzen (*LG München* NZM 2003, 974).

BGH: Beifügung des Mietspiegels zum Mieterhöhungsverlangen (Urteil vom 30.09.2009 – VIII ZR 276/08, NJW 2010, 225)

Nimmt der Vermieter zur Begründung seines Mieterhöhungsverlangens auf einen Mietspiegel Bezug, der gegen eine geringe Schutzgebühr für jedermann bei den örtlichen Mieter- und Vermietervereinigungen erhältlich ist, bedarf es keiner Beifügung des Mietspiegels.

Die Parteien streiten um die Wirksamkeit einer Mieterhöhung. Die Beklagten sind Mieter einer Wohnung der Klägerin. Diese forderte von den Beklagten die Zustimmung zu einer Erhöhung der monatlichen Nettomiete von 5 € auf 450 €. Zur Begründung des Erhöhungsverlangens nahm die Klägerin Bezug auf den Mietspiegel der Stadt Krefeld. Dieser ist nur über den Verein der Haus-, Wohnungs- und Grundeigentümer und den Mieterverband Niederrhein gegen Zahlung von 3 € (für Mitglieder) und 4 € (für Nichtmitglieder) zu beziehen. Er ist weder im Internet abzurufen noch im Amtsblatt veröffentlicht.

Der *BGH* hat bereits entschieden, dass der Mietspiegel einem Mieterhöhungsverlangen nicht beigefügt werden muss, wenn er allgemein zugänglich ist (*BGH* NJW 2008, 573). Dies ist etwa dann der Fall, wenn der Vermieter die Einsichtnahme in den Mietspiegel in den Räumen seines Kundencenters am Wohnort des Mieters anbietet (s. vorhergehende Entscheidung) oder wenn er im Internet abrufbar ist (*BGH* NJW-RR 2009, 1021). Wird der Mietspiegel nur von Verbänden an Mitglieder oder gegen eine Gebühr abgegeben, so soll dies nach einer bislang vertretener Auffassung nicht genügen (Schmidt-Futterer/*Börstinghaus*, § 558a BGB Rz. 34). Es sei dem Mieter nicht zuzumuten, Geld ausgeben zu müssen, um festzustellen, ob das Erhöhungsverlangen berechtigt ist, wobei unerheblich sein soll, ob der Mietspiegel für 25 € oder 2 € verkauft wird. Zu Recht hat der *BGH* vorliegend dieser Auffassung eine Absage erteilt. Auch ein Mietspiegel, der von privaten Vereinigungen gegen eine geringe Schutzgebühr an jedermann abgegeben wird, sei allgemein zugänglich. In einem solchen Fall sei es dem Mieter zumutbar, zur Überprüfung des Mieterhöhungsverlangens eine geringe Schutzgebühr von wenigen Euro aufzuwenden.

BGH: Hinweis auf Mietervereinigungen (Beschluss vom 31.08.2010 – VIII ZR 231/09, NZM 2011, 120)

In einem Mieterhöhungsverlangen bedarf es grundsätzlich keines Hinweises auf die Stellen, bei denen der Mietspiegel erhältlich ist. Denn die Existenz von Mietervereinigungen und Grundstückseigentümerverbänden ist allgemein bekannt.

BGH: Mieterhöhung für ein Einfamilienhaus (Urteil vom 17.09.2008 – VIII ZR 58/08, NZM 2009, 27)

Der Vermieter kann zur Begründung eines Mieterhöhungsverlangens für ein Einfamilienhaus auf einen Mietspiegel, der keine Angaben zu Einfamilienhäusern enthält, jedenfalls dann Bezug nehmen, wenn die geforderte Miete innerhalb der Mietpreisspanne für Wohnungen in Mehrfamilienhäusern liegt.

BGH: „Typengutachen" (Urteil vom 19.05.2010 – VIII ZR 122/09, NJW-RR 2010, 1162)

Zur Erfüllung der formellen Anforderungen an die Begründung eines Mieterhöhungsverlangens genügt auch die Beifügung eines so genannten „Typengutachtens".

Die Beklagte ist Mieterin einer von der klagenden Immobiliengesellschaft vermieteten Wohnung. Die Vermieterin verlangt die Zustimmung zur Erhöhung der monatlichen Miete. Dem Mieterhöhungsverlangen war ein Sachverständigengutachten zur Ermittlung der ortsüblichen Vergleichsmiete beigefügt. Es handelt sich um ein „Typengutachten", d.h. das Gutachten bezieht sich nicht unmittelbar auf die Wohnung der beklagten Mieterin, sondern auf andere, nach Größe und Ausstattung vergleichbare Wohnungen. Die Mieterin stimmte der beabsichtigen Mieterhöhung nicht zu. Sie meint, das zur Begründung herangezogene Sachverständigengutachten sei mangelhaft. Dies führe zur formellen Unwirksamkeit des Mieterhöhungsverlangens.

Nach Auffassung des *BGH* erfüllt das Mieterhöhungsverlangen der Vermieterin die formellen Anforderungen des § 558a BGB. Mit der nach dieser Vorschrift erforderlichen Begründung eines Mieterhöhungsverlangens sollten dem Mieter die Tatsachen mitgeteilt werden, die er zur Prüfung einer vom Vermieter begehrten Mieterhöhung benötigt. Im Falle der Beifügung eines Sachverständigengutachtens sei die Begründungspflicht erfüllt, wenn der Sachverständige eine Aussage über die tatsächliche ortsübliche Vergleichsmiete trifft und die zu beurteilende Wohnung in das ortsübliche Preisgefüge einordnet. Diesen Anforderungen genüge das Gutachten. Auch ein so genanntes Typengutachten versetze den Mieter in die Lage, der Berechtigung des Erhöhungsverlangens nachzugehen und diese zumindest ansatzweise zu überprüfen. Die zur Begutachtung herangezogenen Wohnungen könnten zudem auch – wie im entschiedenen Fall – aus dem eigenen Bestand des Vermieters stammen.

Anmerkung:

Das Gutachten, mit welchem der Vermieter die Mieterhöhung begründet, muss sich grundsätzlich auf die konkrete Vertragswohnung beziehen (Schmidt-Futterer/*Börstinghaus*, § 558a BGB Rz. 88). Dazu muss der Sachverständige in der Regel die konkrete Wohnung auch besichtigt haben (*OLG Oldenburg* WuM 1981, 150). Nach h.M. soll aber eine Ausnahme in Betracht kommen, soweit in einer Wohnanlage Wohnungen gleichen Typs also von gleicher oder nahezu gleicher Art, Größe, Ausstattung und Beschaffenheit vorhanden sind (Schmidt-Futterer/*Börstinghaus*, a.a.O.). Hier ist den Interessen des Mieters, einen ernsthaften und möglichst verlässlichen Anhalt über die Höhe der Vergleichsmiete zu erhalten, in der Regel genügt, wenn der Sachverständige eine Wohnung gleichen Typs besichtigt hat (*OLG Celle* ZMR 1982, 341). Bedeutung hat das Typengutachten heutzutage insbesondere für die völlig gleichförmigen Wohnungen in den neuen Bundesländern in den in industrieller Bauweise hergestellten Plattensiedlungen. Hier genügt es, wenn der Sachverständige in seinem Gutachten angibt, welche Wohnung er besichtigt hat und anschließend die konkret besichtigte Wohnung so genau beschreibt, dass der Mieter der Wohnung, die der Sachverständige nicht besichtigt hat, ohne Schwierigkeiten erkennen kann, ob die besichtigte Wohnung seiner Wohnung wirklich entspricht.

Ein Mieterhöhungsverlangen des Vermieters ist nicht schon deshalb unwirksam, weil das beigefügte Sachverständigengutachten keine tatsächlichen Angaben über die für vergleichbar erklärten Vergleichsobjekte enthält. Es genügt, wenn der Sachverständige ausführt, ihm seien auf Grund seiner beruflichen Tätigkeit vergleichbare Wohnungen in ausreichender Zahl aus dem maßgeblichen örtlichen Bereich bekannt, er anschließend die ermittelte Preisspanne für Wohnungen entsprechender Größe und mit vergleichbarem Wohnwert mitteilt und sodann darlegt, wie die zu beurteilende Wohnung innerhalb des genannten Preisbereichs einzuordnen ist (*OLG Frankfurt a.M.* NJW 1981, 2820). Dem Sachverständigen müssen allerdings Vergleichswohnungen auf dem örtlichen Wohnungsmarkt in ausreichender Zahl und deren Mietpreisgestaltung bekannt sein und er muss die zu beurteilende Wohnung in vergleichender Abwägung in das Mietpreisgefüge der Vergleichswohnungen eingeordnet haben (*OLG Karlsruhe* NJW 1983, 1863).

BGH: Verwendung eines einfachen Mietspiegels im Prozess (Urteil vom 16.06.2010 – VIII ZR 99/09, NZM 2010, 665)

Ein einfacher Mietspiegel gem. § 558c BGB, der von den örtlichen Interessenvertretern der Vermieter und Mieter gemeinsam erstellt und von der Gemeinde anerkannt wurde, stellt im Mieterhöhungsprozess ein Indiz dafür dar, dass die dort angegebenen Entgelte die ortsübliche Vergleichsmiete zutreffend wiedergeben.

Der Vermieter begehrt Zustimmung des Mieters zu einer Mieterhöhung. Er hatte sein Mieterhöhungsverlangen auf einen für die Nachbarstadt erstellten einfachen Mietspiegel gestützt, der von dem örtlichen Mieterverein, dem örtlichen Haus- und Gründeigentümerverein sowie dem Bürgermeisteramt gemeinsam erstellt worden war.

Nach Auffassung des *BGH* hat der Vermieter sein Mieterhöhungsverlangen ordnungsgemäß nach § 558a BGB begründet. Die Bezugnahme auf den Mietspiegel der Nachbarstadt sei ausreichend gewesen, weil für die eigene Stadt kein Mietspiegel erstellt worden war und beide Städte u.a. im Hinblick auf das Mietniveau vergleichbar seien. Weiterhin könne auch nach Einführung des qualifizierten Mietspiegels, § 558d BGB, weiterhin ein einfacher Mietspiegel, § 558c BGB, alleinige Grundlage für die dem Gericht obliegende Bestimmung der ortsüblichen Vergleichsmiete sein. Zwar komme dem einfachen Mietspiegel nicht die dem qualifizierten Mietspiegel vorbehaltene gesetzliche Vermutungswirkung dahingehend zu, dass die in ihm genannten Entgelte die ortsübliche Vergleichsmiete zutreffend wiedergeben, § 558d Abs. 3 BGB. Der einfache Mietspiegel stelle aber ein Indiz für diese Annahme dar. Das gelte auch dann, wenn der einfache Mietspiegel nicht von der Gemeinde, sondern gemeinsam von Interessenvertretern der Mieter und Vermieter erstellt wurde. Ob diese Indizwirkung im Einzelfall zum Nachweis der Ortsüblichkeit der verlangten Miete ausreicht, hänge davon ab, welche Einwendungen der Mieter gegen den Erkenntniswert des

Mietspiegels erhebt. Trage er etwa – anders als im vorliegenden Fall – substantiiert vor, den Verfassern habe es an der erforderlichen Sachkunde gefehlt, sie hätten sich von sachfremden Erwägungen leiten lassen oder unzureichendes Datenmaterial verwendet, müsse das Gericht dem nachgehen. Blieben danach Zweifel an der Verlässlichkeit des Mietspiegels, so sei die Indizwirkung erschüttert. Der Vermieter müsse dann anderweitig Beweis für seine Behauptung antreten, die von ihm verlangte Miete liege innerhalb der ortsüblichen Vergleichsmiete.

Anmerkung:

Der Entscheidung ist vollumfänglich zuzustimmen. § 558a Abs. 4 S. 2 BGB gestattet die Verwendung von Mietspiegeln aus vergleichbaren Gemeinden, wenn zum Zeitpunkt der Mieterhöhungserklärung in der eigenen Gemeinde kein Mietspiegel existiert, der fristgerecht aktualisiert wurde. Diese Formulierung ist sprachlich missglückt (Schmidt-Futterer/*Börstinghaus*, § 558a BGB Rz. 41). Der Vermieter darf nämlich – wie vorliegend – auch dann den Mietspiegel einer vergleichbaren Gemeinde benutzen, wenn in seiner Gemeinde gar kein Mietspiegel existiert oder der Mietspiegel seiner Gemeinde für seine konkrete Wohnung keine Daten enthält. Der Vermieter hat aber kein Wahlrecht, ob er den örtlichen Mietspiegel oder den einer vergleichbaren Gemeinde zur Begründung heranzieht. Zulässig ist die Verwertung des Mietspiegels einer Nachbargemeinde nur dann, wenn in der eigenen Gemeinde für die konkrete Wohnung kein aktueller Mietspiegel vorhanden ist. Dabei kommt es nicht darauf an, ob die Gemeindegebiete an irgendeiner Stelle aneinander grenzen; entscheidend ist die Vergleichbarkeit – insbesondere hinsichtlich des Mietniveaus, aber auch im Hinblick auf die Infrastruktur, die Industrialisierung, die Erschließung u.ä. (Schmidt-Futterer/*Börstinghaus*, a.a.O., Rz. 45 mit einer Liste der nach der Rechtsprechung vergleichbaren Gemeinden).

Zuzustimmen ist auch der Auffassung des *BGH*, dass ein einfacher Mietspiegel für die Feststellung der ortsüblichen Vergleichsmiete auch im Prozess ausreichend ist. Zwar kommt es im Prozess – anders als bei der Verwendung eines Mietspiegels als Begründungsmittel im Mieterhöhungsverfahren – entscheidend auf dessen Qualität an (Schmidt-Futterer/*Börstinghaus*, Anh. zu §§ 558c, 558d Rz. 17). Der Gesetzgeber hat jedoch in § 558a Abs. 2 Nr. 1 BGB den einfachen Mietspiegel als Begründungsmittel ausdrücklich anerkannt. Wäre er als Beweismittel im Prozess ungeeignet, so würde auch seine Begründungsfunktion unterlaufen. Wurde der Mietspiegel nach anerkannten wissenschaftlichen Grundsätzen erstellt (qualifizierter Mietspiegel), so gilt im Prozess kraft Gesetzes die – durch andere Beweismittel, insbesondere durch ein Sachverständigengutachten widerlegbare – Vermutung, dass die in ihm bezeichneten Entgelte die ortsübliche Vergleichsmiete wiedergeben.

LG Stuttgart: Verwendung eines veralteten Mietspiegels (Urteil vom 02.12.2009 – 4 S 61/09, NZM 2010, 161)

Die Bezugnahme auf einen veralteten qualifizierten Mietspiegel in einem Mieterhöhungsverlangen führt dann zur formalen Unwirksamkeit des Erhöhungsverlangens, wenn zum Zeitpunkt der Abgabe der Erklärung durch den Vermieter bereits ein aktuellerer qualifizierter Mietspiegel veröffentlicht ist.

Gegenstand der Klage ist ein Mieterhöhungsverlangen des Vermieters vom Juli 2007. Das Schreiben nimmt Bezug auf den Mietspiegel 2005/2006, der nicht beigefügt, aber gegen eine Schutzgebühr von 6 € bei der Stadt Stuttgart erhältlich war. Bereits im Dezember 2006 war der Mietspiegel 2007/2008 veröffentlicht worden.

Nach Auffassung des *LG Stuttgart* war das Mieterhöhungsverlangen formal unwirksam, weil es nicht im Sinne von § 558a BGB ordnungsgemäß begründet sei. Grundsätzlich könne gemäß § 558a BGB ein Mieterhöhungsverlangen mit der Bezugnahme auf einen Mietspiegel begründet werden, wenn – wie vorliegend – die Mietwohnung in dem Erhöhungsverlangen in diesen Mietspiegel eingeordnet wird. Besonderheiten ergäben sich hier daraus, dass zum einen der Mietspiegel nicht beigefügt, zum anderen zum Zeitpunkt der Erklärung des Erhöhungsverlangens durch den Kläger der in Bezug genommene Mietspiegel nicht mehr gültig war.

Ein veralteter Mietspiegel könne gemäß § 558c Abs. 4 S. 2 BGB nur dann zur Begründung eines Erhöhungsverlangens herangezogen werden, wenn zum Zeitpunkt, in dem der Vermieter seine Erklärung abgibt, kein neuer Mietspiegel vorhanden ist, bei dem die Voraussetzungen des § 558c Abs. 3 BGB oder § 558d Abs. 2 BGB eingehalten sind. Nur in diesem ausdrücklich geregelten Ausnahmefall könne der Vermieter auch nach Ablauf der Laufzeit sein Erhöhungsverlangen mit diesem Mietspiegel begründen. Im Übrigen habe ein Mietspiegel dann keine Wirkung mehr und könne nicht mehr als Begründungsmittel herangezogen werden, wenn zum Zeitpunkt der Abgabe des Erhöhungsverlangens bereits ein neuer Mietspiegel vorhanden sei.

Es komme deshalb nicht darauf an, ob auch eine Schutzgebühr von 6 € noch als geringfügig im Sinne der Rechtsprechung des *BGH* anzusehen sei. Zumindest in dem Fall, in dem der Vermieter einen nicht mehr gültigen Mietspiegel ohne Beifügung zur Begründung seines Erhöhungsverlangens heranzieht, sei die Zumutbarkeitsgrenze überschritten, weil dem Mieter abverlangt werde, für eine nicht mehr aktuelle Information Geld auszugeben, was Sinn und Zweck des gesetzlich angeordneten Begründungszwangs nicht gerecht werde.

Anmerkung:

Obwohl es sich bei der Mieterhöhungserklärung um eine empfangsbedürftige Willenserklärung handelt, bei welcher nach allgemeinen Grundsätzen hinsichtlich der Wirksamkeitsvoraussetzungen der Zeitpunkt ihres Zugangs maßgeblich ist, ist für die Frage, ob bereits ein neuer Mietspiegel vorliegt, auf den Zeitpunkt der Abgabe der Erklärung abzustellen. Wird nach Abgabe der Erklärung und vor Wirksamwerden der Mieterhöhung ein neuer Mietspiegel herausgegeben, ändert dies – selbstverständlich – nichts an der Wirksamkeit der Mieterhöhungserklärung (*LG Berlin* ZMR 1998, 165), da dem Vermieter nicht angesonnen werden kann, einen ihm unbekannten Mietspiegel bei seiner Erklärung zu berücksichtigen. In diesem Fall oder, falls überhaupt kein neuer Mietspiegel vorliegt, kann der Vermieter auch nach Ablauf der Laufzeit des alten Mietspiegel sein Erhöhungsverlangen mit diesem begründen (Schmidt-Futterer/*Börstinghaus*, §§ 558c, 558d Rz. 47).

2. Mieterhöhung nach Modernisierungsmaßnahmen

BGH: Notwendige Kosten (Urteil vom 17.12.2008 – VIII ZR 41/08, NZM 2009, 150)

Der Vermieter kann die Mieter bei einer Modernisierung der Wohnung gemäß § 559 Abs. 1 BGB nur insoweit erhöhen, als die von ihm aufgewendeten Kosten hierfür notwendig waren. Unnötige, unzweckmäßige oder ansonsten überhöhte Modernisierungsaufwendungen hat der Mieter nicht zu tragen.

§ 559 Abs. 1 BGB stellt nicht allein auf die vom Vermieter tatsächlich aufgewendeten Kosten ab. Von den tatsächlich aufgewendeten Kosten sind nur diejenigen ansatzfähig im Rahmen der Mieterhöhung, die notwendig sind (Blank/*Börstinghaus*, § 559, Rz 22). Denn den Umfang und die Art und Weise der baulichen Modernisierung bestimmt der Vermieter, während der Mieter insoweit kein Mitspracherecht hat. Es wäre daher unbillig, dem Mieter, statt dem Vermieter das Risiko aufzuerlegen, auch solche Kosten im Rahmen der Modernisierungsmaßnahmen zu tragen, die unnötig, unzweckmäßig oder ansonsten überhöht sind.

BGH: Öffentliche Fördermittel (Urteil vom 01.04.2009 – VIII ZR 179/08, NJW 2009, 1737)

Werden Modernisierungsmaßnahmen des Vermieters durch öffentliche Fördermittel in Form eines zinsverbilligten Darlehens gefördert, kann der Vermieter die Miete im Förderzeitraum nach § 558 BGB nur bis zu dem Betrag erhöhen, der sich nach Abzug der Zinsverbilligung von der ortsüblichen Vergleichsmiete ergibt.

Die Beklagte ist seit 1980 Mieterin einer Wohnung der Klägerin. Für diese Wohnung hatte die Klägerin im Jahr 1999 unter Inanspruchnahme zinsverbilligter Darlehen Modernisierungsmaßnahmen durchgeführt und mit Schreiben vom 21.03.2000 die Miete nach § 3 MHG erhöht. Dabei hatte sie die Zinsverbilligung mit DM 52,49 berechnet und an die Beklagte weitergegeben. Mit Schreiben vom 26.04.2004 verlangte die Klägerin von der Beklagten die Zustimmung zu einer weiteren, jetzt auf § 558 BGB gestützten Mieterhöhung um 30,01 € auf 293,54 €. Die bis zum 31.10.2008 fortbestehende Zinsverbilligung durch die öffentlichen Fördermittel wurde von der Klägerin dabei nicht berücksichtigt und im Mieterhöhungsverlangen auch nicht erwähnt.

Nach Auffassung des *BGH* ist das Mieterhöhungsverlangen nicht schon aus formellen Gründen unwirksam. Die Klägerin habe nämlich den Mangel des Mieterhöhungsverlangens im Laufe des Prozesses behoben, § 558b Abs. 3 S. 1 BGB. Allerdings sei das Mieterhöhungsverlangen der Klägerin zunächst nicht formell ordnungsgemäß begründet gewesen, weil es keine Angaben zu der fortbestehenden Zinsverbilligung und der Berechnung des sich daraus ergebenden Kürzungsbetrags enthielt. Die formelle Wirksamkeit eines Mieterhöhungsverlangens nach § 558 BGB erfordere, dass der Vermieter Kürzungsbeträge aufgrund der Inanspruchnahme öffentlicher Fördermittel einschließlich der zugrunde liegenden Berechnungspositionen in das Erhöhungsverlangen aufnimmt. Diese Angaben im Mieterhöhungsverlangen wären nicht deshalb entbehrlich gewesen, weil die Klägerin den Abzug der Fördermittel bereits bei der Mieterhöhung vom 21.03.2000 vorgenommen hatte; dadurch sei die Anrechnung der Drittmittel noch nicht „verbraucht" worden, so dass zur ordnungsgemäßen Begründung des Mieterhöhungsverlangens vom 26.04.2004 wiederum Angaben zu den in Anspruch genommenen öffentlichen Fördermitteln erforderlich waren.

Sog. "verlorene Zuschüsse" müssten nicht nur im Zeitpunkt der Gewährung, sondern für einen werden. Bei den der längeren, wenn auch begrenzten Zeitraum bei einer Mieterhöhung berücksichtigt Klägerin gewährten öffentlichen Fördergeldern, um deren Berücksichtigung die Parteien hier streiten, handele es sich allerdings nicht um solche (einmaligen) verlorenen Zuschüsse, sondern um eine laufende Zinsverbilligung. Bei einer derartigen befristeten Förderung durch einen Kredit zu verbilligten Zinsen habe eine Anrechnung in dem Zeitraum zu erfolgen, in dem der Vermieter die Zinsvergünstigung tatsächlich erhält; der Vermieter könne deshalb die Miete in diesem Zeitraum nicht gemäß § 558 BGB bis zur ortsüblichen Vergleichsmiete erhöhen, sondern nur bis zu dem Betrag, der sich nach Abzug der Zinsverbilligung von der ortüblichen Vergleichsmiete ergibt. Dem stehe nicht entgegen, dass die vorangegangene, unter Berücksichtigung der Zinsverbilligung erfolgte Mieterhöhung zum Bestandteil der Grundmiete geworden und in der nach § 558 BGB zu erhöhenden Ausgangsmiete enthalten ist. Durch die in § 558 Abs. 5 BGB angeordnete Anrechnung der Drittmittel solle erreicht werden, dass bei einer Mieterhöhung auf die ortsübliche Vergleichsmiete Leistungen aus öffentlichen Haushalten in jedem Fall dem Mieter zugute kämen. Solange daher dem Vermieter öffentliche Fördermittel in Form der Zinsverbilligung tatsächlich zufließen, seien diese bei jeder Mieterhöhung nach § 558 BGB durch Absetzung des Förderbetrags von der ortsüblichen Miete zugunsten des Mieters zu berücksichtigen. Da die Zinsverbilligung hier noch bis zum 31.10.2008 andauerte, hätte sie bei der von der Klägerin im Jahr 2004 geltend gemachten Mieterhöhung berücksichtigt und die Klägerin deshalb Angaben zu ihrer Höhe nebst den zugrunde liegenden Berechnungspositionen machen müssen.

Die Klägerin habe allerdings das zunächst unzureichend begründete Mieterhöhungsverlangen im Laufe des Prozesses nachgebessert. Denn sie habe – nachdem sich die Beklagte im Prozess darauf berufen hatte, dass die bei der im Jahr 2000 erfolgten Mieterhöhung berücksichtigte Zinsverbilligung erneut zu ihren Gunsten anzusetzen sei – das frühere Mieterhöhungsverlangen vom 21.03.2000, das die erforderlichen Angaben zur Höhe und Berechnung der Zinsverbilligung enthielt, als Anlage zu einem Schriftsatz noch einmal vorgelegt. Damit habe sie den zunächst bestehenden Mangel des Erhöhungsverlangens behoben, § 558b Abs. 3 S. 1 BGB. Das Mieterhöhungsverlangen der Klägerin sei damit vom Zeitpunkt des Zugangs dieses Schriftsatzes an formell ordnungsgemäß begründet und wirksam; es habe lediglich eine neue Zustimmungsfrist für die Beklagte ab diesem Zeitpunkt zu laufen begonnen, § 558b Abs. 3 S. 2 BGB.

Anmerkung:

Nach § 559a BGB gehören Kosten für Modernisierungsmaßnahmen, die mit Zuschüssen aus öffentlichen Haushalten gedeckt werden, nicht zu den umlagefähigen aufgewendeten Kosten des Vermieters. Da das schriftlich zu begründende Mieterhöhungsverlangen dem Zweck dient, dem Mieter die Überprüfung der begehrten Mieterhöhung zu ermöglichen, muss der Vermieter in dem Schreiben angeben, ob er für die Modernisierung öffentliche Fördermittel erhalten hat und die entsprechenden Kürzungsbeträge gemäß § 558 Abs. 5 BGB im Mieterhöhungsverlangen ausweisen. Anderenfalls ist das Mieterhöhungsverlangen formell unwirksam (*BGH* NJW-RR

2004, 947; NJW-RR 2004, 1159). Diese Pflicht zum Ausweis der einzelnen Berechnungspositionen besteht selbst dann, wenn die Begründung des Mieterhöhungsverlangens in diesem Punkt inhaltlich falsch ist, da der Vermieter tatsächlich Fördermittel lediglich für Instandsetzungsmaßnahmen erhalten hat und er deshalb keine Abzüge hätte vornehmen müssen. Auf die tatsächlichen Verhältnisse kommt es insoweit nämlich nicht an, weil nach Sinn und Zweck des gesetzlichen Begründungszwangs nur auf den Erkenntnishorizont des Mieters abzustellen ist (*BGH* NJW-RR 2004, a.a.O.).

Verlorene Zuschüsse sind bei Mieterhöhungen weder zeitlich unbegrenzt, noch begrenzt auf die tatsächliche Laufzeit des Fördervertrages (so aber *LG Berlin* NJW-RR 1997, 1100) in Abzug zu bringen. Bei unbegrenzter Anrechenbarkeit würde dem Eigentümer eines öffentlich geförderten Wohnraums auf unbegrenzte Zeit verboten, für diesen Wohnraum die ortsübliche Vergleichsmiete zu verlangen, und zwar auch dann, wenn die geförderte Maßnahme längst nicht mehr mieterhöhend wirkt und der Zuschuss somit „aufgebraucht" ist. Dies wäre auch im Hinblick auf Art. 14 GG bedenklich, da der Vermieter auf Dauer gehindert wäre, sein Eigentum angemessen wirtschaftlich zu verwerten. Umgekehrt würde eine Begrenzung auf die tatsächliche Laufzeit des Fördervertrages den Mieter benachteiligen. Die §§ 559, 559a BGB bestimmen, in welcher Höhe ein Vermieter bei Modernisierungsmaßnahmen von seinem Mieter die Zustimmung zu einer Mieterhöhung verlangen kann und welche Beträge (zwingend) in Abzug zu bringen sind. Der Mieter ist berechtigt, die Zustimmung zu verweigern, wenn sich der Vermieter zu seinem eigenen Vorteil nicht an die vorgeschriebene Berechnung hält. Diese dem Mieter vom Gesetz gewährte Rechtsstellung kann ihm nicht ohne weiteres durch einen öffentlich-rechtlichen Fördervertrag genommen werden, an dem er selbst nicht beteiligt ist. Nach h.M. ist der Anrechnungszeitraum mit zwölf Jahren zu bemessen (*BGH* a.a.O.). Gemäß §§ 559 Abs. 1, 559a Abs. 1 BGB ist bei verlorenen Zuschüssen die Erhöhung der jährlichen Miete um 11 % des auf die jeweilige Wohnung entfallenden Förderbetrags zu kürzen. Nach den Vorgaben des Gesetzgebers ist somit der gewährte Zuschuss nach etwas über neun Jahren durch die verminderte Mieterhöhung aufgezehrt. Unter Berücksichtigung einer angemessenen Verzinsung des Zuschussbetrags ergibt sich ein maximaler Anrechnungszeitraum von zwölf Jahren (a.A. *Beuermann* GE 1996, 1514, 1520: zehn Jahre).

BGH: Öffentliche Förderung von Instandsetzungsarbeiten (Urteil vom 19.01.2011 – VIII ZR 87/10, NJW-RR 2011, 446)

Die Wirksamkeit eines Mieterhöhungsverlangens setzt nicht voraus, dass der Vermieter erhaltene öffentliche Förderungsmittel in dem Erhöhungsverlangen angibt, wenn diese nach dem maßgeblichen, im Förderungsvertrag angegebenen Förderungszweck ausschließlich für Instandsetzungsmaßnahmen gewährt wurden.

Der Beklagte ist Mieter einer Wohnung der Klägerin. Die Klägerin verlangt vom Beklagten gestützt auf den Mietspiegel Zustimmung zu einer Mieterhöhung. In dem Mieterhöhungsverlangen sind öffentliche Förderungsmittel, die die Voreigentümerin der Klägerin 1999 für die Mietwohnung erhalten hat, nicht aufgeführt. Der Förderungsvertrag betrifft die Durchführung von Modernisierungs- und Instandsetzungsarbeiten. Er enthält die Regelung, dass die Förderungsmittel als Drittmittel nur für die Instandsetzungsarbeiten bestimmt sind, während die Modernisierung allein durch Eigenmittel des Vermieters finanziert werden soll.

Nach Auffassung des *BGH* setzt die Wirksamkeit eines Mieterhöhungsverlangens nicht voraus, dass der Vermieter erhaltene öffentliche Förderungsmittel in dem Erhöhungsverlangen angibt, wenn diese nach dem maßgeblichen, im Förderungsvertrag angegebenen Förderungszweck ausschließlich für Instandsetzungsmaßnahmen gewährt wurden. Die Angabepflicht des Vermieters solle gewährleisten, dass der Mieter die Berechtigung des Mieterhöhungsverlangens im Hinblick auf die Anrechnung von Förderungsmitteln überprüfen kann. Nach § 558 Abs. 5 BGB i.V. mit § 559a Abs. 1 BGB würden allerdings nur die Kosten für Modernisierungsmaßnahmen, die durch Zuschüsse öffentlicher Haushalte gedeckt werden, bei der Berechnung der erhöhten Miete in Anrechnung gebracht, nicht jedoch die Kosten für Instandsetzungsmaßnahmen.

Anmerkung:

Gemäß § 558 Abs. 5 BGB sind vom Jahresbetrag, der sich nach einer Erhöhung der Miete bis zur ortsüblichen Vergleichsmiete ergäbe, Drittmittel im Sinne des § 559a BGB abzuziehen. Durch diese Regelung soll sichergestellt werden, dass bei der Erhöhung der Miete auf die ortsübliche Vergleichsmiete nach § 558 BGB Leistungen aus öffentlichen Haushalten, aber auch solche des Mieters, die zur Modernisierung der Wohnung erbracht wurden, in jedem Fall dem Mieter zugute kommen. Der Abzug von Kürzungsbeträgen kommt aber nur dann in Betracht, wenn die öffentliche Hand, der Mieter oder Dritte Zuschüsse zu Baumaßnahmen im Sinne des § 559 BGB geleistet haben. Es muss sich also um Modernisierungen oder bauliche Maßnahmen auf Grund von Umständen, die der Vermieter nicht zu vertreten hat, handeln.

Der *BGH* stellt vorliegend klar, dass Zuschüsse zu Instandsetzungsarbeiten nicht hierunter fallen und keine Verpflichtung zum vollständigen oder anteiligen Abzug begründen. Maßgeblich ist dabei der Verwendungszweck der Gelder, nicht die tatsächliche Verwendung. Dies ergibt sich aus dem Zweck des Gesetzes: Der Vermieter ist bei Instandsetzungsarbeiten nicht berechtigt, die Miete nach § 559 BGB zu erhöhen. Zahlt die öffentliche Hand, der Mieter oder ein Dritter für solche Maßnahmen Geld, dann soll die Zahlung letztendlich dem Vermieter zufließen und nicht dem Mieter. Der Zuschussgeber hat also durch die Zweckbestimmung zugleich auch denjenigen bestimmt, der den wirtschaftlichen Vorteil erhalten soll. Verwendet der Vermieter diese Gelder dann für Modernisierungen, mag dies im Verhältnis zum Zuwendungsgeber vertragswidrig sein, ändert aber nichts an der fehlenden Anrechnungspflicht.

BGH: Modernisierungsmieterhöhung trotz fehlender Ankündigung (Urteil vom 02.03.2011 – VIII ZR 164/10, NJW 2011, 1220)

Eine Mieterhöhung, die nach einer tatsächlich durchgeführten Modernisierung vorgenommen wird, ist nicht deshalb ausgeschlossen, weil der Durchführung der Arbeiten keine ordnungsgemäße Ankündigung nach vorausgegangen war.

Die Beklagte ist Mieterin einer Wohnung des Klägers. Der Kläger hat die Grundmiete wegen der ihm entstandenen Kosten für den Einbau eines Fahrstuhls erhöht. Er hatte die Modernisierungsmaßnahme zunächst schriftlich angekündigt, auf den Widerspruch der Beklagten die Modernisierungsankündigung aber zurückgezogen. Den Fahrstuhl ließ er dennoch einbauen.

Nach Auffassung des *BGH* setzt die Mieterhöhung wegen einer bereits durchgeführten Modernisierung nicht voraus, dass dem Mieter vor Durchführung der Arbeiten eine Modernisierungsankündigung gem. § 554 Abs. 3 BGB zugegangen ist. Dies ergebe sich im Umkehrschluss aus der gesetzlichen Regelung in § 559b Abs. 2 BGB; dort sei (lediglich) vorgesehen, dass sich die Frist, zu der die Mieterhöhung wirksam wird, um sechs Monate verlängert, wenn der Vermieter die zu erwartende Erhöhung der Miete nicht nach § 554 Abs. 3 S. 1 BGB mitgeteilt hat oder die tatsächliche Mieterhöhung mehr als 10% höher ist als zunächst mitgeteilt. Die Mitteilungspflicht diene dem Schutz des Mieters bei der Durchführung von Modernisierungsmaßnahmen. Zum einen solle ihm ein gewisser Zeitraum zugebilligt werden, sich auf die zu erwartenden Baumaßnahmen in seiner Wohnung einzustellen; zum anderen werde er durch das Sonderkündigungsrecht in die Lage versetzt, das Mietverhältnis gegebenenfalls vor Beginn etwaiger Arbeiten und dem Wirksamwerden einer Mieterhöhung zu beenden. Zweck des Ankündigungserfordernisses se hingegen nicht die Einschränkung der Befugnis des Vermieters, die Kosten einer tatsächlich durchgeführten Modernisierung im Rahmen des § 559 BGB auf den Mieter umzulegen. Diese Bestimmung solle dem Vermieter im Interesse der allgemeinen Verbesserung der Wohnverhältnisse einen finanziellen Anreiz zur Modernisierung geben (*BGH* NJW 2007, 3565). Die Interessen des Mieters würden ausreichend dadurch gewahrt, dass bei unterbliebener Ankündigung die Mieterhöhung nach § 559 BGB erst sechs Monate später wirksam wird.

Anmerkung:

Führt der Vermieter Modernisierungsmaßnahmen durch, so hat er nach § 554 Abs. 3 BGB dem Mieter spätestens drei Monate vor Beginn der Maßnahme deren Art sowie voraussichtlichen Umfang und Beginn, voraussichtliche Dauer und die zu erwartende Mieterhöhung in Textform mitzuteilen. Der Mieter ist berechtigt, bis zum Ablauf des Monats, der auf den Zugang der Mitteilung folgt, außerordentlich zum Ablauf des nächsten Monats zu kündigen, § 554 Abs. 3 S. 2 BGB. Von der Modernisierungsankündigung zu trennen ist die Mieterhöhungserklärung aufgrund der durchgeführten Maßnahmen. Der Mieter schuldet die erhöhte Miete mit Beginn des dritten Monats nach dem Zugang dieser Erklärung, § 559b Abs. 2 S. 1 BGB.

Der *BGH* hat bereits entschieden, dass es einer Mieterhöhung wegen Modernisierung nicht entgegensteht, dass der Vermieter den Beginn der Modernisierungsarbeiten weniger als drei Monate vorher angekündigt und der Mieter der Maßnahme widersprochen hat (*BGH* NJW 2007, 3656, Anm. *Bub/Bernhard*, FD-MietR 2007, 242422). Denn nach § 559b Abs. 2 S. 2 BGB verlängere sich bei unterlassener Mitteilung der zu erwartenden Mieterhöhung nach § 554 Abs. 3 S. 1 BGB lediglich die Frist des § 559b Abs. 2 S. 1 BGB für die (geforderte und) geschuldete Mieterhöhung um sechs Monate. Hat somit die gänzlich unterlassene Mitteilung nur eine Verzögerung des Eintritts der Mieterhöhung zur Folge, so könne die erfolgte, wenn auch verspätete Mitteilung keine für den Vermieter nachteiligere Folge auslösen. Nach einem Teil der Literatur soll dies aber lediglich für die unterlassene Mitteilung über die zu erwartende Mieterhöhung gelten; unterlässt die Vermieter hingegen auch die Ankündigung der Modernisierung, so soll eine Mieterhöhung ausscheiden (MünchKomm/*Artz*, § 559b Rz. 11).

Dieser Auffassung hat sich der *BGH* zu Recht nicht angeschlossen. Ausreichend für eine Modernisierungsmieterhöhung ist nämlich, dass lediglich die materiellen, nicht auch die formalen Anforderungen der Duldungspflicht des Mieters nach § 554 BGB erfüllt sind (*OLG Frankfurt a.M.* NJW-RR 1992, 145). Bei einer Außenmodernisierung, bei welcher die Räume des Mieters nicht betreten werden müssen, sind diese, sofern der Vermieter den Mieter nicht auf Duldung verklagt, vom Gericht im Rahmen des Erhöhungsprozesses als Voraussetzung des Erhöhungsanspruchs zu überprüfen (*KG* NJW-RR 1992, 1102; Bub/Treier/*Schultz*, III Rz. 555). Anderes gilt für Arbeiten innerhalb der Wohnung, die nur durchgeführt werden können, wenn der Mieter sie duldet. Der Vermieter hat deshalb vor einer eventuellen Zahlungsklage den Mieter auf Duldung in Anspruch zu nehmen. Ausreichend, aber auch erforderlich ist, dass die unter § 554 Abs. 2 BGB fallenden Maßnahmen tatsächlich durchgeführt worden sind und der Mieter sie geduldet hat (*OLG Frankfurt a.M. a.a.O.*). Widerspricht der Mieter, gestattet aber den Zugang zu den Mieträumen, damit die Maßnahme durchgeführt werden kann, hat er sie im Sinne von § 554 Abs. 1 BGB geduldet, da ausreichend ist, dass der Mieter sich in Kenntnis der Absicht des Vermieters passiv verhält (Bub/Treier/*Schultz*, a.a.O., Rz. 554).

BGH: Umlagefähigkeit erstatteter Renovierungskosten (Urteil vom 30.03.2011 – VIII ZR 173/10, NJW 2011, 1499)

Der Vermieter darf die Kosten für Renovierungsarbeiten, die infolge von Modernisierungsmaßnahmen erforderlich werden, auch dann gemäß § 559 Abs. 1 BGB auf die Mieter umlegen, wenn die Kosten nicht durch Beauftragung eines Handwerkers seitens des Vermieters entstanden sind, sondern dadurch, dass der Mieter entsprechende Arbeiten selbst vornimmt und sich die Aufwendungen nach § 554 Abs. 4 BGB vom Vermieter erstatten lässt.

Die Beklagten sind Mieter einer Wohnung in einem Mehrfamilienhaus der Klägerin. Im Januar 2007 kündigte die Klägerin schriftlich den Einbau von Wasserzählern und eine darauf gestützte Mieterhöhung an. Die Beklagten teilten der Klägerin daraufhin mit, dass der Einbau erst dann geduldet werde, wenn die Klägerin einen Vorschuss für die hierdurch erforderlich werdende Neutapezierung der Küche zahle. Dieser Forderung kam die Klägerin nach, erklärte jedoch, dass es sich auch insoweit um umlagefähige Modernisierungskosten handele, weswegen die Mieterhöhung entsprechend höher ausfallen werde. Nach Einbau des Wasserzählers legte die Klägerin die Gesamtkosten gemäß § 559 Abs. 1 BGB um. Den auf den Tapezierungskostenvorschuss entfallenden Teilbetrag zahlten die Beklagten nicht.

Nach Auffassung des *BGH* war die Mieterhöhung in vollem Umfang begründet. Der Vermieter dürfe die Kosten für Renovierungsarbeiten, die infolge von Modernisierungsmaßnahmen erforderlich werden, gemäß § 559 Abs. 1 auf die Mieter umlegen. Dies gelte auch dann, wenn die Kosten nicht durch Beauftragung eines Handwerkers seitens des Vermieters entstanden sind, sondern dadurch, dass der Mieter entsprechende Arbeiten selbst vornimmt und sich die Aufwendungen nach § 554 Abs. 4 vom Vermieter erstatten lässt, denn auch insoweit handelte es sich um Modernisierungskosten.

Anmerkung:

Das Urteil ist zu begrüßen. Es schafft Rechtsklarheit bei der hoch umstrittenen Frage, ob auch an den Mieter vom Vermieter geleisteter Aufwendungsersatz gemäß § 554 Abs. 4 BGB in eine Mieterhöhung einbezogen werden kann. Dies wird z.T.

grundsätzlich verneint mit der Erwägung, der Aufwendungsersatz bilde schon deshalb keinen Teil der im Rahmen des § 559 BGB berücksichtigungsfähigen Vermieterkosten, weil andernfalls der Mieter auf dem Umweg über die Mieterhöhung den ihm vom Vermieter geschuldeten Schadens- oder Aufwendungsersatz letztlich doch selbst bezahlen müsste (Staudinger/*Emmerich*, § 559 Rz. 42). Dieser Auffassung hat der *BGH* nunmehr eine Absage erteilt.

Richtigerweise ist zu differenzieren: Bei der Berechnung der Mieterhöhung nach § 559 Abs. 1 BGB werden nur die für die betreffende Wohnung tatsächlich insgesamt aufgewendeten Kosten, d.h. die *Baukosten einschließlich der Baunebenkosten* berücksichtigt (*OLG Hamburg* NJW 1981, 2820; Staudinger/*Emmerich*, a.a.O., Rz. 40). Den Gegensatz zu den Baukosten bilden die Finanzierungs- und Kapitalbeschaffungskosten; sie werden durch den pauschalen elfprozentigen Aufschlag auf die jährliche Miete abgegolten, der dem Vermieter auch dann verbleibt, wenn die eigentlichen Baukosten längst durch die Mieterhöhung amortisiert sind (*OLG Hamburg* a.a.O.; Schmidt-Futterer/*Börstinghaus*, § 559 Rz. 157). Nicht zu berücksichtigen ist ferner ein etwaiger Mietausfall, den der Vermieter während der Durchführung der Maßnahmen erleidet, § 536 BGB.

Aufwendungsersatz gemäß § 554 Abs. 4 BGB ist in Ansatz bringen, soweit Kosten kausal durch die Modernisierung verursacht wurden und den Umständen nach angemessen sind (*AG Hamburg-St. Georg* WuM 2007, 262). Kosten, die nur aus Anlass der Bauarbeiten anfallen, z.B. der Kauf neuer Gardinen, weil das Fenster nach der Modernisierung eine andere Größe hat, stellen keine für die Wohnung aufgewendeten Kosten mehr dar. Das Gleiche gilt für Schadensersatzansprüche des Mieters gemäß § 536a BGB, weil während der Arbeiten Schäden an seinem Eigentum verursacht wurden. Hat der Vermieter Instandsetzungs- und Modernisierungsarbeiten gleichzeitig durchgeführt, dann sind nur die Aufwendungen ansatzfähig, die ausschließlich durch die Modernisierungsarbeiten verursacht wurden. Der Mieter hat gemäß § 554 Abs. 4 BGB auch einen Aufwendungsersatzanspruch bei Instandsetzungsarbeiten; insofern handelt es sich aber um nicht umlagefähige „Sowieso-Kosten", wenn der Vermieter zugleich Modernisierungsarbeiten durchführt. Werden deshalb Modernisierungs- und Instandsetzungsarbeiten gleichzeitig durchgeführt, so muss der auf die Modernisierung entfallende Teil nachvollziehbar berechnet und erläutert werden (Blank/*Börstinghaus*, § 559 Rz. 23).

AG Berlin-Schöneberg: Zahlung der Rechnungen durch Vermieter (Urteil vom 05.08.2010 – 106 C 302/09, BeckRS 2011, 2906)

Eine Mieterhöhung wegen einer Modernisierung gemäß § 559 BGB setzt voraus, dass der Vermieter darlegt und beweist, dass die zugrunde gelegten Rechnungen bereits tatsächlich von ihm beglichen worden sind.

Der klagende Mieter fordert vom beklagten Vermieter überzahlte Miete zurück, welche dieser aufgrund einer Abbuchungsermächtigung vom Konto des Mieters eingezogen hatte. Der Vermieter hatte nach einer entsprechenden schriftlichen Ankündigung Modernisierungsmaßnahmen in der Wohnanlage ausführen lassen, insbesondere Wärmedämmarbeiten, den Einbau einer Zentralheizung und den Einbau einer Außenbeleuchtung mit Bewegungsmeldern. Er teilte dem Kläger mit, dass sich infolge eines Modernisierungszuschlags die monatliche Gesamtmiete erhöhe. Dem Schreiben waren Kostenaufstellungen nebst Angaben über die Berechnung der Mieterhöhung und Angaben zur Einsparung von Heizenergie beigefügt. Der Kläger fordert den zusätzlich abgebuchten Betrag zurück, da der Beklagte nicht dargelegt habe, dass er die Rechnungen tatsächlich beglichen hat.

Nach Auffassung des *AG Schöneberg* schuldet der Vermieter Rückzahlung des Erhöhungsbetrages, denn sein Schreiben habe die Miete nicht infolge einer Modernisierungsmaßnahme gemäß §§ 559 ff BGB erhöht. Es könne dahingestellt bleiben, ob es sich bei den streitgegenständlichen Arbeiten um Modernisierungsmaßnahmen gehandelt hat, insbesondere ob die Dämmarbeiten und der Heizungseinbau zu einer nachhaltigen Einsparung von Primärenergie geführt haben. Denn es habe dem Beklagten oblegen, die Voraussetzungen des § 559 BGB darzulegen und zu beweisen. Dies habe er nicht getan, da er nicht die Zahlung der angeblich aufgewendeten Gelder nachgewiesen habe.

Gemäß § 559 BGB seien nur die tatsächlich aufgewendeten Kosten umlagefähig. So seien Rabatte und Skonti von den Kosten in Abzug zu bringen und für von Dritten unentgeltlich erbrachte Leistungen dürften keine fiktiven Kosten in Ansatz gebracht werden. Ob dies der Fall ist, könne nicht durch die bloße Rechnungslegung sondern nur anhand des tatsächlichen Zahlungsflusses vom Mieter überprüft werden. Denn es sei nicht unüblich, dass auf Rechnungen Rabatte durch unberechtigte, aber vom Bauunternehmer akzeptierte Abzüge wegen angeblicher Mängel gewährt werden, um sich Folgeaufträge zu sichern. Auch bestände die Gefahr, dass der Vermieter die Rechnung des Werkunternehmers zwar der Mieterhöhung zugrunde legt, diese nach der Mieterhöhung indes nochmals überprüft und berechtigt kürzt. Das hätte zur Folge, dass der Mieter für eine überhöhte Rechnung des Bauunternehmers aufzukommen hätte, die vom Vermieter in dieser Höhe gar nicht beglichen wurde. Sollte ausnahmsweise der Vermieter eine Rechung des Bauunternehmers in voller Höhe akzeptieren, sich die Zahlung der geschuldeten Werklohnforderung aber entgeltlich oder unentgeltlich stunden lassen, verberge sich infolge des Zins- und Liquiditätsvorteils hierin gleichfalls ein versteckter Rabatt, der vom Mieter gemäß § 559 BGB nicht zu tragen sei.

Anmerkung:

Der Entscheidung ist nicht zuzustimmen. Nach richtiger Ansicht ist bereits die Rechnungslegung des Werkunternehmers an den Vermieter für eine Mieterhöhung gemäß §§ 559 ff BGB ausreichend (Schmidt-Futterer/*Börstinghaus*, § 559b BGB Rz. 36); es ist nicht erforderlich, dass die Rechnung auch tatsächlich bereits bezahlt ist (a.A. Kinne/Schach/Biber § 559b BGB Rz. 3). Der Vermieter muss für eine Mieterhöhung die *Höhe der Kosten* kennen, die er für die bauliche Maßnahme hat aufwenden müssen. Dazu ist es regelmäßig erforderlich, aber auch ausreichend, dass er alle Rechnungen für die geleisteten Arbeiten in den Händen hat oder sonst die Höhe der Kosten kennt. „Angefallen" sind die Kosten bei einem Werkvertrag nämlich bereits mit Herstellung des Werkes. Die Rechnung ist zwar Fälligkeitsvoraussetzung für die Werklohnforderung, aber darauf stellt § BGB nicht ab (Schmidt-Futterer/*Börstinghaus*, a.a.O). Eine *vorläufige Mieterhöhung* unter dem Vorbehalt der Nachforderung auf Grund geschätzter Kosten oder auf Grund von Kostenvoranschlägen und Abschlagszahlungen ist allerdings unzulässig.

Hat der Vermieter zu niedrige Kosten in Ansatz gebracht scheidet eine Nachberechnung aus; hat er zuviel angesetzt, steht dem Mieter ein Erstattungsanspruch zu. Eine sukzessive Mieterhöhung nach Leistung von Abschlagszahlungen ist nicht möglich. Fördermittel sind in Abzug zu bringen und im Erhöhungsschreiben auszuweisen (*BGH* NJW 2009, 1737, Anm. *Bub/von der Osten*, FD-MietR 2009, 281413).

3. Sonstiges

BGH: Schriftformabrede bei Mieterhöhungsverlangen (Urteil vom 10.11.2010 – VIII ZR 300/09, NJW 2011, 295)

Eine Schriftformabrede für Änderungen und Ergänzungen eines Wohnraummietvertrages gilt nicht für ein Mieterhöhungsverlangen nach § 558a BGB.

Die Klägerin verlangte vom dem Beklagten die Zustimmung zu einer Mieterhöhung für das von ihm bewohnte Einfamilienhaus. Das Schreiben trägt keine eigenhändige Unterschrift. Es endet mit dem Vermerk: *„Dieses Schreiben wurde maschinell erstellt und ist ohne Unterschrift gültig"*. Der Mietvertrag enthält eine Formularklausel, wonach Änderungen und Ergänzungen des Vertrages nur gültig sind, wenn sie schriftlich vereinbart werden. Nach Auffassung des Berufungsgerichts ist zwar die Form des § 558a BGB eingehalten; dies genüge jedoch nicht, weil die Parteien für Vertragsänderungen die Schriftform vereinbart hätten, die hier aufgrund der fehlenden Unterschrift nicht gewahrt sei.

Nach Auffassung des *BGH* hat die Klägerin formgerecht die Erhöhung der Miete verlangt. Das Mieterhöhungsverlangen sei auch ohne eigenhändige Unterschrift formgültig und damit wirksam. Gemäß § 558a Abs. 1 BGB sei das Mieterhöhungsverlangen dem Mieter in Textform zu erklären und zu begründen. Verlange das Gesetz die Textform, so müsse gemäß § 126b BGB die Erklärung in einer Urkunde oder auf andere zur dauerhaften Wiedergabe in Schriftzeichen geeigneten Weise abgegeben, die Person des Erklärenden genannt und der Abschluss der Erklärung durch Nachbildung der Namensunterschrift oder anders erkennbar gemacht werden. Dies sei hier geschehen. Dass das Erhöhungsverlangen nicht darüber hinaus seitens der Klägerin eigenhändig unterschrieben ist, mache es nicht unwirksam. Die im Mietvertrag enthaltene Schriftformabrede stehe der Wirksamkeit des Erhöhungsverlangens nicht entgegen. Danach seien zwar Vertragsänderungen und -ergänzungen schriftlich zu vereinbaren. Das einseitige Mieterhöhungsverlangen des Vermieters stelle jedoch keine Vertragsänderung oder -ergänzung dar. Zu einer solchen könne es erst durch die Zustimmung des Mieters zu einer bestimmten Mieterhöhung kommen. Den Parteien bleibe es unbenommen, gemäß § 127 Abs. 2 S. 2 BGB nachträglich eine dem § 126 BGB entsprechende Beurkundung zu verlangen.

Anmerkung:

Der *BGH* schließt sich der h.M. in Rechtsprechung und Literatur an, wonach ein Mieterhöhungsverlangen in Textform auch dann ausreichend ist, wenn im Mietvertrag formularmäßig die Schriftform für Vertragsänderungen vereinbart ist (*LG Berlin* GE 2005, 1431).

Problematisch ist die Verwendung der Textform hingegen bei *Mietverträgen mit einer Laufzeit von mehr als einem Jahr.* Diese müssen gemäß § 550 BGB in „schriftlicher Form" geschlossen werden. Erklärt der Vermieter das Mieterhöhungsverlangen per Telefax oder per E-Mail oder – wie vorliegend – ohne eigenhändige Unterschrift ist dies zwar im Sinne der Mieterhöhungsvorschriften wirksam, die Änderung des Vertrages ist aber nicht *schriftlich* vereinbart worden, auch wenn der Mieter – in welcher Form auch immer – zustimmt; dies hat zur Folge, dass zwar die Mieterhöhung wirksam, aber aus einem Zeitmietvertrag über mehr als ein Jahr ein (kündbarer) Mietvertrag auf unbestimmte Zeit geworden ist. Der Vermieter darf deshalb in diesem Fall für sein Mieterhöhungsverlangen nicht die Textform verwenden, sondern muss die Erklärung schriftlich im Sinne des § 126 BGB abgeben, um die Befristung zu erhalten.

Stimmt der Mieter der Mietererhöhung zu, so kommt ein entsprechender Vertrag zustande. Bei einem Vertrag muss gemäß § 126 Abs 2 BGB die Unterzeichnung der Parteien grundsätzlich *auf derselben Urkunde* erfolgen. In ihr müssen sich deshalb die Willenserklärungen beider Parteien wieder finden; nicht ausreichend ist die Unterzeichnung einer *isolierten „Zustimmungserklärung"*, in der der Mieter einer Mieterhöhung zustimmt, ohne dass in der Erklärung auch die Willenserklärung des Vermieters enthalten ist. Es genügt aber, wenn der Mieter unter der Unterschrift des Vermieters am Ende des Erhöhungsverlangens seine Unterschrift mit dem Zusatz „einverstanden" setzt (*BGH* NJW 2004, 2962). Ebenso reicht es aus, wenn der Mieter dem Vermieter ein Exemplar des vollständigen Mieterhöhungsverlangens zurückschickt und sich auf diesem Exemplar die Zustimmung des Mieters befindet. Dann kann das vom Vermieter unterschriebene Exemplar beim Mieter verbleiben und allein die vom Mieter unterschriebene Durchschrift zum Vermieter gelangen.

BGH: Mieterhöhung bis zum oberen Wert der konkreten ortsüblichen Vergleichsmiete (Urteil vom 21.10.2009 – VIII ZR 30/09, NJW 2010, 149)

Der Vermieter darf die Miete bis zum oberen Wert der Bandbreite der konkreten ortsüblichen Vergleichsmiete (Einzelvergleichsmiete) erhöhen. Dies gilt auch dann, wenn die Einzelvergleichsmiete unter Heranziehung eines Sachverständigengutachtens ermittelt worden ist.

Die Beklagten sind Mieter einer Wohnung der Klägerin. Diese forderte die Beklagten unter Benennung von drei Vergleichswohnungen auf, der Erhöhung der Nettomiete von 3,33 € auf 3,83 € je m² zustimmen. Der vom Amtsgericht beauftragte Sachverständige hat die streitgegenständliche Wohnung sowie die Vergleichswohnungen in Augenschein genommen und daraus eine Mietspanne von 3,35 € bis 3,59 € je m² ermittelt.

Nach Auffassung des *BGH* ist die Klage bis zu einem Wert von 3,59 € pro m² begründet. Der Vermieter dürfe die Miete bis zum oberen Wert der – unter Heranziehung eines Sachverständigengutachtens zutreffend ermittelten – Bandbreite der konkreten ortsüblichen Vergleichsmiete erhöhen. Nach § 558 Abs. 2 BGB werde die ortsübliche Vergleichsmiete aus den üblichen Entgelten für vergleichbaren Wohnraum gebildet. Hierbei handele es sich regelmäßig um keinen punktgenauen Wert; die Vergleichsmiete bewege sich vielmehr innerhalb einer gewissen Spanne. Dies gelte auch dann, wenn – wie hier – kein Mietspiegel vorhanden ist. In diesem Fall ersetze das vom Gericht eingeholte Sachverständigengutachten nicht den Mietspiegel, sondern diene der Ermittlung der konkreten ortsüblichen Vergleichsmiete im Sinne einer Einzelvergleichsmiete. Auch der obere Spannenwert liege noch innerhalb der ortsüblichen Vergleichsmiete, die die obere Grenze einer Mieterhöhung nach § 558 BGB darstelle. Maßgeblich sei daher weder der Mittelwert von 3,47 € je m² noch der untere Spannenwert von 3,35 € je m². Das Mieterhöhungsverlangen der Klägerin sei vielmehr in Höhe des oberen Spannenwerts der Einzelvergleichsmiete, mithin in Höhe von 3,59 € je m², berechtigt.

Anmerkung:

Auch wenn der Vermieter die Mieterhöhung auf einen Mietspiegel stützt, darf er die maximale Spanne vollständig nach oben ausnutzen. Die Spannenregelung eines Mietspiegels ist nämlich lediglich eine Darstellung der natürlichen Streubreite der ortsüblichen Mietentgelte; es handelt sich nicht um voraussetzungsabhängige Rahmengrößen, deren Ausnutzung begründet werden müsste (*LG München I* NZM 2003, 974). Für die formelle Wirksamkeit eines Mieterhöhungsverlangens ist es auch unschädlich, wenn der Vermieter zwar auf einen Mietspiegel Bezug nimmt, jedoch eine Miete verlangt, der außerhalb der dort vorgesehenen Mietspanne liegt. Wenn der Mietspiegel Mietspannen enthält, genügt es gemäß § 558a IV BGB, dass die verlangte Miete innerhalb der Spanne liegt. Bis zu dem im Mietspiegel angegebenen Höchstbetrag ist das Mieterhöhungsverlangen deshalb formell wirksam (*BGH* NJW 2004, 1379; a.A. noch *LG Hamburg* NJW-RR 1993, 82: insgesamt formell unwirksam) und nur insoweit unwirksam, als es den außerhalb der von dem Mietspiegel gewährten Spanne liegenden Teil betrifft (so auch *OLG Karlsruhe* WuM 1984, 21).

Das Gericht hat anschließend materiell-rechtlich zu prüfen, ob die konkret vom Vermieter geltend gemachte Mieterhöhung tatsächlich berechtigt ist. Soweit sich der Vermieter auf einen Mietspiegel berufen hat, erfolgt diese Überprüfung anhand eines Vergleichs der in dem Mietspiegel ausgewiesenen Mietspanne mit der begehrten erhöhten Miete. Für eine vollständige Abweisung der Klage wegen der Überschreitung der im Mietspiegel vorgesehenen Mietspannen bleibt kein Raum mehr. Vielmehr hat das Gericht nunmehr die Miete zu ermitteln, die der Vermieter berechtigterweise verlangen kann. Bei einer Überschreitung der nach dem Mietspiegel zulässigen Miete ist somit die Klage nicht vollständig abzuweisen, sondern – wie im vorliegenden Fall anhand des Sachverständigengutachtens – die erhöhte Miete vom Gericht auf den nach §§ 558 Abs. 2 Nr. 1, 558c, 558d BGB in Verbindung mit dem Mietspiegel zulässigen Betrag zu reduzieren (*BGH* NJW 2004, 1379).

AG München: Mieterhöhung bis zum oberen Wert der konkreten ortsüblichen Vergleichsmiete (Urteil vom 21.06.2010 – 413 C 25091/09, WuM 2010, 507)

Vermieter können auch unter Berücksichtigung des Urteils des *BGH* vom 21.10.2009 (NJW 2010, 149) nur in den Fällen Zustimmung bis zum obersten Wert einer in einem Mietspiegel ausgewiesenen Spanne verlangen, in denen sich dieser Wert aus dem Mietspiegel unter Anwendung der benannten Orientierungshilfen (Zu- und Abschlagsmerkmale) und gegebenenfalls ergänzender Schätzung nach § 287 Abs. 2 ZPO ergibt.

BGH: Mieterhöhung bei Wohnflächendifferenz (Urteil vom 08.07.2009 – VIII ZR 205/08, NJW 2009, 2739)

Einer Mieterhöhung nach § 558 BGB ist die vereinbarte Wohnfläche zugrunde zu legen, wenn die tatsächliche Wohnfläche zum Nachteil des Mieters um nicht mehr als 10 von dieser abweicht.

Die Beklagte ist Mieterin einer Wohnung der Klägerin. Im Mietvertrag ist die Wohnfläche mit 55,75 m² angegeben; die tatsächliche Wohnfläche beträgt jedoch nur 51,03 m². Im November 2006 forderte die Klägerin die Beklagte auf, einer Erhöhung der Nettomiete von 360,47 € auf 432,56 € zuzustimmen. Sie verwies dabei auf die Einordnung der Wohnung in das einschlägige Rasterfeld des Hamburger Mietspiegels. Die Beklagte stimmte nicht zu. Mit der Klage begehrt die Klägerin Zustimmung zur Mieterhöhung entsprechend dem Mieterhöhungsverlangen.

Nach Auffassung des *BGH* steht der Klägerin aus § 558 Abs. 1 BGB ein Anspruch auf Zustimmung zur Erhöhung der Nettomiete auf 432,56 € zu. Dem Mieterhöhungsverlangen der Klägerin sei die im Mietvertrag angegebene Wohnfläche zugrunde zu legen und nicht die geringere tatsächliche Wohnfläche. In der Angabe der Wohnfläche im Mietvertrag liege eine Beschaffenheitsvereinbarung, die auch für die Beurteilung einer Mieterhöhung nach § 558 BGB maßgeblich ist, wenn die Flächenabweichung – wie hier – nicht mehr als 10 % beträgt. Ist die tatsächliche Wohnfläche – unterhalb der Grenze von 10 % – größer als die vereinbarte Wohnfläche, wirke sich die Verbindlichkeit der geringeren Größe zum Nachteil des Vermieters aus. Vorliegend gehe es um die Frage, ob sich auch der Mieter bei der Mieterhöhung nach § 558 BGB an einer für ihn nachteiligen, aber im Rahmen der Toleranzgrenze von 10 % liegenden Wohnflächenvereinbarung festhalten lassen muss. Der *BGH* bejaht diese Frage.

Eine Wohnflächenvereinbarung werde von den Mieterschutzbestimmungen der §§ 557 Abs. 4, 558 Abs. 6 BGB nicht erfasst. Nach § 557 BGB könne der Vermieter Mieterhöhungen, sofern er sie nicht während des Mietverhältnisses mit dem Mieter vereinbart, nur nach Maßgabe der §§ 558 ff. BGB verlangen. Mit dem in §§ 557 Abs. 4, 558 Abs. 6 BGB enthaltenen Verbot von Vereinbarungen, die von den gesetzlichen Bestimmungen zum Nachteil des Mieters abweichen, seien Abreden gemeint, die die formellen oder materiellen Voraussetzungen für eine Mieterhöhung abändern. Dies treffe auf eine Wohnflächenvereinbarung nicht zu, selbst wenn sie im Rahmen eines späteren Mieterhöhungsverfahrens mittelbar Bedeutung erlangen kann. Auch der Mieter müsse sich deshalb – innerhalb der Toleranzgrenze – an einer Wohnflächenvereinbarung im Rahmen eines Mieterhöhungsverfahrens nach § 558 BGB in gleicher Weise wie der Vermieter festhalten lassen. Erst bei einer Differenz von mehr als 10 % sei es dem davon jeweils nachteilig betroffenen Vertragspartner nicht mehr zumutbar, an der Vereinbarung festzuhalten, und infolge dessen die tatsächliche Wohnfläche maßgeblich.

Anmerkung:

Abweichungen zwischen im Mietvertrag angegebener und tatsächlicher Wohnfläche spielen in der Praxis eine große Rolle. Die Wahrscheinlichkeit, dass die Angaben im Mietvertrag richtig sind, ist eher gering. Viele Vermieter haben gar keine gesicherten Daten, sondern übernehmen Daten aus Vorverträgen oder sonstigen „Überlieferungen", Makler berichten von dem Phänomen, dass „Wohnungen wachsen" (*Börstinghaus*, NJW 2007, 2627). Zur Ermittlung von Wohnungsgröße gibt es zudem verschiedene Berechnungsregeln und -vorschriften, die sich in der Vergangenheit mehrfach geändert haben (zum „Nebeneinander" der „Wohnfläche" nach II. BV und WohnflächenVO s. Anm. *Bub/Bernhard*, FD-MietR 2007, 237633). Nach der Rechtsprechung des *BGH* richtet sich auch bei preisfreiem Wohnraum die Ermittlung der im Mietvertrag vereinbarten Wohnfläche – soweit die Parteien nichts anderes vereinbart haben oder eine andere Berechnungsweise ortsüblich ist – nach den für preisgebundenen Wohnraum im Zeitpunkt des Abschlusses des Mietvertrags maßgeblichen Bestimmungen (*BGH* NJW 2009, 2295; Anm. *Bub/Bernhard,* FD-MietR 2009, 283165). Danach können etwa Grundflächen von Balkonen, Loggien, Dachgärten und gedeckten Freisitzen unabhängig von ihrer Lage, Ausrichtung und Nutzbarkeit bis zur Hälfte angerechnet werden.

Bei einer Abweichung zwischen im Vertrag genannter und tatsächlicher Wohnfläche lassen sich – grob gesagt – Fallgestaltungen, in welchen der Mieter Teile der gezahlten Miete wegen Minderflächen zurückfordert, von solchen unterscheiden, in denen der Vermieter gegen den Mieter einen Anspruch geltend macht (einfache Mieterhöhung, Modernisierungsmieterhöhung, Betriebskostennachforderung). Der *BGH* hat sich bislang mit einigen, aber längst noch nicht mit allen Problemen in diesem Zusammenhang beschäftigt und schreibt vorliegend seine bisherige Rechtsprechung fort (z. „Mängelrechtsprechung" s.u. VI. 1). Er hat ebenfalls bereits entschieden, dass einem Mieterhöhungsverlangen des Vermieters die vertraglich vereinbarte Wohnfläche zu Grunde zu legen ist, wenn die tatsächliche Wohnfläche die im Mietvertrag vereinbarte Wohnfläche übersteigt und die Flächenüberschreitung nicht mehr als 10 % beträgt (*BGH* NJW 2007, 2626). Zwar stellt die Angabe der Wohnfläche in einem Mietvertrag im Allgemeinen keine unverbindliche Objektbeschreibung, sondern eine Beschaffenheitsvereinbarung dar – und zwar nicht nur dann, wenn die angegebene Wohnfläche ausdrücklich als «vereinbart» bezeichnet wird, sondern auch dann, wenn der Mietvertrag in Verbindung mit einer Aufzählung der vermieteten Räume eine Angabe zur Wohnfläche enthält. Ein Abweichen von der getroffenen Vereinbarung über die Wohnfläche und ein Abstellen auf die tatsächliche Wohnungsgröße kommt aber nur dann in Betracht, wenn einer der Parteien – in diesem Fall: dem Vermieter – das Festhalten an der vertraglichen Vereinbarung nicht zugemutet werden kann. Die Zumutbarkeitsgrenze sei bei 10 % anzusetzen. Diese Grundsätze überträgt der *BGH* nunmehr – entgegen einer verbreiteten Ansicht, nach welcher die Vereinbarung einer gemessen an den tatsächlichen Verhältnissen zu großen Wohnfläche für spätere Mieterhöhungen nach § 558 BGB nicht verbindlich sein soll, weil es sich um eine verkappte Mieterhöhungsmöglichkeit handele, die dem Vermieter gestatte, die Miete über die ortsübliche Vergleichsmiete hinaus zu erhöhen (*OLG Hamburg* NZM 2000, 654) –, auf den Fall einer zu geringen Wohnfläche.

BGH: Eigenleistungen des Mieters (Urteil vom 07.07.2010 – VIII ZR 315/09, NJW-RR 2010, 1384)

Eine vom Mieter auf eigene Kosten geschaffene Ausstattung der Mietsache (hier: Bad und Sammelheizung) bleibt bei der Ermittlung der ortsüblichen Vergleichsmiete grundsätzlich auf Dauer unberücksichtigt. Etwas anderes gilt nur dann, wenn der Vermieter dem Mieter die Kosten erstattet hat oder die Parteien eine konkrete anderweitige Vereinbarung getroffen haben; hierzu genügt es nicht, dass sich der Mieter bei Abschluss des Mietvertrags zum Einbau der Ausstattung verpflichtet hat

Der Beklagte ist Mieter einer Wohnung der Klägerin. Aufgrund einer im Mietvertrag enthaltenen Verpflichtung baute er in die Wohnung auf eigene Kosten ein Bad und eine Sammelheizung ein. Später verlangte die Vermieterin Zustimmung zu einer Erhöhung der Nettomiete. Zur Begründung nahm sie auf den örtlichen Mietspiegel Bezug und ordnete die Wohnung in das Rasterfeld ein, das sich auf Wohnungen mit normaler Wohnlage und einer Ausstattung mit Bad und Sammelheizung bezieht. In drei vorangegangenen Mieterhöhungsverlangen hatte sie dagegen auf die ortsübliche Vergleichmiete für Wohnungen ohne Bad und Sammelheizung abgestellt.

Nach Auffassung des *BGH* muss die ortsübliche Vergleichsmiete, § 558 BGB, für die Wohnung des Beklagten anhand vergleichbarer Wohnungen ermittelt werden, die nicht mit Bad und Sammelheizung ausgestattet sind. Wohnwertverbesserungen, die der Mieter vorgenommen und finanziert hat, seien bei der Ermittlung der ortsüblichen Vergleichsmiete nicht zu berücksichtigen, wenn nicht die Parteien etwas anderes vereinbart haben oder der Vermieter dem Mieter die verauslagten Kosten erstattet hat. Die vom Mieter auf eigene Kosten geschaffene Wohnwertverbesserung bleibe bei der Ermittlung der Vergleichsmiete auch dann unberücksichtigt, wenn sie – wie hier – auf einer vertraglichen Verpflichtung beruht. Anderenfalls müsste der Mieter die Ausstattung seiner Wohnung im Ergebnis doppelt bezahlen, zunächst beim Einbau entsprechend der vertraglichen Verpflichtung und später nochmals durch eine auch auf diese Ausstattung gestützte Mieterhöhung.

Anmerkung:

Verbessert der Vermieter den Wohnwert durch Modernisierungsmaßnahmen, kann er wählen, ob er diese bei der Bestimmung der zukünftigen Miete nach § 558 BGB oder nach § 559 BGB berücksichtigt: Er kann den jährlichen Mietzins nach § 559 BGB nach Durchführung der Modernisierungsarbeiten anteilig um 11 % der für die Wohnung aufgewendeten Kosten anheben. In diesem Fall hat er keine Kappungsgrenze und keine Wartefrist zu beachten hat. Die neue Miete wird von dem Beginn des auf die ordnungsgemäße Erklärung folgenden übernächsten Monats an geschuldet und tritt an die Stelle der bisher geschuldeten; der Erhöhungsbetrag nach § 559 BGB stellt also nicht etwa einen gesonderten Zuschlag dar (*LG München I* WuM 1996, 43). Da die Modernisierungsarbeiten nicht doppelt in Ansatz gebracht werden dürfen, kann einem späteren Mieterhöhungsverlangen nach § 558 BGB lediglich der nicht modernisierte Standard der Wohnung zugrunde gelegt werden (*AG Berlin-Mitte* GE 2003, 461).

Alternativ kann der Vermieter versuchen, nach § 558 BGB eine höhere Miete durchzusetzen, indem er die Miete – im Rahmen und in den Grenzen des Verfahrens des § 558 BGB, also unter Berücksichtigung der Wartefrist und der Kappungsgrenze – nach Durchführung der Modernisierung an die ortsüblichen Vergleichsmieten für derart modernisierte Wohnungen anpasst. Dieses Verfahren schließt eine Erhöhung nach § 559 BGB aus, da die Modernisierung bereits bei der Mieterhöhung nach § 558 berücksichtigt wurde. Zusätzlich zu diesen beiden Erhöhungsmöglichkeiten kann der Vermieter sie auch noch kombinieren, also neben der Mieterhöhung im vereinfachten Umlageverfahren nach § 559 BGB vom Mieter die Zustimmung zu einer Mietanhebung auf die ortsübliche Vergleichsmiete verlangen. Auch hier darf es aber nicht zu einer kumulativen Mieterhöhung kommen, bei der die Modernisierung doppelt, nämlich sowohl bei § 558 als auch bei § 559 berücksichtigt wird.

Für den Vermieter ist im Normalfall die Mieterhöhung im vereinfachten Umlageverfahren ausschließlich nach § 559 BGB die günstigste Möglichkeit. Er muss nicht zunächst die Zustimmung des Mieters verlangen, sondern kann direkt Zahlung der erhöhten Miete geltend machen. Er hat keine Kappungsgrenze und keine Jahressperrfrist einzuhalten und – soweit er die Miete regelmäßig bis zur ortsüblichen Vergleichsmiete angehoben hat – wird die nach einer Erhöhung gem. § 559 BGB zu zahlende Miete höher sein als die ortsübliche Miete für renovierte Wohnungen. Bei der Erhöhung nach § 558 BGB bildet hingegen die ortsübliche Vergleichsmiete die zulässige Obergrenze.

BGH: Änderung der Mietstruktur (Urteil vom 07.07.2010 – VIII ZR 321/09, NJW 2010, 2945)

Ein Mieterhöhungsverlangen ist wegen eines formellen Mangels unwirksam, wenn es inhaltlich untrennbar mit einem Angebot zur Änderung der Mietstruktur verbunden ist und der Mieter nicht erkennen kann, in welchem Umfang das Erhöhungsverlangen auf die begehrte Änderung der Mietstruktur gerichtet ist und inwiefern es sich auf § 558 BGB stützt.

Die Parteien streiten um eine von der Klägerin begehrte Mieterhöhung auf Basis einer Nettokaltmiete. Bei Beginn des Mietverhältnisses hatte der Beklagte für die damals preisgebundene Wohnung neben der Nutzungsgebühr lediglich Vorauszahlungen für Heizung und Warmwasserversorgung zu entrichten; die übrigen Nebenkosten waren in der Nutzungsgebühr enthalten (Teilinklusivmiete). Später stellte die Klägerin die Miete auf eine Nettokaltmiete um, indem sie unter Berufung auf §§ 27 II. BV, 20 ff. NMV und 10 WoBindG die bisher in der Grundmiete enthaltenen Betriebskosten herausrechnete und nunmehr als Vorauszahlungen auf die Betriebskosten erhob. Gegen die jährliche Abrechnung der Betriebskosten erhob der Beklagte keine Beanstandungen; er stimmte auch mehreren Mieterhöhungen zu, die die Kläger nach dem Wegfall der Preisbindung auf der Basis einer Nettokaltmiete nach § 558 BGB geltend machte.

Nach Auffassung des *BGH* steht der Klägerin der geltend gemachte Anspruch auf Zustimmung zur Erhöhung der Miete entsprechend dem Mieterhöhungsverlangen zu, § 558 BGB. Dieses sei nicht deshalb unwirksam, weil die Klägerin Zustimmung zu einer Erhöhung der Nettokaltmiete verlangt habe, obwohl der Beklagte nach wie vor eine Teilinklusivmiete schulde. Zwar sei ein Mieterhöhungsverlangen wegen eines formellen Mangels unwirksam ist, wenn es inhaltlich untrennbar mit einem Angebot zur Änderung der Mietstruktur verbunden ist und der Mieter nicht erkennen kann, in welchem Umfang das Erhöhungsverlangen auf die begehrte Änderung der Mietstruktur gerichtet ist und inwiefern es sich auf § 558 BGB stützt. Ein solcher Fall liege hier aber nicht vor. Denn das Mieterhöhungsverlangen der Klägerin enthalte kein Angebot zur Änderung der Mietstruktur. Die Klägerin habe darin zwar die bisherige Nutzungsgebühr und die Vorauszahlungen für Heizung sowie für die übrigen Betriebskosten gesondert aufgeführt. Die Entrichtung von Vorauszahlungen auf Betriebskosten neben der Grundmiete und die jährliche Abrechnung der Betriebskosten habe aber der bisherigen Praxis der Parteien entsprochen. Unter diesen Umständen sei dem Mieterhöhungsverlangen der Klägerin aus der maßgeblichen Sicht des Beklagten („Empfängerhorizont") kein (konkludentes) Angebot zur Änderung der Mietstruktur zu entnehmen. Denn die Klägerin ging für den Beklagten erkennbar davon aus, dass die Miete bereits in der Vergangenheit wirksam auf eine Nettokaltmiete umgestellt worden war.

Diese von der Klägerin vorgenommene einseitige Umstellung der Mietstruktur sei auch wirksam. Die nach früherer Rechtslage vorgesehene Einstellung der Betriebskosten in die Wirtschaftlichkeitsberechnung zur Kostenmiete sei Ende 1985 entfallen; der Vermieter preisgebundenen Wohnraums könne Betriebskosten seither nur als gesondert abzurechnende Kosten auf den Mieter abwälzen. Insoweit habe der Vermieter die bisherige Mietstruktur während der Dauer der Preisbindung für die Zukunft durch einseitige Erklärung nach § 10 WoBindG ändern können.

Anmerkung:

Nach § 558 BGB kann der Vermieter ausschließlich eine Anpassung der Miete an die ortsübliche Vergleichsmiete verlangen. Es ist nicht möglich, unter Bezugnahme auf § 558 BGB eine Änderung der Mietstruktur herbeizuführen (*OLG Frankfurt a.M.* NZM 2001, 418). Verbindet der Vermieter einen dahingehenden Antrag untrennbar mit dem auf die Zustimmung zu einer Mieterhöhung, so führt dies nach ganz h.M. zur Unwirksamkeit des gesamten Mieterhöhungsverlangens (*OLG Hamburg* NJW 1983, 580; *LG Berlin* GE 2002, 737; MünchKomm/*Artz*, § 558a Rz. 10). Die Mietstruktur kann nur vertraglich nach § 557 BGB geändert werden. Hat der Mieter aber einer solchen Mieterhöhung zugestimmt, so hat er auch in die Änderung der Mietstruktur eingewilligt (Schmidt-Futterer/*Börstinghaus*, § 558 Rz. 17; a.A. MünchKomm/*Artz*, a.a.O.). Da der Mieter vorliegend bereits mehrfach einer Mieterhöhung auf Basis der Nettokaltmiete zugestimmt hatte, kam es im Ergebnis nicht darauf an, ob die einseitige Umstellung der Mietstruktur durch den Vermieter wirksam gewesen war.

BGH: Automatisiertes Erhöhungsverlangen (Urteil vom 07.07.2010 – VIII ZR 321/09, NJW 2010, 2945)

Bei der von einer juristischen Person nach § 10 Abs. 1 S. 5 WoBindG abgegebenen „Erklärung mit Hilfe automatischer Einrichtungen" genügt die Angabe des Namens der juristischen Person; der Nennung der natürlichen Person, die die Erklärung abgefasst oder veranlasst hat, bedarf es nicht.

Die Parteien streiten im Rahmen eines Mieterhöhungsverfahrens um die Wirksamkeit einer von der Klägerin, einer juristischen Person, 1986 vorgenommenen Umstellung der Mietstruktur von einer Teilinklusivmiete auf eine Nettokaltmiete im preisgebundenen Wohnraum gemäß §§ 27 II. BV, 20 ff. NMV und 10 WoBindG. Die Erklärung war maschinell gefertigt worden. Die maschinell erstellte Unterschrift am Ende des Schreibens gab nur die Bezeichnung der Klägerin und nicht zusätzlich den Namen der natürlichen Person an, die das Schreiben abgefasst oder veranlasst hatte.

Nach Auffassung des *BGH* hat die Klägerin die Mietstruktur wirksam geändert. Die Umstellungserklärung der Klägerin genügte den formellen Anforderungen nach § 10 Abs. 1 S. 1 und 5 WoBindG. Eine mit Hilfe automatischer Einrichtungen gefertigte Erklärung nach § 10 WoBindG sei nicht unwirksam, wenn sie nicht den Namen der natürlichen Person angebe, die für das Schreiben verantwortlich ist; die bloße Angabe der juristischen Person, von der das Schreiben stammt, sei ausreichend. Die maschinelle Unterschrift bei einer Erklärung nach § 10 WoBindG sei – ebenso wie die Angabe der „Person des Erklärenden" bei einer Erklärung in Textform, § 126b BGB – erforderlich, damit der Empfänger weiß, von wem das Schreiben stammt. Für diesen Zweck sei aber bei der Erklärung einer juristischen Person die Angabe von deren Namen ausreichend. Es wäre eine leere Förmelei, darüber hinaus die Angabe des Namens der natürlichen Person zu verlangen, die das Schreiben unterzeichnet hätte, wenn nicht die Unterschrift wegen der vom Gesetz aus Gründen der Vereinfachung erlaubten Textform oder maschinellen Unterschrift entbehrlich wäre.

Die erleichterte Form diene dem Zweck, den Rechtsverkehr zu vereinfachen in Fällen, in denen eine Erklärung – etwa aus Informations- oder Dokumentationsgründen – zwar einer textlichen Niederlegung bedarf, aber die Einhaltung der strengeren Schriftform wegen des Erfordernisses der eigenen Unterschrift unangemessen verkehrserschwerend ist. Die Angabe einer natürlichen Person sei hier auch nicht deshalb erforderlich, damit der Empfänger die Vertretungsverhältnisse überprüfen und bei einseitigen Rechtsgeschäften gegebenenfalls von der Möglichkeit einer Zurückweisung nach § 174 BGB Gebrauch machen könne. Die erleichterte Form sei im Interesse der Vereinfachung des Rechtsverkehrs für Erklärungen vorgesehen, bei denen keine ernsthafte Gefahr besteht, dass sie gefälscht oder von einem unbefugten Dritten abgegeben werden. Wenn auch hier die Angabe der natürlichen Person zwingend erforderlich wäre, die für die juristische Person gehandelt hat, müsste der Erklärende der maschinell erstellten Erklärung jeweils vorsorglich eine (eigenhändig unterzeichnete) Vollmachtsurkunde beifügen, so dass die erstrebte Vereinfachung des Rechtsverkehrs gerade nicht erreicht würde.

Anmerkung:

Der *BGH* hat sich mit zutreffender Begründung nicht der bislang ganz einhelligen h.M. in Literatur und Rechtsprechung angeschlossen, wonach eine mit Hilfe automatischer Einrichtungen gefertigte Erklärung nach § 10 WoBindG nur wirksam ist, wenn sie den Namen der natürlichen Person angibt, die für das Schreiben verantwortlich ist; die bloße Angabe der juristischen Person, von der das Schreiben stammt, soll nicht genügen (*LG Hamburg* WuM 1993, 65; *LG Wiesbaden* WuM 1996, 282; Bub/Treier/*Schultz*, III. Rz. 384). Das Mietrecht kennt nunmehr zwar – anders als noch § 8 MHG – keine automatisch gefertigten Erklärungen mehr, doch stellt sich das Problem der Unterzeichnung in gleicher Weise bei Erklärungen, welche die Textform nach § 126b BGB erfordern, etwa Mieterhöhungserklärungen gemäß § 558a Abs. 1 oder 559b Abs. 1 BGB, Modernisierungsankündigungen gemäß § 554 Abs. 3 S. 1 BGB sowie Änderungen von Betriebskostenpauschalen gemäß § 560 Abs. 1 S. 1 BGB oder Betriebskostenvorauszahlungen gemäß § 560 Abs. 4 BGB (*LG Hamburg* NZM 2005, 255). Auch insoweit hat der *BGH* klargestellt, dass die Angabe oder Unterschrift des Sachbearbeiters nicht Voraussetzung für die Wirksamkeit der Erklärung ist.

BGH: Genossenschaftsrechtliche Gleichbehandlung bei der Mieterhöhung (Urteil vom 14.10.2009 – VIII ZR 159/08, NJW-RR 2010, 226)

Es verstößt nicht gegen den genossenschaftsrechtlichen Gleichbehandlungsgrundsatz, wenn eine Genossenschaft nur gegenüber einem einzelnen Mitglied ein Mieterhöhungsverlangen nach § 558 BGB ausspricht, sofern dies auf sachlichen Kriterien beruht.

Die Beklagte ist Mitglied der klagenden Genossenschaft und schloss mit dieser einen Nutzungsvertrag über eine Genossenschaftswohnung. Im Herbst 2005 wurden in der Wohnanlage die Fenster ausgetauscht und Sanierungsarbeiten an den Balkonen durchgeführt. Wegen der damit verbundenen Beeinträchtigungen durch Lärm und Staub minderte die Beklagte – als einziges Genossenschaftsmitglied und entgegen einer Bitte der Klägerin, nach dem genossenschaftlichen Grundgedanken hiervon abzusehen – die Miete. Sie kündigte an, von ihrem Recht die Grundmiete zu erhöhen, Gebrauch machen zu wollen, sofern die Beklagte auf der Mietminderung beharre. Nach Abschluss der Arbeiten begehrt die Klägerin nunmehr die Zustimmung der Beklagten zu einer Anhebung der Grundmiete.

Nach Auffassung des *BGH* steht der Klägerin der geltend gemachte Anspruch auf Zustimmung zur Erhöhung der Grundmiete zu. Der Anspruch auf Zustimmung zur Erhöhung der Grundmiete sei nach § 558 BGB zu beurteilen. Denn bei dem genossenschaftsrechtlichen Nutzungsvertrag handele es sich der Sache nach um einen Mietvertrag. Die formellen und materiellen Voraussetzungen des § 558 BGB für das Zustimmungsbegehren seien erfüllt.

Dem Anspruch aus § 558 BGB stehe nicht das genossenschaftsrechtliche Gebot der Gleichbehandlung der Mitglieder einer Genossenschaft entgegen. Dieses fordere im genossenschaftlich geprägten Mietverhältnis eine willkürfreie, auf sachlich nachvollziehbare Kriterien gestützte Behandlung der Genossenschaftsmieter. Die Genossenschaft und ihre Organe seien daher berechtigt, unterschiedlichen Verhältnissen Rechnung zu tragen und zwischen den Mitgliedern nach sachlichen Kriterien in angemessener Weise zu differenzieren. Solche Kriterien lägen hier vor: Da die Beklagte die Miete wegen der durch die Bauarbeiten verursachten Beeinträchtigungen gemindert hat, habe sie keinen Anspruch darauf, dass die Klägerin ihr gegenüber auf das Mieterhöhungsverlangen ebenso verzichtet wie gegenüber den anderen Genossenschaftsmietern, die ebenfalls zur Mietminderung berechtigt waren, darauf aber verzichtet haben. Aus der Berechtigung der Beklagten zur – von der Klägerin akzeptierten – Minderung folge nicht, dass es dieser verwehrt wäre, auf die berechtigte Minderung mit einem – nach § 558 BGB ebenfalls berechtigten – Mieterhöhungsverlangen zu reagieren. Wenn sich die Klägerin für die Minderung entschieden hat, so habe sie keinen Anspruch mehr auf den von der Klägerin angebotenen Verzicht auf eine Mieterhöhung.

Anmerkung:

Nach h.M. findet auf so genannte „Dauernutzungsverträge“ zwischen Wohnungsbaugenossenschaften und ihren Mitgliedern das Wohnraummietrecht der §§ 549 ff. BGB Anwendung (*BGH* NJW-RR 2004, 12; *BayObLG* NZM 1998, 369). Die einzige grundlegende Abweichung von einem gewöhnlichen Wohnraummietvertrag liegt in der Bindung des Nutzungsrechts an die Mitgliedschaft in der Genossenschaft. Diese Abrede, die auf der körperschaftsrechtlichen Beziehung zwischen der Genossenschaft und ihren Mitgliedern beruht, gibt dem Vertrag jedoch kein Gepräge, das ihn grundlegend von einem Mietverhältnis unterscheiden würde. Gleichwohl begründet die neben dem Mietverhältnis bestehende genossenschaftliche Sonderbeziehung zwischen Mieter und Vermieter für diesen besondere Pflichten, die auf das Mietverhältnis einwirken. Der genossenschaftliche Gleichbehandlungsgrundsatz erfordert auch im Mietverhältnis eine willkürfreie, auf sachlich nachvollziehbare Kriterien gestützte Behandlung der Mitglieder, die den unterschiedlichen Verhältnissen Rechnung trägt (*LG Berlin* NZM 2002, 289). Wird beispielsweise kurz nach Abschluss eines Mietvertrages über eine Genossenschaftswohnung eine andere Wohnung im Hause zu einer deutlich niedrigeren Miete vermietet, ohne dass dafür ein sachlicher Grund erkennbar ist, kann der Mieter wegen Verletzung des genossenschaftlichen Gleichbehandlungsgrundsatzes Herabsetzung der Miete verlangen (*LG Berlin* NZM 2000, 936).

BGH: Nachholung der erforderlichen Angaben (Urteil vom 20.01.2010 – VIII ZR 141/09, NJW-RR 2010, 735)

Bei Erhöhung einer Brutto- oder Teilinklusivmiete kann der Vermieter die erforderlichen Angaben zu den in der Miete enthaltenen Betriebskosten im Prozess über die Mieterhöhung nachholen. Für eine solche Nachbesserung oder Nachholung des Mieterhöhungsverlangens gilt die Sperrfrist im Hinblick auf eine vorangegangene Mieterhöhung, die infolge einer Teilzustimmung des Mieters zum ursprünglichen Mieterhöhungsverlangen wirksam geworden ist, nicht.

Die Beklagten sind Mieter einer Wohnung der Kläger. Neben der monatlichen Miete sind von ihnen Vorauszahlungen für Heizung und Wasser zu leisten. Die Kläger haben die Beklagten unter Berufung auf den Mietspiegel aufgefordert, einer Erhöhung der Nettomiete von 500 € auf 550 € zuzustimmen. Die Beklagten erklärten sich lediglich mit einer Mieterhöhung auf 530 € einverstanden. Nachdem ein Sachverständigengutachten die ortsübliche Vergleichsmiete auf netto 526 € beziffert hatte, haben die Kläger geltend gemacht, die Beklagten hätten die Kosten für Versicherung und Grundsteuer nach dem Mietvertrag nicht gesondert zu zahlen (Teilinklusivmiete). Zur ortsüblichen Nettomiete kämen diese Nebenkosten in Höhe von 26,68 € monatlich deshalb noch hinzu.

Nach Auffassung des *BGH* ist das (nachgebesserte) Mieterhöhungsverlangen der Kläger formell wirksam. Allerdings sei das ursprüngliche Mieterhöhungsverlangen mit einem Mietspiegel begründet worden, der Nettomieten ausweist; es enthalte keine Angaben zu den in der Miete enthaltenen Betriebskosten, obwohl es sich bei der vereinbarten Miete um eine Teilinklusivmiete handelt. Jedoch bedürfe es bei einer Bruttomiete, die unter Heranziehung eines Mietspiegels, der Nettomieten ausweist, erhöht werden soll, einer Umrechnung, um die Vergleichbarkeit der unterschiedlichen Mietstrukturen – Bruttomiete einerseits, Nettomiete andererseits – zu gewährleisten. Gleiches gelte im Falle einer Teilinklusivmiete, bei der – wie hier – nur ein Teil der Betriebskosten in der Grundmiete enthalten ist. Diesen Anforderungen werde das ursprüngliche Mieterhöhungsverlangen, nicht gerecht.

Die Kläger hätten es jedoch nach § 558b Abs. 3 BGB während des Prozesses durch die Angabe der in der Miete bereits enthaltenen Betriebskosten nachbessern können. Mit der Nachholung der Angaben zu den Betriebskosten hätten sie kein vom ursprünglichen Begehren unabhängiges „weiteres“ Mieterhöhungsverlangen gestellt. Zwar seien die Kläger in ihrem ursprünglichen Mieterhöhungsverlangen von einer Nettomiete, keiner Teilinklusivmiete, ausgegangen und hätten eine Erhöhung der „Nettokaltmiete“ begehrt. Dies stehe einer Nachbesserung gemäß § 558b Abs. 3 BGB aber nicht entgegen. Auch habe die Jahressperrfrist des § 558 Abs. 1 S. 2 BGB nicht gewahrt werden müssen. § 558b Abs. 3 BGB gestatte es dem Vermieter, ein Mieterhöhungsverlangen, das den Anforderungen des § 558a BGB nicht entspricht, noch im Rechtsstreit nachzuholen oder die Mängel des Mieterhöhungsverlangens zu beheben. Für eine solche Nachholung oder Nachbesserung gelte die Sperrfrist im Hinblick auf die Mieterhöhung, die bereits infolge der Teilzustimmung des Mieters wirksam geworden ist, nicht. Denn das ursprüngliche Mieterhöhungsverlangen sei erst mit dem Abschluss des Rechtsstreits über den vom Mieter nicht akzeptierten Teil des Mieterhöhungsbegehrens insgesamt erledigt.

Anmerkung:

Wird die Erhöhung einer Brutto- oder Teilinklusivmiete mit einem Mietspiegel begründet, der Nettomieten ausweist, kann nach h.M., die Vergleichbarkeit dadurch hergestellt werden, dass ein Zuschlag in Höhe der derzeit auf die Wohnung entfallenden Betriebskosten zu der im Mietspiegel ausgewiesenen ortsüblichen Nettokaltmiete hinzugerechnet wird, sofern sie den Rahmen des Üblichen nicht überschreiten (Schmidt-Futterer/*Börstinghaus,* § 558a Rz. 57 ff.); umgekehrt kann auch der Betriebskostenanteil aus der vereinbarten Bruttomiete herausgerechnet werden, um den in der Vertragsmiete enthaltenen Nettomietanteil dem Netto-Mietspiegelwert gegenüberzustellen (*BGH* NJW-RR 2006, 227). Weder ist der auf Grund der letzten Vereinbarung oder Erhöhung in der Miete enthaltene Betriebskostenanteil maßgeblich (so aber *Beuermann,* NZM 1998, 598), noch kann zu der Nettomiete des Mietspiegels ein durchschnittlicher (pauschaler) Betriebskostenanteil hinzugerechnet werden, sofern solche Werte überhaupt – wie etwa in Berlin – bekannt gemacht werden (so aber *LG Berlin* NJW-RR 1999, 1169).

BGH: Anforderungen an die Begründung einer Mieterhöhung im preisgebundenen Wohnraum (Urteil vom 06.04.2011 – VIII ZR 199/10, NJW-RR 2011, 948)

Zu den Anforderungen an die Begründung einer Mieterhöhung nach § 10 I WoBindG.

Die Beklagte ist Mieterin einer Wohnung der Klägerin. Nach dem Mietvertrag handelt es sich um öffentlich geförderten Wohnraum im Sinne des II. WoBauG. Die Klägerin erhöhte die Miete nach § 10 Abs. 1 WoBindG, weil sich ihre Kosten infolge des Auslaufens einer öffentlichen Förderung erhöht hatten. Dem Mieterhöhungsschreiben war eine als „Berechnung der Durchschnittsmiete" bezeichnete Anlage beigefügt, in der die laufenden Aufwendungen der Klägerin angegeben waren.

Nach Auffassung des *BGH* steht der Klägerin ein Anspruch auf Zahlung der erhöhten Miete zu. Gemäß § 10 Abs. 1 S. 1, 2 WoBindG könne der Vermieter die Miete durch schriftliche Erklärung erhöhen, wenn der Mieter nur zur Entrichtung eines geringeren als des nach dem Gesetz zulässigen Entgelts verpflichtet ist. Die Erklärung sei nur wirksam, wenn in ihr die Erhöhung berechnet und erläutert ist. Nach § 10 Abs. 1 S. 3 WoBindG seien zudem eine Wirtschaftlichkeitsberechnung oder ein Auszug daraus, der die Höhe der laufenden Aufwendungen erkennen lässt, beizufügen. Diesen Anforderungen werde das Mieterhöhungsverlangen der Klägerin gerecht. Der Beklagten werde darin mitgeteilt, dass sich die laufenden Aufwendungen für die Mietwohnungen infolge des Wegfalls einer öffentlichen Förderung erhöht hätten. Weiter sei ausgeführt, wie sich die Kaltmiete für die Beklagte berechne. In der dem Mieterhöhungsschreiben beigefügten Anlage seien die laufenden Aufwendungen für die sechs Mietwohnungen im Einzelnen aufgeführt.

Das Mieterhöhungsverlangen sei nicht deshalb aus formellen Gründen unwirksam, weil die Klägerin nicht die Gesamtkosten der – auch nicht zu Wohnzwecken genutzte Flächen umfassenden – Wirtschaftseinheit mitgeteilt und davon die auf die Wohnungen entfallenden Kosten in dem Mieterhöhungsverlangen oder den beigefügten Unterlagen abgegrenzt hat. Eine dahin gehende Verpflichtung des Vermieters lasse sich

§ 10 Abs. 1 WoBindG nicht entnehmen. Der Mieter solle nach der gesetzlichen Regelung in § 10 Abs. 1 WoBindG darüber informiert werden, weshalb die Miete erhöht wird. Aus der beizufügenden Wirtschaftlichkeitsberechnung oder einem die laufenden Aufwendungen des Vermieters für den preisgebundenen Wohnraum ausweisenden Auszug könne der Mieter sodann ersehen, ob sich der Vermieter auch mit der erhöhten Miete noch im Rahmen der ihm durch § 8 Abs. 1 WoBindG auferlegten Verpflichtung hält, die Wohnung nicht gegen ein höheres Entgelt zum Gebrauch zu überlassen, als zur Deckung seiner laufenden Aufwendungen erforderlich ist. Damit seien die Interessen des Mieters hinreichend gewahrt, denn für eine Kontrolle der Angaben des Vermieters zu seinen Aufwendungen auf ihre sachliche Richtigkeit stehe dem Mieter nach § 8 Abs. 4 WoBindG, § 29 Abs. 1 NMV ein umfassendes und an keine weiteren Voraussetzungen geknüpftes Auskunfts- und Einsichtsrecht zur Verfügung. Das Begründungserfordernis in § 10 Abs. 1 S. 2 WoBindG verfolge nicht den Zweck, dem Mieter, der mittels Belegeinsicht kontrollieren will, ob der Vermieter einer größeren Wirtschaftseinheit die auf den geförderten Wohnraum entfallenden Aufwendungen richtig ermittelt hat, dabei etwa erforderliche Rechenschritte von vornherein zu ersparen.

Anmerkung:

Nach der Rechtsprechung des *BGH* genügt zur Wirksamkeit einer auf das WoBindG gestützten Mieterhöhung neben der Berechnung und Erläuterung, § 10 Abs. 1 S. 2 WoBindG, die Beifügung einer Wirtschaftlichkeitsberechnung, eines Auszugs daraus oder – falls der Mieter bereits im Besitz der letzten Wirtschaftlichkeitsberechnung oder eines Auszugs daraus ist – einer Zusatzberechnung zu dieser oder, wenn das zulässige Entgelt von der Bewilligungsstelle aufgrund einer Wirtschaftlichkeitsberechnung genehmigt ist, einer Abschrift dieser Genehmigung, § 10 Abs. 1 S. 3 und 4 WoBindG (*BGH* NJW 1984, 1032). Es ist nicht erforderlich, der Mieterhöhungserklärung Unterlagen in einem Umfang beizufügen, die dem Mieter – auch wenn es sich um einen Zweit- oder Folgemieter handelt – die Möglichkeit verschaffen, die Entwicklung der Kostenmiete bis auf die von der Bewilligungsstelle genehmigte Durchschnittsmiete zurückzuverfolgen. Den zutreffenden Ansatz der einzelnen Positionen kann der Mieter ohnehin nur durch gesonderte Einsichtnahme in die zugrunde liegenden Berechnungsunterlagen, wie Vertragsurkunden, Versicherungspolicen, Rechnungen, Zahlungsbelege oder Quittungen feststellen. Angesichts des umfassenden Auskunfts- und Einsichtsrechts nach §§ 8 Abs. 4 WoBindG, 29 Abs. 1 NMV wäre es unter Berücksichtigung auch der berechtigten Belange des Vermieters überzogen, diesen zur Beifügung von Unterlagen zu zwingen, die dem Mieter nur ein Minimum an Mehrinformation bieten, dem Vermieter dafür erhebliche Mehraufwendungen abverlangen.

BGH: Unwirksame Mieterhöhungen bei preisgebundenem Wohnraum (Urteil vom 24.03.2010 – VIII ZR 160/09, NJW 2010, 1663)

Der Mieter kann im Falle der Unwirksamkeit von nach den Vorschriften für preisgebundenen Wohnraum vorgenommenen Mieterhöhungen die zusätzlich gezahlten Beträge nicht unbeschränkt zurückverlangen.

Die Klägerin ist seit 1981 Mieterin einer Wohnung der Beklagten. Im Mietvertrag wird auf die öffentliche Förderung hingewiesen. Das Gebäude wurde von der Rechtsvorgängerin der beklagten Wohnungsbaugesellschaft mit öffentlichen Mitteln saniert. Die Grundmiete wurde von der Vermieterin mehrfach nach §§ 10, 8a WoBindG erhöht. Die Klägerin zahlte die erhöhte Miete jeweils in vollem Umfang. Sie verlangt nunmehr die Rückzahlung der von ihr in den Jahren 2004 bis 2007 aufgrund der Erhöhungen gezahlten Beträge. Die Miete habe von der Beklagten nicht einseitig erhöht werden dürfen, weil die in den siebziger Jahren durchgeführte Sanierung nicht die gesetzlichen Voraussetzungen nach § 17 Abs. 2 WoBauG erfüllt habe und es sich deshalb nicht um preisgebundenen Wohnraum handele. Die nach den Vorschriften des preisgebundenen Wohnraums vorgenommenen einseitigen Mieterhöhungen der Vermieterin seien daher unwirksam, so dass weiterhin die ursprünglich vereinbarte Nettokaltmiete gelte.

Nach Auffassung des *BGH* ist die Preisgebundenheit der von der Klägerin gemieteten Wohnung Geschäftsgrundlage des Mietvertrags geworden und der Beklagten bei Fehlen dieser Geschäftsgrundlage ein unverändertes Festhalten am Vertrag nicht zuzumuten. Denn die vor mehr als 25 Jahren vereinbarte Ausgangsmiete betrage nur 40 % der von der Beklagten zuletzt verlangten Kostenmiete und nur etwa 44 % der ortsüblichen Vergleichsmiete des Jahres 2007. Die Beklagte könne Mieterhöhungen nach der für nicht preisgebundenen Wohnraum geltenden Vorschrift des § 558 BGB für die Vergangenheit nicht mehr nachholen und den Stand der ortsüblichen Vergleichsmiete auch für die Zukunft mit Rücksicht auf die in § 558 BGB enthaltenen zeitlichen und prozentualen Beschränkungen auf absehbare Zeit nicht erreichen. Ohne eine Vertragsanpassung bestünde daher ein erhebliches Missverhältnis zwischen Leistung und Gegenleistung. Obergrenze für eine Vertragsanpassung sei aber die ortsübliche Vergleichsmiete, die niedriger ist als die von der Beklagten zuletzt verlangte Kostenmiete.

Anmerkung:

Ist der Mieter im preisgebundenen Wohnraum nur zur Entrichtung eines niedrigeren als des nach dem WoBindG zulässigen Entgelts verpflichtet, so kann der Vermieter gemäß § 10 Abs. 1 WoBindG dem Mieter gegenüber erklären, dass das Entgelt um einen bestimmten Betrag bis zur Höhe des zulässigen Entgelts erhöht werden soll. Dem Vermieter ist somit in Abweichung von allgemeinen Grundsätzen des Vertragsrechts die Möglichkeit eingeräumt, die Pflicht des Mieters zur Mietzahlung durch einseitige Erklärung zu gestalten. Die Erhöhung hat schriftlich und nach Maßgabe der § 10 Abs. 2 bis 4 WoBindG (Berechnungs- und Erläuterungspflichten des Vermieters) zu erfolgen. Die Mietvertragsparteien können auch gemäß § 4 Abs. 8 NMVO im Wege einer Mietgleitklausel die jeweils gesetzlich zulässige Kostenmiete als vertraglich geschuldete Miete vereinbaren (*BGH* NJW 2004, 1598). Eine solche Vereinbarung hat anspruchsbegründende Wirkung. Für die Durchführung einer Mieterhöhung gilt gemäß § 4 Abs. 8 S. 1 NMVO ebenfalls § 10 Abs. 1 WoBindG mit der Folge, dass dem Mieter hinsichtlich des Erhöhungsbetrags ein Leistungsverweigerungsrecht gem. § 273 BGB zusteht, solange die formellen Anforderungen an die Berechnung und Erläuterung des Erhöhungsbetrags nicht erfüllt sind (*BGH* a.a.O.).

Eine formularvertragliche „Nachbelastungsklausel“, nach welcher der Vermieter berechtigt sein soll, bei Änderungen der Kostenmiete diese ab Zulässigkeit auch rückwirkend vom Mieter zu verlangen, ist gemäß § 307 BGB unwirksam (*BGH* NJW-

RR 2009, 1021). Eine zeitlich unbegrenzte Rückwirkung weicht von dem in § 10 Abs. 2 WoBindG enthaltenen Grundsatz, dass Mieterhöhungen nur für die Zukunft wirken, so erheblich ab, dass sie mit dem Grundgedanken der gesetzlichen Regelung nicht mehr vereinbar ist. Sie würde dem Vermieter die Möglichkeit eröffnen, Änderungen der Kostenmiete wegen zeitlich weit zurückliegender Erhöhungen auch für die fernere Vergangenheit vorzunehmen und den Mieter mit ganz erheblichen Nachforderungen zu belasten. Insbesondere könnte er auch Nachforderungen geltend machen, die darauf beruhen, dass er eine zulässige Mieterhöhung aus Nachlässigkeit oder anderen von ihm zu vertretenden Gründen nicht zeitnah durchgeführt hat.

AG Berlin-Schöneberg: konkludente Zustimmung (Urteil vom 02.09.2009 – 6 C 280/09, BeckRS 2009, 25268)

Die Zustimmung des Mieters zu einer Mieterhöhung kann konkludent durch Zahlung erklärt werden. Der Vermieter hat keinen Anspruch auf eine schriftliche Zustimmung.

Die Klägerin ist Vermieterin, die Beklagten sind Mieter. Mit Schreiben vom Januar 2009 verlangte die Klägerin von den Beklagten schriftlich die Zustimmung zu einer Erhöhung der Nettokaltmiete. Die Beklagten unterschrieben zwar die Zustimmungserklärung nicht, zahlen aber seit April 2009 die erhöhte Miete. Die Klägerin macht geltend, sie habe Schriftform verlangt, die nach dem Mietvertrag auch erforderlich sei. Sie verlangt deshalb klageweise die schriftliche Zustimmung der Beklagten zur Mieterhöhung.

Das *AG Schöneberg* hält die Klage für unbegründet und damit an seiner bisherigen Rechtsprechung fest (NZM 2009, 123). Der Zustimmungsanspruch der Klägerin sei durch Erfüllung gemäß § 362 Abs. 1 BGB erloschen, denn die Beklagten hätten der Erhöhung bereits konkludent durch vorbehaltlose Zahlung der erhöhten Miete zugestimmt. Aus der Zahlung der erhöhten Miete könne der Vermieter nur den Schluss ziehen, der Mieter wolle damit die verlangte Zustimmungserklärung abgeben, da die stärkste Form konkludenten Verhaltens die Zahlung sei. Die Beklagten seien nicht verpflichtet, ihre Zustimmung schriftlich zu erteilen.

Ein Anspruch des Vermieters auf schriftliche Zustimmung bestehe nicht. Für die Zustimmung des Mieters gemäß § 558b BGB sei gesetzlich eine besondere Form nicht vorgeschrieben. Seine Willenserklärung könne grundsätzlich formfrei erfolgen, also sowohl schriftlich, mündlich, telefonisch, per Telefax, auf den Anrufbeantworter gesprochen, per E-Mail oder in jeder sonst denkbaren Form, also auch durch mehrmalige vorbehaltlose Zahlung. Das Schriftformerfordernis folge bei Mietverträgen auf bestimmte Zeit auch nicht aus § 550 BGB. Das Mieterhöhungsverfahren gemäß §§ 558 ff. BGB gehe als *lex specialis* § 550 BGB vor. Auch der Schutz des Erwerbers des Mietobjekts, dem § 550 BGB dient, erfordere keine schriftliche Erklärung des Mieters: Zum einen könnten die bisherigen Zahlungen leicht ermittelt werden, zum anderen sei eine Mieterhöhung für den künftigen Vermieter nur von Vorteil.

Anmerkung:

Der Entscheidung ist nur eingeschränkt zuzustimmen. Während das Gesetz für das Zustimmungsverlangen gemäß § 558a BGB die Textform gemäß § 126b BGB vorschreibt, ist die Zustimmung des Mieters formfrei – also auch konkludent durch Zahlung – möglich. In der instanzgerichtlichen Rechtsprechung umstritten ist lediglich, wie oft der Mieter die erhöhte Miete zahlen muss, um sein Verhalten als Zustimmung zu werten. Während einzelne Gerichte eine (*LG Berlin* WuM 1989, 308) oder zwei Zahlungen (*AG Leipzig* NZM 2002, 20) ausreichen lassen, fordern andere eine „mehrmonatige" Zahlung (*BGH* NJW 1998, 445, 446). Das Problem ist seit der Mietrechtsreform durch die Verlängerung der Klagefrist auf drei Monate und die gesetzliche Vorverlegung der Fälligkeit der Miete in § 556 Abs. 1 BGB entschärft. Jetzt kann der Vermieter drei Fälligkeitstermine abwarten, bevor er sich entscheiden muss, ob er Zustimmungsklage erhebt. Drei vorbehaltslose Zahlungen sind deshalb jedenfalls für eine konkludente Zustimmung als ausreichend zu erachten.

Unzutreffend ist die Erwägung des *AG Schöneberg*, § 558b BGB gehe der Formvorschrift des § 550 BGB vor. Bei einem befristeten Mietvertrag mit einer Laufzeit von mehr als einem Jahr muss jede Vertragsänderung, auch eine Mieterhöhung nach § 558 ff. BGB schriftlich erfolgen. Zwar ist fraglich, ob der durch § 550 BGB geschützte Erwerber auch bei einer Mieterhöhung schutzbedürftig ist. Aus Gründen der Rechtssicherheit sollte der Vermieter bei befristeten Verträgen jedoch stets auf schriftlicher Zustimmung bestehen. Bei weiterer mindestens einjähriger Laufzeit des Wohnungsmietvertrages hat der Vermieter deshalb auch einen Anspruch auf Erteilung der schriftlichen Zustimmungserklärung zur Mieterhöhung (*LG Berlin* BeckRS 2007, 04782; Palandt/*Weidenkaff*, § 558b Rz. 3). Ausreichend ist, wenn der Mieter dem Vermieter ein Exemplar des Mieterhöhungsverlangens zurückschickt, das auch vom Vermieter unterschrieben ist, nicht hingegen die Unterzeichnung einer isolierten „Zustimmungserklärung", in der der Mieter einer Mieterhöhung zustimmt, ohne dass in dieser Erklärung auch die Willenserklärung des Vermieters enthalten ist. Bei einem Vertrag muss nämlich gemäß § 125 Abs. 2 BGB die Unterzeichnung der Parteien grundsätzlich auf derselben Urkunde erfolgen. Deshalb müssen auch beide Vertragsparteien eine Vereinbarung unterzeichnen, die eine Vertragsänderung enthält (*BGH* NZM 2001, 221).

LG Hamburg: Verspätet erhobene Mieterhöhungsklage (Urteil vom 05.11.2009 – 307 S 75/09, BeckRS 2010, 5118)

Die Versäumung der Klagefrist des § 558b BGB führt zur Unzulässigkeit, nicht zur Unbegründetheit der Mieterhöhungsklage. Fristwahrend ist nicht die Einreichung der Klage beim unzuständigen Gericht nebst demnächstiger Zustellung durch das erst nach Fristablauf angerufene zuständige Gericht. Beförderungsfehler zwischen „gemeinsamer Annahmestelle" und zuständigem Gericht muss sich der Kläger – ähnlich wie bei Einschalten der Post – zurechnen lassen.

Die Klägerin macht gegenüber dem beklagten Mieter Zustimmung zu einer Mieterhöhung geltend, die diesem im April 2008 zugegangen war. Die Mieterhöhungsklage hatte sie am 23.09.2008 beim *AG Hamburg*-Mitte eingereicht, das sie zunächst an das *AG Hamburg-Bergedorf* weiterleitete. Dieses leitete sie an das zuständige *AG Hamburg-Blankenese* weiter, wo sie (erst) am 1.10.2008 einging.

Nach Auffassung des *LG Hamburg* ist die Klage unzulässig, da die Klägerin die Klagefrist des § 558b BGB, die am 30.09.2008 ablief, nicht eingehalten hat. Die Versäumung der Klagefrist führe zur Unzulässigkeit der Klage, da eine besondere Sachurteilsvoraussetzung nicht erfüllt ist. Den bei der Weiterleitung der Klageschrift an das allein zuständige Amtsgericht Hamburg-Blankenese aufgetretenen Fehler, nämlich deren

Weiterleitung zunächst an das Amtsgericht Hamburg-*Bergedorf*, müsse sich die Klägerin zurechnen lassen. Insoweit sei kein Unterschied zu einer verspäteten Beförderung durch die reguläre Post ersichtlich, bei der sich der Vermieter – etwa bei der Einhaltung der Abrechnungsfrist gemäß § 556 Abs. 3 2 BGB – deren Verschulden ebenfalls zurechnen lassen müsse. Auch der Rechtsgedanke des § 167 ZPO führe zugunsten der Klägerin nicht zu einer abweichenden Beurteilung. Zwar sei auf die Klagefrist des § 558b BGB der Gedanke des § 167 ZPO grundsätzlich anwendbar, jedoch nur dann, wenn die Klage beim zuständigen Gericht eingegangen ist. Schließlich sei der Klägerin auch keine Wiedereinsetzung in den vorigen Stand zu gewähren. Die Klagefrist des § 558b Abs. 2 S. 2 BGB stelle eine Ausschlussfrist dar, gegen deren Versäumung eine Wiedereinsetzung in den vorigen Stand nicht in Betracht komme.

Anmerkung:

Die Klagefrist für den Vermieters schließt sich nach § 558b Abs. 2 BGB unmittelbar an das Ende der Überlegungsfrist für den Mieter an und ist zumindest teilweise deren Gegenstück (Schmidt-Futterer/*Börstinghaus*, § 558b BGB Rz. 83). Innerhalb der Überlegungsfrist kann sich der Mieter entscheiden, ob er dem Anspruch des Vermieters zustimmt oder nicht. Hat der Mieter nicht oder nicht vollständig zugestimmt, kann nun der Vermieter überlegen, ob er seinen ursprünglichen Anspruch ganz oder teilweise weiterverfolgt. Der Vermieter muss sich innerhalb der Klagefrist nicht nur entscheiden, ob er den Anspruch weiterverfolgt, er muss innerhalb dieser Frist auch die notwendige Unterbrechungshandlung durchführen, also die Klage tatsächlich erhoben haben.

Die Klagefrist wird nur durch eine formell ordnungsgemäße Klageerhebung, also die Zustellung der Klageschrift an den Mieter, unterbrochen. Die Zustellung eines Mahnbescheids genügt nicht, da kein Zahlungsanspruch besteht sondern ein Zustimmungsanspruch. Auf die Klagefrist ist § 167 ZPO anwendbar, so dass die Einreichung der Klage bei Gericht genügt, sofern die Zustellung demnächst erfolgt (*AG Dortmund* NJW-RR 1995, 971). Die Zeitdauer der Verzögerung wird vom Tage des Ablaufs der Klagefrist und nicht von dem Zeitpunkt der Einreichung der Klageschrift an gerechnet (*BGH* NJW 1993, 2320). Der Vermieter muss alles ihm Zumutbare für eine alsbaldige Zustellung getan haben. Er muss aber nicht gleichzeitig mit der Klage den Gerichtskostenvorschuss einzahlen, da dies § 12 *GKG* nicht vorsieht.

Die Klagefrist des § 558b Abs. 2 S. 2 BGB stellt eine Ausschlussfrist dar, gegen deren Versäumnis keine Wiedereinsetzung in den vorigen Stand in Betracht kommt. Eine Nachholung gemäß § 558b Abs. 3 BGB ist nicht möglich. Diese Vorschrift betrifft nur den Fall eines unwirksamen, nicht die Versäumung der Klagefrist nach einem wirksamen Mieterhöhungsverlangen. Auch eine Regelungslücke, die eine Analogie rechtfertigen könnte, liegt nicht vor, da durch ein Mieterhöhungsverlangen, auch wenn keine Klage erhoben wird, keine Sperrfrist ausgelöst wird und der Vermieter deshalb unmittelbar ein neues Mieterhöhungsverlangen stellen kann, welches eine neue Klagefrist in Gang setzt (Schmidt-Futterer/*Börstinghaus*, a.a.O., Rz. 87).

V. Rechte der Mietvertragsparteien

1. Modernisierung, bauliche Maßnahmen

BGH: Anforderungen an Modernisierungsankündigung (Urteil vom 28.09.2011 – VIII ZR 242/10, BeckRS 2011, 25101)

Eine nach § 554 Abs. 3 S. 1 BGB erforderliche Modernisierungsankündigung muss nicht jede Einzelheit der beabsichtigten Modernisierungsmaßnahme beschreiben und nicht jede mögliche Auswirkung mitteilen. Sie muss lediglich so konkret gefasst sein, dass sie den Informationsbedürfnissen des Mieters Rechnung trägt, das Ziel der beabsichtigten Modernisierung und die zu dessen Erreichung geplanten Maßnahmen zu erfahren, um ihm darüber eine zureichende Kenntnis zu vermitteln, in welcher Weise die Wohnung durch die geplanten Maßnahmen verändert wird und wie sich diese Maßnahmen künftig auf den Mietgebrauch einschließlich etwaiger Verwendungen des Mieters sowie die zu zahlende Miete auswirken.

Die Kläger sind Eigentümer eines mit einem Mehrfamilienhaus bebauten Grundstücks. Sie beabsichtigen, an der Westseite des Hauses Balkone zu errichten, und beanspruchen vom Beklagten, der eine der betroffenen Wohnungen gemietet hat, die Duldung der Baumaßnahme. Der Beklagte wendet ein, nicht ausreichend über die einzelnen durchzuführenden Maßnahmen informiert worden zu sein.

Nach Auffassung des *BGH* ist der Einwand des Beklagten unbegründet. Nach § 554 Abs. 3 S. 1 BGB habe der Vermieter dem Mieter spätestens drei Monate vor Beginn der Maßnahme deren Art und voraussichtlichen Umfang und Beginn, die voraussichtliche Dauer und die zu erwartende Mieterhöhung mitzuteilen. Die Anforderungen dürften hier jedoch nicht überspannt werden. Der Gesetzgeber habe sich bei der Neufassung des § 554 Abs. 3 BGB gegen zu strenge Anforderungen an den Inhalt der Modernisierungsmitteilung des Vermieters ausgesprochen und die zuvor vertretenen Maßstäbe dahin abgesenkt wissen wollte, dass der Vermieter nur noch den voraussichtlichen Umfang und Beginn und die voraussichtliche Dauer der Maßnahme mitteilen sollte, um dem Umstand Rechnung zu tragen, dass er zu dem vom Gesetz vorgeschriebenen Mitteilungszeitpunkt zu präziseren Angaben häufig gar nicht in der Lage sein wird.

Auch der mit der Modernisierungsankündigung verfolgte Zweck verlange in der Regel nicht, dass jede Einzelheit der beabsichtigten Modernisierungsmaßnahme in der Ankündigung beschrieben und jede mögliche Auswirkung mitgeteilt wird. Sie müsse auf der einen Seite zwar den Informationsbedürfnissen des Mieters Rechnung tragen, das Ziel der beabsichtigten Modernisierung und die zu dessen Erreichung geplanten Maßnahmen zu erfahren, um ihm darüber eine zureichende Kenntnis zu vermitteln, in welcher Weise die Wohnung durch diese Maßnahmen verändert wird und wie sich diese Maßnahmen künftig auf den Mietgebrauch sowie die zu zahlende Miete auswirken, und ihm so eine sachgerechte Beurteilung der sich daraus ergebenden Lage, insbesondere hinsichtlich seiner Duldungspflicht, der für ihn zu treffenden Maßnahmen und der gegebenenfalls zu ziehenden vertragsrechtlichen Konsequenzen, zu ermöglichen.

Die in § 554 Abs. 3 S. 1 BGB geregelte Mitteilungspflicht ziele aber nicht darauf ab, die in § 554 Abs. 2 BGB näher geregelte sachliche Befugnis des Vermieters zur

Durchführung von Modernisierungsmaßnahmen einzuschränken, sondern solle dem Mieter lediglich einen ergänzenden Schutz bei der Durchführung von Modernisierungsmaßnahmen gewähren. Die Verwirklichung dieses ergänzenden Schutzes dürfe deshalb nicht so weit gehen, dass einem Vermieter die Durchführung gesetzlich zulässiger Modernisierungsmaßnahmen durch eine Handhabung der Mitteilungsanforderungen erschwert wird, die über das zum Schutz des Mieters gebotene Maß hinausgeht und auf diese Weise den Modernisierungsanspruch des Vermieters unvertretbar verkürzt. Exakte Angaben zu Zeitpunkt und Abfolge der einzelnen Arbeiten oder Arbeitsschritte etwa nach Maßgabe eines beizufügenden Bauzeitenplans seien deshalb nicht erforderlich.

Anmerkung:

Der *BGH* erteilt der bislang in der Instanzrechtsprechung sowie im Schrifttum überwiegend vertretenen Auffassung eine Absage. Danach sollte etwa der Vermieter bei einer – auch hier im Zuge der Balkonerrichtung vorzunehmenden – Verlegung einer Sammelheizung die Anzahl, die Bauart und den Ort der Aufstellung der Heizkörper sowie den horizontalen und vertikalen Verlauf der Rohrleitungen benennen müssen, um dem Mieter eine genaue Vorstellung von der Neugestaltung der Wohnung zu vermitteln. Das machte es in aller Regel sogar erforderlich, dem Mieter einen Auszug aus dem Bauplan zu übermitteln, der den Umfang der Arbeiten einschließlich vorgesehener Wandöffnungen und Durchbrüche aufzeigt (*LG Hamburg* WuM 1992, 121; noch weitergehend Schmidt-Futterer/*Eisenschmid*, § 554 BGB Rz. 265 ff). Zudem sollte der Vermieter hinsichtlich Maßnahmenbeginn und Maßnahmenablauf nicht nur die voraussichtlichen Termine für Beginn und Ende der Maßnahmen überhaupt, sondern auch die einzelnen Etappen, die unterschiedliche Beeinträchtigungen mit sich bringen können, im Ankündigungsschreiben benennen (*LG Hamburg* WuM 2005, 60; Blank/*Börstinghaus*, § 554 Rz. 46). Eine lediglich ungefähre, stichwortartige Beschreibung der Arbeiten und Abläufe sollte nicht genügen (Schmidt-Futterer/*Eisenschmid*, Rz. 267). Dem hat sich der *BGH* zu Recht nicht angeschlossen und die Anforderungen an die Modernisierungsankündigung im Interesse des Vermieters herabgesetzt.

BGH: Modernisierung durch Grundstückserwerber (Urteil vom 13.02.2008 – VIII ZR 105/07, NJW 2008, 1218)

Modernisierungsmaßnahmen nach § 554 Abs. 2 BGB muss der Mieter auch dann dulden, wenn sie im Fall des Verkaufs der Wohnung oder des Grundstücks schon vor der Grundbuchumschreibung von dem hierzu durch den Vermieter ermächtigten Verkäufer nach § 554 Abs. 3 S. 1 BGB angekündigt und durchgeführt werden.

Nach Auffassung des *BGH* steht dem auf § 554 Abs. 2 BGB gestützten Duldungsbegehren nicht entgegen, dass die Kläger die Modernisierungsmaßnahmen im eigenen Namen durchführen wollen, obwohl sie noch nicht gem. § 566 BGB durch die Eintragung ins Grundbuch in die Rechte und Pflichten aus dem Mietverhältnis eingetreten sind. Dem Wortlaut des § 554 BGB lässt sich nämlich nicht entnehmen, dass der Vermieter nur selbst und nicht durch einen von ihm ermächtigten Dritten Modernisierungsmaßnahmen durchführen darf oder dass die gem. § 554 Abs. 3 S. 1 BGB erforderliche Ankündigung der Arbeiten nur durch den Vermieter selbst erfolgen kann.

Mit der Planung und tatsächlichen Durchführung der Modernisierungsarbeiten wird der Vermieter i.d.R. ohnehin Dritte (Architekten, Handwerker) beauftragen. Diese kann er ohne Weiteres auch bevollmächtigten, in seinem Namen Duldung der Bauausführung zu verlangen. Der Mieter ist dadurch nicht in seinen schützenswerten Interessen beeinträchtigt, denn ihm stehen bei einer Beeinträchtigung des Mietgebrauchs Minderungsansprüche gegen den Vermieter zu. Im Übrigen haftet der Vermieter nach § 278 BGB für ein etwaiges Verschulden der beauftragten Dritten, denn diese handeln als seine Erfüllungsgehilfen im Hinblick auf die sich aus dem Mietvertrag dem Mieter gegenüber ergebenden Obhutspflichten.

Nichts Anderes gilt, wenn der Vermieter einen Dritten, der als Käufer des Mietobjekts schon vor der Grundbuchumschreibung auf eigene Rechnung Modernisierungsmaßnahmen durchführen will, dazu ermächtigt, die Maßnahmen im eigenen Namen anzukündigen und von den Mietern Duldung der Bauausführung zu verlangen. Auch insoweit ist der Dritte insbesondere bei der Bauausführung im Rechtskreis des bisherigen Vermieters und mit dessen Einverständnis tätig und gilt deshalb für etwaige Minderungs- und Schadensersatzansprüche des Mieters nichts Anderes. Auch die vertragliche Nebenpflicht zur zügigen Durchführung der Arbeiten trifft den Vermieter als Vertragspartner des Mieters. Aus einer möglichen Rückabwicklung des Kaufvertrags können dem Mieter deshalb keine Nachteile erwachsen.

Keiner Entscheidung bedarf nach Auffassung des *BGH*, ob es sich bei dem Duldungsanspruch des Vermieters, der auf eine Veränderung des bisherigen Zustands der Mietsache zielt, um ein – nicht isoliert abtretbares – Gestaltungsrecht handelt. Eine Ermächtigung zur Ausübung eines Rechts im eigenen Namen ist nach allgemeiner Auffassung grundsätzlich zulässig, auch bei Gestaltungsrechten und zwar selbst dann, wenn diese nicht isoliert abgetreten werden können (*BGH* NJW 1977, 848 z. Wandelungsrecht; NZM 1998, 146 z. Kündigungsrecht des Vermieters; Palandt/*Grüneberg*, § 413 BGB Rz. 5; MünchKomm/*Roth*, § 413 BGB Rz. 11). Für die Befugnis des Vermieters, Modernisierungsmaßnahmen gem. § 554 Abs. 3 BGB anzukündigen und den Mieter auf deren Duldung in Anspruch zu nehmen, ist nach Auffassung des *BGH* – auch unter Berücksichtigung berechtigter Interessen des Mieters – keine Ausnahme geboten.

Anmerkung:

In konsequenter Fortführung seiner bisherigen Rechtsprechung, wonach der Verkäufer eines Grundstücks den Käufer ermächtigen kann, einen bestehenden Mietvertrag im eigenen Namen zu kündigen, schon bevor der Käufer mit der Eintragung im Grundbuch in den Mietvertrag eintritt (*BGH* NJW 1998, 896 zur Kündigung), bejaht der *BGH* nunmehr die Wirksamkeit einer Ermächtigung, wonach der Käufer eines Grundstücks zur Ankündigung, Durchführung und Abrechnung von Modernisierungsmaßnahmen sowie zur Durchführung von Klagen jeder Art gegen den Mieter berechtigt ist. Eine solche Ermächtigung gem. § 185 BGB ist im Falle des Verkaufs erforderlich, wenn der Erwerber alsbald nach dem Verkauf z.B. Umbaumaßnahmen plant. Denn der Erwerber tritt gemäß § 566 BGB erst mit Eintragung im Grundbuch in bestehende Mietverhältnisse ein. Eine hiervon abweichende Vereinbarung zwischen Vermieter und Mieter ist gegenüber dem Mieter nur dann gültig, wenn dieser dem vorzeitigen Übergang zustimmt (*OLG Celle* NZM 2000, 93). Deshalb ist auch eine Klausel in einem Kaufvertrag, wonach der Veräußerer dem Erwerber „alle Rechte und Pflichten aus dem Mietvertrag" überträgt, bis zur Zustimmung durch den Mieter schwebend unwirksam (*BGH* NJW 2002, 3389). Der *BGH* (NJW 1998, 896; NJW 2002, 3389) entnimmt einer solchen Vereinbarung allerdings den Willen der Vertragsparteien, dass der Erwerber mit Vertragsschluss jedenfalls insoweit in die Rechtsstellung des Vermieters eintreten soll, als dies ohne Zustimmung des Mieters möglich ist, und deutet deshalb diese Regelung in eine wirksame Ermächtigung des Erwerbers zur Geltendmachung sämtlicher Rechte aus dem Mietverhältnis um. Offen gelassen hat der *BGH*, ob der Erwerber offen legen muss, dass er sein Recht aus abgeleitetem Recht geltend macht. In einer früheren Entscheidung (NJW 1998, 896) hatte er das noch zu Recht bejaht.

Schließlich ist dann, wenn die Kündigung oder Modernisierungsankündigung – wie vorliegend – durch die Hausverwaltung ausgeübt wird, darauf zu achten, dass die Ermächtigung in schriftlicher Form und im Original vorgelegt wird, da der Mieter andernfalls die Erklärung gemäß §§ 182 Abs. 3, 111 BGB zurückweisen kann. Die Zurückweisung durch den Mieter muss jedoch unverzüglich erfolgen (*BGH* NJW 1998, 896), andernfalls ist sie unbeachtlich.

BGH: Anschluss an Gasetagenheizung (Urteil vom 24.09.2008 – VIII ZR 275/07, NJW 2008, 3630)

Der Anschluss einer mit einer Gasetagenheizung ausgestatteten Mietwohnung an das aus Anlagen der Kraft-Wärme-Kopplung gespeiste Fernwärmenetz ist eine Maßnahme zur Einsparung von Energie, die der Mieter nach § 554 Abs. 2 S. 2 BGB grundsätzlich zu dulden hat.

Die Beklagte ist Mieterin einer Wohnung der Klägerin in einem Mehrfamilienhaus. Das Gebäude ist Teil einer in den 1920er Jahren erbauten Wohnanlage; das Rohrleitungssystem für Kaltwasser und Schmutzwasser wurde seitdem nicht erneuert. Die Wohnungen verfügen über Gasetagenheizungen. Mit Schreiben vom 15.08.2005 kündigte die Klägerin an, dass in den Bädern und Küchen der Wohnungen „Modernisierungs- und Instandsetzungsmaßnahmen" durchgeführt werden sollten. Als geplante Maßnahmen waren in dem Schreiben insbesondere aufgeführt der Anschluss des Gebäudes und der einzelnen Wohnungen an das Fernwärmenetz mit zentraler Warmwasserversorgung, die Erneuerung der Rohrleitungen für Kaltwasser und Schmutzwasser im gesamten Gebäude, der Einbau eines Installationsschachtes in Bad und Küche für die neuen Rohrleitungen (Heizung, Warm- und Kaltwasser, Schmutzwasser), der Einbau einer Raumsparwanne im Bad, die Neuverfliesung des Bades sowie die Installation von Warm- und Kaltwasserzählern in Bad und Küche. Die Beklagte erklärte sich nicht bereit, die Maßnahmen in ihrer Wohnung zu dulden.

Nach Auffassung des *BGH* ist die beklagte Mieterin verpflichtet, die Bauarbeiten in der Mietwohnung zu dulden. Der Anschluss der Wohnung an das aus Anlagen der Kraft-Wärme-Kopplung gespeiste Fernwärmenetz sei eine Modernisierungsmaßnahme, zu deren Duldung die Beklagte nach § 554 Abs. 2 BGB verpflichtet ist. Der Duldungspflicht der Beklagten stehe, soweit es um Modernisierungsmaßnahmen geht, die Bestimmung des § 554 Abs. 3 BGB nicht entgegen. Es handle sich um eine Maßnahme zur Einsparung von Energie gem. § 554 Abs. 2 S. 1 BGB. Die bloße Einsparung von Primärenergie sei ausreichend. Dies ergebe sich aus der Entstehungsgeschichte und dem aus den Gesetzesmaterialien ersichtlichen Zweck der Vorschrift und entspreche auch der in der Rechtsprechung der Instanzgerichte und im Schrifttum überwiegend vertretenen Auffassung (*LG Berlin* GE 2005, 1193; GE 2007, 849; *LG Hamburg*

NZM 2006, 536; MünchKomm/*Bieber*, § 554 Rz. 18; *Wilcken*, NZM 2006, 521; a.A. *LG Hamburg* WuM 2002, 375; Schmidt-Futterer/*Eisenschmid*, § 554 BGB Rz 152; *Meyer-Harport*, NZM 2006, 524).

Eine Verpflichtung des Mieters, den Anschluss der Mietsache an ein aus Anlagen der Kraft-Wärme-Kopplung gespeistes Fernwärmenetz zu dulden, sei erstmals im Gesetz zur Förderung der Modernisierung von Wohnungen und von Maßnahmen zur Einsparung von Heizenergie in der Fassung der Bekanntmachung vom 12.07.1978 normiert gewesen. Im Katalog des § 4 Abs. 3 ModEnG war die „Änderung von zentralen Heizungs- und Warmwasseranlagen innerhalb des Gebäudes für den Anschluss an die Fernwärmeversorgung, die überwiegend aus Anlagen der Kraft-Wärme-Kopplung ... gespeist wird", als Beispiel für „bauliche Maßnahmen, die nachhaltig Einsparungen von Heizenergie bewirken (energiesparende Maßnahmen)", ausdrücklich genannt; diese Maßnahme hatte der Mieter nach § 20 ModEnG – vorbehaltlich einer unzumutbaren Härte – zu dulden. Die Förderung heizenergiesparender Maßnahmen aus öffentlichen Mitteln und die auf solche Maßnahmen bezogene Duldungspflicht des Mieters waren nach dem Modernisierungs- und Energieeinsparungsgesetz nicht von einer Verminderung des Endenergieverbrauchs und einer entsprechenden Energiekostenersparnis für den Mieter abhängig; es ging nach der Gesetzesbegründung ganz allgemein darum, dass der Volkswirtschaft auch in Zukunft Energie in ausreichender Menge und zu angemessenen Preisen zur Verfügung steht. Dass diese Zielsetzung nicht auf eine Verminderung des Endenergieverbrauchs beschränkt war, sondern auch die Einsparung des Verbrauchs von Primärenergie umfasste, gehe aus dem Hinweis auf die „begrenzten Ressourcen" hervor.

Die Pflicht des Mieters zur Duldung der Maßnahmen des § 4 Abs. 3 ModEnG wurde durch das Gesetz zur Erhöhung des Angebots an Mietwohnungen vom 20.12.1982 (BGBl. I S. 1912) aus § 20 ModEnG in das BGB übertragen. Auch die im Zuge der Mietrechtsreform eingeführte Neuregelung des § 554 BGB brachte insoweit keine Änderung. Mit ihr wurde die Duldungspflicht des Mieters auf Maßnahmen zur Einsparung aller Arten von Energie erweitert. Als Beispiele für diese Erweiterung werden in der Gesetzesbegründung Stromeinsparungsmaßnahmen angeführt; eine Einschränkung der bereits nach § 541b BGB a.F. bestehenden Pflicht des Mieters zur Duldung heizenergiesparender Maßnahmen im Sinne des § 4 Abs. 3 ModEnG war nicht beabsichtigt. Vielmehr wird hervorgehoben, dass der Inhalt des bisherigen § 541b BGB a.F. über die Duldungspflicht des Mieters im Wesentlichen übernommen wird und lediglich eine Erweiterung auf andere Energiearten „statt bisher nur Heizenergie" erfolgt, um „Energieeinsparungen insgesamt zu fördern". Dem entspreche auch die gesetzgeberische Zielsetzung der Mietrechtsreform, „volkswirtschaftlich und ökologisch sinnvolle Modernisierungsmaßnahmen" zu fördern.

Schützenswerte Interessen des Mieters stehen dieser Auslegung des § 554 Abs. 2 S. 1 BGB nicht entgegen. Aus der Begründung für die Neuregelung des § 554 BGB und der korrespondierenden Bestimmung in § 559 BGB über eine aufgrund von Maßnahmen nach § 554 BGB zulässige Mieterhöhung gehe, wie ausgeführt, hervor, dass hierbei volkswirtschaftliche und umweltpolitische Interessen im Vordergrund stehen und nicht das finanzielle Interesse des Mieters etwa an einer Senkung seiner Heizkosten. Dementsprechend seien die Interessen des Mieters bei der Auslegung des Begriffs der energiesparenden Maßnahmen, die der Mieter nach § 554 Abs. 2 S. 1 BGB grundsätzlich zu dulden hat, nicht zu berücksichtigen. Daraus folge nicht, dass der Mieter gegenüber Modernisierungsmaßnahmen schutzlos gestellt ist. Die Belange des Mieters würden aufgrund einer umfassenden Interessenabwägung im Rahmen der

Härteklausel des § 554 Abs. 2 S. 2 bis 4 BGB gewahrt; damit wird insbesondere das finanzielle Interesse des Mieters, vor einer unzumutbaren Erhöhung der Miete oder der Betriebskosten bewahrt zu werden, geschützt. Es sei kein Grund dafür ersichtlich, warum der Mieter die Duldung einer ökologisch und volkswirtschaftlich sinnvollen Maßnahme zur Energieeinsparung darüber hinaus auch dann sollte verweigern dürfen, wenn seine finanziellen oder sonstigen Interessen nicht in einer Weise berührt sind, welche die Anwendung der Härteklausel rechtfertigen.

Anmerkung:

Nach Auffassung des BGH stellt die Umrüstung einer Gasetagenheizung auf Fernwärme eine Modernisierung im Sinne des § 554 BGB da. Dies bedeutet, dass auch neue und funktionstüchtige Gasetagenheizungen, die sich in dem Mietobjekt befinden, ausgetauscht werden dürfen. Der Mieter hat somit – auch bei einer noch funktionierenden Heizung – alle mit dem Anschluss an das Fernwärmenetz verbundenen Nachteile hinzunehmen, wie z.B., dass

- die Betriebskosten bei Fernwärme – gerechnet in Cent/kWh – höher als bei einer Gasheizung sind ,
- der Mieter unabhängig von der tatsächlichen Inanspruchnahme der Heizung über die Grundkosten stets an den Heizkosten beteiligt ist,
- Gasetagenheizungen individuellere Heiz-Regelungen als Fernwärme bieten, da sie auch außerhalb der Heizperiode (wie z.B. an kalten Sommertagen) jederzeit zur Beheizung genutzt werden können.

Die bei einer Zentralheizung erforderliche Abrechnung verursacht darüber hinaus nicht nur zusätzliche Kosten, sondern auch zusätzlichen Aufwand zumindest bei der Ablesung und der Prüfung der Abrechnung, häufig zudem auch Differenzen über den Inhalt der Abrechnung.

BGH: Maßnahmen aufgrund behördlicher Anordnung (Urteil vom 04.03.2009 – VIII ZR 110/08, *BGH* NJW 2009, 1736)

Bauliche Maßnahmen, die der Vermieter aufgrund einer behördlichen Anordnung oder gesetzlichen Verpflichtung durchzuführen hat, fallen nicht unter § 554 Abs. 2 BGB und unterliegen deshalb auch nicht den in § § 554 Abs. 3 BGB dem Vermieter auferlegten Mitteilungspflichten. Derartige Maßnahmen muss der Mieter vielmehr nach § 242 BGB dulden. Auch derartige Maßnahmen sind aber, soweit es sich nicht um Notmaßnahmen handelt, vom Vermieter vorher anzukündigen, so dass sich der Mieter nach Möglichkeit darauf einstellen kann.

Der Beklagte ist Mieter, die Klägerin Vermieterin einer Wohnung im 1. Obergeschoss eines Mehrfamilienhauses. Im April 2005 stellte der Bezirksschornsteinfeger fest, dass die Gaseinzelöfen in den Wohnungen unter und über der Wohnung der Beklagten die Abgasgrenzwerte nicht einhielten. Das Umweltamt des zuständigen Landkreises forderte die Klägerin daraufhin auf, für Abhilfe zu sorgen und eine neue Heizungsanlage einzubauen, woraufhin sich diese zum Einbau einer Zentralheizung und zum Anschluss aller Wohnungen an die neue Heizungsanlage entschloss. Der Beklagte ließ hingegen über den Mieterbund erklären, dass er keinerlei Arbeiten dulden würde. Die Klägerin bat ihn daraufhin, der Heizungsfirma Zutritt zu seiner Wohnung zu gewähren, damit diese die Rohre für den Anschluss der über der Wohnung des Beklagten gelegenen Wohnung verlegen könne. Sie wies darauf hin, dass der Gaskachelofen der Wohnung im zweiten Obergeschoss die vom Gesetzgeber vorgegebenen Grenzwerte nicht mehr einhalte und diese Wohnung deshalb an die Zentralheizung angeschlossen werden müsse. Hierzu sei es erforderlich, die Heizungsrohre von der Erdgeschosswohnung durch die Wohnung der Beklagten zu der Wohnung im zweiten Obergeschoss zu führen. Nachdem der Beklagte die Duldung der Arbeiten weiterhin ablehnte, übersandte ihm die Klägerin schließlich einen Grundrissplan, aus dem sich die Lage der vorgesehenen Rohrleitungen ergab, und bat den Beklagten vergeblich, selbst einen ihm genehmen Termin zur Durchführung der Arbeiten zu benennen. Zwischenzeitlich hatte der Landkreis der Klägerin einen Bußgeldbescheid für den Fall angedroht, dass nicht unverzüglich der Anschluss der Wohnungen im Erdgeschoss und im zweiten Obergeschoss an die Zentralheizung und die Stilllegung der dort noch vorhandenen, die Abgaswerte nicht einhaltenden Gaseinzelöfen erfolgt. Sie nimmt nunmehr den Beklagten auf Duldung des Einbaus der Steigleitungen in Anspruch. Dieser wendet u.a. ein, die Arbeiten seien nicht gemäß § 554 III BGB angekündigt worden.

Nach Auffassung des *BGH* ist die Klage begründet. Der Beklagte sei verpflichtet, den Einbau der Heizungsrohre (Steigleitungen) zwecks Anschluss der Wohnungen im Erdgeschoss und im zweiten Obergeschoss an die bereits vorhandene Zentralheizung zu dulden. Ob die dem Beklagten erteilten Informationen den Anforderungen des § 554 Abs. 3 BGB erfüllten, sei ohne Belang, da bauliche Maßnahmen, die der Vermieter aufgrund einer behördlichen Anordnung oder gesetzlichen Verpflichtung durchzuführen hat, nicht § 554 Abs 2 BGB unterfielen und deshalb auch nicht den in § 554 Abs. 3 BGB dem Vermieter auferlegten Mitteilungspflichten unterlägen. Sie seien vielmehr – soweit es sich nicht schon um ohnehin gemäß § 554 Abs. 1 BGB hinzunehmende Erhaltungsmaßnahmen handelt – vom Mieter gemäß § 242 BGB zu dulden. Bei der Einführung des § 554 BGB im Rahmen des Mietrechtsreformgesetzes sei davon abgesehen worden, in § 554 Abs. 3 BGB entsprechend der Regelung in § 3 MHG – bzw. nunmehr § 559 Abs. 1 BGB – auch Maßnahmen „aufgrund von Umständen, die der Vermieter nicht zu vertreten hat", aufzunehmen; die mit einer derartigen Regelung verbundene Konsequenz, dass der Mieter bei Vorliegen von Härtegründen der Durchführung solcher Maßnahmen widersprechen könnte, obwohl der Vermieter nach öffentlich-rechtlichen Vorschriften dazu verpflichtet ist, sei dem Gesetzgeber nicht sachgerecht erschienen.

Um derartige bauliche Maßnahmen, zu deren Durchführung die Klägerin öffentlich-rechtlich verpflichtet ist, gehe es hier. Der Landkreis als zuständige Umweltbehörde habe der Klägerin unter Androhung eines Bußgeldes aufgegeben, die Wohnungen im Erdgeschoss und im zweiten Obergeschoss an die vorhandene Zentralheizung anzuschließen. Dass zu diesem Zweck die Heizungsrohre durch die zwischen diesen beiden Wohnungen liegende Wohnung des Beklagten geführt werden müssten und deshalb in der Wohnung der Beklagten entsprechende Bauarbeiten durchzuführen sind, liege auf der Hand. Die Durchführung dieser Arbeiten müssten dieser jedenfalls gemäß § 242 BGB grundsätzlich dulden. Zwar könnten die Bauarbeiten nicht ohne jede Rücksichtnahme auf seine Belange durchgeführt werden; auch bei einer sich aus § 554 Abs. 1 BGB oder § 242 BGB ergebenden Duldungspflicht seien die beabsichtigten Maßnahmen, soweit es sich nicht um Notmaßnahmen (Wasserrohrbruch u.ä.) handelt, vom Vermieter vorher anzukündigen, so dass sich der Mieter nach Möglichkeit darauf einstellen kann. Die Anforderungen an die Ankündigung des Vermieters richteten sich dabei nach den Umständen des Einzelfalls, der Dringlichkeit und dem

Umfang der Maßnahme; der Mieter seinerseits sei nach Treu und Glauben verpflichtet, an einer baldigen Terminsabstimmung mitzuwirken, damit die erforderlichen baulichen Maßnahmen zeitnah durchgeführt werden könnten. Vorliegend habe die Klägerin alles ihr Mögliche getan, um seine Belange zu wahren.

Anmerkung:

Der *BGH* schließt sich der h.M. in der Literatur an, wonach sich die Duldungspflicht des Mieters bei baulichen Maßnahmen, die der Vermieter aufgrund von Umständen durchführt, die er nicht zu vertreten hat, nicht aus § 554 BGB, sondern aus § 242 BGB ergibt; zu denken ist vor allem – wie vorliegend – an Baumaßnahmen aufgrund hoheitlicher Anordnung (z.B. MünchKomm/*Bieber*, § 554 Rz. 6). Durch die Ausklammerung dieser Maßnahmen aus § 554 BGB im Rahmen der Mietrechtsreform sollte verhindert werden, dass der Mieter gegebenenfalls nach § 554 Abs. 2 S. 2 BGB widersprechen könnte, obwohl der Vermieter zur Vornahme der fraglichen Maßnahmen nach öffentlichem Recht verpflichtet ist (Begr. zum RegE BT-Drucks. 14/4553, 49).

Auch ohne ausdrückliche Kodifizierung einer Duldungspflicht des Mieters ist der Vermieter nach Durchführung solcher Maßnahmen zu einer Mieterhöhung gemäß § 559 Abs. 1 BGB berechtigt, da dort auch „andere bauliche Maßnahmen" aufgrund von Umständen genannt sind, die der Vermieter „nicht zu vertreten hat". Was der Vermieter zu vertreten hat, ergibt sich in erster Linie aus dem Mietvertrag und ergänzend aus den §§ 276 ff BGB. Nicht zu vertreten hat er nur solche baulichen Maßnahmen, zu deren Vornahme er nach dem Mietvertrag nicht verpflichtet war und die er auch weder voraussehen noch vermeiden konnte, vor allem, weil sie auf technischen Änderungen oder unerwarteten gesetzlichen oder behördlichen Anordnungen beruhen. Dagegen hat er die fraglichen Maßnahmen zu vertreten, wenn er sie bei Anwendung der nötigen Sorgfalt vermeiden oder doch voraussehen und infolgedessen von vornherein in der Miete hätte berücksichtigen können. Hierzu zählen insbesondere solche Maßnahmen, zu deren Vornahme der Vermieter vertraglich verpflichtet war oder die auf baupolizeilichen oder wohnungspflegerischen Anordnungen zur Instandhaltung oder Instandsetzung beruhen (*OLG Hamburg* MDR 1975, 493; *LG Hildesheim* WuM 1985, 340).

Die Anwendung von § 559 Abs. 1 BGB kommt dann in Betracht, wenn die Notwendigkeit der Maßnahmen auf vernünftigerweise nicht voraussehbaren, nachträglichen gesetzlichen oder behördlichen Anordnungen beruht. Dies gilt etwa für die HeizkVO sowie die HeizanlagenVO (*Kinne*, ZMR 2003, 396). Denn erst durch diese Verordnungen wurden nachträglich, ohne dass dies voraussehbar war, die Ausstattung der Räume mit Geräten zur Verbrauchserfassung sowie der Einbau von Einrichtungen zur Steuerung und Regelung von Heizungsanlagen, insbesondere Thermostatventile vorgeschrieben (*LG Halle* ZMR 2003, 35). Weitere Beispiele sind die ebenfalls jetzt gesetzlich vorgeschriebenen Maßnahmen zur Wärmedämmung an Rohrleitungen und Armaturen, die Umstellung von Stadtgas auf Erdgas (*LG Berlin* GE 1995, 429), die Änderung von Freileitungen in Erdleitungen aufgrund behördlicher Anordnungen (Begr. zum RegE BT-Drucks. 7/2011, 11), der nachträgliche, gesetzlich vorgeschriebene Einbau von Sicherheitstüren in Aufzügen, der nachträgliche Anschluss an die Kanalisation (*LG München I* WuM 1985, 66), weiter der Einbau von Grenzwertgebern in Öltanks, der Ausbau von Zufahrtswegen, Kinderspielplätzen und Parkplätzen (Bub/Treier/*Schultz*, III Rz. 576) sowie Maßnahmen aufgrund der Verschärfung von

Immissionsschutzgesetzen oder aufgrund von denkmalschutzrechtlichen Anordnungen (*Goliasch*, ZMR 1992, 129; *Seitz*, ZMR 1993, 1).

AG Hamburg-Wandsbek, Urteil vom 13.06.2008 (Nachrüstung mit Rauchmeldern) – 716 C 89/08, NZM 2009, 581

Die nach Landesbauordnung vorgeschriebene Nachrüstung der Mietwohnung mit Rauchmeldern hat der Mieter auch dann zu dulden und somit der vom Vermieter beauftragten Fachfirma Zutritt zur Wohnung zu gewähren, wenn er selbst die Wohnung bereits mit entsprechenden Meldern ausgestattet hat; darin liegt keine nach § 554 Abs. 2 BGB unbillige Härte.

2. Sonstiges

BGH: Veränderung der Mieterstruktur als Verwendungsrisiko des Mieters (Urteil vom 17.03.2010 – XII ZR 108/08, NJW-RR 2010, 1016)

Auch eine – hier vom Vermieter als Reaktion auf die Marktverhältnisse bewirkte – Veränderung der Mieterstruktur im Umfeld des Mietobjekts fällt unter das typischerweise vom gewerblichen Mieter zu tragende Verwendungsrisiko der Mietsache. Soll diese typische Risikoverteilung abweichend geregelt werden, bedarf es einer hinreichend klaren Vereinbarung; eine lediglich übereinstimmende Vorstellung der Parteien über die Mieterstruktur im Umfeld des Mietobjekts (hier: Büroetagen) genügt ebenso wenig wie die Bezeichnung jener Etagen in einer dem streitigen Mietvertrag beigefügten Gesamtflächenzusammenstellung als «Büro».

Die Klägerin vermietete an die Beklagte Räume im Erdgeschoss eines sechsgeschossigen im Bau befindlichen Gebäudes zum Betrieb eines Cafés. Da sich die von der Klägerin geplante Vermarktung der ersten vier Obergeschosse als Büroraum nicht realisieren ließ, veranlasste sie den Ausbau dieser Geschosse als Wohnraum. Nachdem der Beklagte mit der Zahlung der Miete in Rückstand gekommen war, kündigte die Klägerin den Mietvertrag fristlos wegen Zahlungsverzugs.

Nach Auffassung des *BGH* hat die Klägerin den Mietvertrag wirksam gekündigt. Sie sei nicht wegen Wegfalls der Geschäftsgrundlage zur Anpassung des Mietvertrages verpflichtet gewesen. Sie habe der Beklagten nicht zugesichert, dass die über den Mieträumen gelegenen vier Stockwerke als Büroraum genutzt werden würden; es handelte sich insoweit lediglich um eine gemeinsame Vorstellung der Parteien im Sinne einer Geschäftsgrundlage. Das Risiko trage aber die Beklagte. Bei der Gewerberaummiete trage grundsätzlich der Mieter das Verwendungsrisiko bezüglich der Mietsache. Dazu gehöre vor allem das Risiko, mit dem Mietobjekt Gewinne erzielen zu können. Erfüllt sich die Gewinnerwartung des Mieters nicht, so verwirkliche sich damit ein typisches Risiko des gewerblichen Mieters. Es falle in den Verantwortungsbereich des Mieters, als Unternehmer die Erfolgsaussichten eines Geschäfts in der gewählten Lage abzuschätzen. Das umfasse auch das Risiko einer Veränderung der Mieterstruktur im Umfeld des Mietobjekts.

Vorliegend müsse die Klägerin lediglich ihr eigenes Risiko für die Vermietbarkeit und beabsichtigte Vermarktung der anderen Mieteinheiten tragen. Sie trage kein eigenes unternehmerisches Risiko für die hierauf gestützte Gewinnerwartung der Beklagten. Zwar könnten die Parteien die Risikoverteilung vertraglich ändern und vereinbaren, dass der Vermieter das Geschäftsrisiko des Mieters – ganz oder zum Teil – übernimmt. Für eine solche Vereinbarung lägen hier aber keine Anhaltspunkte vor: Weder aus einer unterstellten Zusage der Klägerin, noch aus der übereinstimmenden Vorstellung der Parteien, dass die über den Mieträumen gelegenen vier Stockwerke als Büroeinheiten genutzt werden, noch aus der Bezeichnung der Einheiten als „Büro" in der Gesamtflächenzusammenstellung, die dem Mietvertrag als Anlage beigefügt war, lasse sich herleiten, dass die Klägerin ein eigenes unternehmerisches Risiko für die auf die Vermietung der ersten vier Stockwerke als Büroeinheiten gestützte Gewinnerwartung der Beklagten übernehmen wollte.

Anmerkung:

Nach der Rechtsprechung des *BGH* fällt es in den Verantwortungsbereich des Mieters von Gewerberaum, als Unternehmer die Erfolgsaussichten eines Geschäfts in der von ihm gewählten Lage abzuschätzen. Das umfasst – etwa bei der Anmietung eines Ladenlokals in einem erst noch zu errichtenden Einkaufszentrum – neben der Chance, in einem später florierenden Zentrum erhöhte Gewinne zu erzielen, auch das Risiko eines Scheiterns des Gesamtobjekts mit entsprechenden negativen Folgen für das gemietete Einzelgeschäft (*BGH* NJW 2000, 1714). Ein nach der gesetzlichen Lastenverteilung in die Risikosphäre des Mieters von Gewerberäumen fallender Umstand könne nicht als gemeinsame Geschäftsgrundlage der Mietvertragsparteien angesehen und damit das Risiko des Eintritts oder Nichteintritts dieses Umstandes über die Grundsätze des Wegfalls der Geschäftsgrundlage ganz oder teilweise auf den Vermieter verlagert werden. Allerdings können die Parteien des Mietvertrags die gesetzliche Risikoverteilung vertraglich ändern und vereinbaren, dass der Vermieter das Geschäftsrisiko des Mieters – ganz oder zum Teil – übernimmt. Ob das der Fall ist, ist durch Auslegung der getroffenen Vereinbarungen zu ermitteln (*BGH* a.a.O.). Diese führte vorliegend – zutreffend – zu dem Ergebnis, dass der Mieter das Risiko einer Veränderung der Mieterstruktur zu tragen hat.

BGH: Ausreichende Elektrizitätsversorgung (Urteil vom 10.02.2010 – VIII ZR 343/08, NJW-RR 2010, 737)

Auch der Mieter einer nicht modernisierten Altbauwohnung hat Anspruch auf eine ausreichende Elektrizitätsversorgung seiner Wohnung, die zumindest den Betrieb eines größeren Haushaltsgeräts ermöglicht. Eine Klausel, wonach der Mieter bei einer Überlastung des Stromnetzes die Kosten von dessen Verstärkung zu tragen hat, ist unwirksam.

Die klagende Vermieterin verlangt von dem beklagten Mieter Zahlung rückständiger Miete und Räumung der vermieteten Altbauwohnung. Nach dem Formularmietvertrag ist der Mieter berechtigt, in den Räumen Haushaltsmaschinen – z.B. Wasch- und Geschirrspülmaschinen – aufzustellen, wenn und soweit die Kapazität der vorhandenen Installationen ausreicht. Im Falle des Anschlusses von Elektrogeräten, die zu einer Überlastung des vorhandenen Netzes führen, soll der Mieter verpflichtet sein, die Kosten der Verstärkung zu tragen. Der Beklagte hat die Miete wegen zu schwacher Stromversorgung der Wohnung gemindert.

Der *BGH* hat die Klage abgewiesen. Auch der Mieter einer nicht modernisierten Altbauwohnung habe grundsätzlich einen Anspruch auf eine Elektrizitätsversorgung, die zumindest den Betrieb eines größeren Haushaltsgerätes, z.B. einer Waschmaschine, und gleichzeitig weiterer haushaltsüblicher Geräte, z.B. einem Staubsauger, ermöglicht. Die Parteien hätten vorliegend keinen davon abweichenden Standard vereinbart. Ein unter dem Mindeststandard liegender Zustand sei nur dann vertragsgemäß, wenn er eindeutig vereinbart ist. Eine eindeutige Vereinbarung im Hinblick auf die Elektroinstallation ergebe sich vorliegend indes nicht aus dem Mietvertrag, denn diesem lasse sich nicht entnehmen, dass die vorhandene Stromversorgung den Einsatz üblicher Haushaltsmaschinen nicht erlaubt und somit nicht dem Mindeststandard genügt.

Zudem sei die vertragliche Regelung wegen unangemessener Benachteiligung des Mieters gemäß § 307 BGB unwirksam. Denn der Mieter müsse danach bei einer Überlastung der Elektroanlage die Kosten der Verstärkung des Netzes unbegrenzt tragen und hätte selbst bei einem völlig defekten Elektronetz, an das überhaupt kein Gerät angeschlossen werden kann, keine Gewährleistungsansprüche gegen den Vermieter. Dies benachteilige ihn unbillig.

Anmerkung:

Der *BGH* bestätigt seine Rechtsprechung zur Mindestausstattung nicht modernisierter Altbauwohnungen. Der zum vertragsgemäßen Gebrauch geeignete Zustand der Wohnung, der mangels konkreter vertraglicher Vereinbarungen nach der Verkehrsanschauung zu bestimmen ist, muss auch bei der Anmietung einer unrenovierten Wohnung in einem Altbau einem Mindeststandard genügen, der ein zeitgemäßes Wohnen ermöglicht und alle mit der Haushaltsführung üblicherweise verbundenen Tätigkeiten unter Einsatz technischer Hilfsmittel erlaubt (*BGH* NJW 2004, 3174). Zwar kann auch ein unter dem Mindeststandard liegender Zustand der Wohnung dann vertragsgemäß sein, wenn er eindeutig vereinbart ist und der Mieter sich mit ihm einverstanden erklärt hat (*BGH* NJW-RR 1993, 522). Dies war vorliegend jedoch nicht der Fall.

Zur Bestimmung des Umfangs der Erhaltungspflicht der Mietsache ist zwar grundsätzlich auf den Zeitpunkt des Vertragsschlusses abzustellen (*Sonnenschein*, NJW 1997, 1270, 1280); deshalb ist auch der Vermieter nicht zu einer allgemeinen Modernisierung der Wohnung auf den jeweils neuesten technischen Standard verpflichtet. Gleichwohl kann der Mieter angesichts des technischen und wirtschaftlichen Fortschritts grundsätzlich erwarten, dass der vertragsgemäße Gebrauch einer Wohnung jedenfalls eine solche Lebensweise zulässt, die seit Jahrzehnten üblich ist und dem allgemeinen Lebensstandard entspricht. Hierzu gehört die Bereitstellung einer Stromversorgung, die einen Betrieb der gewöhnlichen Haushaltsgeräte ermöglicht (Staudinger/*Emmerich*, § 535 Rz. 43). Eine derartige Ausstattung einer Wohnung wird unabhängig vom Baualter des Gebäudes allgemein erwartet. Nach der Verkehrsanschauung umfasst der vertragsgemäße Gebrauch einer Wohnung, dass zumindest ein größeres Haushaltsgerät wie Waschmaschine oder Geschirrspülmaschine und gleichzeitig weitere haushaltsübliche Elektrogeräte wie etwa ein Staubsauger in der Wohnung benutzt werden können. Zu einer zeitgemäßen Wohnnutzung gehört außerdem, dass das Badezimmer über eine Stromversorgung verfügt, die nicht nur eine Beleuchtung, sondern auch den Betrieb von kleineren elektrischen Geräten über eine Steckdose ermöglicht (*BGH* NJW 2004, 3174).

BGH: Gewerbliche Nutzung (Urteil vom 14.07.2009 – VIII ZR 165/08, NZM 2009, 658)

Geschäftliche Aktivitäten des Mieters in der Wohnung, die nach außen in Erscheinung treten, muss der Vermieter grundsätzlich nicht ohne eine entsprechende Vereinbarung dulden. Er kann jedoch nach Treu und Glauben verpflichtet sein, die Erlaubnis zur teilgewerblichen Nutzung zu erteilen, wenn es sich um eine Tätigkeit ohne Mitarbeiter und ohne ins Gewicht fallenden Kundenverkehr handelt; hierfür trägt der Mieter die Darlegungs- und Beweislast.

Berufliche Tätigkeiten, die der Mieter – etwa im häuslichen Arbeitszimmer – ausübt, ohne dass sie nach außen in Erscheinung treten, fallen nach der Verkehrsanschauung von vornherein unter den Begriff des „Wohnens"; hierzu gehört die Unterrichtsvorbereitung eines Lehrers ebenso wie die Telearbeit eines Angestellten, die schriftstellerische Tätigkeit eines Autors oder der Empfang oder die Bewirtung eines Geschäftsfreundes des Mieters in der Wohnung. Bei geschäftlichen Aktivitäten freiberuflicher oder gewerblicher Art, die nach außen in Erscheinung treten, liegt hingegen eine Nutzung vor, die der Vermieter einer Wohnung ohne entsprechende Vereinbarung grundsätzlich nicht dulden muss. Der Vermieter kann jedoch im Einzelfall nach Treu und Glauben verpflichtet sein, eine Erlaubnis der teilgewerblichen Nutzung zu erteilen. Das kommt insbesondere dann in Betracht, wenn es sich nur um eine Tätigkeit ohne Mitarbeiter und ohne ins Gewicht fallenden Kundenverkehr handelt. Auch eine selbständige berufliche Tätigkeit kann im Einzelfall so organisiert sein oder einen so geringen Umfang haben, dass sie – wie beispielsweise bei einem Makler, die im wesentlichen am Schreibtisch erledigt wird – in der Wohnung keine Mitarbeiter beschäftigt werden und von etwaigem Publikumsverkehr keine weitergehende Einwirkungen auf die Mietsache oder Mitmieter ausgehen, als bei einer üblichen Wohnnutzung.

Anmerkung:

Sind Räume als Wohnräume vermietet, so dürfen sie grundsätzlich auch nur für Wohnzwecke, also nicht für gewerbliche oder berufliche Zwecke genutzt werden. Gleichwohl ist dem Wohnraummieter nach h.M., der der *BGH* vorliegend bestätigt, nicht jegliche berufliche Tätigkeit in seinen Räumen verwehrt; selbstverständlich dürfen die Angehörigen freier Berufe ebenso wie Wissenschaftler oder Schriftsteller normale Büroarbeiten in ihrer Wohnung erledigen. Aber auch eine weitergehende gewerbliche Tätigkeit ist in beschränktem Umfang zulässig, sofern davon nur keine Belästigung der anderen Mieter und zudem keine Gefährdung des Mietobjektes zu besorgen sind, soweit der Mietvertrag nicht ausdrücklich das Gegenteil bestimmt und der Wohnzweck weiterhin im Vordergrund steht (*LG Schwerin* WuM 1996, 214; *LG Frankfurt* WuM 1996, 532; *LG Hamburg* WuM 1993, 188; viel enger *LG Berlin* NZM 2002, 1029).

Je nach den Umständen des Falles können danach z.B. zulässig sein die Herstellung von Software (*AG Münster* WuM 1988, 429), eine Tätigkeit als Hellseher oder Astrologe (*LG Hamburg* WuM 1985, 263), die Beaufsichtigung von höchstens zwei bis drei Kindern durch eine sogenannte Tagesmutter (*LG Hamburg* NJW 1982, 2387; *LG Berlin* WuM 1993, 39), geringfügiger Musikunterricht (*AG Freiburg* WuM 1991, 686) sowie geringfügige Büroarbeiten (*LG Mannheim* WuM 1978, 91). Unzulässig sind dagegen z.B. der Betrieb eines Kompressors in einer Wohnung im Rahmen von Heimarbeit (*AG Steinfurt* WuM 1996, 405), der Betrieb einer freiberuflichen Praxis (*LG Stuttgart* WuM 1997, 215) sowie der Betrieb eines Geschäfts mit Laufkundschaft (*LG Schwerin* a.a.O.).

Enthält der Mietvertrag das Verbot gewerblicher Nutzung mit Erlaubnisvorbehalt und ist der Vermieter zur Erteilung der Erlaubnis verpflichtet, weil es sich um ein stilles Gewerbe ohne Publikumsverkehr handelt, so verletzt der Mieter seine vertraglichen Pflichten nur unerheblich, ohne dass die Voraussetzungen für eine Kündigung nach § 573 BGB vorliegen (*AG Regensburg* WuM 1991, 678).

BGH: „Mietschuldenfreiheitsbescheinigung" (Urteil vom 30.09.2009 – VIII ZR 238/08, NJW 2010, 1135)

Ein Mieter kann von seinem ehemaligen Vermieter keine «Mietschuldenfreiheitsbescheinigung» verlangen, die über eine Quittung für die erhaltenen Mietzahlungen hinausgeht.

Die Kläger waren Mieter einer Wohnung der Beklagten. Sie haben das Mietverhältnis gekündigt und sind in eine andere Wohnung umgezogen. Da der Vermieter der neuen Wohnung von den Klägern eine „Mietschuldenfreiheitsbescheinigung" verlangt, haben die Kläger die Beklagte zur Ausstellung einer solchen Bescheinigung aufgefordert. Die Beklagte hat über die geleisteten Mietzahlungen Quittungen erteilt, die Abgabe einer von den Klägern geforderten weitergehenden Erklärung des Inhalts, die Miete einschließlich vereinbarter Betriebskostenvorauszahlungen für den Mietzeitraum sei bezahlt worden, jedoch verweigert.

Nach Auffassung des *BGH* besteht kein Anspruch auf Erteilung der begehrten „Mietschuldenfreiheitsbescheinigung". Eine solche Verpflichtung lasse sich weder aus dem Mietvertrag ableiten noch bestehe sie als mietvertragliche Nebenpflicht gemäß § 241 Abs. 3 BGB. Eine Verpflichtung zur Auskunft über das Bestehen oder Nichtbestehen von Mietschulden würde voraussetzen, dass der Mieter über Art und Umfang seiner Mietverbindlichkeiten im Ungewissen ist. Hieran fehle es, weil der Mieter unter Zuhilfenahme eigener Zahlungsbelege sowie der von dem Vermieter gemäß § 368 BGB geschuldeten und erteilten Quittungen über die von ihm geleisteten Zahlungen ohne Weiteres feststellen kann, ob alle mietvertraglich geschuldeten Zahlungen geleistet sind, und auch in der Lage ist, die Erfüllung seiner aus dem Mietvertrag folgenden Zahlungsverpflichtungen zu belegen.

Die Abgabe einer in ihren Wirkungen unter Umständen weiter reichenden Erklärung könne einem Vermieter hingegen schon wegen einer möglichen Gefährdung eigener Rechtspositionen nicht zugemutet werden. Denn es erscheine nicht fern liegend, dass eine solche Bescheinigung auch als Ausgleichsquittung angesehen werden könnte, durch die der Vermieter auf alle eventuell noch bestehenden Ansprüche gegen den Mieter verzichten würde. Zudem könne darin ein „Zeugnis gegen sich selbst" liegen, das für ihn beweisrechtlich nachteilig wäre, falls nachträglich noch Streit über den Bestand oder die Erfüllung von Mietforderungen entstehen sollte. Auch eine allgemeine Pflicht zur Ausstellung einer solchen Bescheinigung wegen einer dahin entstandenen Verkehrssitte sei vorliegend nicht feststellbar.

Anmerkung:

Die grundsätzliche Verneinung eines Anspruchs auf eine „Mietschuldenfreiheitsbescheinung“ durch den *BGH* geht über die Rechtsprechung des *LG Berlin* (GE 2008, 1562) hinaus, die dem Mieter einen Anspruch auf eine „Kaltmietschuldenfreiheitsbescheinigung“ bei Streit über die Zahlung von Betriebskostenvorauszahlungen zutreffend verweigerte, und erteilt der vereinzelt – insbesondere von Berliner Amtsgerichten – vertretenen Gegenauffassung eine endgültige Absage.

BGH: Abmahnung (Urteil vom 20.02.2008 – VIII ZR 139/07, NZM 2008, 277)

Der Mieter hat gegen den Vermieter keinen Anspruch auf Beseitigung oder Unterlassung einer von ihm als unberechtigt erachteten Abmahnung. Eine Klage auf Feststellung, dass eine vom Vermieter erteilte Abmahnung aus tatsächlichen Gründen unberechtigt war, ist unzulässig.

Bei der in §§ 541, 543 Abs. 3 BGB angesprochenen Abmahnung handelt es sich um eine rechtsgeschäftsähnliche Erklärung, die darauf abzielt, der anderen Vertragspartei ein bestimmtes, als Vertragsverletzung beanstandetes Fehlverhalten vor Augen zu führen, und zwar verbunden mit der Aufforderung, dieses Verhalten zur Vermeidung weiterer vertragsrechtlicher Konsequenzen aufzugeben oder zu ändern (*BGH* NZM 2006, 338; NZM 2000, 241; Schmidt-Futterer/*Blank*, § 541 Rz. 5). Darin erschöpfen sich ihre gegenwärtigen Wirkungen für den abgemahnten Mieter. Insbesondere ändert die Abmahnung nichts daran, dass der Vermieter, wenn er sich in einem späteren Kündigungsrechtsstreit auf das abgemahnte Verhalten stützen will, durch die Abmahnung keinen Beweisvorsprung erlangt, sondern den vollen Beweis für die vorausgegangene Pflichtwidrigkeit zu führen hat. Die arbeitsrechtliche Rechtsprechung zu den Folgen einer fehlerhaften Abmahnung lässt sich nicht auf das Mietvertragsrecht übertragen. Im Arbeitsrecht wird dem Arbeitnehmer über § 242 BGB und eine entsprechende Anwendung von § 1004 BGB ein Beseitigungsanspruch gegen eine zu Unrecht erteilte Abmahnung zugebilligt (*BAG* NJW 1986, 1065; NZA 2002, 965). Grundlage der Zubilligung eines Beseitigungs- und Unterlassungsanspruchs gegen eine auf arbeitsrechtlichem Gebiet liegende Abmahnung sind die ausgeprägte Fürsorgepflicht des Arbeitgebers sowie damit einhergehend weitgehende persönlichkeitsrechtliche Pflichtenbindungen. Diese sind im Mietvertragsrecht – wenn überhaupt – jedenfalls nicht in einer auch nur annähernd vergleichbaren Form anzutreffen (MünchKomm/*Häublein*, § 535 Rz. 147 ff).

BGH: Vorkaufsrecht (Urteil vom 17.12.2008 – VIII ZR 13/08, NJW 2009, 1076)

Tritt der Mieter in Ausübung seines Vorkaufsrechts in den vom Vermieter geschlossenen Kaufvertrag über ein unter Zwangsverwaltung stehendes Mietobjekt ein, so richtet sich der Eigentumsverschaffungsanspruch des Mieters aus diesem Kaufvertrag gegen den Vermieter und nicht gegen den Zwangsverwalter. Dem Mieter steht in einem solchen Fall gegenüber dem Anspruch des Zwangsverwalters auf Zahlung der Miete ein Zurückbehaltungsrecht wegen des gegen den Vermieter gerichteten Anspruchs auf Verschaffung des Eigentums an der Mietwohnung nicht zu.

Die Beklagten hatten von der G-GbR eine Wohnung in einem Mehrfamilienhaus gemietet. Über das Grundstück wurde die Zwangsverwaltung angeordnet und der Kläger zum Zwangsverwalter bestellt. Später teilte die Vermieterin das Gebäude in Wohnungseigentum auf und verkaufte die von den Beklagten gemietete Wohnung an einen Dritten. Die Beklagten übten daraufhin gegenüber der Vermieterin ihr Vorkaufsrecht nach § 577 BGB aus und forderten sie auf, an der Erfüllung des durch Ausübung des Vorkaufsrechts mit ihnen zustande gekommenen Kaufvertrags mitzuwirken; diese gab keine Erklärung ab. Daraufhin zahlten die Beklagten die monatliche Grundmiete nicht mehr an den Kläger. Sie berufen sich darauf, dass ihnen gegenüber dem Kläger ein Zurückbehaltungsrecht an der Miete zustehe, bis der Kaufvertrag mit ihnen seitens der Vermieterin erfüllt werde. Der Kläger begehrt seinerseits die Verurteilung der Beklagten zur Zahlung der rückständigen Miete. Diese haben erklärt, dass sie den Zahlungsanspruch „Zug um Zug gegen Verschaffung des Eigentums an der von ihnen gemieteten Wohnung anerkennen“.

Nach Auffassung des *BGH* steht dem Kläger der nach Grund und Höhe unstreitige Anspruch auf Zahlung der Mietrückstände gemäß § 535 Abs. 2 BGB, § 152 ZVG zu. Ein Zurückbehaltungsrecht der Beklagten gegenüber dem Anspruch des Klägers aufgrund des von ihnen ausgeübten Vorkaufsrechts bestehe nicht. Die Beklagten seien aufgrund der Ausübung des ihnen zustehenden Vorkaufsrechts gemäß § 577 Abs. 1 BGB in den zwischen der Schuldnerin und dem Dritten geschlossenen Kaufvertrag über die in Wohnungseigentum umgewandelte Mietwohnung eingetreten, § 464 Abs. 2 BGB. Ihnen stünde damit aus diesem Kaufvertrag ein Anspruch auf Verschaffung des Eigentums an der Mietwohnung gemäß § 433 Abs. 1 S. 2 BGB zu. Dieser Anspruch richte sich aber nicht gegen den Kläger, sondern gegen die G-GbR. Der Kläger sei nicht Partei des Kaufvertrages und aufgrund seiner Stellung als Zwangsverwalter auch nicht befugt, über das Eigentum an der Mietwohnung zu verfügen. Durch die Beschlagnahme des Grundstücks nach § 148 Abs. 2 ZVG finde kein Eigentumswechsel und kein Rechtsübergang auf den Zwangsverwalter statt, sondern dem Eigentümer werde lediglich die Verwaltung und die Benutzung des Grundstücks entzogen. Dem Verwalter stehe dementsprechend nur die Befugnis zur laufenden Verwaltung des Grundstücks gemäß § 152 Abs. 1 ZVG zu; die Verfügungsbefugnis verbleibe dagegen auch nach angeordneter Zwangsverwaltung bei dem Zwangsverwaltungsschuldner. Der Zwangsverwalter könne daher weder die Auflassung erklären noch eine Grundbucheintragung beantragen oder bewilligen.

Es könne dahingestellt bleiben, ob ein Mieter dem Anspruch des Vermieters auf Zahlung der Miete ein Zurückbehaltungsrecht aus § 273 BGB wegen eines Auflassungsanspruchs aus einem Kaufvertrag über die Mietwohnung entgegenhalten kann. Den Beklagten stehe jedenfalls gegenüber dem Kläger das geltend gemachte Zurückbehaltungsrecht wegen ihres gegen die G-GbR gerichteten Auflassungsanspruchs nicht zu. Da dieser Anspruch nicht gegenüber dem Kläger besteht, fehle es bereits an der nach § 273 BGB für ein Zurückbehaltungsrecht erforderlichen Gegenseitigkeit der Ansprüche. Die Ausübung des Zurückbehaltungsrechts führe zu einer Verurteilung Zug um Zug gegen Erfüllung des einredeweise geltend gemachten Gegenanspruchs, § 274 Abs. 1 BGB. Eine solche Verurteilung, wie sie die Beklagten mit ihrer Erklärung anstreben, dass sie den Zahlungsanspruch Zug um Zug gegen Verschaffung des Eigentums an der von ihnen gemieteten Wohnung „anerkennen“, könne nicht ausgesprochen werden, weil der Kläger nicht Schuldner dieses Anspruchs ist; das von den Beklagten erklärte „Anerkenntnis“ ginge daher ins Leere.

Etwas anderes ergebe sich auch nicht § 152 Abs. 2 ZVG. Danach sei ein vor der Beschlagnahme geschlossener Mietvertrag auch dem Zwangsverwalter gegenüber wirksam. Die Vorschrift beziehe sich aber nur auf einen vor Anordnung der Zwangsverwaltung geschlossenen Mietvertrag, nicht auf einen nach der Beschlagnahme zustande gekommenen Kaufvertrag über die Mietwohnung, in den die Beklagten durch Ausübung ihres Vorkaufsrechts eingetreten sind. Nach der gesetzlichen Wertung des § 152 Abs. 2 ZVG solle der Mieter nicht dadurch schlechter gestellt werden, dass das vermietete Grundstück beschlagnahmt und die Zwangsvollstreckung angeordnet wird. Der Zwangsverwalter trete deshalb in alle Rechte und Pflichten des Vermieters aus dem bestehenden Mietverhältnis ein. Der Schutzzweck des § 152 Abs. 2 ZVG erfasse aber nur die Rechte und Pflichten des Mieters aus dem Mietverhältnis, nicht dagegen die Ansprüche aus einem Kaufvertrag über die Mietwohnung. Denn ein solcher Kaufvertrag sei – anders als die zur Sicherung mietvertraglicher Ansprüche des Vermieters getroffene Kautionsabrede – nicht Bestandteil des Mietverhältnisses, in dem der Mieter des besonderen Schutzes in der Zwangsverwaltung bedarf.

Anmerkung:

Wird der Mieter nach der Ausübung seines Vorkaufsrechts durch Auflassung und Eintragung Eigentümer der Wohnung, erlischt der Mietvertrag durch Konfusion, da nunmehr Schuldner und Gläubiger sowohl des Überlassungs- wie des Zahlungsanspruchs identisch sind (*BGH* NJW 1980, 771; *Bub*, NZM 2000, 1092, 1097). Gleichwohl wird der Zwangsverwalter nicht sofort von sämtlichen Pflichten aus dem (ehemaligen) Mietverhältnis frei. Er hat zum einen die vom Mieter geleistete Kaution an diesen herauszugeben, soweit sie nicht zur Befriedigung noch offener Ansprüche benötigt wird – und zwar selbst wenn der Vermieter sie dem Zwangsverwalter nicht ausgehändigt hat (*BGH* NJW-RR 2005, 1029). Dies leitet sich aus der Stellung des Zwangsverwalters gemäß § 152 Abs. 2 ZVG ab. Danach ist ein Mietvertrag, der vor der Beschlagnahme geschlossen worden ist, auch dem Zwangsverwalter gegenüber wirksam.

Der Mietvertrag bindet den Zwangsverwalter mit seinem gesamten Vertragsinhalt. Der Zwangsverwalter kann deshalb einerseits alle Rechte aus den bestehenden Mietverhältnis geltend machen (*Stöber*, § 152 Anm. 9.3). So kann und muss er die fälligen Mieten einziehen und diese bei Vorliegen der gesetzlichen Voraussetzungen erhöhen (Depré/*Mayer*, Rz. 491), eine Kündigung aussprechen oder ausstehende Schönheitsreparaturen einfordern (*Kinne*, NZM 1998, 986). Der Mieter seinerseits muss die Kündigung des Mietvertrags dem Zwangsverwalter und nicht dem Eigentümer gegenüber erklären. Andererseits erfordert die Stellung des Zwangsverwalters auch, dass er in alle Pflichten aus dem Mietvertrag eintritt. Der Zwangsverwalter übernimmt die Pflicht zur Gebrauchsgewährung und –erhaltung gemäß § 535 Abs. 1 BGB gegenüber dem Mieter, denn der Schuldner ist nach Beschlagnahme zur Erfüllung dieser Pflicht nicht mehr imstande. Darüber hinaus ist ein Zwangsverwalter auch den Gewährleistungsrechten des Mieters ausgesetzt (*Kinne*, GE 1999, 359, 364).

Der Zwangsverwalter hat gemäß § 556 Abs. 3 S. 1 BGB nach Beendigung des Mietvertrages zum andern auch über die vom Mieter geleisteten Betriebskostenvorauszahlungen abzurechnen und ein sich eventuell ergebendes Guthaben an den (ehemaligen) Mieter auszuzahlen. Diese Pflicht trifft ihn – anders als den rechtsgeschäftlichen Erwerber in Bezug auf zum Zeitpunkt seiner Bestellung bereits beendete Abrechnungszeiträume (*BGH* NJW 2004, 851) – auch für Zeiträume, die vor der

Beschlagnahme des Grundstücks liegen (*BGH* NZM 2006, 581). Der Zwangsverwalter hat nämlich gemäß § 152 Abs. 2 ZVG alle Pflichten des Vollstreckungsschuldners, also des Vermieters, aus dem Mietvertrag zu erfüllen, die von diesem nicht mehr wahrgenommen werden können, weil ihm nach § 148 Abs. 2 ZVG die Verwaltung und Benutzung des Grundstücks entzogen ist (*BGH* NJW-RR 2005, 1029).

BGH: Besitzstörung durch Versorgungssperre (Urteil vom 06.05.2009 – XII ZR 137/07, NJW 2009, 1947)

1. Nach Beendigung des Mietverhältnisses ist der Vermieter gegenüber dem die Mieträume weiter nutzenden Mieter zur Gebrauchsüberlassung und damit auch zur Fortsetzung vertraglich übernommener Versorgungsleistungen (hier: Belieferung mit Heizenergie) grundsätzlich nicht mehr verpflichtet.
2. Auch aus Treu und Glauben folgt eine nachvertragliche Verpflichtung des Vermieters von Gewerberäumen zur Fortsetzung von Versorgungsleistungen jedenfalls dann nicht, wenn der Mieter sich mit Mietzinsen und Nutzungsentschädigung im Zahlungsverzug befindet und dem Vermieter mangels eines Entgelts für seine Leistungen ein stetig wachsender Schaden droht.
3. Die Einstellung oder Unterbrechung der Versorgung mit Heizenergie durch den Vermieter ist keine Besitzstörung gem. §§ 858, 862 BGB hinsichtlich der Mieträume.

Die Parteien streiten um die Befugnis des Beklagten, als Vermieter die Versorgung der vom Kläger gemieteten Gewerberäume mit Heizwärme zu unterbrechen. Die Parteien haben einen Mietvertrag über Gewerberäume zum Betrieb einer Gaststätte geschlossen. Seit September 2001 erbrachte der Kläger keine Nebenkostenvorauszahlungen mehr und berief sich auf ein Zurückbehaltungsrecht wegen nicht erteilter Nebenkostenabrechnung. Im August 2002 stellte der Kläger auch die Zahlung der Grundmiete ein. Nach den Feststellungen des Berufungsgerichts zahlte er jedenfalls seit Januar 2007 keine Miete mehr. Warmwasser und Heizleistung bezog der Kläger nicht direkt vom Versorgungsunternehmen, sondern vom Beklagten. Der Beklagte stellte die Warmwasserversorgung nach der Stilllegung des Kessels im Keller im Jahr 2001 ein. Der Beklagte erklärte mehrfach die Kündigung des Mietvertrages wegen Zahlungsverzugs. Zwischen den Parteien schwebt ein Räumungsverfahren. Der Kläger begehrt mit der Klage, dem Beklagten die angedrohte Versorgungssperre zu untersagen.

Der *BGH* hat einen Unterlassungsanspruch des Klägers verneint. Der vom Kläger geltend gemachte Unterlassungsanspruch ergebe sich nicht aus der Pflicht zur Gebrauchsüberlassung nach § 535 Abs. 1 BGB auf Grund des von den Parteien geschlossenen Mietvertrages. Dieser sei nämlich zwischenzeitlich durch Kündigung beendet. Auch aufgrund nachvertraglicher Pflichten sei der Beklagte nicht gehalten, die Versorgung des Klägers mit Heizenergie aufrechtzuerhalten. Grundsätzlich ende mit der Mietvertragsbeendigung auch die Pflicht des Vermieters zur Gebrauchsüberlassung gemäß § 535 Abs. 1 BGB. Allerdings können nach Treu und Glauben einzelne Verpflichtungen des Vermieters noch nach der Vertragsbeendigung bestehen, wozu auch die Pflicht zur Erbringung von Versorgungsleistungen gehören kann. Solche nachvertraglichen Pflichten könnten sich im Einzelfall aus der Eigenart des – beendeten –

Mietvertrages (z.B. Wohnraummiete) oder den besonderen Belangen des Mieters (z.B. Gesundheitsgefährdung oder etwa durch eine Versorgungssperre drohender, besonders hoher Schäden) ergeben. Eine über die Vertragsbeendigung hinausgehende Versorgungsverpflichtung würde allerdings allein den Interessen des Mieters dienen. Eine solche Pflicht bestehe jedenfalls dann nicht, wenn bereits die Beendigung des Mietverhältnisses auf dem Zahlungsverzug des Mieters beruht und der Vermieter die Versorgungsleistungen mangels Vorauszahlungen des Mieters auf eigene Kosten erbringen müsste. Der Vermieter liefe dann Gefahr, die von ihm verauslagten Kosten für die Versorgung nicht erstattet zu erhalten und dadurch einen – weiteren – Schaden zu erleiden.

Der geltend gemachte Unterlassungsanspruch lasse sich auch nicht auf eine – drohende – Besitzstörung entsprechend § 862 Abs. 1 S. 2 BGB stützen. Die Einstellung oder Unterbrechung der Versorgung des Mieters mit Heizenergie sei keine Besitzstörung durch verbotene Eigenmacht im Sinne von § 858 Abs. 1 BGB. Die zur Nutzung des Mietobjekts erforderlichen Energielieferungen seien nicht Bestandteil des Besitzes und könnten daher auch nicht Gegenstand des Besitzschutzes nach §§ 858 ff. BGB sein. Eine verbotene Eigenmacht nach §§ 858, 862 BGB setzt voraus, dass in die tatsächliche Sachherrschaft eingegriffen worden ist. Ein Eingriff liege aber nur vor, wenn der Besitzer in dem Bestand seiner tatsächlichen Sachherrschaft beeinträchtigt wird, beim Besitz von Räumen etwa dann, wenn der Zugang des Besitzers zu den Räumen erschwert oder vereitelt wird oder wenn in anderer Form in einer den Besitzer behindernden Weise auf die Mieträume eingewirkt wird. Das sei bei der Einstellung oder Unterbrechung von Versorgungsleistungen indes nicht der Fall. Der Zufluss von Versorgungsleistungen könne zwar Voraussetzung für den vertragsgemäßen Gebrauch sein, der nach Beendigung des Vertrages nicht mehr geschuldet wird. Er sei hingegen nicht Bestandteil der tatsächlichen Sachherrschaft als solcher.

Anmerkung:

Der *BGH* hat sich mit der vorliegenden Entscheidung nicht der bisher h.M. in der Rechtsprechung angeschlossen, die die Einstellung oder Unterbrechung der Versorgung des Mieters mit Heizenergie als Besitzstörung durch verbotene Eigenmacht im Sinne von § 858 Abs. 1 BGB bewertet (*OLG Köln* NZM 2005, 67; *OLG Celle* NZM 2005, 741; *OLG Koblenz* OLGR 2001, 2; *OLG Saarbrücken* OLGR 2005, 218), und eine Verpflichtung des Vermieters zur Fortsetzung der vertraglich übernommenen Versorgungsleistungen, wie z.B. Heizenergie, bei einem beendeten Mietverhältnis verneint. Der *BGH* konnte offen lassen, ob der Vermieter auch während eines laufenden Mietverhältnisses bei Nichtzahlung durch den Mieter zur Unterbrechung der Versorgung mit Strom, Wasser, etc. berechtigt ist. Nach bislang h.M. in Rechtsprechung und Literatur stellt die Unterbrechung der Versorgung von zu Wohnzwecken vermieteten Räumen mit Wasser, Strom, Gas etc. eine Besitzstörung durch verbotene Eigenmacht dar, da sie letztlich zur Unbewohnbarkeit der Wohnung führt (u.a. *OLG Köln* ZM 2000, 1026; Palandt/Bassenge, 858 Rz. 6). Der *BGH* stellt klar, dass die Wertung als verbotener Eigenmacht bei Einstellung oder Unterbrechung von Versorgungsleistungen nicht in Betracht kommt, weil dadurch nicht in einer den Besitzer behindernden Weise auf die Mieträume eingewirkt wird. Er deutet allerdings an, dass ein Anspruch auf Fortsetzung der Versorgungsleistungen unmittelbar aus der Pflicht des Vermieters zur Gebrauchsüberlassung gemäß § 535 Abs. 1 BGB folgen könnte, da der vertragsgemäße Gebrauch während der gesamten Mietzeit zu gewähren ist.

KG: Besitzstörung durch Versorgungssperre (Beschluss vom 01.10.2009 – 8 U 105/09, NZM 2010, 321)

Eine Unterbrechung von Versorgungsleitungen durch einen außen stehenden Dritten kann – anders als eine Versorgungssperre, die in der Einstellung von Leistungen besteht – gegenüber dem Besitzer der betroffenen Räume eine verbotene Eigenmacht darstellen.

Der Antragsteller ist Mieter eines Anwesens in Berlin, in welchem er ein „Kunsthaus" betreibt. Der Antragsgegner hat mit ihm einen mittlerweile gekündigten Untermietvertrag über Räumlichkeiten im Erdgeschoß des Hauses zum Betrieb eines Cafés geschlossen. Im März 2009 sperrte der Untermieter die Wasserleitungen zu den Obergeschossen des Hauses ab, nachdem er zusätzliche Absperrventile in dem Kellerraum hatte einbauen lassen, in dem sich der Wasseranschluss des Hauses befindet und zu dem er von dem Café aus Zutritt hat. Hintergrund dieser Maßnahme war, dass sich der Antragsteller als Hauptmieter gegenüber den Wasserbetrieben in Zahlungsrückstand befindet und diese mit einer Sperrung der Wasserversorgung gedroht hatten. Der Antragsgegner hatte sich daraufhin mit zwei weiteren Untermietern zu einer „Mieternotgemeinschaft" zusammengeschlossen, Zahlungen an die Wasserbetriebe geleistet und eine Weiterbelieferung erreicht. Auch der Hauptmietvertrag ist mittlerweile gekündigt und der Antragsteller zur Räumung des Anwesens verurteilt worden.

Nach Auffassung des *KG* stellt die Unterbrechung der Versorgungsleitungen durch den Antragsgegner eine Besitzstörung im Sinne von § 862 BGB gegenüber dem Antragsteller dar. Die vorangegangene Beendigung des Hauptmietvertrages stehe einem Besitzschutz zugunsten des Antragstellers ebenso wenig entgegen wie das Räumungsurteil gegen den Antragsteller. Zwar sei der Vermieter berechtigt, von ihm erbrachte Versorgungsleistungen zu unterbrechen. Die zur Nutzung des Mietobjekts erforderlichen Energielieferungen seien kein Bestandteil des Besitzes, die Einstellung oder Unterbrechung von Versorgungsleistungen stelle somit keinen Eingriff in die tatsächliche Sachherrschaft des Besitzers und daher auch keine verbotene Eigenmacht nach §§ 858, 862 BGB dar.

Vorliegend gehe es aber nicht um das Vorenthalten einer zuvor erbrachten Leistung, sondern um einen Eingriff eines Dritten in die Wasserversorgung des Antragstellers. Ein solcher Eingriff behindere den Besitzer an der Ausübung der tatsächlichen Sachherrschaft und stelle – ebenso wie psychisch beeinträchtigende Einwirkungen etwa durch Lärm oder Lichtwerbung – eine Besitzstörung dar. Der Besitzer dürfe nicht schutzlos gegenüber Dritten sein, welche die Versorgungsleitungen zu seinen Räumen zerstören oder unterbrechen.

Anmerkung:

Zu Recht hat das *KG* vorliegend klargestellt, dass die Erwägungen des *BGH* nur dann eingreifen, wenn der Vermieter die von ihm selbst übernommene Versorgung des Mieters wegen dessen Nichtzahlung unterbricht. Dem Urteil des *BGH* kann – selbstverständlich – nicht entnommen werden, dass ein Besitzer auch gegenüber Dritten, welche die Versorgungsleitungen zu seinen Räumen zerstören oder unterbrechen, schutzlos sein soll.

KG: Mehrfachvermietung (Beschluss vom 25.09.2008 – 8 U 44/08, NZM 2008, 889)

Bei Mehrfachvermietung einer Sache haben die kollidierenden schuldrechtlichen Ansprüche denselben Rang. Jeder Mieter kann vom Vermieter Erfüllung verlangen ohne Rücksicht darauf, ob er der erste oder zweite Mieter ist.

Die beklagten Vermieter hatten über eine Wohnung mehrere Mietverträge abgeschlossen. Einer der beiden Mieter verlangt nunmehr klageweise die Einräumung des Besitzes an dieser. Die Beklagten behaupten hierzu nicht in der Lage zu sein, da die streitgegenständlichen Räumlichkeiten mittlerweile «von einem Dritten weitervermietet» worden seien. Sie haben im Prozess die ersten beiden Seiten eines Mietvertrages vorgelegt, nach denen als Vermieter ein Herr J. und als Mieter ein Herr G. aufgetreten sind.

Nach Auffassung des *KG* hat der Kläger gegen die Beklagten trotz der angeblichen Vermietung an einen Dritten einen Anspruch auf Einräumung des Besitzes an den vermieteten Räumlichkeiten. Es könne mangels schlüssigen und substantiierten Vortrags der Beklagten nicht festgestellt werden, dass es den Beklagten unmöglich geworden ist, den Klägern den Besitz an der Wohnung einzuräumen. Wenn eine Sache mehrfach vermietet wird, seien alle Verträge gültig; die kollidierenden schuldrechtlichen Ansprüche hätten denselben Rang, so dass jeder Mieter vom Vermieter Erfüllung verlangen könne, ohne Rücksicht darauf, ob er der erste oder zweite Mieter ist (*OLG Frankfurt a.M.* NJW-RR 1997, 77; *OLG Köln* ZMR 1998, 696; Staudinger/*Emmerich*, § 536 BGB Rz. 47).

Zwar verlören die anderen Mieter, sobald der Vermieter einen der verschiedenen Mietverträge erfüllt hat, ihren Erfüllungsanspruch, weil dann der Vermieter außerstande sei, auch diese zu erfüllen. Der Vermieter werde von seiner Überlassungspflicht gemäß § 275 Abs. 1 BGB wegen Unmöglichkeit frei, sobald feststeht, dass er die Sache von dem besitzenden Mieter nicht mehr – z.B. durch Kündigung oder Abstandszahlung – zurück erlangen kann (*OLG Köln* a.a.O.; Staudinger/*Emmerich*, § 536 BGB Rz. 48; MünchKomm/*Häublein*, § 536 BGB Rz. 25). Das bedeute aber auch, dass der nichtbesitzende Mieter Besitzeinräumung gemäß § 535 Abs. 1 S. 1 BGB verlangen könne, solange die Behebung des Leistungshindernisses nicht ausgeschlossen ist. Dass ihnen die Erfüllung rechtlich oder tatsächlich nicht (mehr) möglich ist, hätten die Beklagten als Schuldner des Erfüllungsanspruchs darzulegen und zu beweisen, hierzu jedoch nicht ausreichend vorgetragen. Solange nicht auszuschließen ist, dass durch Vereinbarungen mit den Beklagten das Leistungshindernis beseitigt werden kann, könnten die Kläger die Einräumung des Besitzes verlangen.

Anmerkung:

Schließt der Vermieter über dasselbe Mietobjekt mehrere Mietverträge, ist für die Frage, an wen er die Mietsache zu übergeben hat, die zeitliche Abfolge der Vertragsschlüsse unerheblich. Der Vermieter kann und darf selbst entscheiden, welchen Vertrag er erfüllt und an welche Mieter er gegebenenfalls Schadensersatz leistet. Dies entspricht dem Wesen der Privatautonomie, die auf dem Grundsatz der eigenverantwortlichen Selbstbestimmung einer Partei über die eigenen Interessen beruht. Der Vermieter, der einen Mietvertrag abschließt, begibt sich noch nicht seines durch die Vertragsfreiheit geschützten Rechts, an einen Dritten erneut zu vermieten.

Die übrigen Mieter verlieren erst ihren Erfüllungsanspruch, sobald der Vermieter einen der verschiedenen Mietverträge erfüllt. Sie haben aber Schadensersatzansprüche gemäß § 536a BGB, da das Mietverhältnis derjenigen Mieter, die „nicht zum Zuge kommen" mit einem Rechtsmangel behaftet ist. Wie das *KG* zutreffend feststellt, reicht für den Untergang des Erfüllungsanspruchs allerdings nicht die bloße Behauptung des Vermieters aus, er sei zur Erfüllung nicht in der Lage. Vielmehr bleiben die Ansprüche der übrigen Mieter solange bestehen, wie die Behebung des Leistungshindernisses nicht (endgültig) ausgeschlossen ist (*BGH* NJW 2003, 2158; Kinne/Schach/*Bieber*, § 536 BGB Rz. 21; Palandt/*Weidenkaff*, § 536 Rz. 30). Ein möglicherweise vorhandenes Unvermögen des Vermieters erlangt dann erst in der Zwangsvollstreckung Bedeutung (*BGH* a.a.O.).

In der Praxis nicht selten ist der Fall, dass einer der beiden Mieter seinen Anspruch auf Besitzüberlassung durch eine einstweilige Verfügung gegen den Vermieter, die ihm die Überlassung an den anderen Mieter untersagt, sichern will. Ob dies möglich ist, ist in Literatur und Rechtsprechung umstritten. Während eine Auffassung eine einstweilige Verfügung für zulässig erachtet (*OLG Düsseldorf* NJW-RR 1991, 137; Bub/Treier/*Fischer*, VIII Rz. 118), kann nach (wohl) h.M. bei dieser Konstellation eine einstweilige Verfügung nicht erlassen werden (*KG* NZM 2007, 518; *OLG Hamm* NZM 2004, 192; Anm. *Bub/Bernhard*, FD-MietR 2007, 245470). Zutreffend ist die zweite Auffassung. Nach der Gegenansicht wäre die Rechtslage dem Zufall überlassen: Derjenige Mieter, der zuerst eine einstweilige Verfügung erwirkt, würde dem Vermieter – gegebenenfalls auch gegen seinen Willen – als Vertragspartner aufgedrängt, so dass er gezwungen wäre, an ihn zu leisten. Das widerspräche aber dem Grundsatz der Privatautonomie. Es gibt auch keinen Grundsatz, dass die älteren mietvertraglichen Rechte Vorrang genießen (*OLG Brandenburg* MDR 1998, 98; *OLG Hamm* a.a.O.). Verfügt aber keiner der beiden Gläubiger über das bessere Recht, ist es ihnen verwehrt, die jeweils beanspruchte Rechtsposition auf Kosten der anderen zwangsweise durchzusetzen.

KG: Videoüberwachung (Beschluss vom 04.08.2008 – 8 U 83/08, NZM 2009, 736)

Die Videoüberwachung eines Miethausaufzugs durch den Vermieter des Mietshauses verletzt das allgemeine Persönlichkeitsrecht der Mieter des Hauses und ist zu unterlassen.

AG Lichtenberg; Videoüberwachung (Urteil vom 24.01.2008 – 10 C 156/07, NZM 2008, 802)

Die dauerhafte Videoüberwachung des Eingangsbereichs eines Mietshauses verstößt auch dann gegen das allgemeine Persönlichkeitsrecht der Mieter, wenn es sich bei den Kameras um – nicht sofort als solche erkennbare – Attrappen handelt.

Der Kläger war Mieter, die Beklagten Vermieter einer Wohnung. Anfang 2007 ließen die Beklagten zwei Kameras im Eingangsbereich des Hauses montieren. Der Installation der Überwachungskameras waren Manipulationen am Schloss der Hauseingangstür sowie Übergriffe auf das Büro einer Architektin vorangegangen, für die der Mieter T. verantwortlich gewesen sein soll. Zudem hatten seit Beginn von Modernisierungsarbeiten im Haus verschiedene Mieter und auch Fremde immer wieder Baumaterialien beschädigt. Nach Aussage der Beklagten handelt es sich bei den Überwachungskameras um Attrappen, was auch allen Mieter bekannt gewesen sei. Mit Schreiben des Berliner Mietervereins forderte der Kläger die Beklagten dazu auf, die Überwachungskameras zu entfernen. Später erhob er Klage auf deren Entfernung. In der Folge verständigten sich die Parteien auf eine Beendigung des Mietverhältnisses. Mit Rücksicht hierauf haben die Parteien den Rechtsstreit übereinstimmend in der Hauptsache für erledigt erklärt und streiten nunmehr allein um die Kostentragung. Der Kläger macht geltend, die im Hauseingangsbereich installierten Kameras, die auf Bewegung reagierten und nicht als Attrappen zu erkennen seien, hätten ihn in seinem allgemeinen Persönlichkeitsrecht verletzt.

Nach Auffassung des *AG Lichtenberg* stand dem Kläger ein Anspruch auf Entfernung der beiden im Hauseingangsbereich montierten Videokameras gegen die Beklagten aus § 823 Abs. 1 BGB i.V.m. § 1004 Abs. 1 BGB zu. Das aus Art. 1 in Verbindung mit Art 2 GG hergeleitete allgemeine Persönlichkeitsrecht, das zu den von § 823 Abs. 1 BGB geschützten Rechtsgütern zähle, gebe dem Einzelnen einen Anspruch auf Achtung der individuellen Persönlichkeit auch gegenüber einer Privatperson. Die Installation von Kameras, mit deren Hilfe eine gezielte Überwachung der Benutzer eines öffentlichen Zuganges zu einem Grundstück ermöglicht werde, oder auch das Anbringen von Videokameras im Eingangsbereich eines Mietshauses, der von allen Mietern und Besuchern passiert werden muss, so dass ein Bewegungsprofil aller Nutzer des Gebäudes erstellt werden kann, stelle einen Eingriff in dieses Recht dar. Eine Videoüberwachung sei nicht nur geeignet, das Recht am eigenen Bild als besondere Ausprägung des allgemeinen Persönlichkeitsrechts zu beeinträchtigen; die Installation einer Video-Überwachungsanlage stelle vielmehr auch einen Eingriff in die allgemeine Handlungsfreiheit dar, wenn sich der Benutzer eines überwachten Bereichs einer ständigen Kontrolle seiner Bewegungen und derjenigen seiner Besucher ausgesetzt sehe.

Die Installation von Kameras im Eingangsbereich des von ihm bewohnten Hauses, den sämtliche Bewohner und Besucher passieren müssen, berühre den Mieter in seiner Privatsphäre, da er sich in seinem häuslichen Lebensbereich und damit in einem Bereich, an dem andere Menschen regelmäßig nur mit seiner Zustimmung Anteil haben, einer Überwachung seiner Lebensgewohnheiten, nämlich des Verlassens und Aufsuchens seiner Wohnung und des Empfangs etwaiger Besucher ausgesetzt sehe. Es sei nicht erkennbar, dass es sich bei den Videokameras um bloße Attrappen handele. Unstreitig bewegten sie sich und seien äußerlich nicht von funktionsfähigen Überwachungskameras zu unterscheiden. Das allgemeine Persönlichkeitsrecht des Klägers wäre durch die Installation der Videokameras im Eingangsbereich indes auch dann betroffen gewesen, wenn es sich bei den Kameras tatsächlich um Attrappen, mit denen keine Bilder übertragen und aufgezeichnet werden können, gehandelt haben sollte. Denn in diesem Fall stellte jedenfalls die mit der Anbringung einer Attrappe verbundene Androhung der ständigen Überwachung der Bewegungen des Klägers und seiner Besucher im Hauseingangsbereich eine Beeinträchtigung seiner allgemeinen Handlungsfreiheit dar. Schon das Vorhandensein von dem äußeren Anschein nach funktionsfähigen Kameras setze den Kläger einem permanenten Überwachungsdruck aus und vermittle auch einem unbefangenen Betrachter den Eindruck, jede seiner Bewegungen werde, wenn er sich im Bereich der Kameras aufhalte, einem überwachenden Dritten übertragen oder durch Aufzeichnungen dokumentiert und damit auf eine von ihm nicht zu beherrschende Weise kontrolliert. Unerheblich sei, dass der Kläger die von ihm gemietete Wohnung kaum genutzt habe. Denn der Anspruch auf Achtung seiner grundrechtlich geschützten Rechtsposition hänge nicht davon ab, wie häufig sich der Eingriff durch das Passieren der Kameras aktualisiere.

Der mit der Installation von Videokameras oder Kameraattrappen im Hauseingangsbereich einhergehende Eingriff in das allgemeine Persönlichkeitsrecht des Mieters kann nach Auffassung des *AG Lichtenberg* nur dann gerechtfertigt sein, wenn schwerwiegenden Beeinträchtigungen von Rechtspositionen des Überwachenden nicht in anderer Weise zumutbar begegnet werden konnte Ein derartiger Rechtfertigungsgrund bestehe vorliegend nicht. Zwar hätten die Beklagten grundsätzlich das durch Art. 14 GG ebenfalls verfassungsrechtlich garantierte Recht, geeignete und erforderliche Maßnahmen zum Schutze ihres Eigentums zu ergreifen. Da es sich aber bei den von ihnen installierten Kameras um bloße Attrappen gehandelt haben und dies allen Mieter auch bekannt gewesen sein soll, könnten diese nicht zur Identifizierung etwaiger Täter vergangener und zur Verhinderung künftiger Sachbeschädigungen dienen.

Anmerkung:

Die Überwachung des Zugangsweges zu einem Mietshaus durch eine Videokamera, deren Bilder dauerhaft aufgezeichnet werden, stellt nach h.M., der sich das *AG Berlin-Lichtenberg* mit eingehender und außerordentlicher sorgfältiger Begründung anschließt, regelmäßig einen unzulässigen Eingriff in das Persönlichkeitsrecht von Mietern und Besuchern im Sinne von Art. 1, 2 GG dar, sofern die Aufzeichnung nicht durch überwiegende schutzwürdige Interessen gerechtfertigt werden kann (*BGH* NJW 1995, 1955; Schmidt-Futterer/*Eisenschmid*, § 535 BGB Rz. 532). Die Rechtswidrigkeit der Beweismittelbeschaffung führt auch zur Unverwertbarkeit des Beweismittels (*OLG Karlsruhe* NJW 2002, 2799), d.h. die mitgeschnittenen Bänder dürfen in einem etwaigen Schadensersatzprozess nicht zur Überführung der Täter herangezogen werden.

Auch in einer Wohnungseigentümergemeinschaft ist die gezielte Videoüberwachung eines bestimmten Teils einer gemeinschaftseigenen Hoffläche durch einen Wohnungseigentümer zum Zwecke der Dokumentation etwaiger Sachbeschädigungen seines Kraftfahrzeugs auf dem seinem Sondernutzungsrecht unterliegenden Stellplatz unzulässig. Dies beeinträchtigt nämlich andere Wohnungseigentümer unverhältnismäßig, die den überwachten Teil auf dem Weg zu ihrem Wohnungseigentum notwendigerweise begehen müssen (*OLG Düsseldorf* NJW 2007, 780, Anm. *Bub/Bernhard*, FD-MietR 2007, 212512). Sogar der Einsatz von Videokamera-Attrappen stellt nach der Rechtsprechung – so auch vorliegend – einen Eingriff in das allgemeine Persönlichkeitsrecht dar, da schon der bloße Eindruck einer ständigen Überwachung die Betroffenen erheblich beeinträchtigt (*LG Darmstadt* NZM 2000, 360; *LG Bonn* NJW-RR 2005, 1067; Staudinger/*Bub*, § 21 WEG Rz. 174a).

Welche Anforderungen in einer Wohnungseigentumsanlage an einen Beschluss zu stellen sind, der die Video-Überwachung einzelner Teile des gemeinschaftlichen Eigentums gestattet, ist umstritten. Nach Ansicht des *BayObLG* soll jedenfalls die Installation eines Video-Überwachungssystems zulässig sein, sofern Besucher nur von den Wohnungen aus identifiziert werden können, die dem System angeschlossen sind und deren Klingel betätigt wurde; demgegenüber dürfte eine Video-Überwachung des Hauseingangsbereichs ohne solche technischen Beschränkungen den Grundsätzen ordnungsmäßiger Verwaltung widersprechen (*BayObLG* NJW-RR 2005, 284). Im Hinblick auf die weitreichenden Folgen solcher Systeme und die Rechtsprobleme, die durch sie aufgeworfen werden, muss im Eigentümerbeschluss klar zum Ausdruck gebracht werden, was die Eigentümer wollen. Ein Beschluss muss auch festlegen, dass und wie der Umstand der Beobachtung und der verantwortlichen Stelle kenntlich gemacht, § 6 Abs. 2 BDSG (*KG* NJW 2002, 2798; *Huff*, NZM 2002, 89), und wie das erforderliche Löschen der Daten gewährleistet wird, § 6 Abs. 5 BDSG. Umgekehrt entspricht ein Beschluss, der die dauernde und kontrollierte Video-Überwachung von gemeinschaftlichen Flächen durch einen der Wohnungseigentümer verbietet, in aller Regel ordnungsmäßiger Verwaltung (*OLG München* NZM 2005, 668).

AG Hamburg, Urteil vom 13.09.2008 (Gestattung der Untervermietung) – 49 C 95/07, BeckRS 2008, 4328

Der Vermieter kann, sofern der Mieter die ihm überlassenen Räumlichkeiten untervermieten will, einen Zuschlag zur Miete in Höhe von max. 20 % der Untermiete verlangen. Dabei kommt es nicht darauf an, ob die erhöhte Miete die ortsübliche Vergleichsmiete übersteigt.

Die Kläger sind ein getrennt lebendes Ehepaar. Als Mieter begehren sie vom beklagten Vermieter die Genehmigung zur Untervermietung einzelner Räume ihrer Wohnung. Sie begründen dies damit, dass die Klägerin zu 1) nach dem Auszug ihrer Ehemannes, des Klägers zu 2), die Mietkosten mit Mitbewohnern teilen wolle, da sie die Miete aus ihrem Einkommen nicht bestreiten könne. Außerdem wolle sie nicht allein wohnen. In dem Schreiben, mit welchem sie den Beklagten um Gestattung der Untervermietung baten, waren Geburtsdatum und Beruf der benannten Untermieter angegeben. Der Beklagte war bereit, die Untermieterlaubnis befristet zu erteilen, allerdings nur Zug um Zug gegen die Einwilligung in eine Erhöhung der Nettokaltmiete von 730 € auf 803 € monatlich zzgl. der bislang gezahlten Vorauszahlungen auf Betriebs- und Heizkosten. Die Kläger machen nunmehr klageweise einen Anspruch auf unbedingte Gestattung der Untervermietung geltend.

Nach Auffassung des *AG Hamburg* haben die Mieter keinen Anspruch auf unbedingte Zustimmung des Vermieters zur Untervermietung eines oder mehrerer Zimmer. Ein solcher Anspruch ergebe sich nicht aus § 553 Abs. 1 S. 1 BGB. Auf die Frage, ob ein berechtigtes Interesse zur Untervermietung an einen Dritten besteht, komme es dabei nicht an. Der Vermieter habe die Genehmigung zur weiteren Untervermietung gemäß § 553 Abs. 2 BGB verweigern können, weil die Mieter einer angemessenen Erhöhung der Miete nicht zugestimmt haben. Mit der Genehmigung zur Untervermietung erbringe er eine zusätzliche Leistung, indem er den Mietern einen erweiterten Mietgebrauch einräumt. Üblicherweise wird für Wohnräume mit einer solchen Untervermietungserlaubnis jedenfalls dann eine erhöhte Miete gezahlt, wenn der Mieter – wie hier beabsichtigt – einzelne Zimmer untervermietet. In diesen Fällen entspreche es der Üblichkeit, dass der Vermieter an der Zahlung des Untermieters partizipiert. Insoweit komme es auch nicht darauf an, ob der Vermieter durch die Untervermietung zusätzlich belastet wird, etwa durch erhöhte Betriebskosten oder eine höhere Abnutzung. Maßgeblich sei im Rahmen des § 553 BGB allein, dass der Vermieter durch die Genehmigung zur Untervermietung einzelner Zimmer eine zusätzliche, am Markt regelmäßig gesondert vergütete Leistung erbringt.

Die von dem Vermieter begehrte Erhöhung der Nettokaltmiete von 730 € auf 803 € monatlich sei auch angemessen gewesen. Der angemessene Untermietzuschlag belaufe sich entsprechend den allgemeinen Marktgepflogenheiten auf einen Betrag von bis zu 20 % der von den Untermietern zu zahlenden Miete, hier also auf bis zu 130 €. Der Maßstab des § 26 Abs. 1 Nr. 2, Abs. 3 NMV, wonach der Vermieter einen Zuschlag in Höhe von 2,50 € monatlich verlangen kann, wenn der untervermietete Wohnungsteil von einer Person, und in Höhe von 5 €, wenn er von mehr Personen benutzt wird, sei hier nicht anwendbar. Die Vorschrift gelte nur für preisgebundenen Wohnraum und sei nicht analogiefähig, da sich die Miete bei preisfreiem Wohnraum allein nach Angebot und Nachfrage richte. Unerheblich sei insoweit auch die ortsübliche Vergleichsmiete. Die Erhöhung der Miete wegen Genehmigung der Untervermietung nach § 553 Abs. 2 BGB sei Entgelt für eine zusätzliche Leistung des Vermieters und beruhe daher auf einem anderen Rechtsgrund als eine Mieterhöhung nach § 558 BGB. Selbst wenn die nunmehr verlangte Miete über der ortsüblichen Miete für vergleichbare Wohnungen liegen sollte, würde dies nicht dazu führen, dass dem Vermieter die Genehmigung zur Untervermietung auch ohne eine Erhöhung der Miete zumutbar wäre.

Anmerkung:

Nach § 553 Abs. 2 BGB kann der Vermieter die Erlaubnis zur Untervermietung von der Bereitschaft des Mieters zur Zahlung einer höheren Miete abhängig machen, wenn ihm die Überlassung nur bei einer angemessenen Erhöhung der Miete zuzumuten ist. Rechtsdogmatisch handelt es sich hierbei nicht um einen (neben der Miete geschuldeten) „Zuschlag", sondern um eine Vertragsanpassung wegen erweiterten Mietgebrauchs (*Börstinghaus,* GE 1996, 88, 90; *Lützenkirchen,* Neue Mietrechtspraxis Rz. 525). Durch die Erlaubnis wird der Umfang des Gebrauchsrechts des Mieters erweitert; als Gegenleistung hierfür soll der Mieter in eine Erhöhung der Miete einwilligen. Die Mieterhöhung muss vereinbart werden. Der Vermieter hat keinen gesetzlichen Anspruch auf Zustimmung zur Mieterhöhung; es steht ihm lediglich frei, die Erlaubnis zu verweigern, wenn der Mieter eine Mieterhöhung zu Unrecht ablehnt. Ist der Mieter mit einer Mieterhöhung einverstanden, so wird die ursprüngliche Vereinbarung über die Miethöhe freiwillig im Sinne von § 557 Abs. 1 BGB abgeändert. Deshalb ist bei nachfolgenden Mieterhöhungen die Kappungsgrenze aus der abgeänderten Gesamtmiete zu errechnen (*LG Berlin* MM 1991, 363; *AG Hamburg* WuM 1992, 257). Stimmt der Mieter der Vertragsänderung durch Anpassung der Miete nicht zu, so gilt die Erlaubnis als verweigert (*BGH* NJW 1996, 838), ohne das Kündigungsrecht des Mieters aus § 540 Abs. 1 S. 2 BGB zu berühren.

Die ortsübliche Miete ist – wie das *AG Hamburg* richtig feststellt – keine Obergrenze für eine solche Vereinbarung (MünchKomm/*Bieber*, § 553 Rz. 11); auch die Regeln über das Mieterhöhungsverfahren gemäß § 558a BGB ff müssen nicht eingehalten werden (Bub/Treier/*Kraemer*, III Rz. 1025 z. MHRG). Wird allerdings durch die Mieterhöhung anlässlich der Erteilung der Untermieterlaubnis die ortsübliche Miete bereits erreicht oder überschritten, so ist eine weitere Mieterhöhung nach § 558 BGB nicht möglich (Schmidt-Futterer/*Blank*, § 553 Rz. 15). Da die Miete durch eine solche Vereinbarung vertraglich abgeändert wird, hat die Beendigung der Gebrauchsüberlassung auf die Höhe des Mietpreises keinen Einfluss (*AG Kiel* WuM 1985, 262; Staudinger/*Emmerich*, § 553 BGB Rz. 15; *Sonnenschein,* PiG 23, 167, 182; a. A. *Sternel*, II Rz. 269). Etwas anderes gilt, wenn die Parteien anlässlich der Erlaubniserteilung eine Mieterhöhung unter einer auflösenden Bedingung oder eine Mietermäßigung für den Fall der Beendigung der Gebrauchsüberlassung vereinbart haben (*Börstinghaus*, GE 1996, 88, 90).

Das *AG Hamburg* schließt sich nicht der h.M. an, wonach der Anspruch des Vermieters auf eine Mieterhöhung davon abhängt, ob er durch die Aufnahme des Dritten vermehrt belastet wird, etwa durch eine stärkere Abnutzung der Wohnung oder durch höhere Betriebskosten (so *Sternel*, II Rz. 257; *Kraemer*, a.a.O., Rz. 1024; MünchKomm/*Bieber*, a.a.O.). Betrachtet man die erhöhte Miete als Gegenleistung für die Einräumung eines erweiterten Mietgebrauchs, ist maßgeblich allein, welche (höhere) Miete für Wohnräume mit vergleichbarer Erlaubnis üblicherweise gezahlt wird. Ohnehin fällt eine stärkere Abnutzung der Wohnung durch die Aufnahme eines Dritten realistischerweise nicht ins Gewicht.

Überlässt der Mieter die Mietsache trotz nicht eingeholter oder gar verweigerter Zustimmung einem Untermieter, kann der Vermieter – nach Abmahnung – gemäß § 541 BGB auf Unterlassung klagen oder das Mietverhältnis gemäß § 543 Abs. 2 Nr. 2 BGB fristlos kündigen. Er hat nach zwei Grundsatzurteilen des *BGH* aber keinen Anspruch auf einen Anteil an dem durch die unberechtigte Untervermietung erzielten Mehrerlös des Mieters (*BGH* NJW 1964, 1853; NJW 1996, 838). Ein solcher Anspruch lässt sich weder aus § 816 Abs. 1 BGB, da die Untervermietung von Teilen der Wohnung keine Verfügung über das Eigentum des Vermieters darstellt, noch aus § 812 Abs. 1 S. 1 BGB herleiten, weil der Mieter die Zahlung des Untermieters nicht auf Kosten des Vermieters erlangt. Die Untervermietung ist auch dann, wenn sie unberechtigt erfolgt, ein dem Mieter zugewiesenes Geschäft. Dem Vermieter entgehen dadurch keine Verwertungs- oder Gebrauchsmöglichkeiten, deren er sich nicht schon durch den Abschluss des Hauptmietvertrages entäußert hätte; er selbst könnte die Mietsache einem Dritten gar nicht mehr überlassen (*Mutter*, MDR 1993, 304; *Söllner*, JuS 1967, 453). Ein Anspruch aus angemaßter Geschäftsführung gemäß §§ 687 Abs. 2 S. 1, 681 Abs. 2, 667 BGB scheitert schließlich daran, dass der Mieter mit der Untervermietung kein objektiv fremdes Geschäft vornimmt (Reuter/*Martinek*, Ungerechtfertigte Bereicherung, S. 309). Der Mieter, der vertragswidrig untervermietet, übt nur den ihm überlassenen Gebrauch in einer ihm nicht zustehenden Weise aus (*BGH* a.a.O.; *Söllner*, a.a.O., 451).

VI. Mängel der Mietsache

1. Minderflächen

BGH: Toleranzschwelle für Minderung bei Angabe einer „ca.-Wohnfläche“ (Urteil vom 10.03.2010 – VIII ZR 144/09, NJW 2010, 1745)

Ist die Wohnfläche mehr als 10 % kleiner als im Mietvertrag angegeben, ist bei der Berechnung der Minderung auch dann keine zusätzliche Toleranzschwelle zu berücksichtigen, wenn die Wohnflächenangabe im Mietvertrag einen „ca.-Zusatz“ enthält.

Die Kläger waren Mieter einer Wohnung des Beklagten. Die Wohnungsgröße ist im Mietvertrag mit „ca. 100 m^2“ angegeben. Die Mieter haben den Vermieter zur Rückzahlung von überzahlter Miete aufgefordert und dies damit begründet, dass die Wohnung lediglich über eine Wohnfläche von 81 m^2 verfüge. Nach Auffassung des

Landgerichts darf die nicht aus einer Wohnfläche von 100 m^2, sondern muss im Hinblick auf die „ca.-Angabe" im Vertrag lediglich aus einer Fläche von 95 m^2 berechnet werden.

Nach Auffassung des *BGH* ist die Minderung aus einer Wohnfläche von 100 m^2 zu berechnen. Dem relativierenden „ca.-Zusatz" komme für die Bemessung der Mietminderung keine Bedeutung zu. Die Minderung solle die Herabsetzung der Gebrauchstauglichkeit ausgleichen. Daraus folge, dass die Höhe des Minderungsbetrages dem Umfang der Mangelhaftigkeit zu entsprechen hat. Die Mangelhaftigkeit liege aber darin, dass die Wohnfläche mehr als 10 % von der angegebenen Quadratmeterzahl abweicht. Bei der Berechnung der Minderung sei deshalb keine zusätzliche Toleranzschwelle gerechtfertigt.

Anmerkung:

Bei einer Abweichung zwischen im Vertrag genannter und tatsächlicher Wohnfläche lassen sich – grob gesagt – Fallgestaltungen, in welchen der Mieter – wie vorliegend – Teile der gezahlten Miete wegen Minderflächen zurückfordert, von solchen unterscheiden, in denen der Vermieter gegen den Mieter einen Anspruch geltend macht, etwa eine Mieterhöhung (hierzu *BGH* NJW 2007, 2626; Anm. *Bub/Bernhard*, FD-MietR 2007, 237673). Der *BGH* hat sich bislang mit einigen, aber längst noch nicht mit allen Problemen in diesem Zusammenhang beschäftigt und schreibt vorliegend seine bisherige Rechtsprechung fort: Weist eine gemietete Wohnung eine Wohnfläche auf, die mehr als 10 % unter der im Mietvertrag angegebenen Fläche liegt, stellt dieser Umstand grundsätzlich einen Mangel der Mietsache im Sinne des § 536 Abs. 1 S. 1 BGB dar, der den Mieter zur Minderung der Miete berechtigt (*BGH* NZM 2004, 453). Die vereinbarte Fläche ist nämlich Teil der vertraglich festgelegten Sollbeschaffenheit der Mietsache. Einer zusätzlichen Darlegung des Mieters, dass infolge der Flächendifferenz die Tauglichkeit der Wohnung zum vertragsgemäßen Gebrauch gemindert ist, bedarf es nach Auffassung des *BGH* nicht. Bei einem erheblichen Flächenmangel spreche bereits eine tatsächliche Vermutung für eine Beeinträchtigung der Gebrauchstauglichkeit, die der Mieter nicht gesondert darlegen muss, da die vereinbarte Fläche auch ein wesentliches Merkmal für den Nutzungswert der angemieteten Wohnung darstellt.

Mit der Festlegung der Wesentlichkeitsgrenze auf 10 % steht einerseits fest, dass geringere Abweichungen in der Regel eine nur unerhebliche Minderung der Tauglichkeit darstellen. Will der Mieter trotz einer Flächenabweichung von weniger als 10 % die Miete wegen eines Mangels mindern, muss er darlegen, dass durch die Minderfläche eine erhebliche Beeinträchtigung des vertragsgemäßen Gebrauchs verursacht wird (*KG* NJW-RR 2005, 1681). Aus der Wesentlichkeitsgrenze folgt zum anderen, dass größere Differenzen in jedem Fall als erheblich anzusehen sind, auch wenn im Mietvertrag lediglich eine „ca.-Angabe" enthalten ist, wodurch die Mietvertragsparteien zu erkennen geben, dass es ihnen nicht entscheidend auf die genaue Wohnungsgröße ankam, sondern durchaus Toleranzen hingenommen werden sollten. Auch für solche Toleranzen ist jedoch die Grenze dort zu ziehen, wo die Unerheblichkeit einer Tauglichkeitsminderung im Sinne des § 536 Abs. 1 S. 3 BGB endet. Eine darüber hinausgehende zusätzliche – auch nur geringfügige – Toleranz ist dann nicht mehr gerechtfertigt (*BGH* NZM 2004, 456). An diese Rechtsprechung knüpft der *BGH* an, wenn er nunmehr entscheidet, dass der relativierende „ca.-Zusatz" auch bei der Berechnung der Minderung keine zusätzliche Toleranzschwelle rechtfertigt. Diese Grundsätze gelten auch für die Geschäftsraummiete (*BGH* NJW 2005, 2152). Da sich die Miete gerade bei Geschäftsräumen in der Regel nach der Betriebsfläche richtet, kommt deren Größe für den Nutzungswert erhebliche Bedeutung zu.

BGH: Urteil vom 28.10.2009 (Wohnflächenabweichung bei Einfamilienhaus mit Garten) – VIII ZR 164/08, NJW 2010, 292

Auch bei einem vermieteten Einfamilienhaus mit Garten stellt eine Wohnflächenabweichung einen zur Minderung berechtigenden Mangel dar, wenn die tatsächliche Wohnfläche von der vereinbarten Wohnfläche um mehr als 10 % nach unten abweicht. Eine Anhebung dieses Grenzwerts wegen der mitvermieteten Gartenfläche kommt nicht in Betracht (Fortführung von *BGH* NZM 2004, 456; NZM 2004, 453).

BGH: Wohnflächenabweichung bei möbliert vermieteter Wohnung (Urteil vom 02.03.2011 – VIII ZR 209/10, NJW 2011, 1282

Auch bei einer möbliert vermieteten Wohnung liegt ein Mangel vor, wenn die tatsächliche Wohnfläche von der vertraglich vereinbarten Wohnfläche um mehr als 10 % abweicht.

Der Kläger ist Mieter einer vollständig möblierten und mit umfassendem Hausrat eingerichteten Wohnung des Beklagten. Im Mietvertrag wurde die Größe der Wohnung mit ca. 50 m² angegeben; die tatsächliche Wohnfläche beträgt jedoch nur 44,3 m². Der Kläger hält wegen der Flächenabweichung von 11,5 % eine Minderung der Kaltmiete in entsprechender Höhe für berechtigt und forderte eine teilweise Rückzahlung der Miete für die gesamte Mietzeit. Der Beklagte meint, in der Kaltmiete sei die Möblierung der Wohnung berücksichtigt worden; deshalb sei die Miete nur in geringerem Umfang zu mindern.

Nach Auffassung des *BGH* steht dem Kläger der insgesamt geltend gemachte Minderungsbetrag zu. Ein Mangel in Form einer Abweichung der tatsächlichen Wohnfläche von der vertraglich vereinbarten Wohnfläche von mehr als 10 % berechtige den Mieter auch bei möbliert vermieteten Wohnungen zu einer Minderung der Miete in dem Verhältnis, in dem die tatsächliche Wohnfläche die vereinbarte unterschreitet. Die von einer Wohnflächenunterschreitung ausgehende Beschränkung der Nutzungsmöglichkeit des vermieteten Wohnraums sei nicht deshalb geringer zu veranschlagen, weil die für eine Haushaltsführung benötigten Einrichtungsgegenstände trotz der geringeren Wohnfläche vollständig in der Wohnung untergebracht werden können.

BGH: Wohnflächenermittlung (Urteil vom 22.04.2009 – VIII ZR 86/08, NJW 2009, 2295)

Die Ermittlung der im Mietvertrag vereinbarten Wohnfläche richtet sich – soweit die Parteien nichts anderes vereinbart haben oder eine andere Berechnungsweise ortsüblich ist – nach den für den preisgebundenen Wohnraum im Zeitpunkt des Abschlusses des Mietvertrags maßgeblichen Bestimmungen (Bestätigung von *BGH* NJW 2007, 2624). Sind hiernach für die Flächenermittlungen die Bestimmungen der II. Berechnungsverordnung maßgeblich, können Grundflächen von Balkonen,

Loggien, Dachgärten und gedeckten Freisitzen unabhängig von ihrer Lage, Ausrichtung und Nutzbarkeit bis zur Hälfte angerechnet werden.

BGH: Wohnflächenermittlung (Urteil vom 16.09.2009 – VIII ZR 275/08, NJW 2009, 3421)

Haben die Parteien eine bestimmte Wohnfläche als Beschaffenheit der Mietsache vereinbart, sind die Flächen von Räumen, die nach dem Vertrag zu Wohnzwecken vermietet sind (hier: ausgebautes Dachgeschoss), bei der Wohnflächenermittlung unabhängig davon mit einzurechnen, ob sie bei einer Flächenberechnung nach den Bestimmungen der II. BV als Wohnraum anzurechnen sind.

Anmerkung:

Der *BGH* setzt mit den vorliegenden Entscheidungen seine Rechtsprechung fort, wonach die Mietvertragsparteien den Begriff der Wohnfläche in Grenzen selbst definieren können (*BGH* NJW 2007, 2624; Anm. *Bub/Bernhard*, FD-MietR 2007, 237663). Zwar ist die Wohnfläche grds. auch bei frei finanziertem Wohnraum anhand der für preisgebundenen Wohnraum geltenden Bestimmungen zu ermitteln, nämlich der bis zum 31.12.2003 anwendbaren §§ 42 bis 44 II. BV bzw. ab dem 01.01.2004 der WohnflächenVO. So können etwa nach § 44 II. BV – anders als nach § 4 Nr. 4 WohnflächenVO – die Grundflächen von ausschließlich zur Wohnung gehörenden Balkonen, Loggien oder Dachgärten bis zur Hälfte angerechnet werden; es bleibt dem Bauherrn überlassen, die für ihn günstigste Anrechnungsquote bis zur Hälfte zu wählen. Vorrangig gegenüber den gesetzlichen Vorgaben ist es jedoch, wenn die Parteien dem Begriff der Wohnfläche eine abweichende Bedeutung beigemessen haben.

BGH: Mitvermietetes Galeriegeschoss bei Maisonettewohnung (Urteil vom 16.12.2009 – VIII ZR 39/09, NJW 2010, 1064)

Bei der Ermittlung der Wohnfläche einer Maisonettewohnung ist die Fläche des zu Wohnzwecken mitvermieteten Galeriegeschosses unabhängig davon zu berücksichtigen, ob die Räume des Galeriegeschosses nach bauordnungsrechtlichen Vorschriften deswegen nicht zur Wohnfläche zu rechnen sind, weil sie zu weniger als der Hälfte der Grundfläche eine lichte Höhe von mehr als 2,20 m aufweisen und deshalb nicht als Aufenthaltsräume gelten (im Anschluss an *BGH* NJW 2009, 3421).

2. Sonstige Mängel

BGH: Berechnung der Mietminderung bei Vereinbarung von Betriebskostenvorauszahlungen (Urteil vom 13.04.2011 – VIII ZR 223/10, NJW 2011, 1806)

Ob eine Mietminderung allein auf die Grundmiete oder auch auf Betriebskostenvorauszahlungen angerechnet werden muss, bedarf keiner Entscheidung, da beide Berechnungsmethoden zum selben Ergebnis führen.

Die Beklagte ist Mieterin einer Wohnung der Klägerin. Wegen Mängeln der Wohnung minderte sie – von der Klägerin unbeanstandet – die Miete, die sich einer Nettokaltmiete und einer Betriebskostenvorauszahlung zusammensetzt. Die Klägerin macht Nachforderungen aus Betriebskostenabrechnungen geltend. Nachforderungen bestehen allerdings nicht, wenn die von der Beklagten einbehaltenen Minderungsbeträge allein auf die monatliche Nettomiete angerechnet und deshalb bei der Jahresabrechnung ungeminderte Betriebskostenvorauszahlungen in Ansatz gebracht werden. Die Klägerin ist der Auffassung, die monatlichen Minderungsbeträge müssten anteilig sowohl auf die Nettomiete als auch auf die Betriebskostenvorauszahlungen angerechnet werden.

Nach Auffassung des *BGH* bedarf es keiner Aufteilung des Minderungsbetrages, um im Falle vereinbarter Betriebskostenvorauszahlungen etwaige Nachforderungen des Vermieters oder Guthaben des Mieters in der Betriebskostenabrechnung unter Berücksichtigung der Minderung korrekt berechnen zu können. Da sich die Minderung, soweit sie gerechtfertigt ist, auf die Gesamtmiete einschließlich aller Nebenkosten bezieht, könne erst aufgrund der Jahresabrechnung der Betriebskosten abschließend ermittelt werden, ob hinsichtlich der Gesamtmiete unter Berücksichtigung der gerechtfertigten Minderung noch eine Nachforderung des Vermieters oder ein Guthaben des Mieters besteht. Dafür sei es unerheblich, ob und gegebenenfalls wie die monatlich einbehaltenen Beträge auf die Nettomiete einerseits und die Betriebskostenvorauszahlungen andererseits angerechnet werden.

Unterschiedliche Anrechnungsweisen führten nämlich zum gleichen Ergebnis. Lediglich Gesichtspunkte der Praktikabilität und der Übersichtlichkeit könnten dafür sprechen, dass der Vermieter den Minderungsbetrag ausschließlich bei der Nettomiete verbucht. Dies führe insofern zu einer gewissen Vereinfachung, weil dann die Betriebskosten ohne Berücksichtigung der Minderung abgerechnet werden können. Erfasse die Minderung hingegen, etwa weil sie die Nettomiete übersteigt, auch die Betriebskostenvorauszahlung, so stehe dies einer korrekten Betriebskostenabrechnung unter Berücksichtigung der gerechtfertigten Minderung nicht entgegen. Bei einer anteiligen Anrechnung der Minderung auf die Betriebskostenvorauszahlungen wäre nämlich auch der Jahresbetrag der geschuldeten Betriebskosten entsprechend zu reduzieren. Dessen bedürfe es aber nicht. Denn eine etwaige Nachforderung der Klägerin sei am einfachsten dadurch zu berechnen, dass die von der Beklagten im Abrechnungsjahr insgesamt geleisteten Zahlungen der von ihr geschuldeten Gesamtjahresmiete (Jahresbetrag der Nettomiete zuzüglich der abgerechneten Betriebskosten abzüglich des in dem betreffenden Jahr insgesamt gerechtfertigten Minderungsbetrages) gegenübergestellt werden. Vorliegend ergäben sich keine Nachforderungen.

Anmerkung:

Zutreffend hat der *BGH* erkannt, dass die in der mietrechtlichen Literatur erörterte Streitfrage, ob ein monatlicher Minderungsbetrag in entsprechender Anwendung des § 366 II BGB nur auf die Nettomiete oder auch auf geschuldete Betriebskostenvorauszahlungen angerechnet werden muss (Schmidt-Futterer/*Eisenschmid*, § 536 BGB Rz. 350 ff.), ein Scheinproblem ist. Beide Berechnungsweisen führen nämlich zu demselben Ergebnis: Verbucht der Vermieter geminderte Betriebskostenvorauszahlungen, muss er bei der Abrechnung die gebuchten Vorauszahlungen um den gekürzten Betrag anheben oder den geschuldeten Betriebskostensaldo um den gekürzten Betrag mindern, weil sich sonst der Nachzahlungsbetrag um den gekürzten Betrag erhöhen und der Mieter seinen Minderungsanteil verlieren würde. Es dient somit lediglich der Übersichtlichkeit und Praktikabilität, wenn der Vermieter, sofern der Mieter keine Angaben macht, den geminderten Betrag allein bei der Grundmiete verbucht. § 366 II BGB steht dem nicht entgegen: Bei der Grundmiete und den Betriebskostenvorschüssen handelt es sich nicht um *mehrere* Forderungen. Der Gesetzgeber hat nicht nach Grundmiete und Betriebskostenvorauszahlungen differenziert; § 556 BGB erlaubt den Vertragsparteien nur, die einheitliche Gegenleistung des Mieters so zu bemessen, dass der Mieter neben der Grundmiete die in § 2 BetrKV aufgeführten Betriebskosten zu zahlen hat, auf welche bei entsprechender Vereinbarung Vorauszahlungen zu leisten sind.

BGH: Anfänglicher Mangel der Mietsache bei fehlerhaftem Bauteil (Urteil vom 21.07.2010 – XII ZR 189/08, NJW 2010, 3152)

War ein Bauteil der Mietsache aufgrund seiner fehlerhaften Beschaffenheit bei Vertragsschluss bereits in diesem Zeitpunkt für ihren Zweck ungeeignet und damit unzuverlässig, liegt ein anfänglicher Mangel der Mietsache vor.

Die Klägerin ist Angestellte der F. GmbH. Die Geschäftsräume, in denen sie für die GmbH tätig war, hatte diese von der Beklagten angemietet. Während der Mietzeit löste sich der in Kippstellung befindliche Fensterflügel im Arbeitszimmer der Klägerin aus dem Rahmen, traf sie auf den Hinterkopf und verletzte sie erheblich. Der Unfall ist auf einen Konstruktionsfehler der Fenster zurückzuführen. Die Klägerin begehrt nunmehr von der Vermieterin Schadensersatz.

Nach Auffassung des *BGH* ist die Vermieterin der Klägerin gemäß § 536a Abs. 1 Alt. 1 BGB für den Schaden aus dem Unfallgeschehen ersatzpflichtig. Die Fenster in den gemieteten Gewerberäumen seien mit einem Konstruktionsfehler behaftet gewesen, da der Beschlagbolzen des Fensterflügels nicht hinreichend gegen ein Herausdrehen gesichert war. Weil sich der Fehler des Beschlagbolzens auf die Belüftung der Büroräume und somit auf den konkreten Mietgebrauch auswirkte, habe er einen Mangel der Mietsache im Sinne des § 536 BGB begründet

Dieser Mangel der Mietsache sei bereits bei Übergabe der Mietsache sowie bei Abschluss des Mietvertrages vorhanden gewesen. Damit handele es sich um einen anfänglichen Mangel im Sinne des § 536a I 1. Alt. BGB, der eine Garantiehaftung des Vermieters auslöse. Entscheidend für die Einstufung als anfänglicher Mangel sei nicht, wann durch den vorhandenen Mangel ein Schaden entstanden ist, sondern ob der Mangel bereits bei Vertragsschluss vorhanden war. Das sei auch dann der Fall, wenn der Mangel und die daraus folgende Gefahr dem Mieter bei Vertragsschluss noch nicht bekannt waren. Die Abgrenzung zwischen der auf einem anfänglichen Mangel beruhenden Garantiehaftung und der verschuldensabhängigen Haftung aufgrund eines nachträglich entstandenen Mangels könne zwar schwierig sein, wenn sich – wie hier – ein Bauteil der Mieträume erst später als funktionsuntüchtig erweist. Beruhe dies allein auf Alterungs- oder Verschleißprozessen, entstehe der Mangel erst später mit dem Verschleiß. Nicht jedes später funktionsuntüchtig werdende Bauteil könne somit bereits als im Zeitpunkt des Vertragsschlusses latent mangelhaft angesehen werden. War ein Bauteil allerdings aufgrund seiner fehlerhaften Beschaffenheit bei Vertragsschluss bereits zu diesem Zeitpunkt für die Gebrauchstauglichkeit der Mietsache ungeeignet, liege ein anfänglicher Mangel vor. Ausreichend sei mithin, wenn bei Vertragsschluss die Gefahrenquelle bereits vorhanden war. Wenn der Mieter bei Kenntnis des Zustands der Mietsache von dem Vermieter Abhilfe hätte verlangen können, habe bereits zu diesem Zeitpunkt ein Mangel vorgelegen. Es komme somit nicht darauf an, ob die Beklagte vorliegend auch ein Verschulden an dem Mangel der Mietsache trifft.

Der Klägerin stehe ein Anspruch auf Schadensersatz zu, obwohl sie selbst nicht Mieterin der Gewerberäume der Beklagten ist. Denn als Angestellte der Mieterin sei sie in den Schutzbereich des Mietvertrages einbezogen. Ihr gegenüber sei die Beklagte zwar nicht zur Leistung, wohl aber unter Umständen zum Schadensersatz verpflichtet. Insbesondere der Mietvertrag zähle zu den Verträgen mit Schutzwirkung für Dritte. Die Einbeziehung Dritter in die Schutzwirkung eines Vertrages beruhe darauf, dass die dritte Person wie der Mieter selbst mit der Leistung des Vermieters in Berührung kommt, also eine gewisse Leistungsnähe vorliegt.

Anmerkung:

Der *BGH* hatte auch darüber zu entscheiden, ob die Garantiehaftung der Beklagten aus § 536a BGB wirksam durch Formularvertrag ausgeschlossen worden war. Nach h.M. kann die verschuldensunabhängige Garantiehaftung des Vermieters für anfängliche Sachmängel als eine für das gesetzliche Haftungssystem untypische Regelung auch formularmäßig abbedungen werden (*BGH* NJW 2002, 3232). Wird eine allgemein gehaltene Haftungsfreizeichnung für Schäden vereinbart, dann muss durch Auslegung ermittelt werden, ob der Haftungsausschluss auch Schäden erfasst, die durch solche Mängel verursacht wurden, die bei Vertragsschluss schon vorhanden waren (*OLG Düsseldorf* NJW-RR 1999, 735). Eine Klausel, die auch die Haftung für verschuldete Körperschäden ausschließt, ist insgesamt unwirksam (MünchKomm/*Häublein*, § 536a BGB Rz. 21). Im vorliegenden Fall scheiterte der Haftungsausschluss allerdings schon der Einbeziehung der Klausel in den Vertrag gemäß § 305c BGB, da sie an einer völlig unerwarteten Stelle im Mietvertrag platziert war.

BGH: Periodische Gebrauchsbeeinträchtigung (Urteil vom 15.12.2010 – XII ZR 132/09, NJW 2011, 514)

Wirkt sich in einem Gewerberaummietvertrag ein Mangel nur periodisch erheblich auf die Gebrauchstauglichkeit der Mietsache aus, ist die Miete auch nur in diesem Zeitraum kraft Gesetzes herabgesetzt.

Die Klägerin verlangt von dem Beklagten rückständige Miete. Sie hatte an ihn Räume zum Betrieb einer Kinderarztpraxis vermietet. Er kürzte erstmals im September 2008 und danach auch im Oktober und November die Miete mit der Behauptung, die Räume seien im Sommer wegen zu hoher Temperaturen nur eingeschränkt nutzbar gewesen.

Nach Auffassung des *BGH* hat die Klägerin einen Anspruch auf Zahlung der restlichen Miete für die Monate Oktober und November. Eine Minderung der Miete in diesen Monaten komme schon deshalb nicht in Betracht, weil die Gebrauchstauglichkeit der Mieträume in diesem Zeitraum unstreitig nicht durch Überhitzung beeinträchtigt war. Zwar sei von einer nicht nur unerheblichen Einschränkung des vertragsgemäßen Gebrauchs auch dann auszugehen, wenn der Mangel sich auf die Gebrauchstauglichkeit noch nicht unmittelbar auswirkt, aber die konkrete Gefahr besteht, dass er sie jederzeit erheblich beeinträchtigt. Wirke sich demgegenüber ein Mangel nur periodisch in einem vorhersehbaren Zeitraum erheblich auf die Gebrauchstauglichkeit der Mietsache aus, ist die Miete auch nur in diesem Zeitraum kraft Gesetzes herabgesetzt. Während der Zeit, in der die Mietsache trotz Vorliegens eines Mangels uneingeschränkt vertragsgemäß nutzbar ist, scheide eine Herabsetzung der Miete aus.

Danach lägen die Voraussetzungen für eine Minderung der Miete hier nicht vor. Zwar sei davon auszugehen, dass wegen erheblicher Überhitzung der Mieträume im Sommer und einer von der Klägerin geschuldeten Klimatisierung ein Mangel vorlag. Unstreitig habe sich dieser Mangel aber in den Monaten Oktober und November nicht mehr auf die Gebrauchstauglichkeit ausgewirkt. Vielmehr seien die Mieträume in diesem Zeitraum uneingeschränkt nutzbar gewesen. Auch sei mit einer Beeinträchtigung durch Überhitzung der Räume in diesem Zeitraum nicht zu rechnen gewesen. Es fehle deshalb an der für die Minderung erforderlichen erheblichen Einschränkung der Tauglichkeit zum vertragsgemäßen Gebrauch. Zwar lasse sich in Fällen der vorliegenden Art eine Minderung für eine erst im laufenden Monat eintretende Beeinträchtigung der Gebrauchstauglichkeit auch erst im Nachhinein – also nach Ablauf des Mietmonats und damit nach Leistung der gemäß § 556b Abs. 1 BGB vorauszuzahlenden Miete – dem Grunde und der Höhe nach feststellen. Behalte der Mieter in derartigen Fällen die Miete von vornherein in einem Umfang ein, der – nach den Erfahrungen aus vorangegangenen Mietzeiträumen – der vorhersehbaren Beeinträchtigung der Gebrauchstauglichkeit entspricht, schließe ein solcher vorläufiger Einbehalt ein verzugsbegründendes Verschulden des Mieters aus. Er hindere aber den Vermieter nicht daran, den vorläufig einbehaltenen Teil der Miete nachzufordern, wenn die Gebrauchsbeeinträchtigung nicht eintritt und sich eine Minderung deshalb als unbegründet erweist.

Anmerkung:

Vorliegend kam auch keine Aufrechnung mit einem Rückforderungsanspruch wegen überzahlter Miete in den Sommermonaten in Betracht. Im Mietvertrag war eine Klausel enthalten, wonach *„eine Aufrechnung … des Mieters gegenüber Forderungen auf Mietzins und Nebenkosten nur mit unbestrittenen oder rechtskräftig festgestellten Forderungen zulässig“* sein sollte. Eine solche Beschränkung ist auch formularmäßig in Gewerberaummietverträgen zulässig (*BGH* NJW-RR 1993, 519). Nach § 309 Nr. 3 BGB sind Aufrechnungsverbote nur wirksam, wenn sie unbestrittene oder rechtskräftig festgestellte Forderungen ausnehmen. Diese Norm ist zwar bei der Geschäftsraummiete nicht unmittelbar anwendbar; sie stellt aber eine konkretisierte Ausgestaltung des Benachteiligungsverbots des § 307 BGB dar, da es sich bei dem Ausschluss der Aufrechnung um eine besonders schwerwiegende Verkürzung der Rechte des Vertragspartners handelt, die auch im Geschäftsverkehr nicht hingenommen werden kann. Deshalb ist auch bei der Geschäftsraummiete eine Klausel, nach der nur solche Gegenforderungen zur Aufrechnung gestellt werden dürfen, *„die entweder rechtskräftig festgestellt sind oder zu denen die Vermieterin im Einzelfall jeweils ihre Zustimmung erklärt“,* unwirksam, weil sie nach ihrem Wortlaut auch bei unbestrittenen Forderungen die Zustimmung des Vermieters erfordert (*BGH* NJW 2007, 3421, Anm. *Bub/Bernhard,* FD-MietR 2007, 239250).

BGH: Zurückbehaltungsrecht wegen Mängeln (Urteil vom 3.11.2010 – VIII ZR 330/09, NJW-RR 2011, 447)

Der Mieter kann wegen eines Mangels der Wohnung, von dem der Vermieter keine Kenntnis hat, ein Zurückbehaltungsrecht erst an den Mieten geltend machen, die fällig werden, nachdem der Mieter dem Vermieter den Mangel angezeigt hat.

Die Beklagten sind Mieter einer Wohnung des Klägers. Sie zahlten für die Monate April bis Juli 2007 keine Miete. Daraufhin erklärte der Kläger die fristlose Kündigung wegen Zahlungsverzugs und begehrt nunmehr Räumung der Wohnung. Die Beklagten haben der Kündigung unter Hinweis auf einen Schimmelpilzbefall in mehreren Zimmern widersprochen. Nach Auffassung des Landgerichts sind die Mieter mit der Zahlung der Miete nicht in Verzug geraten, weil ihnen ungeachtet der unterbliebenen Anzeige des Schimmelbefalls ein Anspruch auf Beseitigung dieses Mangels zugestanden habe und sie sich auf ein daraus ergebendes Zurückbehaltungsrecht betreffend die Zahlung der Miete berufen könnten.

Nach Auffassung des *BGH* hat die Räumungsklage Erfolg. Ein Zurückbehaltungsrecht der Beklagten an Mieten, die sie für einen Zeitraum vor der Mängelanzeige des – dem Vermieter zuvor nicht bekannten – Schimmelpilzbefalls der Wohnung schuldeten, komme nicht in Betracht. Das Zurückbehaltungsrecht des § 320 BGB diene dazu, auf den Schuldner (hier: den Vermieter) Druck zur Erfüllung der eigenen Verbindlichkeit auszuüben. Solange dem Vermieter ein Mangel nicht bekannt ist, könne das Zurückbehaltungsrecht die ihm zukommende Funktion, den Vermieter zur Mangelbeseitigung zu veranlassen, nicht erfüllen. Aus diesem Grund komme ein Zurückbehaltungsrecht des Mieters für einen Zeitraum, in dem er dem Vermieter den Mangel nicht angezeigt hatte und der Mangel dem Vermieter auch sonst nicht bekannt war, nach Treu und Glauben von vornherein nicht in Betracht. Die Zubilligung eines Zurückbehaltungsrechts auch für diesen Zeitraum würde dazu führen, dass eine Vertragsverletzung des Mieters – nämlich die unterlassene Anzeige des Mangels gem. § 536c Abs. 1 BGB – eine Kündigung des Vermieters wegen ausbleibender Mietzahlungen verhindern oder zumindest hinauszögern könnte, weil der Vermieter einerseits wegen fehlender Kenntnis von dem Mangel an der alsbaldigen Wiederherstellung eines vertragsgemäßen Zustands gehindert wäre und andererseits ein zur Kündigung des Mietverhältnisses berechtigender Zahlungsverzug erst eintreten könnte, wenn es nach „Ausschöpfung" des Zurückbehaltungsrechts zu weiteren Zahlungsrückständen käme.

Eine unbillige Benachteiligung des Mieters sei mit dem Ausschluss des Zurückbehaltungsrechts für vor der Mängelanzeige fällig gewordene Mietzahlungen nicht verbunden. Denn bei Fortbestand des Mietverhältnisses stehe dem Mieter die Einrede des nicht erfüllten Vertrags gegenüber den ab der Mängelanzeige fällig werdenden Mietforderungen zu. Im Falle der Beendigung des Mietverhältnisses hingegen komme ein Zurückbehaltungsrecht wegen eines Mangelbeseitigungsanspruchs ohnehin nicht mehr in Betracht, denn es handele sich dabei um einen in die Zukunft gerichteten Erfüllungsanspruch, der nur während der Dauer des Mietverhältnisses besteht (*BGH* NZM 2006, 696).

Anmerkung:

Der für die Praxis wichtigen Entscheidung ist zuzustimmen (so auch *LG Berlin*, NZM 1998, 475; *Sternel*, MietR aktuell, III Rz. 127; *Schenkel*, NZM 1998, 502). Nach § 541 Abs. 1 BGB hat der Mieter einen Mangel der Mietsache, der sich während der Mietzeit zeigt, dem Vermieter unverzüglich anzuzeigen. Unterlässt er dies und ist der Vermieter deshalb außerstande, den Mangel zu beseitigen, so ist er nicht nur nicht zur Mietminderung nach § 536 BGB berechtigt, sondern kann sich u.U. sogar schadensersatzpflichtig machen. Nichts anderes kann für das Zurückbehaltungsrecht des § 320 BGB gelten. Die Einrede des nicht erfüllten Vertrages sichert dem Mieter seinen Anspruch auf Gebrauchsgewährung einer mangelfreien Mietsache,

§ 535 Abs. 1 S. 2 BGB. Im Interesse eines effektiven Mieterschutzes wird das Zurückbehaltungsrecht von dem kraft Gesetzes eintretenden Minderungsrecht nicht tangiert (MünchKomm/*Häublein*, Vorb. § 536 Rz. 14). Sie betrifft nicht den Teil der Miete, den der Mieter gemäß § 536 BGB ohnehin nicht zahlen muss, sondern den darüber hinausgehenden Betrag (*BGH* NZM 2006, 696). Bei Vorliegen des Mangelbeseitigungsanspruchs führt diese Einrede zur Verurteilung des Mieters zur Mietzahlung nur Zug um Zug und schließt darüber hinaus den Verzug des Mieters aus (*BGH* NJW-RR 2003, 727). Das setzt aber nach der zutreffenden Entscheidung des *BGH* voraus, dass der Mieter den Vermieter von dem Mangel in Kenntnis gesetzt hatte.

Zeigt der Mieter dem Vermieter einen Mangel nicht an, so kann er diesen auch nicht selbst beseitigen und vom Vermieter Ersatz der aufgewendeten Kosten verlangen (*BGH* NJW 2008, 1216; Anm. *Bub/Bernhard*, FD-MietR 2008, 251930). Beseitigt der Wohnraummieter einen (von ihm behaupteten) Mangel der Mietsache selbst, ohne zuvor den Vermieter in Verzug gesetzt zu haben, § 536a II Nr. 1 BGB, und liegt auch keine Notmaßnahme im Sinne von § 536a II Nr. 2 BGB vor, ist ein Rückgriff auf den Aufwendungsersatzanspruch des § 539 I BGB i.V. mit den Vorschriften über die Geschäftsführung ohne Auftrag nicht gestattet. Nach der gesetzlichen Wertung soll dem Vermieter nämlich der Vorrang bei der Beseitigung eines Mangels zukommen. Das dient zum einen seinem Schutz, weil er dadurch die Minderung der Miete oder Schadensersatzansprüche des Mieters abwenden kann; die dem Vermieter grundsätzlich einzuräumende Möglichkeit, den Mangel selbst zu beseitigen, soll es ihm zudem ermöglichen, die Mietsache darauf zu überprüfen, ob der behauptete Mangel besteht, auf welcher Ursache er beruht sowie ob und auf welche Weise er beseitigt werden kann, und hierzu gegebenenfalls Beweise zu sichern. Diese Möglichkeit einer Untersuchung und Beweissicherung würde dem Vermieter genommen, wenn er durch eine vom Mieter eigenmächtig vorgenommene Mängelbeseitigung vor „vollendete Tatsachen" gestellt wird. Hierdurch würden sich seine Verteidigungsmöglichkeiten ungerechtfertigt verschlechtern.

BGH: Hartz IV-Behörde als Mangel (Urteil vom 15.10.2008 – XII ZR 1/07, XII ZR 2/07, NJW 2009, 664)

Art und Umfang des Publikumsverkehrs eines gewerblichen Mitmieters (hier: Arbeitsgemeinschaft der Bundesagentur für Arbeit) in einem vor Vertragsschluss als exklusiv angepriesenen Bürohochhaus stellen in der Regel keinen Mangel der Mietsache dar.

Der Kläger hat von der Beklagten Gewerberäume zum Betrieb einer Wirtschaftsprüfer- und Steuerberaterkanzlei in einem Bürohochhaus gemietet; er begehrt nunmehr die Feststellung, nur eine geminderte Miete zu schulden. Er macht geltend, die in der Baubeschreibung vereinbarte Zugangssicherung zum Büroturm durch ein Codekartensystem habe gewährleisten sollen, dass außer den Inhabern von Codekarten nur solche Personen das Gebäude betreten könnten, denen nach entsprechender Meldung über die vor dem Eingang angebrachte Sprechanlage von den jeweiligen Mietern geöffnet werde. Diese Zugangssicherung sei außer Kraft gesetzt worden. Seit Überlassung der anfänglich leerstehenden Obergeschosse an die „Hartz-IV-Behörde" nebst Drogenberatungsstelle und Schuldnerberatung stehe der Eingang zum Büroturm (Drehtür) während deren Sprechzeiten ständig offen. Dies führe angesichts des hohen Publikumsaufkommens und des Verhaltens eines nicht unbeträchtlichen Teils des

Kundenkreises der Beratungsstellen zu massiven und dauerhaften Unzuträglichkeiten, die eine Minderung der Miete rechtfertigten.

Nach Auffassung des *BGH* ist die fehlende Zugangskontrolle nicht als Mangel der Mietsache anzusehen. Der Umstand, dass die Drehtür nunmehr durchgehend geöffnet ist, stelle zwar eine Abweichung von der vertraglich vorgesehenen Sollbeschaffenheit dar. Denn nach der Mieterbaubeschreibung, die Bestandteil des Mietvertrages ist, sollte die Zugangskontrolle (nur) solchen Personen den Zutritt zum Gebäude ermöglichen, die entweder über eine Codekarte verfügen oder denen die Tür nach Anmeldung über die Sprechanlage vom jeweiligen Mieter mittels des elektrischen Türöffners geöffnet wurde. Dies bedeute zugleich, dass die Eingangstür im Übrigen regelmäßig geschlossen blieb und die Mieter jeweils selbst entscheiden konnten, wem sie Einlass gewährten und wem nicht. Die Beklagte habe aber darlegen können, dass der Einsatz einer Aufsichtsperson im Eingangsbereich dazu geführt hat, dass sich die Sicherheitslage jedenfalls nicht verschlechtert habe; auch habe der Publikumsverkehr bislang nicht zu Unzuträglichkeiten geführt. Die abstrakte Gefahr des Eindringens Unbefugter stelle keinen Mangel der Mietsache dar, der eine Minderung rechtfertige.

Auch die Vermietung von Räumen an die „Hartz-IV-Behörde" sei – abstrakt – kein Mangel der Mietsache. Ohne besondere Absprachen könne aus der bloßen Vereinbarung einer deutlich über den örtlichen Spitzenpreisen liegenden Miete, auch vor dem Hintergrund eines das „einmalige Ambiente" und die „angenehme Atmosphäre" hervorhebenden Exposés, noch keine Verpflichtung des Vermieters abgeleitet werden, einen bestimmten „Mietermix" oder ein bestimmtes „Milieuniveau" zu bewahren. Allein aus der Miethöhe könne nicht die konkludente Abrede hergeleitet werden, dass das Umfeld, namentlich die Mitmieter und deren Besucherverkehr, zumindest „eher über dem Durchschnitt liegenden Anforderungen" gerecht werden müsse. Der Kläger habe daher keinen Anspruch darauf, dass sich im Umfeld seiner Mieträume nur Kunden oder Besucher anderer Mieter einfinden, die einer «gehobenen» Bevölkerungsschicht angehören oder sich durch ein angenehmes Erscheinungsbild und Verhalten auszeichnen. Gehörten zu den Bestandsmietern – wie hier – Anwälte und Ärzte, ohne dass Anhaltspunkte ersichtlich sind, dass diese infolge ihrer Spezialisierung bzw. mangels Kassenzulassung sämtlich nur einen exklusiven Mandanten- oder Patientenstamm betreuen, sei ohnehin damit zu rechnen, dass das Gebäude von Angehörigen aller Bevölkerungskreise aufgesucht wird.

Es könne dahinstehen, ob sich unter den Besuchern der Behörden ein überdurchschnittlich hoher Anteil sozial auffällig gewordener Personen befindet. Gleiches möge auf Mandanten eines Strafverteidigers, Klienten eines Bewährungshelfers und Patienten eines Psychiaters zutreffen, könne aber für sich allein die Annahme eines Mangels noch nicht rechtfertigen. Das setze vielmehr voraus, dass der vertragsgemäße Mietgebrauch hierdurch konkret beeinträchtigt wird. Das sei nicht schon dann der Fall, wenn einzelne Mieter, deren Mitarbeiter oder Kunden sich allein wegen der Vorstellung, mit einem solchen Personenkreis konfrontiert werden zu können, in ihrem Wohlbefinden beeinträchtigt fühlen. Erst wenn wiederholt konkrete Anlässe oder Gefahrensituationen auftreten, die dem Besucher- oder Kundenkreis eines anderen Mieters zuzuordnen sind, komme dieser Umfeldeinfluss als mietrechtlich relevanter Mangel in Betracht. Die einmalige, unbestritten einem Behörden-Besucher zuzurechnende Beschädigung des Spiegels und der Wandverkleidung des Aufzugs erfülle diese Voraussetzung auch dann noch nicht, wenn sie mutwillig war. In der Vielzahl oder dem Verhalten der Kunden und Besucher eines Mitmieters sei ein den vertragsgemäßen Gebrauch der Mieträume mehr als nur unwesentlich beeinträchtigender Mangel erst dann zu sehen, wenn sich daraus Unzuträglichkeiten oder Belästigungen ergeben, die sich konkret auf den Mieter und seinen Betrieb auswirken.

Anmerkung:

Es steht dem Vermieter frei, mit seinen Mieter vertraglich eine Zugangskontrolle, sei es persönlich durch einen so genannten "Doorman" oder auch – wie im entschiedenen Fall – durch automatische Zugangssicherungen zu vereinbaren. Allerdings können sich durch die ständige Anwesenheit eines Wachmannes andere Mieter beobachtet, kontrolliert und somit beeinträchtigt fühlen. Vorliegend musste der *BGH* zur Frage möglicher Abwehrrechte anderer Mieter nicht Stellung nehmen. Juristisch breit diskutiert wurde bereits die Frage der Zulässigkeit einer offenen oder verdeckten Video-Überwachung. Die Überwachung des Zugangsweges zu einem Mietshaus durch eine Videokamera, deren Bilder dauerhaft aufgezeichnet werden, stellt nach h.M. regelmäßig einen unzulässigen Eingriff in das Persönlichkeitsrecht von Mietern und Besuchern im Sinne von Art. 1, 2 GG dar, sofern die Aufzeichnung nicht durch überwiegende schutzwürdige Interessen gerechtfertigt werden kann (*BGH* NJW 1995, 1955). Dies gilt aber nicht in gleicher Weise für die Zugangskontrolle privater Gebäude durch einen Concierge oder Doorman. Zwar erfasst auch der Doorman – wie eine Kamera – die Bewegungen sämtlicher Bewohner und ihrer Besucher im überwachten Bereich; u.U. protokolliert er diese sogar. Die Video-Überwachung gewinnt aber ihre besondere Brisanz daraus, dass hier von allen Personen, die den fraglichen Bereich betreten, Bilder angefertigt werden, die sich deren Kontrolle entziehen. Die hierin liegende Beeinträchtigung der Betroffenen wird nach Auffassung des *BGH* auch dann nicht gemindert, wenn der Aufzeichnende die Aufzeichnungen nach einer Überprüfung wieder löscht. Es könne nicht dem – für den Betroffenen letztlich gänzlich unkontrollierbaren – Belieben eines anderen überlassen bleiben, wie er mit derart hergestellten Bildaufzeichnungen verfährt (*BGH* a.a.O.).

Die Kosten der Überwachung eines Gebäudes können nach der Rechtsprechung als „sonstige Betriebskosten" im Sinne von § 2 Nr. 17 BetrKV im Einzelfall umlagefähig sein (*OLG Celle* NZM 1999, 501; a.A. *AG Berlin-Mitte* NZM 2002, 523: nicht umlagefähige Verwaltungskosten). Insbesondere wenn in einer besonders großen und unübersichtlichen Wohnanlage, erst recht in einem Objekt mit gemischter Gewerbe- und Wohnraumnutzung, die Sicherheit der Bewohner nicht gewährleistet ist, soll es nach Auffassung des *OLG Celle* zulässig sein, die Kosten für eine Wach- und Schließgesellschaft zu den „sonstigen Betriebskosten" einer vermieteten Wohnanlage zu zählen, Für einen Concierge oder Doorman kann nichts anderes gelten. Auch der *BGH* hat bei seiner bislang einzigen Entscheidung zu den Kosten eines Concierge-Dienstes darauf abgestellt, ob eine konkrete praktische Notwendigkeit für dessen Einführung besteht (*BGH* NZM 2005, 452), sie im entschiedenen Fall bei einer Anlage mit knapp 240 Wohneinheiten bei lediglich abstraktem Vortrag zum Sicherungsbedürfnis älterer Mieter aber verneint.

Zu beachten hat der Vermieter zudem, dass nur für jene Betriebskosten, die in § 2 BetrKV unter Nrn. 1-16 genannt sind, im Mietvertrag der Verweis auf die BetrKV für die Umlage ausreichend ist (*OLG Hamm* NJW-RR 1998, 1090; *OLG Karlsruhe* NJW-RR 1986, 91 z. § 27 II. BVO). Etwas anderes gilt für die „sonstigen Betriebskosten" im Sinne von § 2 Nr. 17 BetrKV. Hier muss die Umlage der im Einzelnen genannten Kosten, wie z.B. der Kosten für die Wartung einer Klingel- und Gegensprechanlage (*AG Hamburg* WuM 1988, 308) oder der Kosten der Dachrinnenreinigung, mit dem Mieter ausdrücklich vereinbart werden (*BGH* NJW-RR 2004, 875; *OLG Celle* a.a.O., z. Bewachungskosten).

BGH: Mangelnder Schallschutz (Urteil vom 17.06.2009 – VIII ZR 131/08, NJW 2009, 2441)

Eine Mietwohnung in einem älteren Gebäude weist, wenn nicht vertraglich etwas anderes vereinbart ist, in schallschutztechnischer Hinsicht keinen Mangel auf, sofern der Trittschallschutz den zur Zeit der Errichtung des Gebäudes geltenden DIN-Normen entspricht. Das gilt auch dann, wenn während der Mietzeit in der Wohnung darüber der Fußbodenbelag ausgetauscht wird und sich dadurch der Schallschutz gegenüber dem Zustand bei Anmietung der Wohnung verschlechtert (Abgrenzung zu *BGH* NJW 2005, 218).

Die Beklagte ist Mieterin einer Eigentumswohnung der Klägerin in einem um das Jahr 1970 errichteten Gebäude. Die Streithelfer der Klägerin sind Eigentümer der darüber gelegenen Wohnung. Nachdem sie in ihrer Wohnung den früher vorhandenen PVC-Belag durch Bodenfliesen ersetzt hatten, rügte die Beklagte das Vorhandensein von Schallbrücken. In einem von der Klägerin gegen die Streithelfer eingeleiteten selbständigen Beweisverfahren stellte ein Sachverständiger fest, dass mit 61 dB zwar die Trittschall-Anforderungen der im Zeitpunkt der Errichtung des Gebäudes geltenden DIN 4109 – Schallschutz im Hochbau – in der Fassung von 1962 (maximal 63 dB), nicht aber diejenigen der DIN 4109 in der Fassung von 1989 (maximal 53 dB) eingehalten und dass durch die Fliesen Schallbrücken entstanden waren. Die Beklagte minderte deshalb ab Juli 2002.

Der *BGH* hat einen Anspruch der Klägerin auf Zahlung der rückständigen Miete bejaht, weil die vermietete Wohnung nicht mit einem Mangel behaftet ist, so dass weder die Miete gemäß § 536 Abs. 1 BGB gemindert ist noch der Beklagten ein Zurückbehaltungsrecht an der Miete zusteht. Ein Mangel sei eine für den Mieter nachteilige Abweichung des tatsächlichen Zustandes der Mietsache vom vertraglich vorausgesetzten Zustand. Maßgeblich sind daher in erster Linie die Vereinbarungen der Parteien. Vertragliche Abreden über Art und Umfang des Trittschallschutzes der vermieteten Wohnung oder über deren Lärmfreiheit im Allgemeinen seien hier jedoch nicht getroffen worden. Fehlen ausdrückliche Parteiabreden zur Beschaffenheit der Mietsache, so sei jedenfalls die Einhaltung der maßgeblichen technischen Normen geschuldet. Dabei sei nach der Verkehrsanschauung grundsätzlich der bei der Errichtung des Gebäudes geltende Maßstab anzulegen. Danach genüge die Wohnung der Beklagten den gebotenen schallschutztechnischen Standards. Zur Zeit der Errichtung des Gebäudes galt für die Schalldämmung die DIN-Norm 4109 in der Fassung von 1962. Deren Werte wurden auch nach dem Austausch des Bodenbelags in der Wohnung der Streithelfer eingehalten.

Der Mieter könne zwar erwarten, dass Lärmschutzmaßnahmen getroffen werden, die den Anforderungen der zur Zeit des Umbaus geltenden DIN-Normen genügen, wenn der Vermieter selbst bauliche Veränderungen vornimmt, die zu Lärmimmissionen führen können. Der Senat habe dies in einem Fall entschieden, in dem das über der Wohnung des Mieters gelegene Dachgeschoss zunächst nur als Abstellraum gedient hatte und während der Mietzeit von dem Vermieter erstmals als Wohnung ausgebaut und genutzt worden ist. Der zu beurteilende Sachverhalt sei damit jedoch nicht vergleichbar. Die Maßnahmen, die die Beklagte beanstandet, sei schon nicht von der Klägerin als Vermieterin selbst, sondern von den Streithelfern vorgenommen worden, die Eigentümer der über der Wohnung der Beklagten gelegenen Wohnung sind. Vor allem aber seien diese Maßnahmen von der Intensität des Eingriffs in die

Gebäudesubstanz her dem erstmaligen Ausbau eines Dachgeschosses für eine Wohnnutzung nicht gleichzustellen. Die Streithelfer hätten in ihrer Wohnung nur den Bodenbelag ausgetauscht; der darunter liegende Estrich und die Geschossdecke seien unverändert geblieben. Es handle sich also ausschließlich um solche Arbeiten, die aufgrund der Abnutzung des Fußbodens zum Zwecke der Instandhaltung der Wohnungsausstattung von Zeit zu Zeit erforderlich sind, ohne dass damit eine Veränderung oder Modernisierung des Gebäudes als solchem einhergeht.

Bei einem bloßen Austausch des Fußbodenbelags in der Oberwohnung, sei es durch den Vermieter selbst, sei es durch einen anderen Sondereigentümer, könne der Mieter nicht erwarten, dass die Maßnahme so durchgeführt wird, dass der Trittschallschutz anschließend den höheren Anforderungen der zur Zeit des Austauschs geltenden DIN-Normen genügt. Die damit verbundenen Eingriffe in die Gebäudesubstanz sei – anders als der erstmalige Ausbau des Dachgeschosses zur Wohnnutzung – mit einem Neubau oder einer grundlegenden Veränderung des Gebäudes nicht vergleichbar. Der Mieter könne deshalb nicht verlangen, dass bei ihrer Durchführung höhere Lärmschutzwerte eingehalten werden, als sie bis dahin für das Gebäude galten.

Anmerkung:

Der *BGH* bestätigt seine Rechtsauffassung, dass für die Beurteilung, ob in schallschutztechnischer Hinsicht ein Mangel der Mietsache gegeben ist, auf den Zeitpunkt der Errichtung des Gebäudes abzustellen ist (*BGH* NJW 2005, 218). Dies gilt nach der vorliegenden Entscheidung auch dann, wenn während der Mietzeit in der Wohnung darüber der Fußbodenbelag ausgetauscht wird und sich dadurch der Schallschutz gegenüber dem Zustand bei Anmietung der Wohnung verschlechtert. Der *BGH* hat damit der Auffassung, wonach es im Schallbereich für die Frage der Lärmbelästigung maßgeblich auf das menschliche Gehör ankommt und nicht allein auf die Frage, ob bei Erstellung des Gebäudes die damals gültigen DIN-Normen eingehalten wurden (z.B. Blank/*Börstinghaus*, § 536 BGB Rz. 38) eine Absage erteilt. Nach dieser Auffassung stellte die Nichtbeachtung der DIN-Normen ein Indiz für eine unzureichende Trittschalldämmung dar, während die Einhaltung der Norm das Gegenteil indizieren sollte.

BGH: Mangelnder Schallschutz (Urteil vom 23.09.2009 – VIII ZR 300/08, NJW 2010, 1133)

Ein Mieter kann nicht ohne Weiteres erwarten, dass der Vermieter Veränderungen am Gebäude, die durch die Nutzungsbedürfnisse anderer Mieter erforderlich werden, unterlässt, wenn dies zwar zu einer Steigerung der Geräuschimmissionen führt, die Belastung aber auch nach der Veränderung noch den technischen Normen genügt, deren Einhaltung der Vermieter schuldet.

BGH: Mangelnder Schallschutz (Urteil vom 07.07.2010 – VIII ZR 85/09, NJW 2010, 3088)

Ohne eine dahingehende vertragliche Regelung hat ein Wohnraummieter regelmäßig keinen Anspruch auf einen gegenüber den Grenzwerten der zur Zeit der Errichtung des Gebäudes geltenden DIN-Norm erhöhten Schallschutz (Bestätigung von *BGH* NJW 2005, 218).

Die Beklagten sind Mieter einer Wohnung der Kläger in einem in den Jahren 2001/2002 errichteten Mehrfamilienhaus. Die Vermieter machen Mietrückstände geltend, da die Beklagten die Miete u.a. wegen Mängeln der Trittschalldämmung ihrer Wohnung zur darüberliegenden Wohnung um 10 % gemindert hatten. Bei einer Trittschallmessung stellte ein Sachverständiger fest, dass zwar die Anforderungen der DIN 4109 (1989) erfüllt waren; hierbei handele es sich jedoch um den reinen Norm-Schallschutz, der allgemein nicht der Qualität mittlerer Art und Güte entspreche.

Nach Auffassung des *BGH* besteht kein Mangel der Wohnung wegen nicht ausreichender Trittschalldämmung. Mehr als die Einhaltung der zur Zeit der Errichtung des Gebäudes geltenden DIN 4109 zum Schallschutz hätten die Beklagten als Mieter nicht erwarten können. Fehlten vertragliche Vereinbarungen zur Beschaffenheit einer Wohnung, könne der Mieter erwarten, dass die von ihm angemieteten Räume einen Wohnstandard aufweisen, der bei vergleichbaren Wohnungen üblich ist. Dabei seien insbesondere das Alter, die Ausstattung und die Art des Gebäudes, aber auch die Höhe der Miete und eine eventuelle Ortssitte zu berücksichtigen. Gibt es zu bestimmten Anforderungen an den Wohnstandard technische Normen, so sei jedenfalls deren Einhaltung vom Vermieter geschuldet. Dabei sei grundsätzlich der zur Zeit der Errichtung des Gebäudes geltende Maßstab anzulegen.

Allerdings entsprächen im Werkvertragsrecht die Normen der DIN 4109 nicht den anerkannten Regeln der Technik. Dies lasse sich aber nicht auf das Wohnraummietrecht übertragen. Im Mietverhältnis seien in erster Linie die konkreten vertraglichen Vereinbarungen der Parteien über die Sollbeschaffenheit der Wohnung maßgeblich, die vom Vermieter bei Übergabe einzuhalten und über die ganze Mietzeit aufrechtzuerhalten sind, nicht aber die Einhaltung bestimmter technischer Normen bei Übergabe wie bei einem Bauwerk. Darüber hinaus habe der Vermieter – anders als der Bauunternehmer – während der gesamten Zeit des Mietverhältnisses für Sachmängel Gewähr zu leisten, ohne dass er in der Regel auf die tatsächliche bauliche Beschaffenheit Einfluss hat.

Anmerkung:

Im Werkvertragsrecht stellen die Schalldämm-Maße der DIN 4109, sofern sie nicht vereinbart sind, in aller Regel nicht die maßgeblichen Anknüpfungspunkte für den geschuldeten Schallschutz dar. Maßgebend sind vielmehr die im Vertrag zum Ausdruck gebrachten Vorstellungen der Parteien von der Qualität des Schallschutzes, also der Beeinträchtigung durch Geräusche, während die DIN 4109 lediglich Mindestanforderungen enthält (*BGH* NJW 2007, 2983).

Nimmt der Vermieter selbst bauliche Veränderungen vor, die zu Lärmimmissionen führen, baut er etwa ein zuvor als Abstellraum genutztes Dachgeschoss zur Wohnung aus, kann der Mieter erwarten, dass Lärmschutzmaßnahmen getroffen werden, die den Anforderungen der zur Zeit des Umbaus geltenden DIN-Normen genügen (*BGH* NJW 2005, 218). Bei einem bloßen Austausch des Fußbodenbelags in der oberen Wohnung muss hingegen der Trittschallschutz anschließend nicht den höheren Anforderungen der zur Zeit des Austauschs geltenden DIN-Normen genügen (*BGH* NJW 2009, 2441, s. vorhergehende Entscheidung). Die damit verbundenen Eingriffe in die Gebäudesubstanz sind – anders als der erstmalige Ausbau des Dachgeschosses zur Wohnnutzung – mit einem Neubau oder einer grundlegenden Veränderung des Gebäudes nicht vergleichbar.

Der Mieter kann, sofern vertraglich nicht etwas anderes vereinbart ist, auch nicht erwarten, dass Veränderungen des Fußbodenbelags in der Wohnung über ihm unterbleiben, wenn dadurch die schallschutztechnische Situation zwar verschlechtert wird, der Trittschallschutz aber auch nach der Veränderung den technischen Normen genügt, die bei Errichtung des Gebäudes galten und deren Einhaltung vom Vermieter geschuldet ist (*BGH* a.a.O.). Weist nämlich das Gebäude im Zeitpunkt der Begründung des Mietverhältnisses einen schallschutztechnischen Standard auf, der höher ist, als der Mieter nach den maßgeblichen technischen Normen vom Vermieter verlangen kann, kann er im Allgemeinen nicht davon ausgehen, dass der Vermieter diesen Zustand auch während der gesamten Dauer des Mietverhältnisses aufrecht erhält.

BGH: Beweislast beim „Fogging" (Urteil vom 28.05.2008 – VIII ZR 271/07, NJW 2008, 2432)

Der Vermieter hat einen im Laufe des Mietverhältnisses auftretenden Mangel der Mietsache auch dann auf seine Kosten zu beseitigen, wenn die Mangelursache zwar der Sphäre des Mieters zuzurechnen ist, der Mieter den Mangel aber nicht zu vertreten hat, weil er die Grenzen des vertragsgemäßen Gebrauchs nicht überschritten hat. Ist der Vermieter in einem solchen Fall mit der Beseitigung eines Mangels der Mietsache in Verzug, kann der Mieter den Mangel selbst beseitigen (lassen) und zu diesem Zweck vom Vermieter einen Vorschuss in Höhe der voraussichtlich erforderlichen Beseitigungskosten verlangen.

Die Klägerin ist Mieterin einer Wohnung in einem Mehrfamilienhaus der Beklagten. Sie verlangt Vorschuss für die Beseitigung von in der Wohnung aufgetretenen Schwarzstaubablagerungen („Fogging"). Die Ablagerungen traten zunächst Anfang Dezember 2002 in geringem Umfang in Küche, Bad und den Zimmern der Wohnung auf und verbreiteten sich bis Februar 2003 auf sämtliche Decken und Wände der Wohnung. Die Klägerin hat die Beklagte erfolglos zur Beseitigung der Schwarzverfärbungen aufgefordert und ebenso erfolglos die Zahlung eines Vorschusses für die Kosten der Beseitigung der Verfärbungen verlangt. Der nunmehr geltend gemachte Betrag entspricht dem Kostenvoranschlag eines Fachbetriebes.

Nach Auffassung des *BGH* steht der Klägerin ein Anspruch auf Vorschuss in Höhe der voraussichtlich zur Mängelbeseitigung erforderlichen Kosten gemäß § 536a Abs. 2 Nr. 1 BGB zu, da die Schwarzstaubablagerungen einen Mangel der Mietsache i.S. des § 536 BGB darstellten. Dessen Beseitigung schuldeten die Beklagten als Vermieter gemäß § 535 Abs. 1 S. 2 BGB unabhängig davon, ob die Mangelursache in ihrem eigenen oder im Gefahrenbereich des Mieters zu suchen ist, sofern nicht der Mieter die Entstehung des Mangels zu vertreten hätte. Das sei aber nicht der Fall, weil sich die nach dem Sachverständigengutachten als Ursache in Frage kommenden Maßnahmen des Mieters – die Ausstattung der Wohnung mit einem handelsüblichen Teppichboden, das Streichen der Wände mit handelsüblicher Farbe und das Reinigen der Fenster im Winter – als vertragsgemäßer Gebrauch der Mietwohnung darstellten, dessen Folgen der Mieter gemäß § 538 BGB nicht zu vertreten habe. Zwar seien die Voraussetzungen für einen vom Mieter geltend gemachten Schadensersatzanspruch aus § 536a Abs. 1 Alt. 2 BGB gegen den Vermieter wegen „Foggings" – einschließlich des Verschuldens des Vermieters – vom Mieter darzulegen und zu beweisen. Insoweit gelte nur dann etwas anderes, wenn feststehe, dass die Schadensursache im Herrschafts- und Einflussbereich des Vermieters gesetzt worden sei. Vorliegend sei indessen nicht über einen Anspruch auf Schadensersatz wegen eines Mangels der Mietsache nach § 536a Abs. 1 BGB, sondern allein über einen Anspruch auf Beseitigung des Mangels zu entscheiden. Dieser Herstellungsanspruch bestehe unabhängig davon, ob der Mieter Minderung geltend machen oder Schadensersatz verlangen könne.

Weiter scheide ein Mangelbeseitigungsanspruch des Mieters zwar dann aus, wenn der Mangel darauf beruht, dass der Vermieter auf Wunsch des Mieters die Mietsache verändert hat und sich hieraus eine Beeinträchtigung des vertragsgemäßen Gebrauchs ergibt. Dies sei auf den vorliegenden Sachverhalt aber nicht übertragbar: Die von der Klägerin vorgenommene Teilrenovierung der Wohnung durch Tapezieren einiger Wände mit handelsüblicher Tapete und die Verlegung eines ebenfalls handelsüblichen Teppichbodens seien keine Veränderung der Mietsache, sondern lediglich Maßnahmen, die ihrer Erhaltung dienten. Auch habe die Klägerin weder schuldhaft gehandelt noch mit ihren Maßnahmen die Grenzen des vertragsgemäßen Gebrauchs überschritten. Nach § 538 BGB habe der Mieter Verschlechterungen der Mietsache, die durch vertragsgemäßen Gebrauch herbeigeführt worden sind, nicht zu vertreten. Unerheblich sei insoweit, ob „Fogging-Erscheinungen" infolge des Einbringens eines Teppichbodens, Streichens der Wände oder Fensterputzens eine „Abnutzung" der Wohnräume darstellten. Zwar betreffe § 538 BGB nach seiner Überschrift allein die „Abnutzung der Mietsache durch vertragsgemäßen Gebrauch", tatsächlich erfasse die Norm nach ihrem Wortlaut aber „Veränderungen oder Verschlechterungen ..., die durch den vertragsgemäßen Gebrauch herbeigeführt werden", ohne jede Einschränkung. Um eine solche Verschlechterung handele es sich hier. Zudem enthalte § 538 BGB lediglich eine klarstellende Wiederholung zu § 535 Abs. 1 S. 2 BGB, wonach der Vermieter verpflichtet ist, die vermietete Sache während der Mietzeit in einem zum vertragsgemäßen Gebrauch geeigneten Zustand zu erhalten.

Anmerkung:

In der vorliegenden Entscheidung differenziert der *BGH* hinsichtlich der Anspruchsvoraussetzungen zutreffend zwischen dem streitgegenständlichen Vorschussanspruch und Schadensersatzansprüchen des Mieters. Während der Mieter die Voraussetzungen für einen von ihm geltend gemachten Schadensersatzanspruch gemäß § 536a Abs. 1 Alt. 2 BGB gegen den Vermieter – einschließlich des Verschuldens des Vermieters – darzulegen und zu beweisen hat (*BGH* NJW 2006, 1061), sofern nicht feststeht, dass die Schadensursache im Herrschafts- und Einflussbereich des Vermieters gesetzt worden ist, ist der Herstellungs- und damit auch der Vorschussanspruch als Teil des Anspruchs des Mieters auf Gewährung des ordnungsgemäßen Gebrauchs der Mietsache unabhängig davon, ob er ein Verschulden des Vermieters nachweisen kann (Kinne/Schach/*Bieber*, § 535 Rz. 75). Ein gegen den Vermieter gerichteter Herstellungsanspruch scheidet – entsprechend dem Rechtsgedanken des § 326 Abs. 2 BGB – nur dann aus, wenn der Mieter die Grenzen des vertragsgemäßen Gebrauchs schuldhaft überschritten, etwa indem er Ablagerungen durch exzessives Rauchen selbst verschuldet hat (*BGH* NJW 2008, 1439, Anm. *Bub/Bernhard*, FD-MietR 2008, 255347); in diesem Fall kann umgekehrt der Vermieter den Mieter gem. § 280 Abs. 1 BGB auf Wiederherstellung und Schadensersatz in Anspruch nehmen.

Da vorliegend schon ein Verschulden des Mieters ausschied, musste der *BGH* nicht auch zur Beweislastverteilung Stellung nehmen. Nach ganz h.M. gilt im Mietrecht – auch bei der Gewerberaummiete – etwa bei Schadensersatzansprüchen des Vermieters wegen Beschädigung der Mietsache – aber auch umgekehrt bei Ersatzansprüchen des

Mieters (Schmidt-Futterer/*Eisenschmid*, § 536 Rz. 447 ff) – eine Beweislastverteilung nach Verantwortungsbereichen, sog. "Sphärentheorie". Danach obliegt dem Vermieter zwar nicht die Beweislast für eine bestimmte schadensursächliche Pflichtwidrigkeit des Mieters, jedoch dafür, dass die Schadensursache in dem der unmittelbaren Einflussnahme, Herrschaft und Obhut des Mieters unterliegenden, d.h. in dem von ihm vertragsgemäß genutzten, insbesondere bewohnten Bereich, gesetzt worden ist. Kommen dagegen auch noch andere Ursachen in Betracht, so bleibt es so lange bei der Beweislast des Vermieters, wie nicht diese anderen möglichen Ursachen zuvor vom Vermieter ausgeschlossen worden sind (*BGH* NJW 1996, 321; NJW 1998, 594; Schmidt-Futterer/*Langenberg*, § 535 Rz. 4 ff). Der Vermieter muss auch beweisen, dass die Schadensursache nicht aus dem Verhalten eines Dritten herrührt, für den der Mieter nicht haftet (*BGH* a.a.O.). Diese Erleichterung der Darlegungs- und Beweislast, die der fehlenden Einsichtsmöglichkeit in den Verantwortungsbereich der jeweils anderen Seite Rechnung trägt, geht aber nicht so weit, dass sich der Vermieter im Rahmen eines Schadensersatzanspruchs des Mieters aus § 536a Abs. 1 BGB auch dann entlasten müsste, wenn ungeklärt bleibt, in wessen Verantwortungsbereich die Schadensursache gesetzt worden ist. Dann würde nämlich dem Vermieter contra legem der Nachweis für pflichtgemäßes Verhalten auferlegt.

Die Beweisverteilung nach Verantwortungsbereichen hat Bedeutung für alle Schadensfälle, in denen für einen Schaden mehrere Ursachen in Betracht kommen, von denen wenigstens eine nicht vom Mieter zu vertreten ist. Der Vermieter also muss zunächst die Möglichkeit ausräumen, dass der Schaden aus seinem Verantwortungs- und Pflichtenkreis oder aus demjenigen eines Dritten, für den der Mieter nicht gem. § 278 BGB haftet, hervorgegangen ist. Die Führung dieses Negativbeweises, an den keine überzogenen Anforderungen gestellt werden dürfen (vgl. *BGH* NJW 1992, 1036), kann dem Vermieter bei Geschehensabläufen, die nach der Lebenserfahrung eine im Obhutsbereich des Mieters liegende Schadensursache wahrscheinlich machen, nach den Regeln des Anscheinsbeweises erleichtert werden. Erst wenn alle vom Mieter nicht zu vertretenden und deshalb zu seinem Gefahrenbereich gehörenden Ursachen ausgeschlossen sind, kann der Vermieter gegen den Mieter mit der Folge vorgehen, dass sich dieser für die verbleibenden, zu seinem Gefahrenbereich gehörenden Ursachen entlasten muss. Erst nunmehr obliegt ihm der Entlastungsbeweis, dass er den Schaden nicht zu vertreten hat (*BGH* NJW 1998, 598; *BerlVerfGH* NJW-RR 2005, 1536; zum Ganzen Schmidt-Futterer/*Eisenschmid*, § 536 Rz. 447 ff).

BGH: Opfergrenze für den Vermieter bei Mängelbeseitigung (Urteil vom 21.04.2010 – VIII ZR 131/09, NJW 2010, 2050)

Der Mieter hat keinen Anspruch auf Kostenvorschuss für Maßnahmen, die zur nachhaltigen Mangelbeseitigung ungeeignet sind. Die Verpflichtung des Vermieters zur Beseitigung eines Mangels endet dort, wo der dazu erforderliche Aufwand die „Opfergrenze" überschreitet.

Die Klägerin verlangt von ihrer Vermieterin die Zahlung eines Kostenvorschusses für die Beseitigung von Mängeln an dem von ihr gemieteten Einfamilienhaus. Sie beziffert die Kosten für die Beseitigung der an den Innen- und Außenwänden des Hauses vorhandenen Risse sowie der weiteren Schäden auf 47.500 €. Diesen Betrag macht sie mit der Klage geltend. Die Vermieterin wendet ein, dass die Kosten mindestens doppelt so hoch seien und ihr eine Beseitigung der Mängel im Hinblick darauf, dass der Verkehrswert des Hauses nur bei 28.000 € liege, nicht zumutbar sei. Nach den Feststellungen des *LG* belaufen sich die Sanierungskosten auf insgesamt 95.000 €.

Nach Auffassung des *BGH* kann ein Vorschuss nicht verlangt werden, wenn – wie vorliegend – noch nicht geklärt ist, worauf die Schäden ursächlich beruhen. Zudem ende die Verpflichtung des Vermieters zur Beseitigung eines Mangels dort, wo der dazu erforderliche Aufwand die „Opfergrenze" überschreitet. Wann diese Zumutbarkeitsgrenze überschritten ist, müsse von Fall zu Fall wertend ermittelt werden. Es dürfe kein krasses Missverhältnis entstehen zwischen dem Reparaturaufwand einerseits und dem Nutzen der Reparatur für den Mieter sowie dem Wert des Mietobjekts andererseits. Nach den Feststellungen des Landgerichts bestehe jedenfalls rechnerisch ein grobes Missverhältnis zwischen dem behaupteten Verkehrswert und der behaupteten Höhe der Sanierungskosten. Es habe jedoch angenommen, dass sich die Beklagte aufgrund der Umstände des vorliegenden Falles auf das Missverhältnis nach Treu und Glauben nicht berufen könne. Diese Annahme ist nach Auffassung des *BGH* nicht gerechtfertigt. Er hat das Verfahren zurückverwiesen, damit die erforderlichen Feststellungen getroffen werden können, ob die von der Mieterin beabsichtigten Reparaturen zur nachhaltigen Mangelbeseitigung geeignet sind, wie sich das Verhältnis von Sanierungskosten und Verkehrswert der Immobilie tatsächlich darstellt und ob es der Vermieterin unter Berücksichtigung aller Umstände zugemutet werden kann, die Mängel zu beseitigen.

Anmerkung:

Der *BGH* bestätigt seine Rechtsprechung zur „Opfergrenze" des Vermieters beim Mängelbeseitigungsanspruch des Mieters (*BGH* NZM 2005, 820), die früher aus § 242 BGB hergeleitet wurde und sich nunmehr auf § 275 II BGB stützen lässt (a.A. Schmidt-Futterer/*Eisenschmid*, § 535 BGB Rz. 213). Danach kann der Schuldner die Leistung verweigern, soweit diese einen Aufwand erfordert, der unter Beachtung des Inhalts des Schuldverhältnisses und der Gebote von Treu und Glauben in einem groben Missverhältnis zu dem Leistungsinteresse des Gläubigers steht; ins Verhältnis zu setzen sind der Reparaturaufwand einerseits, der Nutzen der Reparatur für den Mieter, der Wert des Mietobjekts und die aus ihm zu ziehenden Einnahmen andererseits. Dabei kann ergänzend auf die zu §§ 439 Abs. 3, 635 Abs. 3 BGB entwickelten Maßstäbe zurückgegriffen werden, weil keine Gründe dafür sprechen, Vermietern insofern mehr zuzumuten als Verkäufern oder Werkunternehmern (MünchKomm/*Häublein*, § 535 Rz. 105).

Vorliegend hatte die Mieterin einen Vorschussanspruch geltend gemacht. Nach der Rechtsprechung des *BGH* hat der – hier gemäß § 536a Abs. 2 BGB – zur Ersatzvornahme Berechtigte einen Anspruch auf Leistung eines Vorschusses in Höhe der voraussichtlich zur Mängelbeseitigung erforderlichen Kosten (*BGH* NJW 1977, 1336). Dieser Vorschussanspruch ist von der Rechtsprechung aus Billigkeitserwägungen (Treu und Glauben) geschaffen worden und kann daher im Einzelfall – etwa bei schikanösem Verhalten des Mieters – auch zugunsten des Vermieters ausgeschlossen sein (*LG Berlin* NZM 1999, 119). Der Anspruch besteht nur, wenn der Vermieter mit der Beseitigung des Mangels in Verzug ist und kein Angebot zur Mängelbeseitigung unterbreitet hat (*KG* NJW-RR 1988, 1039). Eine Fristsetzung mit Ablehnungsandrohung ist entbehrlich. Ebenfalls nicht erforderlich ist, dass der Mieter zunächst den Vermieter auf Mängelbeseitigung in Anspruch nimmt, um dann im Wege der Vollstreckung den Anspruch auf Vorschuss gemäß § 887 ZPO durchzusetzen. Über den Vorschuss muss der Mieter nach Abschluss der Arbeiten abrechnen; er ist verpflichtet, insoweit Rechnung zu legen.

BGH: Kontrollpflicht des Vermieters (Urteil vom 15.10.2008 – VIII ZR 321/07, NJW 2009, 143)

Der Vermieter ist nicht verpflichtet, ohne besonderen Anlass eine regelmäßige Generalinspektion der Elektroleitungen und Elektrogeräte in den Wohnungen seiner Mieter vorzunehmen.

Dem Beklagten gehört ein mehrstöckiges Wohnhaus mit Ein-Zimmer-Appartements, die jeweils mit einer kleinen Kochnische (Einbauküche mit Dunstabzugshaube) ausgestattet sind. Der Kläger hat ein Appartement gemietet. In der daneben liegenden Wohnung kam es im Bereich der Kochnische zu einem Brand, der nach der Behauptung des Klägers durch einen technischen Defekt mit Kurzschluss im Bereich der Dunstabzugshaube verursacht wurde. Der Kläger begehrt nunmehr vom Vermieter Schadensersatz wegen der Beschädigung seiner Sachen durch den Brand.

Nach Auffassung des *BGH* steht dem Kläger gegen den Beklagten wegen der Schäden, die ihm infolge des in der Nachbarwohnung ausgebrochenen Brandes an seinem Eigentum entstanden sind, kein Schadensersatzanspruch zu. Dies gelte auch dann, wenn die Ursache des Brandes ein technischer Defekt der Elektroinstallation in der ebenfalls vom Beklagten vermieteten Nachbarwohnung gewesen sein sollte. Nicht in Betracht komme zunächst ein Schadensersatzanspruch des Klägers gemäß § 536a Abs. 1 Alt. 1 BGB wegen eines bereits bei Vertragsschluss vorhandenen Mangels der Mietwohnung. Zwar liege ein Mangel auch dann vor, wenn sich außerhalb der Mieträume, aber im selben Gebäude des Vermieters eine Gefahrenquelle wie eine fehlerhafte oder defekte Elektroinstallation befindet. Der Kläger mache aber selbst nicht geltend, dass der von ihm behauptete Leitungsdefekt in der Nachbarwohnung schon im Zeitpunkt des Abschlusses seines eigenen Mietvertrags vorhanden gewesen sei.

Ein Schadensersatzanspruch des Klägers gemäß § 536a Abs. 1 Alt. 2 BGB wegen eines später – ohne Kenntnis des Beklagten – aufgetretenen Defekts der Elektroinstallation in der Nachbarwohnung bestehe ebenfalls nicht. Der Vermieter sei nämlich nicht verpflichtet, die Elektroleitungen und elektrischen Anlagen in von ihm vermieteten Appartements oder Wohnungen ohne konkreten Anlass oder Hinweis auf Mängel einer regelmäßigen Überprüfung durch einen Elektrofachmann zu unterziehen. Spezielle gesetzliche Vorschriften, die die Überprüfungspflichten bei elektrischen Leitungen und Anlagen in Wohnräumen regeln oder dem Eigentümer regelmäßige Wartungspflichten auferlegen, bestünden nicht. Zwar treffe den Vermieter die vertragliche Nebenpflicht, die Mietsache in einem verkehrssicheren Zustand zu erhalten. Diese Pflicht erstrecke sich grundsätzlich auf alle Teile des Hauses, also nicht nur auf die der gemeinsamen Nutzung unterliegenden Einrichtungen, sondern auch auf die in der Obhut der Mitmieter befindlichen Wohn- und Geschäftsräume. Ihm bekannt gewordene Mängel in einem dieser Räume, von denen eine Gefahr für die Mietwohnungen ausgehen kann, müsse der Vermieter deshalb unverzüglich beheben.

Inwieweit der Vermieter darüber hinaus – unabhängig von einem konkreten Mangel – die Elektroinstallation in den Wohnräumen und im gesamten Haus regelmäßig überprüfen muss, sei umstritten. Der *BGH* hatte bislang offen gelassen, ob der Vermieter insoweit regelmäßige Kontrollen in der Mietwohnung veranlassen müsse, jedoch betont, dass die Anforderungen an den Vermieter, den Zustand der Mietsache auch hinsichtlich mitvermieteter technischer Einrichtungen laufend zu überprüfen, nicht überspannt werden dürfen. Er entscheidet diese Frage nunmehr dahin, dass dem Eigentümer bzw. Vermieter von Wohnraum im Rahmen seiner Verkehrssicherungspflicht keine regelmäßige Generalinspektion der Elektroleitungen und Elektrogeräte in den Wohnungen der Mieter obliegt. Die Verkehrssicherungspflicht umfasse diejenigen Maßnahmen, die ein umsichtiger und verständiger, in vernünftigen Grenzen vorsichtiger Mensch für notwendig und ausreichend erachtet, um andere vor Schäden zu bewahren. Erforderlich sei daher, dass vorausschauend für ein sachkundiges Urteil die nahe liegende Gefahr besteht, Rechtsgüter anderer könnten verletzt werden. Eine solche nahe liegende Gefahr sei bei ordnungsgemäß installierten Leitungen und Anlagen im privaten Wohnbereich nicht ohne weiteres zu bejahen. Es reiche im Allgemeinen aus, an der Elektroinstallation auftretende Unregelmäßigkeiten oder vom Mieter angezeigte Mängel unverzüglich durch einen Fachmann abstellen zu lassen. Der Vermieter darf regelmäßig darauf vertrauen, dass der Mieter der ihm gemäß § 536c Abs. 1 BGB obliegenden Verpflichtung nachkommt, ihm einen sich im Laufe der Mietzeit zeigenden Mangel unverzüglich anzuzeigen. Zwar mögen im Einzelfall besondere Umstände wie z.B. ungewöhnliche oder wiederholte Störungen, insbesondere bei älteren Anlagen, Anlass bieten, nicht nur einen unmittelbar zu Tage getretenen Defekt zu beheben, sondern eine umfassende Inspektion der gesamten Elektroinstallation durchzuführen; derartige Umstände seien vorliegend aber nicht ersichtlich.

Anmerkung:

Die Frage, ob der Vermieter zur regelmäßigen Kontrolle der Elektroinstallationen in der Wohnung des Mieters verpflichtet ist, war bislang in Rechtsprechung und Literatur umstritten. Während in der Rechtsprechung der Instanzgerichte eine solche Verpflichtung unter Berufung auf die Unfallverhütungsvorschriften der Berufsgenossenschaften bzw. auf die Bestimmungen des Verbandes der Elektrotechniker (DIN VDE 0105) teilweise uneingeschränkt bejaht wird (*OLG Saarbrücken* NJW 1993, 3077; *OLG Celle* NJW-RR 1996, 521 für gewerblich genutzte Räume; Schmidt-Futterer/*Eisenschmid*, § 535 BGB Rz. 132), soll nach a.A. danach zu unterscheiden sein, ob es sich um Geräte oder Installationen in der Wohnung des Mieters oder in Räumen handelt, die für den Vermieter ohne weiteres zugänglich sind (*LG Hamburg* ZMR 1991, 440; Staudinger/*Emmerich*, § 535 Rz. 32; Bub/Treier/*Kraemer*, III Rn 1290). Mit zutreffender Begründung hat der *BGH* nunmehr eine Kontrollpflicht des Vermieters grundsätzlich verneint.

Sofern der Vermieter – ohne dazu verpflichtet zu sein – gleichwohl die elektrischen Anlage seines Mietobjekts regelmäßig überprüft, handelt es sich bei den dabei anfallenden Kosten um Betriebskosten (*BGH* NJW 2007, 1356; Anm. *Bub/Bernhard*, FD-MietR 2007, 220285; MünchKomm/*Schmid*, § 1 BetrKV Rz. 9 u. § 2 Rn 75; *Derckx*, NZM 2005, 807, 809; *Kinne*, GE 2005, 165 f) Die regelmäßige Überprüfung der Funktionsfähigkeit der elektrischen Anlagen eines Mietobjekts dient als solche nicht der Beseitigung von Mängeln, sondern dem bestimmungsgemäßen Gebrauch des Mietobjekts; die dadurch verursachten Kosten sind deshalb keine Kosten für dessen Instandhaltung und Instandsetzung, sondern als sonstige – grundsätzlich umlegbare – Betriebskosten im Sinne § 2 Nr. 17 BetrKV anzusehen.

Dem steht nach Auffassung des *BGH* nicht entgegen, dass es sich bei der Überprüfung der Elektroanlage um eine vom Vermieter in erster Linie im eigenen Interesse getroffene Vorsorgemaßnahme („vorbeugende Instandhaltung") handelt (*AG Berlin-Lichtenberg* GE 1998, 1401 z. Wartungsarbeiten; Eisenschmid/Rips/*Wall*, § 2 BetrKV Rz. 3923; *Wall*, WuM 1998, 524, 526; *Lammel*, § 556 BGB Rz. 109). Vorsorgemaßnahmen des Vermieters gehören zwar dann zur Instandhaltung, wenn Erneuerungen schon vor dem Auftreten von Mängeln getätigt werden, etwa um den Ausfall einer ohnehin in absehbarer Zeit zu ersetzenden Einrichtung von vornherein zu verhindern (*Langenberg*, Betriebskostenrecht der Wohn- u. Gewerberaummiete, 4. Aufl., A III Rz. 136). Anders verhält es sich bei regelmäßig anfallenden, nicht durch eine bereits aufgetretene Störung veranlassten Maßnahmen, die der Überprüfung der Funktionsfähigkeit und Betriebssicherheit einer technischen Einrichtung dienen, wie etwa die Kosten der Prüfung der Betriebsbereitschaft und Betriebssicherheit der Fahrstühle sowie die Gebühren des Schornsteinfegers gemäß § 2 Nrn. 7 und 12 BetrKV. Auch bei diesen Maßnahmen steht die Erfüllung der Verkehrssicherungspflicht des Vermieters im Vordergrund. Die regelmäßige Prüfung der Betriebssicherheit mag zwar mittelbar zu einer Minderung der Instandhaltungskosten führen, weil Mängel infolge der Inspektionen frühzeitig erkannt und im Einzelfall mit einem geringeren Kostenaufwand beseitigt werden können. Dies rechtfertigt es nach Auffassung des *BGH* jedoch nicht, bereits die turnusmäßigen Prüfkosten der Mangelbeseitigung zuzuordnen.

OLG Düsseldorf: Kontrollpflicht des Mieters (Beschluss vom 02.06.2008 – 24 U 193/07, NZM 2009, 280)

Der Mieter muss die Mietsache nicht auf verborgene Mängel untersuchen und dem Vermieter nur offensichtliche Mängel anzeigen. Die Anzeigepflicht des Mieters entfällt für Mängel, die sich aus einer dem Vermieter bekannten Gefahrenlage entwickelt haben.

BGH: Gesetzliches Rauchverbot in Gaststätten kein Mangel des Pachtgegenstandes (Urteil vom 13.07.2011 – XII ZR 189/09, BeckRS 2011, 21250)

Der Erlass eines Rauchverbots durch ein landesrechtliches Nichtraucherschutzgesetz stellt keinen Mangel einer verpachteten Gaststätte dar.

Die Klägerin war Pächterin einer Gaststätte. Sie nimmt die Beklagte als Verpächterin wegen einer nach Vertragsschluss durch das Inkrafttreten des Nichtraucherschutzgesetzes Rheinland-Pfalz eingetretenen Nutzungsbeschränkung der Gaststätte auf Schadensersatz wegen Umsatzrückganges in Anspruch. Die Gaststätte bestand aus zwei nicht voneinander getrennten Räumen. Nachdem im Februar 2008 ein Nichtraucherschutzgesetz in Kraft getreten war, durfte in der verpachteten Gaststätte nicht mehr geraucht werden.

Nach Auffassung des *BGH* steht der Klägerin kein Schadensersatzanspruch nach §§ 581 Abs. 2, 536a Abs. 2 BGB zu. Ergäben sich aufgrund von gesetzgeberischen Maßnahmen während eines laufenden Pachtverhältnisses Beeinträchtigungen des vertragsmäßigen Gebrauchs eines gewerblichen Pachtobjekts, könne dies nachträglich einen Mangel des Pachtobjekts begründen. Voraussetzung hierfür sei jedoch, dass die durch die gesetzgeberische Maßnahme bewirkte Gebrauchsbeschränkung unmittelbar mit der konkreten Beschaffenheit, dem Zustand oder der Lage des Pachtobjekts in Zusammenhang steht. Andere gesetzgeberische Maßnahmen, die den geschäftlichen Erfolg beeinträchtigen, fielen dagegen in den Risikobereich des Pächters. Das Verwendungsrisiko bezüglich der Pachtsache trage bei der Gewerberaummiete nämlich der Mieter. Dazu gehört vor allem das Risiko, mit dem Pachtobjekt Gewinne erzielen zu können. Erfülle sich die Gewinnerwartung des Pächters aufgrund eines nachträglich eintretenden Umstandes nicht, so verwirkliche sich damit ein typisches Risiko des gewerblichen Pächters. Das gelte auch in Fällen, in denen es durch nachträgliche gesetzgeberische oder behördliche Maßnahmen zu einer Beeinträchtigung des Gewerbebetriebs des Pächters kommt.

Gemessen hieran führe das gesetzliche Rauchverbot in öffentlichen Gaststätten nicht zu einem Mangel des Pachtgegenstandes. Die Gebrauchsbeschränkung beruhe nämlich nicht auf der konkreten Beschaffenheit der Pachtsache, sondern knüpfe an die betrieblichen Verhältnisse des Pächters an. Maßgeblich für das Rauchverbot in bestimmten öffentlich zugänglichen Gebäuden wie Krankenhäusern, Schulen, Gaststätten etc. sei allein die Art der Nutzung der Gebäude und der Umstand, dass in den Einrichtungen Publikumsverkehr stattfindet. Das gesetzliche Rauchverbot beziehe sich folglich auf die Art und Weise der Betriebsführung des Mieters oder Pächters, betreffe also nur dessen betriebliche Verhältnisse. Bei dem Erlass eines Nichtraucherschutzgesetzes handele es sich daher um eine Gesetzesänderung, die allein in das wirtschaftliche Risiko des Pächters fällt.

Ein Schadensersatzanspruch folge auch nicht daraus, dass die Vermieterin einer Aufforderung der Klägerin nicht nachgekommen ist, die baulichen Voraussetzungen zu schaffen, um in der Gaststätte einen Raucherbereich einzurichten. Nach §§ 581 Abs. 2, 535 Abs. 1 S. 2 BGB habe zwar der Verpächter die Pachtsache während der Pachtzeit in einem vertragsgemäßen Zustand zu erhalten. Auch hierbei sei aber die gesetzliche Risikoverteilung zwischen Verpächter und Pächter zu berücksichtigen. Deshalb dürfe auf diesem Weg das Verwendungsrisiko des Pächters nicht auf den Verpächter abgewälzt werden. Handele es sich bei der Gebrauchsbeschränkung um die Folge einer Gesetzesänderung, die – wie im vorliegenden Fall – an die betrieblichen Verhältnisse des Pächters anknüpft, sei der Verpächter für die aufgetretene Störung schon deshalb nicht verantwortlich, weil diese ihre Ursache dann nicht in dem Zustand oder der Beschaffenheit der Pachtsache hat.

Anmerkung:

Anderes gilt für Beschränkungen, die auf der Beschaffenheit der oder Lage der Mietsache beruhen (Staudinger/*Emmerich*, § 536 Rz. 20). Gewerblich genutzte Räume befinden sich nur dann in einem zum vertragsgemäßen Gebrauch des Mieters geeigneten Zustand, wenn der Aufnahme des vorgesehenen Gewerbebetriebs keine öffentlich-rechtlichen Hindernisse entgegenstehen (*BGH* BeckRS 2007, 19678). Daher muss der Zustand von Räumen, die zur Einrichtung einer Gastwirtschaft vermietet werden, derart sein, dass der Mieter die erforderliche Konzession erlangen kann (*BGH* NJW-RR 1987, 906). Daran fehlt es z.B., wenn die Räume den Vorschriften über die Belüftung oder die Trittschalldämmung in Gaststätten widersprechen (*KG* GE 2004, 478). Eine beschränkte Gaststättenkonzession ist nur dann nicht als Mangel anzusehen, wenn der Mieter oder Pächter nach dem Vertrag ohnehin keinen weitergehenden Anspruch hatte (*OLG Koblenz* NZM 2002, 918).

LG Gießen: Zwingend vorhersehbarer Baulärm (Urteil vom 15.12.2010 – 1 S 210/10, BeckRS 2011, 12874)

Es besteht kein Recht des Mieters zur Mietminderung bei zwingend vorhersehbarem Baulärm auf dem Nachbargrundstück (hier: Baulücke); der Vermieter schuldet dann nur eine um das Risiko derartiger Baumaßnahmen verringerte Gebrauchsgewährung.

Die Klägerin verlangt von den Beklagten die Zahlung rückständiger Miete. Zum Zeitpunkt des Abschlusses des Mietvertrags befand sich das unmittelbar an das Grundstück angrenzende Nachbargrundstück in einem verwahrlosten Zustand. Die vorhandene Bebauung, die lediglich von Obdachlosen genutzt wurde, war abrissreif. Später begannen Bauarbeiten zur Errichtung eines großen Wohn- und Gewerbekomplexes. Wegen der baubedingten Lärm- und Schmutzbelastung minderten die Beklagten die Miete.

Nach Auffassung des *LG Gießen* hat die Klägerin einen Anspruch auf Zahlung der Miete in voller Höhe. Eine Minderung gem. § 536 Abs. 1 S. 2 BGB sei nicht gerechtfertigt. Die Lärm- und Staubbelastung der Mietwohnung durch die Bautätigkeit auf dem Nachbargrundstück stelle nämlich keinen Mangel der Mietsache dar. Unter einem Mangel i.S.v. § 536 Abs. 1 S. 1 BGB sei die für den Mieter nachteilige Abweichung des tatsächlichen Zustandes der Mietsache von dem vertraglich geschuldeten zu verstehen. Eine solche Abweichung habe während der Bautätigkeit auf dem Nachbargrundstück nicht bestanden. Vielmehr habe auch zu dieser Zeit die Mietsache der vertraglich bestimmten Sollbeschaffenheit entsprochen. Bei der Bestimmung der Sollbeschaffenheit der Mietsache sei in erster Linie auf den vereinbarten Mietzweck, daneben aber auch auf alle für den Vertragsinhalt bedeutsamen Umstände, über die sich die Parteien ausdrücklich oder stillschweigend geeinigt haben, abzustellen. Sei keine ausdrückliche Regelung zum „Soll-Zustand" getroffen, müsse anhand von Auslegungsregeln (§§ 133, 157, 242 BGB) geprüft werden, was der Vermieter schuldet.

Vorliegend hätten die Parteien bei Abschluss des Mietvertrags stillschweigend eine Beschaffenheitsvereinbarung geschlossen, die die Möglichkeit der Bebauung des Nachbargrundstücks in einer ortsüblichen Art und Weise und die damit verbunden Belastungen für den Mieter einschließt. Es sei regelmäßig davon auszugehen, dass die Mietvertragsparteien das mit einer Bebauung eines Nachbargrundstücks einhergehende Risiko des Auftretens von baubedingten Gebrauchsbeeinträchtigungen des Mietobjekts bei Vertragsabschluss stillschweigend vorausgesetzt haben, wenn für beide Vertragsparteien aufgrund des Zustands des Nachbargrundstücks erkennbar war, dass es auf diesem Grundstück in Zukunft zu Bautätigkeiten kommen wird. In einem solchen Fall schulde der Vermieter dem Mieter nur die um das Risiko derartiger baulicher Maßnahmen verminderte Gebrauchsgewährung. Soweit dagegen geltend gemacht wird, auf die Erkennbarkeit zukünftiger Mängel könne es nicht ankommen, da nach § 536b BGB dem Mieter lediglich die Kenntnis bereits vorhandener Mängel schade, überzeuge dies nicht. Gegenstand von Beschaffenheitsvereinbarungen könnten nämlich auch zukünftige Entwicklungen sein. Insoweit griffen Beschaffenheitsvereinbarungen weiter als der Gewährleistungsausschluss nach § 536a BGB. Zwar genüge die bloße Erkennbarkeit einer künftigen Entwicklung nicht, sofern eine Vertragspartei entweder die auf eine zu erwartende Bautätigkeit hinweisenden Umstände nicht wahrgenommen oder hieraus nicht die richtigen Schlüsse gezogen hat. Jedoch stelle der Umstand, dass die Bautätigkeit aufgrund bekannter Umstände objektiv zu erwarten war, ein starkes Beweisanzeichen dafür dar, dass diese Entwicklung von den Vertragsparteien auch tatsächlich in Betracht gezogen worden ist. Dies gelte jedenfalls dann, wenn bei zutreffender Bewertung der bekannten Tatsachen zwingend auf ein hohes Baurisiko zu schließen ist. Vorliegend habe eine Baulücke bestanden, bei welcher zwingend mit einer Bebauung zu rechnen gewesen war.

Anmerkung:

Lärm von einer gewissen Erheblichkeit führt zu einem Mangel der Mietsache, wenn er nicht vertraglich vorausgesetzt ist – Baulärm auf dem Nachbargrundstück auch dann, wenn der Vermieter als Eigentümer gem. § 906 BGB zur Duldung verpflichtet ist und unabhängig davon, ob er eine Entschädigung für den Mietausfall vom Nachbarn erhalten kann (*LG Dortmund* NZM 1999, 765; Schmidt-Futterer/*Eisenschmid*, § 536 Rz. 121; *Fritz*, NZM 2008, 825). Dies gilt auch für Innenstadtlagen mit Gewerbeumgebung (*LG Frankfurt* WuM 2007, 316). Die Minderung ist ausgeschlossen, wenn die gemieteten Räume neben einer schon eingerichteten Großbaustelle liegen, da der Mieter in diesem Fall den Mangel kennt, § 536b S 1; gleich steht der Fall, dass nach den Umständen, insbesondere angesichts der Einrichtung einer Großbaustelle, in nächster Zukunft mit Baustellenlärm gerechnet werden muss, § 536b S 1 und 2 (*LG Berlin* WuM 2007, 386; Staudinger/*Emmerich*, § 536 Rz. 29). Umstritten ist, ob es für einen Minderungsausschluss darüber hinaus auch ausreichend ist, wenn – wie vorliegend – der baufällige Zustand des Nachbargebäudes zur Zeit des Abschlusses des Mietvertrags offensichtlich war und der Mieter deshalb mit dem Eintritt solcher Störungen rechnen musste (*OLG München* NJW-RR 1994, 654; *LG Berlin* GE 2009, 847 für Sanierungsgebiete mit großen Baulücken; a.A. Schmidt-Futterer/*Eisenschmid*, a.a.O., Rz. 122). Zur abschließenden Klärung der Frage, ob aus Umständen, die zwingend auf eine zukünftig drohende Bautätigkeit in der Nachbarschaft eines Mietobjekts hinweisen und die bei Mietvertragsabschluss den Parteien bekannt sind, i.d.R. geschlossen werden kann, dass die Parteien das Risiko einer zukünftigen Bautätigkeit erkannt und dieses beim Abschluss des Vertrags zur Bestimmung des Soll-Zustands in ihren Willen aufgenommen haben, hat das *LG Gießen* die Revision zugelassen.

LG Flensburg: Haftung für Mitmieter (Urteil vom 07.03.2008 – 1 S 77/07, BeckRS 2008, 13265)

Ein Mitmieter haftet grundsätzlich nicht für Beschädigungen der Mietsache durch einen anderen Mieter.

Der Kläger als ehemaliger Vermieter begehrt von der Beklagten Schadensersatz wegen Beschädigung seiner Wohnung. Diese ist Betreuerin der ehemaligen Mieterin, die bereits zur Zahlung von Schadensersatz verurteilt worden ist. Nach Auffassung des Klägers war die Beklagte ebenfalls Mieterin. Dies entspreche dem, was zwischen den Parteien besprochen worden sei. Der Zusatz „vertreten durch", den sie im Mieter-Exemplar des Mietvertrags vorgenommen habe, entspreche hingegen nicht den Vereinbarungen. Sie habe Mietvertragspartei sein sollen, weil er, der Kläger, sicherstellen wollte, dass sie sich um die Wohnung kümmere und auf deren Pflege achte. Allein aus dem Umstand, dass die Beklagte zu 1) ihre Büroanschrift und ihren Beruf angegeben habe, könne nicht gefolgert werden, dass sie nicht Mietvertragspartei geworden sei. Von einer Verwahrlosung der Mieterin habe die Beklagte ihm nicht berichtet, sondern lediglich, dass diese in einem vorherigen Mietverhältnis einen Wohnungsbrand verursacht habe. Gerade deshalb sei ihm daran gelegen gewesen, dass die Beklagte Mietvertragspartei werde, damit die Wohnung regelmäßig kontrolliert wird.

Nach Auffassung des *LG Flensburg* schuldet die Beklagte keinen Schadensersatz. Sie sei schon nicht (weitere) Mieterin der Wohnung des Klägers geworden. Im Mietvertrag sei das Betreuungsbüro F.-A. genannt worden. Diesem Zusatz und erst recht dem weiteren Zusatz „Betreuerin" vor dem Namen der Beklagten in dem Vertrag müsse entnommen werden, dass sie aufgrund des bestehenden Einwilligungsvorbehalts in ihrer Funktion als Betreuerin der Mieterin deren mietvertraglich unwirksamen Erklärungen durch ihre eigene Unterschrift gemäß § 1903 BGB zur Wirksamkeit verhelfen wollte. Insofern liege hier ein Fall des § 164 Abs. 1 S. 2 BGB vor, nämlich ein konkludentes Handeln der Beklagten im Namen der Mieterin. Deshalb sei nur letztere aus dem Mietvertrag berechtigt und verpflichtet. Es sei auch kein sonstiger denkbarer Grund vorhanden, aus dem heraus die Beklagte ihre Funktion als Betreuerin in den Mietvertrag hätte aufnehmen sollen, wenn nicht, um die Betreuung offen zu legen und somit – nur – die Mieterin wirksam zu verpflichten.

Ein gegen sie gerichteter Schadensersatzanspruch bestände aber auch dann nicht, wenn sie als weitere Mieterin anzusehen wäre. Denn aus der Beschädigung einer Mietsache durch einen der Mieter folge nicht automatisch auch die Haftung eines anderen Mieters. Vielmehr gelte bei Gesamtschuldnern für Verschulden gemäß § 425 Abs. 2 BGB der Grundsatz der Einzelwirkung, wonach – abgesehen von den hier nicht eingreifenden Sondervorschriften der §§ 422 bis 424 BGB – für und gegen jeden Gesamtschuldner nur die in seiner Person liegenden Umstände maßgeblich sind. Eine Ausnahme sei für Mietverträge nur dann zu machen, wenn der Vermieter den eingetretenen Schaden einem der Mieter nicht zuordnen kann und der Schaden aus der „Gesamtsphäre" der Mieter stammt. Um einen solchen Fall handele es sich hier aber nicht, da die Mieterin die Beschädigung eingeräumt hat, die der Kläger ohnehin nur ihr zugeschrieben hatte.

Der Mietvertrag enthalte auch keine Haftungserweiterung. Soweit es dort heißt, dass mehrere Vermieter und/oder Mieter „als Gesamtschuldner haften", könne dies eigenes Verschulden des Mieters gemäß § 425 Abs. 2 BGB nicht ersetzen. Denn eine Haftung als Gesamtschuldner setze voraus, dass überhaupt eine eigene Haftung besteht.

Anmerkung:

Im Rahmen seiner Obhuts- und Sorgfaltspflicht hat der Mieter gemäß § 278 BGB auch das Verschulden von Personen zu vertreten, die auf seine Veranlassung hin mit der Mietsache in Berührung kommen, worunter Betriebsangehörige, Verwandte, Kunden, von ihm beauftragte Handwerker oder Transporteure fallen (*BGH* NJW 1991, 1750; Schmidt-Futterer/Blank/*Börstinghaus*, § 538 Rz. 13). Erforderlich ist, dass der Erfüllungsgehilfe im Rahmen der ihm übertragenen Aufgaben („bei Erfüllung") tätig wird. Es genügt nicht, wenn der Erfüllungsgehilfe den Schaden nur „bei Gelegenheit" verursacht. Dabei kommt es für die Abgrenzung nicht darauf an, ob der Erfüllungsgehilfe seinen Aufgabenbereich überschreitet; maßgeblich ist, ob der Erfüllungsgehilfe Pflichten verletzt, die der Mieter hätte beachten müssen (*OLG Düsseldorf* MDR 1997, 927 z. Haftung des Mieters für vorsätzliche Brandstiftung durch einen Angestellten). Auch das Fehlverhalten seiner Gäste hat der Mieter zu vertreten (*AG Hagen* WuM 1979, 15), nicht aber das ungebetener Besucher, etwa eines Besuchers, der die Wohnungstür gewaltsam eintritt, um sich Zutritt zu verschaffen (*AG Köln* WuM 1992, 118) oder eines getrennt lebenden Ehemannes der Mieterin, der anlässlich eines unerwünschten Besuchs die Mietwohnung beschädigt (*AG Frankfurt a.M.* ZMR 1987, 471). Ferner haftet der Mieter gemäß § 540 Abs. 2 BGB für das einem Dritten bei dem Gebrauch der Mietsache zur Last fallende Verschulden, sofern er diesem deren Gebrauch überlassen hat.

Bei Mietverträgen über Wohnraum hat ein Mieter grds. nicht für ein Verschulden eines anderen Mieters oder dessen Hilfspersonen einzustehen (*OLG Celle* NJW 1974, 2012; *LG Berlin* NJW-RR 2002, 1452; Staudinger/*Noack*, § 425 Rz. 45). Zwar haften mehrere Mitmieter für den Mietzins als Gesamtschuldner. Gemäß § 425 Abs. 2 BGB gilt indes für das Tatbestandsmerkmal des Verschuldens der Grundsatz der Einzelwirkung mit der Folge, dass jeder Gesamtschuldner lediglich für sein eigenes Verschulden einzutreten hat. Aus diesem Grund richten sich Ansprüche aus Vertragsverletzung gemäß § 280 BGB grds. nur gegen denjenigen Mieter, der die Beschädigung der Mietsache zu vertreten hat (Palandt/*Heinrichs,* § 425 Rz. 4). Umgekehrt kann ein Mieter aber nicht die Miete mindern, wenn ein Mangel am Mietobjekt durch einen anderen Gesamtschuldner verursacht wurde (*OLG Düsseldorf* ZIP 2000, 580). Nur ausnahmsweise kommt eine Durchbrechung des Grundsatzes der Einzelwirkung im Rahmen eines Mietverhältnisses mit mehreren Mitmietern in Betracht, so dass in haftungsrechtlicher Hinsicht die Mietermehrheit einheitlich zu behandeln ist und einzelne Mieter nicht unterschiedlich haften, sofern eine Mietermehrheit gegenüber dem Vermieter durch ihr gemeinschaftliches Auftreten den Eindruck erweckt, als Gesamtheit für alle dem Mietverhältnis entspringenden Verpflichtungen auch gemeinsam einstehen zu wollen, die Verursachung eines Schadens im Rahmen des Mietverhältnisses der „Gesamtsphäre“ der Mieter zuzurechnen ist und der Vermieter eine weitere individuelle Zuordnung nicht vornehmen kann (*OLG Celle* MDR 1998, 896 für eine Wohngemeinschaft).

Nicht zu überzeugen vermag der kurze Hinweis des *LG Flensburg*, der Mietvertrag habe den Haftungsumfang des Mieters nicht erweitert, da auf das individuelle Verschulden nicht verzichtet werden könne. Trifft nämlich mehrere Mieter ein je eigenes Verschulden, haften sie schon kraft Gesetzes als Gesamtschuldner; einer vertraglichen Bestimmung bedarf es hierfür nicht. Die fragliche Klausel, die im Urteil nicht vollständig zitiert ist, wäre sinnvoll nur dann, wenn sie ein Einstehen auch für fremdes Verschulden umfasst. Trotzdem ist die Entscheidung des *LG Flensburg* im Ergebnis in diesem Punkt zutreffend, da jedenfalls formularvertraglich der Kreis der Personen, für die der Mieter einzustehen hat, nicht auf Personen erstreckt werden kann, die keine Erfüllungsgehilfen i. S. des § 278 sind (*OLG Celle* WuM 1990, 103 ; *OLG München* NJW-RR 1989, 1499), mithin auch nicht auf Mitmieter. Dies gilt etwa für eine Klausel, wonach der Mieter auch für das Verschulden „sonstiger zu ihm in Beziehung stehender Personen“ einzustehen hat (*BGH* a.a.O.), oder die die Haftung des Mieters auch auf schädigende Handlungen Dritter erstreckt, die ohne sein Zutun mit der Mietsache in Berührung kommen. Eine solche Haftungserweiterung, die – anders als bei der willentlichen Überlassung der Mietsache zum selbständigen Gebrauch an einen Dritten gemäß § 540 Abs. 2 BGB – mangels Obhutsmöglichkeit des Mieters nicht gerechtfertigt ist, dehnt in nicht zu vertretender Weise die Mieterpflichten aus und benachteiligt den Mieter unangemessen (Bub/Treier/*Bub*, II Rz. 527). Gleichfalls unzulässig ist eine Erweiterung der Verantwortlichkeit des Mieters über § 278 BGB hinaus auf schadenstiftende Handlungen von Erfüllungsgehilfen, die von diesen lediglich „bei Gelegenheit“ begangen worden sind (*BGH* a.a.O.).

AG Frankfurt a.M.: Lärmbelästigung durch Kinderspielplatz (Urteil vom 13.03.2009 – 33 C 2368-08/50, BeckRS 2009, 14019)

Ein Mieter ist nicht berechtigt, die Miete zu mindern, wenn in der Wohnanlage ein Kinderspielplatz vorhanden ist, von dem Lärmbelästigungen ausgehen.

Die Klägerin ist Vermieterin, die Beklagte Mieterin einer im Erdgeschoss gelegenen Wohnung. Unmittelbar vor der Wohnung liegt schon seit Beginn des Mietverhältnisses ein Kinderspielplatz. Die Beklagte und ihr Ehemann behielten bereits in der Vergangenheit Teile der Miete wegen vom Kinderspielplatz ausgehender Lärmbelästigungen ein. Derzeit besteht ein Mietrückstand in Höhe von rund 1.500 € den die Klägerin vorliegend geltend macht. Die Beklagte behauptet, zu Beginn des Mietverhältnisses sei ihnen von einem Aushilfshausmeister erklärt worden, der Spielplatz würde verlegt werden. Auf dem Kinderspielplatz würden sich tagsüber nicht nur Kinder, sondern auch Jugendliche und deren Eltern, insbesondere in den Abendstunden zudem auch Erwachsene und Betrunkene aufhalten, die dort nächtliche Gelage abhielten. Hierdurch würden permanente Störungen verursacht, wie sie sich im Einzelnen aus den vorgelegten Lärmprotokollen ergäben.

Nach Auffassung des *AG Frankfurt* kann die Klägerin von der Beklagten die Zahlung der einbehaltenen Mieten verlangen. Denn die vertraglich vereinbarte Miete sei während dieses Zeitraums nicht wegen Mängeln, die die Tauglichkeit der Wohnung zu ihrem vertragsgemäßen Gebrauch mehr als nur unerheblich beeinträchtigt haben, gemindert (§ 536 BGB). Der Umstand, dass ein Kinderspielplatz vorhanden ist, der als solcher genutzt wird, stelle keinen Mangel dar, ohne dass die Intensität des dadurch zwangsläufig verursachten Geräuschpegels erörtert werden müsste. Wohnhäuser und Wohnbereiche, die mit Kinderspielplätzen, Bolzplätzen und ähnlichem ausgestattet sind, seien «kinderfreundlich». Solche Wohnungen würden gerade von jungen Familien mit Kindern bevorzugt gesucht. Je mehr Kinder, die denknotwendig im Laufe der Jahre zu Jugendlichen und jungen Erwachsenen heranwachsen, dort leben, desto höher sei die Geräuschkulisse. Dies gelte auch dann, wenn diese Geräuschkulisse von einem durchschnittlichen Erwachsenen als «unerträglich» empfunden wird. Eine kinderfreundliche Umgebung, die schon aus gesellschaftspolitischen Gründen dringend benötigt wird, müsse solche Erscheinungen als sozialadäquat hinnehmen.

Im Übrigen könnte eine strikte Einhaltung von Ruhezeiten oder auch nur eine Reduzierung des Geräuschpegels allenfalls dann gewährleistet werden, wenn die Wohnbereiche konsequent und strikt überwacht würden. Dass ein solches Vorgehen unverhältnismäßig sei und weder von der Klägerin noch von jemand anderen verlangt werden könne, bedürfe dabei keiner Erörterung. Erst recht keiner Erörterung bedürfe, dass ein solches Vorgehen aus guten Gründen auch nicht erstrebenswert ist.

Soweit die Beklagte darüber hinaus beanstandet, dass der Kinderspielplatz auch nicht bestimmungsgemäß von Erwachsenen und Jugendlichen genutzt wird, führe auch dies nicht zu einer Minderung der Miete. Die Beklagte hätte den Mietvertrag in Kenntnis des Kinderspielplatzes abgeschlossen. Dass Kinderspielplätze dazu einladen, als Treffpunkte für Jugendliche und Erwachsene zu dienen, um dort auch außerhalb von Ruhezeiten Lärm verursachenden Aktivitäten nachzugehen, sei allgemein bekannt. Mit solchen Erscheinungen habe die Beklagte deshalb rechnen müssen und könne insoweit nicht die Mieter mindern. Soweit die Beklagte behauptet, ein Aushilfshausmeister habe zu Beginn des Mietverhältnisses erklärt, der Spielplatz solle verlegt werden, so sei dies nicht nur unsubstantiiert, solchen Erklärungen eines Aushilfshausmeisters käme zudem auch keinerlei rechtsgeschäftlicher Inhalt zu. Er wäre nicht befugt gewesen, derartige Erklärungen abzugeben, weshalb die Klägerin an sie auch nicht gebunden wäre.

Anmerkung:

Zur vertragsgemäßen Nutzung einer Wohnung gehört, dass Kinder in ihr spielen dürfen, wobei auf die Ruhezeiten Rücksicht zu nehmen ist. Grundsätzlich müssen die Mieter in einem Mehrfamilienhaus Lärmeinwirkungen hinnehmen, wie sie in einem Haus mit mehreren Mietparteien unvermeidbar sind. Das gilt auch für üblichen Kinderlärm, der infolge des natürlichen Spiel- und Bewegungstriebes der Kinder unvermeidbar ist (*OLG Düsseldorf* ZMR 1997, 181). Hinnehmen müssen die Hausbewohner auch Störungen durch nächtliches Babygeschrei oder Lachen, Schreien und Weinen von Kleinkindern als deren natürliches Verhalten (*LG München I* NZM 2005, 339).

Auch die Nutzung eines vorhandenen Kinderspielplatzes durch die in der Anlage wohnenden Kinder gehört, wie das *AG Frankfurt* richtig entschieden hat, zum vertragsgemäßen Gebrauch der Wohnung. Ob Kinder die zum Haus gehörenden sonstigen Außenanlagen mitbenutzen dürfen, hängt von der Regelung im Mietvertrag sowie deren Ausgestaltung ab. So wird eine Nutzung von Zier- und Vorgärten generell zu verneinen sein, da diesen Gärten von ihrer Zweckbestimmung her ausschließlich eine optische Funktion beigemessen wird. Zum Haus gehörende Hof- und Grünflächen können dagegen regelmäßig zum Spielen genutzt werden (*LG Heidelberg* WuM 1997, 38). Die Benutzung eines geteerten Innenhofes eines innerstädtischen Miethauses zum Spielen durch Kinder einer Mietpartei gehört – jedenfalls in Häusern, von denen aus ein Spielplatz nicht gefahrlos erreicht werden kann und soweit er nicht gewerblich genutzt wird – ebenfalls zum vertragsgemäßen Gebrauch (*LG Berlin*, NJW-RR 1986, 1144), was nach einer vereinzelten – im Ergebnis abzulehnenden – Auffassung sogar das Recht zum Aufstellen eines Sandkastens einschließen kann (*AG Darmstadt* WuM 1986, 211 z. Aufstellen durch Mieter; *AG Aachen* WuM 1987, 83 z. Aufstellen durch Vermieter). Auch aus der Zweckbestimmung eines gemeinschaftlichen Zufahrtsweges kann nicht zwingend hergeleitet werden, dass Kindern das gelegentliche Spielen auf der Zufahrt generell zu verbieten ist (*KG* NJW-RR 1998, 1546). Zu den ortsüblichen Geräuschen gehört nicht nur der Spiellärm der in der Anlage wohnenden Kinder, sondern auch derjenige, den zu Besuch weilende Kinder im Verein mit den Hausbewohnern erzeugen (*LG Heidelberg* NJWE-MietR 1997, 234).

Problematisch kann die Nutzung großer Rasenflächen in einer Wohnanlage sein. Insoweit kommt es auf deren Zweckbestimmung an. Dienen sie der Ruhe von in der Anlage wohnenden älteren Menschen, kann das Spielen auf diesen Flächen untersagt werden. Werden die Wohnungen dagegen verstärkt (auch) an Familien mit Kindern vermietet, verstieße es gegen Fürsorgerpflicht des Vermieters, die Kinder der Mieter auf der Straße spielen zu lassen, wenn den Flächen kein anderer Nutzen für die Bewohner zukommt.

Die Eltern sind für das Verhalten ihrer Kinder im Rahmen der Aufsichtspflicht verantwortlich. So müssen sich Kinder an die allgemeinen Hausregeln halten. Sie dürfen z.B. nicht in den Gemeinschaftsräumen oder im Hausflur Rollschuh, Inline-Skater oder Fahrrad fahren oder den Aufzug zum Spielen benutzen. Das Maß der gebotenen Aufsicht bestimmt sich nach Alter, Eigenart und Charakter des Kindes sowie danach, was den Eltern in ihren jeweiligen Verhältnissen zugemutet werden kann (*BGH* NJW-RR 1987, 13). Entscheidend ist, was verständige Eltern nach vernünftigen Anforderungen unternehmen müssen, um eine Schädigung Dritter durch ihr Kind zu verhindern. Bei erwachsenen Kindern kann sich der Mieter nicht darauf berufen, er könne sich nicht immer durchsetzen (*LG Köln* ZMR 1977, 332), weshalb hier auch eine fristlose Kündigung der störenden Mietvertragspartei in Betracht kommt. Taubstummen Eltern ist wegen von ihren Kindern verursachten Lärms aber kein Schuldvorwurf zu machen, wenn sie Maßnahmen zur Abhilfe (elektroakustische Lautstärkeregler an Geräten, Anschaffung eines Gerätes, das Lärm optisch anzeigt) ergriffen haben (*LG* Regensburg NZM 1999, 220).

Das Urteil des *AG Frankfurt a.M.* geht über diese Grundsätze deutlich hinaus. Mieter müssen nicht hinnehmen, dass erwachsen gewordene „Kinder“ ihren lieb gewonnenen Kinderspielplatz altersentsprechend zu nächtlichen Saufgelagen benutzen. Mit derartigen Exzessen muss ein Mieter auch dann nicht rechnen, wenn sich in der Nähe der gemieteten Wohnung ein Kinderspielplatz befindet. Der Miete ist in einem solchen Fall gemindert; außerdem hat der Mieter einen Anspruch gegen den Vermieter auf Einschreiten gegen die Fehlnutzung des Kinderspielplatzes.

OLG Rostock: Einschüchternde Türsteher (Urteil vom 11.12.2008 – 3 U 138/08, NJW-RR 2009, 1023)

Das Postieren von zwei bis drei breitschultrigen Ordnern (Sicherheitspersonal) in dunkler Kleidung durch einen Mitmieter auf dem gemeinsam zu nutzenden Kellerflur stellt nur eine mittelbare, nicht zur Mietminderung führende Gebrauchsbeeinträchtigung der zum Betrieb einer Spielothek gemieteten Räumlichkeiten dar.

Der Zugang zu den gemieteten Räumen ist in ausreichendem und damit vertragsgemäßem Umfang gewährleistet. Die Kunden können die Räumlichkeiten zu Fuß erreichen, ohne dass ihnen der Zuweg versperrt ist oder sie anderweitig nicht bequem und ohne größere Schwierigkeiten zu erreichen wären. Allein die optische Präsenz der Ordner auf dem Flur und ein vereinzeltes Ansprechen der Kunden, ob diese in die Spielothek oder Diskothek wollen, hindert die Kunden nicht daran, die Räumlichkeiten zu erreichen. Soweit der optische Eindruck der Ordner auf den einzelten Kunden einen verunsichernden oder abschreckenden Eindruck machen kann, hindert dies ihn nicht, die Spielothek ungehindert und ohne den Anblick der Ordner durch den straßenseitigen Eingang aufzusuchen.

OLG Karlsruhe: Sommerliche Wärme in Altbaubüro (Urteil vom 17.12.2009 – 9 U 42/09, BeckRS 2010, 2131)

Gewerberäume, die in einem in den 20er-Jahren des vorigen Jahrhunderts errichteten und 1936 erweiterten Gebäude liegen und als Büroräume vermietet worden sind, sind nicht deshalb mangelhaft, weil die Innentemperaturen in den Sommermonaten aufgrund von Sonneneinstrahlung mehrfach und über längere Zeiträume mehr als 26 Grad C betragen. Die Verordnung über Arbeitsstätten vom 12.08.2004, die Arbeitsstättenrichtlinien und die DIN 1946-2 enthalten keine Aussage darüber, ab welchen durch Sonneneinstrahlung verursachten Innentemperaturen Gewerbemieträume einen Mietmangel aufweisen. Der Mieter, der eine übermäßige Erwärmung der Mieträume geltend macht, muss im Einzelnen darlegen, welche Temperaturen in den angemieteten Räumen erreicht wurden.

3. Verjährungsfragen

BGH: Anspruch des Mieters auf Mängelbeseitigung (Urteil vom 17.02.2010 – VIII ZR 104/09, NJW 2010, 1292)

Der Anspruch des Mieters auf Mangelbeseitigung ist während der Mietzeit unverjährbar.

Die Klägerin ist Mieterin einer Wohnung in einem Mehrfamilienhaus der Beklagten. Das über der Wohnung der Klägerin liegende Dachgeschoss wurde im Jahr 1990 zu Wohnzwecken ausgebaut. Sie verlangt nunmehr mittels im Einzelnen bezeichneter Maßnahmen die Herstellung einer ausreichenden Schallschutzisolierung der Dachgeschosswohnung.

Nach Auffassung des *BGH* ist die Klage begründet. Nach den tatsächlichen Feststellungen sei der Schallschutz der über der Wohnung der Klägerin liegenden Dachgeschosswohnung unzureichend, wodurch der Mietgebrauch der Klägerin beeinträchtigt werde. Sie könne deshalb gemäß § 535 Abs. 1 S. 2 BGB Herstellung des erforderlichen Schallschutzes verlangen. Dieser Anspruch sei nicht verjährt. Die Frage, unter welchen Voraussetzungen der Erfüllungsanspruch des Mieters aus § 535 Abs. 1 S. 2 BGB verjährt, soweit es um die Beseitigung eines konkreten während der Mietzeit auftretenden Mangels geht, war bislang höchstrichterlich noch nicht entschieden. Nach einer verbreiteten Auffassung beginnt die Verjährung des Anspruchs des Mieters auf Beseitigung eines während der Mietzeit aufgetretenen Mangels gemäß §§ 195, 199 BGB mit dem Schluss des Jahres, in dem der Mangel entstanden ist und der Mieter davon Kenntnis erlangt hat (*LG Berlin* BeckRS 2008, 21372; Anm. *Bub/von der Osten*, FD-MietR 2008, 272162; *Lehmann-Richter*, NJW 2008, 1196 f). In der Gebrauchsgewährungspflicht des Vermieters (§ 535 BGB) sieht diese Auffassung ein (unverjährbares) „Stammrecht", das sich zu einzelnen verjährbaren Ansprüchen konkretisiert, sobald sich ein bestimmter Mangel zeigt.

Nach der Gegenauffassung ist der Anspruch des Mieters auf Beseitigung eines Mangels als Teil des Gebrauchserhaltungsanspruchs hingegen während der Mietzeit unverjährbar (u.a. Schmidt-Futterer/*Eisenschmid*, § 535 BGB Rz. 217). Dieser Auffassung schließt sich nunmehr der *BGH* an. Bei der Hauptleistungspflicht des Vermieters aus § 535 Abs. 1 S. 2 BGB handele es sich um eine in die Zukunft gerichtete Dauerverpflichtung. Die Pflicht des Vermieters erschöpfe sich nicht in einer einmaligen Handlung des Überlassens, sondern gehe dahin, die Mietsache während der gesamten Mietzeit in einem gebrauchstauglichen Zustand zu erhalten. Eine solche vertragliche Dauerverpflichtung könne – anders als Beseitigungsansprüche aus § 1004 BGB – während des Bestehens des Vertragsverhältnisses schon begrifflich nicht verjähren. Da der Vermieter während der gesamten Laufzeit des Mietvertrages als „Dauerleistung" dafür Sorge zu tragen hat, dass der Zustand der Mieträume vertragsgemäß erhalten wird (*BGH* NZM 2003, 472), somit der Anspruch auf Überlassung einer zum vertragsgemäßen Gebrauch geeigneten Sache während der Dauer des Mietverhältnisses ständig neu entsteht, könne sich der Vermieter nicht auf Verjährung berufen, soweit es um die Herstellung eines vertragsgemäßen Zustands geht.

Auch Sinn und Zweck der Verjährungsvorschriften sprächen nicht für eine Verjährung des Mangelbeseitigungsanspruchs im laufenden Mietverhältnis. Die Verjährung soll den Schuldner davor schützen, wegen länger zurückliegender Vorgänge in Anspruch genommen zu werden, die er nicht mehr aufklären kann, weil ihm Beweismittel für etwa begründete Einwendungen abhanden gekommen oder Zeugen nicht mehr auffindbar sind. Diese Erwägungen träfen auf den Anspruch des Mieters auf Beseitigung von Mängeln der Mietsache nicht zu. Eine Beweisnot des Vermieters im Hinblick auf den Zeitablauf seit dem erstmaligen Auftreten des Mangels sei auszuschließen, da das Begehren des Mieters lediglich dahin geht, die Mietsache aktuell in einen gebrauchstauglichen Zustand zu versetzen und es mithin nicht auf einen in der Vergangenheit liegenden Zustand ankommt. Deshalb sei auch der Gesichtspunkt des Rechtsfriedens nicht einschlägig, zumal der Mieter jedenfalls die Miete mindern kann, soweit Mängel fortbestehen.

OLG Celle: Rückzahlung eines Kostenvorschusses zur Mängelbeseitigung (Beschluss vom 23.12.2009 – 2 U 134/09, BeckRS 2010, 4941)

Die Verjährung des Anspruchs des Vermieters gegen den Mieter auf Rückzahlung eines geleisteten Kostenvorschusses zur Mängelbeseitigung richtet sich nicht nach § 548 Abs. 1 BGB, sondern nach den §§ 195, 199 BGB. Der Vermieter kann den geleisteten Vorschuss zurückfordern, wenn der Mieter die Mangelbeseitigung nicht innerhalb angemessener Frist vornimmt und über die Verwendung des Vorschusses keine Abrechnung erteilt.

Die Parteien waren Parteien eines Geschäftsraummietvertrages. Nachdem es zu Schäden am Fußboden im Ladenlokal gekommen war, nahm die nunmehr beklagte Mieterin die Vermieterin mit Erfolg auf Zahlung eines Vorschusses zur Mängelbeseitigung in Anspruch. Das Mietverhältnis ist mittlerweile beendet. Irgendwelche Mangelbeseitigungsarbeiten hat die Beklagte während der Dauer des Mietverhältnisses zu keiner Zeit vorgenommen. Nunmehr nimmt die Klägerin die Beklagte auf Rückzahlung des geleisteten Vorschusses in Anspruch. Die Beklagte wendet Verjährung ein.

Nach Auffassung des *OLG Celle* steht der Vermieterin ein Anspruch auf Rückzahlung des Kostenvorschusses aus § 812 BGB zu. Mache der Mieter mit Erfolg den Anspruch auf Zahlung eines zweckgebundenen Kostenvorschusses zur Mängelbeseitigung geltend, könne der Vermieter diesen zurückfordern, wenn der Mieter die Mängelbeseitigung nicht innerhalb einer angemessenen Frist durchführt bzw. nicht mehr ernsthaft betreibt. Innerhalb welcher Zeit der Mieter die Mängelbeseitigung vorzunehmen und eine Abrechnung zu erteilen hat, hänge von den Umständen des jeweiligen Einzelfalls ab. Regelmäßig sei eine Frist von bis zu einem Jahr angemessen. Nach Ablauf der Frist entfalle die Berechtigung des Mieters, den zweckgebunden geleisteten Vorschuss zu behalten. Deshalb könne der Vermieter, der einen Kostenvorschuss zur Mängelbeseitigung hat leisten müssen, den Mieter dann ohne weiteres zur Mängelbeseitigung und Abrechnung aufzufordern; er müsse die Mietsache nicht in Augenschein nehmen, um zweifelsfrei feststellen zu können, ob ihm ein Rückforderungsanspruch zusteht.

Dieser Rückforderungsanspruch sei vorliegend nicht verjährt. Seine Verjährung folge nicht § 548 Abs. 1 BGB (sechs Monate), sondern den §§ 195, 199 BGB (drei Jahre). Nach § 548 Abs. 1 S. 1 BGB verjährten die Ersatzansprüche des Vermieters wegen Änderungen oder Verschlechterungen der Mietsache. Nach der Vorstellung des Gesetzgebers sollte die Vorschrift für alle Ansprüche aufgrund vertragswidrigen Verhaltens des Mieters gelten. Alle anderen Vermieteransprüche verjährten in der Regelverjährungsfrist der §§ 195, 199. Vorliegend beruhe der von der Klägerin geltend gemachte Anspruch nicht darauf, dass die Mieterin die Mietsache verändert bzw. verschlechtert habe; vielmehr bestehe er allein deshalb, weil die Mieterin gerade keine Veränderungen – nämlich Arbeiten zur Mängelbeseitigung – vorgenommen hatte.

Die Nichtdurchführung der Mängelbeseitigung sei aber kein vertragswidriges Verhalten, an welches der Gesetzgeber die kurze Verjährung anknüpfen wollte.

Anmerkung:

Der Vorschussanspruch ist von der Rechtsprechung des *BGH* aus dem Kostenerstattungsanspruch nach § 13 Nr. 5 VOB/B, § 633 Abs. 2 BGB a.F. aus Billigkeitsgründen nach § 242 BGB in Anlehnung an § 669 BGB entwickelt (*BGH* NJW 1977, 1336) und auf § 536a Abs. 2 BGB übertragen worden (*BGH* NJW 2008, 2432; Anm. *Bub/von der Osten*, FD-MietR 2008, 263551). Seine innere Rechtfertigung folgt aus einem „Gebot der Billigkeit" (*BGH* NJW 1971, 1450): Verhält sich der Vermieter vertragswidrig, soll der Mieter nicht eigene Mittel zur Mängelbeseitigung aufwenden müssen. Der Vorschussanspruch ist auf Zahlung desjenigen Betrags gerichtet, der voraussichtlich zur Mängelbeseitigung erforderlich sein wird. Ergibt sich aus der Abrechnung, dass der Mieter zur Mängelbeseitigung tatsächlich einen größeren oder geringeren Betrag benötigt hat, ist der Unterschiedsbetrag entweder nachzuzahlen oder zurückzuerstatten. Ein etwaiger Rückzahlungsanspruch verjährt – wie das *OLG Celle* zutreffend feststellt – in der Regelverjährungsfrist der §§ 195, 199 BGB (Staudinger/*Emmerich*, a.a.O., § 548 Rz. 16). Die kurze Verjährung nach § 548 Abs. 1 BGB beschränkt sich auf sämtliche Schadensfolgen aus Vermieteransprüchen wegen Veränderungen oder Verschlechterungen der Mietsache, also auf die Kosten der Wiederherstellung der Sache, auf vorbereitende Aufwendungen bei der Schadensfeststellung und den Ersatz von Mietausfall (Schmidt-Futterer/*Gather*, § 548 BGB Rz. 40).

AG Berlin-Tiergarten: Instandsetzung der Mietsache durch Mieter (Urteil vom 18.11.2009 – 5 C 337/09, BeckRS 2010, 726)

Bei der Frage der Verjährung von Ansprüchen aus einem Dauerschuldverhältnis, z.B. aus einem Mietvertrag, ist für jeden Anspruch gesondert zu prüfen, ob er auf ein einmaliges oder ein dauerndes positives Verhalten gerichtet ist. Anders als auf den Anspruch des Pächters gemäß § 581 Abs. 1 S. 1 BGB findet § 199 Abs. 5 BGB auf den Anspruch des Vermieters gegen den Mieter auf eine vereinbarte anfängliche Instandsetzung der Mietsache keine entsprechende Anwendung.

Die Klägerin als Vermieterin hat im September 2005 mit dem Beklagten einen Mietvertrag geschlossen, nach welchem dieser verpflichtet ist, im Bad eine Wand- und Bodenverkleidung sowie ein Waschbecken anzubringen. Hierfür sollte er einen Mietnachlass in Höhe von drei Nettomieten erhalten. Sie begehrt nunmehr Durchführung der Arbeiten. Der Beklagte beruft sich auf Verjährung.

Nach Auffassung des *AG Berlin-Tiergarten* ist die Klage unbegründet, da ein etwaiger Anspruch auf Instandsetzung des Bades jedenfalls gemäß §§ 194 Abs. 1, 195, 199 Abs. 1 BGB mit Ablauf des 31.12.2008 verjährt sei. Der Instandsetzungsanspruch sei spätestens am 31.12.2005 fällig gewesen, da die vereinbarte Befreiung von der Zahlung der Miete bis Dezember 2005 dahingehend verstanden werden konnte, dass der Beklagte die Renovierungsarbeiten noch während der mietfreien Zeit vornehmen musste.

Dass eine analoge Anwendung des § 199 Abs. 5 BGB, wonach bei Unterlassungsansprüchen für den Verjährungsbeginn der Zeitpunkt der Zuwiderhandlung maßgeblich ist, auch bei Ansprüchen auf ein dauerndes positives Verhalten in Betracht komme, sei vorliegend unerheblich, denn ein solches Verhalten sei vom Beklagten nicht geschuldet. Dass sich der Anspruch aus dem Mietvertrag und somit aus einem Dauerschuldverhältnis ergibt, genüge nicht; vielmehr sei für jeden einzelnen sich aus dem Mietverhältnis ergebenden Anspruch zu prüfen, ob er durch die perpetuierte Verpflichtung zur Erbringung einer bestimmten Leistung eine Ausprägung des Dauerschuldcharakters des Vertragsverhältnisses darstellt. Der Anspruch auf Instandsetzung des Bades sei hingegen lediglich auf die einmalige Erbringung einer Leistung gerichtet, wenngleich sich deren Unterlassung auf Dauer auswirken mag.

Anmerkung:

Nach § 199 V BGB beginnt die Verjährung eines auf Unterlassen gerichteten Anspruchs erst mit der Zuwiderhandlung. Nach h.M. ist diese Vorschrift entsprechend anzuwenden, wenn es um die Verjährung eines auf eine dauernde positive Leistung gerichteten Anspruchs geht (MünchKomm/*Grothe*, § 199 Rz. 49), etwa des Anspruchs des Pächters auf Gebrauchsgewährung (*BGH* NJW 1995, 2548). Da die Leistung während der gesamten Vertragslaufzeit zu gewähren ist, verjährt ein solcher Anspruch jedenfalls nicht vor dem Vertragsende. Zu Recht hat das *AG Berlin-Tiergarten* § 199 Abs. 5 BGB vorliegend aber nicht analog angewendet, da das Bad vom Mieter nur einmal, nicht aber dauernd instandgesetzt werden musste.

C. Beendigung des Mietverhältnisses

I. Zulässigkeit und Ausspruch der Kündigung

BGH: Einseitiger Kündigungsverzicht (Urteil vom 19.11.2008 – VIII ZR 30/08, NZM 2009, 153)

Der einseitige, formularmäßige und allein den Mieter belastende Kündigungsrechtsausschluss außerhalb einer Staffelmietvereinbarung hält der Klauselkontrolle nicht stand (Abgrenzung zu *BGH*, NZM 2004, 216).

Im damaligen Verfahren war der Kündigungsverzicht individualrechtlich vereinbart. Damit war die hier einschlägige Vorschrift des § 307 BGB unanwendbar. Insoweit ist es in der instanzgerichtlichen Rechtsprechung und – soweit ersichtlich – auch im Schrifttum einhellige Auffassung, dass ein einseitiger formularvertraglicher Kündigungsverzicht des Mieters außerhalb einer wirksamen Staffelmietvereinbarung oder eines wirksamen Zeitmietvertrages nicht vereinbart werden kann (*LG* Duisburg NZM 2003, 354; Staudinger/*Reuss*, § 573c Rz. 51; *Börstinghaus*, GE 2006, 890).

BGH: Einseitiger Kündigungsverzicht (Urteil vom 12.11.2008 – VIII ZR 270/07, NJW 2009, 353)

Ein formularmäßig erklärter, einseitiger Verzicht des Mieters von Wohnraum auf sein ordentliches Kündigungsrecht benachteiligt den Mieter nicht unangemessen, wenn der Kündigungsausschluss zusammen mit einer nach § 557a BGB zulässigen Staffelmiete vereinbart wird und seine Dauer nicht mehr als vier Jahre seit Abschluss der Staffelmietvereinbarung beträgt (Bestätigung von *BGH* NZM 2006, 256).

Die Vereinbarung einer Staffelmiete soll beiden Parteien Kalkulationssicherheit geben; sie ist auch für den Mieter insoweit vorteilhaft, als Mieterhöhungen nach §§ 558 bis 559b BGB ausgeschlossen sind, § 557a Abs. 2 S. 2 BGB. Das BGB sieht in § 557a Abs. 3 BGB bei der Staffelmiete ausdrücklich vor, dass das Kündigungsrecht des Mieters für höchstens vier Jahre seit Abschluss der Staffelmietvereinbarung ausgeschlossen werden kann. Nach dem eindeutigen Wortlaut der Vorschrift ist es für die Wirksamkeit des Kündigungsausschlusses nicht erforderlich, dass dieser wechselseitig auch für den Vermieter gilt. Der Gesetzgeber hat Staffelmietvereinbarungen, die einen einseitigen Ausschluss des Kündigungsrechts enthalten, bis zur Grenze von vier Jahren gebilligt und durch die Bestimmung des § 557a Abs. 3 BGB zugelassen. Ein formularvertraglicher Kündigungsausschluss, der – wie auch hier – der gesetzlichen Regelung des § 557a Abs. 3 BGB nachgebildet ist, beinhaltet deshalb im Regelfall keine unangemessene Benachteiligung des Mieters im Sinne von § 307 Abs. 1 BGB. Eine Abweichung von wesentlichen Grundgedanken der gesetzlichen Regelung, § 307 Abs. 2 Nr. 1 BGB, liegt gerade nicht vor.

Anmerkung:

Der *BGH* führt seine Rechtsprechung zum Kündigungsausschluss im Wohnraummietrecht fort. Grundsätzlich ist ein beidseitiger zeitlich begrenzter Kündigungsausschluss auch formularmäßig zulässig (*BGH* NJW 2004, 3117), soweit er nicht die Dauer von vier Jahren überschreitet (*BGH* NJW 2005, 1574). Bis zu dieser Dauer ist auch ein einseitiger formularmäßiger Kündigungsverzicht des Mieters in einem Staffelmietverhältnis zulässig (*BGH* NJW 2006, 1059). Außerhalb einer Staffelmietvereinbarung kann der Mieter einseitig nur individualvertraglich auf sein Kündigungsrecht verzichten (*BGH* NJW 2004, 1448), während formularvertraglich der einseitige und deshalb allein den Mieter belastende Kündigungsverzicht einer Klauselkontrolle nicht standhält (*BGH* NJW 2009, 912).

Ein formularmäßiger Kündigungsverzicht von mehr als vier Jahren benachteiligt den Mieter von Wohnraum in der Regel entgegen den Geboten von Treu und Glauben unangemessen und ist daher nach § 307 Abs. 1 BGB unwirksam. Das Gesetz selbst lässt in § 557a Abs. 3 BGB bei Staffelmietverträgen einen Ausschluss des Kündigungsrechts des Mieters für diesen Zeitraum zu. Diese gesetzliche Regelung gibt einen Hinweis darauf, wo nach Auffassung des Gesetzgebers allgemein die zeitliche Grenze eines Kündigungsverzichts des Mieters zu sehen ist. Demgemäß ist ein formularmäßiger (auch beidseitiger) Kündigungsverzicht wegen unangemessener Benachteiligung des Mieters von Wohnraum in der Regel unwirksam, wenn seine Dauer mehr als 4 Jahre beträgt (*BGH* NJW 2005, 1574; Blank/*Börstinghaus*, § 575 Rz. 84; *Wiek*, WuM 2004, 509, 511).

Die Rechtsprechung des *BGH* ist von großer praktischer Bedeutung und vom Vermieter zu beachten, um eine Unwirksamkeit des Kündigungsverzichts insgesamt zu vermeiden. Während nämlich beim individualvertraglichen Kündigungsverzicht eine Überschreitung der Vier-Jahres-Frist des § 557a Abs. 3 BGB (eingeschränkt) unschädlich ist, so dass der hiervon betroffene Mieter jederzeit nach dessen Ende kündigen kann – auch zum Ende des Monats, der dem Ablauf der Frist des § 557a Abs. 3 BGB folgt –, führt bei Formularverträgen eine u.U. auch nur geringfügige Fristüberschreitung – etwa bei Bestimmung dieses Termins zum ersten zulässigem Kündigungstermin – zur Unwirksamkeit des Kündigungsverzichts insgesamt. Zu beachten ist auch, dass der Mietvertrag, wenn die Kündigung des Vermieters für längere Zeit als ein Jahr ausgeschlossen ist, der Schriftform bedarf (*BGH* NZM 2007, 399).

BGH: Kündigungsverzicht für Studentenwohnung (Urteil vom 15.07.2009 – VIII ZR 307/08, NJW 2009, 3506)

Ein formularmäßig vereinbarter Kündigungsverzicht in einem Mietvertrag über ein von einem Studenten an seinem Studienort angemietetes Zimmer ist unwirksam.

Der Beklagte ist Mieter eines in einem Wohnheim der Klägerin in E. gelegenen möblierten Zimmers, das er zur Aufnahme des Studiums bezog. Im Formularmietvertrag ist das Recht zur ordentlichen Kündigung auf die Dauer von zwei Jahren ausgeschlossen. Der Beklagte kündigte das Mietverhältnis wegen der «durchweg unzumutbaren gesundheitsgefährdenden unhygienischen Zustände im sanitären Bereich» vorzeitig. Die Klägerin macht ihrer Auffassung nach rückständige Mieten für den Zeitraum nach dem Kündigungstermin geltend. In den Vorinstanzen wurde der Klage nur insoweit stattgegeben, als sie die Mieten bis zum nächsten ordentlichen Kündigungstermin betrifft – insoweit ist das Urteil rechtskräftig –, und im Übrigen abgewiesen.

Nach Auffassung des *BGH* besteht kein Anspruch der Klägerin auf Zahlung weiterer Mieten, da der Kündigungsausschluss unwirksam, somit die Kündigung als ordentliche Kündigung zum nächstzulässigen Zeitpunkt wirksam war. Zwar sei ein Kündigungsausschluss für den Mieter grundsätzlich auch formularmäßig zulässig. Gleichwohl könne er gemäß § 307 I BGB unwirksam sein, wenn er den Mieter nach den Umständen entgegen Treu und Glauben unangemessen benachteiligt. Dies sei hier der Fall. Dem Beklagten sei ein schutzwürdiges Bedürfnis nach einem besonderen Maß an Mobilität und Flexibilität zuzubilligen, um auf Unwägbarkeiten des Studienverlaufs und ausbildungsbedingte Erfordernisse eines Ortswechsels angemessen reagieren zu können, während ins Gewicht fallende Interessen der Klägerin, den Beklagten längere Zeit als die gesetzliche Kündigungsfrist zu binden, nicht erkennbar seien. Besondere Bedeutung komme insoweit dem Umstand zu, dass der Beklagte das Zimmer zu dem Zweck angemietet hatte, in E. studieren zu können. Diese Zweckbindung habe die Klägerin nicht ignorieren dürfen, um die Fluktuation in ihren Mietobjekten gering zu halten und durch Vermeidung eines innerhalb des Semesters liegenden Mietendes eine nahtlose Anschlussvermietung sicherzustellen. Weil sich das gewählte Studium schnell als nicht geeignet erweisen oder in späteren Ausbildungsphasen ein Auslandsaufenthalt sinnvoll oder sogar erforderlich sein könne, hätten Studenten ein gesteigertes Interesse an der Möglichkeit, einen Mietvertrag flexibel beenden zu können.

Anmerkung:

Da die Mieten bis zum nächsten ordentlichen Kündigungstermin nicht mehr streitgegenständlich waren, musste der *BGH* nicht prüfen, ob vorliegend auch eine außerordentliche Kündigung wegen Gesundheitsgefährdung erfolgreich gewesen wäre. Das ist zu verneinen. Nach der Rechtsprechung des *BGH* ist die außerordentliche fristlose Kündigung eines Mietverhältnisses über Wohnraum wegen erheblicher Gesundheitsgefährdung nach §§ 543 Abs. 1, 569 Abs. 1 BGB grundsätzlich erst zulässig, wenn der

Mieter dem Vermieter zuvor gemäß § 543 Abs. 3 S. 1 BGB eine angemessene Abhilfefrist gesetzt oder eine Abmahnung erteilt hat (*BGH* NJW 2007, 2177; Anm. *Bub/Bernhard*, FD-MietR 2007, 226556). Die außerordentliche fristlose Kündigung wegen erheblicher Gesundheitsgefährdung stellt nämlich einen besonders geregelten Fall der außerordentlichen fristlosen Kündigung aus wichtigem Grund nach § 543 Abs. 1 BGB dar. Nach der Gesetzessystematik gilt deshalb auch für sie ebenso wie für jede andere außerordentliche fristlose Kündigung aus wichtigem Grund, dass vor der Kündigung die Voraussetzungen des § 543 Abs. 3 S. 1 BGB (erfolgloser Ablauf einer Abhilfefrist oder Abmahnung) erfüllt sein müssen.

BGH: Formularmäßiger Kündigungsverzicht für mehr als vier Jahre (Urteil vom 08.12.2010 – VIII ZR 86/10, NJW 2011, 597)

Ein formularmäßiger Kündigungsausschluss ist wegen unangemessener Benachteiligung des Mieters unwirksam, wenn er einen Zeitraum von vier Jahren – gerechnet vom Zeitpunkt des Vertragsschlusses bis zu dem Zeitpunkt, zu dem der Mieter den Vertrag erstmals beenden kann – überschreitet.

Die Kläger hatten von den Beklagten eine Wohnung gemietet. In dem Vertrag verzichteten die Parteien wechselseitig auf die Dauer von vier Jahren ab Vertragsbeginn auf ihr Recht zur ordentlichen Kündigung des Mietverhältnisses. Eine Kündigung sollte erstmals nach Ablauf dieses Zeitraums mit der gesetzlichen Frist zulässig sein. Die Parteien streiten um die Wirksamkeit einer vor Ablauf dieses Zeitraums ausgesprochenen Kündigung.

Nach Auffassung des *BGH* ist der im Mietvertrag vereinbarte Kündigungsausschluss gemäß § 307 Abs. 1 BGB wegen unangemessener Benachteiligung der Kläger unwirksam, sofern es sich bei dieser Bestimmung – was noch zu klären ist – um eine Allgemeine Geschäftsbedingung handelt. Zwar sei es möglich, einen zeitlich begrenzten Ausschluss des Kündigungsrechts – auch formularmäßig – zu vereinbaren; insbesondere geböten es weder § 573c Abs. 4 noch § 575 Abs. 4 BGB, die Vereinbarung eines formularmäßigen Kündigungsausschlusses schon für sich allein als unangemessene Benachteiligung des Mieters im Sinne von § 307 Abs. 2 BGB zu werten. Gleichwohl könne ein formularmäßiger Kündigungsverzicht gemäß § 307 Abs. 1 S. 1 BGB unwirksam sein, wenn er den Mieter entgegen den Geboten von Treu und Glauben unangemessen benachteiligt. Dies sei regelmäßig der Fall, wenn der Kündigungsausschluss einen Zeitraum von vier Jahren überschreitet.

§ 557a Abs. 3 BGB regele den zulässigen Kündigungsausschluss für Staffelmietverträge in der Weise, dass die vierjährige Höchstfrist vom Abschluss des Mietvertrags und nicht vom Beginn des Mietverhältnisses zu berechnen ist und dass die Kündigung jedenfalls zum Ablauf eines Zeitraums von vier Jahren ab Vertragsabschluss zulässig sein müsse. Im Ergebnis sei deshalb bei der Staffelmiete – auch im Wege einer Individualvereinbarung – nur eine vertragliche Bindung des Mieters für die Dauer von maximal vier Jahren ab Vertragsschluss möglich. Diese Regelung gebe einen Hinweis darauf, wo nach Auffassung des Gesetzgebers im Hinblick auf heutige Mobilitätserfordernisse allgemein die Grenze eines Kündigungsverzichts des Mieters zu ziehen ist. § 557 Abs. 3 S. 2 BGB schreibe somit auch die Grenze für die dem Mieter noch zumutbare Einschränkung seiner Dispositionsfreiheit und die Zulässigkeit eines formularmäßigen Kündigungsausschlusses vor: Dieser dürfe einen Zeitraum von vier Jahren – gerechnet vom Zeitpunkt des Vertragsschlusses bis zu dem Zeitpunkt, zu dem der

Mieter den Vertrag erstmals beenden kann – nicht überschreiten. Der Kündigungsausschluss sei mithin vorliegend – vorausgesetzt, es handelt sich um eine formularvertragliche Vereinbarung – nach § 307 Abs. 1 S. 1 BGB insgesamt unwirksam, weil die Dauer der Bindung der Kläger einen Zeitraum von vier Jahren überschreite. Eine Aufrechterhaltung der Klausel mit einer kürzeren Bindungsdauer komme wegen des für Allgemeine Geschäftsbedingungen zu beachtenden Verbots einer geltungserhaltenden Reduktion nicht in Betracht.

Anmerkung:

Der *BGH* schreibt seine Rechtsprechung zu Kündigungsausschlussvereinbarungen in Mietverträgen fort. Während im Wege einer Individualvereinbarung außerhalb der Staffelmiete auch ein Kündigungsausschluss für einen Zeitraum von mehr als vier Jahren wirksam vereinbart werden kann (*BGH* NJW 2004, 1448), ist formularvertraglich nur ein Kündigungsverzicht für längstens vier Jahre zulässig (*BGH* NJW 2005, 1574). Der *BGH* verschärft diese Rechtsprechung – in Übereinstimmung mit der h.M. im Schrifttum (Schmidt-Futterer/*Blank*, § 575 BGB Rz. 89; MünchKomm/*Häublein*, § 573c Rz. 21) – nunmehr dahingehend, dass eine Kündigung zu diesem Zeitpunkt auch wirksam werden muss, nicht nur erstmals ausgesprochen werden kann.

Eine wirksame Ausschlussvereinbarung könnte demnach folgenden Wortlaut haben (Schmidt-Futterer/Blank, a.a.O., Rz. 90): „Beide Parteien verzichten auf das Recht zur ordentlichen Kündigung für die Dauer von vier Jahren. Eine ordentliche Kündigung kann frühestens zum Ablauf dieser Zeit innerhalb der gesetzlichen Kündigungsfristen erklärt werden. Das Recht beider Parteien zur außerordentlichen Kündigung bleibt unberührt. Der Mieter kann seine vorzeitige Entlassung aus dem Mietverhältnis verlangen, wenn er die Wohnung aus wichtigen persönlichen Gründen aufgeben muss."

BGH: Erstattung der Rechtsanwaltskosten für die Kündigung durch einen gewerblichen Großvermieter (Urteil vom 06.10.2010 – VIII ZR 271/09, NJW 2011, 296)

Einem gewerblichen Großvermieter ist es in tatsächlich und rechtlich einfach gelagerten Fällen zuzumuten, ein Kündigungsschreiben ohne anwaltliche Hilfe zu verfassen. Die Kosten für einen dennoch beauftragten Rechtsanwalt sind daher vom Mieter nicht zu erstatten.

Die Klägerin ist ein Unternehmen der Wohnungswirtschaft, das über eine Vielzahl von Wohnungen verfügt und diese gewerblich vermietet. Die Beklagten, die eine Wohnung von der Klägerin gemietet haben, gerieten mit zwei Monatsmieten in Rückstand. Daraufhin kündigte die Klägerin mit anwaltlichem Schreiben den Mietvertrag gemäß § 543 Abs. 2 S. 1 Nr. 3 BGB fristlos. Sie hat mit ihrer Klage Räumung und Rückgabe der Wohnung sowie Zahlung der durch das Kündigungsschreiben entstandenen Rechtsanwaltskosten begehrt. Sie ist der Auffassung, sie habe für den Ausspruch der fristlosen Kündigung einen Rechtsanwalt beauftragen dürfen, da sie keine Rechtsabteilung unterhalte und daher nicht über rechtskundiges Personal verfüge, das ohne rechtliches Risiko ein formgerechtes Kündigungsschreiben verfassen könne.

Nach Auffassung des *BGH* sind die Rechtsanwaltskosten vorliegend nicht erstattungsfähig. Kosten, die aus der Sicht des Vermieters zur Wahrung und Durchsetzung seiner Rechte nicht erforderlich und zweckmäßig sind, seien vom Mieter nicht als Verzugsschaden zu ersetzen. Sofern es sich – wie in der entschiedenen Konstellation – um einen tatsächlich und rechtlich einfach gelagerten Fall handelt, bedürfe ein gewerblicher Großvermieter für die Abfassung einer auf Zahlungsverzug gestützten Kündigung keiner anwaltlichen Hilfe. Dies gelte auch dann, wenn der Großvermieter über keine eigene Rechtsabteilung verfügt.

Auch die formalen Anforderungen an ein Kündigungsschreiben erforderten kein Tätigwerden eines Rechtsanwalts. Die Kündigung eines Mietverhältnisses bedürfe gem. § 568 Abs. 1 BGB der schriftlichen Form, außerdem sei nach § 569 Abs. 4 BGB der zur Kündigung führende wichtige Grund in dem Kündigungsschreiben anzugeben. Zur Wirksamkeit einer auf Mietzahlungsverzug gestützten Kündigung des Vermieters genüge es, dass der Mieter anhand der Begründung des Kündigungsschreibens erkennen kann, von welchem Mietrückstand der Vermieter ausgeht und dass er diesen Rückstand als gesetzlichen Grund für die fristlose Kündigung wegen Zahlungsverzugs heranzieht. Darüber hinausgehende Angaben seien selbst dann nicht erforderlich, wenn es sich – anders als hier – nicht um eine klare und einfache Sachlage handelt (*BGH* NJW 2010, 3015).

Anmerkung:

Mit diesem für die Praxis wichtigen Urteil hat der *BGH* abschließend die in letzter Zeit bei den Instanzgerichten strittige Frage entschieden, ob sich der Vermieter auch in einfachen Fällen der fristlosen Kündigung wegen Zahlungsverzugs des Mieters der Hilfe eines Rechtsanwaltes bedienen und dessen Kosten dem Mieter überbürden darf (verneinend: *LG Dortmund* BeckRS 2010, 17785; a.A. *AG Hamburg-Blankenese* BeckRS 2010, 21897). Kündigt der Vermieter aufgrund Verzugs des Mieters mit Mietzahlungen das Mietverhältnis fristlos, sind die hierfür anfallenden Kosten gemäß §§ 280 Abs.1 S. 1, 286, 249 BGB als Schaden ersatzfähig, da der Mieter durch die Nichtzahlung eine schuldhafte Pflichtverletzung begangen und den hierdurch entstehenden Schaden zu ersetzen hat. Dieser umfasst grundsätzlich auch die Kosten für die Beauftragung eines Anwalts. Die Ersatzpflicht setzt jedoch voraus, dass die Inanspruchnahme eines Rechtsanwalts erforderlich und zweckmäßig war (*BGH* NJW 2006, 1065); den Vermieter trifft insoweit gemäß § 254 Abs. 1 BGB eine Pflicht zur Schadensminderung. Deshalb mutet der *BGH* zu Recht denjenigen Vermietern, die über ausreichende Geschäftserfahrung verfügen, bei einfacher und überschaubarer Sachlage grundsätzlich zu, die Kündigung selbst auszusprechen. Dies gilt – selbstverständlich – nicht, sofern auch schwierige Rechtsfragen zu beurteilen sind (*BGH* NJW 1986, 2243).

BGH: Widerspruch gegen eine stillschweigende Vertragsfortsetzung im Kündigungsschreiben (Beschluss vom 21.04.2010 – VIII ZR 184/09, NJW 2010, 2124)

Ein bereits mit der Kündigung erklärter Widerspruch gegen eine stillschweigende Vertragsfortsetzung ist wirksam; eines zeitlichen Zusammenhangs mit der Vertragsbeendigung bedarf es nicht.

Die Beklagte war Mieterin einer Wohnung der Klägerin. Diese hatte mit Schreiben vom Mai 2007 die ordentliche Kündigung des Mietverhältnisses wegen Eigenbedarfs zum Ablauf des Monats Februar 2008 erklärt und einer stillschweigenden Vertragsfortführung vorsorglich widersprochen. Die Klägerin begehrt nunmehr Räumung der Wohnung. Im Revisionsverfahren war noch allein die Frage streitig, ob der bereits im Kündigungsschreiben erklärte Widerspruch einer Fortsetzung des Mietverhältnisses nach § 545 BGB entgegenstand.

Nach Auffassung des *BGH* stand der Klägerin der von ihr geltend gemachte Räumungsanspruch zu, § 546 Abs. 1 BGB, weil das Mietverhältnis durch ihre berechtigte Eigenbedarfskündigung beendet worden sei. Der von der Klägerin bereits im Kündigungsschreiben erklärte Widerspruch habe einer Fortsetzung des Mietverhältnisses nach § 545 BGB entgegengestanden. Nach § 545 S. 1 BGB verlängere sich das Mietverhältnis auf unbestimmte Zeit, wenn der Mieter den Gebrauch der Mietsache nach Ablauf der Mietzeit fortsetzt und keine der Parteien ihren entgegenstehenden Willen binnen zwei Wochen erklärt. Für den Vermieter beginne die Frist mit dem Zeitpunkt, in dem er von der Fortsetzung Kenntnis erlangt, § 545 S. 2 Nr. 2 BGB. Die Klägerin habe der Fortsetzung des Mietvertrages jedoch bereits mit Schreiben vom Mai 2007 widersprochen und damit eine Vertragsfortsetzung wirksam ausgeschlossen.

Nach h.M. kann der Widerspruch des Vermieters gegen eine Fortsetzung des Mietverhältnisses auch schon vor Beginn der zweiwöchigen Widerspruchsfrist erhoben werden (*BGH* NJW-RR 2004, 558). Umstritten war hingegen bislang, inwiefern ein zeitlicher Zusammenhang zwischen dem Widerspruch und dem Vertragsende erforderlich ist, insbesondere, wenn der Widerspruch zusammen mit einer ordentlichen Kündigung erklärt wird, also zwischen dem Widerspruch und der Vertragsbeendigung mehrere Monate liegen. Während ein Teil der Rechtsprechung einen solchen Widerspruch mangels des erforderlichen zeitlichen Zusammenhangs jedenfalls bei längeren Kündigungsfristen für unbeachtlich hielt (*LG* Ansbach NJW-RR 1996, 1479), wurde der gleichzeitig mit der ordentlichen Kündigung erklärte Widerspruch von anderen Instanzgerichten generell für wirksam erachtet (*OLG Düsseldorf* NZM 2002, 739).

Mit zutreffenden Argumenten hat sich nunmehr der *BGH* der zweiten Auffassung angeschlossen. Eines zeitlichen Zusammenhangs zwischen Beendigung des Mietverhältnisses und Fortsetzungswiderspruch bedürfe es jedenfalls dann nicht, wenn der Widerspruch zusammen mit der Kündigung erklärt wird. Im Rahmen des § 545 BGB komme es entscheidend darauf an, ob nach den Gesamtumständen für den Mieter aus der früheren Erklärung seines Vermieters dessen eindeutiger Wille erkennbar wird, das Mietverhältnis nach dem Ablauf der Mietzeit nicht fortsetzen zu wollen. Dies sei regelmäßig der Fall, wenn der Vermieter bereits im Kündigungsschreiben, das zur Beendigung des Mietverhältnisses führt, einer Fortsetzung des Mietverhältnisses über den Beendigungszeitpunkt hinaus ausdrücklich widerspricht. Ein solcher Widerspruch, der sich auf eine konkrete Beendigung des Mietverhältnisses bezieht, lasse keinen Zweifel daran, dass der Vermieter die Rechtsfolgen des § 545 BGB ausschließen will.

Anmerkung:

Für den Vermieter schafft die Entscheidung Rechtssicherheit: Er muss nach einer Kündigung nicht nochmals der Fortsetzung des Mietgebrauchs widersprechen und sollte einen entsprechenden Passus formularmäßig in jedes Kündigungsschreiben aufnehmen.

BGH: Kündigung durch Erbengemeinschaft (Urteil vom 11.11.2009 – XII ZR 210/05, NJW 2010, 765)

Die Erben können ein Mietverhältnis über eine zum Nachlass gehörende Sache wirksam mit Stimmenmehrheit kündigen, wenn sich die Kündigung als Maßnahme ordnungsgemäßer Nachlassverwaltung darstellt.

Der Erblasser hatte ein Grundstück an den Beklagten vermietet. Nach dessen Tod kündigte die aus drei Mitgliedern bestehende Erbengemeinschaft den Mietvertrag, obwohl ein Miterbe sich dagegen ausgesprochen hatte.

Nach Auffassung des *BGH* ist die Kündigung wirksam. Allerdings handele es sich bei der Kündigung des Mietverhältnisses um eine Verfügung, die gemäß § 2040 Abs. 1 BGB grundsätzlich einstimmiges Handeln erfordert. Verfügt werde zwar nicht über das Grundstück, wohl aber über die Rechte aus dem Mietvertrag wie die ebenfalls zu dem Nachlass gehörende Mietforderung. Durch die Kündigung des Vertrags werde das Recht aufgehoben, damit erlösche der Anspruch der Erbengemeinschaft auf Zahlung der Miete. Gleichwohl sei es für die Wirksamkeit der Kündigung nicht erforderlich gewesen, dass alle Miterben gemeinschaftlich die Kündigung des Mietverhältnisses erklärten. Das folge aus § 2038 BGB, der die Vorschrift des § 2040 BGB im vorliegenden Fall verdränge.

Gemäß § 2038 BGB stehe die Verwaltung des Nachlasses den Erben grundsätzlich gemeinschaftlich zu. Jeder Miterbe sei den anderen gegenüber verpflichtet, an Maßregeln mitzuwirken, die zur ordnungsgemäßen Verwaltung erforderlich sind. Gemäß § 745 I BGB, der über § 2038 Abs. 2 S. 1 BGB anwendbar sei, könne durch Stimmenmehrheit eine der Beschaffenheit des gemeinschaftlichen Gegenstands entsprechende ordnungsgemäße Verwaltung und Benutzung beschlossen werden. Gegenüber § 2040 BGB sei diese Regelung vorrangig. Danach können mehrheitlich beschlossene Maßnahmen der ordnungsgemäßen Nachlassverwaltung auch Verfügungsgeschäfte umfassen. Wenn die Erben durch Mehrheitsbeschluss verbindlich Verträge mit Dritten abschließen und damit obligatorische Rechtspositionen begründen können, sei nicht ersichtlich, wieso es ihnen verwehrt sein sollte, diese Rechte – ebenfalls mehrheitlich – wieder aufzuheben.

Voraussetzung für die Wirksamkeit der Kündigung sei, dass es sich bei ihr um eine ordnungsgemäße Verwaltungsmaßnahme handelt. Entscheidend sei der Standpunkt eines vernünftig und wirtschaftlich denkenden Betrachters. Deshalb könnten Kündigungen, die dem Interesse des einzelnen Miterben an der Werterhaltung des Nachlasses nicht gerecht werden, mithin zu einer Entwertung des Nachlasses führen, keine ordnungsgemäße Verwaltung darstellen. Gemessen an diesen Anforderungen habe die durch Mehrheitsbeschluss erfolgte Kündigung seitens der Erben, vorliegend ordnungsgemäßer Verwaltung entsprochen, da das Mietverhältnis für die Erbengemeinschaft unwirtschaftlich gewesen sei.

Anmerkung:

Der *BGH* bestätigt seine ständige Rechtsprechung bestätigt, dass es sich bei der Kündigung eines Miet- oder Pachtvertrages durch eine Erbengemeinschaft um eine Verfügung im Sinne des § 2040 BGB handelt und die Mehrheit der Erben, die diese in den Grenzen ordnungsmäßiger Nachlassverwaltung beschließt, die Erbengemeinschaft vertreten kann, ohne dass es der Mitwirkung der überstimmten Erben oder gar der vorangehenden Erzwingung derselben bedarf (*BGH* NJW 2007, 150 mit abl. Anm. *Schütte*).

Beim Abschluss des Mietvertrages mit einer Erbengemeinschaft müssen die Beteiligten besonderen Wert auf die ordnungsmäßige Bezeichnung und Vertretung der Gemeinschaft legen. Da die Erbengemeinschaft keine eigene Rechtspersönlichkeit hat und auch – anders als die im Rechtsverkehr tätige BGB-Gesellschaft (*BGH* NJW 2001, 1056) – nicht rechtsfähig ist (*BGH* NJW 2002, 3389), kommt ein Mietvertrag nicht mit ihr, sondern stets mit den einzelnen Mitgliedern der Gemeinschaft zustande. Wird als Mietvertragspartei nur die Erbengemeinschaft bezeichnet, genügt der Vertrag nicht der Schriftform des § 550 BGB. Im Mietvertrag sind nämlich alle wesentlichen Vertragsbedingungen, insbesondere der Mietgegenstand, der Mietzins sowie die Dauer und die Parteien des Mietverhältnisses zu bezeichnen (*BGH* NJW 1999, 2591). Dies gilt insbesondere dann, wenn auf einer Vertragsseite eine Personenmehrheit beteiligt ist. Für einen Grundstückserwerber, dessen Informationsbedürfnis die in § 550 vorgeschriebene Schriftform vorrangig dient, ist es von wesentlicher Bedeutung, wer als Vermieter den Mietvertrag abgeschlossen hat, da er nur dann nach § 566 BGB in das Mietverhältnis eintritt, wenn Vermieter und Grundstückseigentümer identisch sind (*BGH* NJW 2002, 3389).

Weiterhin ist für die für die Einhaltung der Schriftform erforderlich, dass sämtliche Vertragsparteien die Vertragsurkunde unterzeichnen. Unterzeichnet ein Vertreter der Erbengemeinschaft den Mietvertrag, muss das Vertretungsverhältnis in der Urkunde durch einen das Vertretungsverhältnis anzeigenden Zusatz hinreichend deutlich zum Ausdruck kommen (*BGH* a.a.O.).

LG Frankfurt a.M.: Kündigung gegenüber allen Mietern (Urteil vom 03.03.2009 – 2-17 S 92/08, NZM 2009, 858)

Der Grundsatz, dass eine Vermieterkündigung auch gegenüber einem ausgezogenen Mitmieter ausgesprochen werden muss, gilt auch dann, wenn der Auszug des Mitmieters lange Zeit zurückliegt und wenn der in der Wohnung verbliebene Mieter sich zwischenzeitlich rügelos auf eine Mieterhöhungsklage eingelassen hat, die nur gegen ihn selbst und nicht auch gegen den ausgezogenen Mitmieter gerichtet war..

Der Kläger ist Vermieter, der Beklagte Mieter einer Wohnung. Im Mietvertrag ist als weiterer Mieter Herr N. aufgeführt, der bereits vor längerer Zeit aus der Wohnung ausgezogen ist. Der Kläger kündigte das Mietverhältnis mit einem nur an den Beklagten gerichteten Schreiben fristlos und begehrt nunmehr Herausgabe der Wohnung.

Nach Auffassung des *LG Frankfurt* besteht kein Anspruch auf Herausgabe der Wohnung: Die vom Kläger ausgesprochene fristlose Kündigung sei formell unwirksam, da sie nur gegenüber dem Beklagten erfolgte, dagegen nicht auch gegenüber dem Mitmieter N. Der Auszug nur eines von mehreren Mietern bedürfe, um einen wirksamen Aufhebungsvertrag zu begründen, der Zustimmung des in der Wohnung verbleibenden Mieters. Eine Zustimmung des Beklagten liege jedoch nicht vor. Allein der Auszug des Mitmieters, und sei es bereits vor längerer Zeit, stelle kein Angebot an den Vermieter zum Abschluss eines Mietaufhebungsvertrages dar, den der Kläger angenommen und dem der Beklagte zugestimmt habe, indem er seine alleinige Mieterstellung in den folgenden Mieterhöhungsprozessen nie bestritten hat. Das jetzige Berufen des Beklagten auf die formelle Unwirksamkeit der fristlosen Kündigung stelle auch keinen Verstoß gegen Treu und Glauben dar. Vielmehr wäre im Rahmen eines Mieterhöhungsprozesses das Berufen des in der Wohnung verbliebenen Mieters auf eine konkludente Zustimmung des Mitmieters zur Entlassung aus dem Mietverhältnis ihrerseits treuwidrig gewesen.

Anmerkung:

Der Entscheidung ist nicht zuzustimmen. Zwar bedarf nach h.M., der sich das *LG Frankfurt a.M.* anschließt, ein zwischen Vermieter und dem ausscheidenden Mieter geschlossener Aufhebungsvertrag zu seiner Wirksamkeit auch der Zustimmung des in der Wohnung verbleibenden Mieters (*OLG Koblenz* NJW 1984, 244). Nach a.A. ist hingegen die Zustimmung des in der Wohnung verbleibenden Mieters im Außenverhältnis nicht Wirksamkeitsvoraussetzung, sondern lediglich Voraussetzung einer Enthaftung im Innenverhältnis der früheren Mitmieter untereinander (Wolf/Eckert/*Ball*, Rz. 1022). Der *BGH* hat die Streitfrage bislang ausdrücklich offen gelassen (*BGH* NZM 2004, 419).

Gleichwohl kann sich der Beklagte gegenüber der Kündigung nicht darauf berufen, er hätte der Entlassung von Herrn N. aus dem Mietverhältnis nicht zugestimmt. Eine Rechtsausübung ist gemäß § 242 BGB missbräuchlich, wenn sie beachtliche Interessen eines anderen verletzt, ihr aber kein schutzwürdiges Eigeninteresse zu Grunde liegt (*BGH* NJW-RR 2000, 1220). Der Vermieter, der einen Aufhebungsvertrag mit einem Mitmieter schließt, hat ein erkennbares Interesse daran, sich hinsichtlich der weiteren Gestaltung des Mietverhältnisses nur noch an den Mieter zu halten, der aus seiner Sicht noch Vertragspartei ist. Ist nämlich Vertragspartner eines Mietvertrages auf einer Seite eine Personenmehrheit, müssen alle Gestaltungserklärungen – wie vorliegend etwa die Kündigung des Mietverhältnisses – von allen Mitgliedern der Personengemeinschaft und gegenüber allen abgegeben werden dies folgt aus der Einheitlichkeit des Mietverhältnisses, da alle Mitmieter gemeinschaftlich Mieter sind (*BGH* a.a.O.). Wenn der ausgezogene Mieter unbekannten Aufenthalts ist, stände der Vermieter vor erheblichen praktischen Erschwernissen.

Andererseits ist es für den in der Wohnung verbleibenden Mieter im Außenverhältnis ohne Bedeutung, ob eine weitere Person Mietpartei ist, da er als Gesamtschuldner gegenüber dem Vermieter die ganze Leistung schuldet, § 421 BGB; sein Interesse an der Erhaltung einer weiteren Vertragspartei beschränkt sich auf eventuelle Ausgleichsansprüche im Innenverhältnis der Mieter. Deshalb kann es nicht im Belieben des in der Wohnung verbleibenden Mieters stehen, durch Verweigerung der Zustimmung eine Entlassung des Mitmieters aus dem Mietverhältnis zu verhindern.

Dem Vermieter zu empfehlen ist zum einen aus Sicherheitsgründen die Kündigung auch gegenüber dem ausgezogenen Mitmieter zu erklären, wenn dessen Ausscheiden nicht auch der verbleibende Mitmieter ausdrücklich zugestimmt hat, sowie die Verwendung einer – auch formularvertraglich zulässigen (*BGH* NJW 1997, 3437) – Klausel, in der sich die Mieter untereinander im Mietvertrag Empfangvollmacht erteilen; dann geht die Kündigung auch dem ausgezogenen Mieter zu, wenn sie an beide Mieter an die alte Anschrift gerichtet wird.

AG Mannheim: Gemeinsames Kündigungsrecht mehrerer Vermieter (Urteil vom 18.04.2008 – 9 C 48/08, ZM 2009, 156)

Werden vermietete Räume in Wohnungseigentum aufgeteilt und mitvermietete Kellerräume verschiedenen Sondereigentumseinheiten zugewiesen, können nach einer Entscheidung des Amtsgerichts Mannheim deren Eigentümer das Mietverhältnis nur gemeinschaftlich kündigen.

Die Klägerin begehrt Räumung und Herausgabe einer in ihrem Eigentum stehenden Wohnung nach einer Eigenbedarfskündigung. Die beklagten Mieter hatten die Wohnung von der damaligen Hauseigentümerin, der W-AG zusammen mit drei Kellerräumen angemietet. Später wandelte die W-AG sämtliche im Anwesen gelegenen Wohnungen in Eigentumswohnungen um. Der streitgegenständlichen Wohnung wurden die beiden im Lageplan mit der Nr. 4 gekennzeichneten Kellerräume zugeordnet. Der ebenfalls mitvermietete und im Lageplan mit der Nr. 3 gekennzeichnete Kelleraum wurde einer anderen, im Sondereigentum der Eheleute X befindlichen Eigentumswohnung zugeordnet; die Beklagten haben seit Beginn des Mietverhältnisses alle drei Kellerräume durchgehend in Benutzung. Die Klägerin trägt vor, der mit Nr. 3 gekennzeichnete Keller sei kein normaler Kellerraum, sondern eher als «Kellerloch» zu bezeichnen. Er habe eine Größe von lediglich 4 qm, verfüge über kein Fenster und auch keinen betonierten Kellerboden. Sie sei daher durch den Erwerb der streitgegenständlichen Wohnung alleine in das Mietverhältnis mit den Beklagten eingetreten, so dass sie auch ohne die Mitwirkung der Eheleute X die Wohnung kündigen könne, zumal der mit der Nr. 3 gekennzeichnete Kellerraum im Verhältnis zur übrigen Wohnung wertmäßig unbedeutend sei.

Nach Auffassung des *AG Mannheim* steht der Klägerin aus §§ 985, 546 BGB kein Anspruch auf Räumung und Herausgabe der streitgegenständlichen Wohnung gegen die Beklagten zu, da die ausgesprochene ordentliche Eigenbedarfskündigung mangels alleiniger Aktivlegitimation der Klägerin unwirksam ist. Der Kellerraum Nr. 3 stehe unstreitig im Eigentum des Ehepaars X, das diesen zusammen mit einer ebenfalls im Anwesen gelegenen Eigentumswohnung schon vor mehreren Jahren erworben hatte. Damit sei es zusammen mit der Klägerin in das mit den Beklagten bestehende Mietverhältnis eingetreten, so dass die Klägerin eine rechtsgeschäftliche, auf die Beendigung des Mietverhältnisses gerichtete Erklärung wie die ordentliche Kündigung nicht alleine aussprechen konnte, sondern auf die Mitwirkung der anderen Vermieter – der Eheleute X – angewiesen war.

Zwar habe sich der *BGH* in bestimmten Fällen bei der Umwandlung einer vermieteten Wohnung in Wohnungseigentum für eine einschränkende Anwendung des § 566 BGB ausgesprochen. Im dort zu entscheidenden Fall war aber ein mitvermieteter Kellerraum im Rahmen der Teilungserklärung dem gemeinschaftlichen Eigentum aller Wohnungseigentümer zugeschlagen worden; vorliegend stehe der Kellerraum Nr. 3 aber nicht im Gemeinschaftseigentum, sondern im Sondereigentum eines anderen Wohnungseigentümers. Grund für die einschränkende Anwendung des § 566 BGB wären die bei einer Vervielfältigung der Vermieterstellung auftretenden Erschwernisse im Mietverhältnis, vor allem der Umstand, dass der Mieter seine Mietzahlung nur an alle eintretenden Erwerber erbringen könne und durch eine Zahlung an nur einen Vermieter von seinen Verpflichtungen nicht frei werde; weiter könnten Willenserklärungen in Bezug auf das Mietverhältnis nur gemeinschaftlich abgegeben werden, was bei Wohnungseigentümergemeinschaften mit u.U. über hundert Mitgliedern nicht praktikabel sei. Dies bedeute jedoch nicht, dass sämtliche Fälle der Begründung und Übertragung von Wohnungseigentum aus dem Anwendungsbereich von § 566 Abs. 1 BGB auszuklammern seien. Vielmehr habe der *BGH* ausdrücklich festgestellt, dass § 566 Abs. 1 BGB Anwendung findet, wenn an einem Nebenraum kein gemeinschaftliches Eigentum, sondern Sondereigentum eines anderen Eigentümers begründet wird. In diesem Fall träten sowohl der Erwerber der Wohnung als auch der Erwerber des Nebenraumes in den mit dem Mieter abgeschlossenen Vertrag ein.

Darauf, ob es sich bei dem Kellerraum Nr. 3 um ein kleines «Kellerloch» ohne Fenster und betonierten Kellerboden handele, komme es nicht an. § 578 BGB mache bei anderen als Wohnräumen die Anwendbarkeit des § 566 BGB nicht von der Größe und Beschaffenheit der Räumlichkeiten abhängig.

Anmerkung:

Vermietet der Eigentümer Wohnungen oder Geschäftsräume in seinem Haus, erstreckt sich das Recht des Mieters zur Benutzung der gemieteten Räume auf das Recht zur Mitbenutzung der Gemeinschaftsflächen des Hauses (*BGH* NJW 2007, 146; Bub/Treier/*Kraemer*, III Rz. 1171; Schmidt-Futterer/*Eisenschmid*, § 535 BGB Rz. 287). Dieses Recht zur Mitbenutzung gemeinschaftlich genutzter Flächen wirft bei der Veräußerung einer Eigentumswohnung keine Probleme auf, wenn sie erst vermietet wird, nachdem an ihr Sondereigentum begründet worden ist. Das Recht des Wohnungseigentümers aus § 13 WEG, sein Sondereigentum zu vermieten, schließt die Befugnis ein, das ihm zustehende Recht auf Mitgebrauch des gemeinschaftlichen Eigentums auf den Mieter zu übertragen. Mietvertragliche Beziehungen bestehen gleichwohl nur zwischen dem vermietenden Wohnungseigentümer und seinem Mieter. In diese Rechtsstellung tritt bei einer Veräußerung des Wohnungseigentums der Erwerber ein.

Anders stellt sich die Rechtslage dar, wenn die einzelnen Wohnungen bereits vor der Umwandlung in Wohnungseigentum vermietet worden sind und erst anschließend vom Vermieter veräußert werden. Das (mit-)vermietete Gemeinschaftseigentum wird vom bisherigen Vermieter des ganzen Grundstücks in mehreren Kaufverträgen sukzessive zusammen mit dem jeweiligen Sondereigentum an mehrere Miteigentümer übertragen. Es gibt also nicht nur einen Erwerber, der in toto in die Rechtsstellung des Veräußerers eintreten würde. Ist allerdings ein nunmehr im gemeinschaftlichen Eigentum stehender Nebenraum ausdrücklich mitvermietet worden, wird nach Auffassung des *BGH* der Erwerber der vermieteten Wohnung alleiniger Vermieter (*BGH* NJW 1999, 2177 zu § 571 BGB). Eine Vervielfältigung der Vermieterstellung führe nicht nur für die Wohnungseigentümer, sondern auch für die Mieter zu einem höchst umständlich zu verwaltenden Mietverhältnis; bei einer Vielzahl von Vermietern könne es sogar zu einer völligen Blockade kommen (*Weitemeyer*, NZM 1998, 169, 175). Nach Auffassung des *BGH* ist § 566 BGB deshalb einschränkend anzuwenden: Bei einer Veräußerung von Wohn- und Teileigentum beschränkt sich die Wirkung der Norm auf die Veräußerung des Sondereigentums und findet keine Anwendung auf die mit dem Sondereigentum notwendig verbundenen oder gesondert vermieteten Anteile am Gemeinschaftseigentum.

Die Entscheidung des *BGH* war pragmatisch, dogmatisch aber nicht überzeugend. Zutreffend ist zwar, dass der Erwerber einer Wohnung am Gemeinschaftseigentum mitberechtigt ist und diese Mitberechtigung – etwa in Bezug auf Treppenhaus oder Fahrstuhl – das Mitbenutzungsrecht des jeweiligen Mieters deckt. Anders verhält es sich aber, wenn dem Mieter an solchen Räumen mietvertraglich das alleinige Gebrauchsrecht zustehen soll. Dem das Sondereigentum erwerbenden Wohnungseigentümer steht nämlich gegenüber seinen Miteigentümern gemäß § 13 Abs. 2 WEG nur ein Mitgebrauchsrecht am gemeinschaftlichen Eigentum zu, das allein er seinem Mieter vermitteln kann. Dieser ist deshalb gegenüber dem Anspruch der Miteigentümer auf Einräumung des Mitgebrauchs nur geschützt, wenn sie als Vermieter in den Mietvertrag eintreten (MünchKomm/*Häublein*, § 566 Rz. 28). Dem steht auch nicht das Prinzip der Einheitlichkeit des Mietvertrages entgegen; dieses besagt insbesondere nicht, dass es durch Gesamt- oder Einzelrechtsnachfolge keinesfalls zu mehreren Vermietern kommen kann, sondern dass es auch bei mehreren Vermietern stets nur einen Mietvertrag gibt.

Anders gestaltet sich nach Auffassung des *BGH*, der das *AG Mannheim* folgt, die Rechtslage bei der Vermietung einer Wohnung und eines Nebenraumes, etwa einer Garage oder eines Kellers, an welchem ein Dritter Sondereigentum erworben hat. In diesem Fall tritt der Dritte zusammen mit dem Erwerber der Eigentumswohnung in den Mietvertrag ein (*BGH* NJW 2005, 3781; *LG Hamburg* NZM 2000, 656). Ihr Verhältnis untereinander bestimmt sich nach den Regelungen über die Bruchteilsgemeinschaft (*BGH* a.a.O.). Eine Kündigung ist bei einer Vermietermehrheit nur durch alle Vermieter gemeinschaftlich zulässig (Schmidt-Futterer/*Blank*, § 542 BGB Rz. 41).

LG Frankfurt/Oder: Kündigung gegenüber GbR (Urteil vom 21.04.2009 – 6a S 65/08, BeckRS 2009, 25579)

Der Mietvertrag mit einer Gesellschaft bürgerlichen Rechts muss gegenüber dieser, nicht gegenüber ihren Gesellschaftern gekündigt werden. Ausreichend ist aber, wenn die Kündigungserklärung an alle Gesellschafter der Außen-GbR adressiert wird und diesen zugeht.

Der Kläger und die Gesellschafter der Beklagten, der Garagengemeinschaft B., hatten einen Nutzungsvertrag über ein Grundstück geschlossen, auf welchem diese Garagen errichten sollten. Letztere hatten zu diesem Zweck einen «Vertrag über die Bildung der Garagengemeinschaft» geschlossen. Der Kläger wandte sich später an die Mitglieder der Beklagten und kündigte den Nutzungsvertrag ordentlich; gleichzeitig bot er jedem einzelnen Mitglied der Beklagten den separaten Abschluss eines Mietvertrages über die bis dahin von ihm genutzte Garage an. Er hat die Beklagte und ihre neun Mitglieder, die einen Einzelmietvertrag nicht abgeschlossen haben, auf Räumung und Herausgabe des Grundstücks in Anspruch genommen. Der Klage wurde erstinstanzlich stattgegeben; allein die Beklagte hat Berufung eingelegt.

Nach Auffassung des *LG Frankfurt/Oder* war die Beklagte befugt, Berufung auch ohne ihre Gesellschafter einzulegen. Sie sei nämlich als Außen-GbR Trägerin von eigenen Rechten und Pflichten. Von einer Außen-GbR werde – gleichgültig, ob unternehmenstragend oder nicht – stets dann gesprochen werden, wenn sie am Rechtsverkehr als solche teilnimmt und damit eigene Rechte und Pflichten begründet. Entscheidend sei, ob die Gesellschafter im Gesellschaftsvertrag vereinbart haben, als Gesamthand am Rechtsverkehr teilzunehmen, oder ob sich ihr Zusammenschluss nur auf die Innenbeziehung beschränken soll. Dass es sich bei der Beklagten um eine Außen-GbR handelt, ergebe sich sowohl aus ihrem historischen Werdegang wie aus ihrem Auftreten im Rechtsverkehr.

Die Kündigungserklärung der Klägerin sei wirksam. Grundsätzlich sei zwar bei einer Mehrheit von Mietern die Kündigung gegenüber allen zu erklären. Dies folge aus der Einheitlichkeit des Mietverhältnisses, das nur insgesamt beendet werden könne. Bei einer GbR als Mieterin müsse deshalb die Kündigung allen Gesellschaftern zugehen. Anderes gelte aber für eine Außen-GbR. In diesem Fall sei allein die Gesellschaft Trägerin der aus dem Mietvertrag resultierenden Rechte und Pflichten und auch sie allein Partei des Mietvertrages. Die Kündigungserklärung wäre deshalb an sich an die Beklagte zu adressieren gewesen und mit Zugang an die vertretungsberechtigten Gesellschafter wirksam geworden. Auch hier sei es aber ausreichend, wenn die Kündigungserklärung an alle Gesellschafter der Außen-GbR adressiert wird und diesen die Kündigungserklärung zugeht, sofern aus ihr ersichtlich wird, dass das bestehende Mietverhältnis mit der Außen-GbR als Mieterin gekündigt werden soll. Das *LG Frankfurt/Oder* hat die Revision zugelassen, um die Frage der Wirksamkeit der Kündigung eines Mietverhältnisses durch Zustellung der Kündigungserklärung an die Gesellschafter einer Außen-GbR abschließend zu klären.

Anmerkung:

Die GbR kann Partei eines Mietvertrages sein, sofern sie am Rechtsverkehr als solche teilnimmt und damit eigene Rechte und Pflichten begründet (*BGH* NJW 2001, 1056; MünchKomm/*Ulmer*, § 705 Rz. 298 ff). Dies ist dann der Fall, wenn die Gesellschaft durch einen Gesellschafter, der in ihrem Namen im Rechtsverkehr auftritt, vertreten wird. Deshalb war vorliegend Mietvertragspartei die GbR und konnte auch sie zu Räumung und Herausgabe sämtlicher Garagen verurteilt werden. Besonderheit des Falles war aber, dass die Gesellschafter der GbR entweder der Herausgabe bereits zugestimmt hatten oder das Herausgabeurteil gegen sie bereits rechtskräftig war. Nach § 736 ZPO ist für die Vollstreckung gegen eine GbR nicht ein Titel gegen diese erforderlich, sondern ein Titel gegen alle Gesellschafter ausreichend (*K. Schmidt*, NJW 2001, 993, 1000). Eine Verurteilung auch der GbR war deshalb gar nicht mehr erforderlich, um sämtliche Garagen herausverlangen zu können. Die Rechtslage bei der GbR ist insoweit anders als bei der oHG, wo gemäß § 124 II HGB eine Vollstreckung in das Gesellschaftsvermögen ausschließlich mit einem gegen die Gesellschaft lautenden Titel möglich ist. Fraglich könnte deshalb sein, ob insoweit überhaupt (noch) ein Rechtsschutzbedürfnis bestand. Gleichwohl ist dem Urteil im Ergebnis beizupflichten, da es dem Kläger nicht zum Nachteil gereichen kann, dass die mitverklagten Gesellschafter das Urteil gegen sich haben rechtskräftig werden lassen.

OLG Hamm: Vereitelung des Zugangs (Urteil vom 09.11.2007 – 30 U 108/07, BeckRS 2008, 12591)

Ein Vermieter, der während seiner Urlaubsabwesenheit nicht dafür Sorge trägt, dass ihn rechtserhebliche Erklärungen des Mieters (hier: Kündigung) auch erreichen, kann sich nicht darauf berufen, das Schreiben sei ihm verspätet zugegangen.

Der Kläger hatte den Beklagten eine Maschinenbauhalle nebst Bürogebäude auf seinem Grundstück vermietet. Der Mietvertrag war bis zum 30.09.2002 befristet und sollte sich um weitere 3 Jahre verlängern, wenn nicht eine Seite unter Einhaltung einer Frist von 12 Monaten der Verlängerung widerspricht. Mit Schreiben vom 24.09.2001 erklärten die Beklagten die Kündigung des Mietverhältnisses zum 30.09.2002. Das Kündigungsschreiben gaben sie am 25.09.2001 als Einschreiben mit Rückschein auf. Die Deutsche Post AG legte den zum Einschreiben gehörenden Benachrichtigungsschein in das Postfach des Klägers ein. Das Einschreiben selbst lag in der Poststelle H. zur Abholung bereit. Da der Kläger, der sich in der Zeit vom 22.09.2001 bis zum 23.10.2001 mit seiner Ehefrau in Kanada aufhielt, das Schreiben nicht abholte, wurde es am 03.10.2001 an die Beklagten zurückgesandt. Ein weiteres Exemplar des Kündigungsschreibens warfen die Beklagten in der Folgezeit in den Briefkasten des Hauses des Klägers ein. Die Beklagten nutzten das Mietobjekt bis Ende August 2003 und zahlten bis zu diesem Zeitpunkt Miete. Der Kläger kündigte später seinerseits fristlos wegen Zahlungsverzuges und vermietete das Objekt anderweitig. Er macht nunmehr Ansprüche auf Miete und Schadensersatzansprüche wegen entgangener Miete geltend. Er vertritt die Auffassung, die Kündigung habe ihn nicht rechtzeitig erreicht. Die Beklagten hätten nicht alles getan, was ihnen zumutbar gewesen sei, um dafür zu sorgen, dass ihm die Kündigungserklärung rechtzeitig zur Kenntnis gelangt. Ihnen hätten mehrere Möglichkeiten zur Verfügung gestanden, einen wirksamen Zugang der nicht formbedürftigen Kündigungserklärung zu bewirken: Sie hätten nämlich seine Anschrift im Ausland bei seiner Mutter erfragen und die Kündigung per Telefon, Telegramm, Telefax, E-Mail oder SMS übermitteln können

Nach Auffassung des *OLG Hamm* ist die Klage unbegründet. Die Beklagten hätten der Verlängerung des Mietverhältnisses um weitere drei Jahre wirksam widersprochen, so dass es mit Ablauf der festen Vertragslaufzeit zum 30.09.2002 endete. Zwar sei der Widerspruch dem Kläger nicht bereits durch das Übergabeeinschreiben innerhalb der Jahresfrist bis zum 30.09.2001 zugegangen. Vor Fristablauf sei lediglich ein Benachrichtigungsschein in das Postfach des Klägers eingelegt worden. Dieser enthielt aber nicht den Widerspruch gegen die Fortsetzung des Mietverhältnisses, sondern lediglich die Mitteilung, dass ein Einschreiben zur Abholung bei der Post bereit liegt. Absender und Inhalt der Erklärung hätten sich daraus nicht ergeben. Der Zugang der Benachrichtigung könne den Zugang des Einschreibebriefes daher nicht ersetzen. Auch die Zugangsfiktion des § 132 BGB greife nicht ein. Sie gelte nur bei Beteiligung eines Gerichtsvollziehers und sei auf ein Übergabeeinschreiben nicht entsprechend anzuwenden.

Der Kläger müsse sich aber nach § 242 BGB so behandeln lassen, als sei ihm das Kündigungsschreiben noch rechtzeitig zugegangen. Wer aufgrund bestehender oder angebahnter vertraglicher Beziehungen mit dem Zugang rechtserheblicher Erklärungen zu rechnen hat, habe geeignete Vorkehrungen zu treffen, dass ihn derartige Erklärungen auch erreichen. Unterlässt er dies, könne es nach den Gesamtumständen unter Berücksichtigung von Treu und Glauben gerechtfertigt sein, den Adressaten so zu behandeln, als habe ihn die infolge seiner Sorgfaltsverletzung nicht zugegangene Willenserklärung doch erreicht. Die Annahme einer Zugangsfiktion könne dabei zum einen an die Schwere des Sorgfaltsverstoßes des Empfängers, zum anderen aber auch an das Verhalten des Erklärenden anknüpfen. Soweit auf Seiten des Erklärungsempfängers eine grundlose Annahmeverweigerung oder arglistige Zugangsvereitelung vorliegt, müsse der Erklärende, um die Annahme einer Zugangsfiktion zu rechtfertigen, nach Kenntnis vom nicht erfolgten Zugang alles Erforderliche und ihm Zumutbare unternehmen, damit seine Erklärung den Adressaten doch noch erreicht. Dazu gehört in der Regel ein erneuter Versuch, den Zugang zu bewirken. Ein unverzüglicher zweiter Zustellversuch schneide dem Adressaten dann nicht nur den Einwand ab, die Erklärung sei ihm überhaupt nicht, sondern auch den Einwand, die Erklärung sei nicht rechtzeitig zugegangen.

Den Kläger habe die Obliegenheit getroffen, den Zugang mietvertraglich relevanter Erklärungen zu ermöglichen. Ob das bereits aus dem Dauerschuldverhältnis der Mieter herzuleiten ist, könne dahinstehen. Der Kläger habe mit dem Zugang rechtserheblicher Erklärungen der Beklagten im streitgegenständlichen Zeitraum rechnen müssen, weil die für beide Vertragsteile relevante Widerspruchsfrist der Verlängerungsklausel zum 30.09.2001 ablief. Vom fristgerechten Zugang eines Widerspruchs hing es ab, ob der Mietvertrag sich um weitere drei Jahre bis zum 30.09.2005 verlängerte. Die Beklagten durften die ihnen nach dem Mietvertrag gewährte Frist ausschöpfen und haben auch nach Kenntnis von dem tatsächlich nicht erfolgten Zugang des Übergabeeinschreibens alles Erforderliche und ihnen Zumutbare getan, damit ihre Erklärung den Kläger noch erreichen konnte. Dazu haben sie nach Rückerhalt des Übergabeeinschreibens eine wortgleiche Widerspruchserklärung in einen Briefkasten des Hauses des Klägers eingeworfen. Durch diesen erneuten Zustellversuch sei in der nach den konkreten Umständen schnellstmöglichen Art und Weise ein Zugang beim Kläger bewirkt worden. Die von dem Kläger in diesem Verfahren alternativ aufgezeigten Möglichkeiten einer Übermittlung per Telefon (Festnetz oder Mobil), E-Mail, SMS, Telegramm oder Telefax, mussten die Beklagten nicht wählen, da der Zugangsnachweis ungleich schwieriger zu führen sei als bei einem Briefeinwurf unter Zeugen.

Anmerkung:

Zu Recht hat das *OLG Hamm* die Beklagten nicht auf die Übermittlung der Kündigung per Telefax verwiesen. Diese birgt nämlich erhebliche Zugangsrisiken. Willenserklärungen, die durch Telefax übermittelt werden, gehen dem Adressaten mit Abschluss des Druckvorgangs an seinem Empfangsgerät zu (*BGH* NJW 2004, 1320; MünchKomm/*Einsele*, § 130 Rz. 20). Eine nicht ausgedruckte Erklärung muss der Empfänger zwar als zugegangen gelten lassen, wenn er den Papierspeicher absichtlich nicht aufgefüllt hat (*LAG Hamm* ZIP 1993, 1109; Palandt/*Heinrichs*, § 130 Rz. 17). Der Nachweis, dass das Telefax den Empfänger überhaupt erreicht hat, wird aber allein durch den „ok"-Vermerk auf dem Sendebericht nicht erbracht. Dieser begründet auch keinen Anscheinsbeweis, sondern ist ein bloßes Indiz für den Zugang (*BGH* NJW 1995, 665). Der Zugang ist erst dann vollendet, wenn die Kenntnisnahme durch den Empfänger möglich und nach der Verkehrsanschauung zu erwarten ist. Daher ist auch bei einer Übermittlung per Telefax auf den Zeitpunkt abzustellen, in dem sich der Empfänger nach den Gepflogenheiten der Verkehrsanschauung Kenntnis vom Inhalt der Willenserklärung verschaffen konnte (*OLG Rostock* NJW-RR 1998, 526: kein Zugang am Freitag nach 16.00 Uhr; Soergel/*Hefermehl,* § 130 Rz. 8, 13b f).

Auch bei einer Übermittlung per Telefax ist es für die Wirksamkeit des Zugangs allerdings unbeachtlich, wenn der Empfänger im Zeitpunkt des Ausdrucks wegen seines Urlaubs nicht anwesend war. Eine Willenserklärung, die einem anderen gegenüber in dessen Abwesenheit abzugeben ist, wird in dem Zeitpunkt wirksam, in welchem sie ihm zugeht. Zugegangen ist eine Willenserklärung dann, wenn sie so in den Bereich des Empfängers gelangt ist, dass er unter normalen Verhältnissen die Möglichkeit hat, vom Inhalt der Erklärung Kenntnis zu nehmen (*BGH* NJW 1998, 976; MünchKomm/*Einsele*, § 130 Rz. 9; Staudinger/*Rolfs,* § 542 Rz. 29). Entscheidend ist die objektive Möglichkeit der Kenntniserlangung und daher ist für den Zugang die tatsächliche Kenntnisnahme durch den Empfänger nicht erforderlich. Der Empfänger hat die Risiken seines räumlichen Machtbereichs zu tragen. Führen diese dazu, dass er vom Inhalt der Willenserklärung entweder verspätet oder gar nicht Kenntnis nimmt, sind diese ihm zuzurechnen, sofern die Erklärung überhaupt in seinen räumlichen Machtbereich gelangt ist. Daher geht eine Willenserklärung auch dann zu, wenn der Empfänger durch Krankheit oder Urlaub daran gehindert ist, von ihrem Inhalt Kenntnis zu nehmen. In diesem Fall trifft ihn die Obliegenheit, die gebotenen Vorkehrungen zu treffen. Unterlässt er dies, wird der Zugang durch solche – allein in seiner Person liegende – Gründe nicht gehindert (*BAG* NJW 1989, 606 – Kündigung während des Urlaubs; MünchKomm/*Einsele,* § 130 Rz. 35; Soergel/*Hefermehl,* § 130 Rz. 11).

OLG Hamm: Anordnung einer Nachlasspflegschaft bei Versterben des Mieters (Beschluss vom 22.06.2010 – 15 W 308/10, NJW-RR 2010, 1594)

Auf Antrag des Vermieters muss bei Vorliegen der weiteren Voraussetzungen des § 1960 BGB eine Nachlasspflegschaft mit dem Wirkungskreis der Vertretung der unbekannten Erben bei der Beendigung und Abwicklung des Wohnraummietverhältnisses mit dem Erblasser angeordnet werden.

Der Vermieter hat die Anordnung einer Nachlasspflegschaft beantragt, da die Erben des verstorbenen Mieters unbekannt sind. Seit dem Versterben des Mieters sind nicht unbeträchtliche Mietschulden aufgelaufen.

Nach Auffassung des *OLG Hamm* ist eine Nachlasspflegschaft mit dem Wirkungskreis der Vertretung der unbekannten Erben bei Beendigung und Abwicklung des Mietverhältnisses mit dem Gläubiger anzuordnen. Diese Anordnung dürfe nicht davon abhängig gemacht werden, dass der antragstellende Gläubiger die Gerichtskosten vorschießt, da hierfür keine gesetzliche Grundlage bestehe. Die Voraussetzungen des § 1961 BGB seien erfüllt: Der Antragsteller behaupte nicht offensichtlich unbegründete Ansprüche gegen den Nachlass. Dies gelte in jedem Fall für die seit dem Ableben des Erblassers aufgelaufenen Mietraten, denn auch bei diesen handele es sich um von dem Erblasser herrührende Nachlassverbindlichkeiten im Sinne des § 1967 BGB.

Ob die Nachlasspflegschaft nach § 1961 BGB auch zum Zweck der Entgegennahme einer materiell-rechtlichen Willenserklärung, vorliegend der Kündigung, angeordnet werden darf, bedürfe keiner grundsätzlichen Klärung. Denn lägen die Voraussetzungen des § 1961 BGB im Hinblick auf bestehende Nachlassverbindlichkeiten vor, so werde der Nachlasspfleger durch seine Bestellung zum gesetzlichen Vertreter der unbekannten Erben in Bezug auf den Nachlass. Er sei danach auch befugt, die Kündigung entgegen zu nehmen und über die Art und Weise der Räumung – ggf. unter Einsatz einer evtl. vorhandenen Mietkaution – zu verhandeln. Eine Beschränkung des Aufgabenkreises auf die Prozessvertretung, die rechtlich zulässig und wirksam wäre, läge weder im Interesse der unbekannten Erben, noch in demjenigen der öffentlichen Hand. Denn beiden müsse daran gelegen sein, das Mietverhältnis kurzfristig zu beenden, damit zumindest noch die Aussicht besteht, die aufgelaufenen Mietrückstände durch den Aktivnachlass abzudecken.

Eine Nachlasspflegschaft nach § 1961 BGB setze weiter voraus, dass die Erben bislang nicht festgestellt sind. Die Frage, ob der Erbe unbekannt ist, sei aus der Sicht des Gläubigers zu beurteilen, dessen Schutz § 1961 BGB dient. Dementsprechend gelte der Erbe bereits dann als unbekannt, wenn die Verhältnisse so weitläufig und/oder unklar sind, dass dem Gläubiger die Beschaffung derjenigen Informationen und Unterlagen, die für den Nachweis der Passivlegitimation notwendig wären, unmöglich oder zumindest unzumutbar ist. So lägen die Dinge hier. Denn bisher seien keine Erben namentlich bekannt geworden. Auch der Antragsteller verfüge nach seinen Angaben über keinerlei Informationen zu den in Betracht kommenden Erben.

Anmerkung:

Die Entscheidung des *OLG Hamm* ist zu begrüßen. Sie bietet dem Vermieter einen praktikablen Weg, das Mietverhältnis in dem – vermutlich nicht sehr seltenen – Fall schnell durch Kündigung zu beenden, dass der Mieter ohne Angehörige verstirbt und seine Erben unbekannt sind. Nach § 564 S. 1 BGB verliert der Mietvertrag mit dem Tod des Mieter nämlich nicht seine Wirksamkeit, sondern wird mit den Erben fortgesetzt, sofern nicht eine der in § 563 BGB genannten Personen (Ehegatte, Kinder, andere Familienangehörige) in das Mietverhältnis eintritt oder der Mietvertrag nach § 563a BGB mit weiteren (überlebenden) Mietern fortgesetzt wird.

Sowohl Mieter als auch Vermieter steht in diesem Fall nach § 564 S. 2 BGB ein Sonderkündigungsrecht zu. Die Vorschrift ist dispositiv (*Sternel*, ZMR 2004, 713, 722). Für den Ausschluss des Kündigungsrechts des Vermieters kann ein praktisches Bedürfnis bestehen, wenn der Mieter in den gemieteten Räumen ein Erwerbsgeschäft betreibt und sichergestellt werden soll, dass es nach dem Tod des Mieters von seinen Erben fortgeführt werden kann (Blank/*Börstinghaus*, § 564 BGB Rz. 40). Eine mietvertragliche Abrede, durch die im Todesfall des Mieters das Sonderkündigungsrecht des Erben abbedungen wird, ist kein unzulässiger Vertrag zu Lasten des Erben, da dieser in die Rechtsposition des Erblassers eintritt und seine Bindung an den Vertrag allein auf diesem Eintritt beruht (MünchKomm/*Häublein*, § 564 Rz. 25; a.A. Schmidt-Futterer/*Gather*, § 564 BGB Rz. 13). Sofern der Eintritt des Erben in das Mietverhältnis verhindert werden soll, kann ein Mietvertrag auf Lebenszeit des Mieters abgeschlossen werden (Blank/*Börstinghaus*, a.a.O., Rz. 17).

II. Einzelne Kündigungsgründe

1. Eigenbedarf

BGH: Eigenbedarfskündigung einer GbR (Urteil vom 16.07.2009 – VIII ZR 231/08, NJW 2009, 2738)

Auf eine Kündigung eines Wohnraummietverhältnisses durch eine Gesellschaft bürgerlichen Rechts wegen Eigenbedarf eines Gesellschafters findet die Kündigungsbeschränkung des § 577a BGB keine Anwendung, wenn nach der Kündigung Wohnungseigentum der Gesellschafter begründet wird. Das gilt auch dann, wenn die Gesellschafter Wohnanwesen zu dem Zweck erworben hat, die vorhandenen Wohnungen im Wohnungseigentum der Gesellschafter umzuwandeln.

Eine BGB-Gesellschaft als Vermieterin ist berechtigt, einen Mieter wegen Eigenbedarf eines ihrer Gesellschafter nach § 573 Abs. 2 Nr. 2 BGB zu kündigen (*BGH* NJW 2007, 2845). Ihr kann ein zur Kündigung eines Mietvertrages berechtigender Eigenbedarf eines Gesellschafters zugerechnet werden, da kein nennenswerter eine Ungleichbehandlung rechtfertigender Unterschied zwischen dieser und einer nicht gesellschaftsrechtlich verbundenen (einfachen) Vermietermehrheit besteht; oft hängt es nämlich nur vom Zufall ab, ob eine Personenmehrheit – etwa ein Ehepaar – dem Mieter eine Wohnung als Gemeinschaft oder als Gesellschaft bürgerlichen Rechts vermietet. Es ist aber nicht ersichtlich, weshalb diese Personenmehrheit nur als Gemeinschaft, nicht aber als Gesellschaft bürgerlichen Rechts berechtigt sein soll, sich auf einen eigenen Wohnbedarf eines ihrer Mitglieder zu berufen.

Das gelte auch dann, wenn die BGB-Gesellschaft durch Veräußerung gemäß § 566 Abs. 1 BGB in den Mietvertrag eingetreten ist. § 566 BGB schütze den Mieter, indem der Erwerber anstelle des alten Vermieters in die sich aus dem Mietverhältnis ergebenden Rechte und Pflichten eintritt. Die Zahl der Gesellschafter spiele dabei keine Rolle. Es gebe es keinen Grund Vermieter, die sich zu einer GbR zusammengeschlossen haben, schlechter zu stellen, als eine einfache Mehrheit von Vermietern, bei denen die Berechtigung der nach § 566 Abs. 1 BGB in den Mietvertrag eintretenden Gemeinschaft, sich auf einen Eigenbedarf an der Wohnung zu berufen, ebenfalls nicht von der Zahl der Vermieter abhängt. Der *BGH* lässt ausdrücklich offen, ob er angesichts der Möglichkeit einer Eigenbedarfskündigung durch eine BGB-Gesellschaft, die gemäß § 566 BGB erst später in den Mietvertrag eingetreten ist, an seiner Auffassung festhält, eine Eigenbedarfskündigung durch eine GbR komme nur wegen des Wohnbedarfs von Gesellschaftern – oder von Familienangehörigen oder Haushaltsangehörigen – in Betracht, die bereits bei Abschluss des Mietvertrages Gesellschafter waren (*BGH* NJW 2007, 2845).

Nach § 577a BGB könne sich ein Erwerber auf berechtigte Interessen im Sinne des § 573 Abs. 2 Nr. 2 BGB allerdings nicht vor Ablauf von 10 Jahren seit der Veräußerung an ihn berufen, falls an vermieteten Wohnräumen nach der Überlassung an den Mieter Wohnungseigentum begründet und das Wohnungseigentum veräußert worden ist. Die Bestimmung habe den Zweck, dem durch die Umwandlung in Wohnungseigentum gefährdeten Bestandsschutzinteresse des Mieters Geltung zu verschaffen. Mit der Kündigungssperrfrist für Eigenbedarfskündigungen wollte der Gesetzgeber den Mieter besonders davor schützen, dass umgewandelte Eigentumswohnungen zur Befriedigung eigenen Wohnbedarfs erworben werden, wodurch der durch die Kündigungsschutzbestimmungen erstrebte Bestandsschutz für den Mieter besonders gefährdet ist. Auf den Schutz vor einer unabhängig von der Umwandlung bestehenden Eigenbedarfslage sei die Vorschrift dagegen nicht zugeschnitten (*BGH* NJW 1994, 2542). So greife die Wartefristregelung aus § 577a BGB für eine Eigenbedarfskündigung nicht schon bei der Begründung von Wohnungseigentum ein, sondern erst nach Veräußerung der Eigentumswohnung an den Erwerber. Deshalb darf sich der Eigentümer einer Wohnung als Vermieter grundsätzlich auf ein berechtigtes Interesse an der Beendigung des Mietverhältnisses (Eigenbedarf) ohne Rücksicht auf die Wartefrist berufen, wenn er erst nach Überlassung der Wohnung an den Mieter das Hausgrundstück als Miteigentümer in einer Bruchteilsgemeinschaft mit Dritten erworben hat und die Erwerber jedem Miteigentümer Sondereigentum an einer bestimmten Wohnung eingeräumt haben (*BGH* NJW 1994, 2542).

Dem sei die vorliegende Fallgestaltung vergleichbar. Eine Veräußerung im Sinne von § 577 a BGB setze einen tatsächlichen Wechsel in der Person des Wohnungseigentümers voraus (*Lammel*, § 577a BGB Rz. 8). Daran fehle es, wenn sich eine BGB-Gesellschaft in der Weise auseinandersetzt, dass deren Eigentum unter den Gesellschaftern aufgeteilt wird. Zwar sei ein Grundstück, dessen Eigentümer mehrere natürliche Personen „als Gesellschafter bürgerlichen Rechts“ eingetragen sind, nicht gesamthänderisch gebundenes Eigentum dieser natürlichen Personen, sondern Eigentum der GbR (*BGH* NJW 2006, 3716). Dennoch finde mit der Übertragung des Wohnungseigentums auf die einzelnen Gesellschafter kein Wechsel in der Rechtsträgerschaft statt der geeignet ist, neuen, bis zu diesem Zeitpunkt für die Mieter nicht zu befürchtenden Eigenbedarf zu schaffen. Die Möglichkeit der Eigenbedarfskündigung durch die Gesellschaft zugunsten eines Gesellschafters habe auch schon vor der Begründung von Wohnungseigentum bestanden. Es fehle deshalb an dem nach dem Schutzzweck von § 577a BGB vorausgesetzten erhöhten Risiko einer Eigenbedarfskündigung, das gerade durch die Begründung und Voräußerung von Wohnungseigentum geschaffen worden ist.

Es handele sich auch nicht um eine unzulässige Umgehung von § 577a BGB. Der Gesetzgeber habe mit § 577a BGB auf eine ganz bestimmte Fallkonstellation – Umwandlung des vermieteten Wohnraums in eine Eigentumswohnung und Veräußerung der Wohnung an einen neuen Eigentümer – eine Eigenbedarfskündigung verboten bzw. erschwert. Diese Fallgestaltung ist hier nicht gegeben. Der Gesetzgeber habe mit der Regelung nicht verhindern wollen, dass eine Mehrheit von Personen, sei es in Form einer Miteigentümergemeinschaft, sei es in Form einer GbR, ein größeres Anwesen zum Zwecke der Eigennutzung erwirbt, auch wenn dadurch eine vergleichbare Gefährdung des Bestandschutzinteresses der Mieter eintreten mag, wie es im Falle der Bildung und Veräußerung von Wohnungseigentum besteht. Daran, dass diese Fallgestaltung von § 577a BGB nicht erfasst wird, ändere sich aber nichts dadurch, dass die Erwerber die Absicht hatten, früher oder später Wohnungseigentum zu bilden.

Anmerkung:

Die bisherige Einschränkung des *BGH*, wonach sich eine GbR nur auf den Eigenbedarf von Gesellschaftern berufen darf, die bereits bei Vermietung Gesellschafter waren (*BGH* NJW 2007, 2845), ist abzulehnen. Sie steht im Widerspruch zur Anerkennung des so genannten „gekauften Eigenbedarfs“: Wird ein Miteigentumsanteil an einem vermieteten Grundstück bzw. einer vermieteten Wohnung übertragen, tritt der Erwerber nach § 566 BGB neben den übrigen Miteigentümern in den Mietvertrag ein (*LG Marburg* NZM 2003, 394). Nach der Rechtsprechung des *BVerfG* kann sich auch ein Erwerber auf Eigenbedarf berufen (*BVerfG* NJW 1994, 309; ebenso *BayObLG* WuM 1981, 200). Die BGB-Gesellschaft wird somit schlechter gestellt als die vermietende Miteigentümergemeinschaft, bei der es genügt, wenn Eigenbedarf bei dem Erwerber eines Miteigentumsanteils besteht;

BGH: Eigenbedarfskündigung einer Personenhandelsgesellschaft (Urteil vom 15.12.2010 – VIII ZR 210/10, NJW 2011, 993)

Eine Personenhandelsgesellschaft kann ein Wohnraummietverhältnis nicht wegen Eigenbedarfs ihrer Gesellschafter kündigen.

Der Beklagte ist Mieter einer 5-Zimmer-Wohnung der Klägerin. Bei der Klägerin handelt es sich um eine GmbH & Co. *KG*. Kommanditisten und Gesellschafter der Komplementär-GmbH sind die Eheleute M.; der Ehemann ist gleichzeitig Geschäftsführer der Komplementärin der Klägerin. Die Klägerin hat den Mietvertrag ordentlich gekündigt. Zur Begründung ist in dem Kündigungsschreiben im Einzelnen ausgeführt, dass die beiden 69 und 74 Jahre alten Gesellschafter der Klägerin die Wohnung für sich selbst benötigen.

Nach Auffassung des *BGH* kann der GmbH & Co. *KG* der Eigenbedarf ihrer Gesellschafter nicht zugerechnet werden, so dass die Kündigung unwirksam ist. Einer Gesellschaft bürgerlichen Rechts sei zwar Eigenbedarf zuzurechnen, weil es im Ergebnis nicht gerechtfertigt wäre, Gesellschafter einer GbR insoweit schlechter zu stellen als die Mitglieder einer einfachen Vermietermehrheit: Sind mehrere natürliche Personen Vermieter, berechtige der Eigenbedarf nur eines Vermieters die Gemeinschaft zur Kündigung des Mietvertrages; dies könne nicht anders zu beurteilen sein, wenn diese Personen auf gesellschaftsrechtlicher Grundlage einen gemeinsamen Zweck verfolgen und damit eine Gesellschaft bürgerlichen Rechts bilden, zumal es häufig nur vom Zufall abhängen wird, ob eine Personenmehrheit dem Mieter eine Wohnung als Gemeinschaft oder als GbR vermietet.

Eine vergleichbare Situation bestehe bei einer Personenhandelsgesellschaft als Vermieterin indes nicht. Die Gründung einer *KG* oder einer oHG setze regelmäßig eine umfangreiche organisatorische und rechtsgeschäftliche Tätigkeit bis hin zur Eintragung in das Handelsregister voraus; die Vermietung einer Wohnung durch eine Handelsgesellschaft statt durch eine schlichte Gemeinschaft erfolge deshalb von vornherein nicht „zufällig", sondern beruhe auf einer bewussten Entscheidung aufgrund wirtschaftlicher und (steuer-)rechtlicher Überlegungen. Von einer Vergleichbarkeit mit der Interessenlage bei der Vermietung einer Wohnung durch eine Bruchteilsgemeinschaft oder eine Gesellschaft bürgerlichen Rechts könne daher keine Rede sein. Ohne Belang sei insoweit, dass die GbR inzwischen als teilrechtsfähig anerkannt ist. Dies gebiete keine Gleichbehandlung mit allen anderen Personengesellschaften. Maßgeblich sei insoweit nämlich nicht der stärkere personale Bezug im Vergleich zu Kapitalgesellschaften, sondern allein der Umstand, dass eine unterschiedliche Behandlung der Vermietung durch eine Bruchteilsgemeinschaft oder Erbengemeinschaft einerseits und durch eine Gesellschaft bürgerlichen Rechts andererseits in vielen Konstellationen als „willkürlich" erscheint, weil es häufig vom Zufall abhängt, in welcher Rechtsform die Vermietung vorgenommen wird.

Anmerkung:

Nach der Rechtsprechung des *BGH* kann eine Gesellschaft bürgerlichen Rechts einen Wohnraummietvertrag wegen Eigenbedarfs eines Gesellschafters kündigen (*BGH* NJW 2007, 2845). Ob dies weiterhin voraussetzt, dass er bereits bei Abschluss des Mietvertrags Gesellschafter war (so *BGH* a.a.O.; abl. Anm. *Bub/Bernhard*, FD-MietR 2007, 240330), hat der *BGH* zuletzt ausdrücklich offen gelassen (*BGH* NJW 2009, 2738 s. vorhergehende Entscheidung).

Für eine KG hat der *BGH* die Möglichkeit einer Eigenbedarfskündigung vorliegend mit nachvollziehbarer Begründung abgelehnt. Er hat sich damit nicht einer vermittelnden Auffassung in der Literatur angeschlossen, die danach differenziert, ob die Personenhandelsgesellschaft personalistisch auftritt, etwa dann wenn der Gesellschafterbestand gering ist und dem Mieter die Gesellschafter namentlich bekannt sind – in diesem Fall soll eine Eigenbedarfskündigung in Betracht kommen –, oder ob es sich um eine Publikumsgesellschaft handelt, was das Risiko einer Eigenbedarfskündigung für den Mieter unüberschaubar erhöhen würde (MünchKomm/*Häublein*, § 573 Rz. 67).

Gleichwohl kann ein berechtigtes Interesse einer KG an der Beendigung eines Wohnraummietverhältnisses in der betrieblich bedingten Notwendigkeit liegen, die Wohnung einem Mitarbeiter oder Geschäftsführer zur Verfügung zu stellen (*BGH* NZM 2007, 639, Anm. *Bub/Bernhard*, FD-MietR 2007, 238478). Hierbei handelt es sich jedoch nicht um einen „Eigenbedarf" der KG, der schon begrifflich nicht in Betracht kommt, sondern einen „Betriebsbedarf", der grundsätzlich ein berechtigtes Interesse an der Beendigung eines Wohnraummietverhältnisses im Sinne des § 573 Abs. 1 BGB darstellen kann.

BGH: Eigenbedarf eines Schwagers (Beschluss vom 03.03.2009 – VIII ZR 247/08, NZM 2009, 353)

Der Wohnbedarf eines Schwagers des Vermieters kann Eigenbedarf zumindest dann begründen, wenn zu diesem ein besonders enger Kontakt besteht.

BGH: Eigenbedarf leiblicher Nichten und Neffen (Urteil vom 27.01.2010 – VIII ZR 159/09, NJW 2010, 1290)

Leibliche Nichten und Neffen des Vermieters sind kraft ihres nahen Verwandtschaftsverhältnisses zum Vermieter Familienangehörige im Sinne von § 573 Abs. 2 Nr. 2 BGB.

Die Klägerin begehrt die Rückgabe einer von den Beklagten gemieteten Wohnung. Im Sommer 2004 zog die damals 85-jährige Klägerin aus ihrer Eigentumswohnung aus und übersiedelte in eine nahe gelegene Seniorenresidenz. Sie vermietete die Wohnung an die Beklagte. Später übertrug die verwitwete und kinderlose Klägerin das Eigentum an der Wohnung schenkungsweise im Wege vorweggenommener Erbfolge auf ihre Nichte, behielt sich aber den Nießbrauch an der Wohnung vor. Als Gegenleistung verpflichtete sich die Nichte, die Klägerin und deren Haushalt in der Seniorenresidenz auf Lebenszeit zu versorgen. Um die Nichte in ihre Wohnung ziehen lassen, kündigte die Klägerin das Mietverhältnis wegen Eigenbedarfs.

Nach Auffassung des *BGH* ist die Kündigung wegen Eigenbedarfs gemäß § 573 Abs. 1, 2 Nr. 2 BGB wirksam. Zwar sei bei einer Eigenbedarfskündigung zugunsten der in § 573 Abs. 2 Nr. 2 BGB privilegierten Familienangehörigen bei entfernten Verwandten ein zusätzliches Kriterium heranzuziehen, das auf die konkrete persönliche oder soziale Bindung zwischen dem Vermieter und seinem Angehörigen im Einzelfall abstellt. Je weitläufiger der Grad der Verwandtschaft oder Schwägerschaft ist, umso enger müsse die über die bloße Tatsache der Verwandtschaft oder Schwägerschaft hinausgehende persönliche oder soziale Bindung zwischen dem Vermieter und dem Angehörigen im konkreten Einzelfall sein, um eine Kündigung wegen des Wohnbedarfs eines Angehörigen zu rechtfertigen.

Nichten und Neffen des Vermieters gehörten allerdings nicht mehr zu dessen engsten Angehörigen wie Eltern, Kinder oder Geschwister, sie seien aber als Kinder der Geschwister immer noch eng verwandt mit dem Vermieter. Das Gesetz erlaube die Kündigung von Mietverhältnissen wegen des Wohnbedarfs von Familienangehörigen, weil es davon ausgeht, dass innerhalb der Familie aufgrund enger Verwandtschaft ein Verhältnis persönlicher Verbundenheit und gegenseitiger Solidarität besteht, das die Privilegierung einer Kündigung zugunsten von Familienangehörigen rechtfertigt.

Zwar habe der Gesetzgeber den Begriff der Familienangehörigen in § 573 Abs. 2 Nr. 2 BGB nicht näher bestimmt. Einen Anknüpfungspunkt dafür, wie weit der Kreis der Familienangehörigen in diesem Sinn zu ziehen ist, böten aber die Regelungen über das Zeugnisverweigerungsrecht aus persönlichen Gründen (§ 383 ZPO, § 52 StPO), in denen der Kreis der privilegierten Familienangehörigen – unabhängig vom tatsächlichen Bestehen persönlicher Bindungen – konkretisiert wird. In dieser Regelung komme zum Ausdruck, dass der Gesetzgeber auch Nichten und Neffen noch als enge Familienangehörige ansieht.

Anmerkung:

Nach h.M. ist im Fall der Eigenbedarfskündigung gemäß § 573 II Nr. 2 BGB zwischen den engen Familienangehörigen und denjenigen, die mit dem Vermieter nur weitläufig verwandt oder verschwägert sind, zu unterscheiden (Schmidt-Futterer/*Blank*, a.a.O., § 573 Rz. 51). Bei den engen Familienangehörigen genügt die Tatsache der Verwandtschaft; bei entfernteren Angehörigen wird zusätzlich gefordert, dass der Vermieter ihnen gegenüber rechtlich oder moralisch zur Unterhaltsgewährung oder sonstiger Fürsorge verpflichtet ist oder zu ihnen in einem besonders engen persönlichen Verhältnis steht (*BGH* NJW 2003, 2604). Zu den engen Familienangehörigen in diesem Sinne gehören die Kinder, der Ehegatte, die Geschwister (*BGH* a.a.O.) und die Eltern des Vermieters.

Da die Familienzugehörigkeit durch den Wunsch zum Getrenntleben nicht aufgehoben wird, kann der Vermieter kündigen, wenn er eine weitere Wohnung benötigt, damit er von seinem Ehegatten getrennt leben kann (*LG Frankfurt/M* NJW-RR 1996, 396); es kommt nicht darauf an, ob der Vermieter-Ehegatte oder der Nichtvermieter in die gekündigte Wohnung einziehen will. Der geschiedene Ehegatte des Vermieters zählt hingegen nicht mehr zur Familie (Schmidt-Futterer/*Blank*, a.a.O., Rz. 56). Eine Eigenbedarfskündigung kann auch zugunsten von Stiefkindern (*LG Hamburg* NJW-RR 1997, 1440) oder Schwiegereltern (*LG Köln* WuM 1994, 541), ohne enge persönliche Bindung als zusätzliche Kündigungsvoraussetzung aber nicht zugunsten einer Schwägerin (*AG Langenfeld* ZMR 2000, 767) oder einer Cousine (*OLG Braunschweig* NJW 1994, 597) erklärt werden.

BGH: Anbietpflicht des Vermieters nach einer Eigenbedarfskündigung (Urteil vom 13.10.2010 – VIII ZR 78/10, NJW 2010, 3775)

Der Vermieter ist verpflichtet, dem Mieter nach einer berechtigten Kündigung wegen Eigenbedarfs eine während der Kündigungsfrist freiwerdende vergleichbare Wohnung im selben Haus anzubieten. Zur ordnungsgemäßen Erfüllung der Anbietpflicht muss der Vermieter den Mieter über die wesentlichen Bedingungen einer Anmietung (Größe und Ausstattung der Wohnung sowie Mietkonditionen) informieren.

Der Beklagte ist Mieter einer Wohnung der Klägerin, in der er zusammen mit seiner Ehefrau lebt. Die Klägerin kündigte das Mietverhältnis wegen Eigenbedarfs. Vor Ablauf der Kündigungsfrist wurde im ersten Obergeschoss des Hauses, in dem auch die Mietwohnung der Beklagten gelegen ist, eine weitere Mietwohnung frei. Die Klägerin vermietete diese Wohnung anderweitig neu, ohne sie zuvor den Beklagten angeboten zu haben.

Nach Auffassung des *BGH* ist die Eigenbedarfskündigung unwirksam. Der wegen Eigenbedarfs berechtigt kündigende Vermieter müsse dem Mieter eine andere, ihm zur Verfügung stehende vergleichbare Wohnung während der Kündigungsfrist anbieten, sofern sich die Wohnung im selben Haus oder in derselben Wohnanlage befindet. Anderenfalls sei die ausgesprochene Kündigung wegen Verstoßes gegen das Gebot der Rücksichtnahme rechtsmissbräuchlich und damit unwirksam. Zur ordnungsgemäßen Erfüllung der Anbietpflicht müsse der Vermieter den Mieter über die wesentlichen Bedingungen einer Anmietung (Größe und Ausstattung der Wohnung sowie Mietkonditionen) informieren. Da der Vermieter vorliegend dieser Pflicht nicht nachgekommen ist, habe er keinen Anspruch auf Räumung und Herausgabe der an die Beklagten vermieteten Wohnung.

Anmerkung:

Der *BGH* bestätigt seine Rechtsprechung, wonach der wegen Eigenbedarfs berechtigt kündigende Vermieter dem Mieter eine andere ihm zur Verfügung stehende freie Wohnung zur Anmietung anbieten muss (*BGH* NJW 2009, 1141; Anm. *Bub/von der Osten*, FD-MietR 2008, 261790). Anderenfalls ist die ausgesprochene Kündigung rechtsmissbräuchlich und damit unwirksam. Die Kündigung von Wohnraum greift in die Lebensführung des Mieters besonders stark ein. Der Vermieter ist gehalten, diesen Eingriff abzumildern, soweit ihm dies möglich ist. Die Anbietpflicht des Vermieters erstreckt sich jedoch nicht auf jede andere, ihm zur Verfügung stehende Wohnung, sondern beschränkt sich auf eine im selben Haus oder in derselben Wohnanlage gelegene (*BGH* NJW 2003, 2604). Die Anbietpflicht soll es dem Mieter nämlich lediglich ermöglichen, eine Wohnung in seiner vertrauten häuslichen Umgebung zu beziehen; ihr Zweck besteht nicht darin, dem Mieter nach einer berechtigten Kündigung die ihn belastende Wohnungssuche abzunehmen.

Die Anbietpflicht endet mit der Beendigung des Mietverhältnisses nach Ablauf der Kündigungsfrist (*BGH* NJW 2003, a.a.O.). Bei Annahme einer nach Vertragsende fortgeltenden vertraglichen Anbietpflicht aus dem Gesichtspunkt von Treu und Glauben wäre der Vermieter nicht nur während des Laufs der Kündigungsfrist, sondern auch noch während eines unter Umständen langwierigen Rechtsstreits durch mehrere Instanzen gehindert, freie oder frei werdende Wohnungen im gleichen Haus an einen anderen Mieter zu vermieten.

Allein bis zum Ablauf der Kündigungsfrist ist auch der Wegfall des ursprünglich geltend gemachten Eigenbedarfs von Bedeutung (*BGH* NJW 2006, 220; a.A. Schmidt-Futterer/*Blank*, § 573 BGB Rz. 70: Auszug des Mieters). Eine wirksame Kündigung beendet das Mietverhältnis mit dem Ablauf der Kündigungsfrist. Der Schutz des Mieters gebietet es, einer zunächst wirksamen Kündigung nachträglich ihre Wirksamkeit abzusprechen, wenn der geltend gemachte Eigenbedarf vor dem Ablauf der Kündigungsfrist und der erst hierdurch bewirkten rechtlichen Beendigung des Mietverhältnisses wieder entfällt. Andererseits bestehen keine nachvertraglichen Treuepflichten des Vermieters, die einen Vorrang des Bestandsinteresses des Mieters gegenüber seinem Rückgabeanspruch geböten (*BGH* NJW 2006, a.a.O.). Entfällt der Eigenbedarf nach Ablauf der Kündigungsfrist, ist dies deshalb irrelevant. Andernfalls bliebe es bei langfristigen Räumungsstreitigkeiten dem Zufall überlassen, ob nicht vorhersehbare nachträgliche Umstände sogar nach Jahren noch der Kündigung ihre rechtliche Grundlage entziehen könnten; wäre erst der Zeitpunkt des Auszugs maßgeblich, würde dies den Mieter sogar dazu ermuntern, die Wohnung nach Ende der Mietzeit vertragswidrig nicht zu räumen.

BGH: vorgetäuschter Eigenbedarf (Urteil vom 08.04.2009 – VIII ZR 231/07, NJW 2009, 2059)

Täuscht ein Vermieter dem Mieter Eigenbedarf vor und zieht der Mieter aus, weil er annimmt, dies tun zu müssen, kann dies Schadensersatzansprüche des Mieters begründen. Nicht ausschlaggebend ist, ob die Kündigung aus formalen Gründen unwirksam ist.

Die Klägerin war seit 1977 Mieterin in einem Wohnhaus der Beklagten. Aufgrund einer Vereinbarung zog die Klägerin aus der Wohnung aus, nachdem die Beklagten mehrfach das Mietverhältnis wegen Eigenbedarfs gekündigt sowie eine Räumungsklage und Schadensersatzforderungen bei nicht rechtzeitiger Räumung angedroht hatten. Unmittelbar nach dem Auszug boten die Beklagten das Haus über einen Makler zum Verkauf an, von dem sie später Abstand nahmen. Die Klägerin ist der Auffassung, die Beklagten hätten den Eigenbedarf vorgetäuscht. Sie begehrt mit ihrer Klage die Rückgabe des Mietobjekts, hilfsweise macht sie Schadensersatzansprüche geltend.

Nach Auffassung des *BGH* ist nicht die formelle Wirksamkeit einer Kündigung ausschlaggebend für mögliche Schadensersatzansprüche des Mieters. Vielmehr könnten einem Mieter, der auf eine Kündigung wegen eines in Wahrheit nicht bestehenden Eigenbedarfs hin auszieht, Schadensersatzansprüche wegen unberechtigter Kündigung auch dann zustehen, wenn der Vermieter dem Mieter den Eigenbedarf schlüssig dargetan und der Mieter keine Veranlassung hatte, die Angaben des Vermieters in Zweifel zu ziehen. Der Schadensersatzanspruch des Mieters werde auch nicht dadurch ausgeschlossen, dass sich der Mieter mit dem Vermieter auf eine einvernehmliche Beendigung des Mietverhältnisses geeinigt hat, obwohl er zu diesem Zeitpunkt mangels ordnungsgemäß begründeter Kündigungserklärungen – noch – nicht zur Räumung des Mietobjekts verpflichtet war. Entscheidend sei nicht, ob der Mieter bereits zur Räumung verpflichtet war, sondern allein, ob er das Räumungsverlangen materiell für berechtigt halten durfte, weil er keinen Anlass hatte, an der Richtigkeit der Angaben des Vermieters zu dem geltend gemachten Eigenbedarf zu zweifeln. Auch wenn der Mieter sich unter dem Eindruck des als bestehend angenommenen Eigenbedarfs zu einer einvernehmlichen Beendigung des Mietverhältnisses bereit finde und das Mietobjekt freigebe, ohne auf die formale Wirksamkeit der Kündigungserklärung des Vermieters abzustellen, räume er die Mietwohnung nicht aus freien Stücken, sondern in der Vorstellung, dazu jedenfalls materiell verpflichtet zu sein.

Anmerkung:

Der *BGH* setzt mit der vorliegenden Entscheidung seine bisherige Rechtsprechung fort, wonach eine Schadensersatzpflicht des Vermieters besteht, wenn ein mit der Kündigung geltend gemachter Eigenbedarf nicht besteht, sog. vorgetäuschter Eigenbedarf (*BGH* NJW 2005, 2395) – und zwar selbst dann, wenn die Kündigung formell unwirksam ist (*LG* Bochum NJWE-MietR 1997, 50; Blank/*Börstinghaus*, § 573 Rz. 75), etwa weil – wie vorliegend – die Kündigung nicht ordnungsgemäß begründet war, § 573 Abs. 3 BGB. Indizien für eine vorgetäuschte Kündigung sind, wenn etwa der Verlobten, für die der Vermieter die Wohnung gekündigt hat, die Wohnung vor dem Ausspruch der Kündigung unbekannt gewesen ist, sie die Wohnung subjektiv für unattraktiv hält und ihr Nutzungswunsch erst nach der Kündigung entstanden ist (*LG Mosbach* WuM 1992, 18) oder ein Wohnungserwerber kurze Zeit nach einem erfolglosen Mieterhöhungsverlangen den Mietvertrag wegen Eigenbedarfs kündigt (*LG Köln* WuM 1995, 109). Indizien sprechen gegen den geltend gemachten Eigenbedarf, wenn über den Mieter nach Erwerb eines Hauses im Wege der Zwangsversteigerung eine Flut von Mieterhöhungsklagen und Kündigungsklagen herein bricht, da anzunehmen ist, dass es dem Vermieter hier nicht um den geltend gemachten Eigenbedarf, sondern in erster Linie darum geht, für die Mietwohnungen höhere Mieteinnahmen zu erzielen (*LG Hannover* WuM 1989, 418).

LG Freiburg: Wirkung des Ausschlusses der Eigenbedarfskündigung im Nutzungsvertrag einer Genossenschaft auch gegenüber Wohnungserwerber (Urteil vom 21.07.2011 – 3 S 103/11, BeckRS 2011, 22612)

Auf den in einem Nutzungsvertrag mit einer Genossenschaft vereinbarten Ausschluss der Eigenbedarfskündigung kann sich das Mitglied (Mieter) auch gegenüber einem Erwerber der Genossenschaftswohnung berufen. Diese Kündigungsbeschränkung entfällt auch dann nicht, wenn das Mitgliedschaftsverhältnis (hier durch Insolvenz der Genossenschaft) nach dem Verkauf der Wohnung erlischt.

Der Kläger ist Vermieter, die Beklagte ist Mieterin einer Wohnung, die ursprünglich im Bestand einer gemeinnützigen Genossenschaft gestanden hatte. Durch einen Nutzungsvertrag hatte die Genossenschaft ihrem Mitglied, der Beklagten, die Wohnung zur dauerhaften Nutzung gegen Zahlung einer entsprechenden Nutzungsgebühr überlassen. Nach dem Nutzungsvertrag sollte das Recht zur Nutzung der Genossenschaftswohnung an die Mitgliedschaft in der Genossenschaft gebunden sein. Scheidet das Mitglied bei Lebzeiten aus der Genossenschaft aus, so sollte das Nutzungsrecht an der Wohnung enden. Das Recht zur Kündigung durch die Genossenschaft war auf Fälle grob vertragswidrigen Verhaltens und des Zahlungsverzuges beschränkt worden. Nachdem zunächst die Genossenschaft die Wohnung veräußert hatte, erwarb sie schließlich der Kläger durch Zuschlag in der Zwangsversteigerung. Über das Vermögen der Genossenschaft war zwischenzeitlich das Insolvenzverfahren eröffnet worden. Nach der Trennung von seiner Ehefrau kündigte der Kläger den Nutzungsvertrag wegen Eigenbedarfs.

Nach Auffassung des LG *Freiburg* hat die auf seinen – unstreitigen – Eigenbedarf gestützte Kündigung des Klägers das Mietverhältnis nicht beendet. Er sei an den Ausschluss des ordentlichen Kündigungsrechts im Nutzungsvertrag gebunden und damit gehindert, wegen Eigenbedarfs zu kündigen. An dem Umstand, dass die die Beklagte dem Erwerber der Wohnung gemäß § 566 BGB den vertraglich vereinbarten Ausschluss der Eigenbedarfskündigung entgegenhalten durfte, habe sich auch durch die Insolvenzeröffnung über das Vermögen der Genossenschaft und deren hiermit verbundener Auflösung (§ 101 GenG) nichts geändert. Zwar solle nach dem Nutzungsvertrag die vereinbarte Kündigungsbeschränkung dann entfallen, wenn der Mieter aus der Genossenschaft ausscheidet oder aus der Genossenschaft ausgeschlossen wird. Diese grundsätzliche Bindung des Mietverhältnisses an die Mitgliedschaft in der Genossenschaft rechtfertige sich dadurch, dass die Fortsetzung eines Mietverhältnisses über eine Genossenschaftswohnung mit einem Nichtmitglied regelmäßig zur statutwidrigen Benachteiligung eines Mitgliedes führt, das noch keine oder keine angemessene Genossenschaftswohnung innehat und sich für eine vergleichbare Wohnung beworben hat. Müsste nämlich die Genossenschaft die Fortsetzung des Nutzungsverhältnisses mit einem Mieter, dessen Mitgliedschaft erloschen ist, dulden und wäre sie deshalb an der anderweitigen Vermietung der betreffenden Wohnung gehindert, so hätte das im Ergebnis eine Verletzung der ihr gegenüber jedem Mitglied obliegenden Treuepflicht und statutmäßigen Pflicht zur Wohnraumversorgung zur Folge. Diese aus Sicht der Genossenschaft nachvollziehbare und begründete Einschränkung des Kündigungsausschlusses sei aber bereits mit dem Verkauf der Wohnung entfallen. Die Wohnung sei damit nämlich der Verfügung der Genossenschaft entzogen; einem Genossenschaftsmitglied habe sie nicht mehr zur Verfügung gestellt werden können. Die nachfolgenden Erwerber seien an den Nutzungsvertrag gebunden. Das spätere Insolvenzverfahren über das Vermögen der Genossenschaft habe hieran nichts mehr ändern können, zumal die entsprechende Klausel des Vertrages (Bindung an die Mitgliedschaft) erkennbar nur den Fall regelt, dass das Mitglied austritt. Der Fall des Erlöschens der Genossenschaft sei nicht erfasst. Zur Klärung dieser Frage hat das *LG Freiburg* die Revision zugelassen.

Anmerkung:

Auch wenn eine entsprechende Klausel nicht im Mietvertrag vereinbart ist, hat eine Wohnungsgenossenschaft ein berechtigtes Interesse an der Beendigung des Mietverhältnisses, wenn eines ihrer Mitglieder, das von der Genossenschaft durch einen Dauernutzungsvertrag eine Wohnung gemietet hat, aus dieser austritt oder gem. § 68 GenG wegen genossenschaftswidrigen Verhaltens aus der Genossenschaft ausgeschlossen wird und sie die von ihm genutzte Wohnung für ein anderes Mitglied benötigt (*BGH* NZM 2004, 25). Die Mitgliedschaft in einer Wohnungsgenossenschaft ist nämlich in erster Linie auf die Versorgung mit preisgünstigem Wohnraum gerichtet; sie verleiht dem Mitglied eine im Verhältnis zu außenstehenden Dritten bevorrechtigte Aussicht auf den Abschluss eines Mietvertrags (Dauernutzungsvertrags) zu günstigen Bedingungen. Diese an die Mitgliedschaft in der Genossenschaft gebundene Rechtsstellung rechtfertigt es, das Erlöschen der Mitgliedschaft durch freiwilligen Austritt oder durch Ausschluss nach § 68 GenG grundsätzlich als Voraussetzung für die Geltendmachung eines berechtigten Interesses der Vermieterin an der Beendigung des Dauernutzungsverhältnisses anzuerkennen (*Lützenkirchen*, WuM 1994, 5 f).

AG Berlin-Charlottenburg: Eigenbedarfskündigung durch Erwerber (Urteil vom 30.10.2008 – 211 C 98/08, BeckRS 2009, 10985)

Der Erwerber einer vermieteten Wohnung ist dem Mieter zum Schadensersatz verpflichtet, wenn er eine Eigenbedarfskündigung zu einem Zeitpunkt ausspricht, zu welchem er noch nicht als Eigentümer in das Grundbuch eingetragen ist.

Die Klägerin nimmt den Beklagten auf Zahlung von Schadensersatz aus einem Wohnraummietverhältnis in Anspruch. Der Beklagte hat das vermietete Anwesen erworben und wurde im Oktober 2007 in das Grundbuch eingetragen. Bereits mit Schreiben vom August 2006 hatte er gegenüber der Klägerin das Mietverhältnis zum 31.05.2007 wegen Eigenbedarfs gekündigt. Unter Bezugnahme auf die Eigenbedarfskündigung drohte er an, dass er im Fall der nicht fristgerechten Räumung der Wohnung unverzüglich Räumungsklage gegen sie erheben werde. Die Klägerin widersprach der Eigenbedarfskündigung. Sie macht nunmehr die für deren Abwehr entstandenen Anwaltskosten geltend.

Nach Auffassung des *AG Charlottenburg* ist die Zahlungsklage begründet. Die Klägerin könne vom Beklagten im Wege des Schadensersatzes die Erstattung der aufgewendeten Anwaltskosten zur Abwehr der vom Beklagten ausgesprochenen Eigenbedarfskündigung gemäß §§ 826, 249 BGB verlangen. Der Beklagte habe sich gegenüber der Klägerin in sittenwidriger Weise einer Rechtsposition berühmt und Eigentumsrechte geltend gemacht, derer sich die Klägerin durch die Hilfe eines Anwalts zu erwehren gezwungen sah. Ohne bereits Eigentümer und damit Vermieter geworden zu sein, habe sich der Beklagte in Kenntnis seiner tatsächlichen Rechtsposition gegenüber der Klägerin mit der Eigenbedarfskündigung als Vermieter und Eigentümer geriert und das zu ihren Gunsten bestehende langjährige Mietverhältnis wegen Eigenbedarfs rechtsgrundlos gekündigt. Da der Beklagte zum Zeitpunkt der Kündigung eine Grundbucheintragung noch nicht einmal beantragt hatte, habe er in vorwerfbarer Weise seine Stellung als Käufer der Wohnung ausgenutzt, um sich unbegründete Rechtsvorteile zum Nachteil der Klägerin zu verschaffen. Dieses Verhalten sei sittenwidrig und habe der Klägerin einen Schaden zugefügt, da ihr zur Abwehr der unbegründeten Ansprüche Rechtsverfolgungskosten entstanden sind, die sie vom Beklagten erstattet verlangen kann.

Anmerkung:

Eine Kündigung kann der Erwerber im eigenen Namen erst ab dem Zeitpunkt aussprechen, zu dem er als Eigentümer in das Grundbuch eingetragen und somit gemäß § 566 BGB als Vermieter in den Mietvertrag eingetreten ist. Gleichwohl hätte der Beklagte vorliegend den Prozess durch eine geschickte Gestaltung des Kaufvertrages verhindern können. Der Verkäufer hätte nämlich das Kündigungsrecht an ihn abtreten oder ihn zur Kündigung im eigenen Namen ermächtigen können. Zwar handelt es sich beim Kündigungsrecht um ein sogenanntes unselbstständiges, nämlich mit einer Forderung verbundenes Gestaltungsrecht, dessen isolierte Abtretbarkeit in Rechtsprechung und Literatur noch nicht abschließend geklärt ist (für die Abtretbarkeit Staudinger/*Busche*, § 413 Rz. 13; dagegen *Sternel,* IV Rz. 2; offen gelassen von *BGH* NJW 1998, 896).

Auch wenn man aber eine Abtretung des Kündigungsrechts im Kaufvertrag für unwirksam hält, kann der Erwerber wirksam im eigenen Namen kündigen, da nach der Rechtsprechung des *BGH* eine unwirksame Abtretung nach § 140 BGB in eine wirksame Ermächtigung zur Kündigung nach § 185 Abs. 1 BGB umzudeuten ist (*BGH* NJW 1998, 896). Sinn und Zweck des § 140 BGB ist es, die Absicht der handelnden Personen, einen bestimmten wirtschaftlichen Erfolg zu erreichen, auch dann zu verwirklichen, wenn das von ihnen gewählte rechtliche Mittel unzulässig ist, ein anderes zulässiges Mittel jedoch, das ihrem hypothetischen Willen entspricht, den angestrebten wirtschaftlichen Erfolg herbeizuführen vermag (*BGH* NJW 1998, 896). Durch eine Abtretung des Kündigungsrechts soll der Erwerber erkennbar in die Lage versetzt werden, das Mietverhältnis im eigenen Namen zu kündigen, schon bevor er nach § 566 BGB mit der Eintragung als Eigentümer im Grundbuch auf Vermieterseite in den bestehenden Mietvertrag eintritt. Genau derselbe Erfolg ist durch eine Ermächtigung des Erwerbers nach § 185 Abs. 1 BGB, die Kündigung des Mietvertrags im eigenen Namen zu erklären, zu erreichen. Die Ermächtigung unterscheidet sich von der (nahezu) stets zulässigen Vollmacht allein dadurch, dass der Stellvertreter die Erklärung im fremden Namen abgibt, der Ermächtigte hingegen im eigenen.

AG Bremen: Unzureichende Bedarfsprognose (Urteil vom 19.08.2008 – 4 C 513/07, BeckRS 2008, 22166)

Eine Eigenbedarfskündigung aufgrund der Verschlechterung der Erkrankung eines Angehörigen verstößt gegen Treu und Glauben, wenn diese Erkrankung bei Vertragsschluss bereits bekannt war und eine weitere Verschlechterung nicht ausgeschlossen werden konnte. Dies gilt insbesondere dann, wenn dem Vertragsschluss langwierige Vertragsverhandlungen vorausgegangen sind und zwischen Vertragsschluss und Vertragsbeginn wiederum ein mehrwöchiger Zeitraum liegt.

Die Klägerin begehrt Räumung eines in ihrem Eigentum befindlichen Hauses, über das sie mit den Beklagten einen unbefristeten Mietvertrag abgeschlossen hatte, nachdem zwischen den Parteien über einen längeren Zeitraum von mehreren Monaten Vertragsverhandlungen geführt worden waren. Diesen hat die Klägerin mit der Begründung gekündigt, sie benötige das Haus nunmehr für ihren Bruder. Die Beklagten haben dieser Kündigung widersprochen. Der Bruder der Klägerin leidet seit dem Tod seiner Frau an einer Depression. Er hat sich aufgrund von Kniebeschwerden einer Operation unterzogen, nach der sich durch eine aufgetretene Infektion seine Gehbeschwerden verschlechterten. Nach Auffassung der Klägerin ist ihr Bruder aufgrund seiner Gehbeschwerden und aufgrund seiner Depression auf ihre umfassende Pflege und Versorgung angewiesen. Zum Zeitpunkt des Abschlusses des Mietvertrages sei dies nicht absehbar gewesen. Erst nach Abschluss des Vertrages habe sich sein gesundheitlicher Zustand so verschlechtert, dass der Eigenbedarf aufgetreten sei

Nach Ansicht des *AG Bremen* ist die Klage unbegründet. Das Mietverhältnis sei nicht durch Kündigung beendet worden, da diese unwirksam ist. Zwar setze eine wirksame Kündigung wegen Eigenbedarfs gem. § 573 II Nr. 2 BGB grundsätzlich nur einen Eigenbedarfsberechtigten sowie die beabsichtigte Verwirklichung des Eigenbedarfes voraus. Der Bruder der Klägerin sei ein solcher eigenbedarfsberechtigter Angehöriger. Die Klägerin habe auch schlüssig vorgetragen, dass der geltend gemachte Eigenbedarf durch ihren Bruder verwirklicht werden soll. Darauf, ob das Haus zum jetzigen Zeitpunkt baulich für die Zwecke des Bruders geeignet ist, komme es nicht an, da die Klägerin das in ihrem Eigentum stehende Haus ohne weiteres entsprechend umbauen lassen könne.

Die Kündigung der Klägerin sei jedoch gem. § 242 BGB wegen unzulässiger Rechtsausübung unwirksam. Der Klägerin sei es nach den Grundsätzen von Treu und Glauben verwehrt, den Beklagten wegen Wohnbedarfs ihres Bruders zu kündigen, da dieser Wohnbedarf für die Klägerin bereits bei Abschluss des Mietvertrages vorhersehbar war und sie dementsprechend bereits bei Vertragsschluss für diese Möglichkeit hätte Vorsorge treffen können und müssen, sei es durch den Abschluss eines befristeten Vertrages, sei es durch die ausdrückliche vertragliche Vereinbarung eines Kündigungsrechtes für diesen Fall. Die durch Art. 14 GG geschützte Eigentumsposition der Vermieterin, die grundsätzlich auch die freie Entscheidung über die Nutzung der Wohnung umfasse, werde hierdurch zugunsten der schützenswerten Interessen der Mieter an der zugesagten langfristigen Mietdauer in zulässiger Weise beschränkt, da nicht – in unzulässiger Weise – in ihre Lebensplanung eingegriffen, sondern ihr lediglich die Durchsetzung eines Selbstnutzungsrechtes aus Gründen untersagt werde, die sie durch mangelnde aber mögliche Vorkehrung in zurechenbarer Weise selbst gesetzt habe. Maßgebend sei hierbei nicht eine sichere Prognose der Lebensentwicklung der – potentiellen – Bedarfsperson, sondern allein die nahe liegende Möglichkeit des Eintritts des Eigenbedarfsfalles in absehbarer Zeit. Es sei für die Klägerin absehbar gewesen, dass sich der gesundheitliche Zustand ihres Bruders derart verschlechtern würde, dass Eigenbedarf an dem an die Beklagten vermieteten Haus entstehen würde, zumindest hätte sie bei vorausschauender Planung diese Möglichkeit in Betracht ziehen und entsprechende Vorkehrungen hätte treffen müssen.

Der Pflege- und Versorgungsbedarf ihres Bruders sei sowohl durch seine Gehbeschwerden als auch – und vor allem – durch seine depressive Erkrankung begründet. Beide Erkrankungen hätten aber bereits während der laufenden Vertragsverhandlungen bestanden, er sei auch wegen beiden bereits in ärztlicher Behandlung gewesen. Zwar hätten die negativen Folgen der Knieoperation sowohl zu einer Verschlechterung der Gehfähigkeit als auch als auch zu einer Verstärkung der Depression geführt. Die Klägerin hätte aber bei Vertragsschluss, bei dem ihr die geplante Operation bereits bekannt war, nicht davon ausgehen dürfen, dass eine solche Verschlechterung ausgeschlossen war, sondern – gerade angesichts der Tatsache, dass die Depression ihres Bruders progredient war – zumindest diese Möglichkeit in Betracht ziehen müssen. Zudem wäre es der Klägerin nach den langwierigen Vertragsverhandlungen ohne weiteres zumutbar gewesen, den Mietvertrag erst dann zu schließen, wenn der Ausgang der wenige Tage später erfolgten Operation bekannt war, zumal Vertragsbeginn ohnehin erst später sein sollte. Zumindest hätte sie gem. § 242 BGB diese Problematik den Beklagten gegenüber ansprechen müssen.

Anmerkung:

Die Entscheidung des *AG Bremen* steht im Einklang mit der h.M. in Rechtsprechung und Literatur. Danach ist eine Eigenbedarfskündigung gem. § 242 BGB unwirksam, wenn der Eigenbedarf des Vermieters schon bei Abschluss des Mietverhältnisses vorhanden oder zumindest absehbar gewesen ist (*LG Hamburg* NJW-RR 1993, 80; NJW-RR 1994, 465; *LG Berlin* NJW-RR 1993, 661; NZM 1998, 433). Ihre Rechtfertigung findet diese Auffassung in dem auf § 242 BGB zurückzuführenden Vertrauensgrundsatz (*BVerfG* NJW 1989, 970). Der Vermieter setzt sich zu eigenem Verhalten in Widerspruch, wenn er die Wohnung auf unbestimmte Zeit vermietet, obwohl er entweder entschlossen ist oder zumindest erwägt, die Wohnung selbst in Gebrauch zu nehmen. Er soll dem Mieter, der mit einer längeren Mietdauer rechnet, die mit jedem Umzug verbundenen Belastungen dann nicht zumuten, wenn er ihn über die Absicht oder zumindest die Aussicht begrenzter Mietdauer nicht aufklärt. Nach a.A. führt die Vorhersehbarkeit der Kündigung nicht zu deren Unwirksamkeit, sondern zu einer Schadensersatzpflicht des Vermieters gem. §§ 241 Abs. 2, 280 Abs. 1, 311 Abs. 2 BGB (Schmidt-Futterer/*Blank*, § 573 Rz. 135; *Blank*, WuM 2004, 243, 245). Verletzt dieser vorsätzlich oder fahrlässig seine vorvertragliche Hinweispflicht, so soll dem Mieter ein Schadensersatzanspruch gem. § 280 Abs. 1 BGB zustehen; der Mieter kann deshalb verlangen, dass der Vermieter von der Kündigung Abstand nimmt.

Unabhängig von der Rechtsfolge greift diese Rechtsprechung nur ein, wenn bei Vertragsschluss hinreichend konkrete Anhaltspunkte dafür vorliegen, dass das Mietverhältnis nur von kurzer Dauer sein wird; die bloße Möglichkeit, dass später ein solcher Bedarf auftreten könnte, genügt nicht (*BVerfG* NJW-RR 1993, 1357). Andererseits ist es nicht erforderlich, dass der Vermieter den künftigen Bedarf genau kennt; es genügt, wenn er den künftigen Bedarf bei vorausschauender Planung hätte in Erwägung ziehen müssen (*LG Berlin* a.a.O.). Auf die Vorhersehbarkeit des Bedarfs kommt es aber nur dann an, wenn die Kündigung vor Ablauf von fünf Jahren nach Vertragsschluss ausgesprochen wird (*BVerfG* a.a.O.; *LG Berlin* a.a.O.; *LG Gießen* WuM 1996, 416). Ein Hinweis auf den alsbald entstehenden Bedarf ist entbehrlich, wenn der Mieter beim Vertragschluss positive Kenntnis von den Plänen des Vermieters hat. Es reicht allerdings nicht aus, wenn der Mieter die familiäre oder – wie im vorliegenden Fall – gesundheitliche (bei späterer Kündigung zugunsten einer Pflegeperson) Situation des Vermieters kennt. Es ist auch nicht Sache des Mieters, sich nach den Plänen des Vermieters zu erkundigen. Teilt dieser trotz heranwachsender Kinder oder beengter Wohnverhältnisse oder einem hohem Lebensalter oder einer sichtbaren Krankheit dem Mieter nicht mit, dass das Mietverhältnis nur über wenige Jahre Bestand haben soll, so braucht der Mieter nicht in Erwägung zu ziehen, dass in den nächsten Jahren Eigenbedarf entstehen könnte.

Verfassungsrechtlich ist diese Rechtsprechung nicht zu beanstanden (*BVerfG* NJW 1989, 970). Denn der Wunsch des Vermieters, seine Wohnung zu nutzen oder durch privilegierte Angehörige nutzen zu lassen, wird nicht grundsätzlich in Frage gestellt, sondern akzeptiert. Lediglich die Durchsetzung dieses Wunsches wird dem Vermieter aus Gründen versagt, welche er in zurechenbarer Weise (fehlende Aufklärung des Mieters) selbst gesetzt hat.

2. Zahlungsverzug

BGH: Jährliche Mietzahlung (Urteil vom 17.09.2008 – XII ZR 61/07, NZM 2009, 30)

Die Regelung des § 543 Abs. 2 Nr. 3 BGB, nach der der Vermieter das Mietverhältnis nur dann fristlos kündigen kann, wenn der Mieter für mehr als einem Termin mit der Entrichtung der Miete ganz oder teilweise in Verzug geraten ist, gilt unabhängig davon, ob die Miete monatlich oder in längeren Zeitabschnitten – hier: jährlich – zu entrichten ist.

BGH: Androhung der Kündigung (Urteil vom 11.03.2009 – VIII ZR 115/08, NZM 2009, 314)

Der Vermieter muss bei einem die fristlose Kündigung rechtfertigenden Mietrückstand weder sofort die Kündigung erklären noch eine solche für den Fall androhen, dass der Mietrückstand weiter ansteigt, sondern kann bei weiteren Mietrückständen das Mietverhältnis ohne weiteres fristlos kündigen.

Die Klägerin nimmt die Beklagte auf Räumung ihrer Mietwohnung infolge Zahlungsverzugs in Anspruch. Die Beklagte hatte im Jahr 1997 eine Wohnung von der D-GmbH erworben, welche diese im Jahr 2004 an die Klägerin verkaufte. Die D-GmbH verwaltete das streitige Objekt fortan für die Klägerin. Die D-GmbH sprach mit Schreiben vom 15. März 2007 die fristlose Kündigung wegen eines seit März 2006 angewachsenen Mietrückstands aus.

Nach Auffassung des *BGH* ist die Beklagte gemäß § 546 BGB zur Räumung der Mietwohnung verpflichtet, weil die Klägerin das Mietverhältnis wirksam gekündigt hat. Die Klägerin sei gemäß § 543 Abs. 2 S. 1 Nr. 3 BGB zur fristlosen Kündigung berechtigt gewesen, weil sich die Beklagte mit der Entrichtung der Miete in Höhe eines Betrages in Verzug befand, der die Miete für zwei Monate erreichte. Die Kündigung sei nicht deshalb gemäß § 314 Abs. 3 BGB unwirksam, weil sie nicht innerhalb einer angemessenen Frist ab Kenntniserlangung der Klägerin von dem Kündigungsgrund erfolgt wäre. Der Umstand, dass die Klägerin nicht sogleich im November 2006 gekündigt hat, als mit 534,45 € bereits ein zur fristlosen Kündigung berechtigender Rückstand von zwei Monatsmieten erreicht war, vermöge eine illoyale Verspätung der am 16.04.2007 – wegen eines fast doppelt so hohen Mietrückstands erklärten – fristlosen Kündigung von vornherein nicht zu begründen. Für ein Vertrauen der Beklagten, die Klägerin werde den Mietrückstand hinnehmen und auch bei einem weiteren Anstieg des Rückstands von ihrem Kündigungsrecht keinen Gebrauch machen, habe es in dieser Situation keine Grundlage gegeben.

Die Kündigung der Klägerin vom 16.04.2007 sei auch nicht deshalb missbräuchlich gewesen, weil sie zuvor nicht ausdrücklich eine fristlose Kündigung angedroht hat. Gemäß § 543 Abs. 3 S. 2 Nr. 3 BGB bedürfe es bei einer auf Zahlungsverzug des Mieters gestützten Kündigung nach § 543 Abs. 2 S. 1 Nr. 3 BGB keiner vorherigen Fristsetzung oder Abmahnung. Dass der Vermieter einen sich aufbauenden Mietrückstand nicht sofort zum Anlass einer fristlosen Kündigung nimmt, ändere daran nichts und lasse eine ohne Abmahnung erfolgte Kündigung noch nicht treuwidrig erscheinen.

Anmerkung:

Der *BGH* musste vorliegend die im Schrifttum umstrittene Frage, ob § 314 Abs. 3 BGB bei der Wohnraummiete im Rahmen des § 543 Abs. 2 S. 1 Nr. 3 BGB überhaupt Anwendung findet (Schmidt-Futterer/*Blank*, § 543 BGB, Rz. 123 f), nicht entscheiden. Wächst – wie vorliegend – der Mietrückstand weiter an, ist das Kündigungsrecht des Vermieters aufgrund des fortdauernden vertragswidrigen Verhaltens des Mieters keinesfalls verwirkt (*BGH* NJW 2005, 2775). Es wäre sachwidrig, dem Vermieter deshalb eine illoyale verspätete Rechtsausübung vorzuwerfen, weil er zunächst auf die Belange des Mieters Rücksicht genommen hat. Der Schutz des Mieters wird in Fällen dieser Art über § 569 Abs. 3 Nr. 2 BGB durch die (einmalige) Möglichkeit der Zahlung während der Schonfrist gewährleistet. Im Gewerberaummietrecht hat der *BGH* kürzlich die auf Nichtleistung der Kaution gestützte Kündigung nach mehr als vier Monaten schon wegen deren fortdauernder Nichtleistung noch für zulässig erachtet (*BGH* NJW-RR 2007, 886).

Grundsätzlich ist die Regelung des § 314 Abs. 3 BGB, wonach die Kündigung innerhalb einer angemessenen Frist erfolgen muss, im Rahmen des § 543 Abs. 2 S. 1 Nr. 3 BGB, also bei einer fristlosen auf Zahlungsrückstand gestützten Vermieterkündigung zurückhaltend anzuwenden (Schmidt-Futterer/*Blank*, a.a.O.). Insoweit ist zu berücksichtigen, dass es dem Vermieter nicht zum Nachteil gereichen darf, wenn er im Falle des Zahlungsverzugs des Mieters zunächst die weitere Entwicklung abwartet. Ein solches Verhalten ist dann zweckmäßig, wenn nach der Sachlage eine vorübergehende Zahlungsschwierigkeit des Mieters in Frage kommt. Erweist sich in der Folgezeit, dass die Zahlungsschwierigkeiten von Dauer sind, was bereits dann angenommen werden kann, wenn die Rückstände über längere Zeit offen stehen, so ist der Vermieter auch nach längerer Zeit zur Kündigung berechtigt, und zwar auch dann, wenn der Mieter einen Teil des Rückstands abgetragen hat. Grundsätzlich soll die Frist nicht zu laufen beginnen, bevor der Kündigungstatbestand entfällt, weshalb eine Kündigung wegen Zahlungsrückständen jedenfalls solange möglich ist, wie der Rückstand besteht

(*KG* GE 2005, 236). Allerdings ist eine vorherige Abmahnung durch den Vermieter jedenfalls dann unentbehrlich, wenn er den Rückstand über längere Zeit rügelos hingenommen oder frühere Kündigungslagen nicht zum Anlass einer Kündigung genommen hat (*OLG Hamm* ZMR 1994, 560; *LG Hamburg* NJWE-MietR 1996, 104). Gleiches gilt, wenn der Mieter unbeanstandet fortgesetzt verspätet gezahlt hat und er infolge dieser Zahlungsweise erstmals für zwei aufeinander folgende Termine in Verzug gekommen ist (*BGH* NJW 1959, 766).

BGH: Unpünktliche Mietzahlung durch Jobcenter (Urteil vom 21.10.2009 – VIII ZR 64/09, NJW 2010, 3781)

Das Jobcenter (Sozialamt), das für einen hilfebedürftigen Wohnungsmieter die Kosten der Unterkunft in der Weise übernimmt, dass es die Miete direkt an den Vermieter des Hilfebedürftigen überweist, ist nicht Erfüllungsgehilfe des Mieters.

Der Kläger ist Vermieter, die Beklagten sind Mieter eines Reihenhauses. Nach dem Mietvertrag ist die Miete jeweils bis zum 3. Werktag eines Monats im Voraus zu zahlen. Bis einschließlich März 2008 gingen die – von den Beklagten selbst erbrachten – Mietzahlungen fristgerecht ein. Seither hat das Jobcenter die Mietzahlung übernommen. Die Miete ging beim Kläger jeweils einige Tage verspätet ein. Das Jobcenter ist nicht zu einer früheren Anweisung der Miete bereit, obwohl die Beklagten die Abmahnungen des Klägers wegen verspäteter Mietzahlungen vorgelegt haben. Daraufhin kündigte der Kläger das Mietverhältnis fristlos.

Nach Auffassung des *BGH* steht dem Kläger der geltend gemachte Räumungsanspruch nicht zu, weil das Mietverhältnis durch die Kündigung nicht beendet worden ist. Ihm sei nämlich trotz der bestehenden Praxis des Sozialamtes, die Mietzahlungen jeweils um einige Tage zu spät anzuweisen, eine Fortsetzung des Mietverhältnisses mit den Beklagten zumutbar. Eine fristlose Kündigung nach § 543 BGB setze eine Würdigung aller Umstände des Einzelfalls voraus. Deshalb dürfe nicht isoliert auf die unpünktlichen Mietzahlungen abgestellt, sondern müsse bei der Interessenabwägung zu Gunsten der Beklagten berücksichtigt werden, dass diese wegen der eingetretenen Änderungen ihrer persönlichen und finanziellen Verhältnisse auf Leistungen des Jobcenters angewiesen sind.

Dessen etwaiges Verschulden müssten sich die Beklagten nicht anrechnen lassen, da es bei der Überweisung der Miete nicht als Erfüllungsgehilfe des Mieters gegenüber dem Vermieter handele. Der Anspruchsberechtigte schalte das Jobcenter nicht als Hilfsperson zur Erfüllung seiner Zahlungsverpflichtungen gegenüber seinem Vermieter ein; vielmehr wende er sich an die staatliche Stelle, um selbst die notwendigen Mittel für den eigenen Lebensunterhalt zu erhalten. Dabei mache es keinen Unterschied, ob das Jobcenter die Kosten der Unterkunft an den Hilfebedürftigen selbst zahlt oder direkt an den Vermieter überweist. In beiden Fällen nehme das Jobcenter hoheitliche Aufgaben wahr, um die Grundsicherung des Hilfebedürftigen zu gewährleisten. Mit dieser Stellung sei die Annahme, die Behörde werde vom Leistungsempfänger als Erfüllungsgehilfe im Rahmen des Mietvertrages über seine Unterkunft eingesetzt, nicht vereinbar.

Anmerkung:

Mit der vorliegenden Entscheidung hat der *BGH* der bislang h.M., wonach sich der Mieter das Verschulden einer staatlichen Stelle, derer er sich zur Erfüllung seiner

Mietzahlungspflicht bedient, nach § 278 BGB zurechnen lassen müsse (*LG Mönchengladbach* ZMR 1993, 571; *AG Köln* NZM 2000, 380; Schmidt-Futterer/*Blank*, § 543 BGB Rz. 95; offen gelassen von *KG* NJW 1998, 2455), eine Absage erteilt. Die Entscheidung erscheint dogmatisch (noch) vertretbar, da Erfüllungsgehilfe nur ist, wer nach den tatsächlichen Gegebenheiten des Falles und mit dem Willen des Schuldners bei der Erfüllung einer diesem obliegenden Verbindlichkeit als seine Hilfsperson tätig wird (*BGH* NJW 1984, 1748). Das lässt sich beim Jobcenter mit der Erwägung des *BGH* verneinen, es handele allein mit Rücksicht auf den Hilfebedürftigen. Wirtschaftlich wird somit allerdings dem Vermieter das Risiko eines Verschuldens des Jobcenters überbürdet. Der Vermieter ist aber zur Kündigung berechtigt, wenn das Sozialamt überhaupt keine Mietzahlungen erbringt und der Kündigungsgrund des § 543 Abs. 2 Nr. 2 BGB erfüllt ist, da die Mietzahlung eine eigene Verbindlichkeit des Hilfebedürftigen bleibt.

Anders hat der *BGH* für den Fall einer Falschberatung des Mieters über ein vermeintliches Zurückbehaltungsrecht an Betriebskostenvorauszahlungen durch einen Mieterverein entschieden (*BGH* NJW 2007, 428; Anm. *Bub/Bernhard*, FD-MietR 2007, 209568). Dieser sei zwar nicht zur Ausführung der eigentlichen Erfüllungshandlung – der Zahlung der Betriebskostenvorschüsse – tätig geworden, sondern habe den Mieter lediglich falsch über ein – tatsächlich nicht bestehendes – Zurückbehaltungsrecht beraten. Sein Verschulden müsse sich der Mieter allerdings zurechnen lassen, da eine Falschberatung nicht zu Lasten des Vermieters gehen kann, der an dem Beratungsverhältnis nicht beteiligt ist und dem auch kein Schadensersatzanspruch gegen den Berater zustünde.

AG Hamburg-Bergedorf: Kündigung bei Teilzahlung (Urteil vom 15.01.2008 – 409 C 341/07, ZMR 2008, 465)

Eine außerordentliche Vermieterkündigung wegen Nichtzahlung des Mietzinses ist auch dann unwirksam, wenn der Mieter vor Zugang der Kündigungserklärung den rückständigen Mietzins nicht vollständig, sondern nur teilweise zahlt, so dass die Kündigungsvoraussetzungen zu diesem Zeitpunkt nicht (mehr) erfüllt sind.

Die Klägerin begehrt vom Beklagten Räumung von Wohnraum und Zahlung rückständiger Mieten. Sie hatte mit Schreiben vom Oktober 2006 das Mietverhältnis fristlos wegen Zahlungsverzuges gekündigt. Diese Kündigung hatte sich durch vollständigen Zahlungsausgleich erledigt. Im August 2007 bestanden erneut Mietrückstände. Mit Schreiben vom 7. August – dem Beklagten zugestellt am 10. August – kündigte die Klägerin erneut fristlos und führte als Begründung Mietrückstände in Höhe von 40,07 € für Juni 2007 sowie jeweils 307,03 € für Juli und August 2007 an. Noch vor Absendung des Kündigungsschreibens ging am Morgen des 7. August bei der Klägerin eine Überweisung des Beklagten vom 6. August in Höhe von 614,58 € ein. Wegen der weiteren Mietrückstände hat der Beklagte die Aufrechnung mit Minderungsansprüchen wegen angeblicher Mängel der Mietsache erklärt.

Nach Auffassung des *AG Hamburg-Bergedorf* ist allein die Zahlungsklage begründet, die Räumungsklage hingegen unbegründet. Zwar bestehe ein Anspruch der Klägerin auf Zahlung der rückständigen Miete. Soweit der Beklagte die Aufrechnung erklärt hat, fehle eine ausreichende Begründung für einen aufrechenbaren Gegenanspruch. Gleichwohl bestehe kein Räumungsanspruch gemäß § 546 BGB. Es fehle nämlich an einer wirksamen Kündigung. Gemäß § 543 Abs. 2 S. 1 Nr. 3 BGB bestehe ein wichtiger Grund für eine fristlose Kündigung des Vermieters, wenn der Mieter für zwei aufeinander folgende Termine mit der Entrichtung der Miete in Höhe eines Betrages in Verzug ist, der die Miete für zwei Monate erreicht. Weder im Zeitpunkt des Ausspruches noch (insbesondere) im Zeitpunkt des Zuganges der Kündigung hätten diese Voraussetzungen indes vorgelegen.

Eine Kündigung sei eine empfangsbedürftige Willenserklärung. Für eine empfangsbedürftige Willenserklärung gelte § 130 BGB, wonach sie in dem Zeitpunkt wirksam wird, in welchem sie dem Empfänger zugeht. Der Zugang der Willenserklärung beim Empfänger sei also zwingende Voraussetzung für ihre Wirksamkeit. Wenn es aber für die Wirksamkeit entscheidungserheblich auf den Zugang ankommt, dann müssten zwingend zu diesem Zeitpunkt die Tatbestandsvoraussetzungen der Kündigung noch vorliegen. Nach der Gegenauffassung könne das Recht des Vermieters zur fristlosen Kündigung hingegen nicht dadurch wieder entfallen, dass der Mieter einen Teil des Mietrückstandes zahlt und damit der Rückstand unter die in § 543 Abs. 2 BGB genannten Grenzen „herabfällt"; das Kündigungsrecht gemäß § 543 Abs. 2 S. 1 Nr. 3 BGB sei erst dann ausgeschlossen, wenn der Vermieter vor der Kündigung vollständig befriedigt wird.

Diese Auffassung verwechselt nach Meinung des *AG Hamburg-Bergedorf* die Frage einer nachträglich eintretenden Unwirksamkeit mit der nach der ursprünglichen Wirksamkeit der Kündigung. Es müsse differenziert werden, ob eine Kündigung von Anfang an (un-) wirksam ist oder zu einem späteren Zeitpunkt – aus besonders gesetzlich festgelegten Gründen – nachträglich unwirksam wird. Es sei ein allgemeiner Grundsatz des bürgerlichen Rechts, dass für eine Willenserklärung zunächst zu prüfen ist, ob sie wirksam ist oder ob es an Wirksamkeitsvoraussetzungen mangelt. Nichts anderes könne für die Kündigung von Wohnraum gelten. Dieser allgemeine Grundsatz werde durch § 543 Abs. 2 S. 2 BGB nicht unterlaufen. Eine vollständige Befriedigung des Vermieters sei deshalb nicht erforderlich. Insoweit überzeuge auch nicht der Verweis auf § 569 Abs. 3 Nr. 2 BGB. Denn bei § 543 Abs. 2 S. 2 BGB – Wirksamkeit einer Kündigung von Anfang an – gehe es um Vorgänge bis zum Ausspruch der Kündigung und deren Zugang. Im zweiten Fall – § 569 Abs. 3 BGB – gehe es um eine gesetzgeberische Wohltat, die dem Mieter nur zufließen soll, wenn er fällige Ansprüche des Vermieters in vollem Umfang befriedigt.

Anmerkung:

Die Entscheidung wirft schwierige dogmatische Fragen auf, die das *AG Hamburg-Bergedorf* zutreffend erkannt und analysiert, aber unzutreffend beantwortet hat. Richtig ist zunächst der Ausgangspunkt, dass zwischen ursprünglicher (Un-)Wirksamkeit und nachträglichem Unwirksamwerden einer Kündigung unterschieden werden muss: Während eine fristlose Kündigung wegen Zahlungsverzuges *schon anfänglich unwirksam* ist, wenn die Voraussetzungen des § 543 Abs. 2 S. 1 Nr. 3 BGB nicht erfüllt sind oder wenn der Vermieter „vorher befriedigt wird", § 543 Abs. 2 S. 2 BGB, *wird* sie gemäß § 543 Abs. 2 S. 3 BGB unwirksam, wenn der Mieter unmittelbar nach der Kündigung wirksam die Aufrechnung erklärt und sich hierdurch von seiner Schuld befreit. Gleiches gilt gemäß § 569 Abs. 3 Nr. 2 S. 1 BGB bei der Wohnraummiete, wenn der Vermieter spätestens bis zum Ablauf von zwei Monaten nach Eintritt der Rechtshängigkeit des Räumungsanspruchs hinsichtlich der fälligen Miete und der fälligen Entschädigung nach § 546a Abs. 1 befriedigt wird. Diese „gesetzgeberische Wohltat" konnte dem Beklagten vorliegend gemäß § 569 Abs. 3 Nr. 2 S. 2 BGB allerdings nicht zugute kommen, da der streitgegenständlichen Kündigung vor weniger als zwei Jahren bereits eine nach S. 1 unwirksam gewordene Kündigung vorausgegangen war.

Hiervon zu unterscheiden ist die Frage, zu welchem Zeitpunkt die Voraussetzungen der Kündigung vorliegen müssen. Zutreffend ist auch hier der Ausgangspunkt des *AG Hamburg-Bergedorf*, dass eine Kündigung zu ihrer Wirksamkeit deren Zugang erfordert, weshalb grundsätzlich auf den Zeitpunkt des Zugangs der Kündigung abzustellen ist. Auch der Wortlaut des § 543 Abs. 2 S. 1 Nr. 3 BGB („in Verzug ist") deutet darauf hin, dass ein entsprechender Verzug mit der Mietzahlung noch zum Zeitpunkt (des Zugangs) der Kündigung erforderlich ist. Abweichendes folgt jedoch aus dem systematischen Zusammenhang mit der Regelung des § 543 Abs. 2 S. 2 BGB. Danach ist die Kündigung nur dann ausgeschlossen, wenn der Vermieter vorher – also vor Zugang der Kündigung – befriedigt wird. „Befriedigt" ist der Vermieter nach ganz h.M. aber nur, wenn der Mieter seine gesamte Mietschuld zahlt, d.h. alle Rückstände tilgt; Teilzahlungen stehen – entgegen der Auffassung des *AG Hamburg-Bergedorf* – nicht gleich (*LG Köln* NJW-RR 1991, 209; *LG Berlin* ZMR 1997, 143; Palandt/*Weidenkaff*, § 543 Rz. 27; a.A. *LG Lüneburg* WuM 1995, 705). Nach Auffassung des *AG Hamburg-Bergedorf* würde es hingegen schon ausreichen, wenn der Mieter im Fall des § 543 A bs. 2 S. 1 Nr. 3 b) vor Zugang der Kündigung einen Euro zahlt und somit weniger als zwei Monatsmieten im Rückstand ist. Dass der Vermieter in diesem Fall nicht „befriedigt" sein kann, ist offensichtlich.

Das Kündigungsrecht entsteht, wenn die Tatbestandsvoraussetzungen des § 543 Abs. 2 S. 1 Nr. 3 BGB vorliegen. Da der Zeitpunkt des Zugangs der Kündigung maßgeblich ist, muss der Vermieter mit der Abgabe der Kündigungserklärung nicht zuwarten, bis der Tatbestand erfüllt ist, vielmehr genügt es, wenn die Kündigungsvoraussetzungen zum Zeitpunkt des Zugangs der Kündigung vorliegen (*LG Köln* NJW-RR 1991, 208; Schmidt-Futterer/*Blank*, § 543 Rz. 121; a.A. *Sternel*, Mietrecht aktuell, Rz. 520). Aufgrund der Regelung des § 543 Abs. 2 S. 2 BGB bleibt ein einmal entstandenes Kündigungsrecht aber erhalten, wenn sich der Rückstand in der Folgezeit reduziert; es erlischt erst, wenn der Vermieter vollständig befriedigt, der Rückstand also vollkommen ausgeglichen wurde. Da das Gesetz die Beseitigung der Kündigungswirkungen an die Vornahme der Erfüllungshandlung knüpft (*LG Berlin* NJW-RR 1993, 144), genügt für die Rechtzeitigkeit der Leistung vor Wirksamwerden durch Zugang der Kündigung die rechtzeitige Absendung des geschuldeten Betrages; die Schuldtilgung durch Eingang auf dem Konto des Vermieters ist nicht erforderlich (*BGH* NJW 2006, 1585; Staudinger/*Emmerich*, § 543 Rz. 64).

Nur dies entspricht auch der Dogmatik des bürgerlichen Rechts. Durch Verzug begründete Gestaltungsrechte erlöschen, sofern sie nicht rechtzeitig noch vor Heilung des Verzugs ausgeübt werden. Heilung des Verzugs tritt aber nur ein, wenn der Schuldner vollständig leistet, wenn er die Leistung dem Gläubiger in einer Annahmeverzug begründenden Weise anbietet oder wenn nachträglich die Voraussetzungen des Verzugs entfallen, weil der Schuldner ein Einrederecht erwirbt, etwa aufgrund des Eintritts der Verjährung (Staudinger/*Emmerich*, § 543 Rz. 63). Die Folgerungen hieraus zieht § 543 Abs. 2 S. 2 BGB durch die Bestimmung, dass die Kündigung ausgeschlossen ist, wenn der Vermieter vor ihrer Wirksamkeit durch Zugang beim Mieter befriedigt wird.

3. Verwertungskündigung

BGH: Abrisskündigung (Urteile vom 28.01.2009 – VIII ZR 7/08, VIII ZR 8/08, VIII ZR 9/08, NJW 2009, 1200)

Der Abriss eines stark sanierungsbedürftigen Gebäudes mit anschließender Neuerrichtung einer Wohnanlage mit 6 Einheiten stellt eine angemessene wirtschaftliche Verwertung des Grundstücks gemäß § 573 Abs. 2 Nr. 3 BGB dar. Der Vermieter kann – wenn es sich um einen sanierungsbedürftigen Altbau handelt – nicht dazu verpflichtet werden, den Mietern nicht zu kündigen und nur eine „Minimalsanierung" vorzunehmen.

Die Beklagten haben Wohnungen in einem Mehrfamilienhaus gemietet, das die Klägerin im Jahr 2005 erworben hat. Die Klägerin beabsichtigt, das 1914 errichtete, stark sanierungsbedürftige Gebäude abzureißen und ein größeres Gebäude mit sechs Eigentumswohnungen zu errichten und diese zu veräußern. Die Klägerin hat die baurechtliche und denkmalschutzrechtliche Genehmigung für den Abriss des bestehenden Wohngebäudes erhalten sowie die Baugenehmigung für das geplante Vorhaben und hat sämtliche Mietverhältnisse gekündigt

Nach Auffassung des *BGH* war die Klägerin zur Kündigung der Mietverhältnisse gemäß § 573 Abs. 2 Nr. 3 BGB berechtigt. Die von der Klägerin geplanten Baumaßnahmen stellten eine angemessene wirtschaftliche Verwertung des Grundstücks gemäß § 573 Abs. 2 Nr. 3 BGB dar, weil sie von vernünftigen und nachvollziehbaren Erwägungen getragen sind. Eine Sanierung würde Investitionen mit hohem Kostenaufwand in das vorhandene reparaturbedürftige Gebäude bei einer verhältnismäßig geringen Restnutzungsdauer erforderlich machen. Durch den bereits genehmigten Neubau werde zudem in erheblichem Umfang zusätzlicher Wohnraum geschaffen. Bei der Beurteilung, ob erhebliche Nachteile anzunehmen sind, sei eine Abwägung des Bestandsinteresses des Mieters und des Verwertungsinteresses des Vermieters unter Berücksichtigung der Umstände des Einzelfalls vorzunehmen. Wäre die Klägerin gehalten, die Mietverhältnisse fortzusetzen, hätte sie nur die Möglichkeit einer „Minimalsanierung", obwohl der Zustand des Gebäudes entweder eine umfassende Sanierung, die für eine Ausstattung nach den heute üblichen Verhältnissen erforderlich wäre, oder einen Abriss mit anschließendem Neubau gebietet. Zudem wäre die Durchführung der dringendsten Maßnahmen mit erheblichen Kosten verbunden, ohne dass sich eine Verlängerung der Nutzungsdauer des Gebäudes erzielen lasse. Angesichts der bei einer solchen «Minimalsanierung» bestehenden wirtschaftlichen Risiken könne dem Eigentümer nicht das Interesse abgesprochen werden, eine dauerhafte Erneuerung alsbald und nicht erst bei vollständigem Verbrauch der Bausubstanz durchzuführen. Die Klägerin hätte bei Fortsetzung der Mietverhältnisse auch nicht die Möglichkeit, das Gebäude umfassend zu sanieren, weil wegen der erforderlichen Entkernung ebenfalls ein Auszug der Mieter erforderlich wäre. Eine Kündigung zum Zweck des Abbruchs eines Gebäudes und anschließendem Wiederaufbau widerspreche schließlich auch nicht der Vorstellung des Gesetzgebers; in den Gesetzesmaterialien werde diese Möglichkeit vielmehr als Beispielfall für eine Verwertungskündigung angeführt.

BGH: Abrisskündigung (Urteil vom 09.02.2011 – VIII ZR 155/10, NJW 2011, 1135)

Der Abriss eines stark sanierungsbedürftigen Gebäudes mit anschließender Neuerrichtung einer Wohnanlage stellt eine angemessene wirtschaftliche Verwertung des Grundstücks dar und berechtigt den Vermieter zur Kündigung der Mietverträge.

Die Beklagte ist Mieterin einer Wohnung in der Ried-Siedlung in Hamburg. Die Klägerin hat die Ried-Siedlung, die ursprünglich aus zahlreichen Wohneinheiten bestand, erworben. Sie will die in den 1930er Jahren in einfacher Bauweise errichtete Siedlung abreißen und an deren Stelle moderne, öffentlich geförderte Neubaumietwohnungen errichten. Mit Ausnahme eines Teils der Siedlung, der mit geringen Sanierungsmaßnahmen instand gesetzt wurde und erhalten geblieben ist, hat die Klägerin ihr Ziel auch bereits umgesetzt. Nur der Wohnblock, in dem sich die von der Beklagten bewohnte Wohnung sowie acht weitere, bereits leer stehende Wohneinheiten befinden, wurde bislang nicht abgerissen. Die Klägerin kündigte den Mietvertrag gestützt auf § 573 Abs. 2 Nr. 3 BGB unter Berufung auf städtebauliche und gebäudetechnische Mängel der Riedsiedlung

Nach Auffassung des *BGH* war die Klägerin zur Kündigung des Mietverhältnisses berechtigt. Die von ihr geplanten Baumaßnahmen stellten eine angemessene wirtschaftliche Verwertung des Grundstück gemäß § 573 Abs. 2 Nr. 3 BGB dar, weil sie auf vernünftigen und nachvollziehbaren Erwägungen beruhen. Denn der noch vorhandene Wohnblock befinde sich in einem schlechten Bauzustand und entspreche in mehrfacher Hinsicht – u.a. kleine gefangene Räume mit niedrigen Decken, schlechte Belichtung – nicht heutigen Wohnvorstellungen, während mit dem geplanten Neubau moderne bedarfsgerechte Mietwohnungen erstellt werden könnten. Der Klägerin würden darüber hinaus durch die Fortsetzung des Mietverhältnisses auch die nach dem Gesetz vorausgesetzten erheblichen Nachteile entstehen, weil durch bloße Sanierungsmaßnahmen der alten Bausubstanz unter Erhalt der Wohnung der Klägerin kein heutigen Wohnbedürfnissen entsprechender baulicher Zustand erreicht werden kann. Die weitere Bewirtschaftung des letzten noch vorhandenen Wohnblocks unter Verzicht auf die vollständige Verwirklichung des mit der „Riedsiedlung" verfolgten städtebaulichen Konzepts sei der Klägerin deshalb auch unter Berücksichtigung des Bestandsinteresses der Beklagten nicht zuzumuten.

Anmerkung:

Der *BGH* bestätigt seine Rechtsprechung zur Zulässigkeit einer „Abrisskündigung" (*BGH*, NJW 2009, 1200, s. vorhergehende Entscheidung). Der beratende Rechtsanwalt hat in einem solchen Fall allerdings stets zu prüfen, ob Regelungen über die Zweckentfremdung von Wohnraum bestehen. Bei Bestehen eines Zweckentfremdungsverbotes ist eine Kündigung nur zulässig, wenn die Zweckentfremdungsgenehmigung erteilt ist (Blank/*Börstinghaus*, § 573 BGB Rz. 190). Durch Art. 6 des Gesetzes zur Verbesserung des Mietrechts und zur Begrenzung des Mietanstiegs (BGBl I 1971, 1745) wurde eine bundeseinheitliche Regelung zum Verbot der Zweckentfremdung von Wohnraum geschaffen. Das Gesetz enthält eine Ermächtigung an die Landesregierungen, durch Rechtsverordnung zu bestimmen, in welchen Gemeinden, in denen die Versorgung der Bevölkerung mit ausreichendem Wohnraum zu angemessenen Bedingungen besonders gefährdet ist, Wohnraum anderen als Wohnzwecken nur mit

Genehmigung der von der Landesregierung bestimmten Stelle zugeführt werden darf. Die Länder haben zu regeln, unter welchen Voraussetzungen eine Genehmigung erteilt werden kann (eingehend Hannemann/*Wiegner*, § 34).

Der Abbruch stellt den intensivsten Eingriff in den bestimmungsgemäßen Gebrauch des Wohnraums dar, da er den Wohnraum unwiederbringlich beseitigt. Ein Anspruch auf Genehmigung der Zweckentfremdung besteht, wenn der Erhalt den Eigentümer zu beträchtlichen Investitionen in ein Gebäude nötigen würde, das sich nur noch „auf Abbruch" veräußern lässt (*BVerwG* ZMR 1985, 423). Ein Anspruch auf auflagenfreie Genehmigung besteht nicht schon deshalb, weil der Antragsteller auf dem geräumten Grundstück neue Wohnungen errichten will, vielmehr können die zuständigen Behörden weitere Auflagen, etwa „Ausgleichszahlungen" anordnen (*BVerwG* NJW 1978, 1018). Der Abbruch bedarf daneben der baurechtlichen Genehmigung, die nicht von der vorherigen Erteilung der Zweckentfremdungsgenehmigung abhängig gemacht werden darf. Einer Genehmigung zur Zweckentfremdung bedarf es nicht, wenn abbruchreifer Raum betroffen oder der Abbruch von den zuständigen Behörden sogar angeordnet worden ist.

BGH: Verwertungskündigung bei ererbter Immobilie (Urteil vom 08.06.2011 – VIII ZR 226/09, WuM 2011, 426)

Voraussetzungen einer Verwertungskündigung zum Zweck der Veräußerung einer im vermieteten Zustand unrentablen und nicht oder nur unter erheblichem Preisabschlag verkäuflichen Immobilie.

Die Beklagte mietete im Jahr 1953 – zusammen mit ihrem inzwischen verstorbenen Ehemann – von einem volkseigenen Betrieb der ehemaligen DDR ein dem Rechtsvorgänger der Kläger gehörendes, unter staatlicher Verwaltung stehendes Einfamilienhaus. Nach der Beendigung der staatlichen Verwaltung Ende 1992 traten die Kläger in ungeteilter Erbengemeinschaft nach dem ehemaligen Eigentümer in das Mietverhältnis ein. Die Kläger erklärten die Kündigung des Mietverhältnisses nach § 573 Abs. 2 Nr. 3 BGB mit der Begründung, sie beabsichtigten, das verlustbringende Mietobjekt zum Zweck der Auseinandersetzung der Erbengemeinschaft zu veräußern; daran seien sie durch den Fortbestand des Mietverhältnisses gehindert.

Nach Auffassung des *BGH* kommt vorliegend eine Verwertungskündigung in Betracht. Die Beurteilung der Frage, ob dem Eigentümer durch den Fortbestand eines Mietvertrages ein erheblicher Nachteil im Sinne des § 573 Abs. 2 Nr. 3 BGB entsteht, sei vor dem Hintergrund der Sozialpflichtigkeit des Eigentums (Art. 14 Abs. 2 GG) und damit des grundsätzlichen Bestandsinteresses des Mieters, in der bisherigen Wohnung als seinem Lebensmittelpunkt zu verbleiben, vorzunehmen. Das Eigentum gewähre dem Vermieter vor diesem Hintergrund keinen Anspruch auf Gewinnoptimierung oder auf Einräumung gerade der Nutzungsmöglichkeiten, die den größtmöglichen wirtschaftlichen Vorteil versprechen. Auch das Besitzrecht des Mieters an der gemieteten Wohnung sei Eigentum im Sinne von Art. 14 Abs. 1 GG und deshalb grundgesetzlich geschützt. Auf der anderen Seite dürften die dem Vermieter entstehenden Nachteile jedoch keinen Umfang annehmen, welcher die Nachteile weit übersteigt, die dem Mieter im Falle des Verlustes der Wohnung erwachsen.

Ein erheblicher Nachteil im Sinne des § 573 Abs. 2 Nr. 3 BGB sei vorliegend nicht schon deshalb zu verneinen, weil der Vermieter das vermietete Grundstück im Erbgang erworben hat und sich der Verkehrswert des Objekts seither nicht verschlechtert hat. Diese Sichtweise würde die erforderliche Abwägung und Berücksichtigung sämtlicher Umstände des Einzelfalls auf den singulären Aspekt verkürzen, ob seit dem Erwerb des Objekts durch den jetzigen Vermieter eine Verschlechterung des Verkehrswertes oder der Rentabilität eingetreten ist. Vorliegend hätten weder der Rechtsvorgänger der Kläger, von dem diese das Grundstück im Erbgang erworben haben, noch die Kläger selbst das Grundstück vermietet. Vielmehr sei die Vermietung durch einen volkseigenen Betrieb der ehemaligen DDR während der Zeit der staatlichen Verwaltung des Grundstücks erfolgt, worauf die Kläger ebenso wenig Einfluss hatten wie auf die Fortdauer der staatlichen Verwaltung bis zum Ablauf des Jahres 1992. Auch deshalb sei die Argumentation, es sei maßgeblich auf den Wert des Grundstücks im vermieteten Zustand abzustellen, weil es bereits im Zeitpunkt des Erbfalls vermietet gewesen sei, verfehlt. Diese Auffassung liefe darauf hinaus, Eigentümer ehemals staatlich verwalteter Wohnungen – wie den Klägern – an den bei der Aufhebung der staatlichen Verwaltung gegebenen Zuständen auch nach deren Beendigung festzuhalten und ihnen zuzumuten, auch dauerhaft Verluste ohne eine Verwertungsmöglichkeit hinzunehmen; dies sei mit dem Eigentumsgrundrecht (Art. 14 Abs. 1 GG) nicht vereinbar.

Anmerkung:

Eine Verwertungskündigung nach § 573 Abs. 2 Nr. 3 BGB setzt kumulativ voraus, dass der Vermieter die Absicht hat, die Mietsache anderweitig zu verwerten, die beabsichtigte Verwertung nach den Gesamtumständen angemessen ist, der Bestand des Mietverhältnisses der Verwertung entgegensteht und im Falle der Hinderung der Verwertung für den Vermieter ein erheblicher Nachteil entstehen würde. In so genannten Veräußerungsfällen reicht es für den (wirtschaftlichen) Nachteil aus, wenn das Haus oder die Wohnung nur mit einem erheblichen Abschlag von dem sonst erzielbaren Preis verkauft werden könnte (*BVerfG* NZM 2004, 134; Schmidt-Futterer/*Blank*, § 573 BGB Rz. 167). Hinsichtlich der zu erwartenden Einbußen gibt es keine allgemein gültigen Erfahrungssätze. Die Einbuße ist im Regelfall durch einen Vergleich des möglichen Verkaufserlöses der Immobilie im vermieteten und im leer stehenden Zustand zu ermitteln (*LG Stuttgart* ZMR 1995, 259).

Hat der Eigentümer das Mietobjekt allerdings mit einem bereits bestehenden Mietverhältnis erworben, so ist der Einkaufspreis mit dem erzielbaren Verkaufspreis – jeweils im vermieteten Zustand – zu vergleichen (*LG Berlin* NJW-RR 1997, 10; Staudinger/*Rolfs*, § 573 Rn 116). Gleiches gilt nach bislang h.M., wenn der Vermieter eine vermietete Immobilie geerbt hat (*OLG Stuttgart* ZMR 2006, 42: *LG Potsdam* WuM 2009, 521; Schmidt-Futterer/*Blank*, a.a.O.). Da dem Grundstück von Anfang an der durch die Vermietung begründete Minderwert anhaftet, würde der Erbe durch die Kündigung einen wirtschaftlichen Wert realisieren, der ihm tatsächlich nie zur Verfügung gestanden hat. Dieser Auffassung hat sich der *BGH* vorliegend nicht angeschlossen Der Entscheidung lässt sich allerdings nicht entnehmen, ob der *BGH* dies nur aufgrund der Besonderheiten des vorliegenden Falls – die Vermietung erfolgte nicht durch den Erblasser, sondern durch einen volkseigenen Betrieb – oder aus prinzipiellen Erwägungen getan hat. Wäre letzteres der Fall, so wäre die Position des Erben, der eine vermietete Immobilie ererbt hat, im Hinblick auf die Möglichkeiten einer Verwertungskündigung erheblich verbessert.

4. Sonstige Kündigungsgründe

BGH: Unterbliebene Zahlung der Prozesskosten eines früheren Räumungsprozesses (Urteil vom 14.07.2010 – VIII ZR 267/09, NJW 2010, 3020)

Ein Vermieter, dessen außerordentliche Kündigung eines Wohnraummietverhältnisses wegen Zahlungsverzugs des Mieters deswegen unwirksam geworden ist, weil er hinsichtlich der Mietrückstände und der fälligen Entschädigung (§ 546a BGB) binnen zwei Monaten nach Erhebung der Räumungsklage von einer öffentlichen Stelle befriedigt worden ist, kann eine erneute Kündigung des Mietverhältnisses regelmäßig nicht darauf stützen, dass der zahlungsunfähige Mieter nicht auch die im erledigt erklärten Räumungsprozess angefallenen Verfahrenskosten ausgeglichen hat.

Der Beklagte ist Mieter einer Wohnung der Klägerin. Diese kündigte das Mietverhältnis wegen eines erheblichen Zahlungsrückstands fristlos und erhob anschließend Räumungsklage. Innerhalb der Schonfrist des § 569 Abs. 3 Nr. 2 BGB hat die Sozialhilfebehörde die Mietrückstände beglichen, so dass der Rechtsstreit in der Hauptsache für erledigt erklärt und dem Mieter die Prozesskosten auferlegt wurden. Er hat diese bislang nicht gezahlt. Daraufhin kündigte die Vermieterin das Mietverhältnis erneut mit der Begründung, der Mieter habe seine Pflichten aus dem Mietverhältnis schuldhaft verletzt, indem er die aus dem Räumungsprozess entstandenen Kosten nicht beglichen habe.

Nach Auffassung des *BGH* rechtfertigt die unterbliebene Zahlung der Prozesskosten weder eine ordentliche noch eine fristlose Kündigung des Mietverhältnisses. Der Vermieter könne ein Mietverhältnis über Wohnraum nach § 573 Abs. 1 S. 1 BGB nur dann ordentlich kündigen, wenn er ein berechtigtes Interesse an der Beendigung des Mietverhältnisses hat, z.B. weil der Mieter seine vertraglichen Pflichten schuldhaft nicht unerheblich verletzt hat, § 573 Abs. 2 Nr. 1 BGB. Zwar verletze der Mieter, der die ihm auferlegten Kosten aus einem früheren, auf Zahlungsverzug gestützten Räumungsprozess nicht begleicht, seine Pflichten aus dem Mietvertrag. Diese Pflichtverletzung erreiche jedoch nicht die vom Gesetz für eine Kündigung vorausgesetzte Erheblichkeitsschwelle. Denn bei der Beurteilung der Erheblichkeit dürfe die in § 569 Abs. 3 Nr. 2 BGB zum Ausdruck gekommene Wertung des Gesetzgebers nicht außer Acht gelassen werden: Danach werde eine auf Zahlungsverzug gestützte außerordentliche Kündigung des Mietverhältnisses aus wichtigem Grund unwirksam, wenn der Vermieter bis zum Ablauf von zwei Monaten nach Eintritt der Rechtshängigkeit des Räumungsanspruchs hinsichtlich der fälligen Miete und der fälligen Entschädigung nach § 546a BGB befriedigt wird.

Ziel der Regelung sei es, die Obdachlosigkeit des Mieters zu vermeiden. Mit dieser Intention sei es nicht zu vereinbaren, wenn zwar die außerordentliche Kündigung des Mietverhältnisses wegen Zahlungsverzugs aufgrund einer von der Sozialhilfebehörde innerhalb der Schonfrist herbeigeführten Befriedigung des Vermieters unwirksam wird, jedoch dem Vermieter die Möglichkeit verbliebe, das Mietverhältnis gleichwohl erneut zu kündigen, weil der Mieter wirtschaftlich nicht in der Lage ist, die Prozesskosten des erledigten Räumungsrechtsstreits zu begleichen. Aus den gleichen Erwägungen stelle die unterbliebene Bezahlung der Prozesskosten auch keinen wichtigen Grund für eine außerordentliche Kündigung nach § 543 Abs. 1 BGB dar.

Anmerkung:

Eine außerordentliche Kündigung wegen Zahlungsverzugs nach § 543 Abs. 1, 2 Nr. 3 BGB kam vorliegend schon deshalb nicht in Betracht, weil diese Norm nur periodisch wiederkehrende Zahlungen erfasst, § 573 Abs. 2 Nr. 1 BGB hingegen auch (Miet-)Rückstände aus nicht periodisch wiederkehrenden Zahlungsverpflichtungen (Schmidt-Futterer/*Blank*, § 573 Rz. 28). Dies gilt insbesondere für den Anspruch des Vermieters aus einer Betriebskostenabrechnung. „Nicht unerheblich" im Sinne von § 573 Abs. 2 Nr. 1 BGB ist der Rückstand, wenn der Zahlungsverzug der Höhe nach einer Monatsmiete entspricht und die Forderung länger als einen Monat fällig ist. Hierfür muss dem Mieter lediglich eine ordnungsgemäß begründete und nachprüfbare Abrechnung zugegangen sein; der Eintritt der Fälligkeit setzt nicht zusätzlich voraus, dass nach Erteilung der Abrechnung zunächst eine angemessene Frist zur Überprüfung durch den Mieter verstrichen ist, § 271 Abs. 1 BGB (*BGH* NJW 2006, 1419, 1421). Verzug kann aber ausgeschlossen sein, wenn sich der Mieter bezüglich seiner Zahlungspflicht in einem unverschuldeten Irrtum befindet, etwa wenn er begründete Zweifel an der Richtigkeit der Abrechnung hat. Gleiches gilt, wenn Unklarheit darüber besteht, ob der Vermieter überhaupt zur Umlage bestimmter Betriebskosten berechtigt ist.

Bei Gewerberäumen kann den Vermieter – bei Abwägung im Einzelfall – auch die Nichtzahlung der Kaution zur Kündigung berechtigen (*BGH* NJW-RR 2007, 886; Anm. *Bub/Bernhard*, FD-MietR 2007, 225789). Bei der Wohnraummiete kann er hingegen nur darauf verwiesen werden, auf Leistung der Mietkaution zu klagen.

BGH: Geschäftsschädigende Äußerungen des Vermieters (Urteil vom 15.09.2010 – XII ZR 188/08, NJW-RR 2011, 89)

Bei einem gewerblichen Mietverhältnis kann für den Mieter ein Recht zur fristlosen Kündigung gemäß § 543 Abs. 1 BGB bestehen, wenn der Vermieter gegenüber Dritten ohne berechtigtes Interesse Behauptungen aufstellt, die geeignet sind, den Gewerbebetrieb des Mieters nachhaltig zu beeinträchtigen, und deshalb die das Schuldverhältnis tragende Vertrauensgrundlage derart zerstört ist, dass dem Mieter unter Abwägung der beiderseitigen Interessen die Fortsetzung des Mietverhältnisses bis zum Ablauf der Kündigungsfrist oder bis zur sonstigen Beendigung des Mietverhältnisses auch bei Anlegung eines strengen Maßstabes nicht mehr zugemutet werden kann.

BGH: Kündigung in der Insolvenz (Urteil vom 24.01.2008 – IX ZR 201/06, NJW 2008, 1442)

Ein vorläufiger Insolvenzverwalter mit Zustimmungsvorbehalt ist insolvenzrechtlich nicht verpflichtet, der Weiterleitung von Mietzahlungen, die der Schuldner als Zwischenvermieter erhält, an den Hauptvermieter zuzustimmen. Das Unterlassen der Mietzahlung kann aber ein fristloses Kündigungsrecht des Vermieters begründen.

Der Kläger vermietete eine in seinem Eigentum stehende Wohnung an die B-GmbH als gewerbliche Zwischenmieterin. Diese vermietete die Räumlichkeiten an einen Dritten weiter. Im November 2000 bestellte das Insolvenzgericht den Beklagten zum vorläufigen Insolvenzverwalter mit Zustimmungsvorbehalt über das Vermögen der B-GmbH. Mit Schreiben vom 06.12.2000 teilte er dem Kläger mit, er sei als vorläufiger Insolvenzverwalter zur Einziehung der Mieten vom Endmieter verpflichtet, andererseits aber nicht befugt, die eingehenden Beträgen an ihn weiterzuleiten. Aufgrund des § 112 InsO sei der Kläger zudem nicht berechtigt, den Zwischenmietvertrag zu kündigen. Der Endmieter bezahlte für die Monate Dezember 2000 und Januar 2001 die Miete an die B-GmbH. Der Kläger erhielt in diesem Zeitraum keine Mietzahlungen. Er kündigte daraufhin mit Schreiben vom 30.01.2001 den Zwischenmietvertrag fristlos zum Ablauf des 31.01.2001. Der Kläger begehrt von dem Beklagten in seiner Eigenschaft als Insolvenzverwalter und auch persönlich Schadensersatz in Höhe der nicht bezahlten Mieten für Dezember 2000 und Januar 2001.

Nach Auffassung des *BGH* stehen dem Kläger Ansprüche weder gegen die vom Beklagten vertretene Insolvenzmasse noch gegen den Beklagten persönlich zu. Bei den Mietzinsen handele es sich nicht um Masseschulden. Dies gelte auch dann, wenn der vorläufige Verwalter über das Vermögen eines gewerblichen Zwischenmieters im Eröffnungsverfahren von Endmietern die Miete einzieht. Die Insolvenzordnung sehe insoweit keine Privilegierung des Vermieters gegenüber anderen Insolvenzgläubigern vor und enthalte daher keine Regelung, die für diese Fallgestaltung eine Durchbrechung der insolvenzrechtlichen Grundsätze zu § 55 Abs. 2 InsO zu rechtfertigen vermöchte, nach denen ein so genannter "schwacher" vorläufiger Insolvenzverwalter, auf den die Verfügungsbefugnis über das Vermögen des Schuldners nicht übergegangen ist, keine Masseverbindlichkeiten begründen kann.

Eine persönliche Haftung des Beklagten scheide aus, weil er keine insolvenzspezifischen Pflichten verletzt habe. Die Vorschrift des § 60 InsO sanktioniere die Verletzung solcher Pflichten, die dem Insolvenzverwalter in dieser Eigenschaft nach den Vorschriften der Insolvenzordnung obliegen. Insolvenzspezifische Pflichten in diesem Sinne habe der Beklagte aber weder dadurch verletzt, dass er als vorläufiger Verwalter die Weiterleitung der Mieten für Dezember 2000 und Januar 2001 an den Kläger verhinderte, noch dadurch, dass er diese Vorgehensweise ausdrücklich gegenüber dem Kläger angekündigt hatte. Den vorläufigen Insolvenzverwalter treffe keine Pflicht, im Eröffnungsverfahren Miet- oder Pachtzahlungen zu leisten oder solchen Zahlungen des Schuldners zuzustimmen. Da der Anspruch auf Miete nur eine Insolvenzforderung begründet, sei der vorläufige Insolvenzverwalter dazu lediglich berechtigt, wenn von der Aufrechterhaltung des Miet- oder Pachtverhältnisses für die künftige Insolvenzmasse mehr Vor- als Nachteile zu erwarten seien.

Eine Verletzung insolvenzspezifischer Pflichten des Beklagten, die ursächlich für den geltend gemachten Schaden des Klägers geworden ist, liege auch nicht darin, dass er im Schreiben vom 06.12.2000 die Rechtsbehauptung aufgestellt hatte, der Kläger sei „aufgrund des § 112 InsO" nicht berechtigt, den Zwischenmietvertrag zu kündigen. Soweit aus dieser Auskunft hervorgeht, der Kläger sei auch wegen der im Eröffnungsverfahren auflaufenden Mietrückstände nicht berechtigt, den Mietvertrag wegen Zahlungsverzugs zu kündigen, wäre sie allerdings unzutreffend gewesen. Nach ganz h.M. steht § 112 InsO jedenfalls bei Bestellung eines vorläufigen Insolvenzverwalters mit Zustimmungsvorbehalt einer Kündigung des Mietvertrages wegen eines im Eröffnungsverfahren eingetretenen Zahlungsverzuges nach den allgemeinen Regeln nicht entgegen. Jedoch sei dem Kläger aufgrund dieser Unrichtigkeit jedenfalls kein Schaden entstanden; denn er habe trotz der vom Beklagten geäußerten Rechtsansicht den Mietvertrag wegen Zahlungsverzugs gekündigt.

Anmerkung:

§ 112 InsO schränkt die Rechte von Vermietern in der Weise ein, dass eine Kündigung wegen Zahlungsverzugs oder Verschlechterung der Vermögensverhältnisse „nach dem Antrag auf Eröffnung des Insolvenzverfahrens“ über das Vermögen des Mieters ausgeschlossen ist. Die Kündigungsbeschränkung des § 112 InsO ist in der Insolvenz des Mieters geeignet, aber auch erforderlich, um eine gerechte und ausgewogene Abwicklung der Insolvenz zu verwirklichen. Der neu eingesetzte (vorläufige) Insolvenzverwalter benötigt regelmäßig einen gewissen Zeitraum, um die gesamten wirtschaftlichen Verhältnisse des Schuldners sowie die Bedeutung auch der einzelnen Gegenstände dafür zu erfassen, die möglicherweise mit Aus- oder Absonderungsrechten belastet sind. Während dieser Prüfungszeit muss grundsätzlich der vorgefundene Verbund des Schuldnervermögens erhalten bleiben. Insbesondere würde jede günstige Gesamtverwertung vereitelt, wenn daraus wesentliche Teile – erst recht ein gemietetes Betriebsgrundstück – alsbald entfernt würden. Andererseits findet der Insolvenzverwalter, der wegen Zahlungsunfähigkeit, § 17 InsO, oder Überschuldung, § 19 InsO, des Schuldners bestellt worden ist, regelmäßig keine ausreichenden finanziellen Mittel vor, um zuvor aufgelaufene Zahlungsrückstände zu begleichen. § 112 InsO mutet dem Vermieter nunmehr äußerstenfalls einen (weiteren) Ausfall der Nutzungsentschädigung für zwei Monate zu. Denn die nach dem Eröffnungsantrag fällig werdenden Raten müssen aus dem Schuldnervermögen wieder vertragsgerecht gezahlt werden, wenn die Nutzungsmöglichkeit für die Insolvenzmasse erhalten bleiben soll (*BGH* NJW 2002, 3326; NJW 2005, 2552). Sind von der Aufrechterhaltung des Miet- oder Pachtverhältnisses mehr Vor- als Nachteile zu erwarten, so darf auch ein vorläufiger Insolvenzverwalter die dazu nötigen Ausgaben erbringen.

Entscheidet sich der vorläufige Insolvenzverwalter aus Zweckmäßigkeitserwägungen gegen eine Fortsetzung des Nutzungsvertrags und zahlt er deshalb die geschuldete Miete oder Pacht nicht, so ist der andere Vertragsteil berechtigt, den Vertrag wegen der nach dem Eröffnungsantrag neu eintretenden Zahlungsrückstände gegebenenfalls schon während des Eröffnungsverfahrens nach § 543 Abs. 2 S. 1 Nr. 3 BGB zu kündigen (MünchKomm/*Eckert*, InsO, § 112 Rz. 35 f; *Balthasar*, in: Nerlich/Römermann, § 112 Rz. 13). Insbesondere wird ein Verzug des vorläufigen Insolvenzverwalters im Sinne von §§ 543 Abs. 2 S. 1 Nr. 3, 286 BGB nicht etwa dadurch ausgeschlossen, dass regelmäßig erst der für das eröffnete Verfahren bestellte endgültige Insolvenzverwalter nach §§ 103 ff InsO über das rechtliche Schicksal von Verträgen in der Insolvenz entscheidet (a.A. *Tintelnot*, in: Kübler/Prütting, § 112 Rz. 12). Der vorläufige Insolvenzverwalter hat mit Bezug auf Mietverhältnisse während des Eröffnungsverfahrens rechtlich nur zu entscheiden, ob er für ein zu eröffnendes Verfahren die Option auf eine Fortdauer faktisch offen hält, indem er das laufende Entgelt zahlt. Hierzu ist er berechtigt.

Erklärt er – wie im vorliegenden Fall – von vornherein, er sei zur Zahlung der Miete künftig und auf unbestimmte Zeit nicht bereit, werde aber seinerseits die Mieten vom Endmieter einziehen, so verweigert er für die Zukunft die Erfüllung seiner primären Leistungspflicht, nämlich die Zahlung des vereinbarten Entgelts für die Nutzung des gemieteten Gegenstands. Er verhält sich damit zwar „insolvenzgerecht“, gleichwohl aber grob vertragswidrig. Letztlich lief das dem Kläger vom Beklagten angesonnene Verhalten darauf hinaus, dass sich der Insolvenzverwalter durch Einziehung und Nichtweitergabe der der B-GmbH zufließenden Gelder in Höhe der dem Kläger geschuldeten Miete laufend auf dessen Kosten in erheblichem Umfang Liquidität verschafft. Unter diesen Umständen ist der Vermieter, sofort zur Kündigung berechtigt; ihm ist die die Fortsetzung des Vertragsverhältnisses nicht einmal bis zum Auflaufen eines für eine Kündigung nach § 543 Abs. 2 S. 1 Nr. 3 BGB ausreichenden Betrags zumutbar. Der Kläger hätte deshalb auch sofort nach Erhalt des Schreibens, nicht erst nach Auflaufen eines Zahlungsrückstands kündigen können.

BGH: Kündigung gegenüber Nießbraucher (Urteil vom 27.11.2009 – LwZR 12/08, NJW-RR 2010, 815)

Das Kündigungsrecht des Eigentümers, der nach der Beendigung des Nießbrauchs in einen von dem Nießbraucher abgeschlossenen Pachtvertrag als Verpächter eingetreten ist, geht ohne besondere Vereinbarung nicht auf einen Erwerber über.

Der Kläger ist Eigentümer landwirtschaftlicher Flächen. Einen Teil davon hatte der frühere Eigentümer K. an den Beklagten verpachtet. Nachdem er zunächst das Eigentum unter Vorbehalt eines lebenslänglichen Nießbrauchs auf seinen Neffen übertragen hatte, verzichtete er später auf sein Nießbrauchsrecht. Nach Erwerb der Flächen und Tod des K. kündigte der Kläger gestützt auf § 1056 II BGB das Pachtverhältnis und verlangt nunmehr Räumung und Herausgabe der verpachteten Flächen.

Nach Auffassung des *BGH* stand dem Kläger kein Recht zur vorzeitigen Kündigung des Pachtvertrages zu. Zwar unterliege ein von dem Nießbraucher – zulässigerweise (§ 1030 Abs. 1 BGB) – eingegangenes Pachtverhältnis nach der Beendigung des Nießbrauchs einem dem Grundstückseigentümer zustehenden Kündigungsrecht nach § 1056 Abs. 2 BGB. Gleiches gelte, wenn – wie hier – der Vertragsabschluss durch den Eigentümer erfolgt ist und dieser später das Eigentum unter dem Vorbehalt des Nießbrauchs auf einen Dritten überträgt, weil in einem solchen Fall der Nießbrauchsberechtigte Verpächter bleibt. Vorliegend habe der Nießbrauch nicht erst mit dem Tod des Nießbrauchers gem. § 1061 S. 1 BGB, sondern bereits mit der Löschung im Grundbuch geendet. Zu diesem Zeitpunkt hätten indes die Voraussetzungen für eine Kündigung des Pachtvertrags noch nicht vorgelegen. Da das Erlöschen auf einem Verzicht des Berechtigten beruhte, sei die Kündigung nach § 1056 Abs. 2 S. 2 BGB erst von der Zeit an zulässig gewesen, zu welcher der Nießbrauch ohne den Verzicht erloschen wäre, hier also mit dem Tod des (früheren) Nießbrauchers.

Ein dem früheren Eigentümer zustehendes Kündigungsrecht, das erst nach dem Tod des Nießbrauchers ausgeübt werden konnte, sei nicht gemäß §§ 1056, 566 BGB auf den Kläger übergegangen. Vorrangiges Ziel der Bestimmung des § 1056 BGB sei es, einen Interessenausgleich zwischen Eigentümer und Pächter für die Zeit nach der Beendigung des Nießbrauchs herbeizuführen. Der gesetzliche Eintritt des Eigentümers in die Verpächterstellung solle den besitzenden Pächter davor bewahren, sofort nach dem Erlöschen des Nießbrauchs einem Herausgabeanspruch ausgesetzt zu sein. Andererseits liefen die aus dem Eigentum resultierenden Befugnisse (§ 903 BGB) leer, wenn der Eigentümer auf Dauer an einen Miet-/Pachtvertrag gebunden wäre, auf dessen Zustandekommen und Inhalt er keinen Einfluss hatte. Aus diesem Grund gewähre ihm § 1056 Abs. 2 BGB die Befugnis, auch einen befristeten Mietvertrag vorzeitig durch Kündigung zu beenden.

Damit sei die Interessenlage desjenigen, der das Grundstück nach der Beendigung des Nießbrauchs durch Rechtsgeschäft erwirbt, nicht vergleichbar. Er könne sich anlässlich der Kaufverhandlungen regelmäßig über das Bestehen eines Mietverhältnisses erkundigen. Ergebe sich, dass das Grundstück ganz oder teilweise auf bestimmte

Zeit verpachtet ist, könne er seine weiteren Dispositionen, insbesondere sein Preisgebot, an diesem Umstand ausrichten oder ganz von dem Kauf Abstand nehmen, z.B. weil er das Grundstück selbst nutzen will. Einer Möglichkeit, den nach § 566 Abs. 1 BGB übernommenen Mietvertrag einseitig aufzulösen, bedürfe es für den Erwerber, der sich in Kenntnis der bestehenden Verpachtung zu dem Kauf entschlossen hat, nicht. Jede andere Beurteilung würde zu einer nicht gerechtfertigten Besserstellung des Erwerbers in den Fällen führen, in denen das Grundstück nicht durch den Eigentümer, sondern durch den Nießbraucher vermietet worden ist.

Anmerkung:

Der Kläger wäre zur vorzeitigen Kündigung des Pachtvertrages berechtigt gewesen, wenn er in den Kaufvertrag eine Regelung aufgenommen hätte, wonach der Verkäufer sein Kündigungsrecht an ihn abtritt oder ihn zur Ausübung des Kündigungsrechts ermächtigt. Mit dem Erlöschen des Nießbrauchs durch Verzicht stand dem Verkäufer gem. § 1056 Abs. 2 S. 1 BGB ein Kündigungsrecht zu, das er gemäß § 1056 Abs. 2 S. 2 BGB allerdings erst nach dem Tod des Nießbrauchers ausüben durfte. Ob das Recht zur Kündigung eines Miet- oder Pachtvertrages isoliert abgetreten werden kann, hat der *BGH* bislang offen gelassen, da eine Abtretung jedenfalls gemäß § 140 BGB in eine Ermächtigung zur Kündigung im eigenen Namen umgedeutet werden kann (*BGH* NJW 1998, 896). Vorliegend hatten die Parteien es aber versäumt, eine entsprechende Klausel in den Kaufvertrag aufzunehmen.

BGH: Kündigung gegenüber Nießbraucher (Urteil vom 20.10.2010 – XII ZR 25/09, NJW 2011, 61)

Die Eigentümer eines mit einem Nießbrauch belasteten Grundstücks sind nach dem Tode des Nießbrauchers auch dann gemäß § 1056 Abs. 2 S. 1 BGB zur vorzeitigen Kündigung eines von dem Nießbraucher abgeschlossenen Mietvertrages berechtigt, wenn sie neben weiteren Personen Miterben des Nießbrauchers sind.

Die Beklagten sind Miteigentümer des Anwesens, in dem sich die Geschäftsräume der Kläger (Café und Snackimbiss) befinden. Die Mutter der Beklagten hatte das Eigentum an der Immobilie auf diese übertragen und sich selbst den lebenslangen Nießbrauch an dem Grundstück vorbehalten. Später schloss sie mit den Klägerinnen unbefristete Mietverträge über die Geschäftsräume ab. Nachdem die Mutter verstorben war, wurde sie von den Beklagten und dem weiteren Sohn F. beerbt. Die Beklagten haben die Mietverträge gekündigt; die Kläger begehren Feststellung, dass die Mietverträge ungekündigt fortbestehen.

Nach Auffassung des *BGH* haben die Beklagten die Mietverhältnisse wirksam gekündigt. Nach § 1056 Abs. 2 S. 1 BGB seien sie nach dem Tod der nießbrauchsberechtigten Mutter zur Kündigung der Mietverträge berechtigt gewesen. Hat ein Nießbraucher ein Grundstück über die Dauer des Nießbrauchs hinaus vermietet oder verpachtet, so fänden gemäß § 1056 Abs. 1 BGB nach Beendigung des Nießbrauchs die für den Fall der Veräußerung von vermietetem Wohnraum geltenden Vorschriften der §§ 566 ff BGB entsprechende Anwendung. Somit träte in diesem Fall der Eigentümer des belasteten Grundstücks nach Beendigung des Nießbrauchs anstelle des Nießbrauchers in die sich aus dem Mietverhältnis ergebenden Rechte und Pflichten ein, §§ 1056 Abs. 1, 566 Abs. 1 BGB. Ein von einem Nießbraucher abgeschlossener

Mietvertrag bestehe daher fort, wenn der Nießbrauch durch den Tod des Nießbrauchers endet.

Abweichend von diesem Grundsatz gewähre jedoch § 1056 Abs. 2 BGB dem Grundstückseigentümer das Recht, das Miet- oder Pachtverhältnis zu kündigen. Dieses außerordentliche Kündigungsrecht trage dem Umstand Rechnung, dass der Grundstückseigentümer in ein Mietverhältnis eintreten muss, an dem er nicht beteiligt war. Ist jedoch der Eigentümer auch Alleinerbe des Nießbrauchers, scheide ein Kündigungsrecht aus, da er in diesem Fall nach erbrechtlichen Grundsätzen durch Universalsukzession unmittelbarer Vertragspartner des Mieters wird und daher bereits gemäß §§ 1967 Abs. 1, 1922 Abs. 1 BGB erbrechtlich für die Erfüllung des Mietvertrages als Nachlassverbindlichkeit haftet. Diese Rechtsstellung bestehe unabhängig von einem eventuellen Vertragseintritt nach § 1056 BGB. Vorliegend stehe dies dem Kündigungsrecht der Beklagten allerdings nicht entgegen. Die Nießbraucherin sei nicht von den Beklagten allein, sondern auch von F. beerbt worden. Die Beklagten bildeten daher zusammen mit diesem eine Miterbengemeinschaft, § 2032 Abs. 1 BGB, die für gemeinschaftliche Nachlassverbindlichkeiten gemäß § 2058 BGB als Gesamtschuldner haftet; hierzu zählten auch die Verpflichtungen aus dem Mietvertrag, soweit sie nach dem Erlöschen des Nießbrauchs auf die Erben übergegangen sind. Das Mietgrundstück sei aber nicht in den Nachlass gefallen, weil es bereits zuvor an die Beklagten übereignet worden war. Seien diese jedoch aufgrund ihrer *erbrechtlichen Stellung* ohne Mitwirkung von F. nicht verpflichtet, den Klägern den Gebrauch der Mietsache zu gewähren, bestehe kein Grund, ihnen als *Miteigentümern* des Mietgrundstücks die Kündigungsmöglichkeit nach § 1056 Abs. 2 S. 1 BGB zu verwehren.

Anmerkung:

F. hatte der Kündigung des Mietverhältnisses widersprochen. Insoweit bestätigt der *BGH* seine Rechtsprechung, dass Bruchteilseigentümer ein Mietverhältnis über das gemeinschaftliche Grundstück wirksam mit Stimmenmehrheit kündigen können, wenn sich die Kündigung als Maßnahme einer ordnungsgemäßen Verwaltung gemäß § 745 Abs. 1 S. 1 BGB darstellt (*BGH* NJW 2010, 765 zur Kündigung eines Mietverhältnisses durch eine Erbengemeinschaft, s.o.). Zwar stellt die Kündigung eines Mietverhältnisses durch die Bruchteilseigentümergemeinschaft eine Verfügung dar (*BGH* NJW 2007, 150). Jedoch können auch Verfügungen, sofern sie Maßnahmen einer ordnungsgemäßen Verwaltung darstellen, als Mehrheitsentscheidungen nach § 745 Abs. 1 BGB getroffen werden (*BGH* NJW 2010, a.a.O.). Liegt ein gültiger Mehrheitsbeschluss gemäß § 745 Abs. 1 S. BGB vor, verleiht dieser den im Außenverhältnis tätigen Gemeinschaftern die notwendige Vertretungsmacht, um den Beschluss zu vollziehen.

***BGH*: Verweigerung der Untervermietung bei fehlendem Nutzungsinteresse der Untermieter (Urteil vom 11.11.2009 – VIII ZR 294/08, NJW 2010, 1293)**

Die Ausübung eines sich aus der unberechtigten Verweigerung der Erlaubnis zur Untervermietung ergebenden außerordentlichen Kündigungsrechts nach § 540 Abs. 1 S. 2 BGB ist rechtsmissbräuchlich (§ 242 BGB), wenn dem kündigenden Hauptmieter bekannt ist, dass ein Mietinteresse der benannten Untermieter nicht besteht.

BGH: Untervermietung (Urteil vom 02.02.2011 – VIII ZR 74/10, NJW 2011, 1065)

Nimmt der Mieter eine Untervermietung vor, ohne die erforderliche Erlaubnis seines Vermieters einzuholen, verletzt er seine vertraglichen Pflichten auch dann, wenn er einen Anspruch auf Erteilung der Erlaubnis hat. Hat er allerdings eine Erlaubnis zur Untervermietung vom Vermieter rechtzeitig erbeten, so ist eine auf die fehlende Erlaubnis gestützte Kündigung rechtsmissbräuchlich, wenn der Vermieter seinerseits zur Erteilung der Erlaubnis verpflichtet war und ihm somit selbst eine Vertragsverletzung zur Last fällt.

Die Beklagte ist Mieterin einer Wohnung des Klägers. Nach dem Mietvertrag war sie ohne Einwilligung des Vermieters nicht zur Untervermietung berechtigt. Die Einwilligung sollte vorab als erteilt gelten, bei einem Wechsel des Untermieters jedoch eine nochmalige schriftliche Einwilligung erforderlich sein. Nachdem die Beklagte vergeblich um die Erlaubnis zur Untervermietung eines Zimmers an Frau A. nachgesucht hatte, nahm sie diese gleichwohl in der Wohnung auf. Der Kläger hat das Mietverhältnis wegen unberechtigter Untervermietung fristlos und hilfsweise ordentlich gekündigt.

Nach Auffassung des *BGH* steht dem Kläger kein Räumungsanspruch zu. Einer Kündigung wegen unerlaubter Untervermietung an Frau A. stehe der Einwand des Rechtsmissbrauchs entgegen. Der Beklagten habe nämlich ein Anspruch auf Erlaubnis der Untervermietung zugestanden. Im Mietvertrag sei ihr das Recht zur Untervermietung grundsätzlich bereits eingeräumt worden, weshalb sie bei einem Untermieterwechsel ein berechtigtes Interesse gemäß § 553 Abs. 1 S. 1 BGB nicht mehr darlegen musste und der Kläger die schriftliche Einwilligung nur bei Vorliegen eines wichtigen Grundes in der Person des Untermieters versagen durfte. Bei pflichtgemäßem Verhalten hätte der Kläger daher die von der Beklagten erbetene Erlaubnis zur Untervermietung an Frau A. erteilen müssen.

Allerdings verletze ein Mieter, der eine Untervermietung vornimmt, ohne die erforderliche Erlaubnis seines Vermieters einzuholen, damit seine vertraglichen Pflichten auch dann, wenn er letztlich einen Anspruch auf Erteilung der Erlaubnis hat. Die Einholung der Genehmigung habe den Zweck, dem Vermieter Gelegenheit zu geben, seine Einwände gegen die Untervermietung – hier gegen die Person der neuen Untermieterin – geltend zu machen, bevor dem Untermieter die Räume überlassen werden. Dieser Pflicht sei die Beklagte jedoch insoweit nachgekommen, als sie die Erlaubnis rechtzeitig erbeten hat, so dass der Kläger etwaige Bedenken vorbringen konnte. Da es solche Bedenken nicht gab, sei er zur alsbaldigen Zustimmung zur Untervermietung an Frau A. verpflichtet gewesen. Angesichts dieses vertragswidrigen Verhaltens des Klägers habe sich die Beklagte in einer gewissen „Zwangslage" befunden: Bei einem Abwarten bis zum Erlass eines die vertragswidrig nicht erteilte Untervermietungserlaubnis ersetzenden rechtskräftigen Urteils wären ihr in der Zwischenzeit die Einnahmen aus der Untermiete entgangen und hätte die Untermieterin möglicherweise das Interesse an der Anmietung verloren. Wegen des Verbots rechtsmissbräuchlichen Verhaltens (§ 242 BGB) sei es dem Kläger verwehrt, sich bei seiner Kündigung auf das Fehlen einer Erlaubnis zu berufen, die er der Beklagten hätte erteilen müssen, wenn er selbst sich vertragsgemäß verhalten hätte.

Anmerkung:

Der Entscheidung ist zuzustimmen. Sie konkretisiert die wechselseitigen Rechte und Pflichten von Vermieter und Mieter bei der Untervermietung und schützt den Mieter vor den Folgen einer rechtswidrigen Verweigerung der Untervermietungserlaubnis. Es entspricht der h.M., dass der Mieter durch die nicht gestattete Untervermietung seine vertraglichen Pflichten zwar auch dann verletzt, wenn er einen Anspruch auf Erteilung der Erlaubnis hat (*BayObLG* NJW-RR 1995, 969; MünchKomm/*Häublein*, § 573 Rz. 52), ein Kündigungsrecht des Vermieters nach § 543 Abs. 2 Nr. 1 BGB aber in der Regel dann nicht besteht, wenn dem Mieter zum Zeitpunkt der Kündigung ein Anspruch auf Erteilung der Untervermietungserlaubnis – wie vorliegend aufgrund des Mietvertrages oder gesetzlich nach § 553 BGB – zusteht (*Kern*, NZM 2009, 344, 347). Umgekehrt handelt auch der Mieter rechtsmissbräuchlich, wenn er sein sich aus der unberechtigten Verweigerung der Erlaubnis zur Untervermietung ergebendes außerordentlichen Kündigungsrechts aus § 540 Abs. 1 S. 2 BGB ausübt, wenn ihm bekannt ist, dass ein Mietinteresse der benannten Untermieter tatsächlich nicht besteht (*BGH*, NJW-RR 2010, 306, s. vorhergehende Entscheidung).

BGH: Kündigung im Zweifamilienhaus (Urteil vom 17.11.2010 – VIII ZR 90/10, NJW-RR 2011, 158)

Der Vermieter ist nicht zur erleichterten Kündigung eines Wohnraummietverhältnisses nach § 573a BGB berechtigt, wenn neben den von ihm und dem Mieter bewohnten Wohnungen im Haus noch eine Einliegerwohnung vorhanden ist, die er selbst nutzt.

Die Beklagten sind Mieter einer Wohnung der Klägerin. Der Mietvertrag wurde im Jahr 2004 noch mit dem Voreigentümer des Hauses geschlossen, in dessen Obergeschoss sich die Wohnung der Beklagten befindet. Zu diesem Zeitpunkt war neben der Wohnung im Erdgeschoss auch eine Einliegerwohnung im Kellergeschoss des Hauses vorhanden, bestehend aus einem Wohn-/Schlafraum mit Küchenzeile und Bad, die an Dritte vermietet war. Als die Klägerin das Haus im Jahr 2006 erwarb, bestand das Mietverhältnis über die Kellerräume nicht mehr. Die Klägerin bezog zusammen mit ihrem Ehemann die Wohnung im Erdgeschoss und nutzt die Räumlichkeiten im Keller als zusätzliche Räume (Besucherzimmer, Bügel- und Arbeitszimmer). Die Klägerin kündigte das Mietverhältnis gestützt auf § 573a Abs. 1 BGB und begehrt nunmehr Räumung der Wohnung.

Nach Auffassung des *BGH* kann die Klägerin ihre Kündigung nicht auf die erleichterte Kündigungsmöglichkeit des § 573a BGB bei einem vom Vermieter selbst bewohnten Zweifamilienhaus stützen. Für die Beurteilung, ob in einem Gebäude mehr als zwei Wohnungen vorhanden sind, sei die Verkehrsanschauung maßgebend. Unter einer Wohnung werde gemeinhin ein selbständiger, räumlich und wirtschaftlich abgegrenzter Bereich verstanden, der eine eigenständige Haushaltsführung ermöglicht. Die Räumlichkeiten im Keller des Wohnhauses der Klägerin erfüllten diese Anforderungen, denn neben einem 42 m² großen Wohn-/Schlafraum verfügen sie über eine Küchenzeile und ein Tageslichtbad mit Toilette. Die Tatsache der Existenz von drei Wohnungen im Wohnhaus der Klägerin habe sich nicht dadurch geändert, dass sie die im Keller befindlichen Räume in ihren Wohnbereich integriert hat, indem sie die Einliegerwohnung als Besucher-, Bügel- und Arbeitszimmer nutzt. Denn durch diese Erweiterung des Wohnbereichs habe sich der einmal gegebene Wohnungsbestand nicht reduziert. Zwar hindere die Aufteilung einander ergänzender Räume auf zwei Stockwerke nicht die Annahme einer (einzigen) Wohnung; erforderlich sei aber, dass die weiteren Räumlichkeiten – anders als die Einliegerwohnung im Haus der Klägerin – keine eigenständige Wohnung darstellten. Da vorliegend die Einliegerwohnung vom Einzug der Beklagten bis zum Ausspruch der Kündigung eine eigenständige Wohnung war, seien die Voraussetzungen einer erleichterten Kündigung nach § 573a Abs. 1 BGB zu keiner Zeit erfüllt gewesen.

Anmerkung:

Da vorliegend die Räumlichkeiten im Keller während des gesamten Mietverhältnisses eine eigenständige Wohnung gebildet hatten, konnte der *BGH* die in der Instanzrechtsprechung und im Schrifttum umstrittene Frage, ob es hinsichtlich des Wohnungsbestandes auf den Zeitpunkt des Beginns des Mietverhältnisses oder den der Kündigung ankommt, offen lassen. Z.T. wird für die Kündigungsvoraussetzung, dass sich in dem Gebäude nicht mehr als zwei Wohnungen befinden, auf den Zeitpunkt der Begründung des Mietverhältnisses abgestellt, damit der Bestandsschutz nicht durch nachträgliche bauliche Änderungen ausgehöhlt werden kann (*OLG Hamburg* NJW 1983, 182). Teilweise wird wenigstens ein Hinweis auf die zukünftige Änderung bei Vertragsschluss für erforderlich gehalten (*LG Memmingen* NJW-RR 1992, 523). Dies widerspricht allerdings dem Grundsatz, dass die Voraussetzungen für eine Kündigung nach dem Zeitpunkt zu beurteilen sind, in dem die *Erklärung wirksam* wird (Staudinger/*Rolfs*, § 542 Rz. 5, 79). Maßgeblicher Zeitpunkt für die Beurteilung, ob ein Zweifamilienhaus vorliegt, ist daher der Zeitpunkt der Kündigung (Staudinger/*Rolfs*, a.a.O.). Dass sich der Bestandsschutz für ein bereits bestehendes Mietverhältnis hierdurch ändert, ist in Anbetracht des Gesetzeszwecks, dem Vermieter nicht das Zusammenleben mit einer weiteren Partei im eigenen Haus zumuten zu wollen, in Kauf zu nehmen. Einer treuwidrigen Aushöhlung des Bestandsschutzes kann durch § 242 BGB begegnet werden. Unerheblich ist der erst für die Zukunft geplante Ausbau um eine dritte Wohnung – auch wenn die Kündigung gerade dem Zweck dient, die Voraussetzungen für die beabsichtigte bauliche Veränderung zu schaffen (a.A. *LG Mannheim* NZM 2004, 256: einschränkende Auslegung des § 573a BGB).

BGH: Kündigung im Zweifamilienhaus (Urteil vom 26.06.2010 – VIII ZR 325/09, NJW 2010, 3571

Eine analoge Anwendung der Kündigungssperrfrist des § 577a BGB auf eine auf § 573a BGB gestützte Kündigung kommt mangels Bestehens einer planwidrigen Regelungslücke nicht in Betracht.

Die Beklagten sind Mieter einer Wohnung in einem Reihenhaus. Dieses verfügt über zwei separate Wohnungen und gehört zu einem Ende der 50er Jahre auf einem ungeteilten Grundstück errichteten „Reihenhauswohnblock“. Später erfolgte die Realteilung dieses Grundstücks in einzelne, jeweils mit einem „Zweifamilienreihenhaus“ bebaute Grundstücke. Das Reihenhaus, in dem sich die Wohnung der Beklagten befindet, wurde im Jahr 2004 an einen Käufer veräußert, von dem es die Kläger im Jahr 2007 erwarben und dort die zweite Wohnung bezogen. Sie haben das Mietverhältnis gemäß § 573a BGB gekündigt.

Nach Auffassung des *BGH* war die Kündigung gemäß § 573a BGB begründet. Die in § 577a BGB vorgesehene Kündigungssperrfrist sei auf diese nicht entsprechend anzuwenden. Zwar fänden die für die Begründung von Wohnungseigentum geltenden Bestimmungen der §§ 577, 577a BGB auf die Realteilung eines Grundstücks, das mit zu Wohnzwecken vermieteten Reihenhäusern bebaut ist, entsprechende Anwendung; dies gelte auch für die Kündigungssperrfrist des § 577a BGB. Daraus folge aber nur, dass die Kläger – mangels Ablauf der zehnjährigen Sperrfrist seit der Veräußerung des Reihenhauses an die Voreigentümer im Jahre 2004 – ihre Kündigung nicht auf berechtigte Interessen im Sinne des § 573 II Nr. 2 und 3 BGB stützen können. Die Kläger hätten indes nicht nach § 573 II Nr. 2 oder 3 BGB gekündigt, sondern nach § 573a BGB. Für eine analoge Anwendung der Kündigungssperrfrist auch auf diesen Fall fehle es an einer planwidrigen Regelungslücke.

Die Bestimmung des § 577a BGB solle dem durch die Umwandlung in Wohnungseigentum gefährdeten Bestandsschutzinteresse des Mieters Rechnung tragen. Mit der Kündigungssperrfrist habe der Gesetzgeber den Mieter speziell vor der Gefahr schützen wollen, die sich für den Fortbestand des Mietverhältnisses daraus ergibt, dass umgewandelte Eigentumswohnungen häufig zur Befriedigung eigenen Wohnbedarfs erworben werden. Eine vergleichbare Gefahr bestehe bei der Realteilung von Reihenhäusern mit zwei separaten Wohnungen im Hinblick auf eine dann im Einzelfall mögliche Kündigung nach § 573a BGB jedoch nicht. Da die Kündigung nach § 573a BGB voraussetzt, dass der Vermieter selbst eine der beiden Wohnungen bewohnt, ermögliche die nach der Realteilung erfolgte Veräußerung eines Reihenhauses mit zwei Wohnungen dem Erwerber nicht ohne Weiteres eine solche Kündigung. Soweit das Reihenhaus nicht von einem bisherigen Mieter erworben oder eine der beiden Wohnungen unabhängig von einem Eigennutzungswunsch des Erwerbers frei wird, könne dieser eine der beiden Wohnungen nur nach einer Kündigung wegen Eigenbedarfs, für welche die Sperrfrist des § 577a BGB gilt, beziehen.

Im Hinblick auf die bei einem Zusammenleben unter einem Dach erhöhte Gefahr von Spannungen zwischen den Mietvertragsparteien sollte für den Vermieter mit der Regelung des § 573a BGB eine erleichterte Kündigungsmöglichkeit – allerdings zum Schutz des Mieters mit verlängerter Kündigungsfrist – geschaffen werden Eine analoge Anwendung der Kündigungssperrfrist auch auf diesen Fall würde dazu führen, dass dem Vermieter die für diese besondere Situation engen Zusammenlebens von Vermieter und Mieter vorgesehene Möglichkeit einer Kündigung ohne Darlegung eines berechtigten Interesses für einen langen Zeitraum versagt bliebe.

Anmerkung:

Der *BGH* führt seine Rechtsprechung fort, dass die für die Begründung von Wohnungseigentum geltenden Bestimmungen der §§ 577, 577a BGB auf die Realteilung eines Grundstücks, das mit zu Wohnzwecken vermieteten Reihenhäusern bebaut ist, entsprechende Anwendung finden (*BGH* NZM 2008, 569; Anm. *Bub/Bernhard*, FD-MietR 2008, 261763 z. Vorkaufsrecht des Mieters). Die Interessenlage ist in beiden Fällen der Rechtsänderung (Umwandlung in Wohnungseigentum einerseits, Realteilung eines Grundstücks andererseits) im Wesentlichen gleich. Aus der Sicht des Mieters macht es keinen Unterschied, ob das von ihm gemietete Reihenhaus in Wohnungseigentum umgewandelt oder durch reale Teilung Bestandteil eines selbstständigen Grundstücks wird. In beiden Fällen steht dem Mieter nach einem Verkauf ein neuer Vermieter gegenüber, der sich – soweit die sonstigen Voraussetzungen erfüllt sind – auf Eigenbedarf berufen könnte. Mit zutreffender Begründung erstreckt der *BGH* die Sperrfrist aber nicht auch auf den Fall einer Kündigung im Zweifamilienhaus nach § 573a BGB.

OLG Düsseldorf: Kündigung wegen Mängeln nach Androhen einer Minderung (Urteil vom 27.11.2007 – 10 U 86/07, BeckRS 2008, 0949)

Ist die Mietsache mangelhaft und droht der Mieter mit der Fristsetzung zur Mängelbeseitigung eine andere Maßnahme als die Kündigung – etwa eine Ersatzvornahme oder eine Minderung – an, kann die Kündigung wegen des darin liegenden widersprüchlichen Verhaltens (§ 242 BGB) nicht bereits nach erfolglosem Ablauf der gesetzten Abhilfefrist wirksam erklärt werden, sondern erst nach erfolglosem Ablauf einer neuen Frist.

Der Kläger als Vermieter verlangt vom Beklagten als Mieter Zahlung von Miete. Dieser hatte das zwischen ihnen bestehende Gewerberaummietverhältnis fristlos gekündigt. Die gemieteten Räumlichkeiten weisen nach seiner Auffassung verschiedene Mängel auf. So soll das Rolltor, das die Ladenräume zur Straße hin verschließt, äußerst schwergängig sein und von ihm allein nicht bedient werden können. Wegen dieses Mangels hätte er den Kläger bereits mündlich zur Mängelbeseitigung aufgefordert sowie schriftlich mit Fristsetzung die Schwergängigkeit des Rollgitters angemahnt und andernfalls eine zwanzigprozentige Minderung des Mietzinses angedroht. Weiter seien die Oberlichter seit geraumer Zeit (mehr als elf Monate) undicht, es würden mittlerweile sogar Pflanzen in die Mieträume hineinwachsen.

Nach Auffassung des *OLG Düsseldorf* ist der Beklagte zur Mietzahlung verpflichtet, da die von ihm ausgesprochene fristlose Kündigung unwirksam war. Die von ihm angegebenen Gründe rechtfertigten weder für sich noch bei der gebotenen Gesamtwürdigung die Annahme eines wichtigen Grundes. Zwar liege ein wichtiger Grund für die außerordentliche fristlose Kündigung eines Mietverhältnisses nach § 543 Abs. 2 S. 1 Nr. 1 BGB u.a. vor, wenn dem Mieter der vertragsgemäße Gebrauch der Mietsache ganz oder zum Teil nicht rechtzeitig gewährt oder wieder entzogen wird. Letzteres komme gerade auch beim Auftreten von Mängeln in Betracht, wie sie hier von dem Beklagten behauptet werden. Nur soweit die hierdurch bewirkte Entziehung des vertragsmäßigen Gebrauchs des Ladenlokals unerheblich ist, begründe sie kein Kündigungsrecht.

Die behauptete Schwergängigkeit des Rollgitters stelle allerdings schon keinen Mangel dar. Ein Mangel sei nur dann anzunehmen, wenn die „Ist-Beschaffenheit" des Mietobjekts von seiner „Soll-Beschaffenheit" abweicht. Haben die Parteien einen konkret gegebenen schlechten Bauzustand als vertragsgemäß vereinbart, so sind insoweit Erfüllungs- und Gewährleistungsansprüche des Mieters ausgeschlossen. Vorliegend könne zwar das Tor nur durch körperlich starke Personen bewegt werden, eine Person mit 55-70 kg Gewicht sei nicht in der Lage sei, das Tor ordnungsgemäß zu öffnen und zu schließen. Da die eingeschränkte Funktionsfähigkeit des Tores nach der Lebenserfahrung und den Feststellungen des Sachverständigen aber Folge eines sich über einen längeren Zeitraum hinziehenden Verschleißprozesses sei, spreche nach den Umständen eine tatsächliche Vermutung dafür spricht, dass die Schwergängigkeit bereits seit Beginn des Mietverhältnisses vorgelegen hat, mithin keine Abweichung der

Soll-Beschaffenheit von der Ist-Beschaffenheit vorliegt. Zudem habe der Beklagte dem Kläger vor Ausspruch der Kündigung keine Frist zur Beseitigung des Mangels gesetzt. Mündlich habe er keine Frist gesetzt, die Aufforderung sei insoweit nicht ausreichend. Auch auf sein Schreiben hätte der Kläger nicht tätig werden müssen, weil die Rüge, das Rollgitter sei zu schwergängig, mangels näherer Konkretisierung nicht den an eine Mängelrüge zu stellenden Anforderungen entspreche. Zwar bedürfe es nach § 543 Abs. 3 S. 2 Nr. 1 BGB keiner Abhilfefrist, wenn diese offensichtlich keinen Erfolg verspricht. Dies sei vorliegend aber nicht ersichtlich. Unabhängig von vorstehenden Darlegungen stelle eine etwaige Schwergängigkeit jedenfalls keinen erheblichen Mangel dar. Der Beklagte könne keinen einzigen konkreten Tag benennen, an dem es wegen der behaupteten Schwergängigkeit zu einer Störung seines Geschäftsbetriebs gekommen sein soll.

Die außerordentliche fristlose Kündigung wäre aber auch dann unwirksam, wenn man in dem Schreiben des Beklagten eine § 543 Abs. 1 S. 1 BGB genügende Fristsetzung sieht. In diesem Fall sei die Kündigung wegen Verstoßes gegen Treu und Glauben (§ 242 BGB) unwirksam, weil der Beklagte für den erfolglosen Ablauf der Abhilfefrist lediglich eine zwanzigprozentige Minderung, nicht aber eine fristlose Kündigung angedroht hat. Neben der Fristsetzung sei zwar die Androhung der Kündigung nicht erforderlich, wie sich schon aus dem Gesetzeswortlaut ergebe. Werde jedoch mit der Fristsetzung eine andere Maßnahme als die Kündigung, etwa eine Ersatzvornahme oder eine Minderung angedroht, könne die Kündigung wegen des darin liegenden widersprüchlichen Verhaltens (§ 242 BGB) nicht bereits nach erfolglosem Ablauf der gesetzten Abhilfefrist wirksam erklärt werden, sondern erst nach erfolglosem Ablauf einer neuen Frist.

Einen kündigungsrelevanten Mangel im Sinne des § 543 Abs. 2 S. 1 Nr. 1 BGB habe der Beklagte auch hinsichtlich der Oberlichter nicht schlüssig dargelegt. Soweit es das Vorhandensein der in geringem Umfang auf den vorgelegten Lichtbildern erkennbaren Pflanzen im Bereich der Oberlichter betrifft, handele es sich ebenso wie bei den erkennbaren geringfügigen Verschmutzungen bereits nach dem eigenen Vortrag des Beklagten um eine geringfügige Beeinträchtigung, die eine Kündigung nicht zu rechtfertigen vermag. Selbst wenn aber hinsichtlich des Komplexes Oberlichter von einem Mangel auszugehen wäre, könne dieser Mangel die fristlose Kündigung nicht rechtfertigen, denn er habe sie nicht rechtzeitig ausgesprochen worden. Nach § 314 Abs. 3 BGB, der auch auf die fristlose Kündigung nach § 543 BGB anzuwenden ist, könne der Berechtigte nur innerhalb einer angemessenen Frist kündigen, nachdem er vom Kündigungsgrund Kenntnis erlangt hat. Die Regelung bezwecke zum einen eine beschleunigte Herbeiführung klarer Verhältnisse; zum anderen liege ihr die Erwägung zugrunde, dass nach längerem Zuwarten die Fortsetzung des Vertragsverhältnisses nicht (mehr) unzumutbar ist. Hieran gemessen könne sich der Beklagte nicht auf einen Mangel der Oberlichter als Kündigungsgrund berufen, da er die Kündigung erst ca. elf Monate nach dem (angeblichen) erstmaligen Auftreten des Mangels, also nicht mehr in angemessener Frist, ausgesprochen habe.

Anmerkung:

Der hier stark verkürzt wiedergegebene Fall – der Beklagte hatte noch eine Undichtigkeit des Daches sowie Störungen durch eine Mitmieterin zur Begründung seiner Kündigung herangezogen – ist instruktiv, weil er geradezu exemplarisch verdeutlicht, welche Fehler dem Mieter beim Ausspruch einer fristlosen Kündigung wegen angeblicher Mängel der Mietsache unterlaufen können.

Nach h.M., der sich das *OLG Düsseldorf* anschließt, kann dem Mieter durch Mängel der Mietsache der vertragsgemäße Gebrauch der Mietsache ganz oder zum Teil entzogen werden (*BGH* NJW 2007, 2474; Schmidt-Futterer/*Blank,* § 543 Rz. 24). Dies stellt einen Grund zur Kündigung des Mietverhältnisses im Sinne des § 543 Abs. 2 S. 1 Nr. 1 BGB dar, soweit die Entziehung des vertragsmäßigen Gebrauchs nicht nur unerheblich ist (*OLG Düsseldorf* ZMR 2006, 518). Das *OLG Düsseldorf* hat ein Kündigungsrecht daran scheitern lassen, dass es sich bei einem Fehler der Mietsache, der bereits bei Vertragsabschluss vorhanden war, um keinen Mangel im Sinne des § 536 BGB handelt, da in diesem Fall die Ist-Beschaffenheit der Mietsache nicht von ihrer Sollbeschaffenheit abweicht. Dies vermag nicht völlig zu überzeugen, da das BGB, wie sich aus § 536b BGB ergibt, durchaus anfängliche Mängel der Mietsache kennt, von denen der Mieter Kenntnis hat. Die Kenntnis führt also nicht stets zu einer Reduzierung der Anforderungen an die Sollbeschaffenheit der Mietsache. Jedenfalls ist ein Kündigungsrecht des Mieters bei Kenntnis vom Mangel aber gemäß §§ 543 Abs. 4 S. 1, 536b S. 1 BGB ausgeschlossen.

Besteht der wichtige Grund zur Kündigung – wie bei dem vom Beklagten behaupteten Auftreten von Mängeln – in der Verletzung einer Pflicht des Vermieters aus dem Mietvertrag, so ist die Kündigung gemäß § 543 Abs. 3 S. 1 BGB erst nach erfolglosem Ablauf einer zur Abhilfe bestimmten Frist zulässig. Schon hieran fehlte es vorliegend nach Auffassung des *OLG Düsseldorf*; jedenfalls hatte der Beklagte aber in seinem Schreiben nicht die Kündigung, sondern lediglich eine Mietminderung in Aussicht gestellt. Ob eine Kündigung wegen des darin liegenden widersprüchlichen Verhaltens bereits nach erfolglosem Ablauf der gesetzten Abhilfefrist wirksam erklärt werden kann, wenn der Mieter mit der Fristsetzung eine andere Maßnahme als die Kündigung, etwa eine Ersatzvornahme oder – wie hier – eine Mietminderung androht, oder erst nach erfolglosem Ablauf einer neuen Frist, hatte der *BGH* jüngst noch offen gelassen (*BGH* a.a.O.). Das *OLG Düsseldorf* schließt sich der h.M. in Rechtsprechung und Literatur an, wonach eine sofortige Kündigung in diesem Fall unzulässig ist (*OLG Hamm* NJW-RR 1991, 1035; *Sternel*, IV Rz. 463 Fn. 35; Bub/Treier/*Grapentin*, IV Rz. 149; Schmidt-Futterer/*Blank*, § 543 Rz. 3) und es einer erneuten Fristsetzung zur Beseitigung des Mangels bedarf.

Schließlich hatte der Mieter – jedenfalls sein Prozessbevollmächtigter – auch noch die Regelung des § 314 Abs. 3 BGB übersehen, der nach h.M. auch auf die fristlose Kündigung nach § 543 BGB anzuwenden ist (*BGH* NZM 2007, 400, Anm. *Bub/Bernhard*, FD-MietR 2007, 225789). Danach kann der Mieter nur innerhalb einer angemessenen Frist kündigen, nachdem er vom Kündigungsgrund – vorliegend den Mängeln der Mietsache – Kenntnis erlangt hat. Der *BGH* hat zwar jüngst eine Kündigung noch nach Ablauf von vier Monaten für angemessen erachtet (*BGH* a.a.O.); die Kündigung des Beklagten nach elf Monaten war aber jedenfalls verspätet.

III. Begründung der Kündigung

BGH: Angabe der Kündigungsgründe als Obliegenheit des Vermieters (Urteil vom 15.12.2010 – VIII ZR 9/10, NJW 2011, 914)

Die Angabe der Gründe für die Kündigung eines Wohnraummietverhältnisses ist eine bloße Obliegenheit des Vermieters, aus deren Verletzung der Mieter keine

Schadensersatzansprüche (hier: Kosten eines außergerichtlich eingeschalteten Anwalts) herleiten kann.

Die Kläger hatten von den Beklagten eine Wohnung gemietet. Die Beklagten kündigten das Mietverhältnis ohne nähere Begründung unter Bezugnahme auf Eigenbedarf. Der von den Klägern daraufhin eingeschaltete Rechtsanwalt wies die Kündigung zurück, weil keine Gründe vorlägen, die eine Kündigung rechtfertigten. Die Beklagten kündigten erneut unter näherer Darlegung des geltend gemachten Eigenbedarfs und nahmen die Kläger aus der späteren Kündigung in einem anderen Verfahren mit Erfolg auf Räumung in Anspruch. Die Kläger begehren Erstattung der angefallenen Anwaltskosten.

Nach Auffassung des *BGH* steht den Klägern wegen des Versäumnisses der Beklagten, die Gründe für ein berechtigtes Interesse an der Kündigung des Mietverhältnisses anzugeben, kein Schadensersatzanspruch aus § 280 Abs. 1 S. 1 BGB zu. Zwar könne sich der Vermieter durch eine unberechtigte Kündigung gegenüber dem Mieter schadensersatzpflichtig machen. Vorliegend gehe es aber nicht um die Frage, ob sich die Beklagten zu Unrecht auf einen nicht bestehenden (materiellen) Kündigungsgrund berufen haben, sondern um die Nichteinhaltung der formellen Kündigungsvoraussetzungen, nämlich die fehlende Angabe der Gründe für ein berechtigtes Interesse des Vermieters an der ordentlichen Kündigung, § 573 Abs. 3 BGB. Insoweit bestehe aber keine vertragliche Nebenpflicht des Vermieters, eine aus formellen Gründen unwirksame Kündigung zu unterlassen; der Vermieter mache dem Mieter den Besitz der Mietsache auch nicht vorwerfbar streitig, wenn er einen materiell bestehenden Kündigungsgrund nicht oder nicht ausreichend in der Kündigung darlegt.

Der Zweck der Begründungspflicht bestehe darin, dem Mieter zum frühestmöglichen Zeitpunkt über seine Position Klarheit zu verschaffen und ihn in die Lage zu versetzen, rechtzeitig alles Erforderliche zur Wahrung seiner Interessen zu veranlassen. Nach der gesetzlichen Regelung sei die Begründung der ordentlichen Kündigung des Vermieters von Wohnraum Wirksamkeitsvoraussetzung, eine Kündigung ohne Angabe konkreter Gründe mithin von vornherein unwirksam. Die ordnungsgemäße Begründung der Kündigung liege mithin in erster Linie im eigenen Interesse des Vermieters, weil das Mietverhältnis anderenfalls auch bei Vorliegen eines materiellen Kündigungsgrundes nicht beendet wird. Die Angabe des Kündigungsgrundes sei deshalb auch keine Nebenpflicht des Vermieters, auf deren Erfüllung der Mieter einen Anspruch hat, sondern eine Obliegenheit, die der Vermieter im eigenen Interesse zur Vermeidung von Rechtsnachteilen zu beachten hat. Die rechtliche Beurteilung, ob eine vom Vermieter ausgesprochene Kündigung dem gesetzlichen Begründungserfordernis genügt, sei hingegen dem eigenen Risikobereich des Mieters zuzuordnen; Anwaltskosten, die ihm insoweit durch die Inanspruchnahme anwaltlicher Hilfe zur Wahrnehmung seiner Interessen entstehen, seien deshalb grundsätzlich nicht erstattungsfähig.

Anmerkung:

Nach der Rechtsprechung des Bundesgerichtshofs macht sich ein Vermieter, der schuldhaft – insbesondere unter Angabe falscher Tatsachen – eine (materiell) unberechtigte Kündigung ausspricht und dem Mieter dadurch die weitere Nutzung des Mietobjekts vorwerfbar streitig macht, wegen Verletzung der vertraglichen Pflicht zur Rücksichtnahme auf den Vertragspartner schadensersatzpflichtig, wenn der Mieter aufgrund der Kündigung einen Schaden erleidet (*BGH* NJW 1984, 1082: auf falsche Sachdarstellung gestützte Kündigung; *BGH* NZM 1998, 718: auf eine unwirksame AGB-Klausel gestützte Kündigung; *BGH* NJW 2005, 2395: Eigenbedarfskündigung ohne tatsächlichen Selbstnutzungswunsch). Täuscht der Vermieter einen in Wahrheit nicht bestehenden Eigenbedarf vor und zieht der Mieter daraufhin aus, so können ihm Schadensersatzansprüche wegen unberechtigter Kündigung auch dann zustehen, wenn der Eigenbedarf – wie vorliegend – entgegen § 573 Abs. 3 S. 1 BGB nicht im Kündigungsschreiben als berechtigtes Interesse an der Beendigung des Mietverhältnisses angegeben wurde und die Kündigung deshalb unwirksam ist (*BGH* NJW 2009, 2059, Anm. *Bub/Bernhard*, FD-MietR 2009, 279744). Es genügt, wenn der Vermieter dem Mieter den Eigenbedarf anderweitig schlüssig dargetan und der Mieter keine Veranlassung hatte, die Angaben des Vermieters in Zweifel zu ziehen.

BGH: Erforderlicher Inhalt eines Kündigungsschreibens bei einer Eigenbedarfskündigung (Urteil vom 06.07.2011 – VIII ZR 317/10, NZM 2011, 706)

Für die Begründung einer Eigenbedarfskündigung ist es ausreichend, dass der Vermieter die Person bezeichnet, für die die Wohnung benötigt wird, und das Interesse darlegt, das diese Person an der Erlangung der Wohnung hat.

Die Beklagte ist Mieterin einer Einzimmerwohnung der Kläger in München. Die Kläger haben das Mietverhältnis wegen Eigenbedarfs der Klägerin zu 2 gekündigt. In dem Kündigungsschreiben ist ausgeführt, dass die Klägerin zu 2 nach Beendigung eines Auslandsstudienjahrs in Neuseeland ihr Studium in München fortsetzen und einen eigenen Hausstand begründen wolle. In ihr ehemaliges Kinderzimmer in der elterlichen Wohnung könne sie nicht zurück, weil dies inzwischen von ihrer Schwester genutzt werde. Das Landgericht hat die Räumungsklage mit der Begründung abgewiesen, die Kündigung sei schon aus formellen Gründen unwirksam, weil die Kläger die Gründe für die Kündigung nicht ausreichend dargestellt hätten.

Nach Auffassung des *BGH* ist die Kündigung ausreichend begründet. Dem in § 573 Abs. 3 BGB enthaltenen Begründungserfordernis für eine Kündigung des Vermieters werde Genüge getan, wenn das Kündigungsschreiben den Kündigungsgrund so bezeichnet, dass er identifiziert und von anderen Gründen unterschieden werden kann. Dies sei vorliegend der Fall. Bei einer Kündigung wegen Eigenbedarfs reiche es grundsätzlich aus, dass der Vermieter die Person bezeichnet, für die die Wohnung benötigt wird, und das Interesse darlegt, das diese Person an der Erlangung der Wohnung hat. Zudem bräuchten Umstände, die dem Mieter bereits zuvor mitgeteilt wurden oder die ihm sonst bekannt sind, im Kündigungsschreiben nicht nochmals wiederholt zu werden.

Anmerkung:

Der Entscheidung, die überzogenen Anforderungen an die Begründung einer Eigenbedarfskündigung eine Absage erteilt, ist zuzustimmen. Der Vermieter muss im Kündigungsschreiben diejenigen Tatsachen mitteilen, aus denen sich das *Nutzungs- oder Überlassungsinteresse* ergibt. Nicht ausreichend ist deshalb die Angabe „wegen Eigenbedarfs“ (Schmidt-Futterer/Blank§ 573 BGB Rz. 222). Der Mieter muss auf

Grund der im Kündigungsschreiben mitgeteilten Gründe in der Lage sein, die Erfolgsaussicht der Kündigung überschlägig zu überprüfen. Kündigt der Vermieter, weil seine bisherige Wohnung zu klein oder zu groß ist, muss er konkrete Angaben über seine Wohnverhältnisse machen. Es genügt nicht, wenn er lediglich mitteilt, seine Wohnung sei „zu klein" oder „wesentlicher kleiner" als die Wohnung des Mieters oder „zu groß" (*LG Mannheim* WuM 1996, 707). Nicht erforderlich ist aber, dass er die bestehende Nutzungssituation dem Mieter detailliert darlegt; ausreichend ist, dass dieser erkennen kann, weshalb Eigenbedarf besteht (*BGH* NJW 2010, 2125, Anmerkung *Bub/von der Osten*, FD-MietR 2010, 303240). Deshalb ist es nach der Rechtsprechung des *BGH* für die formelle Wirksamkeit einer Eigenbedarfskündigung auch unschädlich, wenn der Vermieter in seinem Kündigungsschreiben den Eigenbedarf „dramatisiert" (s. nachfolgende Entscheidung).

Besteht der mit Kündigung geltend gemachte Eigenbedarf tatsächlich nicht – so genannter vorgetäuschter Eigenbedarf –, ist der Vermieter gegenüber dem Mieter schadensersatzpflichtig (*BGH* NJW 2005, 2395) – und zwar selbst dann, wenn die Kündigung formell unwirksam ist, etwa weil sie nicht ordnungsgemäß begründet war, § 573 Abs. 3 BGB, sofern der Vermieter dem Mieter den Eigenbedarf schlüssig dargetan und dieser keine Veranlassung hatte, die Angaben des Vermieters in Zweifel zu ziehen (*BGH* NJW 2009, 2059, Anm. *Bub/Bernhard*, FD-MietR 2009, 279744).

***BGH*: Unrichtige Angaben bei Eigenbedarf (Urteil vom 17.03.2010 – VIII ZR 70/09 , NJW 2010, 2125)**

Unrichtige Angaben des Vermieters im Kündigungsschreiben, durch welches er Eigenbedarf geltend macht (hier: „Dramatisieren" der Eigenbedarfssituation), können zur materiellen Unbegründetheit der Eigenbedarfskündigung führen, haben jedoch nicht zur Folge, dass die Kündigung der Begründung ermangelt und deshalb bereits formell unwirksam ist.

Die Klägerin begehrt Räumung und Herausgabe eines Wohnhauses, das die Beklagte von deren Rechtsvorgänger angemietet hatte. Nach dem Erwerb des Anwesens kündigte die Klägerin das Mietverhältnis unter Berufung auf Eigenbedarf für sich und ihre beiden Kinder. Zur näheren Begründung ist im Kündigungsschreiben ausgeführt, dass sie derzeit zur Miete wohne und darüber hinaus für ihre berufliche Tätigkeit ein separates Büro angemietet habe. Das von der Beklagten gemietete Wohnhaus eigne sich sehr gut, um Wohnen und Arbeiten unter einem Dach zu ermöglichen. Hierdurch könne sie die Miete für ihr jetziges Büro einsparen und sich persönlich um die Betreuung ihrer Kinder kümmern. Das *LG München I* hat die Räumungsklage abgewiesen, weil die von der Klägerin erklärte Kündigung nicht die Anforderungen des § 573 Abs. 3 BGB erfülle und deshalb unwirksam sei.

Nach Auffassung des *BGH* hält diese Beurteilung rechtlicher Nachprüfung nicht stand. Nach § 573 Abs. 3 BGB seien die Gründe für ein berechtigtes Interesse des Vermieters in dem Kündigungsschreiben anzugeben. Der Zweck der Vorschrift bestehe darin, dem Mieter zum frühestmöglichen Zeitpunkt Klarheit über seine Rechtsposition zu verschaffen und ihn dadurch in die Lage zu versetzen, rechtzeitig alles Erforderliche zur Wahrung seiner Interessen zu veranlassen. Diesem Zweck werde im Allgemeinen Genüge getan, wenn das Kündigungsschreiben den Kündigungsgrund so bezeichnet, dass er identifiziert und von anderen Gründen unterschieden werden kann. Bei einer Kündigung wegen Eigenbedarfs sei daher grds. die Angabe der Personen, für die die Wohnung benötigt wird, und die Darlegung des Interesses, das diese Personen an der Erlangung der Wohnung haben, ausreichend.

Diesen Anforderungen werde das Kündigungsschreiben der Klägerin gerecht. Die Kündigungserklärung sei – entgegen der Auffassung *des LG München I* – nicht deshalb (formell) unwirksam, weil sie den unzutreffenden Eindruck erwecke, dass sich bei dem von ihr bisher bewohnten Anwesen Wohnung und Büro nicht unter einem Dach befänden und sie aus diesem Grund besonders auf das an die Beklagte vermietete Wohnhaus angewiesen sei. Ob die Klägerin ihren Eigenbedarf insoweit „dramatisiert" hat, sei für die formelle Wirksamkeit der Kündigung ohne Bedeutung. Unrichtige Angaben des Vermieters im Kündigungsschreiben könnten zwar dazu führen, dass die Kündigung materiell unbegründet ist, soweit nach dem wirklichen Sachverhalt der Eigenbedarf nicht besteht oder nur vorgeschoben ist; sie könnten im Einzelfall auch ein Indiz gegen die Ernsthaftigkeit des vom Vermieter angeführten Eigennutzungswunsches darstellen. Vorliegend sei allerdings nicht einmal erkennbar, inwieweit es für die Beurteilung des von der Klägerin geltend gemachten Eigenbedarfs darauf ankommen könnte, ob sich auch bei ihrer jetzigen Mietwohnung das separate Büro im selben Gebäude befindet. Ein etwaiges „Dramatisieren" der Eigenbedarfssituation habe nicht zur Folge, dass es an der nach § 573 Abs. 3 BGB erforderlichen Begründung fehlt und die Kündigung bereits aus diesem formellen Grund unwirksam ist.

BGH: Fristlose Kündigung wegen Zahlungsverzugs (Urteil vom 12.05.2010 – VIII ZR 96/09, NJW 2010, 3015)

Es genügt zur formellen Wirksamkeit einer auf Mietzahlungsverzug gestützten Kündigung des Vermieters, dass der Mieter anhand der Begründung des Kündigungsschreibens erkennen kann, von welchem Mietrückstand der Vermieter ausgeht und dass er diesen Rückstand als gesetzlichen Grund für die fristlose Kündigung wegen Zahlungsverzugs heranzieht. Darüber hinausgehende Angaben sind auch dann nicht erforderlich, wenn es sich nicht um eine klare und einfache Sachlage handelt.

Die Vermieterin nimmt die beklagten Mieter auf Räumung einer Wohnung in Anspruch. Diese hatten von März 2004 bis einschließlich Oktober 2007 nur eine geminderte Miete gezahlt. Die Vermieterin kündigte daraufhin das Mietverhältnis fristlos wegen Zahlungsverzugs. Im Kündigungsschreiben listete sie die aus ihrer Sicht bestehenden Rückstände in Bezug auf die Kaltmiete und die Vorauszahlungen jeweils monatsbezogen auf und errechnete den Gesamtrückstand. Das Amtsgericht hat die fristlose Kündigung wegen Verstoßes gegen die Begründungspflicht des § 569 Abs. 4 BGB für unwirksam gehalten.

Der *BGH* führt seine Rechtsprechung zu den Begründungsanforderungen bei fristloser Kündigung eines Wohnraummietverhältnisses wegen Zahlungsverzugs fort. Bei einer einfachen und klaren Sachlage genügt es, wenn der Vermieter den Zahlungsverzug als Kündigungsgrund angibt und den Gesamtbetrag der rückständigen Miete beziffert (*BGH* NJW 2004, 850). Denn der Mieter ist in einem solchen Fall in aller Regel ohne Weiteres in der Lage, die Berechtigung der Kündigung anhand eines einfachen Vergleichs der geschuldeten mit der gezahlten Miete auf ihre Stichhaltigkeit zu überprüfen und in eigener Verantwortung zu entscheiden, wie er hierauf reagieren will. Es ist nicht erforderlich, dass der Vermieter zur Begründung der fristlosen Kündigung den genauen Zeitpunkt und den konkreten Mietrückstand für einzelne Monate oder sonstige Berechnungszeiträume angibt.

Strittig war bislang der Umfang der Begründungspflicht, wenn der Vermieter – wie hier – die Kündigung nicht nur auf den aktuellen Mietrückstand, sondern auch auf frühere Rückstände stützt. Z.T. wird vertreten, der Vermieter müsse dem Mieter lediglich nachvollziehbar mitteilen, welche Zahlungsrückstände er seiner Kündigung zugrunde legt (*Flatow*, NZM 2004, 281, 286) oder für welchen Zeitraum der Mieter welche Zahlungen nachweisen muss, um dem der Kündigung zugrunde liegenden Verzugsvorwurf wirkungsvoll zu begegnen (MünchKomm/*Häublein*, § 569 Rz. 36 Fn. 7). Teilweise werden aber auch weitergehende Anforderungen dahingehend gestellt, aus dem Kündigungsschreiben müsse stets ersichtlich sein, welche (Teil-)Zahlungen der Mieter, gegebenenfalls auch ein Dritter, geleistet habe und wie diese Zahlungen auf die jeweiligen Monate verrechnet worden seien (Schmidt-Futterer/*Blank*, § 569 BGB Rz. 73).

Der *BGH* hat sich nunmehr der ersten Auffassung angeschlossen. Danach wird die fristlose Kündigung den Begründungsanforderungen des § 569 Abs. 4 BGB gerecht. Zweck der Vorschrift sei es, dem Mieter die Erkenntnis zu ermöglichen, auf welche Vorgänge oder auf welches Verhalten der Vermieter die fristlose Kündigung stützt und ob oder wie er sich hiergegen verteidigen kann. Für einfache Fallgestaltungen sei es deshalb ausreichend, wenn der Vermieter den Zahlungsverzug als Kündigungsgrund angibt und den Gesamtbetrag der rückständigen Miete beziffert. Stütze – wie im entschiedenen Fall – der Vermieter die Kündigung auch auf frühere Rückstände, genüge es zur formellen Wirksamkeit der Kündigung, dass der Mieter anhand der Begründung des Kündigungsschreibens erkennen kann, von welchem Mietrückstand der Vermieter ausgeht, um mit Hilfe dieser Angaben die Kündigung eigenständig auf ihre Stichhaltigkeit überprüfen zu können.

Diesen Anforderungen werde die Kündigung vorliegend gerecht. Aus ihr ergäben sich jeweils monatsbezogen aufgelistet die aus Sicht der Klägerin bestehenden Rückstände bei der Kaltmiete und den Betriebskostenvorauszahlungen sowie daran anschließend die jeweils summenmäßig aufaddierten Gesamtrückstände. Darüber hinausgehende Angaben wären nicht erforderlich gewesen. Eine fehlerhafte Berechnung des Rückstandes habe auf die Wirksamkeit der Kündigung keinen Einfluss, wenn sich die darin enthaltene Rückstandsmitteilung nachträglich zwar als falsch erweist, der angegebene Kündigungstatbestand bei richtiger Berechnung aber gleichwohl eingreift.

BGH: Unzumutbarkeit der Fortsetzung des Mietverhältnisses (Urteil vom 29.04.2009 – VIII ZR 142/08, NZM 2009, 431)

Eine fristlose Kündung nach § 543 Abs. 2 1 Nr. 1 BGB erfordert nicht, dass der Mieter darlegt, warum ihm eine Fortsetzung des Mietverhältnisses nicht zumutbar ist. Für die Wirksamkeit der Kündigung genügt es vielmehr grundsätzlich, wenn einer der in § 543 Abs. 2 S. 1 Nr. 1-3 BGB aufgeführten Tatbestände vorliegt.

Nach der Gesetzessystematik handelt es sich bei den in § 543 Abs. 2 1 Nr. 1-3 BGB aufgeführten Kündigungsgründen um gesetzlich typisierte Fälle der Unzumutbarkeit. Soweit deren tatbestandliche Voraussetzungen erfüllt sind, ist grundsätzlich auch ein wichtiger Grund im Sinne von § 543 Abs. 1 BGB zur fristlosen Kündigung gegeben.

D. Abwicklung des beendeten Mietverhältnisses

I. Rechte der Mietvertragsparteien

BGH: Eigenmächtige Räumung durch Vermieter (Urteil vom 14.07.2010 – VIII ZR 45/09, NJW 2010, 3434)

Die nicht durch einen gerichtlichen Titel gedeckte eigenmächtige Inbesitznahme einer Wohnung und deren eigenmächtiges Ausräumen durch einen Vermieter stellt eine unerlaubte Selbsthilfe dar, für deren Folgen der Vermieter verschuldensunabhängig nach § 231 BGB haftet (Bestätigung von *BGH NJW-RR 2004, 493).*

Der Vermieter, der eine Wohnung in Abwesenheit des Mieters ohne Vorliegen eines gerichtlichen Titels durch verbotene Eigenmacht in Besitz nimmt, hat sich aufgrund der ihn treffenden Obhutspflicht nicht nur zu entlasten, soweit ihm die Herausgabe nachweislich vorhandener Gegenstände unmöglich wird oder nachweislich eine Verschlechterung an herauszugebenden Gegenständen eintritt. Er muss aufgrund seiner Obhutspflicht die Interessen des an einer eigenen Interessenwahrnehmung verhinderten Mieters auch dadurch wahren, dass er bei der Inbesitznahme ein aussagekräftiges Verzeichnis der verwahrten Gegenstände aufstellt und deren Wert schätzen lässt. Kommt er dem nicht nach, hat er zu beweisen, in welchem Umfang Bestand und Wert der der Schadensberechnung zugrunde gelegten Gegenstände von den Angaben des Mieters abweichen, soweit dessen Angaben plausibel sind (Anschluss an *BGH* NJW 1952, 23).

Der Kläger war Mieter einer Wohnung der Beklagten. Ab Februar 2005 war er für mehrere Monate mit unbekanntem Aufenthalt ortsabwesend und wurde von Verwandten als vermisst gemeldet. Nachdem die Mieten für die Monate März und April 2005 nicht gezahlt worden waren, kündigte die Vermieterin das Mietverhältnis fristlos. Im Mai 2005 öffnete sie die Wohnung und nahm sie in Besitz. Hierbei entsorgte sie einen Teil der Wohnungseinrichtung, einen anderen Teil lagerte sie bei sich ein. Gestützt auf ein Sachverständigengutachten hat der Mieter für die ihm nach seiner Behauptung im Zuge der Räumung abhanden gekommenen, beschädigten oder verschmutzten Gegenstände Schadensersatz in Höhe von rund 62.000 € geltend gemacht.

Nach Auffassung des *BGH* haftet die Vermieterin für die Folgen der Räumung. Die nicht durch einen gerichtlichen Titel gedeckte eigenmächtige Inbesitznahme einer Wohnung und deren eigenmächtiges Ausräumen durch den Vermieter stellten eine unerlaubte Selbsthilfe dar, § 229 BGB. Das gelte selbst dann, wenn der gegenwärtige Aufenthaltsort des Mieters unbekannt und ein vertragliches Besitzrecht des Mieters infolge Kündigung entfallen ist. Der Vermieter müsse sich auch in diesen Fällen – gegebenenfalls nach öffentlicher Zustellung der Räumungsklage – einen Räumungstitel beschaffen und aus diesem vorgehen. Übe ein Vermieter stattdessen im Wege einer so genannten „kalten" Räumung eine verbotene Selbsthilfe aus, sei er gemäß § 231 BGB verschuldensunabhängig zum Ersatz des daraus entstehenden Schadens verpflichtet.

Von dieser Ersatzpflicht werde insbesondere eine eigenmächtige Entsorgung der in der Wohnung vorgefundenen Gegenstände erfasst. Denn den Vermieter, der eine Wohnung ohne Vorliegen eines gerichtlichen Titels in Besitz nimmt, treffe für die darin befindlichen Gegenstände eine Obhutspflicht. Da der Mieter von der Inbesitznahme seiner Wohnung nichts weiß und deshalb auch nicht in der Lage ist, seine

Rechte selbst wahrzunehmen, gehöre zu dieser Obhutspflicht, dass der Vermieter ein Bestandsverzeichnis aufstellt und den Wert der aufgenommenen Gegenstände feststellt. Komme er dieser Pflicht nicht in ausreichendem Maße nach, müsse er die Behauptung des Mieters widerlegen, dass bestimmte Gegenstände bei der Räumung abhanden gekommen oder beschädigt worden seien, und beweisen, dass sie einen geringeren Wert hatten als vom Mieter behauptet. Stehe der geltend gemachte Anspruch auf Schadensersatz dem Grunde nach fest, müsse das Gericht nach pflichtgemäßem Ermessen beurteilen, ob nicht wenigstens die Schätzung eines Mindestschadens möglich ist.

Anmerkung:

Der Vermieter kann seinen materiell-rechtlichen Räumungs- und Rückgabeanspruch gegen einen Mieter nur durch Räumungsklage und Räumungsvollstreckung auf der Grundlage eines Titels nach § 885 ZPO durch den Gerichtsvollzieher durchsetzen. Ist der Mieter – wie vorliegend – unbekannt verzogen, muss die Zustellung der Klageschrift und aller Schriftstücke innerhalb des Räumungsverfahrens durch Niederlegung, § 181 ZPO, oder öffentliche Bekanntmachung, § 185 ZPO, erfolgen (*Horst*, NZM 1998, 139 ff). Der Vermieter darf die Wohnung keinesfalls, um diesen umständlichen Weg zu umgehen, eigenmächtig räumen, da er sich dann – wie der *BGH* zutreffend feststellt – u.U. in beträchtlichem Umfang schadensersatzpflichtig macht. Von besonderer Bedeutung an der Entscheidung des *BGH* ist die zutreffende Klärung der Beweislastfragen bei der so genannten "kalten Räumung" ohne Einhaltung des rechtlich allein zulässigen Verfahrens. Ob diese Grundsätze auch anzuwenden sind, wenn der Mieter bei der Räumung einzelne Gegenstände zurücklässt, hatte der *BGH* nicht zu entscheiden. Der Vermieter, der „Gerümpel" entsorgt, sollte jedenfalls – zumindest durch Fotografien – Beweise sichern.

Nach Ende des Mietverhältnisses steht dem Mieter – von gerichtlich gewährten Räumungsfristen, §§ 721, 794a ZPO, abgesehen – zwar kein Besitzrecht an der Wohnung mehr zu. Gleichwohl darf ihn der Vermieter nicht in seinem nunmehr unrechtmäßigen Besitz stören. Dies stellt seinerseits eine gemäß 858 Abs. 1, 2 BGB unzulässige verbotene Eigenmacht und strafrechtlich Hausfriedensbruch gemäß 124 StGB dar. Der Vermieter darf aber die Versorgung der vermieteten Wohnung mit Strom, Wasser, Gas unterbrechen. In der Unterbrechung der Versorgungsleistungen liegt keine Besitzstörung, da die zur Nutzung des Mietobjekts erforderlichen Energielieferungen nicht Bestandteil des Besitzes sind und daher auch nicht Gegenstand des Besitzschutzes nach §§ 858 ff. BGB sein können (*BGH* NJW 2009, 1947; Anm. *Bub/Bernhard*, FD-MietR 2009, 283883). Der Zufluss von Versorgungsleistungen kann zwar Voraussetzung für den vertragsgemäßen Gebrauch sein, der nach Beendigung des Vertrages aber nicht mehr geschuldet wird; er ist hingegen nicht Bestandteil der tatsächlichen Sachherrschaft. Ist der Mieter allerdings bereits ausgezogen, scheidet auch eine Versorgungssperre als „ultimatives Druckmittel" aus.

KG: Nutzungsentschädigung bei verbotener Eigenmacht (Beschluss vom 14.09.2009 – 8 U 135/09, BeckRS 2009, 28857)

Setzt der Vermieter den Mieter nach Beendigung des Mietverhältnisses durch fristlose Kündigung im Wege der verbotenen Eigenmacht aus dem Besitz, hat er keinen Anspruch auf Nutzungsentschädigung. Ein Anspruch auf Ersatz des Kündigungsfolgeschadens kommt grundsätzlich erst ab Rückgabe der Mietsache, bzw. –

im vorliegenden Fall – ab dem Zeitpunkt der offiziellen Besitzeinweisung durch den Gerichtsvollzieher in Betracht.

BGH: Herausgabe von Nutzungen (Urteil vom 12.08.2009 – XII ZR 76/08, NJW-RR 2009, 1522)

Nach Rechtshängigkeit des Rückgabeanspruchs schuldet der Mieter im Rahmen der Herausgabe von Nutzungen nach §§ 546 Abs. 1, 292 Abs 2, 987 Abs. 1, 99 Abs. 3 BGB auch die Auskehr eines durch Untervermietung erzielten Mehrerlöses. Dazu gehört auch eine „Beschädigung", die der Mieter von dem Untermieter als Abfindung für eine vorzeitige Beendigung des Untermietverhältnisses erhalten hat.

Hat der Schuldner einen bestimmten Gegenstand herauszugeben, bemisst sich nach § 292 BGB von dem Eintritt der Rechtshängigkeit an der Anspruch des Gläubigers auf Herausgabe von Nutzungen nach den Vorschriften, die für das Verhältnis zwischen dem Eigentümer und dem Besitzer vor dem Eintritt der Rechtshängigkeit des Eigentumsanspruchs an gelten. Zu den Nutzungen gehören gemäß §§ 100, 99 Abs. 3 BGB u. a. die mittelbaren Sachfrüchte, d.h. die Erträge, die die Sache im Wege eines Rechtsverhältnisses gewährt. Das sind hier die Untermietzinsen, die der Beklagte durch die Untervermietung der herauszugebenden Mieträume tatsächlich erzielt hat (*BGH* NZM 2001, 1149). Die herauszugebenden Nutzungen sind nicht der Höhe nach auf den objektiven Mietwert beschränkt. Dieser ist regelmäßig dann Bemessungsgrundlage, wenn die Nutzungen des Eigengebrauch gezogen worden sind (*BGH* NZM 2001, 1149). Demgegenüber bemisst sich der Anspruch auf Herausgabe der Nutzungen nicht nach dem objektiven Ertragswert der Gebrauchsvorteile, wenn tatsächliche Nutzungen in Form von Früchten, wie hier der Untermietzinsen, gezogen worden sind. Dann sind diese als Ertrag der Nutzung vollständig abzuführen (*BGH* NZM 2005, 830; Soergel/*Stadler*, § 987 Rz 17; Bub/Treier/*Scheuer*, V Rz. 126).

Dieses Ergebnis steht nicht im Widerspruch zur Rechtsprechung des *BGH*, nach der der Vermieter bei bestehendem Hauptmietvertrag gegen seinen Mieter keinen Anspruch auf Herausgabe des von diesem durch die Untervermietung erzielten Mehrerlöses hat (*BGH* NJW 1996, 838). In jenem Fall fehlte es aufgrund des bestehenden Hauptmietvertrages bereits an einem Herausgabeanspruch nach §§ 546, 985 BGB. Auch eine Bereicherung des Mieters auf Kosten des Vermieters scheidet aus, weil sich der Vermieter durch den Abschluss des Hauptmietvertrages für die Laufzeit des Vertrages der Gebrauchs- und Verwertungsmöglichkeit begeben und dieser auf den Vermieter übertragen hat, der deshalb mit der Untervermietung – unabhängig davon, ob er berechtigt oder unberechtigt handelt – ein ihm zugewiesenes Geschäft wahrnimmt.

BGH: Investitionen des Mieters (Urteil vom 29.04.2009 – XII ZR 66/07, NJW 2009, 2374)

Wenn der Vermieter infolge vorzeitiger Beendigung des Mietverhältnisses früher als vorgesehen in den Genuss des durch Investitionen des Mieters erhöhten Ertragswertes gelangt, ist bei einem Vermieterwechsel im Wege der Zwangsversteigerung nicht derjenige Bereicherungsschuldner, der im Zeitpunkt der Vornahme der Investitionen Vermieter war, sondern der Ersteigerer, der die Mietsache vorzeitig zurückerhält.

Die Parteien streiten um die Räumung und Rückgabe von Gewerberäumen sowie darüber, ob der Mieter bei vorzeitiger Rückgabe des Mietobjektes an den Ersteigerer einen Bereicherungsanspruch gegen diesen hat. Der Beklagte hatte von der damaligen Grundstückseigentümerin im Jahr 1998 Gewerberäume für 15 Jahre gemietet, wobei – aus im Urteil nicht genannten Gründen – die Schriftform nicht gewahrt war. Die B-Bank, deren Tochter die Klägerin ist, betrieb in der Folgezeit – aus ebenfalls nicht genannten Gründen – die Zwangsversteigerung des Mietgrundstücks. Die Klägerin erhielt den Zuschlag für das Grundstück. Sie kündigte gegenüber dem Beklagten das Mietverhältnis unter Bezugnahme auf § 57a ZVG zum nächstmöglichen Zeitpunkt. Der Beklagte verweigerte unter Hinweis auf von ihm getätigte Investitionen die Rückgabe des Mietobjektes und machte ein Zurückbehaltungsrecht geltend.

Nach Auffassung des *BGH* kommt zugunsten des Beklagten dem Grunde nach ein Bereicherungsanspruch – Bereicherung in sonstiger Weise – in Betracht, weil die Klägerin als Vermieterin infolge ihrer Kündigung vorzeitig und nicht erst mit Ablauf der vertraglich vorgesehenen Mietzeit in den Genuss der wertsteigernden Investition des Mieters gekommen ist. Mit der Beendigung des Mietvertrages sei nämlich der Rechtsgrund für die von diesem vorgenommenen Investitionen weggefallen mit der Folge, dass der Vermieter bereichert sein könne. Dem stehe nicht entgegen, dass der auf eine bestimmte Zeit fest geschlossene Mietvertrag wegen Nichteinhaltung der Schriftform des § 550 BGB mit gesetzlicher Kündigungsfrist kündbar war. Der Umstand, dass der Mietvertrag in einem solchen Fall vorzeitig kündbar ist, ändere nichts daran, dass die Parteien einen auf 15 Jahre unkündbaren Mietvertrag haben vereinbaren wollen. Der Abschluss eines langfristigen Vertrages bilde nach wie vor die Grundlage für die von dem Beklagten getätigten Investitionen.

Ein etwaiger Bereicherungsanspruch richte sich gegen den Ersteigerer, nicht gegen den ursprünglichen Vermieter. Bei einem Vermieterwechsel infolge Grundstücksveräußerung sei nicht derjenige Bereicherungsschuldner ist, der im Zeitpunkt der Vornahme der Investition Vermieter war, sondern der neue Vermieter, der die Mietsache vorzeitig zurückerhält. Der Umfang der Bereicherung richte sich nicht nach der Höhe der Aufwendungen des Mieters und bestehe auch nicht im Zeitwert der Investition oder der Verkehrswertsteigerung des Mietobjektes bei Rückgabe, sondern allein in der Erhöhung des Ertragswertes, soweit der Vermieter diesen früher als vertraglich vorgesehen durch anderweitige Vermietung zu einer höheren Miete realisieren kann. Der Bereicherungsanspruch hänge aber nicht von einer konkreten Weitervermietung ab. Die im Wege einer Neuvermietung erzielte Miete könne zwar ein wichtiges Indiz für die Höhe der Bereicherung sein, sei aber nicht Voraussetzung für einen Bereicherungsanspruch. Maßgeblich sei nicht die tatsächliche Vermietung, sondern die konkrete Vermietbarkeit zu einer höheren als der bisherigen Miete. Um eine derartige Möglichkeit sei der Voreigentümer, der die Nutzung zur vertraglich vereinbarten Miete dem Mieter bis zum Eigentumsübergang gewähren musste und gewährt hat, nicht bereichert worden. Bereichert sei vielmehr der neue Vermieter, der die Mietsache vor Ablauf der vereinbarten Mietzeit zurückerhält und sie dadurch zu einer höheren Miete weiter vermieten kann. Diese Grundsätze würden auch bei einem Erwerb durch Zuschlag im Zwangsversteigerungsverfahren gelten. Der Ersteigerer erhalte aufgrund seiner Kündigung die Mietsache früher zurück als nach dem Mietvertrag vorgesehen. Wenn er deshalb das Objekt zu einer höheren Miete als bisher vermieten kann, sei allein er und nicht der ursprüngliche Vermieter bereichert.

Der Schutz der Realgläubiger gebiete es nicht, den Ersteher bei vorzeitiger Vertragsbeendigung nicht nach Bereicherungsrecht haften zu lassen. Die Auffassung, in der Zwangsversteigerung ließen sich keine angemessenen Erlöse mehr erzielen, weil der Interessent gezwungen sei, kein oder nur ein geringeres Gebot abzugeben, vermöge nicht zu überzeugen. Sie beruhe auf einem unzutreffenden Verständnis der Bereicherung. Dem Bereicherungsanspruch sei der Ersteigerer nur dann ausgesetzt, wenn er die Mietsache vorzeitig zurückerhält und sie zu einer höheren Miete als bisher weiter vermieten kann. Nur wenn er mehr erlösen kann, als er nach dem bisherigen Vertrag erhalten hat, sei er bereichert. Erlöse er nur das, was er bisher erhalten hat, bestehe kein Anspruch gegen ihn. Er müsse also gerade nicht befürchten, dass seine Einnahmemöglichkeiten durch einen Bereicherungsanspruch geschmälert werden, und habe deshalb keine begründete Veranlassung, ein geringeres Gebot im Versteigerungsverfahren abzugeben. Da das Berufungsgericht keine Feststellungen zur Höhe einer etwaigen Ertragswertsteigerung getroffen hatte, hat der *BGH* den Rechtsstreit zurückverwiesen.

Anmerkung:

Der *BGH* führt seine Rechtsprechung zur Person des Bereicherungsschuldners bei Investitionen des Mieters und vorzeitiger Auflösung des Mietvertrages fort. Er hat bereits früher entschieden, dass sich in einem solchen Fall der Bereicherungsanspruch gegen den rechtsgeschäftlichen Erwerber richtet (*BGH* NJW-RR 2006, 294). Er überträgt diesen Grundsatz nunmehr auch auf den Fall des Erwerbs durch Zuschlag in der Zwangsversteigerung.

Anders als bei einem Schadensersatzanspruch sind nach gefestigter Rechtsprechung des *BGH* in einem solchen Fall nicht die Aufwendungen des Mieters maßgeblich, sondern es ist darauf abzustellen, inwieweit der Ertragswert des Mietobjekts objektiv erhöht wurde (so schon *BGH* NJW-RR 2006, 294; NJW 1967, 2255; Schmidt-Futterer/*Langenberg*, § 539 BGB Rz. 61). Grundsätzlich kommt es für dessen Ermittlung darauf an, welche Miete der Vermieter nach dem objektiven Wert der Räume beim Nachmieter hätte erzielen können. Der Vermieter kann sich daher seiner Verpflichtung, die Bereicherung herauszugeben, nicht dadurch entziehen, dass er zu gleicher oder niedrigerer Miete weiter vermietet; wohl aber wird die Miete, die er vom Nachfolger erhält, in aller Regel einen Maßstab dafür abgeben, wie hoch der Wert des ihm vorzeitig zugefallenen Nutzungsrechtes ist (*BGH* NJW 1967, 2255). Ebenso muss der Vermieter es sich zurechnen lassen, wenn eine Neuvermietung zu einem höheren Mietpreis nur deshalb keinen Erfolg hat, weil das Mietobjekt Mängel aufweist, die er zu vertreten hat (*BGH* NJW-RR 2006, 294). Ist dem Vermieter die Neuvermietung hingegen nur zu der gleichen Miete möglich, ist er nicht bereichert (*OLG Rostock* NZM 2005, 666). Der Wertzuwachs ist in dem zeitlichen Rahmen herauszugeben, in dem er beim Vermieter eintritt, d.h. entsprechend den mit dem Nachmieter vereinbarten Zahlungsmodalitäten, in der Regel also allmonatlich (*BGH* NJW 1990, 1789). Der Geltendmachung des Wertzuwachses aus der gesamten, mit dem Nachmieter vereinbarten Vertragslaufzeit in einem Betrag steht entgegen, dass der Vermieter eine Bereicherung herausgeben müsste, die noch nicht realisiert ist, und dass der Mieter einen Zinsvorteil erlangen würde, auf den er keinen Anspruch hat. Neben der höheren, vom Nachmieter gezahlten Miete kann eine Bereicherung des Vermieters dadurch eintreten, dass er von diesem einen Abstand für die in das Mietobjekt geflossenen Investitionen erhält; dieser ist sogleich in voller Höhe herauszugeben (*BGH* NJWE-MietR 1996, 33).

Vorformulierte Verfallklauseln, die bei der vorzeitigen Vertragsbeendigung Ersatzansprüche – auch solche aus ungerechtfertigter Bereicherung – ausschließen sollen, sind unwirksam (Schmidt-Futterer/*Langenberg*, a.a.O., Rz. 21). Soweit sie darauf abstellen, ob die Auflösung des Vertrags vom Mieter zu vertreten ist, stehen sie der Vereinbarung einer Vertragsstrafe gleich und verstoßen damit bei Wohnraummietverhältnissen gegen § 555 BGB, im nichtkaufmännischen Verkehr gegen § 309 Nr. 6 BGB. Auch im Verhältnis zu Unternehmern dürften sie nach § 307 BGB unwirksam sein, da sie generell geeignet sind, den Mieter unangemessen zu benachteiligen. Erst recht sind daher Verfallklauseln unzulässig, die Ersatzansprüche bei vorzeitiger Vertragsbeendigung aus jedwedem Grund und damit auch für die Fälle ausschließen, in denen der Grund für die Auflösung beim Vermieter liegt.

BGH: Auszahlung der Mietkaution durch Zwangsverwalter nach Eigentumserwerb des Mieters (Urteil vom 09.06.2010 – VIII ZR 189/09, NJW-RR 2010, 1237)

Der Zwangsverwalter einer Mietwohnung ist dem Mieter gegenüber zur Herausgabe einer Mietkaution, die der Vermieter vom Mieter erhalten, aber nicht an den Zwangsverwalter ausgefolgt hat, nicht verpflichtet, wenn das Mietverhältnis dadurch beendet wird, dass der Mieter das Eigentum an der Wohnung durch Zuschlag in der Zwangsversteigerung selbst erwirbt.

Die Klägerin hatte von dem früheren Eigentümer eine Wohnung angemietet. Später wurde die Zwangsverwaltung angeordnet und der Beklagte zum Zwangsverwalter bestellt. Der Vermieter händigte ihm die geleistete Kaution nicht aus. Die Klägerin hat die Wohnung durch Zuschlag in der Zwangsversteigerung erworben und begehrt nunmehr Rückzahlung der Mietkaution.

Nach Auffassung des *BGH* kann die Klägerin vom Beklagten als ehemaligem Zwangsverwalter nicht die Auszahlung der an den ursprünglichen Vermieter geleisteten Mietkaution verlangen. Soweit die Klage auf einen vertraglichen Rückzahlungsanspruch aus dem Mietverhältnis i.V.m. § 152 Abs. 2 ZVG gestützt wird, sei sie wegen fehlender Prozessführungsbefugnis des Beklagten bereits unzulässig. Der Zwangsverwalter könne nach Aufhebung der Zwangsverwaltung vom Mieter nicht mehr als Partei kraft Amtes gerichtlich in Anspruch genommen werden, auch nicht auf Rückzahlung der Mietkaution.

Der Beklagte sei dem Kläger auch nicht zum Schadensersatz verpflichtet, weil er als Zwangsverwalter gemäß § 155 ZVG verpflichtet gewesen wäre, die Auszahlung der Mietkaution an die Klägerin als Verwaltungsaufgabe vorweg zu bestreiten. Bis zum Zuschlag in der Zwangsversteigerung habe ein Kautionsrückzahlungsanspruch schon deshalb nicht bestanden, weil das Mietverhältnis bis dahin nicht beendet war. Aber auch durch den der Klägerin erteilten Zuschlag sei ein solcher Anspruch gegenüber dem Beklagten nicht begründet worden. Mit dem Zuschlag ende lediglich das Mietverhältnis mit dem Vollstreckungsschuldner und damit zugleich auch die dem Zwangsverwalter gemäß § 152 Abs. 2 ZVG vorübergehend zugewiesene Vermieterposition. An die Stelle des Zwangsverwalters trete gemäß §§ 566 ff. BGB, 57 ZVG der Ersteher als neuer Vermieter in das Mietverhältnis ein, weshalb kein Kautionsrückzahlungsanspruch gegenüber dem Zwangsverwalter als bisherigem Vermieter entstehen könne. Vorliegend sei mit dem Zuschlag das Mietverhältnis insgesamt durch Konfusion erloschen und damit auch ein etwaiger Kautionsrückzahlungsanspruch.

Dass gegenüber dem Zwangsverwalter kein Rückzahlungsanspruch bestehe, sei auch interessengerecht. Die Klägerin stehe wirtschaftlich nicht besser als ein Dritter im

Falle der Zuschlagserteilung an diesen gestanden hätte. Ein solcher Ersteher wäre gemäß §§ 566a BGB, 57 ZVG dem Kautionsrückzahlungsanspruch der Klägerin ausgesetzt gewesen und hätte nicht die Möglichkeit gehabt, den in der Zwangsversteigerung zu zahlenden Preis durch Inanspruchnahme des Zwangsverwalters um den Kautionsbetrag zu mindern. Es bestehe kein Grund, die Klägerin als neue Eigentümerin insoweit besser zu stellen. Ihren Anspruch auf Rückzahlung der Kaution müsse sie gegenüber ihrem früheren Vermieter verfolgen; dieser Anspruch werde durch das Erlöschen des Mietverhältnisses infolge Konfusion nicht berührt.

Anmerkung:

Die vorliegende Fallgestaltung – der Mieter erwirbt selbst das Mietobjekt in der Zwangsversteigerung – birgt eine Ausnahme von dem Grundsatz, dass der Zwangsverwalter dem Mieter gegenüber zur Herausgabe einer von diesem geleisteten Kaution auch dann verpflichtet ist, wenn ihm der Vermieter die Kaution nicht ausgehändigt hat (*BGH* NJW 2003, 3342). Gemäß § 152 Abs. 2 ZVG bindet nämlich der zuvor abgeschlossene Mietvertrag den Zwangsverwalter mit seinem gesamten Vertragsinhalt, also auch hinsichtlich der Kautionsabrede. Die Rechte des Mieters können nicht von dem – für ihn zufälligen – Umstand abhängen, ob der Vermieter dem Zwangsverwalter die Kaution übergeben hat.

Zu Recht hat der *BGH* die Klägerin an den früheren Eigentümer verwiesen. Die nicht an den Zwangsverwalter übergebene Kaution muss dieser zwar nicht gemäß § 566a S. 2 BGB an sie auszahlen, da sie nicht mehr Mieterin ist; wohl aber kann sie vom früheren Eigentümer die Herausgabe der Kaution als neue Eigentümerin des Objekts verlangen, bei einer Barkaution die Auszahlung nebst Zinsen (Palandt/*Weidenkaff*, § 566a Rz. 4). Ihr steht auch ein eigener Auszahlungsanspruch gegen die Bank bei Anlegung der Kaution auf einem Treuhandkonto zu, da ein Erwerber in den Vertrag mit dieser eintritt (*Kraemer,* NZM 2001, 737, 742).

OLG Frankfurt a.M.: Verwertung der Kaution auch nach Veräußerung des Mietobjektes (Urteil vom 15.04.2011 – 2 U 192/10, BeckRS 2011, 10901)

Ein Vermieter kann eine Kaution auch dann noch zur Deckung seiner rechtskräftig festgestellten Forderung verwerten, wenn er das Mietobjekt bereits veräußert und übereignet hat, sofern sich die Kaution noch in seinem Vermögen befindet.

Der Kläger fordert von der Beklagten Rückzahlung einer Kaution, die er an den Voreigentümer in bar geleistet hatte. Dieser hatte dem Kläger nach Eigentumsübergang erklärt, die Kaution aufgrund einer zwischenzeitlich titulierten Forderung aus Mietrückständen nicht an die Beklagte herauszugeben. Der Kläger forderte die Beklagte wiederholt zur Auszahlung des Restbetrages der Kaution auf, welcher nach Abzug – allein – ihrer Forderungen verbleibe. Diese teilte ihm mit, dass die Kaution nach Verrechnung seitens des Veräußerers aufgebraucht sei.

Nach Auffassung des *OLG Frankfurt* steht dem Kläger gegen die Beklagte nur ein Anspruch auf teilweise Rückzahlung der Kaution zu, nämlich nur in jener Höhe, in welcher sie noch nicht wirksam in Anspruch genommen worden war. Die Beklagte sei durch den Erwerb des Mietobjekts nur insoweit Schuldnerin des durch das Ende des Mietverhältnisses und die Rückgabe der Mietsache aufschiebend bedingten Anspruchs des Klägers gegen den Vorvermieter auf Rückzahlung der geleisteten Mietsicherheit geworden, nicht auch in Höhe des weitergehenden Betrages, §§ 578 Abs. 2, 566a BGB. Insoweit sei der Anspruch des Klägers auf Rückzahlung der Kaution bereits infolge der seitens des Vorvermieters erklärten Inanspruchnahme der Mietsicherheit erloschen.

Zwar sei der Erwerber eines Mietobjekts nach Ende des Mietverhältnisses zur Rückgewähr der Sicherheit an den Mieter unabhängig davon verpflichtet, ob er die Sicherheit vom Vorvermieter tatsächlich erhalten oder ob die Rückgewährpflicht durch Vereinbarung mit dem Vorvermieter übernommen hat. Dies gelte aber nur insoweit, wie er aus der Sicherungsvereinbarung über die Mietkaution hierzu noch verpflichtet ist und daher nur insoweit, wie der Vorvermieter seinerseits die Mietkaution noch nicht in berechtigter Weise in Anspruch genommen hat und sie daher noch als Sicherheit bei ihm vorhanden war. Vorliegend habe der Veräußerer die Mietsicherheit bereits in Höhe des Betrages seiner rechtskräftig titulierten Forderung berechtigt in Anspruch genommen. Der Vermieter könne eine Kaution auch dann noch zur Deckung seiner rechtskräftig festgestellten Forderung verwerten, wenn er das Mietobjekt bereits veräußert und übereignet hat, sofern sich die Kaution noch in seinem Vermögen befindet. Sinn und Zweck des gesetzlich in § 566a BGB bestimmten Eintritts des Erwerbers in die Pflichten gegenüber dem Mieter, welche durch die Leistung der Sicherheit begründet wurden, sei der Schutz des Mieters, der durch die Veräußerung des Mietobjekts nicht schlechter gestellt werden soll, als er vor der Veräußerung stand. Er solle hingegen im Verhältnis zu dem Vorvermieter nicht besser gestellt werden, indem diesem mit der Veräußerung die Möglichkeit genommen würde, titulierte Ansprüche nicht mehr auf diesem Wege erfüllen zu können, während dem Erwerber dies verwehrt ist, weil er nicht Gläubiger der Ansprüche ist, die bereits vor Veräußerung entstanden sind. Denn alle vor dem Eigentumswechsel entstandenen und fällig gewordenen Ansprüche verblieben bei dem bisherigen Vermieter.

Anmerkung:

Die Entscheidung geht über die bisher h.M. hinaus. Z.T. wird ein Befriedigungsrecht des Veräußerers aus einer Barkaution nach Eigentumsübergang ganz verneint (Schmidt-Futterer/*Streyl*, § 566a BGB Rz. 16), z.T. wird es auf Ansprüche beschränkt, die *im Zeitpunkt des Eigentumsübergangs* bereits bestanden (*OLG Hamburg* ZMR 1997, 415; *Eckert*, EWiR 1997, 395). Der Erwerber kann dann vom Mieter verlangen, dass dieser die Kaution bis zur vertraglich vereinbarten Höhe auffüllt (Schmidt-Futterer/*Streyl*, a.a.O., Rz. 10). Hat der Mieter die Kaution allerdings in Form einer Bürgschaft oder der Sicherungsübereignung eines Sparbuchs geleistet, so scheidet ein nachträgliches Befriedigungsrecht des Veräußerers aus, da der Erwerber aufgrund des Eigentumsübergangs Inhaber der Sicherheit geworden ist; der Veräußerer kann den Bürgen nicht mehr in Anspruch nehmen, Sicherungseigentum bzw. Sicherungsforderungen sowie Sparbücher bzw. Wertpapiere darf er nicht mehr verwerten (MünchKomm/*Häublein*, § 566a Rz. 10; *Derleder*, NZM 2006, 606 f.). Bis zur Kenntnis des Sicherungsgebers von dem Rechtsübergang an der Sicherheit als Folge des Eigentumsübergangs kann dieser aber noch befreiend an den Veräußerer leisten, § 407 BGB.

OLG Rostock: Ersatz des Mietausfallschadens (Urteil vom 02.07.2009 – 3 U 146/08, BeckRS 2009, 22877

Wird ein Mietverhältnis aufgrund einer Vertragsverletzung des Mieters durch eine Kündigung des Vermieters vorzeitig beendet, kann der Vermieter vom Mieter den ihm hierdurch entstandenen Mietausfall ersetzt verlangen, jedoch nur für den Zeitraum bis zum Wirksamwerden einer dem Mieter möglichen ordentlichen Kündigung.

Der Kläger macht gegen den Beklagten nach Beendigung eines Mietverhältnisses Nutzungsausfallschaden geltend. Die Parteien hatten einen Mietvertrag auf zwölf Jahre über eine Gewerbeeinheit in einem Einkaufszentrum geschlossen. Die Vermietung erfolgte zum Betreiben eines Backshops und eines Cafés. Das Café baute der Beklagte zu einer Ferienwohnung um; ob dies mit oder ohne Zustimmung des Klägers erfolgte, ist streitig. Im Jahr 2006 kündigte der Kläger das Mietverhältnis wegen Zahlungsverzuges fristlos. Nach Herausgabe der Räumlichkeiten durch den Beklagten im September 2006 beauftragte er einen Makler mit deren Weitervermietung, die erst zum Januar 2008 erfolgte. Nach Auffassung des Klägers handelt es sich bei der Ferienwohnung um eine baurechtswidrige Nutzung. Es fehle insbesondere eine notwendige Brandschutztrennung zwischen Gewerbebetrieb und Wohnung; eine Nutzungsgenehmigung als Ferienwohnung liege nicht vor.

Nach Auffassung des *OLG Rostock* kann der Kläger vom Beklagten gemäß §§ 535, 280 BGB Ersatz des Mietausfallschadens für die Monate Oktober 2006 bis März 2007 verlangen. Werde ein Mietverhältnis aufgrund einer Vertragsverletzung des Mieters durch eine Kündigung des Vermieters vorzeitig beendet, könne der Vermieter vom Mieter den ihm hierdurch entstandenen Mietausfall ersetzt verlangen. Haben die Vertragsparteien einen befristeten Mietvertrag geschlossen, erfasse der Anspruch auf Ersatz eines Mietausfallschadens, weil der Vermieter die Mietsache nicht oder nicht zu der zwischen den Parteien vereinbarten Miete hat vermieten können, grds. die gesamte noch verbleibende Vertragslaufzeit. Kann hingegen der Mieter seinerseits das Mietverhältnis mangels einer wirksamen Befristung des Vertrages durch eine ordentliche Kündigung beenden, könne der Vermieter einen Nutzungsausfallschaden nur bis zum Ablauf der nächstmöglichen Kündigungsfrist ab Zugang seiner eigenen Kündigung verlangen. Dies sei vorliegend der Fall. Zwar hätten die Parteien einen Mietvertrag fest auf eine Dauer von 12 Jahren abgeschlossen, so dass eine ordentliche Kündigung durch den Beklagten als Mieter gemäß § 542 Abs. 2 BGB grds. ausscheiden würde. Der auf eine bestimmte Zeit abgeschlossene Mietvertrag sei jedoch kündbar, da er der erforderlichen Schriftform ermangele.

Das Schriftformerfordernis des § 550 BGB beschränke sich nicht auf den Vertragsschluss, sondern erfasse auch Änderungen und Ergänzungen des Vertrages. Haben die Parteien im Vertrag einen bestimmten Zweck der Vermietung vereinbart, handele es sich um einen wesentlichen Vertragsbestandteil, der dem Schriftformerfordernis unterliegt. Die Vereinbarung bestimme den Umfang des vom Vermieter gemäß § 535 Abs. 1 BGB zu gewährenden vertragsgemäßen Gebrauchs ebenso wie den Umfang der Nutzungsbefugnis des Mieters. Vorliegend hätten die Vertragsparteien den Vertragszweck klar bestimmt, nämlich Vermietung zum Betrieb eines Backshops und eines Cafés. Allerdings habe nach Überzeugung des *OLG Rostock* der Kläger einer Umwandlung des Cafés in eine Ferienwohnung zugestimmt. Ein Zeuge habe ihn darüber unterrichtet, dass das Café zu einer Ferienwohnung umgebaut und sodann als solche vermietet werden solle. Er habe ihm den Umbau erläutert und Einzelheiten, wie etwa das Verkleiden des Lastenaufzugs, mit ihm besprochen. Selbst wenn der Kläger die Mitteilungen des Zeugen nicht als Angebot zur Änderung des Mietvertrages verstanden haben will, sei es ihm zumindest bekannt gewesen, dass der Beklagte in der Folge eine abweichende Nutzung vornehmen wollte und würde. Dies habe er über Jahre unwidersprochen hingenommen. Der Beklagte habe dieses Stillschweigen als Zustimmung zu seiner Vorgehensweise verstehen dürfen, so dass jedenfalls eine konkludente Vertragsänderung die zunächst gewahrte Schriftform des Vertrages aufgehoben habe. Im Zeitpunkt des Zugangs der fristlosen Kündigung wäre der Vertrag somit für den Beklagten mit der Frist des § 580a BGB zum Ende März 2007 ordentlich kündbar gewesen. Als Mietausfallschaden verlangen könne der Vermieter nur, was er bei Fortbestand des Mietverhältnisses vom Mieter bis zur nächsten ordentlichen Kündigung durch diesen hätte verlangen können.

Anmerkung:

Der instruktive Fall verdeutlicht den Zusammenhang von Formvorschriften und möglichen Schadensersatzansprüchen des Vermieters und führt diesem eindringlich die Schriftformrisiken bei nachträglichen Vertragsänderungen vor Augen. Das Schriftformerfordernis des § 550 BGB ist nämlich bei nachträglichen Änderungen oder Ergänzungen eines Mietvertrags grundsätzlich genauso einzuhalten wie beim ursprünglichen Vertragsabschluss. Änderungen und Ergänzungen des Vertrags bedürfen daher der Schriftform, wenn sie für die Parteien wesentliche Punkte betreffen (*KG* NZM 2005, 457). Nachträgliche, nicht formwahrend getroffene Änderungsvereinbarungen zu vertragswesentlichen Umständen führen dazu, dass die Schriftform von nun an nicht mehr gewahrt ist und der auf eine feste Zeit abgeschlossene Vertrag gekündigt werden kann (*BGH* NJW 1968, 1229; *OLG Brandenburg* NZM 2008, 406). Wesentlich ist etwa die Änderung der Miethöhe um mehr als 10 % (*BGH* a.a.O.; *OLG Karlsruhe* NZM 2003, 513), eine nachträgliche Vereinbarung über die Fälligkeit der Miete (*BGH* NJW 2008, 365; Anm. *Bub/Bernhard*, FD-MietR 2008, 249487), die Verschiebung des Mietbeginns auch nur um wenige Tage (*OLG Brandenburg*, a.a.O.) oder die Reduzierung der Mietfläche (*OLG Düsseldorf* GE 2003, 251). Dabei spielt es keine Rolle, ob die Pflichten der Vertragsparteien verschärft oder erleichtert werden (*Lindner-Figura* NZM 2007, 705, 709). Die Einhaltung der Schriftform ist lediglich dann entbehrlich, wenn die Änderungen oder Ergänzungen von untergeordneter Bedeutung sind (*BGH* NZM 2005, 456 – keine Schriftform erforderlich bei widerruflicher Senkung der Miete).

Vorliegend hatte sich der Kläger, indem er den Mieter in seinen Änderungswünschen zumindest gewähren ließ, selbst einen Schaden in nicht unbeträchtlicher Höhe zugefügt. Dem Vermieter ist somit dringend zu empfehlen, entweder auf derartige nachträgliche Sonderwünsche des Mieters nicht einzugehen oder jedenfalls auf einer formgerechten Nachtragsvereinbarung zum Mietvertrag zu bestehen. Hierfür ist ausreichend, dass die Nachtragsvereinbarung in der gebotenen Form auf den ursprünglichen Vertrag Bezug nimmt und zum Ausdruck bringt, es solle unter Einbeziehung des Nachtrags bei dem verbleiben, was bereits früher formgültig niedergelegt war (*BGH* NJW 1992, 2283; NJW-RR 2000, 1108).

Das *OLG Rostock* schließt sich der h.M. an, wonach der Vermieter, falls er ein Mietverhältnis aufgrund einer Vertragsverletzung des Mieters vorzeitig kündigt, im Wege des Schadensersatzes vom Mieter den ihm hierdurch entstandenen Mietausfall ersetzt verlangen kann (*BGH* NJW 2004, 3117). Der Schadensersatzanspruch umfasst die gesamte mit dem Mieter vereinbarte Miete, nicht aber die auf diese entfallende Umsatzsteuer, da auf Schadensersatz keine Umsatzsteuer zu entrichten ist (*BGH* ZMR 2008, 867). Können die Räumlichkeiten nur zu einer geringeren Miete weitervermietet werden, besteht der Kündigungsfolgeschaden in der Differenz zwischen der bisherigen und der nunmehr erzielbaren Miete (*KG* NZM 1999, 462). Der Anspruch auf Ersatz des Mietausfalls wird erst zu jenen Zeitpunkten fällig, zu denen auch die Mietzinsraten fällig geworden wären. (*BGH* WuM 1980, 197; NJW 1998, 372). Zeitlich ist die Zahlungspflicht des Mieters auf jenen Zeitraum begrenzt, zu welchem der Mieter das Mietverhältnis erstmals hätte kündigen können (*BGH* NJW 2004, 3117). Beim unbefristeten Mietvertrag richtet sich dieser Zeitraum nach der für den Mieter geltenden Kündigungsfrist. Ist der Mietvertrag befristet, so ist die Schadenshöhe auf den Betrag der innerhalb der Vertragsdauer geschuldeten Miete nach oben begrenzt (*BGH* NJW 1982, 870; NJW 1984, 2687). Unberührt hiervon bleiben Schadensersatzansprüche des Vermieters gegen den Mieter wegen verspäteter Rückgabe oder wegen Rückgabe in vertragswidrigem Zustand.

KG: Umbau nach Vertragsende (Urteil vom 28.04.2008 – 8 U 154/07, NZM 2009, 661)

Der Erfüllungsanspruch des Vermieters wird nicht dadurch berührt, dass er die Räume nach Vertragsende umbauen will. Der Vermieter kann in derartigen Fällen im Wege der ergänzenden Vertragsauslegung statt Erfüllung einen Ausgleich in Geld verlangen. Steht fest, dass der Mieter die Ausführung von Schönheitsreparaturen ablehnt, kann der Vermieter den Betrag verlangen, den er zur Ersatzvornahme hätte aufwenden müssen.

Es entlastet den Mieter nicht, dass die Durchführung der Dekoration sinnlos wird, weil sie durch die Umgestaltung des Mietobjektes zerstört wurde und der Vermieter anschließend ohnehin renovieren muss. Vielmehr kann der Vermieter in derartigen Fällen im Wege der ergänzenden Vertragsauslegung statt Erfüllung einen Ausgleich in Geld verlangen (*BGH* NZM 2002, 655; NZM 2005, 58; Schmidt-Futterer/*Langenberg*, § 538 Rz 348). In diesen Fällen ist es gerechtfertigt, wenn der Mieter die Arbeit in Eigenleistung hätte ausführen wollen, nur einen bestimmten Prozentanteil der von einem Handwerksmeister berechneten Leistungen neben den Materialkosten anzusetzen. Dies gilt aber nicht, wenn der Mieter die Arbeiten abgelehnt hat und nicht erfüllungsbereit war. In diesem Fall kann der Vermieter den Betrag verlangen, den er zur Ersatzvornahme hätte aufwenden müssen (*BGH* NZM 2005, 58).

OLG Düsseldorf: Wegnahmerecht des Mieters (Beschluss vom 05.10.2009 – I 24 U 17/09, BeckRS 2010, 12225)

Für das Wegnahmerecht des Mieters ist ohne Belang, ob die Einbauten zu einem vorübergehenden Zweck erfolgten und im Eigentum des Mieters blieben oder als bauliche Veränderungen zu wesentlichen Bestandteilen der Mietsache wurden und deshalb in das Eigentum des Vermieters übergingen.

Der beklagte (ehemalige) Mieter hatte mit Einverständnis des klagenden Vermieters eine Garage in einen Kiosk umgebaut und hierfür das Garagentor durch eine Tür ersetzt. Da diese beim Auszug beschädigt war, begehrt der Kläger im Wege des Schadenersatzes nunmehr jenen Betrag, der für den Einbau einer neuen Tür erforderlich ist.

Nach Auffassung des *OLG Düsseldorf* liegen die Voraussetzungen eines mietrechtlichen Schadensersatzanspruchs gemäß §§ 535, 280, 281 BGB nicht vor. Schon dem Grunde nach stehe dem Kläger – als Voraussetzung eines etwaigen Geldanspruchs – kein Anspruch auf Einbau einer neuen Tür zu. Die im Zuge der Umbauarbeiten vom Beklagten vorgenommenen Einbauten habe er gemäß § 539 Abs. 2 BGB entfernen dürfen. Ohne Belang sei, ob die Einbauten zu einem vorübergehenden Zweck erfolgten und im Eigentum des Mieters blieben, § 95 BGB, oder als bauliche Veränderungen zu wesentlichen Bestandteilen der Mietsache wurden und deshalb in das Eigentum des Vermieters übergingen, §§ 947 Abs. 2, 94 BGB. Denn das Wegnahmerecht sei ein Aneignungsrecht und nicht auf Einrichtungen beschränkt, sondern erfasse auch Veränderungen in der baulichen Substanz. Der Eigentumsübergang beeinträchtige deshalb das Wegnahmerecht des Mieters nicht. Er sei berechtigt, sich die Einrichtungen durch Trennung von der Mietsache wieder anzueignen.

Demgegenüber habe die Klägerin einen aus § 546 Abs. 1 BGB folgenden Anspruch auf Wiederherstellung des ursprünglichen Zustands. Die Mietsache sei – abgesehen von den unvermeidlichen Änderungen infolge des vertragsgemäßen Gebrauchs – in dem Zustand zurückzugeben, in dem sie sich bei Überlassung befand. Umbauten habe der Mieter auf Verlangen des Vermieters zu entfernen, Einrichtungen und Veränderungen zu beseitigen. Diese Wiederherstellungsverpflichtung des Mieters gelte regelmäßig auch dann, wenn der Vermieter Einrichtungen oder Veränderungen geduldet oder sogar genehmigt hat. Denn das Einverständnis beziehe sich nur auf die Vertragszeit und solle dem Mieter die Nutzung der Mietsache entsprechend seinen Vorstellungen und Zielen ermöglichen, bedeute jedoch nicht, dass er die Sache in verändertem Zustand zurückgeben darf.

Die einander korrespondierenden Rechte der Parteien begründeten allerdings nicht den geltend gemachten Schadensersatzanspruch. Habe der Mieter zum Vertragsende den ursprünglichen oder von ihm vertraglich herzustellenden Zustand nicht wiederhergestellt, so könne er zwar gemäß § 280 BGB zum Schadensersatz verpflichtet sein. Gerichtet sei der Anspruch des Vermieters jedoch primär auf die Wiederherstellung des ursprünglichen Zustandes. Vorliegend habe die Klägerin, da der Beklagte die Einrichtungen nicht entfernt hat, ein Besitzrecht an der Tür erlangt, denn der Anspruch auf Gestattung der Wegnahme der Einrichtungen sei verjährt, §§ 539 Abs. 2, 258 S. 2, 458 Abs. 2 BGB. Indes gebe das Besitzrecht keinen Anspruch auf Instandsetzung bzw. Schadensersatz von in beschädigtem Zustand zurückgelassener Einrichtungen.

Anmerkung:

Mit der Wegnahmebefugnis des Pächters (und seiner Wegnahmepflicht) korrespondieren die Pflicht des Verpächters, die Wegnahme zu dulden und sein Anspruch auf Beseitigung von Einrichtungen. Der Vermieter schuldet nicht die Herausgabe vom Mieter geschaffener Einrichtungen (Staudinger/*Emmerich*, § 539 BGB Rz. 30); er ist vielmehr, wenn ihm der Mieter den unmittelbaren Besitz am Mietobjekt wieder eingeräumt hat, nur zur Duldung der Wegnahme von Einrichtungen verpflichtet. Das Wegnahmerecht des Mieters geht somit mit der Rückgabe der Pachtsache in einen Anspruch auf Gestattung der Wegnahme über, § 258 BGB.

Der Anspruch auf Gestattung der Wegnahme ist dinglicher Natur: Hatte der Pächter das Eigentum an den Einrichtungen verloren, § 94 BGB, vollzieht sich in der Wegnahme die (Wieder-)Aneignung; ist der Mieter hingegen Eigentümer geblieben, § 95 BGB, ist bis zur Ausübung des Wegnahmerechts der Vermieter als Besitzer auch dem Mieter als Eigentümer gegenüber zum Besitz berechtigt (*BGH* NJW 1981, 2564). Ist der Anspruch auf Duldung der Wegnahme – wie im vorliegenden Fall – verjährt, so kann der Vermieter dem Mieter das Recht zum Besitz als dauernde Einrede entgegenhalten. Er hat aber, wie das *OLG Düsseldorf* richtig feststellt, keinen Anspruch auf Wiederherstellung.

AG Berlin-Wedding: Schlüsselrückgabe (Beschluss vom 03.03.2008 – 15a C 231/07, BeckRS 2008, 12875)

Es stellt keine ordnungsgemäße Erfüllung der Rückgabepflicht dar, wenn der Mieter die Schlüssel seinem Nachbarn überlässt und lediglich einen Hinweiszettel für den Vermieter an der Wohnungs- oder Haustür anbringt.

Nach der Beendigung des Mietverhältnisses vereinbarten die Klägerin als Vermieterin und der Beklagte als Mieter einen Termin für die Rückgabe der gemieteten Räumlichkeiten. Zwischen den Parteien ist streitig, ob der Beklagte zu diesem Termin in der Wohnung anwesend war. Jedenfalls hatte der Beklagte die Schlüssel zu seiner Wohnung seiner Nachbarin übergeben und einen entsprechenden Hinweiszettel an der Wohnungstür angebracht. Die Klägerin nahm den Schlüssel nicht entgegen, sondern erhob Klage auf Rückgabe der Wohnung. Nach Anhängigkeit, aber noch vor Rechtshängigkeit der Klage gab der Beklagte den Schlüssel zurück, woraufhin die Klägerin die Klage zurücknahm. Das *AG Berlin-Wedding* hatte nunmehr noch über die Kostentragungspflicht zu entscheiden.

Ist der Anlass zur Einreichung der Klage vor Rechtshängigkeit weggefallen und wird die Klage daraufhin zurückgenommen, so hat das Gericht gem. § 269 Abs. 3 S. 3 ZPO über die Kostentragungspflicht unter Berücksichtigung des bisherigen Sach- und Streitstandes nach billigem Ermessen zu entscheiden. Danach trifft nach Auffassung des *AG Wedding* die Pflicht zur Kostentragung den Beklagten. Denn unabhängig von der zwischen den Parteien streitigen Frage, ob der Beklagte an dem von der Klägerin genannten Rückgabetermin in seiner Wohnung anzutreffen war, stelle es keine ordnungsgemäße Erfüllung der Rückgabeverpflichtung durch den Beklagten dar, die Schlüssel seiner Nachbarin zu überlassen und einen Hinweiszettel für die Klägerin an der Wohnungs- oder Haustür zu hinterlassen. Vielmehr wäre er verpflichtet gewesen, für die ordnungsgemäße Rückgabe der Schlüssel zu sorgen. Er wäre verpflichtet gewesen, zumindest durch telefonische Rücksprache mit der Klägerin zu versuchen, einen weiteren Rückgabetermin zu vereinbaren. Er habe somit nicht alles in seiner Macht Liegende getan, um eine rechtzeitige Rückgabe der Wohnung sicherzustellen, weshalb er die tatsächlich erst nach Klageerhebung erfolgte Schlüsselübergabe zu vertreten und mithin Veranlassung zur Klageerhebung gegeben habe.

Anmerkung:

Nach ständiger Rechtsprechung des *BGH* erfordert die „Rückgabe" der Mietsache im Sinne des § 546 BGB grundsätzlich eine Veränderung der Besitzverhältnisse zugunsten des Vermieters (*BGH* NJW 1994, 3232). Erforderlich ist eine vollständige und unzweideutige Besitzaufgabe des Mieters (Bub/Treier/*Gramlich*, VI Rz. 40), wozu er dem Vermieter sämtliche Schlüssel – auch die selbst angefertigten Nachschlüssel (*OLG Düsseldorf* NJW-RR1996, 209) – zurückzugeben hat. Andernfalls bleibt der Mieter wegen der jederzeitigen Zugriffsmöglichkeit zumindest Mitbesitzer des Objekts, was einer Rückgabe der Mietsache im Sinne des § 546 BGB entgegen steht. Die Rückgabe einzelner Schlüssel kann genügen, wenn dem Vermieter die Mietsache zur freien Verfügung steht, weil der Mieter zumindest einen Schlüssel zurückgegeben hat und aus den sonstigen Umständen erkennbar sein Wille zur endgültigen Besitzaufgabe hervortritt (*OLG Köln* BeckRS 2006, 5624, Anm. *Bub/Bernhard*, FD-MietR 2007, 212504; ebenso *OLG Brandenburg* NZM 2000, 463; *OLG Hamburg* ZMR 1995, 18; a.A. Schmidt-Futterer/*Gather*, § 546 BGB Rz. 36). Hieran fehlt es, wenn sich noch eine Kaffeemaschine, eine Garderobe, Bekleidung, Computerzubehör, Computerteile und Geschäftspost in den Räumlichkeiten befinden (*OLG Düsseldorf* BeckRS 2008, 11785).

Ist die Rückgabepflicht erfüllt, obwohl der Mieter einzelne Schlüssel nicht zurückgegeben hat, macht er sich allenfalls schadensersatzpflichtig (Bub/Treier/*Scheuer*, V. Rz. 9). Eine Pflicht zum Ersatz des Schadens entfällt, wenn eine missbräuchliche Verwendung des Schlüssels ausgeschlossen ist, z.B. wenn er bei einer Bootsfahrt im tiefen Wasser verloren gegangen ist (*LG Mannheim* WuM 1977, 121; *Ruthe*, NZM 2000, 365). Um Streitigkeiten zu vermeiden, ob der Mieter dem Vermieterden unmittelbaren Besitz an dem Mietobjekt eingeräumt hat, ist dem Mieter jedenfalls zu empfehlen, sämtliche Schlüssel zurückzugeben, die sich in seinem Besitz befinden.

Die Feststellung des genauen Rückgabetermins ist für den Vermieter deshalb von großer Bedeutung, weil mit der Rückgabe die sechsmonatige Verjährungsfrist für etwaige Ersatzansprüche gegenüber dem Mieter gemäß §§ 548 Abs. 1 S. 2, 200 S. 1 BGB zu laufen beginnt. Hierzu gehören neben Schadensersatzansprüchen wegen nicht ausgeführter Schönheitsreparaturen und Beschädigung der Mietsache auch Ansprüche auf Wiederherstellung des ursprünglichen Zustandes der Mietsache sowie der Entfernung von Einbauten und anderer vom Mieter zurückgelassener Gegenstände. Ein Schadensersatzanspruch des Vermieters wegen des Zustands der Mietsache bei Rückgabe entsteht allerdings erst, wenn der ursprünglich bestehende Erfüllungsanspruch nach Ende des Mietvertrags in ihn umgewandelt wurde. Die Verjährung der Ersatzansprüche des Vermieters wird aber gemäß §§ 548 Abs. 1 S. 1, 200 S. 1 BGB – anders als früher gemäß §§ 558 Abs. 2, 198 S. 1 BGB a.F. – auch dann mit dem Zeitpunkt in Gang gesetzt, in dem der Vermieter die Mietsache zurückerhält, wenn die Ansprüche erst zu einem späteren Zeitpunkt entstehen; denn mit § 548 Abs. 1 S. 2 BGB ist „ein anderer Verjährungsbeginn" im Sinne des § 200 S. 1 BGB als der der Entstehung des Anspruchs bestimmt worden (*BGH* NJW 2005, 739). Dies gilt nicht nur dann, wenn der Mietvertrag zum Zeitpunkt der Rückgabe der Wohnung bereits beendet ist, sondern auch dann, wenn dieser erst später endet (*BGH* NJW 2006, 1588; Emmerich/*Sonnenschein*, § 548 BGB Rz. 16; *Langenberg*, WuM 2002, 71).

Schadensersatzansprüche des Vermieters können somit gemäß § 548 BGB verjähren, bevor sie überhaupt entstanden sind. Die tatsächliche Kenntnis des Vermieters bleibt für den Lauf der Verjährung unberücksichtigt (Bub/Treier/*Gramlich*, VI Rz. 39). Der Vermieter sollte deshalb die Mietsache untersuchen, sobald er eine Art von Sachherrschaft erlangt, die ihn in die Lage versetzt, die Mietsache auf etwaige Mängel oder Veränderungen zu überprüfen. Stellt er hierbei Schäden an der Mietsache fest, muss er innerhalb der Frist von sechs Monaten ab dem Zeitpunkt, zu dem er die Mietsache zurück erhalten hat, verjährungshemmende Maßnahmen ergreifen.

Der Vermieter kann sich gegen den Beginn der Verjährung bei verfrühter Rückgabe dadurch wehren, dass er die Rücknahme der Schlüssel zurückweist (*OLG Düsseldorf* NJW-RR 2007, 13, Anm. *Bub/Bernhard*, FD-MietR 2006, 198609). Der Vermieter ist nämlich vor dem Ende des Mietverhältnisses nicht verpflichtet, die Mietsache zurückzunehmen (*KG* NZM 2000, 92; *OLG Dresden* NJW-RR 2001, 79;

Palandt/*Weidenkaff*, § 546 Rz. 4). Zwar bestimmt § 271 Abs. 2 BGB, dass der Schuldner eine Leistung – d.h. die Rückgabe –, für die eine Zeit bestimmt ist, im Zweifel vorher bewirken kann. § 271 Abs. 2 BGB ist jedoch unanwendbar, wenn der Gläubiger durch die Vorausleistung in seinen rechtlich geschützten Interessen beeinträchtigt wird (Palandt/*Heinrichs*, § 271 Rz. 11). Insbesondere wenn der Mieter die Räume erhebliche Zeit vor dem Vertragsende zurückgeben will, beabsichtigt er damit in der Regel nur, die Obhutspflichten dem Vermieter zu überbürden (*OLG Dresden* NJW-RR 2001, 79). In diesem Fall kann der Vermieter die Entgegennahme der Mietsache verweigern, ohne damit in Annahmeverzug zu geraten und ggf. den Anspruch auf Nutzungsentschädigung gemäß § 546a BGB zu verlieren (vgl. *OLG Düsseldorf* NJWE-MietR 1997, 200). Will der Mieter die Räume aber nur unerhebliche Zeit vor dem Vertragsende zurückgeben, kann die Absicht, die Obhutspflichten auf den Vermieter zu übertragen, regelmäßig nicht unterstellt werden. Der Vermieter gerät dann mit der Rücknahme der angebotenen Mietsache in Annahmeverzug, so dass Mieter gemäß § 300 BGB nur noch Vorsatz und grobe Fahrlässigkeit zu vertreten hat, was seine Obhutspflicht deutlich reduziert (Wolf/Eckert/*Ball*, Rz. 973 und 1065).

AG Neuruppin: Überlassung an Nachmieter (Urteil vom 15.01.2009 – 42 C 273/08, BeckRS 2009, 14017)

Der Mieter ist nicht länger zur Mietzahlung verpflichtet, wenn der Vermieter vor Ablauf der Kündigungsfrist das Mietobjekt einem Nachmieter überlässt, auch wenn dessen Mietvertrag erst später zu laufen beginnt.

Die Klägerin ist Vermieter, der Beklagte war Mieter eines Einfamilienhauses. Der Beklagte kündigte das Mietverhältnis fristgemäß zum 31.01.2008, zog aber bereits Ende Oktober 2007 aus. Die Klägerin sicherte dem Beklagten zu, dass er während der Kündigungsfrist keine Miete mehr zahlen müsse, sobald ein Nachmieter gefunden sei. Die Klägerin schloss mit B. einen Vertrag über die Anmietung des Hauses für die Zeit ab 01.12. 2007 zu einer geringeren Miete. Sie übergab ihm den Besitz am Haus bereits Mitte November 2007, um Renovierungsarbeiten durchführen zu können. Der Beklagte ist der Auffassung, aufgrund der Überlassung an einen Nachmieter bereits ab diesem Zeitpunkt von der Mietzahlung vollständig entbunden zu sein.

Nach Auffassung des *AG Neuruppin* schuldet der Beklagte der Klägerin Miete nur noch bis Mitte November 2007. Zwar habe er die Miete grundsätzlich bis zum Ablauf der Kündigungsfrist zu zahlen, § 535 Abs. 2 BGB. Unstreitig habe aber die Klägerin dem Beklagten zugesichert, dass er auch während der Kündigungsfrist keine Miete mehr zahlen müsse, wenn ein Nachmieter gefunden sei. Dies sei für den Zeitraum am 01.12.2007 der Fall. Folgerichtig mache die Klägerin ab diesem Zeitpunkt auch keine Miete mehr gegen den Beklagten geltend.

Streitig sei die Behandlung des Monats November 2007. Der Nachmieter habe jedenfalls zur Monatsmitte die Schlüssel zum Haus erhalten. Solange aber der Vermieter infolge der Überlassung des Gebrauchs an einen Dritten außerstande ist, dem Mieter den Gebrauch zu gewähren, sei der Mieter zur Entrichtung der Miete nicht verpflichtet, § 537 Abs. 2 BGB. Vorliegend habe die Klägerin dem Nachmieter Mitte November 2007 das Haus zum eigenen Gebrauch überlassen, eine weitere Gebrauchsgewährung an den Beklagten sei nicht mehr möglich gewesen. Insoweit schulde der Beklagte ab diesem Zeitpunkt auch keine Miete mehr. Zwar sei streitig, ob diese gesetzliche Regelung auch in Sachverhaltsgestaltungen wie der vorliegenden anzuwenden ist, wenn ein Mieter vorfristig auszieht und der Vermieter die Mietsache einem Nachmieter zeitweise unentgeltlich oder zu einem geringeren Mietzins überlässt. Trotz des Erkennens dieser Problemlage habe allerdings der Deutsche Bundestag im Rahmen der großen Mietrechtsreform 2001 die Anregung des Bundesrates, diese Gesetzesbestimmung zu ändern, nicht aufgegriffen, sondern die gesetzliche Regelung nur sprachlich, nicht aber inhaltlich geändert. Es verbleibe also weiterhin bei der gesetzlichen Regelung, wonach der Mieter zur Entrichtung der Miete nicht verpflichtet ist, solange der Vermieter infolge der Überlassung des Gebrauchs an einen Dritten außerstande ist, dem Mieter den Gebrauch zu gewähren.

Zwar sei dem vormaligen Mieter ein Berufen auf diese gesetzliche Vorschrift in Ausnahmefällen verwehrt, etwa bei Verstoß gegen Treu und Glauben, bei grober Vertragsverletzung und/oder bei unzulässiger Rechtsausübung. Diese Ausnahmen müssten jedoch auf Ausnahmesituationen beschränkt bleiben und im Normalfall die klare gesetzliche Anordnung maßgeblich sein – insbesondere unter Berücksichtigung des Umstandes, dass der Deutsche Bundestag eine Änderung des Gesetzes ausdrücklich abgelehnt hat. Bei dem vorliegenden Sachverhalt handele es sich um einen oftmals vergleichbar vorkommenden Normalfall. Ein grober Vertragsbruch sei dem Beklagten nicht anzulasten: Er sei bereit gewesen, die Miete auch nach seinem Auszug bis zum Zeitpunkt der Übernahme durch den Nachmieter zu bezahlen. Eine Benutzungspflicht bestehe für den Beklagten während der Kündigungsfrist nicht. Die Klägerin habe dem Nachmieter das Haus bereits vor Beginn des Mietverhältnisses überlassen, um ihm Renovierungsarbeiten im Haus zu ermöglichen. Die Klägerin hätte angegeben, dass die Wohnung in dem von dem Beklagten überlassenen Zustand nicht vermietbar gewesen wäre. Die vorzeitige Überlassung an den Nachmieter, die von diesem allerdings nicht zu vergüten sei, käme somit allein ihm und der Klägerin zugute – Gelegenheit zur Herstellung eines vermietbaren Zustandes. Insoweit forderten die Grundsätze von Treu und Glauben nicht, dass abweichend von der Gesetzeslage, der Beklagte auch während dieses Zeitraums Miete zahlen müsste.

Anmerkung:

Der Entscheidung ist nicht zu folgen. Sie entspricht zwar dem Wortlaut von § 537 Abs 2 BGB, steht jedoch in Widerspruch zu den hierzu von Rechtsprechung und Literatur entwickelten Grundsätzen. Zieht der Mieter vorzeitig aus und gibt dem Vermieter die Schlüssel zurück, macht er damit deutlich, dass er sein Interesse am Mietobjekt verloren hat. In diesem Verhalten kann das Angebot auf Abschluss eines Mietaufhebungsvertrags gesehen werden, in der Entgegennahme der Schlüssel liegt indes nach herrschender Ansicht noch keine Annahme des Angebots, mithin keine schlüssige Entlassung des Mieters aus dem Mietvertrag. Vorliegend war zwischen den Parteien sogar unstreitig, dass der Mietvertrag erst Ende Januar 2008 endete. Bis zu diesem Zeitpunkt war der Mieter somit auch zur Mietzahlung verpflichtet. Es stellte ein freiwilliges Entgegenkommen des Vermieters dar, den Mieter vorzeitig aus dem Mietverhältnis zu entlassen, sofern ein Nachmieter gefunden werden sollte.

Ob in derartigen Fällen dem Vermieter gegen den Vormieter noch der Mietanspruch zusteht, wenn er die Wohnung vor Ablauf der Kündigungsfrist zu einer geringeren Miete weitervermietet, ist streitig. Nach dem Wortlaut des § 537 Abs. 2 BGB verliert ihn der Vermieter, da er bei jeder nicht nur kurzfristig widerruflichen Nutzung durch einen Dritten nicht mehr in der Lage ist, den Anspruch des Mieters auf Gebrauchsgewährung zu erfüllen. Deshalb soll nach einer Auffassung dem Vermieter weder ein Anspruch auf Zahlung ausgebliebener Mieten noch einer Mietdifferenz zustehen (*OLG Düsseldorf* NJW-RR 1986, 506; *OLG München* NJW-RR 1992, 204). Dem Vermieter sei es zuzumuten, von seinem Kündigungsrecht nach § 543 BGB Gebrauch zu machen und sodann den Mietausfall als Verzugsschaden einzufordern, zumal aus der Weigerung, das Mietobjekt zu nutzen, mangels Gebrauchspflicht kein Schadensersatzanspruch folge (*Sternel*, III Rz. 101). Nach einer zweiten Auffassung behält der Vermieter seinen Anspruch auf Zahlung der Mietdifferenz nur, wenn er vor der Weitervermietung dem Mieter mitgeteilt hat, diese erfolge, um ihn von seiner Zahlungspflicht zu entlasten; die Mitteilung sei nur entbehrlich, wenn der Aufenthalt des Mieters unbekannt sei (*OLG Hamm* NJW 1986, 2321).

Tatsächlich werten beide Auffassungen das Verhalten des Mieters, das zu einer vertragswidrigen Belastung des Vermieters führt, nur unzureichend. Der Mieter macht sich durch die Rückgabe der Schlüssel insbesondere die Erfüllung der Obhuts- und Instandhaltungspflichten unmöglich, was vor allem bei vorzeitigem Auszug und einem noch auf längere Zeit abgeschlossenen Mietvertrags von Bedeutung ist. Diese Vertragsverletzung trifft – auch im vorliegenden Fall – zusammen mit der Nichterfüllung der Verpflichtung zur Mietzahlung. Das Verhalten des Mieters kann deshalb eine grobe Vertragsverletzung darstellen, die es rechtfertigt, § 537 Abs. 2 BGB über der Einwand der unzulässigen Rechtsausübung gemäß § 242 BGB zu korrigieren, so dass der Vermieter seinen Mietanspruch behält und sich nach § 537 Abs. 1 S. 2 BGB nur anrechnen lassen muss, was der Nachmieter zahlt (*BGH* NJW 1993, 1645; *KG* GE 2001, 1539). Diese Rechtsfolge greift auch ein, wenn der Mieter eines langfristigen Mietvertrags zur Reduzierung seiner Verpflichtungen damit einverstanden ist, dass der Vermieter das Mietobjekt weiter vermietet (*OLG Karlsruhe* ZMR 2005, 191) oder wenn – wie im vorliegenden Fall – der Mieter um vorzeitige Entlassung aus dem Mietvertrag bittet und der Vermieter sodann dem Nachfolger gestattet, schon einige Zeit vor dem Vertragsbeginn mit Renovierungs- und Umbauarbeiten zu beginnen (*OLG Koblenz* NJW-RR 1995, 394). Ein derartiges Vorgehen liegt – entgegen der Argumentation des *AG Neuruppin*) – auch im Interesse des Vormieters. Er hat kein Interesse am Fortbestand des Mietverhältnisses, da es ihn mit Zahlungspflichten belastet. Ihm ist deshalb daran gelegen, dass der Vermieter die Räume an einen Dritten vermietet und ihn dann seinerseits aus dem Vertrag entlässt. Die vorzeitige Überlassung der Mietsache an den Nachmieter, um diesem Gelegenheit zur Renovierung zu geben führt dazu, dass dem Vermieter anderweitig Mieteinnahmen zufließen werden und der Vormieter zumindest mittelfristig von seinen Zahlungspflichten freigestellt wird.

AG Neuruppin: Schadensersatzanspruch des Vermieters bei auffälliger farblicher Gestaltung (Urteil vom 06.05.2009 – 42 C 329/07, BeckRS 2009, 25006)

Gibt der Mieter die gemieteten Räumlichkeiten mit einem auffälligen Farbanstrich zurück, so entfällt ein möglicher Schadensersatzanspruch des Vermieters, wenn der Mieter mit dem Nachmieter die Übernahme der Räume im Ist-Zustand vereinbart.

Die Beklagte ist Mieterin einer Wohnung der Beklagten. Der Mietvertrag sieht die Ausführung von Schönheitsreparaturen durch den Mieter, je nach Raumkategorie alle drei, fünf oder sieben Jahre vor. Bei Beginn des Mietverhältnisses waren die Wände weiß gestrichen. Die Beklagte strich während der Mietzeit mehrere Wände der Wohnung in bunten Farben. Nach Ende des Mietverhältnisses vereinbarte die Beklagte mit dem

Nachmieter die Übernahme der Wohnung im farblichen Ist-Zustand. Die Klägerin fordert Schadensersatz wegen der farblichen Gestaltung der Wohnung. Eine Weitervermietung in dem von der Beklagten hinterlassenen Zustand sei nicht zumutbar. Vereinbarungen der Beklagten mit dem Nachmieter wegen der Farbgestaltung seien für sie nicht relevant.

Nach Auffassung des *AG Neuruppin*, steht der Klägerin kein Schadensersatzanspruch wegen der farbig zurückgelassenen Wände der Mietwohnung zu. Während der Mietzeit stehe es dem Mieter frei, die Wände in jeder gewünschten Farbgestaltung zu dekorieren. Zurückzugeben seien die Räumlichkeiten aber in einer unauffälligen Farbe. Dies könne in einem formularmäßig gestalteten Mietvertrag vereinbart werden, gelte aber auch, wenn keine besondere Vereinbarung über die Farbgebung getroffen wurde.

Ein möglicher Ersatzanspruch der Klägerin sei aber dadurch entfallen, dass die Beklagte als weichender Altmieter mit dem Nachmieter die Übernahme der Wohnung im derzeitigen farblichen Zustand vereinbart hätte. Die vertragsgemäße Rückgabe in unauffälligen Farben solle dem Vermieter die Überlassung der Wohnung an einen Nachmieter ermöglichen oder erleichtern. Übernehme aber der Nachmieter die Wohnung in der vorgefundenen Farbstellung, so entfalle der rechtfertigende Grund, von dem scheidenden Altmieter noch den Neuanstrich in unauffälligen Farben zu verlangen.

Anmerkung:

Auch ohne ausdrückliche Vereinbarung schuldet der Mieter eine Schlussrenovierung, wenn er die gemieteten Räumlichkeiten in so ungewöhnlicher Weise dekoriert hat, dass eine Weitervermietung ausgeschlossen (*Blank*, NJW 2009, 27, 29) oder wesentlich erschwert ist. Auf die Wirksamkeit der Schönheitsreparaturklausel im Mietvertrag kam es vorliegend deshalb nicht an.

Ob eine Vereinbarung mit dem Nachmieter über die Durchführung von Schönheitsreparaturen durch ihn oder die Übernahme der Räumlichkeiten im Ist-Zustand trotz der Verpflichtung des Vormieters einen Schadenersatzanspruch des Vermieters schon nicht entstehen oder wieder entfallen lässt, wird in Literatur und Rechtsprechung unterschiedlich beurteilt. Der *BGH* hat dem Vermieter in einem Fall Schadensersatz zugesprochen, in welchem er mit dem Nachmieter vereinbart hatte, dass dieser die Räumlichkeiten auf eigene Kosten renoviert (*BGH* NJW 1968, 491; a.A. *LG Itzehoe* WuM 1992, 242). Das schadensmindernde oder schadensbeseitigende Ereignis könne als zureichender Grund für die Befreiung des Schädigers von seiner Ersatzpflicht nur anerkannt werden, wenn seine Berücksichtigung den Schädiger nicht unbillig entlasten würde. Zu einer nicht gerechtfertigten Begünstigung des Schädigers käme es aber dann, wenn die Schadenbeseitigung durch einen Dritten berücksichtigt würde, der eine vertragliche Abmachung mit dem Geschädigten zugrunde liegt, die den Schädiger nichts angeht.

In dem vom *BGH* entschiedenen Fall hatte allerdings der Vermieter mit dem Neumieter die Vereinbarung über die von diesem durchzuführenden Schönheitsreparaturen erzielt, während es hier die Beklagte als Vormieterin war. Die Befreiung der Vormieterin von der Renovierungspflicht beruhte somit nicht auf einem – nicht geschuldeten – Bemühen des Vermieters. Es ist auch kein schutzwürdiges Interesse des Vermieters daran zu erkennen, dass die Schönheitsreparaturen grundsätzlich vom Vormieter ausgeführt werden – anderes würde dann gelten, wenn der Vormieter überhaupt keine Schönheitsreparaturen ausführt und der Nachmieter dies akzeptiert, da die Schönheitsreparaturen nicht nur die Vermietbarkeit sichern, sondern auch der Erhaltung des Mietgegenstandes dienen.

Der Entscheidung des *AG Neuruppin* ist im Übrigen schon deswegen zuzustimmen, weil der Nachmieter berechtigt wäre, die Mieträume in die vom Vormieter gewählte Dekoration zu versetzen, so dass eine vom Vormieter verlangte Rückversetzung in einen unauffälligen Zustand nur frustrierte Kosten verursachen würde. Zur abschließenden Klärung der Frage hat das *AG Neuruppin* die Revision zugelassen.

OLG Düsseldorf: Rückgabeanspruch des Vermieters in der Insolvenz bei Beendigung des Mietverhältnisses vor Insolvenzeröffnung (Urteil vom 14.04.2011 – 10 U 160/10, BeckRS 2011, 21943)

Ist das Mietverhältnis vor Eröffnung des Insolvenzverfahrens aufgelöst worden, so sind der Rückgabeanspruch gemäß § 546 BGB sowie alle Abwicklungsansprüche bereits vor Eröffnung entstanden und folglich grundsätzlich Insolvenzforderungen gemäß § 38 InsO. Dies schließt den Anspruch des Vermieters auf Entschädigung bei verspäteter Rückgabe ein.

Die Klägerin macht gegenüber dem beklagten Insolvenzverwalter des Mieters Schadensersatzansprüche wegen verspäteter Rückgabe der Mietsache geltend.

Nach Auffassung des *OLG Düsseldorf* stehen der Klägerin keine Schadensersatzansprüche gemäß §§ 280 Abs. 1, 2, 286, 546 BGB i.V. mit § 55 Abs. 1 Nr. 1 InsO zu. Ist das Mietverhältnis vor Eröffnung des Insolvenzverfahrens aufgelöst worden, so sind der Rückgabeanspruch gemäß § 546 BGB sowie alle Abwicklungsansprüche bereits vor Eröffnung entstanden und folglich grundsätzlich Insolvenzforderungen gemäß § 38 InsO. Dies schließe den Anspruch des Vermieters auf Entschädigung bei verspäteter Rückgabe ein, auf dessen Fälligkeit es insoweit nicht entscheidend ankomme.

Dieser Grundsatz sei zwar durchbrochen, wenn der Insolvenzverwalter die Miet- oder Pachtsache nach Verfahrenseröffnung (weiter) nutzt und den Vermieter oder Verpächter dabei gezielt vom Besitz ausschließt. Die bloße Nichträumung sei dafür aber nicht hinreichend. Das Belassen der Gegenstände in den angemieteten Räumen möge der Masse zwar nützlich gewesen sein, da keine anderweitige Unterbringung erforderlich wurde. Hieraus lasse sich aber weder ein aktives Verwalterhandeln noch ein Ausschluss der Vermieterseite vom Besitz ableiten. Nur der äußere Anschein einer Inanspruchnahme durch den Insolvenzverwalter begründe noch keine Masseverbindlichkeit. Die Pflicht zum Ersatz des Verzugsschadens wegen verspäteter Räumung beruhe allein auf dem vom Mieter mit dem Vermieter abgeschlossenen Vertrag. Sie könne nur nach Maßgabe des § 55 InsO zur Masseverbindlichkeit werden. Diese Vorschrift knüpfe an aktive Handlungen des Insolvenzverwalters an, denen in § 55 Abs. 1 Nr. 2 InsO nur der Fall gleichgestellt wird, dass der Verwalter das Dauerschuldverhältnis aus Rechtsgründen nicht sofort lösen kann. In diesem Fall könne derjenige, dessen Leistung der Masse zugute kommt, auch die ungeschmälerte Gegenleistung aus der Masse verlangen. Hierfür genüge aber nicht die (schlichte) Übernahme der Masse nach § 148 InsO. Hierdurch habe der Beklagte noch keinen Besitz an den Mieträumen selbst begründet.

Anmerkung:

Auch etwaige Rückbauansprüche des Vermieters aufgrund von Mietereinbauten sind bloße Insolvenzforderungen. Anderes gilt nur für die schlichte Herausgabepflicht des Mieters, die den Vermieter zur Aussonderung des Mietobjekts berechtigt (*BGH*

NJW 2001, 2966). In der Insolvenz des Mieters ist nämlich zwischen dem Inhalt der Herausgabepflicht nach § 985 BGB und der umfassenderen mietvertraglichen Räumungs- und Rückgabepflicht nach § 546 BGB zu unterscheiden. Nach § 985 BGB hat der Besitzer dem Eigentümer grundsätzlich nur den unmittelbaren Besitz an der Sache zu verschaffen, insbesondere den Zugang zu ermöglichen und die Wegnahme zu dulden. Allein mit diesem begrenzten Umfang begründet der Herausgabeanspruch des Vermieters ein Aussonderungsrecht gem. § 47 InsO. Dagegen erstreckt sich die Herausgabepflicht des rechtsgrundlosen Besitzers nicht auf die Wegnahme von Einrichtungen oder die Beseitigung von Veränderungen (MünchKomm/*Medicus*, § 985 Rz. 20).

Davon ist die mietvertragliche Räumungspflicht zu unterscheiden. Gemäß § 546 Abs. 1 BGB ist der Mieter verpflichtet, nach Beendigung des Mietverhältnisses die gemietete Sache zurückzugeben, und zwar im vertragsgemäß geschuldeten Zustand, den er möglicherweise also auch erst herstellen muss. Diese weiter gehende Pflicht des Mieters beruht allein auf dem von ihm abgeschlossenen Vertrag. Sie kann in der Insolvenz des Mieters nur gemäß § 55 Abs. 1 InsO zur Masseverbindlichkeit werden. Dies gilt insbesondere für die Wegnahme von Einrichtungen des Mieters sowie die Beseitigung der von ihm vorgenommenen Veränderungen, die zur Räumung im Sinne von § 546 Abs. 1 BGB gehören. Anderenfalls würde die durch § 55 InsO bezweckte Begrenzung von Masseschulden unterlaufen (*BGH* NJW 1979, 310). Forderungen aus einem gegenseitigen Vertrag gemäß § 55 Abs. 1 Nr. 2 InsO sind nur solche, die im Synallagma zu einer Gegenleistung stehen, die der Insolvenzmasse zugeflossen ist. Dies betrifft die Ansprüche auf Miet- und Pachtzahlungen sowie den Anspruch auf Entschädigung gemäß § 546a BGB, wenn der Verwalter die Mietsache nach Vertragsbeendigung weiter nutzt (*BGH* NJW 2007, 1591). Nicht hierunter fallen aber etwaige Rückbaukosten. Die aus § 546 BGB herzuleitenden Demontage- bzw. Wiederherstellungspflichten gleichen nämlich keine Vermieterleistung aus, die der Masse zugute kommt. Eine Masseschuld, die vom Insolvenzverwalter zu erfüllen ist, besteht nur, wenn er selbst Einbauten vorgenommen hat (*BGH* NJW-RR 2002, 1198 z. GesO; NJW 1994, 1858 z. VglO).

OLG Düsseldorf: Zwangsverwalter als Gläubiger des Räumungsanspruchs (Urteil vom 08.10.2009 – 10 U 62/09, BeckRS 2009, 29629)

Der Ersteher tritt mit dem Zuschlag gemäß §§ 146, 90, 57 ZVG i.V.m. § 566 BGB kraft Gesetzes in das beendete, aber mangels Rückgabe der Mieträume noch nicht abgewickelte Mietverhältnis ein und ist ab dann alleiniger Gläubiger eines etwaigen Räumungsanspruchs aus § 546 Abs. 1 BGB.

II. Verjährungsfragen

BGH: Verjährung von Ersatzansprüchen des Mieters wegen Schönheitsreparaturen (Urteil vom 04.05.2011 – VIII ZR 195/10, NJW 2011, 1866)

Ersatzansprüche des Mieters wegen Schönheitsreparaturen, die er während des Mietverhältnisses in der irrigen Annahme einer entsprechenden Verpflichtung ausgeführt hat, verjähren nach § 548 II BGB binnen sechs Monaten ab Beendigung des Mietverhältnisses.

Der Kläger war bis zum 31.12.2006 Mieter einer Wohnung der Beklagten. Der Mietvertrag enthält eine Formularklausel, die den Mietern die Durchführung von Schönheitsreparaturen nach einem starren Fristenplan auferlegt. Der Kläger ließ die Wohnung vor der Rückgabe am Ende des Mietverhältnisses renovieren. Später erfuhr er, dass er zur Ausführung dieser Arbeiten wegen der Unwirksamkeit der Schönheitsreparaturklausel nicht verpflichtet gewesen war.

Nach Auffassung des *BGH* unterliegt der vom Kläger wegen der rechtsgrundlos durchgeführten Schönheitsreparaturen geltend gemachte Anspruch der kurzen Verjährungsfrist des § 548 Abs. 2 BGB, die bereits vor Einreichung der Klage abgelaufen war. Gemäß § 548 Abs. 2 BGB verjährten Ansprüche des Mieters auf Ersatz von Aufwendungen in sechs Monaten nach der Beendigung des Mietverhältnisses. Hierunter fielen auch Ersatzansprüche des Mieters wegen Schönheitsreparaturen, die er in Unkenntnis der Unwirksamkeit einer Renovierungsklausel ausgeführt hat. Unter „Aufwendungen" seien alle Kosten zu verstehen, die der Verbesserung des Grundstücks dienten. Ansprüche, die der Mieter wegen der Durchführung solcher Arbeiten gegen den Vermieter erhebt, fielen somit unter die kurze Verjährung des § 548 Abs. 2 BGB. Auf die rechtliche Einordnung des vom Mieter geltend gemachten Anspruchs komme es dabei nicht an. Denn die kurze Verjährungsfrist finde auch dann Anwendung, wenn der Mieter den Anspruch auf Ersatz seiner Aufwendungen nicht oder nicht nur auf gesetzliche Vorschriften des Mietrechts stützt, sondern sich auf mietvertragliche Vereinbarungen, Geschäftsführung ohne Auftrag oder ungerechtfertigte Bereicherung beruft.

Die kurze Verjährung des § 548 Abs. 2 BGB finde ihre Rechtfertigung zum einen darin, dass nach Beendigung des Mietverhältnisses alsbald Klarheit über bestehende Ansprüche im Zusammenhang mit dem Zustand der Mietsache erreicht werden soll. Zum anderen diene die in § 548 Abs. 2 BGB getroffene Spezialregelung auch dem Zweck, das laufende Mietverhältnis nicht unnötig mit Auseinandersetzungen zu belasten. Hieraus folge, dass sämtliche Ansprüche, die der Mieter wegen der Durchführung von Schönheitsreparaturen gegen den Vermieter erhebt, nach § 548 BGB und nicht nach §§ 199, 195 BGB verjähren, mithin auch der Anspruch aus ungerechtfertigter Bereichung nach § 812 Abs. 1 BGB (Leistungskondiktion), der dem Mieter, der aufgrund einer unwirksamen Vertragsklausel renoviert hat, zusteht. Auch für einen etwaigen Schadensersatzanspruch aus § 280 Abs. 1, § 241 Abs. 2, § 311 Abs. 2 BGB, der bei schuldhafter Verwendung unwirksamer Schönheitsreparaturklauseln in Betracht kommen kann, finde die kurze Verjährung des § 548 Abs. 2 BGB Anwendung. Die Verjährung des vom Kläger geltend gemachten Anspruchs habe deshalb mit dem Ablauf des Monats Dezember 2006 als dem Zeitpunkt der Beendigung des Mietverhältnisses zu laufen begonnen. Darauf, dass der Kläger von der Unwirksamkeit der Renovierungsklausel erst später erfahren habe, komme es nicht an. Im Rahmen der kurzen Verjährung des § 548 Abs. 2 BGB sei allein die Beendigung des Mietverhältnisses maßgeblich.

Anmerkung:

In der Rechtsprechung der Instanzgerichte und in der Literatur war bislang umstritten, ob unter die Verjährungsfrist des § 548 Abs. 2 BGB auch Ersatzansprüche des Mieters wegen Schönheitsreparaturen fallen, die er in Unkenntnis der Unwirksamkeit einer Renovierungsklausel ausgeführt hat. Z.T. wurde die Auffassung vertreten, dass § 548 Abs. 2 BGB auf derartige Ansprüche des Mieters weder direkt noch analog Anwendung finde, sondern die allgemeine Verjährungsfrist von drei Jahren maßgeblich sei (*Eisenschmid*, WuM 2010, 459, 469 f.; *Blank*, NZM 2010, 97, 102; *Jacoby*,

ZMR 2010, 335, 338; *Wiek*, WuM 2010, 535 f). Dies wurde vor allem damit begründet, dass § 548 Abs. 2 BGB die kurze Verjährung nur für Ansprüche des Mieters wegen Aufwendungen – im Sinne freiwilliger Vermögensopfer – anordne; für Schadensersatzansprüche sowie für Bereicherungsansprüche aufgrund einer Leistungskondiktion gelte die Vorschrift hingegen nicht. Unter Verweis auf den Gesetzeszweck hat sich der *BGH* nun zutreffend der Gegenauffassung angeschlossen, die auch Schönheitsreparaturen als „Aufwendungen" im Sinne des § 548 Abs. 2 BGB ansieht und deshalb auf daraus resultierende Ersatzansprüche die kurze Verjährung anwendet (*LG Kassel* NZM 2010, 860 f.; Blank/*Börstinghaus*, § 548 Rz. 24; Schmidt-Futterer/*Streyl*, § 548 Rz. 49; Staudinger/*Emmerich*, § 548 Rz. 10). Dem ist zuzustimmen, da es Zweck der kurzen Verjährungsfrist des § 548 BGB ist, wechselseitige Ansprüche der Mietvertragsparteien, die im Zusammenhang mit dem Zustand der Mietsache stehen, möglichst schnell und möglichst umfassend zu klären (*BGH* NJW 2010, 2652 z. Ansprüchen des Vermieters).

BGH: Aufwendungsersatzansprüche (Urteil vom 28.05.2008 – VIII ZR 133/07, NJW 2008, 2256)

Bei einer Beendigung des Mietverhältnisses durch Veräußerung des Mietobjekts beginnt die Verjährungsfrist des § 548 Abs. 2 BGB für Ansprüche des Mieters auf Ersatz von Aufwendungen oder auf Gestattung der Wegnahme einer Einrichtung erst mit der Kenntnis des Mieters von der Eintragung des Erwerbers im Grundbuch zu laufen.

Die Kläger hatten von der Rechtsvorgängerin der Beklagten eine Wohnung gemietet. Nach dem Mietvertrag hatte der Vermieter die sich aus „der normalen Abnutzung ergebenden Schönheitsreparaturen" zu tragen. In einer Zusatzvereinbarung zum Mietvertrag vereinbarten die Parteien, dass der Mieter nach Durchführung von Schönheitsreparaturen, die durch normale Abnutzung notwendig geworden waren, einen Anspruch auf Auszahlung des hierfür in der Miete vorgesehenen Betrages haben sollte. Seit Ende 1996 war die Beklagte Vermieterin der Kläger. Die Kläger zahlten an sie von Dezember 1996 bis einschließlich August 2005 eine monatliche Schönheitsreparaturkostenpauschale in Höhe von 27,60 €. Mit Schreiben vom 13.09.2005 teilten die Kläger der Beklagten über deren Hausverwaltung mit, dass sie wieder Schönheitsreparaturen durchgeführt hätten, und forderten die Beklagte zur Erstattung der Kosten auf. Die Beklagte lehnte die Erstattung ab und verwies auf den Verkauf des Hausgrundstücks mit der Mietwohnung der Kläger und den Besitzübergang zum 31.08.2005 auf den Erwerber. Diese wurde am 21.02.2006 in das Grundbuch eingetragen. Die Kläger haben am 22.8.2006 gegen die Beklagte Klage auf Zahlung von 2.890 € nebst Zinsen erhoben.

Nach Auffassung des *BGH* besteht dem Grunde nach ein Rückzahlungsanspruch der Kläger, der nicht gemäß § 548 Abs. 2 BGB verjährt ist. Danach verjähren Ansprüche des Mieters auf Ersatz von Aufwendungen in sechs Monaten nach der Beendigung des Mietverhältnisses. Bei dem von den Klägern geltend gemachten Rückzahlungsanspruch handele es sich um einen solchen Aufwendungsersatzanspruch. Die Zusatzvereinbarung stelle keine Vereinbarung einer im Voraus zu entrichtenden Miete i.S. von § 547 Abs. 1 BGB dar, deren Rückforderung der allgemeinen Verjährungsvorschrift des § 195 BGB unterläge. Eine Mietvorauszahlung sei jede Mieterleistung, durch die die Miete ganz oder teilweise für eine bestimmte Zeit im Voraus als erbracht gilt. Sofern die Vertragschließenden vereinbaren, die Verwendungen des Mieters auf die

Mietsache mit der Miete zu verrechnen, stelle dies eine Mietvorauszahlung dar mit der Folge, dass trotz Vorliegens eines Aufwendungsersatzanspruchs im Sinne von § 539 BGB die dazugehörige Sondervorschrift des § 548 Abs. 2 BGB mit der kurzen Verjährung außer Kraft gesetzt werde und es bei der normalen Verjährungsdauer verbleibe. Voraussetzung dafür sei jedoch, dass es sich bei den Leistungen des Mieters um „zurückzahlbare Vorleistungen" handele. Dies sei hier nicht der Fall. Nach der Zusatzvereinbarung sollte kein Betrag für Schönheitsreparaturen im Voraus geleistet werden, der dann sukzessive abgewohnt werden konnte, sondern es sei ein monatlicher Pauschalbetrag für die sich aus der normalen Abnutzung der gemieteten Räume ergebenden Schönheitsreparaturen vereinbart worden.

Auch dass während des annähernd zehnjährigen Mietverhältnisses zwischen den Parteien trotz der monatlich von den Klägern erbrachten Pauschale von 27,60 € die Beklagten keine Schönheitsreparaturen haben durchführen lassen, rechtfertige kein anderes Ergebnis: Durch die Zusatzvereinbarung sei die grundsätzliche Verpflichtung der Beklagten zur Durchführung von Schönheitsreparaturen nicht geändert worden. Diese Pflicht sei nicht auf die Kläger übertragen worden. Grundsätzlich habe es den Klägern jederzeit frei gestanden, die Beklagte auf Durchführung der Schönheitsreparaturen, die durch die normale Abnutzung erforderlich wurden, in Anspruch zu nehmen. Dass sie dies nicht getan haben, rechtfertige es nicht, ihre monatlich erbrachten Schönheitsreparaturkostenpauschalen im Nachhinein als nicht verbrauchte Vorausleistungen im Sinne von § 547 BGB anzusehen.

Mit der Veräußerung des Mietobjekts, die im Februar 2006 durch Eintragung im Grundbuch vollzogen wurde, sei das Mietverhältnis zwischen den Parteien i.S. von § 548 Abs. 2 BGB beendet worden. Für die Frage der „Beendigung des Mietverhältnisses" komme es nicht auf das tatsächliche Ende des Mietverhältnisses (etwa durch Auszug der Mieter), sondern auf dessen rechtliche Beendigung an. Diese Rechtsauffassung folge dem Wortlaut des § 548 Abs. 2 BGB und entspreche dem Zweck der Regelung, nämlich eine möglichst rasche und abschließende Bereinigung gegenseitiger Ansprüche aus dem beendeten Mietvertrag zu begünstigen. Sie führe auch nicht zu einer unbilligen Benachteiligung des Mieters. Die kurze Verjährungsfrist von sechs Monaten werde dadurch gerechtfertigt, dass die Verjährung von Ansprüchen während des laufenden Mietverhältnisses nicht – wie sonst üblich – mit ihrer Entstehung beginnt, sondern, um das Mietverhältnis nicht unnötig zu belasten, erst mit Beendigung des Mietverhältnisses. Anhaltspunkte für etwaige konkurrierende Ansprüche aus ungerechtfertigter Bereicherung gem. § 812 BGB bestünden nicht.

Bei einer Veräußerung beginne die Frist des § 548 Abs. 2 BGB allerdings erst mit Kenntnis des Mieters von der Veräußerung zu laufen. Ohne dieses zusätzliche Erfordernis könnten andernfalls die Ansprüche des Mieters verjähren, ohne dass er etwas von den tatsächlichen Voraussetzungen des Verjährungsbeginns erfährt. Für die Kenntnis des Mieters von der Veräußerung sei auf den Zeitpunkt der Eintragung des Erwerbers im Grundbuch abzustellen. Erst wenn der Mieter hinreichend sichere Kenntnis von der Eintragung des Erwerbers habe, sei der Beginn der kurzen Verjährungsfrist von nur sechs Monaten gerechtfertigt. Dass vorliegend den Klägern die Veräußerung durch das Antwortschreiben der Hausverwaltung der Beklagten vom September 2005 bekannt gewesen sei, reiche deshalb nicht aus. Da es noch weiterer tatsächlicher Feststellungen zu dem Zeitpunkt der Kenntnis der Kläger von der Eintragung der Erwerberin in das Grundbuch bedurfte, hat der *BGH* den Rechtsstreit an das Berufungsgericht zurückgewiesen.

Anmerkung:

Der Entscheidung des *BGH* ist zuzustimmen. Der als Aufwendungseratzanspruch im Sinne der §§ 539 Abs. 1 BGB und § 548 Abs. 2 BGB zu qualifizierende Anspruch auf Auszahlung der beim Vermieter „angesparten" Schönheitsreparaturkosten entstand nach der getroffenen Zusatzvereinbarung mit der Durchführung der Schönheitsreparaturen durch die Kläger – vermutlich kurz vor dem 13.09.2005 –, also noch gegenüber der Beklagten. Er ist auch nicht auf die Erwerberin übergegangen (*BGH* NJW 1952, 697). Dies wäre nur der Fall gewesen, wenn der Anspruch erst nach dem Eigentümerwechsel fällig geworden wäre (*BGH* NJW 1988, 705).

Der *BGH* schließt sich weiter zutreffend der h.M. an, dass für den Verjährungsbeginn des § 548 Abs. 2 BGB nicht die tatsächliche, sondern die rechtliche Beendigung des Mietverhältnisses maßgeblich ist (*BGH* WuM 1965, 527 für ein Pachtverhältnis; NJW 1991, 3031; Palandt/*Weidenkaff*, § 548 Rz. 12). Dies ist bei einer Veräußerung nicht der Übergang von Besitz, Nutzungen und Lasten, sondern die Eintragung des Erwerbers in das Grundbuch, da in diesem Zeitpunkt das Mietverhältnis zwischen dem Veräußerer und dem Mieter endet (Palandt/*Weidenkaff*, a.a.O.). Beide stehen sich nicht mehr als Vertragspartner gegenüber. Der *BGH* hat damit der Auffassung, dass der Eintritt des Erwerbers als gesetzlich angeordnete Vertragsübernahme zu verstehen, so dass dieses erst mit der rechtlichen Beendigung des vom Erwerber fortgeführten Vertrags endet (*Derleder/Bartels,* JZ 1997, 981; *Weitemeyer*, FS Blank S. 445, 453; *Eckert,* NZM 2008, 313, 315), eine Absage erteilt. Richtig ist auch, dass es nach h.M. und entgegen der Vorinstanz – *LG Berlin* – für den Verjährungsbeginn im Sinne des § 548 Abs. 2 BGB bei einer Veräußerung auf die Kenntnis des Mieters von der Eintragung des Erwerbers in das Grundbuch ankommt (Palandt/*Weidenkaff*, a.a.O.; a.A. *Eckert*, NZM 2008, 313, 315). Um die Frist in Gang zu setzen, sollten Veräußerer von Mietobjekten ihre Mieter unverzüglich über diese für die Beendigung des Mietverhältnisses maßgebliche Grundbucheintragung unterrichten.

BGH: Ersatzansprüche des Vermieters aus gerichtlichem Vergleich (Urteil vom 23.06.2010 – XII ZR 52/08, NJW 2010, 2652)

Ersatzansprüche des Vermieters wegen Verschlechterung oder Veränderung der Mietsache verjähren auch dann in der kurzen Verjährungsfrist des § 548 Abs. 1 BGB, wenn die Mietvertragsparteien in einem vorangegangenen Räumungsprozess einen Vergleich geschlossen haben, in dem sich der Mieter verpflichtet hat, von ihm genutzte Teilflächen des Grundstücks zu räumen, die nicht Gegenstand des Mietverhältnisses waren.

Die Klägerin begehrt Schadensersatz mit der Behauptung, die Beklagte habe ein an sie vermietetes Teilgrundstück sowie weitere von ihr genutzte Grundstücksflächen nicht ordnungsgemäß geräumt. Die Parteien hatten einen Mietvertrag geschlossen, in welchem als Mietzweck die Zwischenlagerung von Kiesmaterial angegeben war. Die Beklagte hat die Nutzung auf weitere, nicht vermietete Grundstücksteile der Klägerin ausgedehnt. Nachdem die Beklagte das Grundstück nach Beendigung des Mietvertrages nicht geräumt hatte, hat die Klägerin sie in einem Vorprozess auf Räumung und Herausgabe in Anspruch genommen. In einem Vergleich verpflichtete sich die Beklagte, das Grundstück vollständig zu räumen und an die Klägerin herauszugeben.

Inwieweit die Beklagte ihrer Räumungsverpflichtung ordnungsgemäß nachgekommen ist, ist zwischen den Parteien streitig.

Nach Auffassung des *BGH* kann die Beklagte mietvertraglichen Schadensersatzansprüchen der Klägerin die Einrede der Verjährung entgegenhalten. Die kurze Frist des § 548 Abs. 1 BGB gelte auch für etwaige Schadensersatzansprüche aufgrund des abgeschlossenen Vergleichs. Nach § 548 Abs. 1 BGB verjährten die Ersatzansprüche des Vermieters wegen Veränderungen und Verschlechterungen der vermieteten Sache in sechs Monaten. Diese kurze Verjährung solle eine rasche Auseinandersetzung zwischen den Mietvertragsparteien und eine beschleunigte Klarstellung der wechselseitigen Ansprüche aufgrund des Zustandes der überlassenen Sache bei Rückgabe gewährleisten.

Sie erfasse auch Ansprüche aus dem gerichtlichen Vergleich. Dieser habe keine schuldumschaffende Wirkung, sondern ändere das ursprüngliche Schuldverhältnis nur insoweit, als in ihm streitige oder ungewisse Punkte geregelt werden. Im Übrigen bleibe das ursprüngliche Rechtsverhältnis unverändert fortbestehen. Die Begründung einer neuen selbständigen Verpflichtung sei vorliegend schon deshalb nicht erforderlich gewesen, weil die Beklagte bereits aufgrund der mietvertraglichen Räumungspflicht auch diejenigen Grundstücksflächen räumen und an die Klägerin herausgeben musste, die zwar nicht mitvermietet, von ihr jedoch unberechtigt während der Mietzeit zur Ablagerung von Baumaterialien benutzt worden waren. Die Räumungs- und Herausgabeverpflichtung der Beklagten stelle somit kein eigenständiges, von dem ursprünglichen Mietvertrag unabhängiges Schuldverhältnis dar. Die Verjährung der klägerischen Ansprüche bestimme sich deshalb nicht nach §§ 195, 199 BGB, sondern nach den maßgeblichen mietrechtlichen Vorschriften.

Anmerkung:

Die Rechtsprechung hat den Anwendungsbereich des § 548 BGB weit ausgedehnt. Die kurze Verjährung umfasst (gesetzliche) Ansprüche auf Wiederherstellung des ursprünglichen Zustandes der Mietsache (*BGH* NJW 1995, 252) ebenso wie solche Ansprüche, die darauf beruhen, dass der Mieter die Mietsache aufgrund des Vertrages umgestalten durfte und bei Vertragsende zur Herstellung des vereinbarten Zustandes verpflichtet war (*BGH* NZM 2002, 605 zu § 558 BGB a.F.). Sie erfasst ferner sämtliche Schadensersatzansprüche des Vermieters, die ihren Grund darin haben, dass der Mieter die Mietsache als solche zwar zurückgeben kann, diese sich jedoch aufgrund einer Beschädigung oder Veränderung nicht in dem bei der Rückgabe vertraglich geschuldeten Zustand befindet (*BGH* NJW 1980, 389).

§ 548 Abs. 1 BGB gilt ferner für deliktische Ersatzansprüche des Vermieters gemäß § 823 Abs. 1 BGB (*BGH* NJW 2006, 2399), für Ersatzansprüche wegen einer möglichen Veränderung oder Verschlechterung von Teilflächen des Grundstücks, die – wie im vorliegenden Fall – nicht Gegenstand des Mietverhältnisses waren (*BGH* NJW 2000, 3203) sowie solche Schadensersatzansprüche, die auf einer besonderen Abrede der Mietvertragsparteien beruhen (*BGH* NJW 1983, 67). Der Vermieter sollte somit sämtliche auf dem Mietverhältnis beruhenden Streitigkeiten möglichst rasch gerichtlich klären.

OLG Saarbrücken: Schadensersatzansprüche des Vermieters wegen Beschädigung der Mietsache (Urteil vom 18.12.2008 – 8 U 672/07, NZM 2009, 485)

Die Verjährungsfrist des § 548 Abs. 1 BGB wird auch dann mit dem Zeitpunkt, in dem der Vermieter die Mietsache zurück erhält, in Lauf gesetzt, wenn die Ersatzansprüche des Vermieters wegen Veränderungen oder Verschlechterungen der Mietsache erst zu einem späteren Zeitpunkt entstehen.

OLG Düsseldorf: Schadensersatzansprüche des Vermieters wegen Beschädigung der der Mietsache (Beschluss vom 16.02.2009 – 24 U 6/08, ZMR 2009, 753)

Gemäß § 548 Abs. 1 S. 2 BGB beginnt die Verjährung von Ersatzansprüchen des Vermieters in dem Zeitpunkt, in dem der Vermieter die Mietsache „zurückerhält". Der Vermieter erhält die Mietsache zurück, wenn der Mieter den Besitz an der Mietsache aufgibt und der Vermieter auf der Grundlage eigener Sachherrschaft in die Lage versetzt wird, sich vom Zustand der Mietsache unbeeinträchtigt zu unterrichten. Diese Voraussetzungen können auch dann vorliegen, wenn der Vermieter nicht alle Schlüssel zurückerhält.

Die Klägerin hat an die Beklagte Gewerberäume bis zum 31.01.2005 vermietet. Die Beklagte kündigte an, die Mietsache am 27.09.2004 geräumt an die Klägerin zurückzugeben. Am 27.09.2004 erfolgte die Übergabe der Mietsache, am 08.10.2004 erhielt die Klägerin einen Schlüsselsatz zurück. Mit Schreiben vom 02.05.2005 verlangte die Klägerin die restlichen Schlüssel heraus. Am 09.05.2005 übergab die Beklagte der Klägerin fristgemäß die restlichen Schlüssel. Mit der Klage macht die Klägerin Renovierungskosten in Höhe von 16.676,16 € und Nutzungsausfall für die Zeit von 01.02.2005 bis 09.05.2005 in Höhe von 9.203,28 € geltend.

Nach Auffassung des *OLG Düsseldorf* sind die in Betracht kommenden Schadensersatzansprüche verjährt, so dass sie gemäß § 214 Abs. 1 BGB gegen die vom Beklagten erhobene Verjährungseinrede nicht mehr durchgesetzt werden können. Gemäß § 548 Abs. 1 S. 1 BGB verjähren die Ersatzansprüche des Vermieters wegen Veränderungen oder Verschlechterungen der Mietsache, zu denen – neben den hier auch relevanten Schadensersatzansprüchen wegen nicht ausgeführter Schönheitsreparaturen, §§ 535, 323 Abs. 1, 280 Abs. 1 BGB, und wegen unterbliebener Instandsetzungsmaßnahmen, §§ 535, 241 Abs. 2, 280 Abs. 1 BGB – auch die hier ebenfalls in Rede stehenden Folgeansprüche wegen Mietausfalls gehören (vgl. auch *BGH* NJW 2006, 1588, 1589), in sechs Monaten. Gemäß § 548 Abs. 1 S. 2 BGB beginnt die Verjährung mit dem Zeitpunkt, in dem der Vermieter die Mietsache „zurückerhält". Der Vermieter erhalte die Mietsache zurück, wenn der Mieter den Besitz an der Mietsache aufgibt und der Vermieter auf der Grundlage eigener Sachherrschaft in die Lage versetzt wird, sich vom Zustand der Mietsache unbeeinträchtigt zu unterrichten. Diese Voraussetzungen lägen auch dann vor, wenn der Vermieter nicht alle Schlüssel zurückerhält. Das gelte jedenfalls dann, wenn der Mieter trotz Nichtrückgabe aller Schlüssel die Sachherrschaft über den Mietgegenstand endgültig und für den Vermieter erkennbar aufgibt. Ohne Belang sei auch, ob der Vertrag im Zeitpunkt der Rückgabe rechtlich beendet ist oder noch andauert.

Die Klägerin habe die an den Beklagten bis zum Ablauf des 31.01.2005 vermieteten Gewerberäume spätestens am 08.10.2004 zurückerhalten, nämlich nachdem die Beklagte nach Vertragskündigung wie angekündigt die Mietsache vollständig geräumt, sie der Klägerin zur Verfügung gestellt und ihr zu Händen ihres Beauftragten am einen Schlüsselsatz übergeben hatte. Von diesem Zeitpunkt an hatte die Klägerin freien Zugang zur Mietsache und konnte sich über deren Zustand ungehindert unterrichten, so dass die sechsmonatige Verjährungsfrist an diesem Tag zu laufen begann und mangels des Eintritts von Hemmungs- und Unterbrechungstatbeständen mit Ablauf des 08.04.2005 endete.

Den Mietausfallschaden könne die Klägerin für die Zeit vom 01.02.2005 bis zum 09.05.2005 auch nicht unter dem rechtlichen Gesichtspunkt der Vorenthaltung der Mietsache gemäß § 546a Abs. 1 BGB teilweise ersetzt verlangen, und zwar auch dann nicht, wenn die Mietsache erst dann rechtlich im Sinne des § 546a BGB als zurückgegeben gelten sollte, wenn der Vermieter wieder in den Besitz aller Schlüssel der Mietsache gelangt ist. Ein Vorenthalten im Sinne des § 546a Abs. 1 BGB liege nämlich nur dann vor, wenn der Mieter nach rechtlich beendetem Mietverhältnis gegen den Willen des Vermieters weiter den Mitbesitz ausübt, er sich also weigert, dem vom Vermieter nach Beendigung des Mietvertrags geltend gemachten Erfüllungsanspruch (hier: Übergabe der restlichen Schlüssel) unverzüglich nachzukommen. Eine solche Weigerung des Beklagten könne vorliegend nicht festgestellt werden. Das Mietverhältnis sei zwar mit Ablauf des 31.01.2005 rechtlich beendet worden. Vor dem Zugang des Schreibens vom 02.05.2005 hatte sie aber die restlichen Schlüssel vom Beklagten nicht herausverlangt.

Anmerkung:

Das *OLG Düsseldorf* folgt der h.M (*BGH* NJW 1987, 2072; *OLG Köln* BeckRS 2006, 05624; Anm. *Bub/Bernhard*, FD-MietR 2007, 212504), wonach die Verjährung von Ersatzansprüchen des Vermieters gemäß § 548 BGB mit dem Zeitpunkt beginnt, in dem er die Mietsache zurückerhält. Der Vermieter erhält die Mietsache auch dann zurück, wenn der Mieter ausnahmsweise nur einen Schlüssel zurückgibt, sofern er den Besitz zugunsten des Vermieters vollständig aufgegeben hat und ihm den ungestörten Gebrauch der Mieträume ermöglicht.

Der Vermieter hätte sich vorliegend gegen den Beginn der Verjährung durch die Rückgabe der Schlüssel aber dadurch wehren können, dass er die Rücknahme der Schlüssel zurückweist (*OLG Düsseldorf* NJW-RR 2007, 13). Denn der Vermieter ist vor dem Ende des Mietverhältnisses nicht verpflichtet, die Mietsache zurückzunehmen (*KG* NZM 2000, 92; *OLG Dresden* NJW-RR 2001, 79). Zwar bestimmt § 271 Abs. 2 BGB, dass der Schuldner eine Leistung – die Rückgabe -, für die eine Zeit bestimmt ist, im Zweifel vorher bewirken kann. § 271 Abs. 2 BGB ist jedoch unanwendbar, wenn der Gläubiger durch die Vorausleistung in seinen rechtlich geschützten Interessen beeinträchtigt wird. Insbesondere wenn der Mieter die Räume erhebliche Zeit vor dem Vertragsende zurückgeben will, sollen damit in der Regel nur die Obhutspflichten auf den Vermieter überbürdet werden (*OLG Dresden* a.a.O.). In diesem Fall kann der Vermieter die Entgegennahme der Mietsache verweigern, ohne damit in Annahmeverzug zu geraten und gegebenenfalls den Anspruch auf Nutzungsentschädigung gemäß § 546a BGB zu verlieren (*OLG Düsseldorf* NJWE-MietR 1997, 200).

AG Bremen: Schadensersatzanspruch des Vermieters gegenüber dem lärmenden Mieter (Urteil vom 09.03.2011 – 17 C 105/10, BeckRS 2011, 8761)

Der Schadensersatzanspruch des Vermieters gegenüber dem „lärmenden" Mieter in Höhe der berechtigten Mietminderungen anderer Mieter unterliegt nicht der kurzen Verjährungsfrist des § 548 BGB.

Die Klägerin macht Schadensersatzansprüche gegen den Beklagten wegen Lärmbelästigungen geltend. Der Beklagte war Mieter einer Wohnung der Klägerin. Diese kündigte das Mietverhältnis außerordentlich mit der Begründung, der Beklagte habe den Hausfrieden immer wieder, durch das Hören extrem lauter Musik – auch zu Ruhezeiten –, das sehr laute Schließen von Zimmertüren, das Beschimpfen von anderen Mitbewohnern und das Randalieren in der von ihm bewohnten Wohnung verbunden mit lautem Schreien gestört. Sie macht nunmehr gegen den Beklagten Schadensersatz geltend, da andere Mieter im Hinblick auf die durch ihn verursachten Störungen die Miete gemindert hätten.

Nach Auffassung des *AG Bremen* steht der Klägerin ein Anspruch auf Schadensersatz gemäß §§ 280 Abs. 1, 241 Abs. 2 BGB zu, da der Beklagte die ihm aus dem Mietverhältnis obliegenden Nebenpflichten, insbesondere die Pflicht, den Hausfrieden nicht zu stören, als Bestandteil der Pflicht zum vertragsgemäßen Gebrauch, schuldhaft verletzt habe. Durch das Verhalten des Beklagten wären weitere Mieter zu Mietminderungen berechtigt gewesen, in deren Höhe der Klägerin ein entsprechender Schaden entstanden sei. Im Hinblick auf die Berechtigung zur Mietminderung sei unerheblich, dass die Lärmbelästigungen nicht durchgehend erfolgten und es auch ruhige Tage und Nächte gab. Bei Lärmbelästigungen handele es sich nicht um nur periodisch auftretende Belästigungen, die eine Minderung nur für die Zeit ihres tatsächlichen Auftretens nach sich ziehen, sondern um unregelmäßig auftretende, aber jederzeit mögliche Belästigungen. Die von dem Beklagten ausgehenden Belästigungen hätten sich auf den Wohnwert für die weiteren Mieter täglich ausgewirkt, unabhängig davon, an welchen konkreten Einzeltagen es zu den Lärmbelästigungen kam. Aufgrund der andauernden und wiederkehrenden Lärmbelästigungen seien die übrigen Mieter in ihrem Schlafverhalten selbst dann beeinträchtigt worden, wenn keine akuten Lärmbelästigungen vorlagen, da sie jederzeit mit erneutem Lärm rechnen mussten.

Der Anspruch sei auch nicht verjährt. Er unterliege nicht der kurzen Verjährungsfrist des § 548 BGB, sondern der allgemeinen Verjährungsfrist von drei Jahren. Auf Ersatzansprüche, die nicht den Zustand der Mietsache betreffen, sei § 548 BGB unanwendbar. Insbesondere der Zweck des § 548 BGB, der die rasche Abwicklung von solchen Nebenansprüchen aus dem Mietverhältnis ermöglichen soll, die vom Zustand der Mietsache zur Zeit der Rückgabe abhängen, erfordere vorliegend keine Anwendung dieser Norm. Zweck der kurzen Verjährung sei es, einer Verschlechterung der Rechtsposition des Mieters durch Zeitablauf entgegenzuwirken, weil die Gefahr besteht, dass der Mieter mögliche Einwendungen nach Ablauf einer gewissen Zeit nicht mehr darlegen und beweisen kann, insbesondere wenn der Vermieter die Sache weitervermietet hat. Vorliegend hänge der gegen den Mieter gerichtete Anspruch jedoch nicht mit der Mietsache selbst, sondern mit dem Verhalten des Mieters zusammen.

Anmerkung:

Der Entscheidung ist zuzustimmen. Zwar hat die Rechtsprechung den Anwendungsbereich des § 548 BGB weit ausgedehnt. § 548 BGB erfasst jedoch nur solche

Ansprüche, die auf dem (vertragswidrigen) *Zustand der Mietsache* beruhen (Schmidt-Futterer/*Streyl*, § 548 BGB Rz. 13). Sonstige mietrechtliche Ansprüche verjähren innerhalb der Regelverjährungsfrist des § 195 BGB, die drei Jahre beträgt und gem. § 199 BGB mit dem Schluss des Jahres zu laufen beginnt, in dem der Anspruch entstanden ist und in dem der jeweilige Gläubiger Kenntnis von den anspruchsbegründenden Umständen und der Person des Schuldners erlangt hat oder ohne grobe Fahrlässigkeit hätte erlangen müssen

E. Prozessuale Fragen

I. Erkenntnisverfahren

BGH: Zulässigkeit einer Zahlungsklage auf zukünftige Nutzungsentschädigung (Urteil vom 04.05.2011 – VIII ZR 146/10, NJW 2011, 2886)

Eine Klage des Vermieters auf zukünftige Leistung gemäß § 259 ZPO ist zulässig, wenn der Mieter einen Rückstand an Miete und Mietnebenkosten in einer die Bruttomiete mehrfach übersteigenden Höhe hat auflaufen lassen. Es ist nicht erforderlich, dass der Schuldner die Forderung des Gläubigers ernsthaft bestreitet oder die Zahlungsunfähigkeit des Schuldners feststeht.

Die Beklagten sind Mieter einer Wohnung der Kläger. Sie zahlten in den Monaten Dezember 2006, Oktober 2007 und September 2008 keine Miete. Die Kläger erklärten deswegen ohne vorherige Abmahnung die außerordentliche Kündigung des Mietverhältnisses. Mit der Klage haben die Kläger die Beklagten unter anderem auf Räumung der Wohnung und zukünftige monatliche Zahlung einer Nutzungsentschädigung bis zur erfolgten Räumung in Anspruch genommen. In der Klageschrift kündigten sie das Mietverhältnis vorsorglich abermals.

Nach Auffassung des *BGH* stand den Klägern jedenfalls bei der zweiten Kündigung ein Kündigungsrecht nach § 543 BGB zu, da sich die Beklagten zu diesem Zeitpunkt mit der Miete für Dezember 2008 und Januar 2009 in Verzug befanden. Es könne daher dahinstehen, ob der Vermieter den Mieter bei länger zurückliegenden Mietrückständen vor einer Kündigung ausnahmsweise abmahnen muss. Der auf die zukünftige Leistung gerichtete Zahlungsantrag der Kläger sei zulässig und begründet, weil angesichts der bereits entstandenen Mietrückstände, die den Betrag von einer Monatsmiete mehrfach übersteigen, die Besorgnis bestünde, dass die Beklagten die berechtigten Forderungen der Kläger nicht erfüllen werden. Es sei nicht erforderlich, dass der Schuldner die Forderung des Gläubigers ernsthaft bestreitet oder die Zahlungsunfähigkeit des Schuldners feststeht.

Anmerkung:

Der Entscheidung ist zuzustimmen. Sie erweitert die prozessualen Möglichkeiten des Vermieters sofern er befürchten muss, der Mieter werde seinen Zahlungspflichten nicht oder nicht vollständig nachkommen. Im Grundsatz geht das Zivilprozessrecht zwar davon aus, dass der Kläger nur fällige Ansprüche im Wege der Leistungsklage geltend machen kann. Wird Klage auch über im – gemäß § 296a ZPO entscheidenden – Zeitpunkt des Schlusses der mündlichen Verhandlung noch nicht fällige Ansprüche erhoben, müsste die Klage als unbegründet abgewiesen werden (*Peter*, JuS 2011, 322). Die §§ 257 bis 259 ZPO normieren jedoch besondere Prozessvoraussetzungen, unter welchen auch eine Klage auf künftig erst fällig werdende Leistungen möglich ist. In der Mietrechtspraxis werden die Möglichkeiten einer Klage auf zukünftige Leistung häufig übersehen.

Nach §§ 257, 258 ZPO ist eine Klage auf künftige, nach Erlass des Urteils fällig werdende wiederkehrende Leistungen dann zulässig, wenn ihre Geltendmachung nicht von einer Gegenleistung abhängig ist. Diese Voraussetzungen sind bei einer Klage auf Mietzahlung nicht erfüllt, weil der Anspruch mit einer Gegenleistung verknüpft ist. Ob dies auch für das Nutzungsentgelt nach § 546a BGB gilt, ist umstritten (*Henssler*, NJW 1989, 138, 140: keine Anwendung von § 258 ZPO; a.A. MünchKomm/*Lüke*, ZPO, § 258 Rz. 9). Der Anspruch aus § 546a BGB ist nämlich ein vertraglicher Anspruch eigener Art, der an die Stelle des Mietzinsanspruchs tritt und seine Ursache gleichfalls in der Gewährung einer Leistung findet (*BGH* NZM 1998, 192, 194). Der *BGH* musste die Frage allerdings bislang nicht entscheiden (*BGH* NJW 2003, 1395). Nach § 259 ZPO kann nämlich eine Klage auf künftige Leistung auch dann erhoben werden, wenn den Umständen nach die Besorgnis gerechtfertigt ist, dass sich der Schuldner der rechtzeitigen Leistung entziehen werde. Ein „Sich-Entziehen" hatte der *BGH* bislang dann angenommen, wenn der Mieter die Forderung entweder ernsthaft bestreitet oder zahlungsunfähig ist (*BGH* NJW 2003, a.a.O.). Nach der Literatur sollte für die Anwendung des § 259 ZPO aber auch die gerechtfertigte Besorgnis ausreichen, dass der Mieter möglicherweise zahlungsunfähig, möglicherweise aber auch nur zahlungsunwillig ist (*Peter*, a.a.O.). Aus Sicht des Vermieters ist es nämlich unerheblich, ob sich die Besorgnis, dass sich der Mieter der künftigen, rechtzeitigen Leistung entziehen werde, auf bereits eingetretene Zahlungsunfähigkeit oder bloße Zahlungsunwilligkeit des Mieters gründet. Dem hat sich der *BGH* vorliegend angeschlossen. Der Vermieter kann in diesen Fällen somit nicht nur bereits rückständige Mieten einklagen, sondern auch eine Verurteilung des Mieters zur Mietzahlung zu in der Klage zu bezeichnenden zukünftigen Zeitpunkten beantragen.

BGH: Bindungswirkung eines rechtskräftigen Räumungsurteils gegenüber Dritten (Urteil vom 21.04.2010 – VIII ZR 6/09, NJW 2010, 2208)

Die Rechtskraft der gegen den Mieter ergangenen Entscheidung über den Rückgabeanspruch des Vermieters aus § 546 Abs. 1 BGB hat hinsichtlich der Frage der Beendigung des Mietverhältnisses keine Bindungswirkung für eine nachfolgende Entscheidung über den gegen den Dritten gerichteten Rückgabeanspruch aus § 546 Abs. 2 BGB.

Die Beklagte zu 1) mietete eine Wohnung der Klägerin. Sie nahm den Beklagten zu 2), ihren Lebensgefährten, in die Wohnung auf. Die Klägerin kündigte das Mietverhältnis fristlos wegen der aufgelaufenen Mietrückstände und begehrt nunmehr Rückgabe der Wohnung. Die Beklagte zu 1) zahlte während des Prozesses den der Kündigung zugrunde liegenden Mietrückstand. Dem war bereits eine weitere Kündigung mit anschließendem Zahlungsausgleich vorangegangen. Der Räumungsklage wurde gegen beide Beklagte stattgegeben; nur der Beklagte zu 2) hat Revision eingelegt.

Nach Auffassung des *BGH* ist der Beklagte zu 2) gemäß § 546 Abs. 2 BGB zur Rückgabe der von der Beklagten zu 1) gemieteten Wohnung verpflichtet. Denn das zwischen der Klägerin und der Beklagten zu 1) begründete Mietverhältnis sei durch die auf Mietrückstände gestützte fristlose Kündigung beendet worden. Allerdings sei der Beklagte zu 2) durch die Rechtskraft der Entscheidung über den gegen die Beklagte zu 1) gerichteten Rückgabeanspruch aus § 546 Abs. 1 BGB nicht daran gehindert, geltend zu machen, dass das Mietverhältnis gleichwohl nicht beendet sei. Denn die Rechtskraft der gegen den Mieter ergangenen Entscheidung über den Rückgabeanspruch des Vermieters aus § 546 Abs. 1 BGB habe hinsichtlich der Frage der Beendigung des Mietverhältnisses keine Bindungswirkung für eine nachfolgende Entscheidung über den gegen den Dritten gerichteten Rückgabeanspruch aus § 546 Abs. 2 BGB.

Jedoch sei der Beklagte zu 2) materiell-rechtlich zur Rückgabe verpflichtet, da die fristlose Kündigung wegen Zahlungsverzugs der Beklagten zu 1) gerechtfertigt war. Die Kündigung sei nicht gemäß § 569 Abs. 3 Nr. 2 S. 1 BGB unwirksam geworden. Die Voraussetzungen für ein Unwirksamwerden der Kündigung wären zwar erfüllt gewesen, da der Vermieter bis zum Ablauf von zwei Monaten nach Eintritt der Rechtshängigkeit des Räumungsanspruchs hinsichtlich der fälligen Miete befriedigt worden war. Gleichwohl sei die Kündigung durch die Zahlung nicht unwirksam geworden, weil dem die Ausnahmeregelung des § 569 Abs. 3 Nr. 2 S. 2 BGB entgegensteht: Der Kündigung sei nämlich vor nicht mehr als zwei Jahren bereits eine nach § 569 Abs. 3 Nr. 2 S. 1 BGB unwirksam gewordene Kündigung vorausgegangen.

Anmerkung:

Der *BGH* führt seine Rechtsprechung fort, wonach sich die Rechtskraft eines Räumungstitels gegen den Mieter nicht auf den Untermieter erstreckt, so dass dieser im Prozess trotz des Urteils gegen den Mieter dessen Rückgabepflicht leugnen kann, wenn er seinerseits vom Vermieter auf Rückgabe nach § 546 Abs. 2 BGB in Anspruch genommen wird (*BGH* NJW-RR 2006, 1385). Gegen eine solche Rechtskrafterstreckung spricht bereits, dass zwischen Hauptvermieter und Untermieter keine vertraglichen Beziehungen bestehen und der Bestand des Untermietverhältnisses in der Regel, sofern nichts anderes im Untermietvertrag vereinbart wurde, nicht vom Bestand des Hauptmietverhältnisses abhängt. Eine Durchbrechung des Grundsatzes, dass sich die Rechtskraft einer Entscheidung auf die Parteien beschränkt, zwischen denen sie ergeht, kann zudem für den Dritten, der auf diese Entscheidung keinen Einfluss nehmen konnte, zu prozessual unzumutbaren Ergebnissen führen.

Ein Räumungstitel auch gegen den Beklagten zu 2) war vorliegend erforderlich, weil die Räumungsvollstreckung gegen den Lebensgefährten des Mieters aus einem Räumungstitel gegen diesen nicht möglich ist, sofern ihm der Mitbesitz an der Wohnung eingeräumt wurde (*BGH* NJW 2008, 1959). Gleiches gilt für einen Titel gegen den Ehegatten (*BGH* NZM 2004, 701). Hier ist auch keine Prüfung der Besitzverhältnisse erforderlich. Denn aus der ehelichen Lebensgemeinschaft folgt die Pflicht der Ehegatten, sich gegenseitig die Benutzung der ehelichen Wohnung zu gestatten. Regelmäßig sind daher beide Ehegatten als gleichberechtigte Mitbesitzer der ehelichen Wohnung anzusehen. Anderes gilt für minderjährige Kinder, die mit ihren Eltern zusammenleben: Sie haben grundsätzlich keinen Mitbesitz an der gemeinsam genutzten Wohnung, weshalb für eine Vollstreckung gegen sie ein Titel gegen die Eltern ausreichend ist (*BGH* NJW 2008, a.a.O.).

BGH: Prozessführungsbefugnis des Zwangsverwalters nach Aufhebung der Zwangsverwaltung (Urteil vom 11.08.2010 – XII ZR 181/08, NJW 2010, 3033)

Wird ein Zwangsverwaltungsverfahren nicht wegen Antragsrücknahme (§§ 161 Abs. 4, 29 ZVG) oder der vollständigen Befriedigung des Gläubigers (§ 161 Abs. 2I ZVG) aufgehoben, sondern weil das Grundstück in der Zwangsversteigerung zugeschlagen wurde, ist der Zwangsverwalter auch ohne entsprechende Ermächtigung im Aufhebungsbeschluss befugt, wegen Nutzungen aus der Zeit vor der Zuschlagserteilung Klage zu erheben, sofern der die Zwangsverwaltung betreibende Gläubiger im Zeitpunkt des Wirksamwerdens des Zuschlagsbeschlusses noch nicht vollständig befriedigt ist.

Die Beklagte ist Mieterin eines gewerblich genutzten Grundstücks. Der Kläger wurde zum Zwangsverwalter bestellt. Im Januar 2007 wurde das Zwangsverwaltungsverfahren aufgehoben, weil in dem gleichzeitig durchgeführten Zwangsversteigerungsverfahren der Zuschlag erteilt worden war. Der Kläger macht Mietrückstände bis Dezember 2006 sowie Betriebskostenvorauszahlungen geltend. Die Beklagte hält den Kläger nicht für prozessführungsbefugt.

Nach Auffassung des *BGH* ist der Kläger als Zwangsverwalter prozessführungsbefugt: § 152 ZVG gewähre dem Zwangsverwalter im Wege einer gesetzlichen Prozessstandschaft das aktive und passive Prozessführungsrecht für alle Streitigkeiten, die ihren Ursprung in dem ihm zugewiesenen Aufgabenkreis haben. Werde die Zwangsverwaltung durch Zuschlag in der Zwangsversteigerung beendet, so bestehe die Prozessführungsbefugnis insoweit fort. Zwar finde das Zwangsverwaltungsverfahren spätestens mit Wirksamwerden des Zuschlagsbeschlusses sein Ende und das Vollstreckungsgericht müsse das Zwangsverwaltungsverfahren formell durch einen Aufhebungsbeschluss beenden. Daraus könne jedoch nicht geschlossen werden, dass mit dem Wirksamwerden des Aufhebungsbeschlusses die Prozessführungsbefugnis des Zwangsverwalters erlischt.

Nach § 56 S. 2 ZVG gebührten dem Ersteher nur die nach dem Zuschlag aus dem Grundstück gezogenen Nutzungen. Für die Nutzungen aus der Zeit vor der Wirksamkeit des Zuschlags dauerten die Wirkungen der Beschlagnahme an, sie würden von der Aufhebung der Zwangsverwaltung nicht berührt. Denn sie blieben Teil der Zwangsverwaltungsmasse, die zur Befriedung des Vollstreckungsgläubigers zur Verfügung steht. Da der Zwangsverwalter nach § 152 Abs. 1 ZVG die Pflicht habe, sämtliche Ansprüche, auf welche sich die Beschlagnahme erstreckt, geltend zu machen, müsse er – soweit noch nicht geschehen – diese Forderungen auch nach Aufhebung der Zwangsverwaltung einziehen und Überschüsse nach Maßgabe des Teilungsplanes auskehren können. Außerdem obliege dem Zwangsverwalter die Aufgabe, die Zwangsverwaltungsmasse, zu der die Nutzungen aus der Zeit vor der Wirksamkeit des Zuschlags gehören, ordnungsgemäß abzuwickeln. Die Befugnisse, die ihm zur Erfüllung dieser Aufgaben zustehen, könnten aber nicht davon abhängig sein, ob eine beschlagnahmte Forderung im Zeitpunkt des Zuschlags, auf den er keinen Einfluss habe, bereits von ihm im Klagewege geltend gemacht worden ist oder nicht.

Anmerkung:

Die vorliegend entscheidungserhebliche Frage, ob ein Zwangsverwalter nach Aufhebung der Zwangsverwaltung wegen der Zwangsversteigerung des Grundstücks neue Rechtsstreitigkeiten für in seiner Amtszeit entstandene Mietrückstände anhängig machen kann, hatte der *BGH* bislang ausdrücklich offen gelassen (*BGH* NJW-RR 2006, 138). Entschieden hatte er nur, dass der Zwangsverwalter ein zum Zeitpunkt der Aufhebung der Zwangsverwaltung infolge des Zuschlags im Zwangsversteigerungsverfahren bereits anhängiges Verfahren fortführen kann (*BGH* NJW-RR 1993, 442). Endet die Zwangsverwaltung hingegen durch Antragsrücknahme, so erlischt die Prozessführungsbefugnis des Zwangsverwalters mit dem Aufhebungsbeschluss auch für anhängige Prozesse, sofern das Versteigerungsgericht nicht die Fortdauer anordnet (*BGH* NJW-RR 2003, 1419). Einer fortdauernden Tätigkeit im Außenverhältnis bedarf es nach einer uneingeschränkten Antragsrücknahme – anders als bei der Verfahrensbeendigung auf Grund des Zuschlagsbeschlusses – nämlich nicht mehr.

Nach Aufhebung der Zwangsverwaltung können Forderungen gegen das Schuldnervermögen nicht mehr gegen den Verwalter gerichtlich geltend gemacht werden; er ist nicht mehr passivlegitimiert (*BGH* NJW-RR 2006, 138). Der Zugriff auf die Vermögensmasse durch ein gegen den Zwangsverwalter gerichtetes Verfahren setzt voraus, dass dieses noch wirksam gegen ihn in seiner Funktion als Amtsträger in Gang gesetzt worden ist.

BGH: Urkundenverfahren bei anfänglich mangelhafter Mietsache (Urteil vom 20.10.2010 – VIII ZR 111/09, BeckRS 2010, 29074)

Eine Mietzahlungsklage ist im Urkundenprozess unstatthaft, wenn die Mietsache unstreitig mit einem anfänglichen Mangel behaftet war und der Vermieter die Beseitigung des Mangels nicht urkundlich zu beweisen vermag.

BGH: Urkundenverfahren bei anfänglich mangelhafter Mietsache (Urteil vom 08.07.2009 – VIII ZR 266/08, NJW 2009, 3099)

Eine Klage auf Zahlung von Miete aus einem Wohnraummietvertrag ist auch dann im Urkundenprozess statthaft, wenn der Mieter, der wegen behaupteter anfänglicher Mängel der Mietsache Minderung geltend macht oder die Einrede des nicht erfüllten Vertrages erhebt, die ihm vom Vermieter zum Gebrauch überlassene Wohnung als Erfüllung angenommen hat, ohne die später behaupteten Mängel zu rügen, sofern dies unstreitig ist oder vom Vermieter durch Urkunden bewiesen werden kann.

Die Beklagten sind Mieter einer Wohnung der Klägerin. Die Klägerin fordert im Urkundenprozess unter Vorlage des Mietvertrages rückständige Miete. Die Beklagten sind der Ansicht, die Klage sei im Urkundenprozess unstatthaft, weil der Anspruch der Klägerin auf Mietzahlung durch Minderung wegen verschiedener Mängel der Mietsache, die teilweise bereits bei Einzug der Beklagten vorgelegen hätten, erloschen sei. Außerdem erheben sie die Einrede des nicht erfüllten Vertrages.

Nach Auffassung des *BGH* ist die Klage im Urkundenprozess statthaft. Der Statthaftigkeit des Urkundenprozesses stehe nicht entgegen, dass der beklagte Mieter wegen behaupteter Mängel der Mietsache Minderung geltend macht oder dass der Mieter die Einrede des nicht erfüllten Vertrags gemäß § 320 BGB darauf stützt, ein Mangel sei nachträglich eingetreten, sofern der Mieter die Wohnung unstreitig in vertragsgemäßem Zustand erhalten hat. Nicht entschieden hat der *BGH* bislang, ob dies auch dann gilt, wenn der Mieter die Einrede des nicht erfüllten Vertrages darauf stützt, er habe die Sache überhaupt nicht erhalten oder – wie hier – sie sei von Anfang an mit Mängeln behaftet gewesen. Der *BGH* entscheidet diese Frage nunmehr dahin, dass die Klage auch dann gemäß § 592 ZPO im Urkundenprozess statthaft ist, wenn der Mieter, der wegen behaupteter anfänglicher Mängel der Mietsache Minderung geltend macht oder die Einrede des nicht erfüllten Vertrages erhebt, die ihm vom Vermieter zum Gebrauch überlassene Wohnung als Erfüllung angenommen hat, ohne die später behaupteten Mängel zu rügen.

Zwar müsse nach allgemeinen Beweislastgrundsätzen der Vermieter beweisen, dass er seine vertragliche Pflicht, dem Mieter die Mietsache in vertragsgemäßem Zustand zu überlassen, erfüllt hat. Demgegenüber trage nach Überlassung der Mietsache gemäß § 363 BGB grundsätzlich der Mieter die Beweislast dafür, dass die Mietsache zum Zeitpunkt der Übergabe mangelhaft war, wenn er die ihm überlassene Sache als Erfüllung angenommen hat. Die Vorschrift des § 363 BGB führe zu einer Beweislastumkehr. Ihr liege zugrunde, dass demjenigen, der eine Leistung als Erfüllung annimmt, die Beweislast obliegt, wenn er die Leistung später nicht mehr als die geschuldete gelten lassen will. Demzufolge sei die Klage des Vermieters im Urkundenprozess statthaft, wenn entweder unstreitig ist, dass der Mieter die Mietsache als Erfüllung angenommen hat, oder wenn der Vermieter ein solches Verhalten des Mieters durch Urkunden – etwa ein Übergabeprotokoll oder Kontoauszüge, aus denen sich ergibt, dass der Mieter zunächst die ungeminderte Miete gezahlt hat – beweisen kann. Anderes gilt allerdings, wenn die anfängliche Mangelhaftigkeit der Mietsache – wie im ersten Fall – unstreitig ist und Vermieter die Beseitigung der Mängel nicht urkundlich belegen kann.

Anmerkung:

Der *BGH* führt seine Rechtsprechung zur Zulässigkeit des Urkundenprozesses in mietrechtlichen Streitigkeiten fort. Der Urkundenprozess ist eine besondere Spielart des Zivilprozesses, in welchem Beweis lediglich durch Vorlage von Urkunden und Parteieinvernahme angetreten werden kann. An Bedeutung gewonnen hat er mit der Einführung des obligatorischen Schlichtungsverfahrens in einigen Bundesländern, da § 15a Abs. 2 Nr. 4 EGZPO das Schlichtungsverfahren im Falle des Urkundsprozesses für entbehrlich erklärt. Der Urkundsprozess kann aufgrund der Einschränkung der Beweismittel zu einem schnellen Titel führen, der zudem ohne Sicherheitsleistung nach § 708 Nr. 4 ZPO vollstreckbar ist. Der Statthaftigkeit des nicht nur im Gewerberaummietrecht (*BGH* NJW 1999, 1408), sondern auch bei Wohnraummietverhältnissen grundsätzlich zulässigen Urkundenverfahrens (*BGH* NJW 2005, 2701) steht nach der Rechtsprechung des *BGH* nicht entgegen, dass der Mieter nachträglich Mängel der Mietsache behauptet und – diesen Vortrag als richtig unterstellt – der Anspruch auf die Miete gemäß § 536 Abs. 1 BGB von Gesetzes wegen ganz oder teilweise erloschen ist. Das Vorliegen eines Sachmangels hat nach Auffassung des *BGH* nicht zur Folge, dass deshalb die Höhe der Miete vom Vermieter nicht mehr gemäß § 592 S. 1 ZPO durch Urkunden bewiesen werden könnte (*BGH* NJW 2005. 2701). Denn die Mangelfreiheit der Mietsache gehört nicht zu den zur Begründung des Anspruchs auf Miete erforderlichen Tatsachen. Vielmehr begründet die infolge der Mangelhaftigkeit eintretende Mietminderung eine materiell-rechtliche Einwendung des Mieters gegen die Forderung auf Mietzahlung, die im Prozess von ihm darzulegen und ggf. zu beweisen ist (*BGH* NJW 1999, 1408).

Dies gilt auch dann, wenn sich der Mieter nicht (nur) auf eine Mietminderung beruft, sondern im Hinblick auf das Vorhandensein von Mängeln zusätzlich die Einrede des nicht erfüllten Vertrages gemäß § 320 BGB erhebt, sofern er die Wohnung unstreitig in vertragsgemäßem Zustand erhalten hat (*BGH* NZM 2007, 161, Anm. *Bub/Bernhard*, FD-MietR 2007, 212507). Denn auch wer die Einrede des § 320 BGB geltend macht, muss beweisen, dass ihm eine unter das Gegenseitigkeitsverhältnis fallende Gegenforderung zusteht. Die Einrede des nicht erfüllten Vertrages sichert dem Mieter seinen Anspruch auf Gebrauchsgewährung einer mangelfreien Mietsache; dieser Erfüllungsanspruch wird durch die kraft Gesetz eintretende Minderung nicht beseitigt (Palandt/*Weidenkaff*, § 536 Rz. 6). Sie betrifft nicht den Teil der Miete, den der Mieter gemäß § 536 BGB ohnehin nicht zahlen muss, sondern den darüber hinausgehenden Betrag (*BGH* NZM 2006, 696). Die Erhebung der Einrede kann aber nicht dazu führen, nunmehr dem Vermieter die Darlegungs- und Beweislast aufzuerlegen.

Um wohl nicht die Mangelfreiheit bei Übergabe, jedenfalls aber die rügelose Entgegennahme der Mietsache durch den Mieter belegen zu können, sollte der Vermieter bei der Übergabe ein Übergabeprotokoll fertigen und vom Mieter unterzeichnen lassen. Dieses hat zwar nicht die rechtliche Wirkung eines Schuldanerkenntnisses mit der Folge, dass mit ihrer Abgabe der Mieter ohne weiteres zur Zahlung der Miete in voller Höhe verpflichtet wäre, sondern stellt nur die Quittung für die empfangene Leistung dar. Es hat keine Anerkennung der Vertragsmäßigkeit der Mietsache oder einen Verzicht auf Einwendungen zum Gegenstand, bewirkt aber, dass der Unterzeichner – will er später die Unrichtigkeit der Erklärung geltend machen – diese zu beweisen hat (*BGH* NJW 1988, 204; *OLG Düsseldorf* ZMR 1989, 300). Deshalb sollte der Vermieter darauf achten, dass der Mieter das Übergabeprotokoll unterschreibt, um gemäß § 363 BGB die Beweislast umzukehren (Palandt/*Grüneberg*, § 363 Rz. 3). Keine Hilfe im Urkundenprozess stellt hingegen die in einem Formularmietvertrag aufgenommene pauschale Bestätigung dar, der Mieter habe die Räume in einwandfreiem oder renoviertem Zustand übernommen, da eine solche Klausel gemäß § 309 Nr. 12b BGB unwirksam ist (*OLG Düsseldorf* NJW-RR 2005, 1538).

Unstatthaft ist eine Klage im Urkundsprozess nicht nur, wenn die anfängliche Mangelhaftigkeit der Mietsache unstreitig ist und der Vermieter die Beseitigung der Mängel nicht urkundlich belegen kann, sondern auch dann, wenn der Mieter einwendet, er habe keinen unmittelbaren Besitz an der Mietsache erlangt, da ihm nicht sämtliche Schlüssel übergeben worden seien (*OLG Düsseldorf* NZM 2004, 946). Der vertragliche Anspruch auf Mietzahlung entsteht nämlich nur, wenn der insoweit vorleistungspflichtige Vermieter dem Mieter den unmittelbaren Besitz an der Mietsache verschafft hat (Schmidt-Futterer/*Langenberg*, § 556b Rz. 13). Eine bloße Gestattung ohne Besitzerwechsel ist nicht ausreichend (Wolf/Eckert/*Ball*, Rz. 175). Hierfür hat der Vermieter dem Mieter sämtliche Schlüssel für die gemieteten Räume zu übergeben. Nur so kann er ihm das alleinige Besitzrecht verschaffen (*OLG Hamm* NZM 2003, 26; Bub/Treier/*Kraemer*, III Rz. 1175). Die Darlegungs- und Beweislast für die Gebrauchsüberlassung zu Beginn des Mietverhältnisses trägt der Vermieter (Wolf/Eckert/*Ball*, Rz. 488). Die Vertragsurkunde ist nur dann geeignet, die Übergabe sämtlicher Schlüssel zu beweisen, wenn sie eine Empfangsbestätigung des Mieters enthält; die Formulierung, es „werden folgende Schlüssel ausgehändigt", lässt hingegen offen, ob sich diese Aussage auf die Gegenwart oder die Zukunft bezieht.

***LG Bonn*: Urkundenverfahren über Betriebskostennachforderung (Urteil vom 8.10. 2009 – 6 S 107/09, BeckRS 2009, 28572)**

Eine Nachforderung des Vermieters aus einer Nebenkostenabrechnung kann nicht im Urkundenprozess geltend gemacht werden.

Der klagende Vermieter macht im Wege des Urkundenprozesses eine Nachforderung aus der Nebenkostenabrechnung geltend.

Nach Auffassung des *LG Bonn* ist die Klage auf Zahlung des Abrechnungsfehlbetrages im Urkundenprozess nicht statthaft. Die Nebenkostenabrechnung reiche als solche zum Beweis des Nachforderungsanspruchs nicht aus. Denn es handele sich um eine Privaturkunde gem. § 416 ZPO, die somit lediglich Beweis dafür begründet, dass die in ihr enthaltenen Erklärungen von dem Aussteller abgegeben wurden. Die Richtigkeit der Behauptung, dass Nebenkosten in der abgerechneten Höhe zu Lasten der beklagten Mieterin angefallen seien, werde somit durch diese Urkunde nicht bewiesen. Vielmehr beweise sie lediglich, dass diese Behauptung von dem Kläger stammt, d.h. dass dieser die in der Nebenkostenabrechnung aufgeführten Kosten geltend macht. Es handele sich mithin in der Sache nur um eine selbst gefertigte Bescheinigung, in der die Behauptung eines bestimmten Verbrauchs zusammengefasst wird. Urkundlichen Beweiswert für das Bestehen einer etwaigen Nachforderung habe diese Erklärung als solche nicht.

Zwar nehme der Kläger nicht nur auf die Nebenkostenabrechnung Bezug; sämtliche Voraussetzungen des Betriebskostenanspruchs würden sich seines Erachtens auch aus einer „Grundurkunde", nämlich dem Mietvertrag, ergeben. Die Nebenkostenabrechnung konkretisiere nur den Anspruch, während bereits aus dem Mietvertrag die Verpflichtung der Mieter folge, die umlagefähigen Betriebskosten zu tragen. Dies vermag nach Auffassung des *LG Bonn* nicht zu überzeugen. Denn aus dem Mietvertrag ergebe sich lediglich, dass überhaupt Nebenkosten zu tragen sind. Dazu, in welcher Höhe gerade in dem streitgegenständlichen Jahr Betriebskosten tatsächlich angefallen sind, treffe der Mietvertrag hingegen keine Aussage. Damit sei der Mietvertrag nicht geeignet, gleichsam eine „Grundurkunde" im Urkundenprozess darzustellen, mit der – auch unter Berücksichtigung des unstreitigen Anfalls von Betriebskosten – ein Nachforderungsanspruch urkundlich bewiesen werden könnte.

Anmerkung:

Der Entscheidung ist im Ergebnis zuzustimmen, die Leitsatzaussage trifft allerdings nicht zu. Richtigerweise können entgegen der Auffassung des *LG Bonn* auch Abrechnungsfehlbeträge im Wege des Urkundenprozesses geltend gemacht werden. Der Urkundenbegriff in § 592 ZPO entspricht dem der §§ 415 ff. ZPO, umfasst also alle schriftlichen Beweisstücke (MünchKomm/*Braun*, ZPO, § 592 Rz. 16). Weder braucht der Beklagte an der Urkundenerrichtung mitgewirkt zu haben, noch muss der Urkunde eine bestimmte Beweiskraft eigen sein. Ob die Urkunde den erforderlichen Beweis erbringt, richtet sich vielmehr nach den Grundsätzen freier Beweiswürdigung. Aus dem Umstand, dass das Gesetz ausdrücklich „Urkunden" verlangt und andere Beweismittel verwirft, wird von der Rechtsprechung lediglich geschlossen, dass solche Urkunden, durch die ein an sich möglicher Zeugen- oder Sachverständigenbeweis ersetzt werden soll, ausgeschlossen sein müssen (*BGH*, NJW 1951, 361).

Zutreffend hat das *LG Bonn* festgestellt, dass die Abrechnung selbst lediglich eine Erklärung des Vermieters über den Inhalt von ihm vorliegenden Urkunden ist, und deshalb keine, für die Durchführung eines Urkundenprozess geeignete Urkunde ist. Dies bedeutet allerdings nicht, dass Abrechnungsfehlbeträge nicht im Wege des Urkundenprozesses geltend gemacht werden können. Hierzu müssen jedoch sämtliche der Abrechnung zugrunde liegenden Unterlagen als Urkunden in den Prozess eingeführt werden. Für den Vermieter stellt sich also die Frage, ob er den Mieter hinsichtlich der Abrechnungsunterlagen auf sein Einsichtsrecht verweist und Fehlbeträge im Erkenntnisverfahren einklagt, oder ob er auf diese Erleichterung verzichtet, im Urkundenprozess klagt und dort alle Abrechnungsunterlagen als Urkunden einführt. Zur abschließenden Klärung der Frage, ob die Betriebskostenabrechnung den Anforderungen einer Urkunde genügt, hat das *LG Bonn* die Revision zugelassen.

BGH: Anforderungen an die Bestimmtheit eines gerichtlichen Duldungsantrags des Vermieters bei Modernisierungsmaßnahmen (Urteil vom 28.09.2011 – VIII ZR 242/10, BeckRS 2011, 25101)

Der Klageantrag auf Duldung der Modernisierung einer Mietwohnung ist hinreichend bestimmt, wenn der erstrebte Duldungserfolg sowie der Umfang der zu duldenden Arbeiten in seinen wesentlichen Umrissen und Schritten im Antrag umschrieben werden.

Die Kläger sind Eigentümer eines mit einem Mehrfamilienhaus bebauten Grundstücks. Sie beabsichtigen, an der Westseite des Hauses Balkone zu errichten, und beanspruchen vom Beklagten, der eine der betroffenen Wohnungen gemietet hat, die Duldung der Baumaßnahme. Nachdem der Beklagte seine Zustimmung verweigert hat, nehmen ihn die Kläger gerichtlich auf Duldung in Anspruch. Der Beklagte wendet u.a. ein, der Klageantrag sei zu unbestimmt, da in ihm die durchzuführenden Maßnahmen hinsichtlich Umfang und Dauer nicht hinreichend bezeichnet seien.

Dies ist nach Auffassung des *BGH* nicht der Fall. Eine am Inhalt der Modernisierungsankündigung nach § 554 Abs. 3 S. 1 BGB orientierte Sichtweise übersehe, dass es bei Formulierung der Duldungspflicht im Antrag nicht darum geht, dem Mieter hinreichende Kenntnis über die Bedeutung und die Auswirkungen der Maßnahme zu vermitteln, um entscheiden zu können, ob er sie dulden will und wie er sich im Falle einer Duldungspflicht in seinen Dispositionen (eigene Zeitplanung, Änderung der Nutzungsmöglichkeiten, Ausübung des Sonderkündigungsrechts nach § 554 Abs. 3 S. 2 BGB usw.) darauf einstellen will. Der Antrag diene vielmehr nur dazu, die zu duldenden Handlungen so genau zu umschreiben, dass sie die hinreichende Grundlage für die Zwangsvollstreckung nach § 890 ZPO bilden können.

Zwar müssten Anträge, mit denen die Duldung von Handlungen verlangt wird, die zu duldenden Handlungen so genau bezeichnen, dass der in Anspruch genommene Schuldner im Falle einer dem Antrag entsprechenden gerichtlichen Entscheidung eindeutig erkennen kann, was von ihm verlangt wird. Denn diese Prüfung dürfe grundsätzlich nicht in das Vollstreckungsverfahren verlagert werden, da es nicht dessen Aufgabe sei zu klären, wie die zu vollstreckende Handlung oder Unterlassung aussieht; es sei vielmehr auf eine Klärung der Frage beschränkt, ob der Schuldner der ihm gebotenen Verpflichtung nachgekommen ist. Um diesen Anforderungen gerecht zu werden und dem Schuldner auf der einen Seite die hinreichende Erkenntnismöglichkeit zu eröffnen, was von ihm an zu duldenden Handlungen verlangt wird, auf der anderen Seite die Zwangsvollstreckungsmöglichkeiten des Gläubigers aber auch nicht unzumutbar zu erschweren, genüge es aber, dass der erstrebte Duldungserfolg sowie der Umfang der zu duldenden Arbeiten in seinen wesentlichen Umrissen und Schritten im Antrag umschrieben werden. Deshalb könne eine Verurteilung zur Duldung auch ohne ausdrücklichen Ausspruch die Verpflichtung zu positivem Tun – vorliegend zur Zutrittsgewährung – enthalten.

Ebenso wenig verlange der Ausspruch der Duldungspflicht die Mitteilung eines exakten zeitlichen Rahmens für die zu duldenden Handlungen. Vorliegend habe der erkannte Duldungsausspruch auf die Modernisierungsankündigung und den darin enthaltenen Zeitplan Bezug genommen, in dem der voraussichtliche Beginn der Maßnahmen mitgeteilt und deren voraussichtlicher zeitlicher Ablauf umrissen war. Das genüge zu einer hinreichenden zeitlichen Bestimmbarkeit der Duldungspflicht. Denn andernfalls würde jede Verzögerung bei Beginn und Durchführung der Maßnahmen den Titel entwerten, und zwar selbst dann, wenn die Verzögerung nur unwesentlich oder vom Vermieter nicht zu vertreten ist, etwa weil die Bauhandwerker verzögert beginnen oder – wie vorliegend – ein Maßnahmenbeginn durch Widerspruch von Mieterseite hinausgezögert wird. Dies würde für die Kläger jedoch zu einer unzumutbaren Erschwerung ihres gerichtlichen Rechtsschutzes führen, ohne dass dem ein berechtigtes Interesse des Beklagten an einer sonst nicht möglichen hinreichenden Bestimmbarkeit des Zeitraums seiner Duldungspflicht entgegenstünde.

Anmerkung:

Der *BGH* tritt überzogenen Anforderungen an die Formulierung eines Duldungsantrags bei Modernisierungsmaßnahmen entgegen. Im mietrechtlichen Schrifttum wurde bislang z.T. angenommen, dass die vom Mieter zu duldenden Maßnahmen im Klageantrag nach Art, Umfang, Beginn und Dauer in hinreichend genauer Vereinzelung umschrieben werden müssen. Dabei wird – der Modernisierungsankündigung entsprechend – hinsichtlich Art und Umfang eine genaue und umfassende, gegebenenfalls durch Bezugnahme auf beigefügte Skizzen oder Baupläne ergänzte Beschreibung der einzelnen Maßnahmen bis hin zur genauen Angabe von Ort und Abmessungen ihrer Vornahme und der jeweils vorgesehenen Ausführungsart gefordert (Blank/*Börstinghaus*, § 554 Rz. 45, 64; *Gies*, NZM 2003, 545 f). Auch in der Instanzrechtsprechung gingen die Konkretisierungsanforderungen bisweilen dahin, dass etwa bei Rohrleitungsverlegungen der genaue horizontale und vertikale Verlauf der Rohrleitungen anzugeben sei und lediglich ungefähre Verlaufsangaben nicht ausreichen (*KG* GE 2004, 1231). Dem hat der *BGH* nunmehr zu Recht eine Absage erteilt.

LG Stuttgart: Unzulässigkeit eines Teilurteils bei zwei aufeinander aufbauenden Mieterhöhungen (Urteil vom 26.10.2011 – 13 S 41/11, BeckRS 2011, 24883)

Sind zwischen Vermieter und Mieter zwei Mieterhöhungen im Streit, wovon die zweite auf die erste aufbaut, kann über die erste ohne Verletzung des Prinzips der Widerspruchsfreiheit regelmäßig kein Teilurteil ergehen.

Die klagende Wohnungsgesellschaft begehrt mit der Klage von den beklagten Mietern die Zustimmung zu einer Mieterhöhung aus dem Jahr 2010. Die Beklagten fordern mit der Widerklage die Rückzahlung von Mietbestandteilen, welche die Klägerin unabgesprochen von deren Konto eingezogen hat, nachdem sie 2007 ein Mieterhöhungsverlangen erklärt hatte, auf das die Beklagten damals geschwiegen hatten. Das Amtsgericht hat im Wege eines Teilurteils die Widerklage abgewiesen.

Nach Auffassung des *LG Stuttgart* erfüllt das Teilurteil über die Widerklage nicht die prozessualen Voraussetzungen des § 301 ZPO. Die Voraussetzungen eines Teilurteils nach § 301 ZPO seien erstens die Teilbarkeit des Streitgegenstandes, zweitens die

Entscheidungsreife lediglich eines Teils sowie drittens die Unabhängigkeit des Teilurteils im Sinne einer Widerspruchsfreiheit zum Schlussurteil. An der dritten Voraussetzung fehle es hier. Sowohl für die Klage als auch für die Widerklage komme es entscheidend auf die Vorfrage an, ob die erste Mieterhöhung im Jahr 2007 wirksam war. Grundlage des bereicherungsrechtlichen Rückforderungsanspruchs wegen der vom Konto eingezogenen Miete sei das Fehlen eines Rechtsgrundes, also die Unwirksamkeit der einseitig von der Klägerin erklärten Mieterhöhung. Auf die Frage der Wirksamkeit der ersten Mieterhöhung komme es aber auch für die Beurteilung der zweiten im Jahr 2010 an, welche auf die erste aufbaut. Dies nicht zuletzt wegen der Kappungsgrenze des § 558 Abs. 3 BGB, weil die Klägerin in der Summe der beiden Mieterhöhungsverlangen die Miete um mehr als 20% anheben möchte. Über die Frage der Wirksamkeit der ersten Mieterhöhung könne nur einheitlich für Klage und Widerklage entschieden werden, weswegen eine Teilentscheidung die gebotene Widerspruchsfreiheit nicht garantieren könne.

Die Frage der Wirksamkeit der ersten Mieterhöhung könne hier auch nicht ausnahmsweise deswegen teilweise offen gelassen und getrennt betrachtet werden, weil der mit der Widerklage geltend gemachte Bereicherungsanspruch im Sinne einer Verwirkung wegen Verstoßes gegen Treu und Glauben gem. § 242 BGB nicht geltend gemacht werden könnte. Ein Recht sei nur dann verwirkt, wenn der Berechtigte es längere Zeit hindurch nicht geltend gemacht hat (Zeitmoment) und der Verpflichtete sich aufgrund des Verhaltens des Berechtigten darauf einrichten durfte und eingerichtet hat, dass jener sein Recht nicht mehr geltend machen werde (Umstandsmoment). Damit sei die Verwirkung ein Fall der unzulässigen Rechtsausübung aufgrund widersprüchlichen Verhaltens. Dies sei hier nicht der Fall. Selbst wenn man bei den ersten, zum Zeitpunkt der Rückforderung drei Jahre zurückliegenden Abbuchungen von einem erheblichen Zeitmoment ausgehen wollte, wäre dieses mit jeder weiteren, weniger weit zurückliegenden Einziehung schwächer ausgeprägt. Ausschlaggebend für die Verneinung der Verwirkung sei aber die Kombination aus dem schwach ausgeprägten Zeitmoment und dem nahezu nicht vorhandenen Umstandsmoment. Die Klägerin, der als gewerblicher Vermieterin die gesetzlichen Regelungen über die Mieterhöhung nach §§ 557 ff. BGB hinlänglich bekannt sind, habe trotz fehlender Zustimmung der Beklagten, ohne den Rechtsweg zu beschreiten, die erhöhte Miete unter Missbrauch der ihr erteilten Einziehungsermächtigung im Lastschriftverfahren vom Konto der Beklagten abgebucht. Schon allein wegen dieses vertrags- und treuwidrigen Verhaltens sei es ihr verwehrt, sich auf eine unzulässige Rechtsausübung der Beklagten durch langes Zuwarten zu berufen, da sie sich infolge ihres Rechtsbruches nicht darauf einstellen durfte, das Geld endgültig behalten zu können.

Anmerkung:

Über die Wirksamkeit der von der Klägerin im Jahr 2007 geforderten Mieterhöhung musste das LG Stuttgart – aufgrund der Unzulässigkeit des Teilurteils – vorliegend nicht abschließend entscheiden. Nach ganz h.M. in Rechtsprechung und Literatur kann das Schweigen des Mieters auf ein Mieterhöhungsverlangen nicht als (konkludente) Zustimmung im Sinne des § 558b I BGB gewertet werden – auch dann nicht, wenn der Vermieter eine Einziehungsermächtigung im Lastschriftverfahren missbraucht und der Mieter die zu Unrecht erfolgten Einziehungen zunächst widerspruchslos geschehen lässt (*LG München I* WuM 1996, 44; Schmidt-Futterer/*Börstinghaus*, § 558b Rz. 31). Nur ausnahmsweise und in besonders geregelten

Fällen kann Schweigen im Rechtsverkehr als Zustimmung gewertet werden. § 558b BGB enthält keine derartige Regelung und auch keine planwidrige Regelungslücke, die für eine Analogie oder eine erweiternde Auslegung Raum ließe.

AG Eggenfelden: Erhebung der Räumungsklage durch beide Ehegatten (Urteil vom 08.09.2008 – 1 C 503/08, BeckRS 2008, 24834)

Steht das vermietete Anwesen im gemeinschaftlichen Eigentum beider Ehegatten, ist nach einer Entscheidung des Amtsgerichts Eggenfelden eine Räumungsklage, die nur von einem Ehegatten erhoben wird, unzulässig.

Die Parteien streiten um die Räumung und Herausgabe eines vom Kläger an den Beklagten vermieteten Anwesens. Die Ehegatten sind dessen Miteigentümer und leben in Gütergemeinschaft. Der Kläger hatte das Mietverhältnis fristlos gekündigt, nachdem seine Ehefrau ihn hierzu ermächtigt hatte. Zuvor hatte er eine entsprechende Ermächtigung im vormundschaftsgerichtlichen Verfahren geltend gemacht, dieses nach deren Erteilung jedoch für erledigt erklärt. Er erhob dann Räumungs- und Herausgabeklage. Während des Verfahrens widerrief die Ehefrau des Klägers ihre Zustimmung zur Kündigung und erklärte, sie sei gegen die Räumungsklage. Der Beklagte meint, nach dem Widerruf der Ermächtigung durch seine Ehefrau fehle dem Kläger die Aktivlegitimation.

Nach Auffassung des *AG Eggenfelden* ist die Klage unzulässig, da dem Kläger die Prozessführungsbefugnis fehlt. Stehe das streitgegenständliche Anwesen – wie vorgetragen – im gemeinschaftlichen Eigentum des Klägers und seiner Ehefrau, so erfolge die Verwaltung gemäß § 744 Abs. 1 BGB gemeinschaftlich. Nichts anderes ergebe sich aus der Gütergemeinschaft zwischen dem Kläger und seiner Gattin. Gemäß § 1421 S. 2 BGB sei auch insoweit gemeinschaftliche Verwaltung vorgeschrieben, eine gewillkürte Prozessstandschaft somit zwar möglich. Liege die erforderliche Ermächtigung allerdings nicht vor, fehle es an der Prozessführungsbefugnis. Ein Notverwaltungsrecht aus §§ 744 Abs. 2, 1429 BGB komme nicht in Betracht, da keine Gefahr in Verzug bestehe.

Mit der ursprünglichen Ermächtigung durch seine Ehefrau habe der Kläger zwar – vorbehaltlich der materiellrechtlichen Wirksamkeit – die Kündigung aussprechen und auch Räumungs- und Herausgabeklage erheben können. Allerdings habe die Ehefrau des Klägers die Ermächtigung mittlerweile zurückgezogen, was gemäß § 183 S. 1 BGB möglich wäre. Die Auffassung, wonach eine Ermächtigung zur Prozessführung nach Klageerhebung nicht mehr widerrufen werden könne, übersehe, dass Prozesshandlungen prinzipiell widerruflich seien, soweit sie keine Gestaltungswirkung haben, insbesondere der Gegner durch sie keine Rechtsposition erlangt hat. Wie etwa § 240 ZPO zeige, sei dem deutschen Zivilprozess ein Erlöschen der Prozessführungsbefugnis oder ein Übergang derselben auf einen anderen während des laufenden Rechtsstreits nicht fremd. Da hier noch kein Urteil ergangen sei und der Widerruf nicht ex tunc wirke, stünden seiner Zulässigkeit keine durchgreifenden Bedenken entgegen. Dem Kläger sei zwar zuzugeben, dass er in eine missliche Situation gerät, wenn seine Prozessführungsbefugnis im Laufe des Verfahrens erlischt, zumal wenn er – wie hier – die ursprüngliche Ermächtigung bereits im vormundschaftsgerichtlichen Verfahren eingeklagt und ihre zwischenzeitliche Erteilung zur Erledigung jenes Verfahrens geführt hatte. Insofern müsse er jedoch darauf verwiesen werden, eine unwiderrufliche Ermächtigung einzuklagen oder seine Ehefrau auf Schadensersatz in Anspruch zu nehmen.

Anmerkung:

Der Entscheidung ist nicht zuzustimmen. Nach dem insoweit eindeutigen Sachverhalt war Vermieter des Anwesens allein der Kläger. Obwohl dieses im gemeinschaftlichen Eigentum von ihm und seiner Ehefrau steht, hätte er die Räumungs- und Rückgabeklage auch ohne deren Ermächtigung erheben können, da der Vermieter Herausgabe nicht nur gestützt auf das Eigentum gemäß § 985 BGB – insoweit bedarf es tatsächlich einer Ermächtigung durch den Miteigentümer –, sondern auch vertraglich gemäß § 546 Abs. 1 BGB die Rückgabe der Mietsache verlangen kann. Der Anspruch nach § 546 Abs. 1 BGB sichert die Rückgabe in den Fällen fehlender Personenidentität von Vermieter und Eigentümer (Schmidt-Futterer/*Gather*, § 546 Rz. 10). In der Praxis trifft dies im Wesentlichen auf den Zwischenvermieter und den Mieter bei der Untermiete zu. Der schuldrechtliche Rückgabeanspruch des Vermieters aus § 546 Abs. 1 BGB setzt als Umkehrung der Gebrauchsüberlassungspflicht weder Eigentum des Vermieters noch Besitz des Mieters voraus (*BGH* NZM 1998, 779). Im Übrigen konkurrieren bei Personenidentität der schuldrechtliche und sachenrechtliche Anspruch; eventuelle Einwendungen, Einreden und Gegenansprüche sind bei den Ansprüchen nach § 546 Abs. 1 und § 985 BGB deshalb getrennt zu prüfen.

Wäre der Vertrag – anders als im entschiedenen Fall – mit beiden Ehegatten abgeschlossen worden, so hätte die Ehefrau den Kläger gegebenenfalls gemäß §§ 164 ff BGB bevollmächtigen müssen, den Vertrag auch in ihrem Namen zu kündigen und Räumungsklage zu erheben. Anders als die im Rechtsverkehr auftretende Gesellschaft bürgerlichen Rechts besitzt die schlichte Rechtsgemeinschaft – neben der Gemeinschaft nach Bruchteilen gemäß §§ 741 ff BGB zählen hierzu die Gütergemeinschaft gemäß §§ 1415 ff BGB und die Erbengemeinschaft gemäß §§ 2032 ff BGB – keine eigene Rechtspersönlichkeit. Der Vertrag kommt deshalb nicht mit der Gemeinschaft als solcher, sondern mit sämtlichen einzelnen Mitgliedern der Gemeinschaft zustande (*BGH* NJW 2002, 3389 z. Erbengemeinschaft). Grundsätzlich müssen deshalb auch sämtliche Mitglieder der Gemeinschaft an dessen Abschluss mitwirken. Wird die Urkunde durch einen Vertreter unterzeichnet, muss zur Wahrung der Schriftform das Vertretungsverhältnis in der Urkunde durch einen das Vertretungsverhältnis anzeigenden Zusatz hinreichend deutlich zum Ausdruck kommen (*BGH* a.a.O.).

Hinsichtlich der Pflichten aus dem Mietvertrag sind die Mitglieder der Gemeinschaft Gesamtschuldner; hinsichtlich ihrer (Mietzins-)Forderungen besteht zwischen ihnen eine (einfache) Forderungsgemeinschaft im Sinne des § 432 Abs. 1 BGB, weshalb ein Mieter befreiend nur an alle Gläubiger gemeinsam zahlen kann (*OLG München* NZM 1998, 474), soweit nicht ein Miteigentümer aufgrund Vollmacht zur Entgegennahme der Leistung befugt ist. Eine solche Vollmacht ist auch bei Ehegatten, die – anders als vorliegend – im gesetzlichen Güterstand der Zugewinngemeinschaft leben, nicht zu vermuten, da sie nach § 1357 BGB nur für Geschäfte zur Deckung des Lebensbedarfs als wechselseitig bevollmächtigt gelten. Der Mieter kommt deshalb in Zahlungsverzug, wenn er die Miete nicht zu Händen beider Vermieter leistet (*OLG München*, a.a.O.). Jeder Vermieter kann Leistung nur an sich selbst zusammen mit den übrigen Vermietern verlangen. Rechtsgeschäftliche Erklärungen in Bezug auf das Mietverhältnis (Mieterhöhung, Abmahnung, Kündigung etc.) müssen von allen Mitgliedern der Gemeinschaft abgegeben werden und müssen auch allen Mitgliedern zugehen (*OLG Düsseldorf* NJW-RR 1998, 11).

II. Vollstreckungsverfahren

BGH: „Berliner Modell" (Beschluss vom 16.07.2009 – I ZB 80/05, NZM 2009, 660)

Der Gläubiger kann die Zwangsvollstreckung nach § 885 ZPO auf eine Herausgabe der Wohnung beschränken, wenn er in sämtlichen in den Räumen befindlichen Gegenständen ein Vermieterpfandrecht geltend macht. Der Gerichtsvollzieher hat nicht zu prüfen, ob die bei Durchführung der Herausgabevollstreckung in der Wohnung befindlichen Gegenstände vom Vermieterpfandrecht erfasst werden. Dies gilt grundsätzlich auch dann, wenn sich der Schuldner in Strafhaft befindet.

AG Bremen: „Berliner Modell" (Beschluss vom 09.07.2009 – 244-M/441175/09, BeckRS 2009, 20733)

Eine auf die Herausgabe der Wohnung beschränkte Räumungsvollstreckung ohne Wegschaffen der beweglichen Gegenstände aufgrund der gleichzeitigen Geltendmachung eines Vermieterpfandrechts am gesamten Mobiliar ist zulässig.

Der Gläubiger möchte aus einem Titel auf Räumung und Herausgabe einer Wohnung gegen den Schuldner vollstrecken. Er hat bereits einen Kostenvorschuss in Höhe von 500 € einbezahlt. Der zuständige Gerichtsvollzieher hat die Vollstreckung von der Zahlung eines weiteren Kostenvorschusses in Höhe von 1.800 € abhängig gemacht. Dieser sei erforderlich, da vor Ort geprüft werden müsse, welche Gegenstände dem vom Gläubiger als ehemaligen Vermieter am gesamten Mobiliar geltend gemachten Vermieterpfandrecht unterliegen; alle unpfändbaren Gegenstände müssten weggeschafft und eingelagert werden.

Das *AG Bremen* hat den zuständigen Gerichtsvollzieher angewiesen, die Räumungsvollstreckung der Wohnung ohne Hinzuziehung eines Transportunternehmens und Wegschaffung der beweglichen Sachen aus der Wohnung durchzuführen. Ein 500 € übersteigender Kostenvorschuss sei nicht gerechtfertigt. Dieser würde die Beauftragung eines Transportunternehmens zwecks Räumung der Wohnung und Wegschaffen des Mobiliars abdecken. Der Gläubiger sei aber berechtigt, nur die Herausgabe der Wohnung ohne Wegschaffung der beweglichen Sachen zu fordern, wenn er zugleich an dem gesamten Mobiliar ein Vermieterpfandrecht nach § 562 BGB geltend macht. Dieses habe Vorrang vor dem Räumungsverfahren nach § 885 Abs. 2 bis 4 ZPO. Die Entscheidung, welche Gegenstände dem Vermieterpfandrecht unterliegen, sei nicht vom Gerichtsvollzieher zu treffen. Sofern der Gläubiger ein Vermieterpfandrecht am gesamten Mobiliar geltend macht, dürfe der Gerichtsvollzieher dieses nicht entfernen. Das habe zur Folge, dass der Gläubiger das Mobiliar nunmehr in eigener Verantwortung verwerten, einlagern oder entsorgen und der Schuldner möglicherweise Herausgabe unpfändbarer Gegenstände oder Schadensersatz verlangen muss. Dies betreffe allerdings das Verhältnis der Parteien untereinander und sei im Streitfalle durch die Gerichte zu entscheiden. Die Klärung der gegenseitigen materiellrechtlichen Ansprüche der Parteien obliege nicht den Vollstreckungsorganen.

Schutzwürdige Belange des Schuldners seien hierdurch nicht verletzt, der Schuldnerschutz bleibt gewahrt. Es bestehe keine Gefahr, dass der Schuldner schutzlos und ohne persönliche, lebensnotwendige Habe aus der Wohnung gewiesen wird. Der

Schuldner habe zunächst durch den Räumungsprozess und die angekündigte Zwangsvollstreckung ausreichend Zeit, um seine persönlichen Gegenstände aus der Wohnung zu entfernen, bevor er durch den Gerichtsvollzieher aus dem Besitz gesetzt wird. An der Entfernung seines Mobiliars werde der Schuldner durch den Gerichtsvollzieher nicht gehindert. Über § 765a ZPO könne er zudem vor der endgültigen Durchführung der Vollstreckung letztmalig eine Frist von einer Woche erwirken, um seine persönliche Habe aus der Wohnung zu entfernen, wenn bei sofortiger Herausgabevollstreckung eine besondere Härte eintreten würde. Eine Zwangsvollstreckung, bei der der Schuldner nicht die lebensnotwendige Habe mitnehmen darf, drohe daher auch bei dem so genannten «Berliner Modell» nicht.

§ 885 Abs. 3 S. 2 ZPO regele den Herausgabeanspruch des Schuldners gegenüber dem Gerichtsvollzieher. Dieser knüpfe allerdings daran an, dass der Gerichtsvollzieher zuvor gemäß § 885 Abs. 3 S. 1 ZPO die Sachen in Verwahrung genommen hat. Hieraus ergebe sich allerdings kein zwingender Rückschluss, dass der Gerichtsvollzieher das Mobiliar stets in Verwahrung nehmen müsse. Berufe sich der Gläubiger auf sein Vermieterpfandrecht und lasse die Wohnung nicht komplett räumen, sondern mitsamt Mobiliar herausgeben, so stünden dem Schuldner für unpfändbare Gegenstände Herausgabeansprüche gegen den Gläubiger selbst zu. Er könne die Ansprüche gegebenenfalls auch im Wege des einstweiligen Rechtschutzes geltend machen. Zwar befänden sich in fast jeder Wohnung Gegenstände, die unpfändbar im Sinne des § 811 ZPO sind. Gleichwohl müsse der Gerichtsvollzieher dies nicht vor Ort überprüfen und für solche Gegenstände das Verfahren nach § 885 2 bis 4 ZPO durchführen.

Anmerkung:

Nach gefestigter Rechtsprechung des *BGH* kann der Gläubiger die Zwangsvollstreckung nach § 885 ZPO auf die Herausgabe der Wohnung beschränken, wenn er an sämtlichen in den Räumen befindlichen Gegenständen ein Vermieterpfandrecht geltend macht (*BGH* NJW 2006, 3273; abl. *Flatow*, NJW 2006, 139). Das Vermieterpfandrecht hat nämlich Vorrang gegenüber der in § 885 Abs. 2, 3 ZPO bestimmten Entfernung der beweglichen Sachen, die nicht Gegenstand der Zwangsvollstreckung sind. Der Gerichtsvollzieher darf nicht überprüfen, ob die bei Durchführung der Herausgabevollstreckung in der Wohnung befindlichen Gegenstände vom Vermieterpfandrecht erfasst werden. Als Vollstreckungsorgan ist er grundsätzlich nicht dafür zuständig, materiell-rechtliche Ansprüche der Parteien im Rahmen der Zwangsvollstreckung zu klären. Dies gilt auch für die Frage, ob die in Rede stehenden Gegenstände wegen Unpfändbarkeit nach § 562 Abs. 1 S. 2 BGB dem Vermieterpfandrecht nicht unterliegen. Auch hierüber haben bei Streit der Parteien die Gerichte und nicht die Vollstreckungsorgane zu entscheiden (*BGH* NJW 2006, 848). Da die Transport- und Einlagerungskosten (zunächst) entfallen, eröffnet das „Berliner Modell" dem Vermieter eine kostengünstige Möglichkeit der Räumung.

Zutreffend stellt das *AG Bremen* fest, dass der Mieter durch die Geltendmachung eines umfassenden Vermieterpfandrechts nicht schutzlos gestellt wird. Da unpfändbare Sachen nicht dem Vermieterpfandrecht unterfallen, muss der Vermieter dem Mieter diese entweder vor oder nach der Räumung aushändigen. Hat der Mieter aber vor der angekündigten Räumung auf eine Entfernung verzichtet, ist er insoweit nicht schutzwürdig. Zurecht schließt sich das *AG Bremen* der in der instanzgerichtlichen Rechtsprechung geäußerten Kritik, der Gerichtsvollzieher sei nicht nur berechtigt, sondern auch verpflichtet, die zweifelsfrei unpfändbare persönliche Habe des Schuldners diesem bei der Räumung auszuhändigen, da es ein Verstoß gegen die Menschenwürde, Art. 1 GG, wäre, wenn er den Schuldner ohne die persönliche, lebensnotwendige Habe (Kleidung, Spiel- und Schulsachen der Kinder, persönliche Unterlagen) „auf die Straße setzt" (so *AG Saarbrücken* BeckRS 2009, 6720), nicht an. An deren Mitnahme kann ihn der Gerichtsvollzieher nämlich nicht hindern. Der Gerichtsvollzieher ist nach dem „Berliner Modell" lediglich nicht verpflichtet, die Möbel und sonstigen Besitz des Schuldners abzutransportieren und aufzubewahren. Dies ist auch wertungsmäßig nachvollziehbar. Immerhin sind die betroffenen Schuldner ihrerseits alles andere als vertragstreue Mieter gewesen und entstehen den Vermietern durch Räumungen nach § 885 ZPO hohe, meist uneinbringliche Kosten.

Der Vermieter hat zu beachten, dass er die in der Wohnung verbliebenen Gegenstände zu verwahren hat, §§ 1215, 1257 BGB, und nach Eintritt der Pfandreife entweder im Wege der öffentlichen Versteigerung gemäß §§ 1257, 1235 Abs. 1, 383 Abs. 3 BGB oder des privatrechtlichen Verkaufs gemäß §§ 1257, 1235 Abs. 2, 1221 BGB verwerten muss. Soweit der Mieter die Mietsache zurückgibt, aber von ihm eingebrachte Sachen in den Mieträumen deshalb zurücklässt, weil der Vermieter sein gesetzliches Pfandrecht geltend gemacht hat, liegt auch kein Vorenthalten der Mietsache im Sinne des § 546a BGB vor. Die Vorenthaltung einer Mietsache setzt voraus, dass der Mieter die Mietsache nicht zurückgibt und das Unterlassen der Rückgabe dem Willen des Vermieters widerspricht (*BGH* NJW-RR 2004, 558). Zwar kann von einer Rückgabe der Mietsache nicht gesprochen werden, wenn sich nach Beendigung des Mietverhältnisses in den Räumen noch die gesamte Einrichtung befindet. Ein widersprechender Wille des Vermieters ist aber ausgeschlossen, wenn er sein Vermieterpfandrecht ausgeübt hat (*KG* NZM 2005, 422). Zudem ist mit der Besitzeinweisung des Gläubigers (Schlüsselübergabe) die Räumungsvollstreckung beendet und der Räumungstitel verbraucht (*AG Düsseldorf* DGVZ 1994, 141). Folglich kann der Gläubiger, selbst wenn er nunmehr auf sein Vermieterpfandrecht verzichtet, vom Gerichtsvollzieher nicht mehr die Fortsetzung der Räumung nach Maßgabe von § 885 Abs. 2 bis 4 ZPO verlangen, sondern muss den Abtransport selbst organisieren. Dies mag zwar billiger sein, doch werden die entstehenden Kosten nicht von § 788 ZPO erfasst, sondern müssen eigens tituliert werden (*BGH* NJW 2006, 848; Anm. *Hau*, LMK 2006, 170080).

LG Bonn: „Berliner Räumung" aus einem Zuschlagbeschluss (Beschluss vom 29.04.2010 – 6 T 107/10, BeckRS 2010, 15134)

Aus einem Zuschlagbeschluss in der Zwangsversteigerung ist eine auf die Herausgabe der Wohnung beschränkte Räumungsvollstreckung ohne Wegschaffen der beweglichen Gegenstände nicht zulässig.

Die Beschwerdeführer verlangen die Räumung eines Hauses, das sie durch Zuschlag in der Zwangsversteigerung erworben haben. Sie begehren, den Gerichtsvollzieher anzuweisen, die Vollstreckungsschuldner aus dem Besitz zu weisen, deren Mobiliar und sonstige bewegliche Sachen jedoch in dem Haus zu belassen. Ihnen stehe zwar kein Vermieterpfandrecht zu, die Vorschriften über das Vermieterpfandrecht müssten jedoch analog angewendet werden, da eine planwidrige Regelungslücke und eine vergleichbare Interessenlage bestehe. Ob diese Auffassung richtig sei, habe der Gerichtsvollzieher als Vollstreckungsorgan nicht zu prüfen.

Nach Auffassung des *AG Bonn* hat es der Gerichtsvollzieher zu Recht abgelehnt, die Zwangsvollstreckung aus dem Zuschlagsbeschluss, also die Räumung des Hauses, im Wege einer „Berliner Räumung" vorzunehmen. Grundsätzlich erfolge die Zwangsvollstreckung in unbewegliche Sachen nach § 885 Abs. 1 ZPO in der Weise, dass der Gerichtsvollzieher den Schuldner aus dem Besitz setzt und den Gläubiger in den Besitz einweist. Nach § 885 Abs. 2 ZPO würden bewegliche Sachen, die nicht Gegenstand der Zwangsvollstreckung sind, von dem Gerichtsvollzieher weggeschafft und dem Schuldner übergeben. Die Möglichkeit, dass der Gerichtsvollzieher den Gläubiger in den Besitz an dem Grundstück einweist, ohne die beweglichen Sachen vorher wegzuschaffen, sei in § 885 ZPO nicht vorgesehen. Zwar könne der Vermieter bei der Räumung der Mietsache einem Wegschaffen der Sachen – auch ohne gesonderten Vollstreckungstitel auf Herausgabe dieser Sachen – gemäß § 562b BGB widersprechen, soweit er sich auf ein Vermieterpfandrecht beruft. Der Gerichtsvollzieher habe diesem Verlangen Folge zu leisten; er habe insbesondere nicht zu prüfen, ob und an welchen Gegenständen das Pfandrecht im Einzelfall besteht.

Diese Grundsätze seien vorliegend aber nicht anwendbar. Der Titel beziehe sich als Zuschlagsbeschluss auf das Haus, aber nicht auf die darin befindlichen beweglichen Sachen. Der Ersteher habe kein Pfandrecht an den Sachen des Schuldners, die sich im ersteigerten Haus befinden. Ein solches Recht ergäbe sich auch nicht aus einer Analogie zu den Vorschriften über das Vermieterpfandrecht. Denn das würde im Ergebnis bedeuten, dass sich der Ersteher ohne Mitwirkung eines Gerichts in den Besitz der Sachen des Schuldners setzen dürfte; das wäre ein erheblicher Eingriff in dessen Rechtsstellung. Darüber hinaus fehle es auch an einer Vergleichbarkeit der Sachverhalte: Die Beschwerdeführer seien durch den Zuschlag in der Zwangsversteigerung Eigentümer des Hauses geworden. Es liege somit schon gar kein Sachverhalt vor, der ein Vermieterpfandrecht nach sich ziehen könnte. In der Sache ginge es ihnen allein darum, die Vollstreckung einfacher und kostengünstiger zu gestalten, indem sie die Einlagerung der beweglichen Sachen selbst übernehmen und sich auf diese Weise Kosten der Zwangsvollstreckung sparen.

BGH: Räumungsvollstreckung gegen Untermieter (Beschluss vom 14.08.2008 – I ZB 39/08, NJW 2008, 3287)

Die Räumungsvollstreckung darf nicht betrieben werden, wenn ein Dritter, der weder im Vollstreckungstitel noch in der diesem beigefügten Vollstreckungsklausel namentlich bezeichnet ist, im Besitz der Mietsache ist. Dies gilt selbst dann, wenn der Verdacht besteht, dem Dritten sei der Besitz nur eingeräumt worden, um die Zwangsräumung zu vereiteln.

Die Berufung auf eine nur formale Rechtsstellung kann allerdings den Grundsätzen von Treu und Glauben widersprechen und daher rechtsmissbräuchlich sein. Eine Person, gegen die die Zwangsvollstreckung stattfinden soll, beruft sich jedoch nicht auf eine nur formale Rechtsstellung, wenn sie geltend macht, die Zwangsvollstreckung sei nach § 750 Abs. 1 S. 1 ZPO unzulässig, weil sie in dem Titel oder der Klausel namentlich nicht bezeichnet sei. Die Bestimmung des § 750 Abs. 1 S. 1 ZPO sichert nicht lediglich die Einhaltung einer Formalität, sondern gewährleistet, dass staatlicher Zwang nur zur Durchsetzung eines urkundlich bereits ausgewiesenen Anspruchs gegen die in dem Titel oder der Klausel genannten Personen ausgeübt wird

(*BGH* NJW-RR 2003, 1450; ZIP 2008, 1338). Diese allgemeine Voraussetzung jeder Zwangsvollstreckung kann nicht durch materiell-rechtliche Erwägungen außer Kraft gesetzt werden. Gegen andere als die in dem Titel oder der Klausel bezeichneten Personen darf die Räumungsvollstreckung selbst dann nicht erfolgen, wenn zweifelsfrei feststeht, dass diese nach materiellem Recht zur Herausgabe der Mietsache an den Gläubiger verpflichtet sind. So ist die Räumungsvollstreckung des Vermieters gegen den im Räumungstitel nicht genannten Untermieter selbst dann unzulässig, wenn feststeht, dass das Mietverhältnis zwischen dem Vermieter und dem Hauptmieter beendet und der Untermieter daher nach § 546 Abs. 2 BGB zur Herausgabe der Mietsache an den Vermieter verpflichtet ist (*BGHZ* 159, 383, 385).

Erst recht können Billigkeitserwägungen es nicht rechtfertigen, die allgemeinen Voraussetzungen der Zwangsvollstreckung außer Acht zu lassen und staatlichen Zwang gegen Personen auszuüben, gegen die kein Vollstreckungstitel bzw. keine Vollstreckungsklausel vorliegt (*BGH* a.a.O.; a.A. *OLG Hamburg* MDR 1993, 274; *KG* NZM 2003, 105; *AG Lübeck* DGVZ 1995, 92; *AG Hamburg-St. Georg* ZMR 2007, 280). Es kommt daher nicht darauf an, ob der Untermieter gegen Treu und Glauben verstößt, weil er sich auf ein tatsächlich nicht bestehendes Untermietverhältnis mit dem Schuldner beruft, um die Zwangsräumung zu vereiteln.

LG Kleve: Besitzrecht gegenüber Zuschlagbeschluss (Beschluss vom 17.02.2009 – 4 T 24/09, BeckRS 2009, 28179)

Der Ersteigerer ist zur Räumungsvollstreckung auch gegenüber einem Mieter berechtigt, dem die Mietsache zur Zeit des Zuschlags noch nicht überlassen worden war.

Die Gläubigerin hatte durch Zuschlag in der Zwangsversteigerung das Eigentum an einem Grundstück erworben und dem zuständigen Gerichtsvollzieher auf der Grundlage des Zuschlagsbeschlusses den Auftrag zur Räumung erteilt. Der Gerichtsvollzieher hat die Räumungsvollstreckung unter Hinweis auf einen von den Schuldnern mit ihrer mittlerweile verstorbenen Tochter geschlossenen Mietvertrag, in welchen nunmehr die Enkelin eingetreten sei, abgelehnt. Die Tochter hat die Wohnung vor dem Versteigerungstermin nicht bezogen.

Nach Auffassung des *LG* Kleve sind die Schuldner zur Räumung der streitgegenständlichen Flächen verpflichtet und können sich nicht mit Erfolg auf ein eigenes Besitzrecht ihrer Enkelin als Erbin nach der verstorbenen Mutter aus dem Mietvertrag berufen. Nach § 93 Abs. 1 S. 2 ZVG dürfe der Ersteher aus dem Zuschlagsbeschluss die Zwangsvollstreckung gegen den Besitzer auf Räumung und Herausgabe des Grundstücks nicht betreiben, wenn dieser aufgrund eines Rechtes besitzt, das durch den Zuschlag nicht erloschen ist. Ein solches Recht könne dem Mieter nach Maßgabe der §§ 57 ZVG, 566 BGB zustehen. Dies setze allerdings voraus, dass der Vermieter ihm noch vor der Versteigerung in Erfüllung seiner Pflichten aus dem Mietvertrag den Mietgegenstand überlassen hat. Denn § 57 ZVG wolle allein den Mieter, der zum Zeitpunkt des Zuschlags das Mietobjekt bereits besitzt, vor einer nachfolgenden Räumung schützen. Wird der Mietvertrag vor Erteilung des Zuschlags abgeschlossen, der Besitz an der Mietsache aber erst danach erlangt, genieße der Besitzer hingegen keinen Schutz. Vorliegend hätten die Schuldner nicht darlegen können, dass sie ihrer Tochter den Besitz schon vor der Erteilung des Zuschlags eingeräumt hätten.

Anmerkung:

Aus dem Zuschlagsbeschluss findet gemäß § 93 Abs. 1 S. 1 ZVG die Zwangsvollstreckung auf Räumung und Rückgabe gegen den Besitzer statt. Dies ist unproblematisch, sofern der frühere Eigentümer, der durch den Zuschlagsbeschluss sein Eigentum verloren hat, auch selbst in dem versteigerten Haus oder der versteigerten Eigentumswohnung lebt. Darüber hinaus ist eine Vollstreckung aus dem Zuschlagsbeschluss (eingeschränkt) – anders als aus einem gerichtlichen Räumungstitel – auch gegen Dritte möglich. Aus einem Räumungstitel gegen den Mieter einer Wohnung kann der Vermieter weder gegen dessen Ehepartner (*BGH* NZM 2004, 701) noch gegen den nichtehelichen Lebensgefährten des Mieters (*BGH* NJW 2008, 1959, Anm. *Bub/von der Osten*, FD-MietR 2008, 261056) vollstrecken, sofern dieser Mitbesitzer der Wohnung ist. Minderjährige Kinder, die mit ihren Eltern zusammenleben, haben hingegen grundsätzlich keinen Mitbesitz an der gemeinsam benutzten Wohnung, weshalb für eine Räumungsvollstreckung gegen sie ein Vollstreckungstitel gegen die Eltern ausreicht (*BGH* NJW 2008, a.a.O.). Aus dem Zuschlagsbeschluss hingegen kann die Vollstreckung auch gegen den mitbesitzenden Ehegatten erfolgen, da sein Mitbesitz durch die Zuschlagserteilung erloschen ist (*LG Oldenburg* RPfleger 1991, 29).

Gemäß § 724 ZPO bedarf es zur Vollstreckung neben dem Titel auch der Vollstreckungsklausel. Sie soll gemäß § 93 Abs. 1 S. 2 ZVG nicht erteilt werden, wenn der Besitzer den Mietgegenstand aufgrund eines Rechtes besitzt, das durch den Zuschlag nicht erloschen ist. Dies betrifft insbesondere den Mieter des Objekts. Der Ersteher tritt durch den Zuschlag in der Zwangsversteigerung gemäß §§ 566 BGB, 57 ZVG in einen Mietvertrag ein. Wird – wie hier – ein Mietvertrag vorgelegt, darf deshalb in der Regel die Vollstreckungsklausel nicht erteilt werden (*Stöber*, § 93 Rz. 3 [3.2]). Kein Besitzrecht ist aber dargetan, wenn ein Mietvertrag zwar vorgelegt wird, dieser aber offenkundig eine Scheinvereinbarung gemäß § 117 BGB ist, um die Wirkungen des Zuschlagsbeschlusses zu unterlaufen (*OLG Düsseldorf* NJW-RR 1996, 720). Gleiches gilt, wenn – wie im vorliegenden Fall – zwar ein Mietvertrag abgeschlossen, aber dem Mieter der Besitz nicht vor dem Zuschlag überlassen worden ist, da in diesem Fall schon § 566 BGB nicht eingreift. Nur wenn das Mietobjekt zum Zeitpunkt der Veräußerung bzw. des Zuschlags bereits an den Mieter überlassen war, besteht Anlass, den Mieterbesitz zu schützen (MünchKomm/*Häublein*, § 566 Rz. 14).

OLG Düsseldorf: Scheinmietvertrag zur Verhinderung der Zwangsvollstreckung (Beschluss vom 11.12.2007– 10 W 160/07, ZMR 2008, 787)

Wenn ein im Haushalt seiner Eltern lebender, einkommensloser 18-jähriger Sohn mit seinem Vater einen auf zehn Jahre befristeten Mietvertrag über ein im Elternhaus gelegenes Schlafzimmer mit Dusche/WC mit Nutzungsrecht an sämtlichen Räumen des Hauses einschließlich Garten und Keller zu einer Gesamtbrutto-Miete von 90 € einräumt, handelt es sich um einen Scheinmietvertrag.

Die Klägerin hatte durch Zuschlag in der Zwangsversteigerung ein Einfamilienhaus erworben, dessen ursprünglicher Eigentümer B. zusammen mit seiner Frau zu je hälftigem Miteigentum gewesen war. B. hatte mit seinem Sohn, der noch im Haus der Eltern wohnte, einen Mietvertrag geschlossen, der auf zehn Jahre befristet und auf einen Zeitpunkt vor der Zwangsversteigerung datiert gewesen war. Der Mietvertrag umfasste ein Schlafzimmer mit Dusche und WC sowie einen Arbeitsraum, räumte dem Sohn zusätzlich ein Nutzungsrecht an sämtlichen Räumen des Hauses einschließlich Garten und Keller ein und überließ diesem zudem sämtliches Inventar des Grundstücks gegen eine bar zu zahlende Gesamt-Bruttomiete von monatlich 90 €. Der Sohn seinerseits schloss mit der Beklagten einen Untermietvertrag. Die Klägerin hatte beantragt, gegen die Beklagte die Vollstreckungsklausel auf den Zuschlagbeschluss zu erteilen. Nachdem der Rechtspfleger dies verweigert hatte, hat sie gem. § 731 ZPO Klage auf Erteilung der Vollstreckungsklausel erhoben.

Nach Auffassung des *OLG Düsseldorf* ist die Vollstreckungsklausel gegen die Beklagte zu erteilen. Nach den Umständen des Streitfalls sei davon auszugehen, dass der vorgelegte Mietvertrag zwischen dem ursprünglichen Eigentümer B. und dessen Sohn fingiert war, §§ 117 Abs. 1, 138 Abs. 1 BGB. Die hierauf beruhende Nichtigkeit dieses Vertrages habe zur Folge, dass die Beklagte aufgrund des zwischen ihr und dem Sohn geschlossenen Untermietvertrages kein der Zwangsvollstreckung der Klägerin nach § 93 Abs. 1 S. 2 ZVG entgegenstehendes abgeleitetes Besitzrecht erlangt hätte, so dass der Klauselerteilungsklage stattgegeben werden müsste. Die Beklagte habe während des gesamten Verfahrens keinen nachvollziehbaren Grund vorgetragen, der die nahe liegende Annahme eines fingierten Hauptmietvertrages hätte ausräumen können. Ein plausibler Grund, warum ein im Haushalt seiner Eltern lebender, einkommensloser 18-jähriger Sohn mit seinem Vater einen Mietvertrag mit dem dargestellten Inhalt abschließen sollte, sei nicht erkennbar. Es könne deshalb dahinstehen, ob der Klägervortrag, aufgrund einer polizeilichen Durchsuchung stehe fest, dass Mietvertrag und Untermietvertrag erst nach der Zwangsversteigerung auf einem Laptop erstellt worden seien, zutrifft.

Unabhängig hiervon sei die Klägerin aber auch nicht durch den Zuschlag gemäß §§ 57 ZVG, 566 BGB in den Hauptmietvertrag eingetreten, so dass der Beklagten auch aus diesem Grund kein Recht zum Besitz im Sinne des § 93 Abs. 1 S. 2 ZVG zugestanden hätte. Es fehle nämlich an der für den gesetzlichen Vermieterwechsel notwendigen Identität zwischen Vermieter und Veräußerer. Abgesehen davon, dass die Beklagte eine angebliche Zustimmung der früheren Miteigentümerin nicht substantiiert vorgetragen habe, sei der Mietvertrag nach seinem ausdrücklichen Rubrum allein zwischen B. als Vermieter und seinem Sohn als Mieter geschlossen worden. Eine etwaige (nachträgliche) Zustimmung zu einem ohne ihre Beteiligung abgeschlossenen Mietvertrag mache die Ehefrau von B. noch nicht zur Mitvermieterin im Sinne des § 566 BGB.

Anmerkung:

Aus dem Zuschlagsbeschluss findet gemäß § 93 Abs. 1 S. 1 ZVG die Zwangsvollstreckung auf Räumung und Rückgabe gegen den Besitzer statt. Dies ist unproblematisch, sofern der frühere Eigentümer, der durch den Zuschlagbeschluss sein Eigentum verloren hat, auch selbst in dem versteigerten Haus oder der versteigerten Eigentumswohnung lebt. Darüber hinaus ist eine Vollstreckung aus dem Zuschlagbeschluss (eingeschränkt) – anders als aus einem Räumungstitel – auch gegen Dritte möglich. Der Vermieter kann aus einem Räumungstitel gegen den Mieter einer Wohnung weder gegen dessen Ehepartner (*BGH* NZM 2004, 701; Zöller/*Stöber*, § 885 Rz. 6) noch gegen den nichtehelichen Lebensgefährten des Mieters vollstrecken, sofern dieser Mitbesitzer der Wohnung ist (*BGH* NJW 2008, 1959). Aus dem Zuschlagbeschluss hingegen kann die Vollstreckung auch gegen den mitbesitzenden Ehegatten erfolgen, da dessen Mitbesitz durch die Zuschlagerteilung erloschen ist (*LG Mainz* MDR 1978, 765; *LG Oldenburg* RPfleger 1991, 29; *Böttcher,* § 93 Rz. 5). Gleiches gilt für andere Familienangehörige (*LG Krefeld* RPfleger 1987, 259) oder den Partner einer nichtehelichen Lebensgemeinschaft (*Bauer,* JurBüro 1998, 400).

Gemäß § 724 ZPO bedarf es zur Vollstreckung neben dem Titel auch der Vollstreckungsklausel. Sie soll gemäß § 93 Abs. 1 S. 2 ZVG nicht erteilt werden, wenn der Besitzer – anders als der Ehepartner oder Familienangehörige – aufgrund eines Rechtes das Haus oder die Wohnung besitzt, das durch den Zuschlag nicht erloschen ist. Durch das vereinfachte Klauselerteilungsverfahren nach § 93 Abs. 1 S. 1 ZVG, das es dem Gläubiger ermöglichen soll, selbst gegen den Besitzer vorzugehen, darf nämlich nicht in ein Recht zum Besitz eingegriffen werden, das durch § 57 ZVG geschützt wird. Dies betrifft insbesondere den Mieter des Objekts. Der Ersteher tritt durch den Zuschlag in der Zwangsversteigerung gemäß §§ 566 BGB, 57 ZVG in einen Mietvertrag ein. Wird – wie hier – ein Mietvertrag vorgelegt, darf deshalb in der Regel die Vollstreckungsklausel nicht erteilt werden (*Stöber,* § 93 Rz. 3 [3.2]). Zutreffend hat das *OLG Düsseldorf* aber entschieden, dass im vorliegenden Fall der Rechtspfleger die Vollstreckungsklausel hätte erteilen müssen. Kein Besitzrecht ist nämlich dargetan, wenn ein Mietvertrag zwar vorgelegt wird, dieser aber offenkundig eine Scheinvereinbarung gemäß § 117 BGB ist (*OLG Köln* RPfleger 1996, 121). Gleiches gilt, wenn ein behauptetes Mietverhältnis mit einem Angehörigen mit großer Wahrscheinlichkeit wegen mangelnder Ernsthaftigkeit nicht wirksam ist (*OLG Frankfurt a.M.* RPfleger 1989, 209) oder wenn der vorgelegte (kurz vor dem Zuschlag datierte) Vertrag ein Mietverhältnis nicht hinreichend ausweist (*LG Wuppertal* RPfleger 1993, 81). Ein Scheinmietvertrag liegt aber nicht vor, wenn der Mietvertrag vor Bezug der Wohnung abgeschlossen wurde, der vereinbarte Mietzins ortsüblich ist und auch tatsächlich gezahlt wird. In diesem Fall ist ein Mietvertrag zwischen Familienangehörigen auch dann nicht wegen Sittenwidrigkeit nichtig, wenn es sein alleiniger Zweck ist, die Rechtsfolge des § 93 ZVG auszuschalten (*OLG Düsseldorf* NJW-RR 1996, 720).

Zutreffend ist die Entscheidung des *OLG Düsseldorf* auch insoweit, als nach seiner Auffassung der Mietvertrag zwischen B. und seinem Sohn nicht auf die Klägerin übergegangen ist. § 566 BGB findet keine Anwendung, wenn nur einer von mehreren Miteigentümern das Grundstück vermietet hatte, aber alle Miteigentümer zusammen das Grundstück veräußern (*OLG Karlsruhe* NJW 1981, 1278). Ist nämlich vor der Veräußerung ein Mietvertrag nur gegenüber einem von mehreren Miteigentümern wirksam, soll sich die Rechtsstellung des Mieters durch die Veräußerung nicht verbessern. Allerdings soll nach verbreiteter Auffassung, der sich das *OLG Düsseldorf* zu Recht nicht angeschlossen hat, anderes gelten, wenn die übrigen Miteigentümer dem Vertragsabschluss zugestimmt haben (*OLG Karlsruhe* a.a.O.; *Börstinghaus,* PiG 70, 65, 69 f; Schmidt-Futterer/*Gather,* § 566 BGB Rz. 40). Diese Auffassung behandelt aber die Vermietung des Grundstücks wie eine Verfügung und kommt so im Ergebnis zur Anwendung der §§ 182 ff BGB, die jedoch bei Abschluss eines schuldrechtlichen Vertrages nicht eingreifen (Staudinger/*Emmerich,* § 566 Rz. 22).

Sind umgekehrt mehrere Personen Vermieter, gehören aber nicht alle zu dem Kreis der Miteigentümer, so ist schon nach dem Wortlaut des § 566 BGB für seine Anwendung kein Raum (*LG Berlin* NZM 1998, 662; a.A. *LG Waldshut-Tiengen* WuM 1993, 56). In diesem Fall kann dem Grundstückserwerber keine stärkere Rechtsstellung zustehen als dem bisherigen Eigentümer, der die Vermieterrechte niemals alleine ausüben konnte, da der Vertrag noch von weiteren Personen als zusätzlichen Vermietern abgeschlossen worden war. Die analoge Anwendung von § 566 BGB ist hier auch nicht zum Schutz des Mieters – insbesondere vor einem Herausgabeverlangen des Eigentümers – geboten, weil der Erwerber aus dem Mietvertrag ohnehin mitverpflichtet (und mitberechtigt) ist; vielmehr würden dem Mieter durch die Analogie Haftungsschuldner genommen werden.

OLG Stuttgart: Herausgabe von dem Vermieterpfandrecht unterfallenden Gegenständen (Urteil vom 10.04.2008 – 13 U 139/07, BeckRS 2008, 10979)

Ein Vermieter, der von seinem Vermieterpfandrecht Gebrauch gemacht hat, ist nicht zur Herausgabe der Gegenstände an den Mieter verpflichtet, wenn er sie nicht sofort verwertet. Das Vermieterpfandrecht erlischt nicht, wenn der das Pfandrecht ausübende Vermieter Gegenstände von der Mietsache entfernt.

Die Klägerin ist Vermieterin, der Beklagte Mieter von Gewerberäumen, in denen er ein Sonnenstudio betrieb. Da er sich bei Mietende mit Mieten in Rückstand befand, machte die Klägerin von ihrem Vermieterpfandrecht an verschiedenen Einrichtungsgegenständen Gebrauch. Zwei Solarien ließ sie in einen auf dem Grundstück befindlichen Lagerraum verbringen. Die Klägerin hat bislang weder die in den Räumlichkeiten verbliebenen Einrichtungsgegenstände noch die Solarien verwertet. Der Beklagte verlangt nunmehr deren Herausgabe.

Nach Auffassung des *OLG Stuttgart* ist der geltend gemachte Herausgabeanspruch unbegründet. Das Pfandrecht sei nicht schon deshalb erloschen, weil die Klägerin die in Besitz genommenen Gegenstände noch nicht verwertet habe. Wenn der Vermieter Sachen des Mieters aufgrund seines Pfandrechts in Besitz genommen habe, sei er nicht verpflichtet, die Sachen dem Mieter zurückgeben, wenn er nicht umgehend zur Verwertung schreite. Die Pfandrechtsvorschriften (§§ 1204 ff. BGB), die gemäß § 1257 BGB auf das Vermieterpfandrecht anzuwenden sind, bestimmten eine solche Herausgabepflicht nicht. Gemäß § 1217 Abs. 1 BGB könne der Verpfänder, wenn der Pfandgläubiger die Rechte des Verpfänders in erheblichem Maße verletzt und das verletzende Verhalten trotz Abmahnung fortsetzt, Hinterlegung auf Kosten des Pfandgläubigers oder Ablieferung an einen gerichtlich zu bestimmenden Verwalter verlangen beziehungsweise gemäß § 1217 Abs. 2 BGB die Rückgabe gegen Befriedigung. Auch habe der Verpfänder bei Pflichtverletzungen nach der Verpfändung Schadensersatzansprüche gegen den Gläubiger. Bei pflichtwidriger Nichtverwertung durch den Pfandgläubiger bestehe zunächst ein Anspruch auf Ersatz des Verzögerungsschadens, nicht aber auf Herausgabe. Vorliegend komme hinzu, dass der Beklagte die Klägerin nie zur Verwertung aufgefordert habe und auf diese auch keinen Wert lege, sondern allein der Auffassung sei, die Klägerin habe generell kein Pfandrecht.

Schließlich habe der Beklagte keinen Herausgabeanspruch hinsichtlich der beiden aus den Mieträumen entfernten Solarien. Das Vermieterpfandrecht sei durch die Verbringung in den Lagerraum nicht berührt. Zwar bestimme § 562a BGB, dass das Pfandrecht des Vermieters mit der Entfernung der Sachen von dem Grundstück erlischt: Da mit Grundstück die konkrete Mietsache gemeint sei, könne sich die Klägerin auch nicht darauf berufen, dass sich die Gegenstände noch auf demselben Grundstück wie die Mieträume befänden. Doch habe nicht der Mieter oder ein Dritter, worauf § 562a BGB zugeschnitten sei, sondern der Vermieter selbst die Solarien entfernt, der sein Pfandrecht weiterhin ausüben wollte und sein Recht dadurch verstärkte, dass er sie getrennt in Verwahrung genommen habe. Sinn und Zweck der Regelung des § 562a BGB verböten es, bei einer Entfernung durch den einen gegenteiligen Willen bekundenden Vermieter von einem Erlöschen des Vermieterpfandrechts auszugehen. Deshalb seien die beiden Solarien ebenso zu behandeln wie das sonstige Mobiliar und Inventar.

Anmerkung:

Zu Recht hat das *OLG Stuttgart* dem Mieter keinen Anspruch auf Herausgabe der dem Vermieterpfandrecht unterfallenden Einrichtungsgegenstände und Solarien zugebilligt. Soweit letztere betroffen waren, hätte es einer einschränkenden Auslegung des § 562a BGB, wonach die Vorschrift bei Entfernung durch den Vermieter nicht eingreifen soll, nicht bedurft. Tatsächlich waren die Solarien, die in ein Lager auf demselben Grundstück verbracht worden waren, gar nicht i.S. des § 562a BGB entfernt worden. Dies ist erst dann der Fall, wenn der Pfandgegenstand nicht nur – wie hier – aus den Mieträumen, sondern vom gesamten Grundstück des Vermieters, auf dem sich die Mieträume befinden, fortgeschafft worden ist. Denn solange er sich noch auf dem Grundstück des Vermieters befindet, etwa in einer anderen Wohnung des Mieters in demselben Haus, gehört er auch noch zu dessen „Machtbereich" (Schmidt-Futterer/*Lammel*, § 562a Rz. 10; a.A. Staudinger/*Emmerich*, § 562a Rz. 4, der bereits die Entfernung aus den gemieteten Räumen genügen lässt). Zutreffend hat sich das *OLG Stuttgart* auch nicht einer in der Literatur vertretenen Ansicht angeschlossen, nach welcher der Vermieter den Pfandgegenstand umgehend zu verwerten hat, um nicht des Pfandrechts verlustig zu gehen (Staudinger/*Emmerich*, § 562 Rz. 7; Blank/*Börstinghaus*, § 562 Rz. 44).

In seiner wirtschaftlichen Bedeutung hat das Vermieterpfandrecht in den vergangenen Jahren gegenüber anderen Formen der Sicherung des Vermieters durch Kaution oder Bürgschaft deutlich an Bedeutung verloren, da es in der Praxis mit Ausnahme des Leasings und – mit Einschränkungen – bei der Geschäftsraummiete (Palandt/*Weidenkaff*, § 562 Rz. 1) seinen Sicherungszweck kaum noch erfüllen kann. Dies liegt zum einen darin begründet, dass der Katalog der unpfändbaren Sachen in § 811 ZPO im Laufe der Zeit erheblich ausgeweitet wurde. Zum anderen sind – vornehmlich bei der Geschäftsraummiete – die „eingebrachten Sachen" überwiegend nicht mehr solche des Mieters, sondern befinden sich zumeist – im Zeitpunkt ihrer Einbringung – noch im Vorbehalts- oder Sicherungseigentum von Lieferanten des Mieters, mithin von so genannten Warenkreditgebern (MünchKomm/*Artz*, a.a.O., § 562 Rz. 4), sind lediglich in Kommission genommen oder Ähnliches. Hinzu kommt, dass Gegenstände, die dem Vermieterpfandrecht unterliegen, häufig nur wesentlich umständlicher als etwa eine Barkaution und – schon wegen des zumeist geringen Wertes gebrauchter Sachen – kaum in wirtschaftlich bedeutsamem Umfang verwertet werden können. An Bedeutung gewinnt das Vermieterpfandrecht allerdings wieder im Rahmen der Räumungsvollstreckung im sog. „Berliner Modell" (Schmidt-Futterer/*Lammel*, § 562 Rz. 14: „Renaissance des Vermieterpfandrechts"; s. vorhergehende Entscheidungen).